Inklusives Musizieren
Praxis, Pädagogik, Ästhetik –
am Beispiel der All Stars Inclusive Band Wien

wiener reihe musikpädagogik

herausgegeben vom

Institut für musikpädagogische Forschung,
Musikdidaktik und Elementares Musizieren (IMP)
der mdw – Universität für Musik und darstellende Kunst Wien

Band 4

Beate Hennenberg,
Peter Röbke (Hg.)

Inklusives Musizieren

Praxis, Pädagogik, Ästhetik –
am Beispiel der All Stars Inclusive Band Wien

Waxmann 2022
Münster • New York

Bibliografische Informationen der Deutschen Nationalbibliothek
Die Deutsche Nationalbibliothek verzeichnet diese Publikation in
der Deutschen Nationalbibliografie; detaillierte bibliografische
Daten sind im Internet über http://dnb.dnb.de abrufbar.

wiener reihe musikpädagogik, Band 4

ISSN 2510-2745
Print-ISBN 978-3-8309-4536-9
E-Book-ISBN 978-3-8309-9536-4

© Waxmann Verlag GmbH, 2022
Steinfurter Straße 555, 48159 Münster

www.waxmann.com
info@waxmann.com

Umschlaggestaltung: Inna Ponomareva, Münster

Gedruckt auf alterungsbeständigem Papier, säurefrei gemäß ISO 9706

Printed in Germany

Alle Rechte vorbehalten. Nachdruck, auch auszugsweise, verboten.
Kein Teil dieses Werkes darf ohne schriftliche Genehmigung des Verlages
in irgendeiner Form reproduziert oder unter Verwendung elektronischer
Systeme verarbeitet, vervielfältigt oder verbreitet werden.

Inhalt

Peter Röbke
Einführung in die Themen und Schwerpunkte des Buches 9

I. Inklusion, Humanismus und der Liberalismus der Furcht

Christoph Khittl
Inklusion(en) in musikalischen Praxen des Humanen
Essay-Improvisationen in musikanthropologischer Absicht 25

Peter Röbke
Ohne Furcht und Abhängigkeit – zum Wirklichkeitsbezug und
zur politischen Relevanz des inklusiven Musizierens 47

II. Die *All Stars Inclusive Band*: Entwicklung, Forschungfeld, soziales Miteinander und fachliche Ausstrahlung

Beate Hennenberg
Die *All Stars Inclusive Band*: Chronik und charakteristische
Aspekte (mit einem Nachtrag zur partizipativen Forschung) 79

Marlene Ecker, Bernhard Lengauer
Das soziale Miteinander in der *All Stars Inclusive Band* 105

Annukka Knuuttila, Elina Vetoniemi
The *All Stars Inclusive Band* as good practice?
A short outside view from a European perspective 123

Beate Hennenberg
Die *All Stars Inclusive Band* als Motor und Anstoß für Initiativen
zum inklusiven Musizieren 125

III. Inklusives Musizieren als Teil einer inklusionskompetenten universitären Aus-Bildung

Georg Feuser
Grundlegende Momente der Aus-Bildung für eine
inklusionskompetente Pädagogik 141

Eveline Christof
Berufsbezogene Überzeugungen angehender (Musik-)Lehrer*innen
zum Thema Inklusion als Aufgabe der Schule 163

Kathrin Fabian
Breite Teilhabe und Exzellenz in inklusiven Musizierangeboten
der mdw – Universität für Musik und darstellende Kunst Wien 189

IV. Didaktische Aspekte des inklusiven Musizierens

Christoph Falschlunger
Grundzüge einer inklusiven Musikdidaktik – am Beispiel des
Ensembles *Ohrenklang* 203

Veronika Kinsky
Die *Young All Stars* und die Kunst, inklusive Musizierensembles zu leiten 223

Beate Hennenberg
Das Ensemble *ClassicALL* als spezifische inklusionspädagogische
Herausforderung
Einblicke in den Arbeitsprozess eines Kammermusikensembles 245

V. Inklusives Musizieren und Professionalisierung

Marlene Ecker
Anmerkungen zum Instrumental- und Gesangsunterricht für die
All Stars Inclusive Band 255

Robert Wagner
Berufung Musiker*in – wenn Mitglieder inklusiver Bands
sich professionalisieren 257

Juliane Gerland
Inklusive musikalische Bildung: Spielraum, Lebensraum, Arbeitsraum
Erfahrungen und Perspektiven aus dem Dortmunder Modell..........................275

VI. Inklusives Musizieren als ästhetische Herausforderung

Gesprächsrunde mit *Marlene Ecker, Dietmar Flosdorf, Reinhard Gagel, Bernhard Lengauer, Christoph Falschlunger, Veronika Kinsky* und *Peter Röbke*
Vom Eigensinn und Eigenklang oder: Hat das inklusive Musizieren
eine spezielle Ästhetik? 293

Karl A. Immervoll
Combo PertHolz. Ein musikalisches Abenteuer 309

VII. Inklusive Musikpraxis in der Sicht verschiedener musikpädagogischer Fachbereiche

Christina Kanitz-Pock
Elementares Musizieren als inklusives Musizieren 319

Reinhard Gagel
Freie Improvisation: offene Bühne für Musiker*innen mit besonderen
individuellen Voraussetzungen...335

Axel Petri-Preis
Musikvermittlung und Community Music als Motoren von Inklusion im
klassischen Konzertleben..349

VIII. Ausblick und Perspektiven

Helga Neira Zugasty
Inklusiv musizieren – von gesellschaftlicher Relevanz?..363

Peter Röbke

Einführung in die Themen und Schwerpunkte des Buches

Recht bald wurde deutlich, dass die *All Stars Inclusive Band*, die seit 2010 an der mdw – Universität für Musik und darstellende Kunst Wien existiert und universitätsweit als wichtiges Statement zu Diversität und Inklusion verstanden wird, nicht nur eine Band ist, die auf das Podium gehen und ein Publikum begeistern will, sondern dass die Bandproben Orte der musikalisch-kreativen Auseinandersetzung mit der Lebenswelt der Bandmitglieder sind, Jam Sessions, die bedingungslos jeden und jede mit seinen bzw. ihrem musikalischen Hintergrund involvieren, Phasen ernsthafter musikpädagogischer Arbeit, die didaktisch-methodische Zugänge zur Heterogenität der Beteiligten sucht und auch die Veränderungen von Haltungen und Einstellungen im Auge hat, Anstoß für partizipative Forschung und Lern- und Erfahrungsfeld für Studierende.

Den Fragen, die in dieser Beschreibung der Bandarbeit auftauchen, wird in diesem Buch in verallgemeinernder Weise nachgegangen, und sie werden noch ergänzt, etwa um die Frage nach Eigensinn und Eigenklang, also einer spezifischen ästhetischen Qualität des inklusiven Musizierens, um Überlegungen zum gesellschaftlichen und politischen Kontext dieser Arbeit oder um ein Nachdenken darüber, was Professionalisierung in diesem Feld bedeuten könnte. Schließlich lassen sich auch Exponent*innen von Elementarer Musikpädagogik, freier Improvisation und Musikvermittlung von der inklusiven Musikpraxis zu Überlegungen für ihre eigenen Wirkungsbereiche inspirieren.

Die erfolgreiche Entwicklung des musikalischen Projekts *All Stars Inclusive Band* ist nicht ohne den leidenschaftlichen Einsatz von Marlene Lacherstorfer, der Bandleaderin der ersten Jahre, zu denken. Lacherstorfer war für diese Aufgabe in doppelter Weise qualifiziert: Als Rhythmikerin brachte sie all ihr didaktisches-methodisches Know-how zur Mobilisierung und Differenzierung ein, dies auch im Sinne der körperlichen Aneignung und buchstäblichen Verkörperung von Musik[1]; als charismatische und erfolgreiche Pop-Musikerin steckte sie ihr inklusives Ensemble mit der Lust auf Performance und dem Streben nach professionellem Auftreten an – dabei war Lacherstorfer selbst auf der Bühne enorm präsent, aber ohne jemals die Präsenz des Ensembles mit ihrer eigenen zu ersticken.

---

1   Dies wurde von Lacherstorfer in einer ergänzenden Lehrveranstaltung vertieft und in ihrer Diplomarbeit auf den Punkt gebracht: *Musik und Inklusion. Die Band All Stars Inclusive als Erfahrungsfeld für Musikstudierende*. Magisterarbeit. mdw – Universität für Musik und darstellende Kunst Wien 2016.

Peter Röbke

Zugleich aber war die Band immer auch ein Ergebnis von Teamwork: Bernhard Lengauer, der jetzige Leiter der Band, war früh menschliches und kompositorisches ‚Rückgrat' der Gruppe, Marlene Ecker hielt – zunächst als Studienassistentin – das Projekt zusammen und integrierte die Studierenden, Beate Hennenberg begleitete durchgängig die Band als Forscherin, Chronistin und Lehrende, Christoph Falschlunger übernahm später den Part des Didaktikers, Helga Neira Zugasty war gewissermaßen Mastermind, die *founding mother* und Antreiberin, der Verfasser dieser Zeilen unterstützte die Band als zuständiger Institutsleiter[2].

Die in diesem Buch vorgenommene Fokussierung auf die musikalische Arbeit mit Menschen mit Beeinträchtigungen ist nicht zufällig erfolgt, und daher hätte nicht im Sinne eines übergreifenden Diversitätsverständnisses genauso gut ein Buch etwa über die musikalische Arbeit mit Menschen mit Fluchthintergrund entstehen können. Wir schließen uns daher, um einen Begriff von Inklusion zu markieren, zunächst der Differenzierung an, die Bernhard König vorgenommen hat:

> „Ich plädiere deshalb dafür, deutlich zwischen ‚inklusiv' und ‚interkulturell' zu unterscheiden. ‚Inklusiv' ist eine musikalische Arbeitsweise, Ensemblebesetzung oder Konzeption für mich dann, wenn sie ein ästhetisch stimmiges Zusammenwirken von Akteur*innen ermöglicht, deren Musikalitäten und musikalische Ausdrucksfähigkeiten sich stark voneinander unterscheiden, und wenn diese Unterschiedlichkeit auf Wesensmerkmalen beruht, die sie nicht frei gewählt haben und entweder nur sehr eingeschränkt oder gar nicht ablegen oder verändern können. Hierbei kann es sich beispielsweise um musikalische Begegnungen zwischen Musikern mit und ohne geistige Beeinträchtigung, mit und ohne dementielle Erkrankung, mit und ohne vokale Sprachfähigkeit handeln. […] ‚Interkulturell' wird eine musikalische Begegnung oder Arbeitsweise für mich in dem Moment, wo sie Raum für die Unterschiedlichkeit jener ästhetischen Werte- und Bezugssysteme gibt, die von den beteiligten Akteuren als identitätsstiftend und kulturell bedeutsam empfunden werden."[3]

Aber gleichzeitig würden sich die Autor*innen und Leser*innen dieses Buches vielleicht auch in Christoph Khittls Gedanken über die Verwendung des Inklusionsbegriffs *im Plural* wiederfinden, wodurch „Inklusion" als nicht-ausschließender Oberbegriff fungieren könnte:

> „Dennoch aber meine ich, dass der Inklusionsbegriff als Oberbegriff fungieren könnte: Unter dem gemeinsamen Dach der Inklusion würde es Sektoren etwa im Bereich *Diversity*, Heterogenität, Individualisierung etc. geben können. Somit

---

2 Dies im Zusammenwirken mit Angelika Hauser, der Leiterin des Instituts für Musik- und Bewegungspädagogik/Rhythmik sowie Musikphysiologie an der mdw.
3 König, Bernhard: Heterogenität als ästhetische Zumutung. Überlegungen zu einer inklusiven musikalischen Fachdidaktik. URL: <http://www.schraegemusik.de/dateien/Datei/i/4n0kla10/datei1.pdf> (26.10.2020), 11.

wäre Einheit in der Vielfalt ebenso wie Durchlässigkeit in einem systematischen und begrifflich-logischen Sinn gegeben. So könnte auch dem Vorwurf entgegengetreten werden, dass es nicht nachvollziehbar sei, dass Inklusion im Bereich Behinderung und Beeinträchtigung wirksam werde, Heterogenität im inter- und transkulturellen Feld und *Diversity* etwa im Bereich des *Doing Gender*.

Inklusion wäre so im Plural zu denken, es gäbe demnach nicht *die* Inklusion, sondern *Inklusionen*. Auch erscheint mir der Inklusionsbegriff deshalb so tauglich als Oberbegriff, weil er nicht-exklusiv, also nicht ausschließend ist, was bei *Heterogenität* so nicht zutrifft: Der, die oder das Andere wird im Begriff der Heterogenität immer wieder rekonstruiert bzw. neu konstituiert, wie auch im *Diversity*-Begriff jene Unterschiede und Vielheiten immer mitkonstruiert werden, die es aber im Sinne von Inklusion(en) hereinzunehmen gilt."[4]

Nun zu den acht Teilen dieses Buches und den einzelnen Beiträgen im Einzelnen.

I. Inklusion, Humanismus und der Liberalismus der Furcht

Christoph Khittl bettet in seinem Beitrag *Inklusion(en) in musikalischen Praxen des Humanen. Essay-Improvisationen in musikanthropologischer Absicht* sein Nachdenken über inklusive Praxen in eine fundamentale Kritik an post- bzw. transhumanistischen Positionen ein, die die menschliche Conditio humana als eine des Nicht-Vollkommen-Seins radikal in Frage stellen und den Menschen in seiner Bedürftigkeit mit Mitteln der künstlichen Intelligenz nicht nur ‚optimieren', sondern eigentlich überwinden wollen. Der Autor spürt auf, wie dieser Diskurs bereits jetzt humane Werte aushöhlt, zugleich aber ist er auch sensibel für die inneren Widersprüche des inklusiven Denkens:

„Von einer Position aus, die fälschlicherweise annimmt, genau zu wissen, was richtig und besser wäre, einmal für die Menschen insgesamt (in der post- und transhumanen Anmaßung) und zum anderen für Behinderte im Besonderen (in der inklusiven Anmaßung), werden unzulässige Zuordnungen und Attribuierungen vorgenommen, die den Menschen etwa zur unvollkommenen Maschine oder zum fehlerhaften Programm degradieren (in der post- und transhumanen Anmaßung) und den der Inklusion Bedürftigen erst recht zum Behinderten machen (in der inklusiven Anmaßung)."

Dem stellt Khittl – wie bereits oben angedeutet – ein Plädoyer für einen „Inklusionsbegriff im Plural" gegenüber und arbeitet dann – vor allem in Bezug auf die Theorie der musikalischen Situation von Günther Anders – die Prinzipien einer anthropologischen Musikdidaktik heraus, „die inklusive musikalische Praxen in Enklave-Situationen anstrebt".

---

4   Zitiert nach dem Beitrag von Khittl in diesem Buch, 31.

Peter Röbke

Peter Röbke beschreibt in seinem Beitrag *Ohne Furcht und Abhängigkeit – zum Wirklichkeitsbezug und zur politischen Relevanz des inklusiven Musizierens* Einbrüche der gesellschaftlichen und politischen Wirklichkeit in Situationen gelingenden und glückstiftenden inklusiven Musizierens. Er zeichnet anhand der Vorstellung von gemeinschaftlichem und gemeinschaftsbildendem Musizieren das Schwanken der außerschulischen Musikpädagogik zwischen Realitätsbezug und Realitätsverweigerung nach und erreicht schließlich – im Blick auf die Legimitation der inklusiven Praxis – nicht nur den Liberalismus der Selbstentfaltung und jenen der gleichen Rechte für alle, sondern auch den „Liberalismus der Furcht" (Judith Sklar). Dieser Liberalismus entstand unter dem Eindruck der Gewaltakte des 20. Jahrhunderts und zielt auf ein Leben ohne Furcht und Abhängigkeit. Wenn es vulnerable Gruppen gibt, dann gibt es auch jene, die diese Wunden schlagen – und inklusive Arbeit tut gut daran, die Gemein- und Grausamkeiten, die jenen zustoßen, mit denen sie arbeitet, nicht zu ignorieren: Wenn etwa Menschen mit Behinderungen Unterstützungsleistungen gestrichen werden, geflüchtete Menschen in vermeintlich sichere Herkunftsländer abgeschoben werden oder Kinder aus armen Familien kaum eine Chance haben, jeweils auch nur in die Nähe einer Musikschule zu kommen.

II. Die *All Stars Inclusive Band*: Entwicklung, Forschungsfeld, soziales Miteinander und fachliche Ausstrahlung

Nach diesen eröffnenden und die gesellschaftliche Gegenwart ins Auge fassenden Beiträgen wird der Praxis und der Ausstrahlungskraft jenes Ensembles Raum gegeben, das Anlass dieser Publikation war und durchgehend für ihre Beiträge expliziter wie impliziter Bezugspunkt ist (ganz gleich, wie weit sich hin und wieder die Beiträge auch thematisch von der Praxis der *All Stars Inclusive Band* zu entfernen scheinen).

Beate Hennenberg zeichnet – als kundige Chronistin, als leidenschaftliche Advokatin der inklusiven Musikpädagogik und als Forscherin, die inklusive Projekte diesbezüglich begleitet – in *Die All Stars Inclusive Band: Chronik und charakteristische Aspekte* wesentliche Stationen in der Entwicklung des Ensembles auf (auch aus Lehrinitiativen im Vorfeld heraus): wichtige Phasen ihres Arbeitens, die als Erfahrungsraum für Studierende wesentlich und auch für die Diversitätsstrategie der mdw insgesamt relevant wurden. Hennenberg beschließt ihren faktenreichen Beitrag mit einer Skizze zu Möglichkeiten partizipativer Forschung, also zu einer Forschung nicht nur *über* den Gegenstandsbereich, sondern *in* der Band und *mit* ihren Mitgliedern, einer Forschung, die diese nicht zu Forschungsobjekten degradiert, sondern ihnen eine Stimme gibt.

Marlene Ecker und Bernhard Lengauer, die im Jahr 2015 die Leitung der Band von Marlene Lacherstorfer übernommen haben, geben in *Das soziale Miteinander in der All Stars Inclusive Band* einen berührenden Einblick in das Innenleben des Ensembles und in dessen schöpferische Prozesse, in ein Miteinander, das bestimmte Werthaltungen im Innern lebt und nach Außen verkörpert. Aus den Lebenswelten der Teilnehmenden steigen bedeutsame Themen auf, die in kollaborativer Arbeit zu Songtexten und Songs verdichtet werden: Die *All Stars* covern kaum, sie berichten vielmehr künstlerisch von ihrem Leben und teilen diese Kundgabe mit ihrem Publikum, im Konzertsaal wie auf der Straße oder im Park, in der Live-Performance ebenso wie auf CDs.

Anschließend fällt ein kurzer Außenblick von zwei *critical friends* auf die Band. Annukka Knuuttila und Elina Vetoniemi, Lehrende am finnischen Kuopio Conservatory und seit dem ERASMUS+Projekt *Inclusive Pedagogy in Arts-Europe (IPA-E)* der inklusiven Musikpädagogik an der mdw verbunden, stellen einerseits kritische und zielführende Fragen, heben andererseits etwas vor, dass sich im inklusiven Musizieren so oft erfahren lässt, nämlich reines Glück: „Working together in a group or making music together does not automatically result in joy. But in the *All Stars Inclusive Band* the feeling of joy was fully achieved and there wasn't any lack of motivation to play, sing and dance."

Beate Hennenberg beendet mit dem Beitrag *Die All Stars Inclusive Band als Motor und Anstoß für Initiativen zum inklusiven Musizieren* diesen Abschnitt des Buches mit einer Darlegung und Kontextualisierung von zwei Initiativen, die sich im Umfeld der Band kontinuierlich entwickelt haben. Sie berichtet zunächst von den Fachtagungen für Inklusives Musizieren, die in enger Zusammenarbeit von den Musikschulen der Stadt Wien und dem Institut für Musikpädagogik sowie jenem für Musik- und Bewegungspädagogik/Rhythmik an der mdw seit 2006 regelmäßig stattfinden und die ein breites Themenspektrum entfalten. Um nur einige der Themen der letzten Jahre zu nennen: *Möglichkeiten zur Inklusion durch Instrumentenbau, Inklusion durch Tanz* oder *Musizieren mit Menschen im Autismus-Spektrum*. Darüber hinaus stellt sie die inklusiven Soundfestivals vor, die – inspiriert u. a. vom *Integrativen Soundfestival #Fis* der Musikschule Fürth – bislang dreimal in Wien stattgefunden haben: Die Veranstalter*innen hoffen auf eine ‚Post-Corona'-Wiederauflage im Jahr 2022.

III. Inklusives Musizieren als Teil einer inklusionskompetenten universitären Aus-Bildung

Die Inklusionsdebatte im deutschsprachigen Raum ist schlicht nicht vorstellbar ohne die Beiträge Georg Feusers zu einer Entwicklungslogischen Didaktik und seinem jahrzehntelangen Bemühen, das segregierende institutionalisierte Erziehungs-, Bildungs- und Unterrichtssystem wissenschaftlich und politisch in Frage zu stellen. Daher waren die Veranstalter*innen der 12. Fachtagung für Inklusives Musizieren im Jahr 2017 sehr froh, Feuser als Hauptredner zum Thema *Grundlegende Momente der Aus-Bildung für eine inklusionskompetente Pädagogik* gewinnen zu können; das Herausgeber*innenduo dieses Buches wiederum ist dankbar, dass Feuser seinen Vortragstext zur Verfügung gestellt hat.

Feusers Text ist für die vorliegende Publikation besonders deswegen von großer Bedeutung, weil natürlich nicht der Eindruck erweckt werden soll, die inklusive Musikpraxis sei es allein, die Studierende der Musikpädagogik grundlegend transformiert und umfassend für die Anforderungen einer inklusiven Schule ausstattet. Dieser Hybris wäre mit Feuser entgegenzutreten, indem – wie sein Text zeigt – in Studiengängen einerseits einschlägige humanwissenschaftliche Grundlagen zu legen sind („Integration fängt in den Köpfen an – in unseren!") und die Curricula andererseits in ihrer grundlegenden Struktur eine Projektorientierung aufweisen müssten, so dass aus der Arbeit an konkreten Problemen des Feldes Einsichten und Haltungen entwickelt werden können. Hellhörig verweist der Autor auf die Defizite der pädagogischen Debatte und warnt eindrücklich vor einem „Inklusionismus", d. h. vor Praxen selektierender Inklusion und somit der Integration der Inklusion in die Selektion. Feuser wünscht den Leserinnen und Lesern seines Beitrags (und dieses Buches) abschließend – mit Gramsci – den „Pessimismus des Verstandes" und den „Optimismus des Willens": „Beides wünsche ich den Leserinnen und Lesern, die dazu gehörende Zivilcourage und den erforderlichen revolutionären Geist zur Umgestaltung unserer zum Nutzen und zur schamlosen Bereicherung einiger weniger aus den Fugen geratenen Welt."

Viele der Beiträge dieses Buches beschreiben Möglichkeiten des inklusiven Arbeitens und bemühen sich auch dabei immer wieder um möglichst widerspruchsfreie und intersubjektiv nachvollziehbare normative Begründungen, weisen manchmal aber auch durchaus – aus tiefer Überzeugung und im *commitment* gegenüber dem Anliegen – Züge des Bekenntnishaften auf: Die Herausgeberin und der Herausgeber stehen dazu. Umso wichtiger ist daher der Beitrag *Berufsbezogene Überzeugungen angehender (Musik-)Lehrer*innen zum Thema Inklusion als Aufgabe der Schule* von Eveline Christof, der auf empirischer Basis Schulrealitäten und die tatsächlichen ambivalenten Haltungen von Lehrkräften deutlich macht: Christof referiert nicht nur den empirischen *state of art* zum Thema, sondern fügt auch die Analyse zweier „pädagogisch reflexiver" Interviews mit Studierenden der Musikerziehung an, wobei schulische Widerstände, habituelle Hemmnisse oder Defizite der Ausbildung ebenso deutlich werden wie die Erwartung, gerade dem Musikunterricht möge die Inklusion gelingen.

Der konzise Beitrag von Kathrin Fabian *Breite Teilhabe und Exzellenz in inklusiven Musizierangeboten der mdw – Universität für Musik und darstellende Kunst*

Wien beendet diesen Teil des Buches: Die Autorin macht deutlich, dass nur unter Verwendung eines individuellen bzw. auf das Gegenüber gerichteten Exzellenzbegriffs maximale Teilhabe und optimale individuelle Entwicklung in ein widerspruchsfreies Verhältnis gebracht werden können. Die Autorin deutet an, dass es an einer Musikuniversität, also einer exklusiven und auf Selektivität beruhenden Einrichtung par excellence, alles andere als leicht ist, jene scheinbaren objektiven Maßstäbe für spieltechnische und interpretatorische Meisterschaft im Blick auf je individuelle Potenziale zu relativieren: Ihr zufolge könnte jedoch ein Weg dahin sein, das Spannungsverhältnis zwischen Auslese und entwicklungsorientierter Pädagogik dadurch neu zu formulieren, indem – wie es die Selbstbestimmungstheorie der Motivation von Decy und Ryan nahelegt – kollektive und individuelle Norm keine absoluten Gegensätze sein müssen, sondern tendenziell zur Deckung kommen können.

Und tatsächlich stehen wir hier wohl erst am Beginn eines Nachdenkens darüber, wie inklusives Musizieren an einer Musikuniversität mehr sein kann als das Agieren auf einer freundlichen Insel inmitten einer rauen Umgebung harter Selektionsprozesse. Immerhin deutet die mdw in ihrer Entwicklungsplanung 22-24 an, dass es ‚um das Eingemachte' geht, wenn auch an einer Kunstuniversität radikal über Diversität und Inklusion nachgedacht wird.

IV. Didaktische Aspekte des inklusiven Musizierens

All Stars Inclusive Band, Ensemble *Ohrenklang*, *Young All Stars*, *ClassicALL* – zum Zeitpunkt der Drucklegung dieses Buches musizieren diese vier Gruppen an der mdw; die *All Stars Inclusive Band* steht im Fokus dieser Publikation, gleichwohl finden die anderen drei gebührend Erwähnung, dadurch nämlich, dass wichtige Fragen des didaktisch-methodischen Vorgehens an der Praxis des jeweiligen Ensembles exemplifiziert werden.

Christoph Falschlunger entwickelt *Grundzüge einer inklusiven Musikdidaktik – am Beispiel des Ensembles Ohrenklang* und arbeitet – in einem schönen metaphorischen Bezug auf die fünf Finger der Hand – die Prinzipien Haltung und Beziehung, Differenzierung, Ganzheitlichkeit, Entwicklung und Bewegung heraus. Seine Darstellungen münden jeweils in einem Bündel inspirierender didaktischer Leitfragen.

Veronika Kinsky widmet sich in ihrem Beitrag *Die Young All Stars und die Kunst, inklusive Musizierensembles zu leiten* auf vielfältige und sensible Weise dieser Kunst, entwirft Leitungsrollen wie Mitmensch und *facilitator*, Schatzsucherin, Arrangeurin und Komponistin, polyglotte Allroundkünstlerin und Teamplayerin und veranschaulicht die Handlungskontexte in Vignetten, die auf berührende Weise die alltägliche Lern-, Interaktions- und Musizierdynamik ihres Ensembles spiegeln. Und nicht unter den Tisch fallen sollte, dass das Leiten eines inklusiven Ensembles auch bedeutet, „als leitende Person und als ganzer Mensch bereichert, erfüllter und glücklicher zu sein."

Beate Hennenberg stellt sich in *Das Ensemble ClassicALL als spezifische inklusionspädagogische Herausforderung: Einblicke in den Arbeitsprozess eines Kammermusikensembles* eben dieser Herausforderung und beschäftigt sich vor allem mit der Problematik eines differenzierten Umgangs mit den Faktoren Notation und Synchronisation im Zusammenspiel, Faktoren, die ein ‚klassisches' Ensemble in besonderer Weise prägen.

V. Inklusives Musizieren und Professionalisierung

Eine gefährliche Versuchung im Kontext der *exklusiven* Musikuniversität für das inklusive Musizieren ist gegeben, wenn man versucht, im Sinne der westlichen Musiktradition den Normen eines der Homogenität verpflichteten Musizierens umstandslos zu entsprechen. Wenn es nämlich um den Anspruch auf saubere Intonation, ausgewogene Klangbalance oder rhythmisch-metrische Präzision ginge, könnte man meinen, dem auf vermeintlich kurzem und effizientem Wege dadurch gerecht zu werden, dass etwa Studierende oder Profimusiker*innen in inklusiven Ensembles für eine stabile musikalische Basis sorgen und den mitmusizierenden Menschen mit Beeinträchtigungen dann nur eine Alibifunktion bleibt, die fragwürdige Lizenz, simple Perkussion oder marginale Bewegungen beizusteuern, die nicht ‚stören', aber auch nicht künstlerisch relevant werden. Dieser Versuchung gilt es durchgehend zu widerstehen, und daher ist es wesentlich, die regelmäßige Probenarbeit ernst zu nehmen und diese als permanente Arbeit an der Professionalisierung zu verstehen, diesen Anspruch auf Professionalität aber auch über die Ensembleprobe hinaus für die Entwicklung instrumentaler und vokaler Kompetenzen zu stellen und schließlich eine öffentliche Präsenz anzustreben, bei der am Ende auch die Frage nach einer angemessenen Honorierung der Konzertleistung zu stellen ist.

Die drei Beiträge dieses Teils artikulieren das Thema Professionalisierung auf unterschiedliche Weise.

Marlene Ecker stellt in ihrem Beitrag *Anmerkungen zum Instrumental- und Gesangsunterricht für die All Stars Inclusive Band* in aller Kürze dar, wie sich die *All Stars Inclusive Band* auf dem Weg zu einer *Musikschule im Kleinen* befindet: Seit einigen Jahren werden die Bandproben von kostenlosem Instrumental- und Gesangsunterricht für die Bandmitglieder begleitet, der von Studierenden und Absolvent*innen des Studiums der Instrumental(Gesangs)pädagogik erteilt wird, die dafür entsprechend honoriert werden. Das sind erste Schritte: Für die weitere professionelle Entwicklung sind die in den Beiträgen von Wagner und Gerland im Folgenden dargestellten Möglichkeiten sicher Inspiration.

Für Robert Wagner ist es in seinen Ausführungen zu *Berufung Musiker*in – wenn Mitglieder inklusiver Bands sich professionalisieren* überhaupt keine Frage, dass ein inklusives Ensemble sein Publikum finden muss, dieses Publikum ein Recht auf die musikalische Qualität des inklusiven Ensembles auf der Bühne hat und inklusive Ensembles auch in Kooperationen (Wagner spricht bewusst von *Fusionen*) mit professionellen Ensembles nicht untergehen dürfen. Die Conditio sine qua non ist ein professioneller Arbeitsprozess, der insbesondere auf die „Synchronisation von Klangereignissen und Emotionen" zielt: Das Publikum soll z. B. nicht unter einer möglichen metrischen Insuffizienz auf dem Podium leiden und diese gutmeinend entschuldigen müssen. Wagner sieht dafür nahezu unbegrenzte musikpädagogische Möglichkeiten, setzt mit seiner Arbeit an musikalischer Wahrnehmungsfähigkeit und Sensibilisierung an und hat bekanntermaßen auch in seinen Publikationen wie z. B. *Max einfach*[5] eine Fülle von Anregungen dafür gegeben. Diese seriöse musikpädagogische Arbeit bedarf aber nicht nur des inklusiven Wertefundaments, sondern auch eines zugeneigten Musikschulumfelds: Der Wagnersche Beitrag ist somit auch ein leidenschaftliches Plädoyer für eine inklusive Musikschule des 21. Jahrhunderts, wobei Wagner mit Fug und Recht immer wieder auf die Praxis ‚seiner' Musikschule Fürth verweisen kann.

Schon Wagner hatte Grenzen in Bezug auf die Möglichkeiten musikalischer Erwerbsarbeit erkennen müssen: Deshalb wurde sein in Kollaboration mit der Lebenshilfe entstandenes Projekt auch nicht *Beruf*, sondern *Berufung* Musiker*in genannt. Analog sprachen des Protagonisten des *Dortmunder Modells (DoMo)* vom *semi*professionellen Anspruch ihrer Bands, was jedoch nichts daran ändert, dass der ernstzunehmende Beitrag inklusiver Bands zum Musikleben vielleicht zum ersten Mal in dieser Dringlichkeit gefordert wurde: Man betrachte daraufhin, wie bei *DoMo* Konzertveranstalter*innen eine Fülle interessanter Bands ans Herz gelegt wurde![6] Juliane Gerland berichtet in *Inklusive Musikalische Bildung: Spielraum, Lebensraum, Arbeitsraum. Erfahrungen und Perspektiven aus dem Dortmunder Modell* von den Erfahrungen des auf drei Jahre angelegten Dortmunder Projekts, das seinen Ausgang bei der Beobachtung nahm, dass üblicherweise musikalische Bildungsbiografien von Menschen mit Beeinträchtigungen mit dem Ende der Schulzeit abreißen. Die Autorin unterscheidet die drei Projektbereiche *Breitenbildung, Talentförderung* und *(Semi-)Professionalisierung*, in denen sich der Anspruch auf kulturelle Teilhabe auf je unterschiedliche Weise verwirklicht, und referiert die durchweg positiven Ergebnisse der wissenschaftli-

---

5 Robert Wagner: *Max Einfach – Musik gemeinsam von Anfang an* (Spielheft und Lehrerband). ConBrio: Regensburg 2016.
6 URL: <http://www.fk-reha.musik.tu-dortmund.de/cms/de/DOMO__Musik/Bands_und_Ensembles/index.html> (26.10.2021).

chen Begleitung, aber natürlich in Bezug auf den schwierigen Bereich *(Semi-) Professionalisierung*, der etwa auf die Barrieren der Aufnahmeprüfungen von Musikuniversitäten stößt, feststellen muss: „Die parallele Betrachtung der Phänomene Erwerbstätigkeit, Behinderung und musikalische Professionalität und Professionalisierung ergibt eine ausgesprochen komplexe Struktur." Gleichwohl entwickelt Gerland nicht nur Vorstellungen, wie mit diesem Thema weiter umgegangen werden kann, sondern weitet ihre Darlegungen auch auf die Möglichkeiten semiprofessionellen Wirkens von Menschen mit Behinderung in Hochschulprojekten im Bereich musikalischer Bildung aus.

VI. Inklusives Musizieren als ästhetische Herausforderung

Inklusives Musizieren kann ethisch oder politisch begründet, bildungswissenschaftlich eingeordnet und musikpädagogisch unterstützt werden, drängt es jedoch auf das Podium und in die Öffentlichkeit (was den Mitgliedern der verschiedenen Ensembles ein wirkliches Bedürfnis ist!), dann entkommt man nicht der Frage, inwieweit die Heterogenität der Mitglieder dieses Ensembles nicht nur differenziert musikdidaktisch beantwortet wurde, sondern auch im künstlerischen Ergebnis spürbar ist, mithin als ästhetischer Mehrwert relevant wird. Bernhard König hat in seinem grundlegenden Beitrag *Heterogenität als ästhetische Zumutung*, der in Zusammenhang mit diesem Teil des Buches unbedingt mitgelesen werden sollte[7], die Herausforderungen, die in diesem Anspruch auf eine ästhetische Relevanz der musikalischen Arbeit mit dem je Besonderen eines jeden Menschen liegen, deutlich herausgearbeitet. Drastisch beschreibt er die Ausgangslage sowie die Zwänge und die Erwartungen des *homogenen* Klangideals der westlichen Musik, aber auch der Pop-Musik. Wenn ausgewogene Klangbalance, ‚saubere' Intonation oder perfekte Synchronisation die musikalischen Erwartungen dominieren, erscheinen Exklusion und Frustration unausweichlich und das inklusive Musizieren als vor allem defizitär, und wenig ändern daran laut König auch Versuche, durch professionelle Rhythmusgruppen in Bands oder die Trennung von konventioneller musikalischer Solidität und freier Bewegungsgestaltung die ‚Defizite' der Musiker*innen mit Beeinträchtigungen quasi bemänteln zu wollen und zudem auf eine Rezeptionshaltung der *emphatischen Anspruchslosigkeit* zu setzen. Statt eine *exklusive Ästhetik der Beeinträchtigung* zu verfolgen, stellt König Beispiele aus seiner eigenen Praxis vor, etwa das Projekt *Accompagnato – Die Kunst des Begleitens* (2008), ein Projekt der Zusammenarbeit der Württembergischen Philharmonie Reutlingen mit Musiker*innen des Bruderhauses Diakonie und Lebenshilfe oder das Zusammentreffen der *Special Voices* der Vokalist*innen der Bodelschwinghschen Stiftung

---

7   Vgl. König a. a. O.

Bethel mit Musiker*innen aus der freien Improvisationsszene, aus dem heraus etwas buchstäblich *Unerhörtes* entsteht.[8]

Robert Wagner hat in seinem bereits vorgestellten Beitrag eine Antwort auf diese Fragen gegeben, die darin besteht, die einschlägigen Qualitätsansprüche des Publikums zu akzeptieren und auf Seiten der Musiker*innen eine wirkliche Professionalisierung durch seriöse und konsequente musikpädagogische Arbeit an Wahrnehmung und Synchronisation für möglich zu halten. Die fünf Musikpädagog*innen, die an der mdw inklusive Ensembles leiten bzw. begleiten oder für die freie Improvisation stehen, also Marlene Ecker, Christoph Falschlunger, Dietmar Flosdorf, Reinhard Gagel, Bernhard Lengauer und Veronika Kinsky, und die sich zu einem von Peter Röbke moderierten Roundtable *Eigensinn und Eigenklang: Hat das inklusive Musizieren eine spezielle Ästhetik?* getroffen haben, nähern sich dem Thema pragmatisch und phänomenologisch: Sie spüren in ihren Ensembles, die durchaus auch traditionellen Formen des Musikmachens verpflichtet sind, Momenten spezieller Intensität, singulären Weisen des Ausdrucks oder einer spezifischen Interaktion nach – dies im Bewusstsein, an einer der exklusivsten Institutionen überhaupt, einer westlichen klassischen Musikuniversität, zu arbeiten und durchaus in einem Anspruch auf Subversion und Herausforderung des ‚Systems'.

Das Portrait *Combo PertHolz. Ein musikalisches Abenteuer,* das Karl A. Immervoll anschließend beisteuert, lässt am konkreten Beispiel aufscheinen, was menschlich, pädagogisch und künstlerisch möglich ist: Man vertiefe sich in Immervolls sensible Beschreibungen der musikalischen Persönlichkeiten seiner Mitmusiker*innen, um eine Ahnung davon zu bekommen, was auch ästhetisch geht, wenn genau auf die Potenziale geschaut wird. Auch die *Combo PertHolz* will auftreten (Immervoll: „Jede Aufführung war eine Offenbarung, die mehr war als die produzierten Klänge.") und ihr *Eigenklang* wird auch auf einer CD des Ensembles in rauen Stimmen oder wuchtig daherkommenden Rhythmen hör- und spürbar.

VII. Inklusive Musikpraxis in der Sicht verschiedener musikpädagogischer Fachbereiche

Das Wiener Institut für musikpädagogische Forschung, Musikdidaktik und Elementares Musizieren (IMP) spiegelt in seinen fünf Fachbereichen die ganze Breite möglicher Felder, in denen ungehinderte Beziehungen zwischen Menschen und Musik angestiftet, begleitet und gefördert werden können: Insofern ist „In-

---

8 In diesem Zusammenhang verweise ich auch auf meinen Aufsatz *Körper, Leib, raue Klänge. Gibt es eine musikalische Art brut?* In: Lars Oberhaus/Christoph Stange: *Musik und Körper. Interdisziplinäre Dialoge zum körperlichen Erleben und Verstehen von Musik.* Bielefeld: transcript 2017, 295-308.

Peter Röbke

klusion" für das Institut eine Querschnittsthematik. Da zugleich Grundidee und Leitlinie der Bände in der *wiener reihe musikpädagogik* „das diskurserweiternde, integrative Denken hin auf Durchlässigkeiten zwischen bisweilen getrennt voneinander agierenden und forschenden musikpädagogischen Bereichen" ist, ist es nur folgerichtig, dass der Grundimpuls dieser Veröffentlichung auch von Vertreter*innen anderer Fachbereiche des IMP aufgenommen wird.

Christina Kanitz-Pock legt in ihrem persönlich gehaltenen Beitrag *Elementares Musizieren als inklusives Musizieren* zunächst die vielfältigen normativen Fundamente und Bezüge ihres eigenen pädagogischen Handelns dar, um dann – in einem kollaborativen Zusammenwirken mit dem gesamten Team der Elementaren Musikpädagogik (EMp) – Begriffsfelder zu entwickeln, die das Musizierverständnis der Wiener EMp ebenso einfangen wie die pädagogischen Haltungen der Lehrenden. Anschließend stellt sie diese Erkundungen didaktisch-methodischen Aspekten gegenüber, die aus einer Analyse von einschlägigen Grundlagentexten der Inklusionspädagogik gewonnen sind. Dieses Vorgehen erlaubt, systematisch die Beziehungen von EMp und Inklusiver Musikpädagogik zu erkunden und zu der Feststellung zu gelangen: „Elementares Musizieren und EMp sind demnach wie ihre Schwesterndisziplinen Rhythmik/Musik- und Bewegungspädagogik und Elementare Musik- und Tanzpädagogik fachimmanent für inklusive Angebote prädestiniert, da tragende Säulen des Fachbereichs per se inklusiv sind."

Eine *offene Bühne*, auf der das Normale oder Konventionelle immer zum Einmaligen und Besonderen mutiert, Fragen nach dem Gelingen *unvorherhörbarer* Musik im kollektiven Prozess, ‚Fehler' oder Störungen als willkommene Ereignisse im kreativen Prozess bzw. als ästhetisch relevante Umschlagspunkte: Reinhard Gagels Beitrag *Freie Improvisation: offene Bühne für Musiker*innen mit besonderen individuellen Voraussetzungen* stellt einen wertvollen Beitrag zum Diskurs über das inklusive Musizieren dar. Er argumentiert mit Erfahrungen aus dem Kölner *Improvisiakum* und dem Berliner *exploratorium*, rahmt seinen Beitrag mit der Darstellung des vokalen und musikalischen Potenzials der von einem Schlaganfall betroffenen Jazz-Sängerin Linda Sharrock ein und öffnet dadurch – und auch im Nachdenken über eine *Art Brut* in der Musik – das Spektrum der musikalischen *Heterogenität* ganz weit.

Ausgehend davon, dass das klassische Konzert sowohl in seiner Besucherstruktur wie seinen Ritualen eine dediziert exklusive Veranstaltung ist, kann Axel Petri-Preis in seinem Beitrag *Musikvermittlung und Community Music als Motoren von Inklusion im klassischen Konzertleben* – auch durch die Darstellung konkreter Projekte in Bremen, Luzern und Wien – zeigen, wie die Impulse der Community Music und die Projekte und Formate der Musikvermittlung zu Antriebskräften für ein Musikleben werden können, das diverser und inklusiver wird und in dem das Recht auf kulturelle Teilhabe realisierbar ist. Und wenn auch noch hin und wieder der Eindruck entstehen könnte, dass Musikvermittlung großen Institutionen nur als Alibi dient, [d]as grundlegende Verdienst von Musikvermittlung und Community Music besteht [...] darin, ein Einfallstor für Inklusion und kulturelle Teilhabe in den Konzertbetrieb geschaffen zu haben."

VIII. Ausblick und Perspektiven

Das Buch schließt mit dem umfangreichen Beitrag von Helga Neira Zugasty *Inklusiv musizieren – von gesellschaftlicher Relevanz*, der Biographisches, Pädagogisches und Politisches ebenso miteinander verwebt wie einen Rückblick auf die Auseinandersetzungen um eine inklusive Gesellschaft und eine entsprechende Pädagogik mit einem zukunftsweisenden Ausblick. Neira Zugasty kennt das Feld wie kaum eine Zweite und kann so die verschiedenen Player im Feld benennen und deren Rollen, Haltungen und Handlungsweisen detailliert beschreiben, wobei ihre besondere Hoffnung auf den Studierenden liegt: „Für mich sind die Studenten und Studentinnen jene Gruppe, in die ich die meiste Hoffnung für gelingendes gemeinsames Musizieren, ja für den Weg in eine gemeinsame Lern- und Lebenswelt setze." Die Autorin entwickelt Kriterien für eine inklusive Musikpraxis wie Selbstbewusstsein, Perspektivenwechsel im Zusammenspiel, Kooperation und Solidarität und stellt inklusionspädagogische Zugänge vor, die in einer entwicklungsdynamischen Beobachtung und Analyse von Lernprozessen fundiert sind.

Neira Zugastys Beitrag hat durchaus einen Charakter von *legacy*: Die Herausgeberin und der Herausgeber schätzen sich glücklich, dass die vorliegende Publikation mit diesem Beitrag einerseits gerundet wird und anderseits in die Vision einer Gesellschaft, die inklusive Kunst braucht und will, mündet.

I.
Inklusion, Humanismus und der Liberalismus der Furcht

Christoph Khittl

Inklusion(en) in musikalischen Praxen des Humanen
Essay-Improvisationen in musikanthropologischer Absicht

Introduktion: Essay-Improvisationen als Textsorte

Der Philosoph Konrad Paul Liessmann bezeichnet in seiner (durchaus essayistisch angelegten) Studie über nicht-fiktionales bzw. wissenschaftliches Schreiben u. a. den Essay als eine „Form der Schwäche"[1]. Wo, wenn nicht hier, in einem Text über Inklusion und Musikdidaktik, wäre eine nicht-fiktionale Textsorte wie der Essay angebrachter? Der Essay, als Form der Schwäche, macht auch dort, wo er „sich einlässt, engagiert, polemisch […] wird", immer auch einen an Musil erinnernden „ästhetischen Vorbehalt […], dass zu allem auch das Gegenteil denkbar und möglich wäre." Und das mache die Form des Essays zugleich „überlegen" wie „ohnmächtig."[2]

Mir scheinen solche Charakteristika der Textsorte angemessen für die folgenden Ausführungen, die ich dadurch zugleich schwäche wie ästhetisch auflade, indem ich den folgenden Text als Essay-Improvisationen bezeichne und mir die entsprechenden improvisatorischen Freiräume auch als Form der Schwäche zugestehe.

Improvisation 1: Trans- und posthumanistische Szenarien. Entwertung humaner Werte und die Idee der Inklusion

Wenn an dieser Stelle eingangs von autonom, also selbstfahrenden und zugleich ethisch programmierten Autos die Rede ist, mag das zumindest überraschend wirken in einem Text, der sich um Inklusion und Musikdidaktik drehen soll. Vielleicht eröffnet die Option, dass Menschen mit Beeinträchtigung durch ein solch autonom fahrendes Fahrzeuge ein Mehr an Mobilität und Welterschließung ermöglicht wird, lockere Assoziationsketten hin zur Inklusion, noch nicht aber zur Musikdidaktik.

---

1 Liessmann 2020, 62.
2 Ebd., 64.

Christoph Khittl

Die *schöne neue Welt* der Künstlichen Intelligenz (KI) und der lernenden Maschinen erweitert zweifellos Partizipation an Lebenswelt in bisher ungeahntem Ausmaß, sie erhöht mit Blick auf autonom fahrende Autos insbesondere auch die Autonomie von Menschen mit Beeinträchtigungen. Dass beim autonom fahrenden Auto allerdings die Gewichtung der Autonomie mehr auf der Maschine und nicht auf der des Insassen liegt, der gerade *nicht autonom* ist und das Fahrzeug nicht selbst lenkt, sollte zu denken geben. Vollends der Aspekt einer ethischen Programmierung solcher Fahrzeuge lässt die *schöne neue Welt* angesichts eines erschreckenden Szenarios verblassen: Da schwere Unfälle unvermeidlich sind, gilt es, vorab ethisch programmierte Entscheidungen zu treffen, die vor dem Hintergrund einer problematischen Werteskala über mehr oder weniger wertvolles Leben getroffen werden. In Variation des unter der Bezeichnung „Trolley-Dilemma" bekannten philosophischen Gedankenexperiments lässt sich folgendes Szenario überdenken[3]: Wenn, vor die Alternative gestellt, ob das Fahrzeug in eine Gruppe älterer Damen oder in eine Gruppe spielender Kinder hinein prescht, die Anzahl der möglichen Opfer quantitativ verrechnet wird und daher ein voll besetzter Bus gegenüber einer mit zwei Personen besetzten Limousine als schützenswerter betrachtet wird, verflüchtigen sich die angeblich so menschenfreundlichen Erfindungen und Errungenschaften der Künstlichen Intelligenz. Wenn sich etwa herausstellte, dass im Bus rumänische Erntehelfer sitzen und in der Limousine der Erzbischof chauffiert wird oder dass die älteren Damen Holocaustüberlebende und die Kinder leukämieerkrankt sind, würde das zu nur scheinbar ethisch relevanten Fragestellungen und Dilemmata führen, die *uns* die Vordenker der Künstlichen Intelligenz vor post- und transhumanistischem Theoriehorizont aufzwingen wollen: Mit *uns* meine ich hier die Spezies Mensch.

Post- und transhumanistische Theoretiker misstrauen dieser Spezies Mensch und erachten diese zumindest als „antiquiert"[4], auf alle Fälle aber als dringend optimierungsbedürftig. Und wenn der Mensch durch Künstliche Intelligenz, selbstlernende Maschinen und humanoide Roboter ersetzt würde, die mit dem gesamten zu Algorithmen transformierten Menschheitswissen programmiert sind, würden diese dann über bei weitem bessere Informationen für Entscheidungen als der labile und emotional anfällige, daher stets unzuverlässige Vertreter der antiquierten Spezies Mensch verfügen.[5]

Es handelt sich bei den Vertretern des Post- und Transhumanismus – wohl gemerkt – nicht um getarnte Nachfahren der Nationalsozialisten, im Gegenteil. Das Eingangsbeispiel des autonom fahrenden Fahrzeugs exemplifiziert, dass doch gerade benachteiligten und in ihrer Mobilität eingeschränkten Personen

---

3 Vgl. Bertram 2012, 263; Precht 2020, 187.
4 Vgl. Anders 1956, 1980.
5 Vgl. dazu Simanowski 2020, der ganz im Sinne des Posthumanismus argumentiert, und vgl. dagegen Snyder 2020 als scharfen Kritiker des Posthumanismus.

diese Form mobiler Künstlicher Intelligenz zum Wohle gereichen soll. In den Forschungslabors, Camps und Think-Tanks des berühmten Silicon Valley sind eher Nachfahren New-Age-bewegter, phantasievoller, denkerischer Avantgarden zu finden, die die Fehlerhaftigkeit und Unzulänglichkeit der Spezies Mensch durch Künstliche Intelligenz zu korrigieren versuchen und zudem sogar den Schlüssel zur Unsterblichkeit in der Hand zu haben scheinen, indem die Künstliche Intelligenz verspricht, das Beste menschlicher Intelligenz auf anderen Trägermedien auch dann weiter zu entwickeln, wenn sich die Menschen selbst – wie zu erwarten und berechnen ist – in absehbarer Zeit durch Kriege, Atom- oder Klimakatastrophen vernichtet haben werden.

Werte und Grundwerte werden im transhumanistischen Denken massiv unterhöhlt und sabotiert, wenn nicht sogar offensiv außer Kraft gesetzt im Namen des Fortschritts und der angeblich richtigen Theorien. Gesetzeswerke wie die Erklärung der Menschenrechte durch die UN, das deutsche Grundgesetz, Verfassungen westlicher demokratischer Gesellschaften, d. h. Gesetzes-, Regel- und Vertragswerke, die die Unantastbarkeit der menschlichen Würde und den Selbstzweck des menschlichen Lebens auf der Basis aufgeklärten Denkens in christlich-humanistischer Tradition festschreiben, laufen zusehends Gefahr, eben derselben ‚Antiquiertheit' anheim zu fallen, wie deren Verfasser, die Menschen selbst. Wenn zum ‚Wohl der Menschheit' selbstfahrende Autos zwar einerseits die Mobilität (mobilitätsbeeinträchtigter) Menschen befördern, dies aber auf Kosten unmenschlicher, utilitaristischer Berechnungen über den Wert eines Menschenlebens etwa im Unfallszenario, dann müssen die Vorteile der vermeintlichen Optimierung des Menschen samt den angekündigten Segnungen durch KI scharf zurückgewiesen werden; dies im Namen humaner Werte und im Sinne der Unantastbarkeit und unveräußerlichen Würde menschlichen Lebens, das niemals als Mittel zu einem Zweck benutzt werden darf, sondern einen Zweck in sich darstellt.

Warum stehen diese Überlegungen am Beginn eines Beitrags zu Inklusion und Musikdidaktik, wirken sie nicht etwas deplatziert?

Zumindest auf zwei Weisen versuche ich darauf zu antworten:

1)
Die Tatsache, dass es seit den 1990er-Jahren verbindliche internationale gesetzliche Vertragswerke zur Inklusion gibt, die sich inzwischen bis in die Gesetzgebungen einzelner Nationalstaaten (insbesondere vom Typus westlicher Demokratien) auswirken, mag als Erfolg für die inklusiven Anliegen gewertet werden. Dies führte und führt zu nicht-diskriminierenden, inklusiv gemeinten Bestimmungen und Vorschriften in fast allen gesellschaftlichen Lebensbereichen, beispielsweise zur Barrierefreiheit und zu Leichter Sprache. Andererseits sollte gerade das eingangs gewählte post- und transhumanistische Szenario zur Vorsicht

mahnen, denn die humanen Grundwerte insgesamt werden in vielen Lebensbereichen permanent wie schleichend ausgehöhlt und unterwandert, wie das Beispiel der selbstfahrenden Autos zeigt. Wenn die Grundwerte einmal ausgehöhlt sind, führt das in weiterer Folge in erhöhtem Maße dazu, dass gesetzliche Bestimmungen ausgehebelt, ausgetrickst und umgangen werden. Und auch dazu ließen sich aktuelle Beispiele aus fast allen Lebensbereichen anführen, in denen Inklusion realisiert werden soll: Ich erwähne nur das weite Feld von Stellenausschreibungen im universitären Bereich, wo es solche Umgehungsstrategien bei buchstäblicher Erfüllung der Vorgaben gibt. Gesetzliche Vorgaben und noch so verbindlich vereinbarte internationale Vertragswerke können bei fehlendem Wertbewusstsein nur allzu leicht zum Sedativ einer Gesellschaft werden, die nicht so genau hinschauen will und sich ihr gutes Gewissen mit Verweis auf Paragraphenwerke selbst bestätigt.

2)
Die zweite Antwort geht von einer vermuteten Strukturparallele von Argumentationsmustern aus: Die Post- und Transhumanisten diskriminieren das Menschsein genauso wie das etwa sehr normorientierte Sozietäten gegenüber denjenigen tun, die diesen Normen nicht ganz entsprechen und somit ‚inklusionsbedürftig' sind (weil man sie ja nicht ausschließen will).

Von den Post- und Transhumanisten wird die Unzulänglichkeit der Spezies Mensch in ähnlich arroganter und vom Grundansatz her falscher, besserwisserischer Weise behauptet, wie das normbestimmte Gesellschaften gegenüber den sogenannten *Behinderten/Benachteiligten* tun (ich benutze hier absichtlich diese Bezeichnung im Sinne einer vorläufigen begrifflichen Annäherung). Von einer Position aus, die fälschlicherweise annimmt, genau zu wissen, was richtig und besser wäre, einmal für die Menschen insgesamt (in der post- und transhumanen Anmaßung) und zum anderen für *Behinderte im Besonderen* (in der inklusiven Anmaßung), werden unzulässige Zuordnungen und Attribuierungen vorgenommen, die den Menschen etwa zur unvollkommenen Maschine oder zum fehlerhaften Programm degradieren (in der post- und transhumanen Anmaßung) und den der Inklusion Bedürftigen erst recht zum Behinderten machen (in der inklusiven Anmaßung).

Improvisation 2: Plädoyer für einen Inklusionsbegriff im Plural

Über Inklusion nachzudenken, heißt auch und vor allem, sich Gedanken zu machen über Werte, Werthaltungen und deren Wirksamkeit in Praxen des Humanen. Wenn auch mäandernd, so steuern diese Ausführungen auf Fragen, Probleme, Möglichkeiten, Chancen und Grenzen der Inklusion in der Musikdidaktik zu. Zwar soll hier kein Modell einer *inklusiven Musikdidaktik* zur Diskussion gestellt werden, das erschiene mir als unzulässig und nicht leistbar und außerdem als separierend. Wenn ich davon ausgehe, dass Musik eine der möglichen *Praxen des Humanen* darstellt, ist das immerhin ein gewisser Orientierungsrahmen: Die Überlegungen gehen in eine anthropologische Richtung und Auffassung von Musikdidaktik.

In mehrere Richtungen offen erscheint mir hingegen der Gebrauch des Inklusionsbegriffs, offen und durchlässig hin etwa zu Begriffen wie Heterogenität, *Diversity*, Individualisierung.

Vorläufig aber experimentiere ich im Spannungsfeld von zwei sich nicht ausschließenden Thesen: *a) Inklusion gibt es nur im Plural* und *b) Inklusion kann nur maximal individualisiert als je maßgeschneiderte im Einzelfall gelingen.*

Ethische Fragestellungen, und das gilt auch für die eingangs skizzierten ethischen Dilemmata, haben stets den Nachteil der Unbeweisbarkeit. (Auch der Kategorische Imperativ löst dieses Problem nicht. Und ethische Gewissheit auf der Basis von religiösem Glauben kann nicht dekretiert werden). In ihrer Unbeweisbarkeit sind ethische den ästhetischen Fragestellungen ähnlich. Werte und Werthaltungen sind aber nicht nur unbeweisbar, sie sind, auch wenn sie fundamental sind, keineswegs stabile Fundamente, sondern untrennbar mit Handlungsmustern verwoben, darin enthalten und deutbar wie flüchtige Spuren im Sand.

Aus solchen Spuren und Mustern lassen sich die fundamentalen, also die zugrunde liegenden Werte, Werthaltungen und Bewertungen erschließen, die z. B. auch dem Inklusionsbegriff zugrunde liegen. Und da verwirrend viele Spuren genau dieses Begriffsfeld durchziehen, scheint auch alles andere als eindeutig geklärt, was mit Inklusion eigentlich gemeint ist und auf welche Wertebasis und auf welches Menschenbild sie sich bezieht. Vielleicht wäre es sogar zutreffender vom Plural auszugehen, also anstelle von Inklusion von *Inklusionen* zu sprechen?

Wenn mit Inklusion ganz buchstäblich und im Wortsinn gemeint ist, dass sie alles miteinschließt und schlichtweg nichts draußen lässt, ist damit eine ungeheuerliche ethische Anforderung in beinahe totalitärer Weise gestellt. Dies kann eigentlich nur zu Überforderung führen. Ein solches Konzept von Inklusion erscheint auch gar nicht greifbar und bleibt abstrakt.

In zwei sehr unterschiedlichen Formulierungen scheinen sich mir die zentralen ethischen Grundannahmen der Inklusion fokussieren zu lassen. Die eine, anknüpfend an Schiller/Beethoven, lautet: „Alle Menschen werden Brüder...", und die andere, anknüpfend an Augustinus lautet: „Dilige, et quod vis fac!"[6] Gerade dieser Satz ist erläuterungsbedürftig. Häufig wird dieser Satz übersetzt mit: „Liebe, und tue, was du willst!" Und in dieser Übersetzungstradition wurde rückwirkend das originale Verb *diligo, -lexi, -lectus* sogar mit dem Verb *amare* vertauscht. *Diligo* und das Substantiv *diligentia* meinen aber nicht so sehr

---

6 Vgl. Epistola Johannis ad Parthos, Tract. X, 7, 8. Hier zitiert nach Ludwig 2015, 106 f.

die Liebe, sondern Achtsamkeit, Wertschätzung, Aufmerksamkeit.[7] Es geht also um diese Grundhaltung eines achtsamen, wertschätzenden, aufmerksamen Umgangs. Und wenn diese Voraussetzung erfüllt, *wirklich erfüllt* ist, kann man nicht wirklich falsch, schädigend oder verletzend handeln. Die *diligentia* wäre statt mit der Liebe besser mit dem Begriff der Freundlichkeit in Verbindung zu bringen, einer Tugend, die „auf der Dialogizität der Anerkennung, des emphatischen Sein-Lassens, des An-Wesen-Lassens des Anderen"[8] beruht.

Beide Formulierungen, ethisch zugespitzte Sollensforderungen, bleiben freilich in ihrer Abstraktheit noch ungreifbar. Die Formulierung Schillers ist dabei an die ganze Menschheit gerichtet, und der Satz des Augustinus dialogisch an ein *Du*. Dies korrespondiert nun genau mit meinen beiden Thesen, wonach es Inklusion nur im Plural gibt und Inklusion zugleich nur maximal individualisiert in der Achtsamkeit, Anerkennung und Wertschätzung des Anderen *als Du* gelingen kann.

Den in diesen Sollensforderungen enthaltenen Werthaltungen kann man nicht prinzipiell widersprechen, sie bleiben aber als solche bzw. als performativ intendierte Akte, die aus dem Sollen ein Sein herleiten möchten, immer noch unbeweisbar. Zu fragen bleibt auch nach dem *Wie* einer Umsetzung dieser Sollensforderungen, etwa wie sich Inklusion in Praxen des Humanen verwirklichen kann.

Eine auch nur ansatzweise Realisierung dieser totalen Inklusions-Idee[9] wird nicht ohne arbeitsteilige Spezialisierungen in jeweils spezifisch inklusiven Settings möglich sein, was zugleich das Problem mit sich bringt, dass sich dann das Ganze (der inklusiven Idee) in Unterteilungen und Sektoren aufgliedert, womit dadurch innerhalb der Inklusion zugleich so etwas wie Segmente der Separierung entstehen. Dieser logische Widerspruch in der Begriffsbildung selbst ist m. E. konstitutiv für den Inklusionsbegriff und trägt zu seiner Offenheit und bisweilen zu einer Unschärfe bei (was hier aber nicht negativ, sondern im Sinne einer produktiven Unschärfe gemeint ist).

Die beiden von Schiller und Augustinus abgeleiteten Kernsätze der inklusiven Idee könnten in der Art eines Leitbildes folgendermaßen weiter ausformuliert werden:

Niemand soll verloren gehen, da das menschliche Leben als Selbstzweck unantastbar ist. Jedem Menschen sollen gleichwertige Chancen, Förderungen und Zugänge zu Ressourcen möglich sein. Barrieren der Benachteiligung, Ausgrenzung und Exklusivität müssen kenntlich gemacht, reduziert und abgebaut werden zugunsten von partizipativen Modellen der Teilhabe. Vielfalt, Differenz und Unterschiede sind nie defizitär zu

---

7   Vgl. Stowasser 1971.
8   Han 2007, 147.
9   In gewisser Weise erinnert die Idee einer ‚totalen Inklusion' an die politische Philosophie des alten und heutigen Chinas, wonach es Ziel der Staatskunst sei, „Alles unter dem Himmel" in politischem Sinn zu einer weltumfassend-kosmischen Einheit zusammenzuführen. Dieses Konzept heißt *Tianxia*, (vgl. Zhao 2020).

deuten, sondern erwünschte Folge inklusiver Intentionen und Interventionen. Niemand darf auf Grund seiner je besonderen Lebensbedingungen und Lebensumstände benachteiligt werden. Dies alles ist als Auftrag in gesamtgesellschaftlicher Hinsicht zu verstehen als Aufgabe politischer Verantwortung für das Gemeinwohl. Die Bewährungsprobe des Gelingens setzt aber auf der je individuellen – „liebevollen", zumindest aber freundlichen – Bezugsebene an, die das Recht auf Selbstentfaltung und ein frei nach seinen Möglichkeiten angemessen gestaltetes Leben einlöst, ...

Ich breche diese skizzenhafte Paraphrase ab, denn es geht hier ja nicht um die Präambel für einen Leitbild-Text. Ich meine aber, in solchen Formulierungen können sich verschiedene Richtungen, Ausprägungen und Sektoren inklusiver Praxen auf Basis einer geteilten Wertehaltung wieder finden, selbst wenn vordergründig der Inklusions*begriff* keine Rolle spielt. Ich denke etwa an die bereits genannten Praxen im Zusammenhang mit Heterogenitäts-, *Diversity*- oder Individualisierungskonzepten. Mir ist dabei bewusst, dass sich diese Praxen unterscheiden, dass sie in verschiedenen Realitäten und Lebenswelten ansetzen und ihre je eigenen Konzepte, Strategien und Praxen entwickeln, die sehr unterschiedlich sein können/müssen. Dennoch aber meine ich, dass der Inklusionsbegriff als Oberbegriff fungieren könnte: Unter dem gemeinsamen Dach der Inklusion würde es Sektoren etwa im Bereich *Diversity*, Heterogenität, Individualisierung etc. geben können. Somit wäre Einheit in der Vielfalt ebenso wie Durchlässigkeit in einem systematischen und begrifflich-logischen Sinn gegeben. So könnte auch dem Vorwurf entgegengetreten werden, dass es nicht nachvollziehbar sei, dass Inklusion im Bereich Behinderung und Beeinträchtigung wirksam werde, Heterogenität im inter- und transkulturellen Feld und *Diversity* etwa im Bereich des *Doing Gender*.

Inklusion wäre so im Plural zu denken, es gäbe demnach nicht *die* Inklusion, sondern *Inklusionen*. Auch erscheint mir der Inklusionsbegriff deshalb so tauglich als Oberbegriff, weil er nicht-exklusiv, also nicht ausschließend ist, was bei *Heterogenität* so nicht zutrifft: Der, die oder das Andere wird im Begriff der Heterogenität immer wieder rekonstruiert bzw. neu konstituiert, wie auch im *Diversity*-Begriff jene Unterschiede und Vielheiten immer mitkonstruiert werden, die es aber im Sinne von Inklusion(en) hereinzunehmen gilt.

Damit wird auch – ganz praktisch gesehen – die folgende Frage hinfällig: Wenn eine Lehrperson drei Schüler*innen mit Beeinträchtigung, vier mit Migrationshintergrund und weitere 16 Individuen mit unterschiedlichsten anderen Hintergründen in einer einzigen Schulklasse unterrichtet – arbeitet diese Lehrperson nun inklusiv, interkulturell oder individualisiert-schülerorientiert?

Diese Überlegungen zur Begriffslogik und Begriffssystematik kommen zum vorläufigen Resümee, den Inklusionsbegriff im Plural nicht trotz, sondern gerade wegen seiner Offenheit als eine Art Oberbegriff zu verstehen, weil er nicht-usurpatorisch, sondern *inklusiv* – man verzeihe diese Tautologie –, bzw.

Christoph Khittl

integrativ ist und ethisch ähnlich fundierte Konzepte, Modelle und Praxen des Humanen unter ein Dach bringen kann. Und wenn man *integrativ* von lateinisch *in tectum* – was unter ein Dach bringen heißt – herleitet, so ist auch das eine Tautologie eines harmonischen Zusammenschließens.

Allerdings muss in diesem Plädoyer für den Inklusionsbegriff im Plural doch eine im Begriff selbst angelegte Schwachstelle angesprochen werden. Insbesondere in der Passivkonstruktion wird sichtbar, dass *Einschließen* zum *Eingeschlossen-werden* mutiert, was die Idee der Inklusionen konterkariert.

Geschrieben wurden diese Zeilen in Zeiten einer gänzlich *ungewollten und unerwarteten ‚Inklusion'* als einem alternativlosen *Eingeschlossensein* in Zeiten des Corona-Shutdown in der ersten Jahreshälfte von 2020. Gerade diese Erfahrung macht sensibel dafür, dass dem Inklusionsbegriff eine widersprüchliche Dialektik innewohnt. Wie Heterogenität oder *Diversity* das Andere qua Begrifflichkeit immer wieder neu reproduzieren und so ungewollt zur Verfestigung von Stigmatisierungen beitragen können, hat auch das Inkludiert-werden den Aspekt unerwünschter Einvernahme, einen gewissermaßen aggressiven Aspekt, der dem sonst so freundlichen Inklusionsbegriff innewohnt.

Mit Blick und Vorgriff auf die späteren mehr musikdidaktisch ausgerichteten Ausführungen möchte ich schon hier den Begriff der *Enklave* einbringen, einen Begriff, der später noch genauer konturiert wird.[10] Enklave und Inklusion lassen sich etymologisch auf sehr ähnliche Weise herleiten: *in-cludere/in-clusio* aus dem klassischen Latein und *en-clave* aus dem Spätlateinisch-Französischen von *clavis*, dem Schlüssel: Beide Begriffe drehen sich somit um Bedeutungsfelder des Einschließens.

Mir schweben inklusiv strukturierte musikalische Enklave-Situationen vor, in denen ich Inklusion und Musikdidaktik als Praxen des Humanen miteinander verbinde. Dieser Gedanke ist – wie oben gesagt – von einer anthropologischen Musikdidaktik geprägt, die nicht primär in Lehr-, Lern- oder Unterrichtsschritten denkt, sondern der Frage nachgeht, wie und warum Menschen sich in und durch Musik zusammenschließen – hörend wie musizierend – und sich (allein oder auch zu mehreren Personen) in absichtlich aufgesuchte und zeitlich begrenzte Enklaven des Musikalischen begeben. So gesehen wäre es zunächst sekundär, ob sich die musikalische Enklave als inklusiv, heterogen, divers oder individualisiert darstellt. Vor dem Hintergrund genau dieser Überlegungen könnte man tatsächlich sagen, Musik sei „von sich aus inklusiv".

Diese Behauptung hört man ja häufig und meist in arg verkürzter, verfälschender Weise. Und selbst wenn ich auf der Basis meiner anthropologischen Überlegungen vorsichtig auch zu dieser These neige, stelle ich sie jetzt einmal in Frage, um weit verbreitete Irrtümer zu kritisieren bzw. meinen Ansatz nochmals zu präzisieren. Wie inklusiv ist also die Musik?

---

10 Vgl. Richter 2019.

Improvisation 3: Wie inklusiv ist Musik?

Gerade im schulischen Kontext hat sich im Zuge der Inklusionsdiskussion die Behauptung festgesetzt, das Schulfach Musik sei prädestiniert für gelingenden inklusiven Unterricht. Im Gegensatz etwa zu Mathematik sei Musik aus der Fachstruktur heraus inklusiv angelegt. Begründet werden aber solche Einschätzungen in der Regel eher selten; sie werden einfach so oft wiederholt, bis Zweifel daran verblassen, mit dem Effekt, dass in der schulischen Fächerhierarchie Mathematik als ‚knallhartes Fach' weiterhin ganz oben steht und einem Fach wie Musik kompensatorisch die Verantwortung für Inklusion aufgebürdet wird.

Dieses Argumentationsmuster ist nicht neu, sondern tritt in immer wieder neuen Varianten auf, um schulische Fächerhegemonien zu tradieren. Das wäre aber ein eigenes Thema, daher belasse ich es hier bei dem Hinweis auf diese Behauptungen und füge allenfalls hinzu: Mathematik ist genauso inklusiv wie Musik.

Ich möchte hier aber keine schulbezogene Diskussion über den Status des Schulfaches Musik führen, sondern musikbezogen über die Frage nachdenken, ob und wie Musik (von sich aus?) inklusiv ist. Könnte sie nicht ebenso als maximal exklusiv angesehen werden, nicht nur angesichts der unzähligen Musikpraxen und Musikkulturen und der bewusst gesetzten Abgrenzungen zwischen ihnen, sondern auch angesichts der daran geknüpften gesellschaftlichen Distinktionen und Trennlinien? Man denke etwa an die Schwellenangst und die diversen Codes, die mit dem Besuch eines klassischen Konzerts oder einer Opernaufführung nach wie vor verbunden sein können.

Daher ist auf ersten Blick auch das Gegenteil der Behauptung, Musik sei inklusiv, zutreffend: Sie kann ebenso exklusiv wie exkludierend sein. Offenkundig nämlich ist die Musik bzw. sind die musikalischen Praxen überwiegend exklusiv angelegt. Musik verbindet demnach nicht, sie trennt. Strikt arbeitsteilige, hochspezialisierte Aufgabenverteilungen beim aktiven Musikmachen gibt es nicht nur in der europäischen Kunstmusik, sondern auch in außereuropäischen Musiktraditionen ebenso wie in den populären Musikkulturen. Es wäre zu billig und einfach falsch, das Prinzip der Arbeitsteilung allein der bürgerlichen Musikkultur etwa als Abbild kapitalistischer Strukturen zuzuschreiben. Eigentlich nur ideologisch verdächtige und historisch nachweislich der Indoktrinierung schuldig gewordene musikalische Konzepte wie die *Musische Erziehung* sehen im verbindenden, gemeinschaftsbildenden Charakter der Musik auch ihren Zweck.

Was vom aktiven Musikmachen gesagt wurde, gilt in hohem Maße auch für rezeptive musikalische Praxen. Der Sitznachbar im klassischen Konzert wird oft eher als Störenfried angesehen, der die eigene Hörkonzentration und den ästhetischen Genuss beeinträchtigt. Der abgedunkelte Saal, der Blick nach vorne oder die geschlossenen Augen mögen zumindest die Illusion schaffen, man sei sozusagen allein in und mit der Musik. Diese Form der musikalischen Versenkung, einer Art Andacht, soll aber nicht ironisiert werden, denn so arbeitsteilig und hochspezialisiert das Musikmachen ist, so konzentrationsintensiv und störanfällig ist es, einem musikalischen Prozess zu folgen.

Nun mag dieses Beispiel vom versunkenen Zuhörer tatsächlich etwas allzu exkludierend dastehen gegenüber musikalischen Rezeptionspraxen des kollektiven, kathartischen Ausagierens von musikgeleiteten Emotionen und Affekten (das in der klassischen europäischen Tradition maximal sublimiert und verinnerlicht wurde – und dies vielleicht tatsächlich als Niederschlag und Abbild tugendhaften bürgerlichen Verhaltens auch im Medium der Musik). Gleichwohl meine ich zu beobachten, dass auch in anderen Musikkulturen die Trennlinien beträchtlich und die Zugänge schwierig sind, um etwa in Dancefloor-, Techno-, oder Metal-Communities zugelassen zu werden: Exklusion auch hier anstelle des Inklusiven. Das kathartische oder tranceartige Erleben von Musik vollzieht sich ja mehr oder weniger unter Gleichgesinnten, ist also in gewisser Hinsicht auch exklusiv – worauf ich im Zusammenhang mit der musikalischen Situation als *Enklave* noch eingehen werde.

Was Musik (nicht) alles ist! Zuschreibungen und *Allegorisierungen*

Musik ist – wie die einen behaupten – inklusiv. Musik ist aber ebenso auch exklusiv. Was Musik nicht alles ist? Ich variiere nun dieses Sprachmuster ‚*Musik ist xxx*': In jeder Variante sedimentieren sich unterschiedlichste und konträre Musikauffassungen.

Musik ist inklusiv. Musik ist exklusiv. Musik ist schön. Musik ist Ausdruck von Gefühlen. Musik ist tönend bewegte Form. Musik ist gestaltete Zeit. Musik ist gestalteter Klang. Musik ist gestalteter Atem. Musik ist charakter- und gemeinschaftsbildend. Musik ist sittlich veredelnd. Musik ist unsittlich-schwächend. Musik ist tönende Mathematik. Musik ist tönende Architektur. Musik ist eine Form des Schweigens. Musik ist Sprache usw. usf...

Die hier angedeutete, endlos fortsetzbare Kette von Sprachmustern und Zuschreibungen scheint auf unversöhnliche und konträr auseinanderliegende Positionen hinzuweisen. Gleichzeitig unterliegen aber diese Fest- und Zuschreibungen alle demselben Fehl- bzw. Kurzschluss. Sie *allegorisieren* die Musik in einer verkürzenden und reduktionistischen Weise. Unter *Allegorisierung* verstehe ich hier gemäß der klassischen Auffassung von Allegorien die Zuschreibung, wonach etwa eine Statue mit verbundenen Augen und einer Waagschale in der

Hand tatsächlich die Justitia *ist* und sie nicht nur (symbolisch) *bedeutet*. Selten erscheint mir das klassische Prinzip der Allegorie so eindeutig wie zumeist unbemerkt vorzuliegen wie in solchen Wesenszuschreibungen in Bezug auf Musik. Denn die *Musik-ist-Zuschreibungen* sind nicht symbolisch gemeint, sie sind versuchte Wesenszuschreibungen und geraten in ihrer Verfestigung zu Allegorien. Immerhin gibt es im Unterschied zur Justitia in der Musik eine Vielzahl von Allegoriebildungen. Diskussionen über den jeweiligen Wahrheitsgehalt solcher Zuschreibungen müssen daher in der Regel ergebnislos verlaufen oder im unentschiedenen *Sowohl als auch-Modus*. Über den Wahrheitsgehalt einer Allegorie lässt sich eben nicht streiten, denn sie *ist* wie sie ist.

Und vor dem Hintergrund dieser Überlegungen ist dann die Frage, ob Musik nun inklusiv sei (oder doch exkludierend oder beides zugleich) nicht zielführend und auch nicht beantwortbar. Die Frage, ob Musik oder auch Mathematik als Schulfächer inklusiv sind, kann man daher nicht aus einer Fach- und Sachlogik, sondern einzig und allein aus dem Ethos herleiten. Die ethische Haltung ist Grundlage dafür, ob sich Praxen tatsächlich auch als Praxen des Humanen erweisen.

Musik kann einerseits in Praxen des Schreckens und Terrors ausarten (ich erinnere an Negativbeispiele aus der *schwarzen Instrumentalpädagogik* als Drill- und Disziplinierungsmaschinerie[11]); Musik kann aber andererseits auch in Praxen des Humanen geschehen. Und ich vermute, dass jeder, der mit Musik und Musikpädagogik zu tun hat oder hatte, einschlägige Erfahrungen in beide Richtungen gemacht und gespeichert hat.

Improvisation 4: Anthropologische Musikdidaktik und Praxen des Humanen

Welchen Prinzipien folgt nun eine anthropologische Musikdidaktik, die inklusive musikalische Praxen in Enklave-Situationen anstrebt? Und welchen Werten und ethischen Grundlagen folgt sie? Denn in jeder Didaktik sind implizit immer auch anthropologische Annahmen enthalten. Eine anthropologische Musikdidaktik im Besonderen ist aufgefordert, ihre Prämissen explizit zu machen und offenzulegen. Ich werde versuchen, dies inhaltlich angemessen in komprimierter Weise paraphrasierend wie improvisierend zu tun, mit Blick auf den Inklusionsgedanken.

Die Musik „fängt im Menschen an"[12] und erscheint in musikalischen Situationen. Natürlich *erklingt* Musik, ich subsumiere diese Tatsache aber unter dem

---

11 Vgl. Gellrich 1990.
12 Vgl. Khittl 2007.

weiten Begriff des *Erscheinens*, wie er durch Martin Seel in die ästhetische Diskussion eingebracht wurde. Musik fängt im Menschen an, löst sich von ihm ab, objektiviert sich in bestimmten Musikpraxen sogar zu musikalischen Werken oder auf Tonträgern, findet aber immer wieder zurück zum Menschen, und das stets in einer ganz bestimmten musikalischen Situation, gleichgültig, ob das eine musikaktive, rezeptive oder gar imaginative ist (imaginativ deshalb, weil Musik auch als nur imaginierte und gedachte existieren kann). Ich betone diesen Gedanken auch deshalb, weil sich eine anthropologische Auffassung von Musik von einer Ontologisierung und Verdinglichung von Musik distanziert. Musik erscheint in Situationen von und für Menschen. Die gut gemeinte Idee, in der Raumsonde Voyager u. a. Schallplatten der *9. Symphonie* von L. v. Beethoven in die Unendlichkeiten des Alls zu senden als Botschaft der Menschheit an die vermuteten Außerirdischen, erscheint aus einer anthropologischen Perspektive als *sinnlos* (mit allerdings hohem Symbolwert für die Menschen selbst).

Musikanthropologisches Denken geht von einer Annahme aus, die zugegebenermaßen auch ihre Schwächen und Ungereimtheiten hat: Die beiden Systeme Mensch und Musik werden aneinandergekoppelt und aufeinander bezogen. Diese anthropologische Denkfigur einer Koppelung Mensch-Musik als Doppelsystem nimmt an, dass physiologisch-körperliche wie organisch-neuronale Prozesse und auch Stimme, Muskulatur, Atem- oder andere Körperrhythmen so etwas wie basale musikfähige Potentiale des Menschen darstellen, die sich in Musik manifestieren und sozusagen im Modus des Akustischen ins Erscheinen treten. Und selbst in der abstraktesten musikalischen Konstruktion lassen sich demnach diese Potentiale auffinden. Es gibt zu dieser Denkfigur seit dem 19. Jahrhundert, beginnend etwa mit Friedrich Nietzsche, zahlreiche mehr oder weniger elegante, manchmal auch skurrile, bisweilen evolutionstheoretisch gefärbte Theorien. Die Musik anthropologisch z. B. aus Gesten, Muskelkontraktionen, Stimm- und Körperausdruck sowie aus nonverbal-mimetischen Handlungen herzuleiten, gilt seit Friedrich Hauseggers *Die Musik als Ausdruck* (1885) als ein relevanter musikästhetischer Ansatz. Helmut Plessner etwa leitet die Musik aus dem Gestischen ab. Günther Anders, beeinflusst von Heideggers *Sein und Zeit*, nimmt an, dass Musik eine Bewegtheits- und Gestimmtheitsform ist, die auf den Menschen trifft und in der musikalischen Situation dessen Bewegtheits- und Gestimmtheitszustände verändert: Anders spricht von der musikalischen Situation als Verwandlungssituation, in der die Musik den Menschen aufschließt und verändert.

Elegant greift Claude Lévi-Strauss diese Denkfigur auf, indem er von zwei Rastern der Musik spricht: Das eine wäre physiologisch und in Körperprozessen verankert, das andere wäre als kulturell anzusehen, womit die unendlichen Möglichkeiten von Musiksystemen und Musikpraxen gemeint sind.

Gegenwärtig wird Daniel N. Sterns entwicklungspsychologische Theorie der Vitalitätsaffekte musikästhetisch-musikanthropologisch rezipiert. Dabei handelt es sich nicht um die kategorialen Affekte wie Zorn, Freude etc., sondern um sehr basale, die bereits beim Säugling aktiviert sind, ihn steuern und seinen Weltzugang strukturieren. Musik würde in ihrer Tiefenstruktur derartige Vitalitätsaffekte reaktivieren und zugleich ausagieren, wofür sich versuchsweise bereits ein eigenes Vokabular entwickelt.[13] Solche nicht kategorialen Affekte wären (nach Grüny) in der Musik „Ereignisfiguren", z. B. Zustände des Erscheinens, Verlöschens, Umschlagens, Gleitens, Oszillierens, sie ließen sich beliebig erweitern. Auch hier ist die anthropologische Denkfigur eines Doppelsystems Mensch-Musik deutlich ersichtlich. Die Vitalitätsaffekte werden durch die musikalischen Ereignisfiguren reaktiviert und nachvollzogen.

Improvisation 5: Die musikalische Situationstheorie von Günther Anders ‚*reloaded*' und adaptiert für (inklusive) Musikdidaktik

Musik erscheint in musikalischen Situationen. Im Versuch, diese nun näher zu bestimmen, orientiere ich mich an der Theorie der musikalischen Situation von Günther Anders, dessen musikphilosophische Schriften insgesamt eine stark anthropologische Ausrichtung haben.

Nicht überall, wo gerade Musik erklingt, besteht deshalb schon eine musikalische Situation. „Situation" ist kein beliebiger, kontingenter Begriff und eine Situation keine bloß zufällige, sondern ganz im Gegenteil eine höchst verbindliche Konstellation. Ich fasse zusammen, was nach Anders für das Bestehen einer (musikalischen) Situation kennzeichnend ist.

Wesentliches Merkmal und bestimmendes Kriterium für das Ent- und Bestehen einer (musikalischen) Situation ist das *Darin-sein*, das Involviertsein. Das ist noch nicht musikspezifisch, denn diese Bestimmung trifft auch für Situationstypen aus anderen Bereichen wie etwa dem Sport zu. Neben dem Involviertsein ist kennzeichnend, dass eine Situation als räumlich-zeitliche Einheit erlebt wird. Situation ist immer die jeweils erlebte Situation, in die man sich als eingebunden erfährt. Eine Zugfahrt von A nach B kann (muss aber nicht) als eine solche Einheit erlebt werden. Situationen sind auch nicht wiederhol- oder reproduzierbar, sie sind immer aktuell an genau die Bedingungen gebunden, die ein Involviertsein ermöglichen. Es wäre aber unzutreffend, Situationen als nur subjektiv erlebte Ereignisse zu bestimmen: Eine einseitige psychologische Deutung der Situation wäre verkürzend. Die Situationstheorie war bei Günther

---

13 Vgl. Grüny 2013, 55.

Anders immer schon phänomenologisch konzipiert. Gegenstände und Objekte werden im Situationsambiente zu Akteuren und Bezugspartnern. In Situationen ergeben sich für die Dauer ihres Bestehens ganz spezifische Konstellationen und Verbindungen zwischen den darin gleichermaßen involvierten Subjekten und Objekten in einem räumlich-zeitlichen Rahmen. Situationen zeichnet aus, dass sie in veränderten, aufgelösten, zumindest aber gelockerten Subjekt-Objekt-Beziehungen innerhalb und während der Dauer einer Situation verlaufen. Gegenstände, von Anders auch als „Gegenüberstände"[14] bezeichnet, gehen mit den an der Situation beteiligten Personen eine Konstellation ein, die weder objektiv noch subjektiv, weder rein physisch noch rein psychisch erklärt werden kann, sondern eine eigene Qualität *dazwischen* hat. Die Akteure, also Gegenstände wie Personen, bilden so etwas wie ein System; die „nicht-topologischen" „Grenzen" und „Grenzlinien" zwischen den Akteuren verschieben sich.[15] Die Situation verschränkt die in ihr Beteiligten (Personen und Gegenstände) zu einer Einheit. Situationen sind gekennzeichnet durch eine „Verflüssigung der Objektivierung"[16]. Die (musikalische) Situation ist immer eine der Ungeschiedenheit, eine des „Transitiven" und des Zusammengehörens.[17] Wie Anders formuliert, sind Situationen „nicht-akkusativisch" zu denken, denn der Akkusativ objektiviert, wie z. B. der Satz „Ich höre die Musik". So würde die Musik zum Objekt, zum Gegenüber. Dies aber widerspricht der Situationstheorie. Demgegenüber wäre ein „dativisches Verständnis" der Situationstheorie angemessen. Zutreffender als der Akkusativ wäre es somit, (musikalische) Situationen „dativisch" zu denken und aufzufassen. Für eine musikalische Situation wären Dativkonstruktionen angemessen wie: „Mir ist Musik gegeben", „In mir ertönt Musik", „Ich bin in Musik", „Mir geschieht Musik".[18]

Das Involviertsein in die musikalische Situation nennt Günther Anders „In-Musik-sein". Und dieses „In-Musik-sein" versteht er als eine „Enklave"-Situation. Diese Enklave-Situation „besteht in dem notwendigen *Zugleich–Sein* des In-der-Welt-seins und des In-Musik-seins in *einer* Existenz, als *eine* Existenz"[19]. Die sprachliche Nähe zu Formulierungen aus *Sein und Zeit* mag die Nachvollziehbarkeit der Argumentationen von Günther Anders etwas erschweren. Daher versuche ich die musikalische Situationstheorie nun in meinen Worten weiter nachzuzeichnen. Natürlich befindet man sich immer noch in der realen, empirischen Welt, während man eine musikalische Situation erlebt, und man kehrt wieder in diese empirische, faktische Welt zurück, wenn die musikalische

---

14   Anders, WF 104.
15   Vgl. Anders, WF 228.
16   Anders, Haben 99.
17   „Transitivität" und „dativischer Weltbezug": Vgl. Anders, WF 105-106. Zu „Verflüssigung der Objektivierung" vgl. Anders, Haben 99.
18   Vgl. ebd., WF 105 f.
19   Anders, MusSit. 16.

Situation beendet oder unterbrochen ist. In musikalischen Situationen ist es als gleichwertig anzusehen, ob man diese Situation selbst musizierend gestaltet, ob man (nur) zuhört, oder wie auch immer interagiert im Setting zwischen Spielenden, Hörenden und den speziellen raum-zeitlichen Konstellationen, zu denen auch Instrumente, Tonträger etc. zählen. Das Involviertsein in die musikalische Situation scheint für die Dauer einer musikalischen Situation so etwas wie eine eigene musikalische Welt und eine eigene, nicht-empirische musikalische Existenz zu schaffen. Anders hat nun mit dem Enklave-Begriff weniger die klösterliche Enklave als Einsiedelei im Blick, auch wenn dieser Bedeutungszusammenhang natürlich besteht. Er untersucht neben der musikalischen Enklave auch noch andere menschliche Enklave-Situationen, die den Menschen absorbieren und ihn vorübergehend quasi in eine andere Welt bzw. Existenzform versetzen: etwa das Spiel, den Schlaf, den Schrecken.[20] Gegenüber diesen Enklave-Existenzen schärft Anders aber das Spezifische einer musikalischen Situation, die er immer als eine des Mitvollzugs und der Verwandlung versteht. In den Worten von Anders liest sich das so:

> „Musik ist Musik des Menschen: in ihr verwandelt der Mensch sich selbst; die Möglichkeit der Bezauberung und der Situation, in die er sich in der Musik hineinzaubert, liegt in ihm selbst. Musikphilosophie ist bei aller Betonung der musikalischen Verwandlungssituation dennoch immer Anthropologie der Musik."[21]

Wie bereits angedeutet, geht Günther Anders von der anthropologischen Denkfigur, einer Koppelung der beiden Systeme Mensch und Musik aus. In deutlicher Nähe zu Heidegger übernimmt er die Bestimmung des menschlichen Daseins in existenzialen Strukturmomenten. Daran anknüpfend kann er menschliches Dasein existenzial besehen und u. a. auch als eine Gestimmtheits- und Bewegtheitsform annehmen (was nicht als Definition menschlichen Daseins schlechthin misszuverstehen ist, sondern als Bestimmung *einer* der vielen existenzialen Dimensionen menschlichen Daseins: Der Mensch wäre demnach *auch* ein von Bewegtheit und Gestimmtheit strukturiertes Lebewesen).

In der Argumentation der Doppelfigur Mensch-Musik wird nun die Musik als eine Bewegtheits- und Gestimmtheitsform gesetzt, was freilich etwas unbefriedigend und verkürzend ist, denn Musik ist nicht nur diese, sondern auch noch viel und Vieles mehr. Damit schrammt Günther Anders' Musikphilosophie immer auch knapp an der weiter oben skizzierten problematischen *Allegorisierung* von Musik mit der Gefahr der erwähnten Fehlschlüsse vorbei.

Ist nun Musik als eine Bewegtheits- und Gestimmtheitsform gesetzt, wird weiter angenommen, dass eine musikalische Situation dann eintritt, wenn musikalische Bewegtheits- und Gestimmtheitsformen auf das strukturähnliche

---

20 Vgl. Anders, MusSit. 24, 44-49.
21 Anders, MusSit. 74, 75.

System Mensch treffen, das sich auf diese musikalischen Angebote einlässt, sie mit- bzw. nachvollzieht.

Während Anders mehr an *Mit*vollzug denkt – der simultan wie die Mitbewegung einer Fahne in der Windrichtung stattfindet – präferiert die aktuelle musikästhetische Diskussion eher den Begriff des *Nach*vollzugs, der auch eine zeitliche, reflektierende und distanznehmende Komponente mitberücksichtigt. Die Musik nimmt denjenigen mit, der sich auf dieses musikalische *Angebot* einlässt. Musik als Bewegtheits- und Gestimmtheitsform wirkt demnach auf das System-Mensch in seiner Befindlichkeit ein und verändert es im Sinne der gerade erklingenden/erscheinenden Musik.

Der Mitvollzug bringt die in die musikalische Situation Involvierten aus ihrer je aktuellen Gestimmtheit in eine andere, eine allein und nur durch die Musik ausgelöste. Dies gilt als Kriterium einer musikalischen Situation, so kurz oder lang sie auch andauern mag.

So nimmt Günther Anders an, dass die Mitvollzugssituation immer schon eine ist, die den Menschen verwandelt und verändert. Diese Veränderung und Verwandlung ist aber keine spekulative, sie verwandelt nicht in irgendwelche metaphysische oder transzendente Dimensionen, sondern in ganz real empfundene und erlebte. Der Mensch in der musikalischen Situation verwandelt sich in eine seiner ihm möglichen und in ihm angelegten vielen Dimensionen, Zuständlichkeiten, Gestimmtheiten und Befindlichkeiten seiner selbst.

Die musikalische Situation als Mitvollzugsszenario nimmt die in ihr Involvierten mit, schließt sie auf, verändert, verwandelt sie in eine ihrer Dimensionen, die nur durch diese und jeweils in dieser Musik so aufgeschlossen werden können.

Alle Erlebnisinhalte während der Dauer einer musikalischen Situation bezeichnet Anders – eigenwillig und abweichend vom üblichen Begriffsgebrauch – immer schon als „kognitiv". Damit meint Anders kein nachträgliches Reflektieren über diese Erlebnisinhalte, denn das Reflektierende ordnet er der ästhetischen Erfahrung als einer Distanzierungsinstanz zu. Vielmehr versteht Anders den Mitvollzug als *simultan und genau im Vollzug sich vollziehend* bereits als etwas Kognitives: Denn die Musik selbst hat aufschließende, verändernde und verwandelnde Potentiale. Das Kognitive meint in dieser Konstruktion eine dem rational-Begrifflichen vorausgehende nicht-propositionale Einsicht, eine Art „a priori", die kein „Sachverhaltswissen" bezeichnet im Sinne von „etwas wissen, dass", sondern die eine basale, vorbegriffliche, vorgelagerte Erkenntnisermöglichung meint: vergleichbar etwa dem Licht und der Sichtbarkeit, die dem genauen Sehen von Gegenständen vorgelagert als eine Art a priori sind.[22]

Diese ungebräuchliche Bestimmung des Kognitiven ist zugleich bedenkenswert und gerade im Zusammenhang mit Inklusion(en) produktiv weiter zu denken.

---

22 Zum Begriff des „Kognitiven" bei Anders: Vgl. MusSit 25, 27, 64, 69.

Im Folgenden möchte ich diese zugegeben selektive und adaptierte Zusammenfassung der musikalischen Situationstheorie musikdidaktisch interpretieren. Dabei werde ich Schlussfolgerungen ziehen, die von Anders so vermutlich gar nicht intendiert waren, jedoch in seinen Gedankengängen eindeutig mit enthalten sind.

Die musikalische Situationstheorie ist auch deswegen für die Musikdidaktik so interessant, weil sie offen ist für jede Form musikalischen Settings durch einen maximal weiten Musikbegriff, der keine Musikkultur und keine Musikpraxis exkludiert. Folglich wäre die musikalische Situation von ihrer theoretischen Konzeption her selbst schon inklusiv angelegt. Zudem ist die musikalische Situationstheorie ganz in diesem Sinne voraussetzungsfrei und offen für jede Ebene musikalischer Niveaus von der basalen musikalischen Früherziehung bis hin zur Festspielsituation, vom aktiven Musikmachen bis hin zum ‚bloß' rezeptiven oder ‚nur' imaginativen Umgang mit Musik. Und musikpädagogisch relevant ist die musikalische Situation auch deswegen, weil es in einer elaborierten wie anwendungsbezogenen musikdidaktischen Theorie zu klären gilt, wie und wann genau eine musikalische Situation zustande kommt oder zu Ende ist, gelingt oder misslingt. Und ich möchte anmerken, dass guter Musikunterricht immer auch an dem Qualitätskriterium zu messen wäre, ob darin in irgendeiner Weise eine musikalische Situation zustande gekommen ist, und sei es auch nur für einige wenige Augenblicke.

Wie bereits eingangs erwähnt, verstehe ich aus einer anthropologischen Perspektive Musikdidaktik nicht als vorwiegend an schulischen Unterricht gekoppelt, sondern ich habe mit dem Koordinatensystem der musikalischen Situationstheorie im Grunde genommen eine Möglichkeit, jede Musik-Situation didaktisch zu untersuchen und zu befragen, ob sie nun institutionell angesetzt ist oder auch nicht, ob sie edukativ gemeint ist oder auch nicht, ob professionell oder nicht-professionell durchgeführt. Was einzig zählt, ist die Situation selbst, die Anlass gibt zu Reflexion (bis hin zu musikdidaktischer Forschung) darüber, wie bzw. ob eine Situation überhaupt eingetreten ist, ob sie gelungen oder misslungen ist, wie sie zu verbessern wäre etc.

Mit Blick auf inklusive musikalische Settings möchte ich herausstellen, dass die musikalische Situation für die Dauer ihres Bestehens insofern Enklave-Charakter hat, als ihr wesentliches Kriterium darin besteht, in die Musik involviert und von ihr (kurzzeitig) absorbiert zu sein.

Vollends kompatibel mit inklusiven Anliegen erscheint mir auch, dass sich die musikalische Situation in einer Musikdidaktik, die sich als eine der Praxen des Humanen begreift, nicht an Lehr- und Lernzielen oder an Bildungsstandards und Kompetenzrastern orientiert. Diese sind freilich nicht ausgeschlossen, ich folge jedoch mehr Günther Anders, wenn er die musikalische Situation primär als den Menschen aufschließend bezeichnet und sie als eine Verwandlungssituation begreift. Ein Stück weit verwandelt die musikalische Situation die an ihr Beteiligten. Sie erschließt und eröffnet (zumindest kurzzeitig) Dimensionen und Facetten von Gestimmtheiten, Bewegungs- und Bewegtheitsformen, die ohne die musikalische Situation nicht aktualisiert worden wären.

Und wenn Günther Anders in seiner ihm eigenen Terminologie diese Erfahrungsspektren als „kognitiv" bezeichnet, schließe ich mich *vorläufig* (und trotz vorhandener Einwände) an, wenn es um Musik und auch Musikunterricht in maximal inklusiven, heterogenen und individualisierten Konstellationen geht. Meine eigenen bildungstheoretischen Bemühungen (ich bezeichne diese als *Ent-Bildungs- und Ent-Didaktisierungsprojekt*) gehen derzeit in genau diese Richtung: nämlich das *basal* erkenntnisvorgelagerte *Kognitive* der musikalischen Situation bei Anders mit dem komplexen Begriff der musikalischen bzw. ästhetischen Bildung zusammenzuführen. Demnach wäre eine musikalische Situation kognitiv und als solche bereits bildend.[23]

Schluss-Improvisation über ein vorgegebenes Thema in Engführung

> „Wenn Heidegger in einer unübertrefflichen Wortprägung vom Bewusstsein als der ‚Lichtung des Seins' spricht, so meint er damit, dass sich im Bewusstsein das Sein *als Welt* öffnet, die einem *Subjekt* gegeben ist – und zwar noch vor aller Möglichkeit der Reflexion. Schon ein Säugling, der erst virtuell über Ichhaftigkeit verfügt, ‚versteht', wenn auch vorsprachlich: Das Lächeln der Mutter ist bedeutungsmäßig ebenso ‚erschlossen' – im Sinne von: ‚der Welt des Säuglings aufgeschlossen' – wie die Rundung des Schnullers, die sich dem Gaumen und der Zunge ‚lichtet'. Dadurch, dass das Bewusstsein die ‚Lichtung des Seins' ist, wird Verstehen zur Basis menschlicher Welterschließung."[24]

Dieses Zitat ist Peter Strassers Buch *Die Sprengkraft des Humanismus* entnommen, worin er dem Trans- und Posthumanismus scharf und pointiert entgegentritt. Wie bereits anfangs erwähnt, ist diese Thematik derzeit virulent und keineswegs ein Nebenschauplatz der Auseinandersetzung, obwohl dies oftmals übersehen und bagatellisiert wird. Die schleichende Unterwanderung des Humanen durch die Künstliche Intelligenz gilt es genau zu beobachten, um zu verhindern, dass sich gewisse Grenzüberschreitungen als normal etablieren und dadurch Werthaltungen des Humanen unwiderruflich verloren gehen. Es ist daher auch kein Zufall, dass 2020 gleichzeitig mehrere Publikationen erschienen sind, alle

---

23 Eine Vertiefung dieser Problematik würde den Rahmen dieses Beitrags sprengen. Vgl. daher dazu meinen Artikel: *Anders befragt: die musikalische Situationstheorie in systematischer und musikpädagogischer Lesart*. Erscheint in Band 3 der *wiener reihe musikpädagogik*, Waxmann: Münster 2022.
24 Strasser 2020, 100.

in der Tradition der sogenannten *Kontinental-Philosophie*, die auf die schleichenden Gefahren durch KI hinweisen.[25] Die Thematik ist auch deswegen ernst zu nehmen, weil Weltkonzerne (ich nenne hier exemplarisch Amazon oder die Think-Tanks des Silicon Valley) ihre gigantischen Forschungsetats – in Summe vermutlich höher dotiert als alle Forschungsetats der EU zusammen – in die Realisierung solcher trans- und posthumaner Szenarien investieren, wobei ich hinzufüge, dass es sich hier um zielgebundene *Auftragsforschung* handelt.

Aber es bleibt eine zweischneidige Angelegenheit und eine heikle Gratwanderung: Denn es ist ja nicht zu leugnen, dass KI Lebensqualität und Autonomie, insbesondere bei Menschen mit (vorübergehenden wie dauerhaften) Beeinträchtigungen in ungeahnter Weise ermöglicht und erhöht. Damit ist KI allemal auch als inklusiv relevant, ja als segensreich zu betrachten. So ist es z. B. mehr als beeindruckend, dass etwa ein vielfach körperbehinderter Mensch allein durch seine Augenbewegungen den Cursor am PC steuern kann, weil dafür aus der Algorithmisierung von kortikalen Prozessen eine Software entwickelt wurde. Zugleich wird diese Entwicklung jedoch bedrohlich, wenn dies nur als ein Zwischenerfolg oder Etappensieg angesehen würde. Denn diese eben erwähnte hegemoniale Auftragsforschung ist auf viel komplexere Ziele gerichtet, nämlich auf den Menschen als einer insgesamt unzulänglichen und optimierungsbedürftigen Spezies: Das posthumane Fernziel besteht ja letztlich darin, die unzulängliche menschliche Spezies überhaupt durch einen *homo optimus* zu ersetzen, der – sollte er je realisiert werden – nichts Humanes mehr an sich hätte.[26] Gegenüber dem „*ontologischen Dunkel*"[27], in dem sich dieses KI-Wesen – der „homo optimus" – befindet, wäre hingegen die Welt des Säuglings im Vorgang des Stillens immer schon eine *gelichtete*, erschlossene, sinnvolle Welt im Sinne Heideggers, eine, in die man hineingeworfen ist und die man sich selbst erschließt.

Peter Strasser wendet in dem Zitat, das diesen Abschnitt eröffnet hat, Heideggers heroisch und exklusiv ausgerichtetes Denken wohlwollend ins Menschenfreundliche. Die Welt des Säuglings ist eine Lebenswelt in der sich, wie z. B. im Stillvorgang, eine der vielen Praxen des Humanen und Realen vollzieht. Wer diese *gelichtete* Lebenswelt des Säuglings als defizitär ansehen würde, machte sich zu Recht verdächtig. Es sei denn, dass eine utilitaristische Hochrechnung in der Fürsorge für den defizitären Säugling die Investition in die Zukunft anerkennen würde, wäre doch dieser als entwicklungsfähig hin zum *vollwertigen* Mitglied einer Leistungsgesellschaft zu denken… Ich breche diese sonderbare Gedankenkette ab, sie ist in jeder Hinsicht indiskutabel und würde menschliches Leben verzwecken.

---

25 Vgl. Fuchs 2020, Precht 2020, Strasser 2020.
26 Vgl. Fuchs 2020, 84.
27 Vgl. Strasser 2020, 101.

Christoph Khittl

Im Übertrag auf inklusive Situationen, und zwar auf inklusive musikalische Situationen im oben beschriebenen Sinn, kann ich Peter Strassers Ausführungen aus eigenem Wahrnehmen bestätigen. Es handelt sich in solchen musikalischen Situationen um gelichtete und gelungene Welterschließungen. Dabei denke ich konkret an solche musikalische Enklave-Musiksituationen, in die physisch, psychisch und mental beeinträchtigte Menschen involviert waren.

Ungeschützt erlaube ich mir daher in dieser Schlussimprovisation, den Faden Peter Strassers musikdidaktisch weiterzuspinnen, und improvisiere den folgenden (hoffentlich nicht windschiefen) Vergleich: So wie sich für den Säugling die Welt in der Situation des Stillvorgangs als eine gelichtete, sinnvolle erschließt, so kann auch die musikalische Situation als eine von vielen möglichen Praxen des Humanen die Welt sinnvoll *lichten* und aufschließen – passend auch zur Theorie von Günther Anders, wonach die musikalische Situation immer eine des Aufschließens und der Verwandlung ist.

Wenn die Posthumanisten behaupten, die Menschen seien unvollkommene Maschinen, kann man dem entgegnen, dass die KI-Maschinen immer unvollendete Menschen bleiben werden, weil sie im ontologischen Dunkel, erlebensfrei und *ungelichtet* ihre Algorithmen abspulen und Menschliches, also Praxen des Humanen, nur sinnfrei wie verständnislos simulieren.

Aus der Improvisation 2 greife ich auf, dass Inklusion nur im Plural als *Inklusionen* gelingen kann und zugleich immer nur in maximal individualisierten, *liebevollen* bzw. achtsamen und freundlichen Praxen des Humanen: Da bleibt nun abschließend zu fragen, wer denn eigentlich überhaupt inklusionsbedürftig ist.

Die Posthumanisten müssen einem ja beinahe leidtun, denn sie selbst bleiben ja immer – ihrer Meinung nach – unzulängliche Wesen, unvollkommen, makelbehaftet, *behindert*. Deshalb arbeiten sie hart an ihrer Optimierung bzw. an ihrer eigenen Abschaffung.

Da sogar diese (selbsternannte) posthumanistische Elite ihre ganz spezifische, also individualisierte Form der Behinderung und Beeinträchtigung explizit macht und thematisiert, tut sich für mich an dieser Stelle ein oszillierendes Spektrum auf im graduellen Übergang von unterschiedlichsten (dauerhaften oder vorübergehenden) Beeinträchtigungen, Diversitäten, Heterogenitäten und individuellen Bedürfnissen: Ist der Erblindete denn inklusionsbedürftiger als ein traumatisierter Kriegsflüchtling? Ein missbrauchtes Kind mehr als ein autistisches? Der vorübergehend mobiltätsunfähig Verunfallte anders als ein dauerhaft körperbehinderter Mensch? Wäre es so nicht besser gedacht, dass wir nicht unsere Optimierung bis zur Selbstabschaffung planen, sondern den Mangel als grundsätzlich human annehmen? Dass wir immer *nur* Menschen bleiben und daher qua Spezies in gewisser Weise immer schon und immer wieder inklusionsbedürftig sind? Immer schon irgendwie verwundet, beschädigt und beeinträchtigt – graduell mal mehr, mal weniger, immer aber jeweils anders. Somit wäre es schließlich die passende Denkfigur dieser als Textform der *Schwäche* bezeichneten Essay-Improvisationen, dass *Inklusionsbedürftigkeit nicht den Sonderfall, sondern immer die sogenannte Normalität betrifft, als die Normalität der Schwäche und Bedürftigkeit.* Und Musik bzw. die Konzeption der hier skizzierten musikalischen Situation bietet einen geeigneten theoretischen, anthropologisch fundierten wie musikdidaktischen Bezugsrahmen, der die (geglückte) musikalische Situation als eine der Praxen des Humanen als niederschwellig einlösbare Möglichkeit begreift, Dasein und Existenz als *gelichtet* und sinnerfüllt zu erleben.

Literatur

Anders (=Stern), Günther: Über das Haben. Sieben Kapitel zur Ontologie der Erkenntnis. Bonn: F. Cohen Vlg. 1928 (=Haben)

Anders, Günther: Die Antiquiertheit des Menschen. Band 2. Über die Zerstörung des Lebens im Zeitalter der dritten industriellen Revolution. München: Beck 2002. (1. Aufl. 1980)

Anders, Günther: Die Antiquiertheit des Menschen. Band 1. Über die Seele im Zeitalter der zweiten industriellen Revolution. München: Beck 2010. (1. Aufl. 1956)

Anders, Günther: Philosophische Untersuchungen über musikalische Situationen (1930/31). In: Ders.: Musikphilosophische Schriften. Texte und Dokumente. Herausgegeben von Reinhard Ellensohn. München: Beck 2017, S. 13-140. (=MusSit)

Anders, Günther: Materiales Apriori und der sogenannte Instinkt. In: Ders.: Die Weltfremdheit des Menschen. Schriften zur philosophischen Anthropologie. Herausgegeben von Christian Dries unter Mitarbeit von Henrike Gätjens. München: Beck 2018, S. 93-118. (=WF)

Anders, Günther: Notizen zu Philosophie des Menschen 1927. In: Ders.: Die Weltfremdheit des Menschen. Schriften zur philosophischen Anthropologie. Herausgegeben von Christian Dries unter Mitarbeit von Henrike Gätjens. München: Beck 2018, S. 196-223. (=WF)

Bertram, Georg W. (Hg): Philosophische Gedankenexperimente. Ein Lese- und Studienbuch. Ditzingen: Reclam 2012.

Fuchs, Thomas: Verteidigung des Menschen. Grundfragen einer verkörperten Anthropologie. Berlin: Suhrkamp 2020.

Gellrich, Martin: Die Disziplinierung des Körpers. Anmerkungen zum Klavierunterricht in der zweiten Hälfte des 19. Jahrhunderts. In: Pütz, Werner (Hg.): Musik und Körper. Essen: Blaue Eule 1990, S. 107-138.

Grüny, Christian: Komplizierte Gegenwart. Zur Zeitlichkeit von Bild und Musik. In: Alloa, Emmanuel (Hg.): Erscheinung und Ereignis. Zur Zeitlichkeit des Bildes. München: Wilhelm Fink Vlg. 2013, S. 39-71.

Han, Byung-Chul: Abwesen. Zur Kultur und Philosophie des Fernen Ostens. Berlin: Merve 2007.

Christoph Khittl

Khittl, Christoph: „Die Musik fängt im Menschen an". Anthropologische Musikdidaktik: theoretisch – praktisch. Frankfurt am Main: Peter Lang Vlg. 2007.

Khittl, Christoph: Rezension zu Ina Henning, Sven Sauter, Katharina Witte (Hg.): Kreativität grenzenlos!? Inner- und außerschulische Expertisen zu Inklusiver Kultureller Bildung. In: Diskussion Musikpädagogik 88/2020, S. 61-63.

Liessmann, Konrad Paul: Das alles sind bösartige Übertreibungen und Unterstellungen. Text. Stil. Polemik. Graz: Droschl 2020.

Ludwig, Ralf: Philosophie für Anfänger von Sokrates bis Sartre. Ein Wegbegleiter durch die abendländische Philosophie. München: dtv 2015.

Precht, Richard, David: Künstliche Intelligenz und der Sinn des Lebens. München: Goldmann 2020.

Richter, Christoph: Eine Schule mit Enklaven? Überlegungen zum Seinscharakter des Umgangs mit Musik. In: Khittl, Christoph (Hg.), Mitarbeit Markus Hirsch: „In-Musik-sein" – die musikalische Situation nach Günther Anders. Interdisziplinäre Annäherungen in musikpädagogischer Absicht. (= wiener reihe musikpädagogik, Bd. 3). Waxmann: Münster 2022, S. 343-355.

Simanowski, Roberto: Todesalgorithmus. Das Dilemma der künstlichen Intelligenz. Wien: Passagen 2020.

Snyder, Timothy: Und wie elektrische Schafe träumen wir Humanität, Sexualität, Digitalität. Wien: Passagen 2020.

Stowasser: Der kleine Stowasser. Lateinisch-deutsches Schulwörterbuch. Wien: Hölder-Pichler-Tempsky 1971.

Strasser, Peter: Die Sprengkraft des Humanismus. Ein Beitrag zur Politik der Seele. Freiburg: Karl Alber Vlg. 2020.

Zhao, Tingyang: Alles unter dem Himmel. Vergangenheit und Zukunft der Weltordnung. Berlin: Suhrkamp 2020.

Christoph Khittl ist seit 2015 Professor für Musikpädagogik an der mdw – Universität für Musik und darstellende Kunst Wien. Zuvor Professor für „Musik und ihre Didaktik" an der Pädagogischen Hochschule Heidelberg, von 2002 bis 2009 Prorektor ebendort. Schwerpunkte seiner Forschungs-, Lehr- und Publikationstätigkeit sind: Musikanthropologie zwischen Musikwissenschaft und Musikpädagogik; Musikalische Rezeptions-, Produktions- und Improvisationsdidaktik; Philosophie der Musikpädagogik; Entwicklung einer Theorie der „Musikalischen Situation" in bildungstheoretischer und musikdidaktischer Perspektive.

Peter Röbke

Ohne Furcht und Abhängigkeit – zum Wirklichkeitsbezug und zur politischen Relevanz des inklusiven Musizierens

Prolog: Gelungene Musiziermomente und der Einbruch der Wirklichkeit

Im kleinen Kreise von Fachkolleg*innen zeigt Rineke Smilde hin und wieder ein Video aus dem Londoner Projekt *Music for Life*, das sich grundsätzlich zum Ziel gemacht hat, „mit den Mitteln der Musik in einem Prozess, an dem die Kranken aktiv teilhaben, *die Person hinter der Demenz wieder sichtbar zu machen* [Hervorhebung im Original]"[1]. Wir sehen einen älteren Herrn, der einen Taktstock ergriffen hat und sich nun anschickt, damit ein Ensemble zu dirigieren. Die improvisierenden Profimusiker*innen reagieren unerhört sensibel auf die gestischen Impulse des Dirigenten, und aus einzelnen Klangaktionen, die aber intensiv aufeinander bezogen sind, schält sich immer mehr eine Art Walzer heraus, konsequent geführt und schließlich zu einem schlüssigen Ende gebracht von jenem älteren, in Anzug und mit Krawatte formell gekleideten Herrn. Dieser schlägt ab, mit einem Lächeln im Gesicht, wohl angesichts der Schlüssigkeit des musikalischen Verlaufs. Smildes sich anschließender Hinweis, dass der Dirigent, den wir in seinem musikalisch überzeugenden Handeln verfolgen durften, an fortgeschrittener Demenz leidet, löst natürlich Verwunderung aus.

Nicht anders geht es uns beim Betrachten eines Videos, das im Rahmen des Dissertationsprojekts *Klavierunterricht mit dementiell erkrankten Menschen*[2] an der Universität Vechta entstanden ist und das die Projektleiterin Eva-Maria Kehrer in der improvisatorischen Interaktion am Klavier mit einem Probanden zeigt: auch hier musikalische Schlüssigkeit, sensible musikalische Kommunikation, durchgehende Intensität, und wie zu erwarten auch hier die Hintergrundinformation über die fortgeschrittene Demenz des musikalisch so überzeugend agierenden älteren Menschen.

Bei einer Podiumsdiskussion im Rahmen des Symposiums *Nur ein Vorzeichenwechsel? Musikpädagogische (Neu-)Orientierungen im Spannungsfeld aktueller gesellschaftlicher Veränderungen*[3] berichtet Bianka Wüstehube von der Entstehung

---

1 Alheit/Page/Smilde 2015, 9.
2 Vgl. Kehrer 2013.
3 Vgl. Berg/Lindmaier/Röbke 2020.

eines Songs bei *JOIN IN*[4], einem Musizierangebot für Menschen aus aller Welt, das regelmäßig an der Anton Bruckner Privatuniversität Linz stattfindet:

> „Wir haben miteinander getrommelt, und plötzlich fing ein Teilnehmer an zu singen bzw. zu rappen; die anderen haben ihre eigene Lautstärke beim Trommeln ein bisschen ‚herunter gedimmt', und dieser eine hat immer weiter gerappt. An diesem Tag war jemand dabei, der den Text übersetzen konnte, und es hat sich herausgestellt, dass jener Teilnehmer seine Flüchtlingsgeschichte gerappt hat. Geendet ist es damit, dass ein Student von ‚Musik und Medientechnologie' dabei war, der gesagt hat: ‚Das können wir gerne aufnehmen!' Wir haben einen Workshop über den Studierenden organisiert, der Rapper ist ins Unistudio gekommen, und es ist eine tolle Aufnahme mit einigen TeilnehmerInnen von *JOIN IN* und anderen Musikstudierenden entstanden.
>
> Beim *JOIN IN* Treffen in der vergangenen Woche wurde diese Aufnahme vorgespielt, und als einige, die die Geschichte dahinter nicht kannten, zu der Musik tanzen wollten, hat der Rapper gesagt: ‚Nein, getanzt wird dazu nicht, das ist eine traurige Geschichte!'."[5]

Eröffnungsabend des soeben erwähnten Symposiums im überfüllten Haydn Saal der Wiener mdw – Universität für Musik und darstellende Kunst Wien: Zwei herausfordernde Keynotes stehen auf dem Programm, ein Interview mit der Vizerektorin für Diversität ist zu erwarten, die Thematik des Symposiums wird auf die politische Situation in Österreich bezogen werden. Das ist der Kontext für die musikalischen Beiträge des Tullner Jugendsinfonieorchesters und der an der mdw arbeitenden *All Stars Inclusive Band*, Beiträge mithin, die nicht einfach nur eröffnen und rahmen sollen (weil es sich so gehört), sondern die die politischen und wissenschaftlichen Statements um musikalische ergänzen. Die *All Stars Inclusive Band* ist dafür prädestiniert, ist sie doch offene wöchentliche Jam Session, erfolgreiche Auftrittsband und musikpädagogische Lehrveranstaltung (für nicht-professionelle Bandmitglieder wie für Studierende) zugleich und in dieser Fülle der Erfahrungsmöglichkeiten Preisträgerin des Diversitas-Preises des österreichischen Wissenschaftsministers.

Die Aussage der Band ist faktisch einem umfassenden Verständnis von Partizipation gewidmet: Jede*r der etwa 30 auf der Bühne stehenden Musiker*innen, ob jung oder alt, Studierende*r oder Nicht-Studierende*r und mit welchen besonderen Bedürfnissen auch immer, trägt auf seine Weise zur Performance bei: Es wird auf unterschiedlichstem Instrumentarium gespielt, es wird gesungen und getanzt, die einen steuern grundlegende Begleitformen und Patterns

---

4 Geflüchtete Menschen aus einem Flüchtlingsheim der Volkshilfe, Nachbarn der Universität und inzwischen Interessierte aus ganz Linz, Studierende und Lehrende treffen sich wöchentlich an der Universität, um gemeinsam zu musizieren und zu tanzen.
URL: <https://www.bruckneruni.at/de/emp/kursangebot/join-in> (14.04.2020).
5 Zitiert nach Berg/Lindmaier/Röbke 2020, 134 f.

bei, die anderen ornamentieren diese, diese gehen ganz in der Gruppe auf, jene treten solistisch hervor, manchen merkt man die Neigung zur ‚Rampensau' an, andere agieren eher zurückhaltend, die meisten steuern hörbare Beiträge bei, aber die Beteiligung kann auch in der leichten Mitbewegung, einem Lauschen, das sich in den Klang der anderen versenkt bestehen, jede*r agiert autonom, manche*r wird in ihrem*seinem Tun unterstützt.

So weit das Spektrum der Partizipation ist, so unteilbar ist das Engagement von jedem Bandmitglied; so unterschiedlich das Agieren auch sein mag, so intensiv ist die Präsenz eines und einer jeden Einzelnen gegeben – und in der Bündelung dieser individuellen Energien, in der Synchronisierung dieser durchaus unterschiedlichen Handlungen, entsteht eine Energie, die das Publikum vom ersten Ton an mitreißt.

Das sind berührende und gelungene Beispiele für ein inklusives Musizieren und für eine Musikpädagogik, die der Einzigartigkeit eines jeden Menschen im musikalischen Ausdruck Raum geben wollen[6], das sind exemplarische Räume, in denen die unvoreingenommene musikalische Begegnung von Menschen gelingt, Räume, die prinzipiell uneingeschränkt zugänglich sind.[7]

Viel erfahren wir in diesen inklusiven Situationen über das, was Musizieren eigentlich ist: Der Titel der englischsprachigen Ausgabe des bereits erwähnten Buches von Alheit, Page und Smilde lautet *While the Music Lasts: On Music and Dementia*, und damit klingt schon an, dass musikalisches Interagieren selbst dann noch in sinnvoller und befriedigender Weise möglich ist, wenn kognitive Strukturen, die etwa sprachliche Kommunikation erlauben, längst erloschen sind. So kann auch Oliver Sacks, auf den sich die genannten drei Autor*innen beziehen, formulieren: „Once one has seen such responses, one knows that there is still a self to be called upon, even if music, and only music, can do the calling."[8]

Aber dass die Musik die *letzte* verbleibende Interaktionsmöglichkeit des Selbst sein kann, wird etwas damit zu haben, dass sie auch die *erste* im menschlichen Leben ist: Im Reigen der Künste kommt ihr angesichts ihrer „frühen Heimat" schon im Mutterleib und der Tatsache, dass Musik wie eine „Muttersprache der Seele" zu fungieren vermag, wie Helmuth Figdor sagt, tatsächlich eine Sonderstellung zu. Schauen wir diesbezüglich nur einmal auf das erste Lebensjahr: Die symbolischen Funktionen und Möglichkeiten der Wortsprache spielen

---

6   Zur Spannung zwischen dem prinzipiellen Anspruch inklusiven Musizierens und der Fokussierung auf Zielgruppen, siehe weiter unten den Abschnitt *Der Anspruch des inklusiven Musizierens und die Orientierung auf Zielgruppen*.
7   Vgl. dazu auch das Selbstverständnis („zentrale Werte") des Fachbereichs *Musik im Dialog (Musikvermittlung/Community Music)* im Wiener Institut für musikpädagogische Forschung, Musikdidaktik und Elementares Musizieren. URL: <https://www.musiceducation.at/musik-im-dialog/> (14.04.2020).
8   Zitiert nach Alheit/Page/Smilde 2015, 17.

noch überhaupt keine Rolle, sondern alles Ausdrücken und Interagieren ist ein klangliches und motorisches *affect attunement*, ist ein Erleben und (Mit)teilen von Spannungsempfindungen[9], von körperlichen und lautlichen Sensationen: Die frühen Mutter-Kind-Dialoge sind musikalische oder genauer: protomusikalische Kommunikationsformen. Figdor findet dafür die poetische Formulierung: „Ich kam zur Welt und siehe da, sie war Oper!"[10], schreibt der Musik die singuläre Eigenschaft zu ein „überlebendes Symbolsystem" des frühen senso-motorischen Erlebens zu sein und führt dazu aus:

> „Das Hören und Produzieren von Lauten unterschiedlicher Tonhöhe, Dynamik, Dauer, Klangfarbe und die Kombination von Lauten in Form rhythmisierter erster Melodien – bereits der gesprochene Satz hat seine Melodie, und die Sätze, die Erwachsene Babys und Kleinkindern gegenüber äußern, werden bekanntlich besonders melodisch gesprochen – gehört von Anfang an zu den zentralen Elementen des sensomotorischen Welterlebens. Durch neuronale Verschaltungen, die schon vor der Geburt beginnen, auf das Allerengste mit den körperlichen Erregungsprozessen verknüpft, ist diese musikalische Dimension der Begegnung mit der Welt die einzige, die die Revolution durch die Begrifflichkeit zu überleben vermag: spontan-unbewusst als (die Sprache oder andere Erlebnisse) begleitende Lautgebärde oder als bewusst gewählter Raum, in dem zur symbolischen Gestaltung auch gelangen kann, was einst das Leben des Babys unmittelbar bestimmte und ab einem bestimmten kognitiven Entwicklungsstadium im sonstigen Alltagserleben unäußerbar [sic!] und unfassbar zu bleiben droht."[11]

Über dieses Alleinstellungsmerkmal hinaus können Singen und Musizieren auf vielfältige Weise psychischen Grundbedürfnissen Nahrung und Antwort geben, etwa ozeanische Gefühle auslösen, totales Einssein und Verschmelzung ermöglichen, aber auch Spannungen ausagieren und gestalten, Katharsis erlauben und Momente von Angstfreiheit, wie ein Gefäß auch unbewusste, gar unerträgliche Gefühle aufnehmen, besondere Beziehungen zu anderen Menschen stiften, eine Quelle von Anerkennung und Bewunderung sein, ein Mittel der Zugehörigkeit, ein Medium für die Passage, für Trance und Ekstase sein, ein Raum, in dem Erlebnisse von Transzendenz möglich sind.[12]

Was nun die an diesen Projekten beteiligten professionellen Musiker*innen anbelangt, die wohl alle auch eine Leidenschaft für die Vermittlung von Musik haben werden (gleich, ob sie Musik auf dem Podium oder im Unterrichtszim-

---

9   Vgl. dazu das Konzept einer „kinetischen Semantik" von Sebastian Leikert, womit eine vorsprachliche Weise gemeint ist, „Bedeutungen aus der inneren Organisation sinnlicher Wahrnehmung herauszuentwickeln. Das kinetische Erleben resultiert aus dem permanent ablaufenden Prozess, Empfindungen der körperlichen Binnenwahrnehmung in Beziehung zu den von außen auftretenden auditiven, taktilen und visuellen Sinneseindrücken zu setzen und diese, etwa durch Rhythmisierung sinnvoll zu organisieren" (Leikert 2008, 18).
10 Persönliche Mitteilung von Figdor an den Autor.
11 Figdor/Röbke 2008, 134.
12 Vgl. dazu Röbke 2014.

mer mit anderen teilen), so bietet sich diesen nicht nur die Chance, der anthropologischen, psychologischen und ästhetischen Essenz des Musikalischen zu begegnen bzw. dem, was als Beziehungsgestaltung die Basis guter Musikpädagogik ausmacht, sondern es tut sich auch die Möglichkeit auf, in Bezug auf die eigene Biographie *back to roots* zu gehen, zurück zu den ureigenen Wurzeln, jenen Motiven, die einen zur Musik brachten bzw. ein lebenslanges musikalisches Engagement grundlegen.

Professionelles Training, der lebenslange Kampf mit der Tücke des Objekts, das nicht endende Ringen darum, mit den Widerständen des Körpers oder der Stimme fertig zu werden, also enorme Übepensen, all das kann die motivationellen Quellen verschütten, und die musikalische Arbeit mit Menschen, die an Demenz leiden, vielfältig beeinträchtigt sind oder einen Fluchthintergrund haben, kann für die musikalischen Profis zu einer (Wieder)Entdeckung des Kerns ihrer jeweiligen Identität und zu einer neuen Positionierung des Musiker*innen-Seins in der Welt werden. Daniel, ein *Music for Life*-Akteur berichtet:

> „Wenn ich diese Arbeit [hier ist die Arbeit mit Menschen mit Demenz gemeint] getan habe, war das ein Weg für mich, meine Existenz als Musiker mit der Vertiefung des Gefühls, wer ich bin in dieser Welt, zu verbinden, bedingt durch die außergewöhnliche Begegnung mit außergewöhnlichen Menschen [...] Diese Arbeit lehrt mich immer wieder, wer ich bin und ist ein Korrektiv gegen Entscheidungen, die mich davon abbringen. Es ist schon wahnsinnig, wie die Arbeit mit Leuten, deren Version von Wirklichkeit derart unklar ist, tatsächlich der ultimative Realitätscheck sein kann!"[13]

Es sind spezifische Momente – wie die zu Beginn beschriebenen – in denen uns das Wesentliche an der Musik offenbar wird und plötzlich auf dem Podium ebenso alles stimmt wie in der Interaktion mit dem Publikum, es sind – wie Günter Anders sagt – „Enklaven im geschichtlichen Kontinuum des menschlichen Lebens"[14], in denen unser normales Zeitempfinden suspendiert ist, es sind Augen-Blicke der Verwandlung, Plötzlichkeiten, die uns aus dem Alltag in die andere Welt der Musik führen, eine Welt, in der auf einmal Stärken sicht- und hörbar werden, auf die wir nicht zu hoffen gewagt hätten: die personale Präsenz des dementen Herrn mit seinem Taktstock, die performative Intensität des behinderten Musikers, das kreative Potenzial des geflüchteten Jugendlichen.

Ich erinnere mich an eine Aufführung der Schüler*innen einer Sonderschule für geistig schwerstbehinderte Kinder mit musisch-kreativem Schwerpunkt in der Wiener Musikuniversität. Seit Jahren hatte die Sängerin und Gesangspädagogin Agnes Palmisano mit den Kindern und Jugendlichen dieser Schule intensiv Musiktheater gemacht[15], nun stand eine mit dem Musiker Helmut Stippich

---

13 Zitiert nach Alheit/Page/Smilde 2015, 25.
14 Anders 1930/31, 44.
15 Vgl. URL: <https://www.agnes-palmisano.at/projekte/musikprojekte-mit-kindern/> (09.04.2020).

entwickelte Fassung des Dschungelbuchs auf dem Programm[16]. Bezeichnend, dass die Schüler*innen und Lehrer*innen der Schule nicht mit einem eigens zu charternden Bus fahren wollten, sondern darauf bestanden, öffentliche Verkehrsmittel zu nutzen, was durchaus eine zeitaufwendige Angelegenheit war.

Nun aber waren alle heil angekommen, der Neue Konzertsaal am Rennweg 8 war bis auf den letzten Platz mit einem erwartungsvollen Publikum gefüllt, und Agnes Palmisano sagte zur Begrüßung nichts weiter als: „Bitte schauen Sie, was Musik mit Menschen macht!"

Und das taten wir, Lehrende und Studierende der Musikuniversität, und erlebten fassungslos, wie Kinder und Jugendliche, die des Lesens, Schreibens oder Rechnens nicht mächtig waren, die durchweg permanente Assistenz benötigten, die sich kaum verbal artikulieren konnten und schweren Bewegungseinschränkungen unterlegen waren, nun – im Reich des musikalischen Theaters – genau wussten, wann sie an der Reihe waren, sich wie von Zauberhand im gemeinsamen Tanzen und überhaupt in Wiederholungen und Ritualen synchronisierten, im Singen ihre Texte ohne zu stolpern bewältigten und eine geradezu unheimliche Bühnenpräsenz ausstrahlten, die ihre Einschränkungen vergessen ließ; Agnes agierte aktiv im Hintergrund, aber die Impulse zum Agieren kamen aus jedem und jeder Mitwirkenden ganz von selbst.

Wenn wir so etwas erleben dürfen, dann werden wir zu Zeugen einer inspirierenden, bezaubernden, glücklich machenden Welt, zu Zeugen denen es angesichts der Evidenz, der überwältigenden Plötzlichkeit, der Ereignisqualität, des Unbedingten und Unaussprechlichen durchaus die (Wort)Sprache verschlagen kann.

Und wir können und wollen in diesen Momenten, die Welt um uns herum vergessen (und haben auch alles Recht dazu!), aber die Welt klopft immer wieder an, die Wirklichkeit bricht immer wieder ein.

- Der Gitarrist Werner ist ein Urgestein der *All Stars Inclusive Band*, kann aber plötzlich nicht mehr zur Probe kommen, die für ihn den Höhepunkt der Woche darstellt: Seine Pflegestufe wurde über Nacht geändert und dadurch der Anspruch auf Fahrtendienste reduziert, was nicht nur bedeutete, dass er auf das viel teurere Taxi hätte ausweichen müssen, sondern auch, dass er niemand mehr gehabt hätte, der ihn mit seiner schweren Gehbehinderung in den vierten Stock seines Wohnheimes hätte bringen können.
- Regelmäßig berichtet Bianka Wüstehube, dass jemand, der oder die regelmäßig und mit Freude an *JOIN IN* teilgenommen hatte, nicht mehr kommen konnte, sei es, weil die Ausländerbehörde die Verlegung an einen anderen Ort angeordnet hatte oder weil der- oder diejenige aus der Betreuung für

---

16 Vgl. URL: <https://www.agnes-palmisano.at/heilende-musik-im-dschungel-der-standard/> (20.04.2020).

Minderjährige herausgefallen war, aber auch weil Asylansuchen negativ beschieden worden waren und die Abschiebung – etwa in das ‚sichere' Heimatland Afghanistan – bevorstand oder bereits vollzogen wurde.
- Der Film *Young@Heart*[17] erzählt die Geschichte eines Chores von Menschen, die im Durchschnitt das 80. Lebensjahr längst erreicht haben, was sie aber nicht daran hindert, mit Songs von Sonic Youth (*Schizophrenia*) oder The Clash (*Should I stay or should I go?*) auf die Bühne zu gehen und weltweit Erfolge zu feiern.[18] Kurz bevor der Chor einen Auftritt im Hochsicherheitsgefängnis von Hampshire County hat, bei dem er u. a. mit Bob Dylans *Forever Young* den Nerv der zuhörenden Häftlinge treffen wird[19], muss Diane, Assistentin des Chorleiters, den Sänger*innen mitteilen, dass das langjährige Chormitglied Bob Salvini verstorben ist: Bob konnte schon seit eigener Zeit nur noch mit einem Atemgerät zur Probe kommen und auf die Bühne gehen.

Dass in der musikalischen Arbeit mit Menschen des vierten Lebensalters das Sterben ein Thema ist und das Nachlassen der geistigen und körperlichen Kräfte in das Singen und Musizieren hineinspielt, das ist unvermeidbar und eigentlich selbstverständlich[20]: Eine Stärke in der Probenarbeit von *Young@heart* liegt gerade darin, mit Krankheit und Schmerzen offensiv und humorvoll umzugehen. In der ersten Probe für ein neues Programm begrüßt Chorleiter Bob Cilman seine Sänger*innen mit den Worten: „The first thing we have to do is wish Jack Schnepp Happy Birthday! This is a special birthday for Jack because, while Jack is sitting here, we have the possibility that Jack is passing a kidney stone for us. Is there any other medical issue that people wanna reveal today?"

Aber indem der Film immer wieder auch die häusliche Lebenssituation der Chormitglieder thematisiert, wird grundsätzlich die Frage nach dem Ausmaß von Selbstbestimmung älterer Menschen und der Art und Weise, wie die Gesellschaft diesem Anspruch auf Autonomie im hohen Alter und auch angesichts massiver Beeinträchtigungen gerecht wird, aufgeworfen[21]: Eine schöne Antwort auf diese Frage ist jene Filmpassage, in der ein männliches Chormitglied erzählt, dass er nun über den General- bzw. Haustürschlüssel seines Altenheimes verfügt, damit er auch dann, wenn er nach ausgedehnten Proben spät heimkommt, sein Zimmer erreichen kann. Da gibt die Institution tatsächlich Kontrolle ab, zugunsten der Selbstbestimmung des hochbetagten Menschen.

---

17 *Young@Heart*, Regie: Stephen Walker; Produzentin: Sally George; Kamera: Ed Marritz/Simon Poulter; Editor: Chris King; Fox Searchlight Pictures, UK 2008.
18 Vgl. URL: <https://de.wikipedia.org/wiki/Young@Heart> (14.04.2020).
19 Etwa mit der dritten Strophe „May you grow up to be righteous. May you grow up to be true. May you always know the truth. And see the lights surrounding you".
20 Die eigentümliche ästhetische Qualität, die sich gerade daraus ergibt, habe ich in Röbke 2012 herausgearbeitet.
21 Vgl. Gawande 2017.

Die grafische Darstellung des Unterschieds zwischen exkludierenden, integrierenden und inklusiven Zugängen ist wohlbekannt[22]:

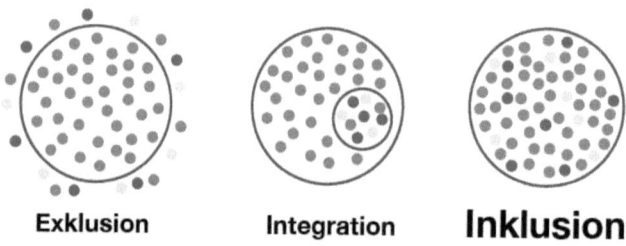

Abbildung 1: Inklusion – mittendrinn

Nach den kurzen Geschichten der Wirklichkeitseinbrüche in unsere musikpädagogische Welt stellt sich aber schon in dieser Einleitung die Frage, ob wir damit zufrieden sein können, nur im musikpädagogischen Handeln mit der bunten Vielfalt respektvoll umzugehen, wenn außerhalb unseres Wirkungskreises viele der ‚bunten' Teilnehmer*innen unserer Kurse und Ensembles einem Integrationsdruck ausgesetzt sind oder reale Ausgrenzung erleben.

Also Selbstermächtigung, Selbstwirksamkeit, Selbstbestimmung, Selbstausdruck nur im Sonderreich Musik, auf unseren Inseln inklusiven Musizierens, in den beschriebenen schönen Momenten der musikalischen Verwandlung – und außerhalb dieses Reiches bzw. um die Inseln herum Einschränkung, Fremdbestimmung, Unterdrückung des Selbstausdrucks, Zwang, Schäbigkeit, staatliche Gewalt und Grausamkeit?

Müsste nicht die inklusive musikalische Arbeit wenigstens die Beteiligten so stärken, dass sie besser mit den Zwängen und Einschränkungen ihres Alltags fertig werden können? Müsste nicht die inkludierende musikalische Arbeit immer so angelegt sein, dass sie die Einstellungen *aller* Beteiligten, also den Blick aufeinander nachhaltig verändern kann, also dann zum Beispiel Pflegekräfte ihre Klienten anders wahrnehmen, weil sie diese in der inklusiven Musikgruppe wieder als *Personen*[23] erlebt haben? Müsste nicht ein der Inklusion verpflichtetes fachspezifisches Arbeiten immer auch die grundsätzliche Veränderung des jeweiligen institutionellen Umfelds und schließlich der gesellschaftlichen Rahmenbedingungen anstreben? Immer also müsste inklusive Musikpädagogik wohl ihren originären Wirkungskreis überschreiten.

Denn wenn in Hinsicht auf eine inklusive Gesellschaft massive Schritte gegangen würden, dann ist die inklusive Fachdidaktik am Ende schlicht nur noch

---

22 Die Illustration ist der Website URL: <http://inklusion-verein.de/der-verein/inklusion> (20.07.2020) entnommen.
23 Buchstäblich: das durchtönende Selbst (*per-sonare*).

eine gute, weil die Individualität einer jeden Schülerperson ernstnehmende Didaktik: Sie müsste sich nicht mehr als ‚inklusiv' ausweisen, wenn die Institutionen und die Gesellschaft inklusiv sind. So lange das aber nicht der Fall ist, sollte inklusive Didaktik immer einen gesellschaftsverändernden Anspruch vertreten, denn: Wer von der exkludierenden Gesellschaft nicht reden will, der soll auch über inklusive Musikpädagogik schweigen![24]

Die Geburt der öffentlichen Musikschule aus dem Geist der Gemeinschaft (des Gemeinschaftsmusizierens) – ein kurzer Abstecher

Etwas Weltfremdes und Realitätsverweigerndes schreibt sich der außerschulischen Musikpädagogik – gleich ob in Projekten wie den beschriebenen oder solchen im Kontext der Musikschule – gerade dann ein, wenn sie selig die *Gemeinschaft* im Singen, Spielen und Tanzen beschwört, ja mehr noch: die Beschwörung des Gemeinschaftlichen kann rückwärtsgewandte Züge annehmen und im musischen Widerstand gegen die gesellschaftlichen Realitäten und Widersprüche in Wahrheit und entgegen der behaupteten Vergemeinschaftung tatsächlich Ausgrenzung produzieren. Dabei ist die Beschwörung der musizierenden Gemeinschaft ebenso ein ständiger ideologischer Wiedergänger wie die Behauptung, Musik sei die schlechthin universelle Sprache und ermögliche per se umstandslose interkulturelle Verständigung.[25]

Hans-Joachim Rieß hat gezeigt, wie sich die öffentliche Musikschule (als „Musikschule für Jugend und Volk") im deutschen Sprachraum neben ihrer Herkunft aus dem städtischen Konservatorium vor allem aus Praxis und Geist der Jugendmusikbewegung heraus entwickelt hat.[26] Dabei ist die Jugend*musik*bewegung über ihre Verankerung in der Jugendbewegung (der Wandervogel-Bewegung) hinaus im Zusammenhang mit anderen sogenannten Reformbewegungen zu sehen, die in Reaktion auf die Industrialisierung in der zweiten Hälfte des 19. Jahrhunderts, aber auch als Protest gegen die Enge und Steifheit des Wilhelminismus in Deutschland entstanden: Namentlich wären etwa die Kunsterziehungs- oder Landerziehungsheimbewegung zu erwähnen. Rieß arbeitet, unter Berufung vor allem auf das *Handbuch der deutschen Reformbewegun-*

---

24 Vergl. auch im Beitrag von Feuser in diesem Buch (143): „Es geht also primär nicht um Inklusionen, sondern um die *Exklusionen*, die zu überwinden sind, und sind sie das, brauchen wir von Inklusion nicht mehr zu reden. Im Feld der Pädagogik ist Inklusion nicht mehr und nicht weniger als ein Artefakt der ständig erfolgenden Selektion, Ausgrenzung und Segregierung von Lernenden im institutionalisierten Erziehungs-, Bildungs- und Unterrichtssystem (EBU); sie hat an sich keine davon unabhängige Substanz."
25 Vgl. Prieske 2018.
26 Vgl. Rieß 2019.

gen von Kerbs und Reulecke, auch die irrational-mystischen Tendenzen jener Bewegungen heraus und zeigt deren Neigung, gesellschaftliche Realitäten und Widersprüche zu ignorieren oder gar offensiv abzulehnen. Wie auch Dorothea Kolland argumentiert, handelt es sich hier um kleinbürgerliche Fluchten aus einer als feindlich und zu komplex empfundenen industriellen Welt, Fluchten hinein in eine überschaubare und Geborgenheit stiftende *Gemeinschaft:* Diese soll als Gegenwelt zur als entwurzelnd, vereinzelnd und letztlich überfordernd empfundenen modernen Gesellschaft funktionieren.[27]

Und ob wir auf Fritz Jödes Jugendmusikbewegung oder Walter Hensels Finkensteiner Bund schauen (um die zwei wesentlichen musikpädagogischen Strömungen zu nennen)[28]: Dass es insbesondere Musik ist, die derartige Gemeinschaften erzeugen kann, daran besteht für die Protagonisten kein Zweifel, Gemeinschaften allerdings, die durchaus *exkludierende* Züge tragen (was in der Regel der Fall ist, wenn man mit Widersprüchen nicht umgehen kann oder mag). Im Falle Hensels ist es die aggressive Betonung des Deutschtums, sollte doch die Finkensteiner Singbewegung besonders im *Grenzland* (zu den Slawen) die deutsche Identität stärken, im Falle Jödes verbirgt sich die Exklusion eher in musikimmanenten Ansichten, wird jedoch politisch in einem ausgeprägten Anti-Individualismus wirksam.[29]

Das Klavier als ‚vereinzelndes Instrument' wird zum Feindbild (mitsamt der ‚überindividualistischen' Solo-Literatur des 19. Jahrhunderts); auch wollte man dem Musikanten eher Fidel und Lauten statt Violine und Gitarre in die Hand drücken, die Blockflöte mit ihren begrenzten subjektiv-expressiven Möglichkeiten wird wiederentdeckt und popularisiert. Und musikalisch will Jöde wenigstens zurück zu Bach, andere seiner Bewegung am besten noch weiter zu Heinrich Schütz.

Als nach der Befreiung vom Faschismus der Gemeinschaftsgedanke wie auch das Konzept der Musischen Erziehung immer noch nicht angekränkelt erschienen und führende Vertreter der Musikschulen so taten, als sei nichts gewesen, intervenierte Theodor W. Adorno mit seinen *Thesen gegen die musikpädagogische Musik* und seiner *Kritik des Musikanten.*

---

27 Vgl. Kolland 1979.
28 Man kann diese Geschichte auch als Geschichte der musischen Erziehung In Deutschland erzählen, müsste sich dann etwa mit Ernst Krieck beschäftigen, der die Idee der Musischen Erziehung Ende der 1920er Jahre in entsprechenden Publikationen vertrat und nach 1933 zu einem der führenden Pädagogen des deutschen Faschismus aufstieg (*Nationalsozialistische Erziehung*, publiziert 1937).
29 Tatsächlich war es von der *Gemeinschaft* zur homogenen *Volksgemeinschaft*, der die Fremden, die ‚Nicht-Arier' und auch die behinderten Menschen schon mal gar nicht angehören, wohl nur ein kleiner Schritt: Faktisch erlebten die Musikschulen für Jugend und Volk nach 1933 eine Hochblüte (vgl. Rieß 2019). Das Gemeinschaftliche wird nun soldatisch-militärisch aufgeladen und gegen den Rest der Welt in Stellung gebracht.

Seine Sätze zur *Gemeinschaft* verdienen immer noch Beachtung in den musikpädagogischen Zirkeln und auch bei jenen, die inklusives Musizieren praktizieren, sind sie ins musikpädagogische Stammbuch zu schreiben[30]:

> „Die Entfremdung der Menschen voneinander, die Verdinglichung ihrer Beziehungen ist gesellschaftlich gesetzt. Unmöglich, einen Zustand, der in den realen ökonomischen Bedingungen gründet, durch ästhetischen Gemeinschaftswillen zu beseitigen."

> „Gemeinschaft um der Gemeinschaft willen ist kein Ideal. Das Miteinander als solches zum Ziel zu erklären, zeigt an, daß man an den Inhalt der Gemeinschaft, eine menschenwürdige Einrichtung der Welt, vergessen hat. Der Kultus der Gemeinschaft als Selbstzweck gehört den Nationalsozialisten und den Volksdemokratien russischen Stils an. Er ist wesentlich totalitär: stets schwingt in ihm die Tendenz zur Unterdrückung des Einzelnen mit. Eine wirkliche Gemeinschaft aber wäre eine von freien Menschen."[31]

Die Gegenwart: die Potsdamer Erklärung zur inklusiven Musikschule

Seit der Gründung im Jahr 1952 als Verband der Jugend- und Volksmusikschulen e.V. (die Umbenennung zum Verband deutscher Musikschulen erfolgte im Jahr 1966) beschäftigte sich der VdM stark mit internen Fragen des Musikschulwesens, mit gesetzlichen Grundlagen und der Einbindung in die kommunale Landschaft, mit Struktur- und Qualitätsfragen (Richtlinien für die Mitgliedschaft, Strukturplan und Lehrplanwerk) bzw. mit der schrittweisen inhaltlichen Ausweitung des Lehrangebots. Dabei legte er zunächst – vielleicht weil die gesellschaftliche Verortung diskreditiert war – eine gewisse gesellschaftspolitische Neutralität an den Tag, wenn etwa im Strukturplan aus dem Jahr 2009 eine gesellschaftliche Verantwortung der Musikschule angedeutet wird, die Begründungen der Arbeit aber letztlich immanent und selbstbezüglich bleiben:

> „Die öffentliche Musikschule legt mit qualifiziertem Fachunterricht die Grundlage für eine lebenslange Beschäftigung mit Musik. Sie eröffnet ihren Schülerinnen und Schülern Möglichkeiten zum qualitätvollen gemeinschaftlichen Musizieren in der Musikschule, in der allgemeinbildenden Schule, in der Familie oder in den vielfältigen Formen des Laienmusizierens."[32]

---

30 Die regelmäßige Lektüre beider Texte kann wie eine Art Antidot gegen das Verfallen in eine neomusische Gemeinschaftstrunkenheit wirken.
31 Adorno 1973, 437f.
32 URL: <https://www.musikschulen.de/musikschulen/index.html> (16.04.2020).

Und wenn auch etwa der 10. Musikschulkongress *Musikschulen bauen Brücken...* 1989 in Aachen dem Konzept einer Offenen Musikschule gewidmet war und damit wie alle VdM-Kongresse eine inhaltliche Markierung vornahm, wurde nicht wirklich spezifiziert, *wer* sich da in der Offenen Musikschule treffen sollte. Und genau so wenig wurde thematisiert, welche gesellschaftlichen Gruppen vielleicht weder Chance noch Motivation hätten, in die Offene Musikschule einzutreten.[33]

Bei alledem ist der oben erwähnte ‚Kampf ums Klavier' längst ausgestanden, auch ist die friedliche Koexistenz hochkultureller und populärer musikalischer Praktiken verwirklicht, schließlich gab es durch das Engagement von starken Persönlichkeiten wie Werner Probst und in unseren Tagen Robert Wagner für die Arbeit mit Menschen mit Behinderung oder vom langjährigen Leiter der Musikschule Berlin-Neukölln, Klaus-Jürgen Weber, für die Interkulturalität ebenso wie durch Landesverbände wie jenen in Nordrhein-Westfalen, der in Bezug auf eine gesellschaftliche Öffnung vorpreschte, durchaus nennenswerte und gut gemachte inklusive Angebote. Diese blieben jedoch letztlich peripher, und Inklusion war noch nicht *generelles* Fundament des deutschen Musikschulwesens.

Genau diesen Schritt aber will der VdM mit seiner *Potsdamer Erklärung* aus dem Jahr 2016 gehen: Inklusion soll kein Minderheitenthema mehr sein, sondern in die DNA der öffentlich-rechtlichen Musikschule eingeschrieben werden, alle Musikschulen des VdM sollen sich als inklusive Musikschulen, als „Musikschulen für alle" verstehen. Natürlich ist diese Erklärung ebenso eine *Deklaration* wie die beiden internationalen Verlautbarungen, auf die sich der VdM bezieht, die UN-Konvention über die Rechte von Menschen mit Behinderungen (2009) und die UNESO-Konvention Cultural Diversity (2005). Lang noch ist der Weg zu *verbrieften Rechten*, die im Bereich der Musikschule nur von den konkreten Trägern vor Ort, den Gemeinden oder den Bundesländern zu gewährleisten und einzulösen wären.

Aber immerhin: Diese Erklärung fasst die Gesellschaft als ganze ins Auge („Der Verband deutscher Musikschulen vertritt die Leitidee einer inklusiven

---

33 Dass sich die Offene Musikschule vor allem für musikalische Stile und andere Künste öffnet und allenfalls die Erwachsenen neu willkommen heißt, findet sich heute noch auf der Website des VdM, wenn es heißt: „Die Offene Musikschule
- will durch lebendigen Unterricht und vielfältige Angebote ihre Schüler begeistern.
- fühlt sich allgemein-erzieherischen Zielen verpflichtet, soweit ihnen mit Musikunterricht gedient werden kann.
- entwickelt auch für Erwachsene Konzepte.
- erklärt keine musikalische Erscheinungsform für Tabu.
- beobachtet aufgeschlossen alle Entwicklungen der Musikszene und prüft, ob sie musikpädagogisch darauf eingehen kann.
- will Gräben zwischen den musikalischen Stilen und ihrer Anhänger überbrücken.
- bringt ihre Schüler auch mit anderen künstlerischen Sparten in Kontakt (Bildende Kunst, Literatur, Theater, Medien)."
URL: <https://www.musikschulen.de/musikschulen/index.html> (16.04.2020).

Gesellschaft") und will Entwicklungen anstoßen, die den begrenzten Wirkungskreis einer inklusiven Musikpädagogik überschreiten:
- Es geht nicht nur um inklusive Praktiken im Hier und Jetzt, sondern um die nachhaltige Veränderung des *Habitus*, darum, „die innere (z. B. pädagogische, kulturelle) Barrierefreiheit zu gewährleisten";
- die Institution Musikschule stellt sich hinsichtlich ihrer prinzipiellen Zugänglichkeit auf den Prüfstand: Die Arbeit mit dem Index für Inklusion wird empfohlen, jede einzelne Musikschule soll prüfen, „ob sie alle Menschen, die aktiv musizieren wollen, erreicht", und dann wird sich herausstellen, dass „die prozess- und systemrelevanten Faktoren gelingender Pädagogik die Strukturen und Verwaltungen der Musikschulen herausfordern werden",
- Musikschulen interessieren sich auch für die reale Lage und die Probleme ihrer Schüler*innen außerhalb der eigenen vier Wände:

    „Die Musikschulen streben eine selbstverständliche Teilhabe aller in den Räumen der Musikschule an, stehen aber auch bereit, den inklusiven Prozess in den Einrichtungen der Schulen gemeinsamen Lernens, der Förderschulen, von Werkstätten, von Wohn- und Altersheimen zu beginnen, um Brücken hin zu neuen Zielgruppen zu bauen und um diese ‚niederschwellig' abzuholen."

- Und das eigentliche Ziel musikpädagogischer Arbeit ist durchaus utopisch ins Auge gefasst (utopisch, weil dessen Umsetzung die Verwirklichung der inklusiven Gesellschaft voraussetzen würde): Es geht um die „individuelle Achtung aller" und um die „individuelle Förderung als Ziel des Unterrichts" und um die Vermeidung jedweder Selektion.

Zusammenfassend lässt sich sagen, dass die Potsdamer Erklärung nicht nur ein Dokument ist, das die Politik adressiert und durch einen bestimmten Duktus deren Ohr zu erreichen sucht, sondern auch einen wesentlichen Impuls für die Arbeit nach innen darstellt, ein Anstoß zur grundlegenden Veränderung von Musikschule sein kann. Jedenfalls stellt sie einen Quantensprung in Bezug auf die gesellschaftliche Orientierung der außerschulischen Musikpädagogik dar.

Der Anspruch des inklusiven Musizierens und die Orientierung auf Zielgruppen

Dass nun auf dem *Weg hin* zu einer inklusiven Musikschule wenigstens für eine gewisse Zeit ‚neue Zielgruppen' besonders angesprochen und gefördert werden, ist wohl unabdingbar und führt die Musikschulen unweigerlich in Dilemmata, auf die etwa Honnens und Bradler hingewiesen haben: Die neuen Ziel*gruppen* wie etwa Menschen mit Behinderungen, mit Fluchthintergrund oder im sehr hohen Lebensalter als solche zu *erkennen* und als willkommene Nutzer*innen der Musikschule in ihren musikalischen Bedürfnissen *anzuerkennen*, bedeutet freilich auch, Individuen größeren Gruppen zuzuschlagen und mit deren Merkmalen umstandslos zu verrechnen, anstatt bei jedem einzelnen zu schauen, wie sich alle Möglichkeiten von Differenz, also Geschlecht, kultureller Hintergrund, soziale Lage, Alter oder kognitive Potenziale jeweils konkret mischen und auswirken, d. h. zu betrachten, ob sich Differenzmerkmale gegenseitig ausgleichen oder sich hinsichtlich von Benachteiligung aufschaukeln. Zudem bringt jeder Anerkennungsakt die Anerkannten als Gruppe vielleicht überhaupt erst hervor, er stiftet, bestätigt und verfestigt Identitäten, die bis dahin vielleicht keine Rolle gespielt haben.[34] Honnens verweist mit Düttmann auf den „schizophrenen Charakter" der Anerkennung, „wenn sie sich auf etwas Existierendes beziehe, dieses aber zugleich immer nur herstelle"[35].

Dem VdM ist die Problematik bewusst, wenn es in der Potsdamer Erklärung heißt:

> „Trotz einer Unteilbarkeit der Leitidee der Inklusion erscheint es für Musikschulen sinnvoll, Menschen mit Behinderung, Menschen mit Migrationshintergrund und Erwachsene und Senioren als verschiedene Zielgruppen mit jeweils spezifischen Bedürfnissen auf unterschiedliche Weise wahrzunehmen."

Tatsächlich müssen wir uns hüten, das Kind mit dem Bade auszuschütten, solange nämlich Gruppen auch als *Gruppen* real benachteiligt sind und somit eine hohe Wahrscheinlichkeit besteht, dass ein Individuum allein schon aufgrund der Zugehörigkeit zu einem Kollektiv Diskriminierungen ausgesetzt ist.[36]

Durchaus drastisch hat dies einst Simone de Beauvoir auf den Punkt gebracht, nämlich Gemeinsamkeiten zwischen Menschen ähnlicher und dabei eben auch negativer Erfahrungen anzuerkennen, ohne in rassistische Stereotype zu verfallen:

> „Wenn man die Begriffe des Ewig-Weiblichen, der Schwarzen Seele, des Jüdischen Charakters ablehnt, so heißt das nicht leugnen, dass es heute Juden, Schwarze und Frauen gibt: Diese Verneinung bedeutet für die Betroffenen keine Befreiung, sondern nur eine unendliche Ausflucht."[37]

Annedore Prengel hat in ihrer immer noch lesenswerten Studie *Pädagogik der Vielfalt. Verschiedenheit und Gleichberechtigung in Interkultureller, Feministischer*

---

34 Vgl. Barth 2013 mit dem bezeichnenden Titel: „*In Deutschland wirst du zum Türken gemacht!!*" *oder: Die ich rief, die Geister, werd' ich nun nicht los. Von der projektiven zur inszenierten Ethnizität.* In: Diskussion Musikpädagogik, 57/2013, 50-58.
35 Honnens 2016, 98.
36 Vgl. dazu den Beitrag von Neira Zugasty in diesem Buch; insofern dürfte der inklusive Ansatz bei keinem der in diesem Beitrag genannten Beispiele deshalb in Frage gestellt werden, weil diese einen Fokus auf bestimmte Zielgruppen legen.
37 De Beauvoir, zitiert nach Mecheril 2001, 3.

und Integrativer Pädagogik[38] vorgeschlagen, Verschiedenheit und Gleichberechtigung grundsätzlich in einem dialektischen Bezug zu denken. Werden nämlich jeweils entweder Diversität oder Gleichberechtigung verabsolutiert, drohen beim ersten eine Tendenz zum Rassismus (in xenophober ebenso wie in der vermeintlich positiven xenophilen Ausprägung des „Coloured People haben so ein tolles Körpergefühl" oder „Menschen mit Trisomie 21 sind so frei auf der Bühne!") und beim zweiten die Neigung, aufgrund einer Art Gleichmacherei gegenüber den realen Machtverhältnissen blind zu werden und real vorhandene Diskriminierungen von Gruppen zu übersehen.[39]

Wenn es „Wirklichkeiten des Andersseins" gibt (Paul Mecheril), dann braucht es einen „demokratischen Differenzbegriff" (Prengel) bzw. einen „differenzempfindlichen Universalismus" (Habermas), und dann ist mit Mecheril die Frage zu stellen: „Wie könnte an diesem pädagogischen Ort ein kommunikativer Einbezug des kulturell Anderen aussehen, der das Andere nicht nötigt, sich als Andere darzustellen, und zugleich die Freiheit gewährt, sich als Andere darzustellen?"[40]

Was fehlt also in der Potsdamer Erklärung?

Zum Ersten: Insbesondere die soziale Dimension und die realen Barrieren für sozial schwache Bevölkerungsschichten sind auch in der Potsdamer Erklärung und ihren Anhängen mit Handlungsanweisungen für die Arbeit mit behinderten Menschen, im transkulturellen Kontext oder mit Menschen des dritten und vierten Lebensalters, weitgehend ausgeklammert: Nur ein einziges Mal blitzt diese Dimension kurz auf, wenn es heißt, „Musikschulen verbinden Menschen *unterschiedlicher Schichten* [Hervorhebung durch den Autor], wirken gemeinschaftsstiftend, generationen- und kulturübergreifend."

Diese Ausklammerung von schlichtweg armen Menschen[41] hat Tradition: Daran haben auch Ermäßigungsmöglichkeiten prinzipiell wenig geändert, allen-

---

38 Ursprünglich 1993 veröffentlicht und dann – nahezu ohne Veränderungen – 2006 wieder publiziert.
39 *Gleichberechtigung* wird in den aktuellen Kämpfen verschiedener Gruppen dabei sehr elementar und existenziell als das Recht auf körperliche Unversehrtheit verstanden. Verschiedenheit in der Hautfarbe, im Geschlecht oder im Glauben nämlich führt zu spezifischen Gewalterfahrungen, die Menschen jüdischen Glaubens, Frauen auf der ganzen Welt und Black People in den USA nicht länger hinnehmen wollen, also keine Anschläge auf Synagogen, keine Belästigungen und Vergewaltigungen durch Männer (als Ziel von Me Too), keine Tötung bei Polizeikontrollen (als Ziel von Black Lifes Matter).
40 Mecheril 2001, 11.
41 Ich halte es sinnvoller, die Dinge beim Namen zu nennen als z. B. die Begrifflichkeit ‚sozial Schwache' zu verwenden: Jemand, dem es an elementaren materiellen Ressourcen mangelt, muss ja deswegen nicht ‚sozial schwach' sein.

falls durch Großprojekte wie *Jedem Kind ein Instrument* ist diese Frage vielleicht überhaupt erst auf die Tagesordnung etwa der Musikschulen im Ruhrgebiet gekommen, als diese in den armen nördlichen Bezirken der Ruhrgebietsgroßstädte ankamen.

Im Eröffnungsvortrag zum Symposium *Nur ein Vorzeichenwechsel?*[42] habe ich deshalb behauptet:

> „Die *soziale Frage* bleibt letztlich unterbelichtet, denn im Zweifel werden auch Musikschüler*innen mit besonderen Bedürfnissen eher solche sein, die selbst oder deren Eltern über die entsprechenden materiellen Ressourcen verfügen.[43]

Grundsätzlich wäre jedenfalls festzustellen, dass es auch bei den Nutzerinnen und Nutzern der Musikschule einen Zusammenhang zwischen ökonomischer (Klassen)Situation, konkreter sozialer Lage und kultureller Ausstattung gibt, oder um mit Bourdieu zu sprechen: Was den Habitus der Beteiligten angeht, deren Verfügung über ökonomisches, soziales und kulturelles Kapital sowie deren Lebensstile, so gilt auch für die Musikschule, dass, um die Definitionsmacht darüber, was in der Gesellschaft als wertvoll anerkannt wird und infolge dessen als symbolisches Kapital gilt'[44], gekämpft wird.

Übrigens verwies Bourdieu selbst vor vielen Jahren darauf, dass gerade die Musik das ideale Mittel der sozialen Distinktion, also der Aus- und Abgrenzung und der Demonstration des überlegenen bzw. ‚legitimen Geschmacks' ist:

> ‚Wenn z. B. nichts eindrucksvoller die eigene ‚Klasse' in Geltung zu setzen hilft, nichts unfehlbarer auch die eigene ‚Klassenzugehörigkeit' dokumentiert als der musikalische Geschmack, dann deshalb, weil es auch – aufgrund der nur selten gegebenen Voraussetzungen zum Erwerb der entsprechenden Dispositionen – keine andere Praxis gibt, die annähernd so klassifikationswirksam wäre wie ein Konzertbesuch oder das Spielen eines ‚vornehmen' Musikinstruments'[45]."[46]

Zum Zweiten: Aber wenn wir nun auch die armen Menschen als neue Zielgruppe identifiziert haben, haben auch diese nicht nur ‚besondere Bedürfnisse'[47], sondern alle genannten Gruppen, die wir auch als Gruppen weiter identifizieren sollten, ohne die Situation des Einzelnen auszuklammern, sind Gruppen von *vulnerablen* Menschen. Diese sind real verwundbar, man denke an die Wirklichkeitseinbrü-

---

42 Siehe Fußnote 3.
43 Zugespitzt könnte man sagen: Vielleicht arbeiten wir musikalisch auch eher mit syrischen Flüchtlingen aus akademischen Kreisen und mit alten Menschen in gehobenen ‚Altersresidenzen'.
44 Ardila-Mantilla et. al. 2018, 199.
45 Bourdieu 1987, 41.
46 Röbke 2020, 41f.
47 Ich tue mich ohnehin schwer mit dem Begriff, schwingt doch im *Besonderen* immer auch *absondern* mit; wie kurz ist der Weg von der Feststellung, jemand sei besonders, zur stirnrunzelnden Bemerkung „Der ist schon sehr besonders", also wohl etwas sonderlich.

che, von denen oben die Rede war. Ihre Mitglieder werden real verletzt oder schäbig behandelt, ihnen widerfährt reale Gewalt bis hin zur Grausamkeit, dann etwa, wenn das afghanische Mitglied der Musiziergruppe in sein immer noch von den fundamentalistischen Taliban beherrschtes Heimatland abgeschoben wird und ihm dort der Tod droht, wenn behinderten Menschen die Teilhabe am sozialen und kulturellen Leben abgeschnitten wird[48], wenn aus Personalmangel und Überforderung Menschen im Heim sediert und ans Bett gefesselt werden[49], wenn Menschen, die nicht wissen, wie sie das Monatsende erreichen sollen, noch weitere Leistungen gekürzt werden[50] und sie auf Ämtern Demütigung erfahren.

Wenn jemand verwundbar ist, dann gibt es konkrete Menschen oder reale (staatliche) Institutionen, die die Wunden schlagen und Macht und Möglichkeit dazu haben.[51] Es gilt daher, den Opfern eine Stimme zu geben und die Täter beim Namen zu nennen.[52]

---

48 Siehe die Geschichte von Werner in der *All Stars Inclusive Band*. In Österreich beschloss die türkis-blaue Koalition zudem: Wenn erwachsene Menschen mit Behinderung bei ihren Eltern wohnen, weil diese sich um sie kümmern, wird das Einkommen der Eltern künftig von ihrer Mindestsicherung abgezogen.

49 Vgl. die vielen Beispiele der Verletzung der Würde und der Beschränkung der Autonomie von alten Menschen, die Atul Gawande in seinem 2017 erschienenen Buch *Sterblich sein. Was am Ende wirklich zählt. Über Würde, Autonomie und eine angemessene medizinische Versorgung* gibt.

50 In Österreich bedurfte es des Verfassungsgerichtshofes, um die Entscheidung der ÖVP-FPÖ-Koalition aufzuheben, die das Kindergeld für Mehrkinderfamilien drastisch reduziert hatte bzw. die Mindestsicherung für Familien mit Migrationshintergrund an das Vorhandensein bestimmter Sprachkenntnisse koppelte. In Deutschland wiederum widersprach das Bundesverfassungsgericht in Teilen der Praxis von Sozialämtern, Hartz 4-EmpfängerInnen mit Sanktionen zu belegen, die diese noch weiter unter das Existenzminimum gedrückt hätten.

51 Und das sollte wütend machen; vgl. Renshaw 2020, 1: „Young artists are angry. Many are now trying to address the injustices of the world – responding creatively to the anxiety, vulnerability, loneliness and sense of alienation of those people struggling to cope in a harshly divided world where the ‚system' fails to meet their needs. I share their anger. So many of our systems, the bedrock of a humane society, seem to be broken or are severely dysfunctional. Health, social care, education, criminal justice, immigration, the environment – each raises major challenges for government, for local services, for the business community, for cultural and educational institutions and for the charity sector. But this deep crisis has increasingly unlocked the collective imagination, the hearts and minds of many creative young people who are determined to mobilise their activism and re-imagine their relationship with the world. They recognise that their activism should come from how they perceive who they are, from their beliefs and values, and from how they see the world."

52 Honnens fasst zusammen: „Der Anerkennungsakt wird in den Erklärungen des VdM ausschließlich als Wertschätzung von benachteiligten Gruppen und damit auf einen widerspruchsfreien und eindeutig positiven Aspekt reduziert. Die ‚andere' Seite der Anerkennung, ihre Ambivalenzen sowie ihre Verstrickung mit Machtdynamiken werden vernachlässigt" (Honnens 2016, 95).

Peter Röbke

Der notwendige Exkurs: *Ursula oder das unwerte Leben*

Wer die vorstehenden Sätze als zu stark empfindet, dem sei zunächst gesagt, dass es nicht darum geht, eine ‚Viktimisierung' zu befördern, also eine Opfermentalität zu etablieren oder einen Opferstatus zu verfestigen. Und schon gar nicht geht es darum, in einen Wettbewerb für den ersten Platz in einer Opferhierarchie einzutreten.

Aber es geht um einen realistischen Blick auf die Weise, wie die Gesellschaft bestimmten Gruppen reale physische oder psychische Gewalt zufügen kann. Dabei sind Menschen mit Behinderungen in unseren Zeiten bzw. in unseren Breitengraden nicht mehr physischer Grausamkeit ausgesetzt, lang ist es aber nicht her, dass diese weggesperrt und in einem depravierenden Alltag gefangen waren – deshalb an dieser Stelle der notwendige Exkurs im Verweis auf den Film *Ursula oder das unwerte Leben*[53].

Dieser Film ist immer noch wie ein Keulenschlag, er kann einschneidend sein, jede*r mit inklusiver Arbeit Befasste sollte ihn kennen. Er ist auch als *Film* außerordentlich (zu erwähnen sind die Kameraführung, der Schnitt, die Stimme von Helene Weigel aus dem Off, der Einsatz der Musik, die Schwarz-Weiß-Ästhetik), er berührt in der Tiefe.

Und man kann sich kaum vorstellen, wie er 1966 gewirkt haben muss, in einer Zeit, in der Menschen mit Behinderung unsichtbar im öffentlichen Leben waren und weggesperrt in Heimen, deren Existenz man lieber nicht Kenntnis nehmen wollte.[54] Wir begleiten die Rhythmikerin Mimi Scheiblauer in eine dieser „Anstalten" für „blöde" oder „idiotische" Kinder, in eine, in der für die damalige Zeit offenkundig gute Verhältnisse herrschen, die streng gekleideten Nonnen sorgen – wie uns Helene Weigel aus dem Off berichtet – dafür, dass die Kinder betreut, gepflegt und sauber gehalten werden. Sie sind als nicht entwicklungs- und bildungsfähig abgestempelt und deshalb „endgültig verurteilt, sich nicht entwickeln zu können: Sie sehen nur ihresgleichen, sie hören keinen vernünftigen Ton, sie langweilen sich zu Tode", und das alles auf engsten Raum zusammengepfercht, „im Wirrwarr verschiedenster Gebrechen". Scheiblauer beginnt mit der rhythmischen Erziehung, „lockt durch Bewegung Positives her-

---

53 Der Film von Reni Mertens und Walter Marti findet sich auf der Doppel-DVD *Mimi Scheiblauer unterrichtet Rhythmik, öffnet Türen in ein lebenswertes Leben, inszeniert ein Krippenspiel*, die vom Arbeitskreis Musik und Bewegung/Rhythmik an Hochschulen e.V. (AMBR) herausgegeben und verliehen wird: URL: <https://www.musikbewegung.de/aktuelles/aktuell/news/dokumentarfilme-mit-und-ueber-mimi-scheiblauer/?tx_news_pi1%5Bcontroller%5D=News&tx_news_pi1%5Baction%5D=detail&cHash=02f1865318e82554acb091886507851a> (17.04.2020).

54 „In unserer Gesellschaft werden die Behinderten und die nicht Leistungsfähigen und übrigens auch die Alten versorgt und vor der Welt versteckt." Ich entnehme diese Äußerung wie alle folgenden ohne weitere Quellenangabe der Tonspur des Films.

vor" und wendet sich auch jenen zu, die Tag um Tag, Monat für Monat, Jahr für Jahr apathisch und ohne jede Ansprache und Zuwendung im Bett liegen.

Da ist etwa Charlie, über den seine Pflegerinnen sagen, er sei im Allgemeinen artig, zeige für nichts Interesse und höre auf nichts. Scheiblauer geht in die musikalische Interaktion mit ihm, mit Rasseln und Klangstäben (am Ende hat sich zwischen Charlie und ihr ein veritables musikalisches Duett mit diesen Stäben entwickelt) und siehe da, Charlie reagiert und agiert, er hört die Rassel und lacht, „also ist er nicht taub", er folgt der gesungenen Aufforderung „Steh auf!", „also ist er nicht dumm", er macht einen sinnvollen Gebrauch von den Klangstäben, „er denkt, es ist seinen Händen anzusehen."

Man kann diesen Film nicht ansatzweise nacherzählen, er ist prallvoll mit Situationen, aus denen das leidenschaftliche Plädoyer für die Entwicklungsfähigkeit eines jeden Menschen hervorgeht: „Wir haben niemand gefunden, mit dem nichts anzufangen war." Scheiblauer legt den Zuschauer*innen dieses Films nah, zentrale pädagogische Begriffe sensibler und differenzierter zu verwenden: Sie zeigt, dass die Fähigkeit zu gestalten, immer vorhanden ist, dass Roy, der mit Ausdauer ein Türmchen baut, *eine Arbeit leistet*, „freilich eine, die nicht nach den Gesichtspunkten kaufmännischer Rentabilität zu bewerten ist." Sie führt die Gruppe von Kindern mit unterschiedlichsten Beeinträchtigungen auf eine Weise, die deren Fähigkeit zeigt, einen Gedanken oder eine Bewegung anzuhalten, dann umzuschalten und anschließend den neuen Gedanken und die neue Bewegung zum Ziel zu führen: Die Kindern bleiben mit Ausdauer bei der Sache und entwickeln so ihre Intelligenz. Und die Art, wie sich Roy mit der rollenden Kugel auseinandersetzt, zeigt seine Selbstbehauptung, seine Fähigkeit, seinen Körper und Gegenstand zu koordinieren, sich mittels des Gegenstands mit der Umwelt zu verbinden und Lösungen zu finden und diese in der Wiederholung zu Struktur und Ordnung werden zu lassen.

Wer aber ist Ursula, deren Geschichte die Rahmenhandlung des Films darstellt und dem Film den Namen gibt?

Ursula ist acht Jahre lang von Heim zu Heim verschoben worden. Man wusste mit ihr nichts anzufangen, legte sie jeweils im Bett ab – bis sie von einer Pflegemutter und deren Eltern aufgenommen wurde.

Das war die Ausgangssituation: Ursula galt als taub, „also muss man ihr wie einem Gehörlosen die Welt der Töne vermitteln." Ursula wurde als blindes Kind angesehen, „dann muss sie eben lernen, sich im Raum zu bewegen." Und Ursula wurde als „geistesschwach" klassifiziert... also muss man ihr ständig die Umwelt vermitteln und die Erfahrung erweitern (etwa: Was ist Wind? Wie klingt das Meer?), „sonst müsste sie aus Mangel an Eindrücken verblöden."

Die erstaunliche Entwicklung von Ursula in der Pflegefamilie, die im Film nachgezeichnet ist, muss hier nicht erzählt werden: Man schaue sich einfach den Film an und wird – in durchaus gewöhnungsbedürftigen Situationen – zum

Beispiel im vermeintlichen Schreien oder scheinbar unartikulierter Klangäußerung tatsächliche musikalische Dialoge entdecken, wenn der Blick entsprechend geschärft ist.

Jedenfalls – ob individuelle Geschichte, intensive rhythmisch-musikalische Gruppenarbeit oder Intervention im Aufenthaltsraum der „Anstalt": „Weil der Mensch sich entwickelt, kann man ihn erziehen. Weil die Entwicklung ein Veränderungsprozess ist, kann man sie beeinflussen. Da sich der Mensch sein Leben lang verändert, ist seine Veränderung immer beeinflussbar."

Jene Zeit, in der Vernichtung von Menschen mit Behinderungen, jenes Auslöschen menschlichen Lebens, das mit dem zutiefst verlogenen Begriff der Euthanasie bezeichnet wurde, ist beim Erscheinen des Films noch nicht lang vergangen: Allein schon im Titel des Films schwingt die Vergangenheit mit, die in Deutschland gerade einmal 15 Jahre zurücklag, der Schatten ist übermächtig, der Geruch der Krematorien liegt damals jedenfalls noch in der Luft.

Damit sind wir bei einem „Liberalismus der Furcht" angelangt.

Vom Liberalismus der Selbstentfaltung, der Rechte und der Furcht

Aber bevor dieser Liberalismus der Furcht erläutert wird, gehen wir zu den Wurzeln liberalen, also „befreienden" Denkens zurück (*liberare* heißt befreien). Jan-Werner Müller unterscheidet in seiner Schrift *Furcht und Freiheit. Für einen anderen Liberalismus* zwei wesentliche historische Stränge des liberalen Denkens[55].

> „Da ist am offensichtlichsten, Liberalismus als Imperativ, Individuen maximale Selbstentfaltung zu ermöglichen; ein Ideal von Selbstvervollkommnung durch Bildung, mannigfache Erfahrungen und stetige Arbeit am eigenen Charakter."[56]

Man sieht hier eine Linie, die mit Wilhelm von Humboldts Forderung nach Selbstentfaltung und Entwicklung der „Eigentümlichkeit" beginnt[57] und in unseren Tagen mit Andreas Reckwitz' „Differenziellem Liberalismus" endet[58];

---

55 Vgl. auch: „Der wichtige Unterscheid sei noch einmal unterstrichen: auf der einen Seite ein Liberalismus in einem ethischen (und ästhetischen) Sinn, auf der anderen ein umfassender, nämlich ein Liberalismus der Rechte. Ersterer schreibt sich das postromantische Ideal möglichst großer Selbstentfaltung auf seine Fahnen, Letzter will die Voraussetzungen eines autonomen Lebens für alle Bürgerinnen und Bürger sichern, ohne bestimmte Lebensformen höher zu bewerten als andere" (Müller 2019, 149).
56 Müller 2019, 16.
57 Vgl. die Darstellung des Humboldtschen Bildungsbegriffs in von Hentig 2004.
58 Vgl. Andreas Reckwitz 2017, 17. Für die neue akademische Mittelklasse ist Kultur „kein abgezirkeltes Subsystem mehr, sondern sie hat sich in eine globale *Hyperkultur* transformiert, in der potenziell alles – von der Zen-Meditation bis zum Industrieschemel, von der Montessori-Schule bis zum Youtube-Video – zur Kultur und zum Element äußerst mobiler Märkte der Valorisie-

kurz: „Es lässt sich [...] von einem ‚Liberalismus der persönlichen Entwicklung' oder auch ‚Selbstvervollkommnungsliberalismus' sprechen."[59]

Dieser „Selbstvervollkommnungsliberalismus" klingt in der Potsdamer-Erklärung an, wenn es heißt, „In einer inklusiven Musikschule [...] sind Selbsttätigkeit, Selbstständigkeit und Selbstverantwortung Weg und Ziel [...] finden sich Gelegenheiten, Können und damit sich selbst zu zeigen." Und er spielt auch hinein, wenn Rieß feststellt, Musikschularbeit müsse sich im Kontext Kultureller Bildung verorten und somit gefordert wird, Musikschularbeit müsse Prinzipien kultureller Bildung wie der Selbstwirksamkeit oder Interessenorientierung folgen (Rieß 2019).

> „Besonders in Kontinentaleuropa dominierte eine andere [Spielart von Liberalismus], die vor allem mit bestimmten bürgerlichen Institutionen assoziiert wurde: Rechtsstaat, Märkte und Parlamente, basierend auf einem durch Besitz- und Bildungsinstitutionen eingeschränkten Wahlrecht"[60],

kurz: ein Liberalismus der Rechte. Dass den sozial benachteiligten Gruppen den Zugriff auf diese bürgerlichen Grundrechte erschwert oder gar verweigert wurde, ist historisch evident, und auch für die Gegenwart gilt, dass die unterschiedliche Verfügung über ökonomisches, soziales und kulturelles Kapital (um mit Bourdieu zu sprechen) durchaus dazu führt, dass von Rechten in nur sehr unterschiedlichem Ausmaß Gebrauch gemacht werden kann. Hans Traxlers Karikatur ist wohl bekannt, jene Zeichnung, in der u. a. ein Affe und ein Vogel sowie ein Elefant und ein Goldfisch vor einem Baum hocken (der Goldfisch schwimmt in einem Aquarium) und von einer Lehrperson folgendermaßen aufgefordert werden: „Zum Ziele einer gerechten Auslese lautet die Prüfungsaufgabe für Sie alle gleich – klettern Sie auf den Baum!"

Aber wie auch immer: Der Kampf um Rechte ist wichtig und unabdingbar[61]; der Bezug der Potsdamer Erklärung des VdM auf die UN-Konvention über die

---

rung werden kann, auf denen sich die Subjekte mit Selbstverwirklichungsanspruch bewegen." Deren singularistische Lebensführung richtet sich in einem Prozess der „Selbstkulturalisierung des Lebensstils" (ebd., 283) auf gesundes und regionales Essen, auf eine individuell gestaltete Wohnung, die Wahl des ‚richtigen' Stadtviertels ebenso wie auf Reisen jenseits des Massentourismus oder die Wahl alternativer Schulen für den eigenen Nachwuchs.

59 Müller 2019, 16. Müller führt eine diesem Liberalismus entsprechende Geisteshaltung an: „Verwandt mit diesem im 19. Jahrhundert besonders einflussreichen Liberalismus war zudem eine Denkfigur, die heute fast in Vergessenheit geraten ist: Liberalismus als Liberalität, als Großzügigkeit und Offenheit" (ebd., 17).

60 Ebd., 17.

61 Deshalb erstritt der Musikrat der Schweiz 2012 auch die Aufnahme eines Rechts auf musikalische Bildung in die Bundesverfassung. In deren durch eine Volksabstimmung beschlossenen, Artikel 67a heißt es: „Bund und Kantone fördern die musikalische Bildung, insbesondere von Kindern und Jugendlichen. Sie setzen sich im Rahmen ihrer Zuständigkeiten für einen hochwertigen Musikunterricht an Schulen ein. Erreichen die Kantone auf dem Koordinationsweg keine Harmonisierung der Ziele des Musikunterrichts an Schulen, so erlässt der Bund die not-

Peter Röbke

Rechte von Menschen mit Behinderungen (2009) und die UNESO-Konvention Cultural Diversity (2005) wurde schon erwähnt, und in unserem Kontext ist auch die Erklärung der *Music Rights* durch den International Music Council (2009) relevant, jene Erklärung, die natürlich auf die Allgemeine Erklärung der Menschenrechte durch die Vereinten Nationen im Jahr 1948 anspielt; deklariert werden die folgenden Musikrechte[62]:

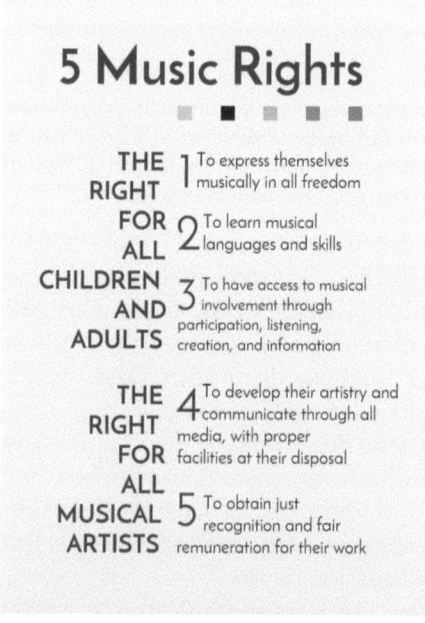

Abbildung 2: Music Rights

Aber unabhängig von mehr oder weniger verbrieften Rechten[63], jenseits einer Selbstverwirklichungsemphase, über einen aufklärerischen Humanismus hinaus dürfen die wirklich Vulnerablen nicht vergessen werden, jene, denen Scheiblauer in den „Anstalten für Geistesschwache" begegnete und die zwei Jahrzehnte zuvor einem Vernichtungsprogramm unterworfen waren, oder jene, denen die Abschiebung in Kriegsgebiete droht.

Dem aufklärerischen Optimismus, den humanistischen Hoffnungen, dem unbedingten Vertrauen in den Rechtsstaat, all dem setzte Judith Shklar unter dem Eindruck der im 20. Jahrhundert begangenen Grausamkeiten entgegen:

---

wendigen Vorschriften. Der Bund legt unter Mitwirkung der Kantone Grundsätze fest für den Zugang der Jugend zum Musizieren und die Förderung musikalisch Begabter."

62 URL: <https://www.emc-imc.org/about/objectives-strategies/the-5-music-rights/> (09.10.2020).
63 Welche Probleme sich bei einer inkonsistenten Umsetzung der Erklärung im nationalen Kontext ergeben, siehe dazu den Beitrag von Helga Neira Zugasty in diesem Buch.

Es gibt ein universell Böses, und dieses zeigte sich im Massaker von Srebrenica oder bei der Belagerung von Sarajewo, also im jugoslawischen Bürgerkrieg ebenso wie in den Splitterbomben, die der syrische Machthaber Assad auf die eigene Bevölkerung abwerfen lässt, dieses „Summum malum, das wir alle kennen und nach Möglichkeit zu vermeiden trachten"[64], ist mit dem Ende des Zweiten Weltkriegs und der Befreiung vom Faschismus nicht aus der Welt.

> „Sie plädierte leidenschaftlich dafür, sich politisch auf die Vermeidung des Schlimmsten zu konzentrieren – in ihrer Sicht waren das alle Situationen, in denen Menschen andere Menschen grausam behandeln. Das Gefühl völligen Ausgeliefertseins, die Abhängigkeit, die Opfer von Willkürherrschaft am eigenen Leib und der eigenen Seele erfahren – sie waren das unheilvolle totalitäre Signum des 20. Jahrhunderts."[65]

Daraus entwickelte Shklar den Liberalismus der Furcht, der Furcht vor dem, was Verletzlichen angetan wurde und wieder angetan werden kann. Man kann diesen Liberalismus auch als „Liberalismus von unten" (Axel Honneth) qualifizieren, als einen, der den Opfern dieser Gewalt seine Aufmerksamkeit widmet und ihnen eine Stimme gibt, einen Liberalismus, der vor lauter humanistischem Pathos, Bildungsemphase und Selbstverwirklichungs- bzw. Selbstvervollkommnungsliberalismus nicht vergisst, wie oft das *nackte Leben* auf dem Spiel steht. In der Konsequenz dieser schonungslosen Realitätswahrnehmung formuliert Shklar den Kategorischen Imperativ Kants um bzw. spitzt ihn zu, weil die faktische Grausamkeit[66] Maximen folgt oder überhaupt erst erzeugt, die jenseits des Humanen angesiedelt sind: Somit wird aus „Handle nur nach derjenigen Maxime, durch die du zugleich wollen kannst, dass sie ein allgemeines Gesetz werde!"

> „jeder erwachsene Mensch sollte in der Lage sein, ohne Furcht und ohne sich bei anderen anbiedern zu müssen, so viele Entscheidungen über so viele Aspekte seines Lebens zu fällen, wie es mit der gleichen Freiheit eines jeden anderen erwachsenen Menschen vereinbar ist."[67]

---

64 Shklar 2013, 43.
65 Müller 2019, 20. Und weiter: „Shklar hielt fest, der Liberalismus der Furcht ziehe seine Kraft nicht aus der Philosophie, sondern aus der historischen Erinnerung. Wolle man die Sensibilität für Grausamkeit schärfen, seien Geschichtsbücher oder Romane viel wichtiger als theoretische Ableitungen; man musste lernen, Leiden nachzufühlen statt mehr oder weniger logische Beweise in der Moralphilosophie nachzuvollziehen" (ebd., 27).
66 „Grausamkeit bedeutet, dass einer schwächeren Person oder Gruppe durch eine stärkere absichtlich physischer und in zweiter Linie emotionaler Schmerz zugeführt wird, um ein materielles oder immaterielles Ziel zu erreichen" (Shklar 2013, 44).
67 Shklar 2013, 27. Und weiter heißt es an dieser Stelle: „Diese Überzeugung ist die ursprüngliche und allein zu rechtfertigende Bedeutung von Liberalismus, weil Furcht und Vorurteil, die zu allen Zeiten der Freiheit im Weg standen, in der überwältigenden Mehrzahl der Fälle formell oder informell von Regierungen ausgingen. Soziale Unterdrückung hat gewiss zahlreiche Quellen, doch

Selbstentfaltung und Selbstbestimmung setzten also nicht nur gleiche Rechte voraus, sondern zunächst und grundlegend erst einmal, dass sich Menschen nicht vor Gewalt, Erniedrigung oder Beschämung fürchten und nicht in fataler Abhängigkeit von Anderen (Menschen wie Institutionen) leben müssen, d. h. dass sich der alte Mensch nicht vor demütigenden Beschneidungen seiner Autonomie fürchten muss, der Mensch mit Behinderung nicht vor dem Einsparen von Assistenzstunden oder Fahrtmöglichkeiten, die ihm zeigen, dass er ein Bürger zweiter Klasse ist, der Mensch mit Fluchthintergrund nicht vor der entwürdigenden Behandlung auf dem Amt, der Trennung von seiner Familie oder der möglichen Abschiebung ins Kriegsgebiete, der Mensch, der in Armut lebt, nicht vor existenzbedrohenden Sanktionen der Behörde oder vor politischen Maßnahmen von Regierungskoalitionen, die einer „rohen Bürgerlichkeit"[68] frönen und auf die Schwachen und weniger Leistungsfähigen verächtlich herabblicken.

Ich gebe zum Abschluss dieses Abschnitt Jan-Werner Müller das Wort, diesen „anderen Liberalismus" zu umreißen:

> „Liberalismus […] ist hier keine Sache der ‚Kultur'; er verlangt auch nicht irgendwie pauschal ‚Offenheit' (außer prinzipieller Offenheit gegenüber der Erfahrung von Opfern), sondern die Sicherung von Freiheiten für diejenigen, die derzeit in Furcht leben. Das heißt de facto: den Mächtigen *Grenzen setzen*, ob es sich dabei nun um Individuen handelt oder überwältigende Mehrheiten. […] Das Kriterium des Ausgeliefertseins beinhaltet zudem, dass die Welt der Arbeit, von der traditionellen Industrie bis hin zum Amazon-Lageristen und Gig-Workern, für diesen Liberalismus keine Leerstelle bleiben muss. […] Liberale der Furcht wollen Furcht reduzieren. Dazu brauchte es mehr als einen ‚Saubersprech der Gewinner' (Robert Pfaller), der dem Gewissen gut-, aber dem Geldbeutel nicht weh tut.
>
> Damit löst sich dieser Liberalismus von Fortschrittserzählungen, welche die Verlierer des Liberalismus immer wieder auf morgen vertrösten. Es trennt sich zudem von allerlei Leistungsträger-Ideologien, wo man lieber auf den Pöbel herab-, als zu noch nicht verwirklichten Prinzipien der Freiheit und Gleichheit nach vorne schaut, sowie einer moralpsychologischen Perspektive, wo es immer zuerst ums Mutmachen geht […] Die Antwort auf Furcht ist nicht Mut, sondern gesicherte Freiheit; die Antwort darauf, dass Menschen ausgeschlossen sind, ist nicht Inklusion durch Fortschritt, sondern Inklusion durch Inklusion."[69]

---

keine von ihnen hat die gleichen tödlichen Folgen, wie sie die Agenten des modernen Staats heraufbeschwören können, die über einzigartige Zwangs- und Überzeugungsmittel verfügen."
68 Vgl. die Auszüge aus dem Vortrag von Wilhelm Heitmeyer *Rohe Bürgerlichkeit. Bedrohungen des inneren Friedens*. URL: <https://www.wissenschaft-und-frieden.de/seite.php?artikelID=1786>. (19.12.2020).
69 Müller 2019, 100f.

Ohne Furcht und Abhängigkeit leben und musizieren … was heißt das für unsere konkrete Arbeit?

Wir wollen der Versuchung widerstehen, vom dem bislang Gesagten umstandslos zu einfachen Handlungsanleitungen zu gelangen, wollen jenes ‚Herunterbrechen' auf den pädagogischen Alltag vermeiden, in dem man der Komplexität der Gegebenheiten nicht gerecht wird. Was allenfalls möglich ist, sind wohl jene „Denkanregungen – Fermenta Cognitiones" für MusikpädagogInnen, mit denen etwa Markus Hirsch seine Erwägungen zum Fragment abschließt[70], es lohnt sich, „fermenta cognitiones auszustreuen" (Lessing)[71], also unser Denken fragend zum „Gären" zu bringen.

- Interessieren wir uns also für die Biographie und die aktuelle Lebenssituation jener Menschen, mit denen wir inklusiv musizieren, und sind wir der gesellschaftlichen Realitäten, die diese Lebenssituationen prägen bzw. unsere Mitspieler*innen in ihrem Alltag bedrücken, durchweg gewahr? Sind wir in der Lage, auch die verborgenen Hinweise auf diese Situationen und die subkutanen Botschaften zu entschlüsseln?
- Was können wir konkret tun, damit auch arme Menschen den Weg zu uns finden?
- Hat jede*r in inklusiven Ensembles eine Stimme, um seine bzw. ihre Erfahrungen zu artikulieren bzw. gibt es Möglichkeiten, diese Erfahrungen sowohl musikalisch wie auch auf einer Textebene zum Ausdruck zu bringen?[72]
- Genügt dieses Zum-Ausdruck-Bringen, jenes „to express themselves in all freedom", ästhetischen Maßstäben oder tolerieren wir es nur, indem wir musikalische Ansprüche zugunsten sozialer Intentionen reduzieren bzw. unsere ästhetische Wahrnehmung mit einem Mitleidsbonus blockieren („Klingt nicht so toll, aber sind ja nur Laien, Kinder, alte Menschen, Behinderte…")?[73]
- Welche Ausschlüsse finden auch durch gewisse musikalische Praktiken und Stilistiken, die oft auch genderkonnotiert sind, faktisch statt? Die vermeintlichen methodischen Königswege („Singen als das Fundament aller Dinge", „Musiklernen muss immer über den Körper gehen") können ja Menschen durchaus fernhalten (wollen Jugendliche Singen und Tanzen oder allenfalls Rappen und Breaken?[74]). Welche Tendenz zu einer musikalischen Homogeni-

---

70 Vgl. Hirsch 2018.
71 Vgl. Lessings Hinweis im 95. Stück der „Hamburger Dramaturgie", er wolle hier „nichts als fermenta cognitionis ausstreuen".
72 Genau deswegen legt die *All Stars Inclusive Band* großen Wert auf die Entwicklung eigener Songs mit Texten, die die Lebensrealitäten der Band-Mitglieder spiegeln.
73 Vgl. König 2019.
74 Für den bereits erwähnten Chor *Young@heart* stellte sich diese Frage in umgekehrter Weise, nämlich als der Chor sein ‚betuliches' und vermeintlich altengerechtes Operetten- und Musicalrepertoire hinter sich ließ und sich dem New Wave oder Punk zuwandte.

sierung, die ebenfalls dem Inklusionsparadigma widersprechen würde, liegt in bestimmten Praktiken, dann z. B., wenn alles nach Pop-Musik klingt?
- Sind die musikpädagogischen Praxen so angelegt, dass tatsächlich umfassende Teilhabe möglich ist oder zeigt sich bei näherem Hinsehen doch ein Primat des Direktiven?[75]
- Wenn wie von selbst bestimmte musikalische Normen ins Spiel kommen und Werthierarchien bedient werden („Was ist gute Musik, was sind gute musikalische Praktiken?"): Sind sich die inklusiv arbeitenden Musikpädagog*innen ihres Habitus und ihrer ‚instinktiven' Abgrenzungen bewusst, also jener Dispositionen, die ihnen aufgrund ihrer Sozialisation buchstäblich *in Fleisch und Blut übergegangen sind* und die unbewusst auch ihre Beziehungen zu anderen Menschen, ihr musikpädagogisches Handeln oder ihre musikalischen Werte prägen?[76]
- Steigert somit die musikalische Praxis tatsächlich Selbstwirksamkeit, und Selbstbewusstsein, *stärkt* sie die beteiligten Menschen[77]? Und das wird auf die Dauer nur funktionieren, wenn die musikalischen Resultate befriedigend sind und wenn die tatsächliche Performanz überzeugt.[78] Und die Stärkung bedeutet natürlich nicht, dass die Probleme außerhalb des musikalischen Kontextes mit einem Schlag verschwunden wären: Allenfalls kann der bzw. die Gestärkte mit diesen vielleicht besser fertig werden und seine bzw. ihre Furcht abbauen.[79]

---

75 Vgl. Krönig 2017, der aufzeigt, wie bestimmte pädagogische, künstlerische oder verwaltende Codierungen/Wahrnehmungen von Situationen inklusiven Musizierens aus der dominanten Lehrendenposition heraus Kinder in den Status des Noch-nicht versetzen, nicht mehr als Individuen sehen oder eine Kindergruppe nur noch als Organisationsproblem gesehen wird. Worauf es aber ankäme: „Wesentlich für das Gelingen des eigenen JeKits-Unterrichts ist es aber, eine Situation zu schaffen, die Teilhabe in einem vollen, nämlich inklusiven Sinne ermöglicht" (Krönig 2017, 212).
76 Wenn wir mit Bourdieu den Menschen als ein grundsätzliches gesellschaftliches Wesen betrachten, dann ergibt sich daraus, dass seine sozialen Interaktionen von Anfang an in je unterschiedlichen Umgebungen stattfinden, wir interagieren mit unserer Umwelt in einem Klassen- oder Schichtenzusammenhang, also als Kinder in einem gutbürgerlichen Haushalt oder einem bildungsfernen, in Kontext unserer geschlechtlichen Identität, also als Junge oder Mädchen in jeweiligen Peer-Groups, in konkreten sozialen Feldern etwa der Schule bzw. der Universität oder der Kunst. Und in diesen permanenten Interaktionen verfestigen sich Verhaltensweisen, schleifen sich Vorlieben und der „Geschmack" ein, entstehen Verhaltensdispositionen, die in der Folge jede persönliche Lebensäußerung durchdringen und unaufhörlich auch jene „Feinen Unterschiede" zwischen Angehörigen unterschiedlicher gesellschaftlicher Klassen hervorbringen und bestätigen: „Als einverleibte, zur Natur gewordene und damit als solche vergessene Geschichte ist der Habitus wirkende Präsenz der gesamten Vergangenheit, die ihn erzeugt hat" (Bourdieu zitiert nach Krais/Gebauer 2017, 5).
77 Vielleicht lassen sich die grundlegenden Aufgaben von Bildung tatsächlich so einfach fassen, wie Hartmut von Hentig es tat: „Die Sachen klären, den Menschen stärken" (so der Titel der Schrift von von Hentig 1986).
78 Vgl. hierzu König 2019.
79 Hier verweise ich auf den Film *Kinders* von Arash und Arman T. Riahi, der ungeschminkt und illusionslos die Lebenssituationen von Kindern, die bei *Superar*, quasi einem Wiener Ableger von *El Sistema*, mitmachen, nachzeichnet: Ob Zurücksetzung als Mädchen in einer fundamen-

– Auch die musikalischen oder musikpädagogischen Profis sind nicht nur in einer Leitungsfunktion zu sehen, wonach sie quasi außerhalb der inklusiven Zusammensetzung der Musiziergruppe stünden, sondern als Mitglied derselben zu sehen, und als solche bringen sie den ganzen Ballast der Musiker*innenausbildung der letzten Jahrhunderte mit ein, alle *Déformations professionelles*, die sich in der klassischen Meisterlehre bzw. Konzertfachausbildung ergeben[80]: Sind uns diese ‚Behinderungen' und Einschränkungen bewusst? Ist inklusives Musizieren eine Chance für Musiker*innen, die oft in einer „world of fear, fault and failure"[81] leben und Furcht, Abhängigkeit und Beschämung aus der eigenen professionellen Praxis nur zu gut kennen?
– Wie kritisch sind wir gegenüber der Institution, in der unsere Arbeit stattfindet, wie wach sind wir gegenüber den exkludierenden Praktiken von Musikschulen und Musikhochschulen? Und wenn wir nicht wollen, Feigenblatt oder Spielwiese zu werden bzw. bleiben zu müssen: Wie aktiv sind wir darin, diese Institutionen als Ganze verändern zu wollen?[82]
– Und ob „gemeinschaftsförderndes Musizieren", „Musik als Universalsprache, die jeder versteht" oder „musische Erziehung" – all diese Begrifflichkeiten und Redeweisen sind historisch aufgeladen: Historisches Bewusstsein ist für inklusives Arbeiten unerlässlich, eine Sensibilität für das, was immer noch unsere Arbeit überschattet.

Literatur

Adorno, Theodor W.: Kritik des Musikanten. In: Ders.: Gesammelte Schriften, Bd. 14. Herausgegeben von Rolf Tiedemann. Frankfurt a. M.: Suhrkamp 2003, S. 67-107.

Adorno, Theodor W.: Thesen gegen die musikpädagogische Musik. In: Ders.: Gesammelte Schriften, Bd. 14. Herausgegeben von Rolf Tiedemann. Frankfurt a. M.: Suhrkamp 2003, S. 437-440.

---

talistischen islamischen Familie, völlig überforderte Eltern oder Traumatisierung durch den jugoslawischen Bürgerkrieg – nichts ändern Singen, Musizieren und Auftreten daran, aber die Kinder, die sich auf der Bühne als stark und überzeugend erleben, treten mit neuen Ressourcen zur Bewältigung ihres Alltags an.

80 Zur Déformation professionelle von Musiker*innen vgl. Röbke 2012.
81 Mit diesen Worten begrüßte Philip Curtis alle TeilnehmerInnen des *Intensive Programmes* von NAIP (New Audiences and Innovative Practice) in Reichenau 2016. Zu NAIP: URL: <http://www.musicmaster.eu/about> (14.04.2020).
82 Dabei empfiehlt sich die Arbeit mit dem Index für Inklusion (Booth/Ainscow 2019); insbesondere Musikhochschulen, die hoch selektive Aufnahmeprüfungen haben, müssen sich die Frage nach dem Abbau nicht notwendiger Hürden stellen und sich der Barrierefreiheit prinzipiell verpflichten.

Alheit, Peter/Page, Kate/Smilde, Rineke: Musik und Demenz. Das Modellprojekt „Music for Life" als innovativer Ansatz der Arbeit mit Demenzkranken. Gießen: Psychosozial-Verlag 2015.

Anders, Günther: Philosophische Untersuchungen über musikalische Situationen (1930/31). In: Ders.: Musikphilosophische Schriften. Texte und Dokumente. Herausgegeben von Reinhard Ellensohn. München: C.H. Beck 2017, S. 15-140.

Ardila-Mantilla, Natalia/Busch, Thomas/Göllner, Michael: Musiklernen als sozialer Prozess. Drei theoretische Perspektiven. In: Gruhn, Wilfried/Röbke, Peter (Hg.): Musiklernen. Bedingungen – Handlungsfelder – Positionen. Innsbruck: Helbling 2018, S. 178-203.

Barth, Dorothee: „In Deutschland wirst du zum Türken gemacht!!" oder: Die ich rief, die Geister, werd' ich nun nicht los. Von der projektiven zur inszenierten Ethnizität. In: Diskussion Musikpädagogik, 57/2013, S. 50-58.

Berg, Ivo I./Lindmaier, Hannah/Röbke, Peter (Hg.): Vorzeichenwechsel. Gesellschaftspolitische Dimensionen von Musikpädagogik heute. Münster: Waxmann 2020 (Band 2 der wiener reihe musikpädagogik).

Booth, Tony/Ainscow, Mel: Index für Inklusion. Ein Leitfaden für Schulentwicklung. Weinheim: Beltz ²2019.

Bourdieu, Pierre: Die feinen Unterschiede. Kritik der gesellschaftlichen Urteilskraft. Frankfurt a.M.: Suhrkamp 1987.

Bradler, Katharina: Vielfalt als Chance! Auch (k)eine Lösung? Einige kritische Anmerkungen zu gegenwärtigen Forderungen in der Musikpädagogik. In: Berg, Ivo I./Lindmaier, Hannah/Röbke, Peter (Hg.): Vorzeichenwechsel. Gesellschaftspolitische Dimensionen von Musikpädagogik heute. Münster: Waxmann 2020, S. 93-110.

Figdor, Helmuth/Röbke, Peter: Das Musizieren und die Gefühle. Instrumentalpädagogik und Psychoanalyse im Dialog. Mainz: Schott 2008.

Gawande, Atul: Sterblich sein. Was am Ende wirklich zählt. Über Würde, Autonomie und eine angemessene medizinische Versorgung. Frankfurt: Fischer 2017.

Hentig, Hartmut von: Die Menschen stärken, die Sachen klären. Ditzingen: Reclam 1986.

Hentig, Hartmut von: Bildung. Ein Essay. Weinheim: Beltz 2004.

Hirsch, Markus: Fragment? Planen von Musikunterricht aus der Perspektive zeitgenössischen Komponierens. Hildesheim: Olms 2018 (Schriften der Hochschule für Musik Freiburg).

Honnens, Johann: Verbindet Musik? Anerkennungstheoretische Überlegungen zum Leitbild der Musikschulen. In: Bradler, Katharina (Hg.): Vielfalt im Musikunterricht. Theoretische Zugänge und praktische Anregungen. Mainz: Schott 2016, S. 93-105.

Kehrer, Eva-Maria: Klavierunterricht mit dementiell erkrankten Menschen. Ein instrumentalgeragogisches Konzept für Anfänger. Münster: Waxmann 2013.

Kolland, Dorothea: Die Jugendmusikbewegung. „Gemeinschaftsmusik" – Theorie und Praxis. Stuttgart: Metzler 1979.

König, Bernhard: Heterogenität als ästhetische Zumutung. Überlegungen zu einer inklusiven musikalischen Fachdidaktik. O.O., 2019. URL: <http://www.schraege-musik.de/start/themen/musik-und-inklusion/14577> (17.04.2020).

Krais, Beate/Gebauer, Gunter: Habitus. Bielefeld: transcript ⁷2017.

Krönig, Franz Kasper: Beobachtungen in der JeKits-Praxis. In: JeKits-Stiftung (Hg.): Vom Lauern auf den Moment. Praxisimpulse, Reflexionen und Schlüsselfragen aus der Arbeit der JeKits-Akademie. Bochum: Eigenverlag 2017.

Leikert, Sebastian: Den Spiegel durchqueren – Die kinetische Semantik in Musik und Psychoanalyse. Gießen: Psychosozial-Verlag 2008.

Mecheril, Paul: Anerkennung des Anderen als Leitperspektive Interkultureller Pädagogik? Perspektiven und Paradoxien. O.O., 2001. URL: <https://www.kultur-vermittlung.ch/zeit-fuer-vermittlung/download/materialpool/MFV0201.pdf> (17.04.2020).

Müller, Jan-Werner: Furcht und Freiheit. Für einen anderen Liberalismus. Berlin: Suhrkamp 2019.

Prengel, Annedore: Pädagogik der Vielfalt. Verschiedenheit und Gleichberechtigung in Interkultureller, Feministischer und Integrativer Pädagogik. Wiesbaden: Verlag für Sozialwissenschaften ³2006.

Prieske, Sean: Musikprojekte mit Geflüchteten. Strategien zum machtkritischen Handeln in der praktischen Kulturarbeit. In: Diskussion Musikpädagogik 80/2018, S. 18-24.

Reckwitz, Andreas: Zwischen Hyperkultur und Kulturessenzialismus. Die Spätmoderne im Widerstreit zweier Kulturalisierungsregimes. URL: <http://www.soziopolis.de/beobachten/kultur/artikel/zwischen-hyperkultur-und-kulturessenzialismus>, (10.04.2020).

Reckwitz, Andreas: Die Gesellschaft der Singularitäten. Zum Strukturwandel der Moderne. Berlin: Suhrkamp 2017.

Renshaw, Peter: Young Artists Speak Out. Passion, Compassion and Purpose in the Arts and Education. O.O.: Eigenverlag 2020.

Rieß, Hans-Joachim: Öffentliche Musikschule in Deutschland im Begründungszusammenhang kultureller Bildung. Eine ideengeschichtliche Untersuchung vom Ende des 19. Jahrhunderts bis zur Gegenwart. Kassel: Gustav Bosse Verlag 2019.

Röbke, Peter: Die Fehler und das Schöne. Annäherungen an eine Ästhetik des Unvollkommenen. In: Kruse-Weber, Silke (Hg.): Exzellenz durch differenzierten Umgang mit Fehlern. Kreative Potenziale beim Musizieren und Unterrichten. Mainz: Schott 2012, S. 81-92.

Röbke, Peter: „Ich war irgendwie anders…". Starke emotionale Momente beim Singen und Musizieren. In: Üben & Musizieren 6/2014, S. 24-26.

Röbke, Peter: Musikpädagogik und Rechtspopulismus. Von der Notwendigkeit einer Auseinandersetzung. In: Berg, Ivo I./Lindmaier, Hannah/Röbke, Peter (Hg.): Vorzeichenwechsel. Gesellschaftspolitische Dimensionen von Musikpädagogik heute. Münster: Waxmann 2020, S. 41-46.

Shklar, Judith N.: Der Liberalismus der Furcht. Berlin: Matthes & Seitz 2013.

Peter Röbke

Peter Röbke war Musikschullehrer und -leiter in Berlin, ist seit 1994 Professor für Instrumental- und Gesangspädagogik, war von 2010 bis 2021 Vorstand des Instituts für musikpädagogische Forschung, Musikdidaktik und Elementares Musizieren und von 2006 bis 2022 Vorsitzender der Studienkommission Instrumental(Gesangs)pädagogik an der mdw – Universität für Musik und darstellende Kunst Wien.
Wichtigste Veröffentlichungen: *Vom Handwerk zur Kunst. Didaktische Grundlagen des Instrumentalunterrichts; Das Musizieren und die Gefühle. Instrumentalpädagogik und Psychoanalyse im Dialog* (gemeinsam mit Helmuth Figdor); *Musikschule gibt es nur im Plural* (gemeinsam mit Natalia Ardila-Mantilla und Hanns Stekel); *Vorzeichenwechsel. Gesellschaftspolitische Dimensionen von Musikpädagogik heute* (Hg. gemeinsam mit Ivo Berg und Hannah Lindmaier); *Musiklernen* (Hg. gemeinsam mit Wilfried Gruhn). Sein Forschungsinteresse gilt zudem der Performativität des Musizierens, der Ereignishaftigkeit von Musik- und Instrumentalunterricht sowie dem „Wilden Lernen".

II.
Die *All Stars Inclusive Band*: Entwicklung, Forschungfeld, soziales Miteinander und fachliche Ausstrahlung

Beate Hennenberg

Die *All Stars Inclusive Band*: Chronik und charakteristische Aspekte (mit einem Nachtrag zur partizipativen Forschung)

Das Jahr 2002: Erforschung neuer Wege

Im gemeinsamen Musizieren mit Menschen mit Behinderung diese „ernst zu nehmen bedeutet vor allem, sie als Individuen anzuerkennen und zu behandeln"[1], stellt Rebekka Hüttmann fest. Dabei ist zu beachten, dass zweifellos jede*r Mitmusizierende von sich aus bereits unglaublich viel in den Musizierprozess an Wissen, Können, Fähigkeiten, Denkweisen, Gefühlen wie auch Erfahrungen einbringt. Dies alles ist einer ständigen Veränderung unterworfen. Einen/eine Instruktor*in braucht es dafür nicht, wohl aber Initiator*innen und Begleiter*innen. Diese fanden wir, als wir 2004 das Seminar *Neue Wege der Musikvermittlung*, das sich im Masterstudium Instrumental- und Gesangspädagogik über einige Jahre hinweg mit der Planung und Durchführung neuer Konzertformen für ein neues Publikum befasste, gemeinsam mit den Studierenden neu ausrichteten. Wir suchten Lehrende an Wiener und niederösterreichischen Musikschulen auf, welche Instrumentalschüler*innen mit Behinderungen in verschiedenen sozialen Settings unterrichteten, und staunten über das Ergebnis: Ein reicher Fundus an vielseitigen, fantasievollen und kenntnisreichen Unterrichtsmethoden eröffnete sich. Es war wunderbar, wie die Schüler*innen ihre musikalische Begabung zum Ausdruck bringen konnten, wie sie sich in musikalische Prozesse hineinwagten, sich intensiv der Musik hingaben. Bewundernswert waren auch die Lehrenden, Pionier*innen damals, die immer wieder ungewohnte Wege einschlugen, andere als ihre eigenen Vorstellungen gelten ließen und vom Geplanten abwichen. Dies war beeindruckend!

Seit 2002 hatte der Arbeitsbereich *Inklusive Musikschulpädagogik* des Instituts für Musikpädagogik, wie es damals hieß, Kontakte zu zahlreichen inklusiven musikalisch-künstlerischen Ensembles sowie Musikschullehrenden, welche Schüler*innen mit Behinderung unterrichten, in und um Wien geknüpft, um Hospitationen und Musiziermöglichkeiten zu schaffen und Studierenden einen bereichernden Austausch zu ermöglichen: Darunter befand sich zum Beispiel die Rockband *Echt Stoak* mit ihrem Leiter Kurt Mittler, der mit der Band eigene Songs komponierte und damit erfolgreich öffentlich auftrat, oder der inklusive

---
[1] Hüttmann 2014, 67.

Beate Hennenberg

Kultur- und Tanzverein *Ich bin O.K.* mit der Leiterin Katalin Zanin, deren Bestreben es war und ist, Menschen mit und ohne Behinderung in das kulturelle Leben mit einzubinden und durch künstlerische Tätigkeit gesellschaftliche Inklusion mit dem Ziel einer aktiven und gleichberechtigten Teilhabe voranzutreiben. Auch das Inklusionstheater *Delphin* war auf diesem Gebiet tätig, ferner das Musical-Ensemble des Sonderpädagogischen Zentrums Schwarzingergasse mit der künstlerischen Leiterin Agnes Palmisano, das vom Alumni-Netzwerk des musikpädagogischen Dekanats der mdw zu einem Auftritt mit dem Schüler*innen-Musical *Valerie und die Gute-Nacht-Schaukel* eingeladen wurde. Die inklusiven Bläserklassen der Volksschule Vösendorf mit der Musikschullehrerin Angelika Poszvek waren genauso fantastisch wie der Orgelunterricht von Melitta Ebenbauer am Diözesankonservatorium für Kirchenmusik Wien. Ebenfalls Lehrerinnen der ersten Stunde waren Clarissa Costa und Anna Zednicek von der Musikschule Wien und Edith Völk, die seit vielen Jahren den Chor *Joy* des Bundes-Blindeninstituts Wien geleitet hatte.

Seit diesen Erfahrungen war die Idee, mehr vom Musizieren mit Menschen mit Behinderung zu erfahren, am Institut für Musikpädagogik fest verankert, hatte doch auch der Verband deutscher Musikschulen schon 2000 in einer Empfehlung formuliert, dass er „die pädagogische Notwendigkeit des Unterrichts und der Förderung von behinderten Menschen in Musikschulen" erkenne und unterstütze.[2] In der Folge wurde an der Akademie der Kulturellen Bildung des Bundes und des Landes Nordrhein-Westfalen in Remscheid der bis heute für den deutschen Sprachraum wegweisende berufsbegleitende Lehrgang *Instrumentalspiel für Menschen mit Behinderung an Musikschulen* (BLIMBAM) mit dem Leitungsteam Claudia Schmidt (Musikschule Bochum), Otto Kondzialka (Sing- und Musikschule Lindenberg im Allgäu), Robert Wagner (Musikschule Fürth e.V.), Irmgard Merkt, Eva Krebber-Steinberger und Wolfgang Stange ins Leben gerufen.[3]

Auch am Institut für Musikpädagogik entwickelten sich inklusionsdidaktische und -praktische Angebote weiter. Im Mai 2002 kam es zur ersten Begegnung mit der Rhythmikerin und Sonderschullehrerin Helga Neira Zugasty, nachdem ein Interview über das Pilotprojekt des fähigkeitsgemischten Instrumentalunterrichts an der Musikschule Wien zwischen ihr, Swea Hieltscher, der Direktorin der Wiener Musikschulen und Irene Suchy in der Zeitschrift des Konservatoriums der Stadt Wien, *Fidelio*, veröffentlicht wurde. Auf der Stelle lud ich sie in unser Seminar ein. Als hätten die Studierenden darauf gewartet, entspann sich eine intensive Diskussion: Wie plant man eine Unterrichtsstunde mit einem Kind mit Teilleistungsstörungen oder Schwierigkeiten in der Feinmotorik? Wie arbeite ich mit jungen Menschen, welche aufgrund ihrer Gefühlslage

---

2 Verband deutscher Musikschulen (VdM) o. J. b.
3 Vgl. VdM o. J. a. Verband deutscher Musikschulen (VdM) o. J. b.
Vgl. VdM o. J. a.

für sich und für andere ungewöhnliche oder gar bedrohliche Verhaltensmuster entwickelt haben? Kann man sich als Lehrender auf Problemsituationen vorbereiten? Im Laufe der Diskussion kam das Grundlegende von Musikschularbeit zur Sprache: Integrativer Unterricht führe, so Neira Zugastys Kernaussage, mit seinen Interaktions-, Kommunikations- und Beziehungsprozessen unweigerlich zu einer Besinnung auf das ureigene Wesen von Musikschularbeit. Der ehemalige Bochumer Musikschulleiter und spätere Inhaber des Lehrstuhls für Musik in der Sonderpädagogik an der Universität Dortmund, Werner Probst, wurde angeführt, der darauf bestand, dass alle Menschen grundsätzlich musikalisch seien: „Wer die Arbeit mit behinderten Schülern an der Musikschule begreift und fördert, der hat die Idee der Musikschule wirklich verstanden!"[4] Jeder sollte an einer Musikschule einen Anspruch auf optimale Förderung haben. Es gehe um eine Bildung, die jedem Menschen die Chance gibt, sein Potenzial zu entfalten.

Bemerkenswert waren die Reflexionen der Studierenden, nehmen wir etwa das frühe Studienjahr 2005/2006. Die Studierende K. H. schrieb von „enormer Bereicherung". „Was ich an und mit dem behinderten Kind sah, lernte und erfuhr, hatte Konsequenzen für meinen sonstigen Unterricht", so S. H. Für Z. V. gilt es, „zu lenken und trotzdem aber Grenzen zu zeigen". N. K.s „Zauberwort" heißt „Motivation, aber nicht zu verwechseln mit Aufforderung oder Schönreden". Auch im Studienjahr 2020 werden Reflexionen zur Selbstevaluation angefertigt, inzwischen vor allem über das eigene Microteaching jedes Studierenden im inklusiven Setting. So A. T.: „Zu einer gelungenen Planung gehören meines Erachtens neben einem stringenten, aufbauenden Konzept viele kleine Lernschritte, welche alle Mitglieder der Gruppe prinzipiell mitgehen können und die Varianten zulassen." Und M. N. meint: „Die individuellen Bedürfnisse der Teilnehmenden einer heterogenen Musikgruppe müssen im Auge behalten werden, um einen offenen, wertschätzenden Unterricht gestalten zu können."[5] Die Studierenden rekurrieren immer wieder auf die von Annedore Prengel eindrücklich beschriebene Pädagogik der Vielfalt, sind doch die Anerkennung von Verschiedenheit und Gleichberechtigung eine wichtige Bedingung, um im institutionellen (Kunst-)Unterricht den Absichten humaner Bildung gerecht werden zu können.[6] Unsere Hoffnung ist, dass dann unsere Absolvent*innen die ganz speziellen Erfahrungen, die sie im geschützten Praxisfeld an der mdw gemacht haben, in ihre Berufsausübung einbringen können.

---

4 Zitiert nach Merkt 2007, o. S.
5 Seminararbeiten Studienjahre 2005/06 bis 2020/21, Archiv Beate Hennenberg, mdw.
6 Vgl. Tellisch 2017, 160.

Beate Hennenberg

Das Jahr 2007: Modul Integrative Musikschularbeit

Das Interesse an der integrativen Musikschularbeit – so anfangs die Bezeichnung – wurde ständig lebendiger, so dass mit dem Studienjahr 2007/2008 die Lehrveranstaltung *Musikschule für alle? Schüler mit besonderen Bedürfnissen* eingerichtet wurde. Der Untertitel lautete: Schüler mit Behinderung als Zielgruppe der öffentlich-rechtlichen Musikschule. Die Lehrveranstaltungsleiter*innen waren Peter Röbke und Beate Hennenberg; letztere führt die Lehrveranstaltung seit 2017 mit Christoph Falschlunger weiter. In der Detailbeschreibung stand: „Der behinderte Schüler löst oft Berührungsängste und Unsicherheitsgefühle aus – wir werden uns daher mit den Grundregeln der Kontaktaufnahme und Regelsetzung befassen und den Kontakt mit LehrerInnen suchen, die bereits behinderte Kinder unterrichten. Wie sieht eigentlich eine Instrumental- und Gesangspädagogik aus, bei der die Bedürfnisse des Schülers absolut im Mittelpunkt stehen?"[7] Wir wollten diskutieren, wie sich diese Haltung mit den Aufgaben und Strukturen einer öffentlich-rechtlichen Musikschule verträgt. Aufgrund der großen Anmeldungszahlen wurde die Veranstaltung ab dem Wintersemester 2008 in ein vierstündiges Modul überführt. Neben Hospitationen mit anschließenden Gruppendiskussionen bei inklusiv arbeitenden Musik-, Tanz und Kulturvereinen kamen Methoden wie die einschlägige Literaturrecherche, Videoblöcke, der Besuch der jährlich von den Musikschule Wien und dem Institut für Musikpädagogik ausgerichteten Fachtagungen für inklusives Musizieren[8], teilnehmende Beobachtungen, Expert*inneninterviews sowie Reflexionsabende zur Anwendung.

Damals fand ein gesamtgesellschaftlicher Perspektivenwechsel statt: weg vom medizinischen Modell von Behinderung, nach dem Ressourcen fast ausschließlich nach medizinischen Gesichtspunkten vergeben und keine Mittel für inklusive Maßnahmen zur Verfügung gestellt wurden (das sorgte für eine unerwünschte soziale Degradierung), hin zum sozialen, später bio-psycho-sozialen Modell von Behinderung. Der Wandel ging von der Behindertenbewegung aus[9] und brachte es mit sich, dass Behinderung nicht als tragische Pathologie, sondern als soziales Unterdrückungsverhältnis verstanden wurde. Der Slogan *disabled by society, not by our bodies* drückt diesen Perspektivwechsel aus.[10] Von diesem Modell lassen sich politische Forderungen zum Abbau von sozialen Inklusionsbarrieren ableiten, etwas, das sich rund zehn Jahre später in der Gründung einer mdw Senats-Arbeitsgruppe Barrierefrei manifestieren sollte.

---

7 Lehrveranstaltungsbeschreibung. URL: <https://online.mdw.ac.at/mdw_online/wbLv.wbShowLV-Detail?pStpSpNr=1257098> (29. 4. 2020).
8 Siehe hierzu den Beitrag von Beate Hennenberg auf den Seiten 125-137 dieses Buches.
9 Vgl. Hughes/Paterson 1997, 328.
10 Vgl. Kastl 2017, 49.

Am Institut für Musikpädagogik verstärkte sich der Gedanke, dass gemeinsames regelmäßiges und aufbauendes Musizieren in einer Band oder in einem Ensemble die Behinderung von Musiker*innen in ihren umwelt- und sozialbezogenen Aspekten zumindest temporär aufheben würde. Die Mitwirkenden würden ermächtigt, ermutigt und als mündige Musiker*innen eingeladen. Langsam reifte der Plan: In einer Musikgruppe an der mdw – Universität für Musik und darstellende Kunst Wien sollten alle Mitwirkenden in Kooperation auf Augenhöhe und ihrem jeweiligen Entwicklungsniveau und momentanen Wahrnehmungs-, Denk- und Handlungskompetenzen gemäß an einem gemeinsamen Gegenstand, konkret: dem aktuellen Song, arbeiten können, wie es Bildungswissenschaftler Georg Feuser immer wieder verlangt. Das war das Ziel. Dabei sollten alle, sowohl die Musiker*innen mit als auch die ohne Behinderungen, wichtige Erfahrungen in kognitiven, motorischen, emotionalen, sozialen und perzeptiven Bereichen machen können. Es war an der Zeit, den Menschen mit Behinderung ihre Sprache wiederzugeben, welche in der Geschichte des Umgangs mit Menschen mit Behinderung leider allzu häufig unterdrückt und nicht gehört wurde, wie es die 89-jährige Gerda Bächli in einem Gespräch, das ich mit ihr 2010 in Winterthur führte, formuliert hat.[11] Die Musik zeigt dafür den Weg.[12]

Das Jahr 2010: Die *All Stars Inclusive Band* beginnt an der mdw zu proben

Am 14. Februar 2010 ging eine folgenreiche Mail an die Studierenden des oben beschriebenen Moduls heraus. Im kommenden Sommersemester, so hieß es da, sei es möglich, zusätzlich zu den theoretischen und historischen Studien an einer fähigkeitsgemischten inklusiven Band teilzunehmen. In der Detailbeschreibung der Lehrveranstaltung legten wir dar, dass die Studierenden grundsätzlich nach mehreren Semestern Lehrpraxis und Didaktik in der Lage sein müssten, Schüler*innen verschiedenen Alters und auf verschiedenen Niveaus zu unterrichten, dass jedoch manche besonderen Bedürfnisse von Schüler*innen Lehrende an die Grenzen ihrer Kompetenzen bringen könnten. In einem geschützten Praxisfeld würde es möglich sein, die komplexen Anforderungen beim Musizieren in heterogenen Gruppen kennenzulernen und in dieses Feld Schritt für Schritt hineinzuwachsen. Und dass über fast zehn Jahre hinweg Kollegin Neira Zugasty verlässlich und mit immerwährender Inspiration den Aufbau dieser Band stabilisierte und begleitete, indem sie den Probenverlauf und vor allem das Tun der Studierenden mit ihnen gemeinsam im Abschluss wertschätzend, aber sehr

---

11 Vgl. Hennenberg 2010b, 26.
12 Vgl. Hennenberg 2010c.

konkret und praxisnah reflektierte, trug enorm zur Stabilisierung und Etablierung dieser besonderen Band teil.

Am Montag, dem 8. März 2010, trafen um 17.30 Uhr erstmals 18 musikbegeisterte Personen im ipop-Proberaum am Anton-von-Webern-Platz zusammen: Studierende, Lehrende, Alumni, Musiker*innen mit Behinderung, teilweise ihre Angehörigen oder Betreuer*innen, auch zwei freie Musiker*innen der Wienerlied-Szene. Durch Mundpropaganda und ein Plakat hatten zahlreiche interessierte junge Musikbegeisterte, welche mit einer Behinderung leben, erreicht werden können. Wir hatten uns folgenden Text überlegt: „Du bist mit Deinen Fähigkeiten herzlich willkommen! Du singst oder musizierst von Anfang an gleichwertig mit den anderen! Du beteiligst Dich mit deinen individuellen Fähigkeiten am musikalischen Prozess, ob mit Beeinträchtigung oder nicht: Du findest Deine Rolle im musikalischen Geschehen! Spaß mitbringen und regelmäßige Teilnahme ermöglichen!"

Fotos von den ersten Proben

Der Name *All Stars Inclusive Band* wurde aus den eigenen Reihen heraus schnell gefunden; er schließt in sich ein, dass jede*r ernst genommen wird und an der Arbeit in der Band wachsen kann. In einem ersten Konzept legten wir dar:

> „Angesichts der angestrebten extremen Heterogenität der Gruppe ergeben sich besondere didaktisch-methodische Herausforderungen ebenso wie die Notwendigkeit, verschiedenste Verfahrensweisen auch nicht-notationsgebundenen Musizierens ins Spiel zu bringen (muster-basiertes Musizieren in Volks- und Popmusik, Life Arrangement und Instant Composition, körperorientiertes Musizieren wie Body Grooves wie auch freie Improvisation). Die Band arbeitet ohne stilistische Einschränkungen. […] Das Projekt geht von dem Ansatz aus, dass gemeinsames Musizieren mit Musizierenden, die ihre Fähigkeiten in sehr unterschiedlicher Reife entwickelt haben, möglich ist, sinnvoll ist und Freude bereiten kann, sofern die

Teilnehmenden in einer Gruppe musizieren wollen und minimale Kompetenzen in Bezug auf Regelverständnis haben".[13]

Die künstlerische Leitung wurde 2010 Marlene Lacherstorfer, einer erfahrenen Bandmusikerin und Studierenden der Rhythmik, übertragen, sie hatte sie bis 2016 inne und nutzte diese Zeit auch, um mit der Band zahlreiche Auftritte zu gestalten (siehe unten), die Studierenden lehrpraktisch zu betreuen und Grundzüge des inklusiven Arbeitens in einer zusätzlichen Lehrveranstaltung herauszuarbeiten.[14] Ihr Nachfolger als künstlerischer Leiter der Band war Bernhard Lengauer, Absolvent des Faches Musikerziehung, langjähriges Mitglied der *All Stars Inclusive Band* und inzwischen Musikerzieher am Wiener Polgar-Gymnasium, Marlene Ecker, ebenfalls Absolventin des Fachs Musikerziehung, wurde zunächst als Studienassistentin und ab 2018 als Funktionelle Assistentin tätig. Folgende Aufgaben waren darin eingeschlossen: Koordinierungen zwischen den Organisationseinheiten der mdw, beispielsweise für Publikationen oder für die Kommunikation bezüglich der Lehre und Forschung, Terminplanung der Konzerte und der dafür nötigen Transporte, Austausch mit den Eltern oder Betreuer*innen der Musiker*innen mit Behinderung, auch mit den jeweiligen Institutsleiter*innen bei inhaltlichen, organisatorischen oder technischen Problemen. Ebenfalls dazu gehörte auch die Kommunikation mit den Verantwortlichen der Inklusiven Fachtagungen und Soundfestivals bezüglich der Positionierung dieser und anderer inklusiver Bands.

Auftritte der *All Stars Inclusive Band*
- 2011 Campusfest mdw
- 2011 Musikschul-Leiter-Tagung St. Pölten
- 2012 Erstes Wiener Integratives Soundfestival
- 2013 Tag der Musikpädagogik
- 2013, 2014 CD-Studioaufnahmen eigenkomponierter Songs
- 2014 Gala *Aufspiel* im Volkstheater
- 2015 Wiener Sound Festival
- 2015 *Ohrenschmaus* Preisverleihungszeremonie
- 2016 ÖKSA Meeting
- 2017 Congress Opening mdw
- 2018 Konzert im Rahmen des Erasmusprojekts *Inclusive Pedagogy in Arts – Europe*
- 2019 Fest der Inklusion

---

13 Röbke/Hennenberg 2010, o. S.
14 Lacherstorfer hat ihre Erfahrungen in ihrer Masterarbeit umfassend dargestellt (Lacherstorfer 2016).

Beate Hennenberg

Das Jahr 2016: Die Verleihung des *Diversitas*-Preises

Seit 2016 verleiht das Bundesministerium für Bildung, Wissenschaft und Forschung den Diversitätsmanagement-Preis *Diversitas*, mit der Absicht, gesellschaftliches Bewusstsein zu schärfen. Mit dem Preis werden alle zwei Jahre österreichische Hochschul- und Forschungseinrichtungen für herausragende innovative Leistungen auf dem Gebiet des Diversitätsmanagements ausgezeichnet. Schon im ersten Jahr der Preisauslobung erhielt die *All Stars Inclusive Band* den Hauptpreis mit € 25.000. Die Summe war in inklusive Maßnahmen an der mdw zu reinvestieren. Anlässlich der Preisverleihung führten Wissenschaftsminister Reinhold Mitterlehner und Sektionschefin Iris Rauskala Folgendes aus:

> „Wissenschaft und Forschung leisten wichtige Beiträge für den Zusammenhalt und die Weiterentwicklung der Gesellschaft. In diesem Sinne holen wir innovative Projekte vor den Vorhang und wollen damit auch andere Organisationen zu eigenen Aktivitäten motivieren. […] Unser Preis ist im europäischen Raum einmalig. Denn bisher haben staatliche Stellen nur Auszeichnungen für Einzelpersonen und nicht für Wissenschafts- und Forschungseinrichtungen vergeben."[15]

Die Preisträger wurden durch eine Fachjury aus 27 Einreichungen ausgewählt, wobei sich die Kriterien an den strategischen Zielen des Bundesministeriums zur Förderung von Diversität ausrichteten. Dabei zählten die Faktoren Ressourcenorientierung, Nachhaltigkeit, Innovation sowie Innen- und Außenwirkung. Laudator Martin Bernhofer, Leiter der Ö1 Redaktion Wissenschaft, Bildung, Gesellschaft, stellte heraus:

> „Eine reguläre Band, die zugleich ein Pilotprojekt ist für das Zusammenspiel von Menschen mit und ohne Behinderung, ist schon etwas Besonderes. Wenn diese Band sich auch öffnet für das Zusammenspiel mit Betreuenden, mit Familienangehörigen und für Besuche von Profimusikern – umso mehr. Wenn Studierende verschiedener Fachrichtungen – von der Instrumentalpädagogik bis zur Musiktherapie – dabei mitspielen und auf diese Weise Praxiserfahrungen sammeln, ist das eine äußerst innovative Form der Lehre im Zeichen der Diversität. Wenn dabei Studierende anderer Universitäten, wie der Medizinuniversität, einbezogen sind – umso mehr. Wenn diese musikalische Praxis der gelebten Diversität sich mit Theorie und begleitender Forschung verbindet, dann wird daraus ein Leuchtturmprojekt. Wonach man lange suchen müsste, wenn es hier nicht schon praktiziert und gelebt würde."[16]

Was die Außenwirkung angeht, stellte er fest:

> „Die All Stars Inclusive Band ist ein Aushängeschild, eine Auslage für Diversität. Sie hat Botschaftercharakter und die besagte Leuchtturmfunktion. […] Sie bün-

---

15 APA-OTS 2016.
16 Ich zitiere hier und im Folgenden aus dem mir zur Verfügung gestellten Typoskript.

delt alle Anliegen und Argumente für dieses Thema, überträgt sie und verstärkt sie symbolisch, zugleich aber auch in spielerisch-selbstverständlicher Weise."

Das damals bereits sechs Jahre bestehende Projekt diene, so Bernhofer, zugleich als Lehrveranstaltung in verschiedenen Instituten, von der Musikpädagogik bis hin zur Musiktherapie. Und gerade dieser Aspekt der Verknüpfung von Lehre und Forschung, von Theorie und Praxis habe die Jury besonders überzeugt. Es sei ein künstlerisch-sozialer Motor der Durchmischung entstanden, eine „stimmige Antriebskraft für selbstverständlich gelebte Diversität".

Im gleichen Jahr, 2016, wurde der *All Stars Inclusive Band* auch der Ehrenpreis des Österreichischen Inklusionspreises[17] verliehen. 2017 folgte der Hauptpreis des Landes Wien des Österreichischen Inklusionspreises.[18]

Gerda Müller, die Vizerektorin der mdw für Organisationsentwicklung, Gender & Diversity, stellte im Nachhinein fest:

> „Mit dem Gewinn des Hauptpreises hat sich die strukturelle Verankerung der Frage der Diversität an der mdw deutlich verändert. Der Preis hat maßgeblich dazu beigetragen, dass wir uns im Entwicklungsplan 2019-2024 für eine umfassende Diversitätsstrategie entschieden haben, was eine große Herausforderung war, was aber auch eine Riesenchance war. Zum einen, weil wir die Dinge breit im Haus diskutieren können und weil diese Themenfelder einen unglaublichen Mehrwert für die gesamte Institution haben. Durch den Preis setzen sich die Studierenden der Pädagogik im Rahmen des Studiums intensiv auseinander, um nachhaltig in die Gesellschaft zu wirken. Damit ändern wir auch die Gesellschaft an sich. Wenn wir das so in unser Leitbild schreiben, erreichen wir letztlich tatsächlich viele Menschen. Und unsere Studierenden gehen als Botschafterinnen und Botschafter dieser Haltung hinaus."[19]

Letztlich können sowohl Professor*innen, Studierende wie auch die Musiker*innen mit Behinderung eine Universität verändern. So formuliert Gerda Müller:

> „Das hat mich fasziniert, dass *die All Stars Inclusive Band* im Grunde die Ursache ja für diese deutliche Veränderung war. Deren Leistung, den Preis an die mdw zu holen, war letztlich entscheidend dafür, dass sich das System so verändert. Die Publicity und die Öffentlichkeitswirksamkeit haben maßgeblich dazu beigetragen. Und somit sieht man, dass nicht nur Uni-Leitungen, Führungskräfte, Gremien, Professor*innen und Lehrende die Universität verändern, sondern Studierende, und auch Studierende und Musiker*innen mit Behinderung in dem Fall ein deutliches Zeichen gesetzt haben."[20]

---

17 Lebenshilfe Österreich o. J.
18 APA-OTS 2017
19 Hennenberg 2020.
20 Ebd. VI, 49-58.

Beate Hennenberg

Preisverleihung 2016

Der *Diversitas*-Preis wurde zum Impuls für weitere Maßnahmen universitärer Barrierefreiheit. Die bereits erwähnte Summe war in Maßnahmen für Diversität und Inklusion zu reinvestieren. Unter anderem wurde vom Preisgeld hochwertiges Bandinstrumentarium für die neuen, barrierefreien Proberäumlichkeiten des Ensembles angekauft. Eine weitere nachhaltige Maßnahme stellen die seit 2017 fortlaufend finanzierten und im nächsten Abschnitt genauer beschriebenen Tutor*innen dar. Diese bieten vor der Probe der Gesamtband in fünf Instrumenten Einzel- oder Kleingruppenunterricht an, welcher für die Musiker*innen mit Behinderung wie das Bandprojekt überhaupt kostenlos ist: Im Grunde hat sich seit Übertragung dieses finanziellen Sockels die *All Stars Inclusive Band* als ihre eigene Musikschule aufgestellt. Weiters wurden 2020 aus dem Preisgeld zwei Veeh-Harfen für das seit 2019 bestehende inklusive Kammermusikensemble *ClassicALL* gekauft.[21] Eine Teilsumme wurde für die Umstellung der mdw-Website auf AA-Qualität nach dem bundesweit verpflichtenden WCAG 2.0[22] investiert sowie für die erforderlichen Schulungen all jener Mitarbeiter*innen der mdw, die seit Inkrafttreten dieser *Web Content Accessibility Guidelines* die Inhalte der Instituts- und Abteilungswebsites barrierearm einzupflegen haben.[23] Die Arbeit an der Umsetzung all dieser Maßnahmen und das Hineintragen des Themas Inklusion in die unterschiedlichen Gremien der mdw machten schließlich die Gründung der Senats-AG Barrierefrei sinnvoll. Die Senats-Arbeitsgruppe Barrierefrei wurde daher 2017 seitens des Senats eingesetzt.[24]

---

21 Siehe dazu den Beitrag von Beate Hennenberg auf S. 245-251 dieses Buches.
22 Web Content Accessibility Guidelines (WCAG) 2.0, URL: <https://www.w3.org/Translations/WCAG20-de/> (20. 4. 2020).
23 Digitales Österreich URL: <https://www.digitales.oesterreich.gv.at/barrierefreies-web-zugang-fur-alle> (20. 4. 2020).
24 Vgl. dazu URL: <https://www.mdw.ac.at/upload/MDWeb/senat/downloads/AGBarrierefrei.pdf> (20.09.2021).

Das Jahr 2017: Beginn der Tutorials für die Mitglieder der Band[25]

Eines der nachhaltigsten Projekte, das aus dem *Diversitas*-Preisgeld 2016 finanziert wurde, war und ist die Einrichtung der Tutorials seit 2017. Etwa fünf Tutor*innen, Studierende der IGP, welche bereits mindestens ein Semester in der Band mitgespielt haben, bieten Einzelpersonen oder Kleingruppen vor dem Probenbeginn Instrumental- und Gesangsunterricht an. Angeboten werden wöchentlich Gitarre, Klavier, Percussion und Stimmbildung. Die Teilnahme ist für alle freiwillig und kostenfrei. Beabsichtigt wird damit, die instrumentalen und gesanglichen Fähigkeiten der Musiker*innen mit Behinderung zu entwickeln, sie aber auch bei organisatorischen Abläufen in Probe und Konzert sowie bei sozialen Fragen zu unterstützen. Ein weiterer Punkt ist, durch die probenartigen Situationen den Musiker*innen Sicherheit in der Durchführung zu geben und möglicherweise neue methodische Hinweise im Aneignen von musikalischen Fähigkeiten zu geben. Je nach Aufgabenstellung, die von Instrument zu Instrument variiert, schlagen die Tutorinnen und Tutoren spezielle Wege ein. Gleichzeitig ermöglicht diese Arbeit auch eine Weiterentwicklung ihrer eigenen methodischen, sozialen und personenbezogenen Kompetenzen.

Das Jahr 2018: Der Imagefilm im Rahmen des Gender | Queer | Diversität-Calls 2018 des Vizerektorats für Organisationsentwicklung, Gender & Diversity

Das durch das Interesse der Studierenden bewirkte Anwachsen der Lehrveranstaltungen zu inklusivem Musizieren in den musikpädagogischen Instituten der mdw sollte in einem Imagevideo sichtbar gemacht werden. Es konnten damit die Möglichkeiten aufgezeigt werden, wie man sich theoretisches wie praktisch-didaktisches Wissen über inklusives Proben, Spielen, Konzertieren und Vermitteln, über das Musizieren auf Augenhöhe, aneignen und dieses für die spätere berufliche Arbeit in Schulen, Musikschulen oder anderen Berufsbereichen nutzbar machen mag. Der Titel des Kurzfilms lautet: *All Stars Inclusive Band – inklusives Lehren, Lernen und Forschen an der mdw – Universität für Musik und darstellende Kunst Wien*.[26]

---

25 Siehe hierzu auch die Darstellung der Tutorien im Beitrag von Marlene Ecker auf den Seiten 255-256 dieses Buches.
26 Vgl. URL: <https://mediathek.mdw.ac.at/inklusiveslehren> (11.09.2021). Der Film ist ein kollaboratives Projekt der Filmemacherinnen Cordula Thym (Konzept, Regie, Schnitt), Johanna Kirsch (Kamera), Katharina Lampert (Produktionsassistenz), Theda Schifferdecker (Ton), Lena

Beate Hennenberg

Die *All Stars Inclusive Band* bildet dabei den roten Faden durch den Film, der im Rahmen des Gender I Queer I Diversität-Call 2018 des Vizerektorats für Organisationsentwicklung, Gender & Diversity an der mdw in Kooperation mit dem Institut für musikpädagogische Forschung, Musikdidaktik und Elementares Musizieren (IMP) und dem Institut für Musik- und Bewegungspädagogik/Rhythmik sowie Musikphysiologie (MBM) entwickelt und Ende September 2019 fertig gestellt wurde. Der Film richtet sich an Musikpädagog*innen, Instrumentalpädagog*innen, Musikerzieher*innen und Studierende der Volksmusikforschung, der Rhythmik sowie weiterer didaktischer Lehrveranstaltungen rund um eine inklusive Musikpädagogik. Wesentlich war dabei, die Freude am Musizieren und das Empowerment der Musiker*innen herauszustellen und auch das Engagement der Pädagog*innen. Nicht zuletzt sollte die gesellschaftspolitische Relevanz solcher Projekte aufscheinen.

Der Film arbeitet mit Aufnahmen der Band aus der Probensituation, mit Textinformationen, Archivmaterial und alternierenden Interviews mit mehreren an der Band beteiligten und in diesem Text bereits erwähnten Musikpädagog*innen. Auch gibt es Einzelportraits der beteiligten Bandmusiker*innen, ebenfalls in Interviewform.

Im Studienjahr 2018/19 gehörten folgende Musiker*innen der *All Stars Inclusive* an und waren am Film beteiligt:

- Eva Bauer – Gesang
- Maria Baumgartner – Gesang
- Markus Baumgartner – Klavier
- Robert Beiglböck – Gesang
- Pia Bojdo – Gesang
- Michael Capek – Gesang
- Johannes Dorfner – Schlagzeug
- Marlene Ecker – Cello & Gesang
- Olivér Felföldi – Cello
- Werner Haidl – Gitarre
- Antti Kaikkonen – E-Bass
- Peter Korbiel – Gesang
- Victoria Kultschar – Percussion & Gesang
- Bernhard Lengauer – Gitarre & Gesang
- Petra Liedauer – Gesang
- Sebastian Mattausch – Schlagzeug & Gesang
- Hanna Mikschicek – Gesang

Gathmann (Tonmischung) und Hannes Böck (Farbkorrektur) mit dem seitens der mdw Beteiligten Andrea Ellmeier, Beate Hennenberg, Ulrike Mayer und Gerda Müller.

- David Paltinger – Percussion & Gesang
- Andreas Pesl – Gitarre & Gesang
- Magdalena Puschnig – Gesang
- Betti Schussek – Percussion & Gesang
- Georg Singer – Schlagzeug & Gesang
- Michi Strobl – Trompete
- Erich Strobl – Trompete
- Steffi Wieser – Flöte & Gesang
- Nicole Wolfgruber – Gesang

Als Tutor*innen, die im Studienjahrs 2018/19 für den Einzel- und Kleingruppen-Instrumental- bzw. Gesangsunterricht verantwortlich waren, waren am Film beteiligt:

- Magdalena Auer – Gitarre
- Hannah Mandel – Percussion
- Kathrin Fabian – Klavier
- Berit Pöchhacker – Stimmbildung

Dieser künstlerische Kurzfilm über die *All Stars Inclusive Band* wurde für den Filmwettbewerb *InTaKT-Short-Cut*, der Filme zum Thema Menschen mit Behinderung sucht, ausgewählt und präsentiert. Die Veranstaltung fand im Rahmen des inklusiven Tanz-, Kultur- und Theaterfestivals *InTaKT* im November 2019 in Graz statt, veranstaltet durch den Verein zur Förderung der Inklusion durch kulturelle und sportliche Aktivitäten (IKS).

Zum Abschluss: Einblicke in die Lehrveranstaltungen rund um die Bandarbeit

Um das universitäre Bandgeschehen herum haben sich über die Jahre zahlreiche Lehrveranstaltungen in höchst verschiedener Ausprägung verschränkt. Über ein Semester lang können die Studierenden im Rahmen von verpflichtend zu besuchenden Lehrveranstaltungen im Masterstudium IGP *Grundfragen der Instrumental- und Gesangspädagogik* an der *All Stars Inclusive Band* teilnehmen, die sie als außergewöhnlichen Erfahrungsraum wahrnehmen. Schritt für Schritt erweitert sich das Angebot von wissenschaftlichen Seminaren, in welchen es um spezifische Beobachtungs-, Analyse- und Interaktionskompetenzen geht und in denen die produktive Nutzung von Heterogenität für ein professionelles musikpädagogisches Handeln im Fokus steht. Es wird über die Art und Intensität des Wissenserwerbs diskutiert und über Chancen zur Persönlichkeitsentwicklung. Wie gelangt man zu professioneller Handlungskompetenz? Wichtig waren Überlegungen zur Reflexion und Feedback. Von Anfang an wurden dabei die österreichische und europäische Inklusions- und Bildungsgeschichte sowie die Übereinkommen und Pakte zu den universellen Rechten thematisiert. Eine Sternstunde in dieser Hinsicht war die Diskussionsrunde mit dem Abgeordneten zum Nationalrat Franz-Joseph Huainigg, welcher seine Initiativen für mehr Teilhabegerechtigkeit darlegte. Der Blick auf die historischen Quellen wird durch Feldstudien bei Exkursionen und Hospitationen ergänzt und das dabei Erlebte dokumentiert und ausgewertet. Aus dieser dokumentarischen Methode mit milieuspezifischen Orientierungen heraus entstanden zahlreiche Seminararbeiten. Einen anderen Zugang in das Feld des inklusiven Musizierens und Lernens eröffnet die hermeneutische Methode: Texte werden auf reflektierte Weise betrachtet und ausgelegt, um zu einem tieferen Verstehen zu gelangen.

Am Ende der jeweiligen Semester finden mit allen Beteiligten kollegiale Fallbesprechungen statt, um konkrete Situationen, die möglicherweise für die Studierenden auf den ersten Blick befremdlich waren, in ihrem Konfliktpotenzial aufzulösen. Gegenseitig werden Befragungen durchgeführt: Welche Haltung nehmen die Instrumentalpädagog*innen im heterogenen Band-Musizierumfeld ein? Wie funktionierte das eigene Microteaching? Wie war die Einstellung zu den teilnehmenden Menschen mit Lernschwierigkeiten vor Beginn der Mitarbeit am Seminar und wie danach? Was veränderte sich durch die Teilnahme am Seminar? Und speziell auf das musikpädagogische Handeln bezogen: Was gelang wobei? Wo war gegebenenfalls eine Abweichung vom Konzept nötig? Welche Sozialform wurde gewählt? Könnte der Aufbau des Songs oder Tanzes zu einem späteren Zeitpunkt anderen als Vorbild dienen? Jedenfalls wird sowohl bei den Lehrenden als auch bei den Studierenden ein starker Bewusstseinsprozess ausgelöst. Einen solchen Ort inklusiven Lernens und Forschens hatte es an der mdw so bislang nicht gegeben.[27]

Masterarbeiten über spezielle Themen der inklusiven Bandarbeit seit 2010
- 2016, Marlene Lacherstorfer, Musik und Inklusion. Die Band All Stars Inclusive als Erfahrungsfeld für Musikstudierende der mdw.
- 2015, Viktoria Kröpfl, Rhythmix und Faith4U&Me – Eine Gegenüberstellung zweier inklusiv musizierender Gruppen.
- 2015, Stefanie Bauer, Bandleader inklusiver Musikensembles. Eine empirische Studie.
- 2015, Yejin Sin, Gruppenunterricht in heterogenen Gruppen. Wichtige Faktoren für eine sinnvolle Leitung heterogener Instrumentalgruppen.
- 2014, Bernhard Lengauer, All Stars inclusive. Musizieren mit einer integrativen Band.

---

27 Vgl. Hennenberg 2017b, 169-174.

- 2014, Chi-Hsuan Ke, Blinde Pianisten. Untersuchungen zur Didaktik des Klavierunterrichts mit Blinden.
- 2012, Monika Kampichler, Elementare Musikpädagogik mit Seniorinnen und Senioren – musikalische und sozialpsychologische Aspekte.
- 2010, Bernadette Eppensteiner, Kinder mit Trisomie 21 lernen Klavier.
- 2009, Veronika Spalt, Klavierunterricht für Menschen mit Behinderung an Musikschulen.

Partizipative Forschung in der *All Stars Inclusive Band* und über sie: ein Nachtrag zur Chronik

An jedem Probentag werden innerhalb der *All Stars Inclusive Band* auch gesellschaftliche Fragen ausverhandelt. Von Anfang an bestand Interesse daran, ein möglichst facettenreiches Bild zu erhalten. Deshalb wurde begonnen, in der Band mit Bandmitgliedern über dieses Musizieren zu forschen. Neben den Lehrenden waren daran Bandmitglieder mit und ohne Behinderung beteiligt sowie einige Betreuende. Wir nutzten den partizipativen Ansatz. Wichtig war es dabei, die Teilhabeerfahrungen der Musiker*innen mit Lernschwierigkeiten am inklusiven Musizieren zu erfassen, waren doch diese dafür die Spezialist*innen. Diese Art der Forschung war für uns Teil eines veränderten Menschenbildes, ein Ausdruck davon, allen Menschen im Zeichen der Ganzheitlichkeit und garantierten Grundrechte Kompetenzen zuzuschreiben. Forschung über Inklusion wird nur zu belastbaren Ergebnissen führen, wenn Menschen aus dem zu beforschenden Personenkreis aktiv an der Forschungsarbeit teilnehmen und sie mitgestalten.

Folgende Fragen standen im Raum: Welcher Art von Leistung ist die musikalische Mitwirkung in einer inklusiven Band? Kann Leistung außer in Hinsicht musikalischer beziehungsweise instrumentaler oder vokaler Expertise auch im Zeichen von Kooperation und Solidarität stehen? Wie gehen die Studierenden und die mit den Bandmitgliedern verantwortlich arbeitenden Tutor*innen mit Leistungsheterogenität um und wie wird diese als solche wahrgenommen? Welche soziologischen, allgemeinpädagogischen oder speziell musikpädagogischen Perspektiven eröffnen sich? Inwieweit veränderten sich im Verlauf des Forschungsprozesses im Semester die Rollen der daran beteiligten Personen? Inwiefern strahlt die Teilnahme an der Arbeit der *All Stars Inclusive Band* überhaupt auf das Leben der Musiker*innen aus, auch außerhalb der Probenzeit?

Am Anfang stand eine Literaturanalyse zu Fragen der Didaktik des Musizierens mit heterogenen Gruppen und zu Positionen inklusiven Musizierens im Vordergrund. Daran schlossen sich Interviews mit Musiker*innen mit Lernschwierigkeiten in Leichter Sprache an, es folgten Interviews mit ihren Betreuer*innen sowie Studierenden der Forschungsgruppe. Der Methodenmix bestand in qualitativen Elementen, der teilnehmenden Beobachtung bei den Bandproben, der Textanalyse der Grundlagenpapiere und quantitativen Elementen, der Befragung der Musiker*innen der fähigkeitsgemischten Forschungsgruppe. Die Interviews wurden elektronisch aufgezeichnet und transkribiert und die Proben der Band anhand eines in der internationalen Literatur zur Gruppenbeobachtung entwickelten Rasters analysiert und dokumentiert.[28]

Die Musiker*innen mit Lernschwierigkeiten wurden in Forschungsschritten wie Recherche, Formulierung der Fragestellung, Mit-Erarbeiten des Designs, Durchführung der Interviews, Auswertung und Vorbereitung der Abschlusspräsentation einbezogen, wie es Jan Walmsley und Kelley Johnson 2003 forderten.[29] Was war der Background dafür? In den letzten drei Jahrzehnten war im englischsprachigen Raum und seit dem Beginn der 2000er Jahre auch im deutschen Sprachraum eine Verschiebung des Forschungsverständnisses auszumachen: Diese neue Bewegung wurde von Walmsley und Johnson als *Participatory and Inclusive Research* bezeichnet. Personen mit einer zugeschriebenen kognitiven oder geistigen Behinderung wurden nun als Interviewpartner*innen ernst genommen. Dieses neue Forschungssetting, der eine *Community Inclusion* Bewegung vorausging, machte *Disability Studies* möglich und bezog nun Menschen mit Lernschwierigkeiten aktiv in den Forschungsprozess mit ein. Parameter der partizipativen inklusiven Forschung waren auch hierbei, dass die Thematik auf die Interessen behinderter Menschen hinweist, dass die nicht behinderten Forscher*innen auf der Seite der Menschen mit Lernschwierigkeiten stehen, dass diese den Forschungsprozess beobachten können und dass die Ergebnisse für sie zugänglich sein müssen. Dies war durch die engmaschige Kommunikation mit der Gruppe, also den Bandmitgliedern und ihren Betreuer*innen, vor, während und nach dem Vorhaben gegeben. Die Forschungstreffen fanden ab April 2015 vierzehntägig vor den Gesamtproben im Proberaum statt. Die Forschungsgruppe umfasste 16 Expert*innen. Hier einige Ausschnitte:

Partnerinterviews[30]

- Werner fragt Markus: „Wie bist du zur Musik gekommen?" Markus: „Zu Hause, erst Keyboard, dann Klavier."
- Werner: „Wie kamst du zum absoluten Gehör?" Markus: „Keyboard." Maria, Markus' Mutter: „Das Keyboard hatte ein Display oben, welches die Notennamen beim Spielen anzeigte, das hat sich ihm über die Jahre eingeprägt."

---

28 Vgl. Garnitschnig/Neira 2008.
29 Vgl. Johnson/Walmsley 2003.
30 Alle folgenden Antworten: Fragebögen Partizipative Forschungsgruppe 2015-2017, maschinenschriftlich, Archiv Beate Hennenberg.

- Werner: „Was spielst du am liebsten?" Markus: „Dritter Mann, Türkischer Marsch, Bach Präludium, Ballade pour Adeline, Für Elise."
- Markus fragt Werner: „Was spielst du gerne?" Werner: „Musik von Shadows."
- Markus: „Was hast du für Hobbies?" Werner: „Fotografieren und E-Bass-Spielen."
- Markus: „Welche Instrumente kannst du spielen?" Werner: „Akustische Gitarre, Stratocaster-Gitarre und E-Bass."
- Michaela fragt Florian: „Florian,,spielst du auch Gitarre neben Singen?" Florian: „Ja, Gitarre und Keyboard."
- Michaela: „Wo hast du Tanzen gelernt?" Florian: „Hansi Hinterseer, Hüftschwünge."
- Michaela: „Was tanzt Du am liebsten?" Florian: „Alle Mooves hab i drauf."
- Florian fragt Michaela: „Welche Musik spielst du?" Michaela: „Auf Trompete Sunshine Reggae, Jazz, Alpenlied."

Zirkelinterviews

Die Teilnehmer*innen fragen sich untereinander ab.

Werner:
- Werner fragt Maria: „Wie hast du Markus' Fähigkeiten entdeckt?" Maria: „In der Schule nieste eine Lehrerin. Markus sagte, Du niest nicht wie meine Mutter in C-Dur. Das sagten sie mir, und dann habe ich ein Keyboard gekauft."
- Werner fragt Markus: „Mit wem spielst du am liebsten zusammen?" Markus: „Marlene."
- Werner fragt Florian: „Wie bist du zum Tanzen gekommen?" Florian: „Durch eine junge Frau, für die ich gerade einen Song schreibe."
- Werner fragt Michaela: „Hast du schon mal Il Silencio gespielt?" Michaela: „Nein".
- Werner fragt Erich: „Wie war deine Entdeckung, dass Michaela Trompete spielen will?" Erich: „Sie hat durch mich oft den Klang zu Hause gehört und mit 15, 16 haben wir begonnen zu spielen."

Markus:
- Markus fragt Maria: „Was sind deine Hobbies?" Maria: „Musikhören."
- Markus fragt Werner: „Welches Instrument spielst du und was sind deine Hobbies?" Werner: „Begleitgitarre. Mein Hobby ist Texte zu erfinden, ein Text entstand schon: Wir sind die All Stars Band. Einen anderen schreibe ich über Andrea und ihren Liebeskummer."

- Markus fragt Michaela: „Welche Lieder magst du?" Michaela: „Trompete."
- Markus fragt Erich: „Was sind deine Hobbies?" Erich: „Musikmachen."

Florian:

- Florian fragt Maria: „Woher kommt deine tolle Ausstrahlung?" Maria: „Das bringt das Alter mit sich."
- Florian fragt Markus: „Was ist deine aktuelle Lieblingsmusik?" Markus: „Auf Youtube Funky Town und A Night like this, aber 5 Halbtöne höher."
- Florian fragt Michaela: „Kannst du Volksmusik spielen?" Michaela: „Ja."
- Florian fragt Erich: „Wirst du der Michaela helfen beim Spielen?" Erich: „Ja, klar."

Michaela:

- Michaela fragt Maria: „Würde es dich interessieren Flöte zu spielen?" Maria: „Ja, schon."
- Michaela: fragt Markus: „Seit wann spielst du Klavier?" Markus: „Seit 2001, da war ich zehn Jahre alt."
- Michaela fragt Florian: „Welchen Style singst du?" Florian: „Schlager, Volksmusik."
- Michaela fragt Werner: „Wie übst du?" Werner: „Zu Hause auf dem E-Bass."
- Michaela fragt Erich: „Möchtest du gern Schlagzeug spielen?" Erich: „Ja."

Erich:

- Erich fragt Maria: „Wie kamst du zur Musik?" Maria: „Nur durch Markus´ Interesse."
- Erich fragt Markus: „Welche Instrumente spieltest du, bevor du Klavier spieltest?" Markus: „Zu Hause, Xylophon, Keyboard." Maria ergänzt: „Er begann mit drei Jahren Musik vom Radio nachzuspielen."
- Erich fragt Florian: „Was machst du musikalisch außerhalb der Band?" Florian: „Ich schreibe selbst ein Lied und komponiere."
- Erich fragt Werner: „Warum wolltest du Gitarre lernen?" Werner: „Als junger Mann sah ich im Kino Schweglerstraße einen Film, die Musik war von The Shadows. Das wollte ich auch spielen und kaufte mir am nächsten Tag eine Gitarre im Musikgeschäft in der Schweglerstraße."
- Erich fragt Michaela: „Wie war es kürzlich beim Auftritt?" Michaela: „Trompete, Trompetenjodler. Erste Gage in Kirche. Hochzeit. Abba Mama Mia. Obladi, Oblada."

Die erhobenen Aussagen zeigen, dass die Personen der Forschungsgruppe im Besitz von Informationen waren, die für die partizipative Forschung in der und über die Band Relevanz haben. Für alle Beteiligten war das Thema bedeutungsvoll, alle repräsentierten sie verschiedene Perspektiven. Als Abschluss der ersten Forschungsperiode wurde ein Bericht verfasst.[31] Die Ergebnisse dieses Forschungsvorhabens wurden zunächst auf der Inklusionsforscher*innentagung IFO 2016 an der Universität Bielefeld vorgestellt. Ein erweiterter Bericht konnte anlässlich des Forschungskolloquiums *Lebens.Werte.Schule* der Katholischen Fakultät der Universität Wien 2016 diskutiert werden. Eine neuerliche Ergänzung konnte letztlich 2019 auf dem Kongress ABLE Assembly: *Arts Better the Lives of Everyone* am Berklee Institute for Arts Education and Special Needs in Boston präsentiert werden.

Die Auswertung ergab insbesondere den dringenden und wesentlichen Wunsch nach gesellschaftlicher Teilhabe und Empowerment. Die Bandmusiker*innen, die befragt worden waren, fühlten sich wertgeschätzt und inkludiert, wenn sie Zuspruch von anderen Teilnehmenden bekamen und Zugehörigkeit und Akzeptanz erfuhren. Gitarrist W., der mit Schizophrenie lebt, fühlt sich der Band zugehörig, wenn er „das Gefühl hat, wichtig zu sein und etwas zur Gruppe beitragen" zu können.[32] Pianist M. mit Erscheinungsbildern des Autismus-Spektrums fühlt sich wertgeschätzt, wenn er von der Bandleaderin aktiv wahrgenommen wird. Trompeterin M. erhält Selbstbewusstsein daraus, dass sie sich musikalisch in der Gruppe ausdrücken kann. Das Musizieren in der Band hat bei allen Befragten Veränderungen ausgelöst, sowohl musikalisch als auch im sozialen Bereich. M. könne sich, so seine Mutter M., besser auf die soziale Konstellation in einer Gruppe einstellen. Für M. sei laut Vater E. das Zusammenspiel in der Gruppe förderlich gewesen. W. hatte, nachdem sein früherer Musizierpartner verstorben war, kaum mehr zur Gitarre gegriffen. Durch die Band konnte er nun wieder im Kollektiv musizieren und spürte durch das Üben weniger Auftrittsangst.

Die Familienmitglieder der Musiker*innen mit Behinderung, die befragt wurden, stellten deutliche Veränderungen, beispielsweise neue Handlungsstrategien, fest. M., welcher über viele Semester ausschließlich Klavier spielte – er kam sogar eher, um sich den Platz am Klavier zu sichern – wandte sich nun auch dem Xylophon zu, wenn P., ein neues Bandmitglied, die mit Sehbeeinträchtigung und Lernschwierigkeiten lebt, ans Klavier wollte. In jedem Falle erweiterten die Mitglieder der Forschungsgruppe ihre sozialen Netzwerke. Es fanden gegenseitige Telefonate und Einladungen außerhalb des Bandgeschehens statt. Die beteiligten Elternteile bestätigten, dass ihre Zöglinge durch das gemeinsame Musizieren aktiver auf Menschen zugehen würden, dass sie sich besser ausdrücken könnten, dass sie bei Nichtverstehen anderer eher aufbegehrten, dass sie selbstbewusster würden und sich in der Freizeit mehr mit dem Instrument, das sie in der Band spielen, beschäftigten.

---

31 Hennenberg 2017a, 96-102.
32 Alle folgenden Zitate aus den Fragebögen Partizipative Forschungsgruppe 2015-2017, maschinenschriftlich, Archiv Beate Hennenberg.

Beate Hennenberg

Teilnehmende Beobachtung von Gruppenprozessen

Die teilnehmende Beobachtung nach Mayring ist eine Standardmethode der Feldforschung.[33] Die Beobachtenden, in unserem Falle die Studierenden, nahmen nicht passiv-registrierend außerhalb des Gegenstandsbereiches teil, sondern waren eingebettet in die soziale Situation, das Bandgeschehen. Sie standen in einer persönlichen Beziehung mit den zu beobachtenden Personen und sammelten als Forscher*innen Daten, indem sie musizierend und agierend partizipieren. Durch die teilnehmende Beobachtung konnten Studierende durch die Einbeziehung in die Arbeit der Band, aber auch durch die Nachbesprechungen mit uns wissenschaftlich oder künstlerisch Lehrenden, durch die Einzel- und Gruppenreflexionen und die anschließenden Expert*innengespräche in den Seminarveranstaltungen Daten sammeln, die sie sich in einem Forschungstagebuch notierten. Wichtig war, Empowerment-Prozesse sichtbar zu machen.

Die Auswertung der Notizen der Studierenden während mehrerer Sitzungen in teilnehmender Beobachtung erbrachte geschärfte Bilder. J. stellte fest:

> „Ungewohnt war das besonders große Spektrum an unterschiedlichen Stufen von musikalischen Fähigkeiten. In diesem Sinn hat sich meine zentrale Frage an inklusives Musizieren […] konkretisiert. Anstelle von einem sehr vagen ‚Wie funktioniert inklusives Musizieren?' kommt mir jetzt ein etwas konkreteres ‚Wie kann mit sehr unterschiedlichen musikalischen Möglichkeiten in einer Gruppe am besten gearbeitet werden?' in den Sinn."[34]

Für den Berichterstatter war die Beobachtung spannend, dass

> „die unterschiedlichen Möglichkeiten der TeilnehmerInnen in meiner Wahrnehmung von den Leiterinnen nicht wie Herausforderungen behandelt wurden, wie ich es ursprünglich erwartet habe, sondern dass die Unterschiede mit einer Gelassenheit akzeptiert wurden und trotzdem ein gemeinsames Tun möglich war".

Sch. fand sich einbezogen in die Gruppe, als „in der Pause ein Mädchen kam, meine Querflöte näher begutachtete und sagte, dass mein Flötenklang sehr schön ist". B. erinnerte sich an eine ähnliche Situation, als „der neue Schlagzeugspieler an uns vorbeimusste und meiner Studienkollegin und mir die Hand gab und uns begrüßte". K. war berührt, dass „B. sie an ihren sehr persönlichen Gefühlen teilhaben ließ". Für D. war es eine besondere Erfahrung, dass sie „nicht in die übliche Rolle als Pädagogin treten" musste, sondern „als gleichwertige Musikerin in der Band mitspielen" durfte. H. wurde dazu bewogen, sich im „späteren Berufsumfeld vorwiegend heterogene Gruppen" zu wünschen, denn sie erkannte, dass es „die Leidenschaft der Musiker*innen war, die mich so

---

33 Vgl. Mayring 2002.
34 Alle folgenden Zitate aus den Fragebögen Partizipative Forschungsgruppe 2017, maschinenschriftlich, Archiv Beate Hennenberg.

faszinierte". Das Statement von B.: „Erstaunlicherweise führte meine anfängliche Verunsicherung darüber, ob ich mich gegenüber jedem der Anwesenden angemessen verhalte, vor allem dazu, dass ich mich in meiner pädagogischen Fähigkeit verschüchtert fühlte." L. war davon überrascht, dass sie selber „als Leaderin während meiner Einheit wesentlich mehr Energie und Enthusiasmus hatte als sonst". Weiters stellt sie fest: „Die Bedürfnisse nach sozialen Kontakten und nach der Zugehörigkeit zu einer Gruppe, die ich bei A. als extrem wichtig bezeichnen würde, können in der All Stars Band befriedigt werden."

Gruppendiskussion und Gruppenreflexion

In den Gruppendiskussionen am Semesterende lassen sich die Studierenden gegenseitig Anteil nehmen an ihren Überlegungen, Erlebtes künftig im eigenen Unterricht umzusetzen. I. B. war überrascht, dass es

> „gelang, den inklusiven Unterricht als völlig normal darzustellen, vor dem man sich überhaupt nicht fürchten muss. Empathie, Didaktik und Wissen über die Entwicklung von Fähigkeiten sind die Schlüsselpunkte für einen gut angeleiteten Unterricht und zwar für jeden Unterricht".

Auf allgemeine didaktische Grundfragen des künftigen Unterrichtens hin angesprochen meinte er, „es geht nicht immer nur darum, etwas Neues zu erlernen, man sollte einen möglichst abwechslungsreichen Unterricht gestalten, der sowohl Erfolgserlebnisse als auch (gut bewältigbare) Herausforderungen beinhaltet"[35]. F. K. nimmt für ihre berufliche Zukunft eine „flexible Ausrichtung auf die unterschiedlichen Bedürfnisse der einzelnen SchülerInnen, Offenheit und Bereitschaft, mich mit dem Thema fortlaufend auseinander zu setzen, und das Wissen, dass man nicht alleine ist", mit. Von einer „Schatzkiste an Methoden und Hilfsmitteln, die Musikunterricht für Menschen mit Behinderung genau wie für mich spannend machen können", spricht M. P. Sie würde gern die „didaktische Fähigkeit, die komplizierten Verläufe oder Verhalte stufenweise zerlegen zu können und jedem Menschen diese beibringen zu können", vertiefen.

Zwei illustrative Fallstudien

Markus' musikalische Lebensgeschichte

Markus war 23 Jahre alt, als ich ihn 2010 das erste Mal traf. Er und seine Mutter sind Gründungsmitglieder der Band. Beide waren bei allen Auftritten der Band

---

[35] Alle folgenden Zitate aus Seminararbeiten im Sommersemester 2020, Archiv Beate Hennenberg.

und bei fast allen Proben über die inzwischen zehn Jahre hin dabei. Markus war auch Mitglied der partizipativen Forschungsgruppe zwischen 2015 und 2017. Über den gesamten Zeitraum wurden, nach offizieller Einwilligung, Notizen, Memos, Fotos und Videos angefertigt. Markus lebt mit seiner Mutter in Wien und besucht eine Tageseinrichtung. Seit dem sechzehnten Lebensjahr wird ihm, der mit Autismus lebt, Klavierunterricht in den Stilen Jazz und Klassik erteilt. Die beiden Lehrerinnen kommen zu ihm nach Hause. Auf Markus' Bestreben hin wurde in der Tageseinrichtung sein ausgedientes Klavier aufgestellt. In den Proben spielt er jedes Stück, auch wenn er es nur wenige Male gehört hat, in der entsprechenden Tonart nach. Er bringt auch Modulationen an und improvisiert. Noten benötigt er lediglich für den Ablauf der Strophen, die Zwischenspiele und Wiederholungen. Auf die Frage nach der Voraussetzung für seine Integration in die Band stellt er die Gruppensituation so dar: er mit der Bandleaderin und einer weiteren Studierenden (Cellistin) in der Mitte, seine Mutter ein wenig entfernt davon und die anderen Bandmitglieder da herum im Kreis. Er möchte sich gesehen und beteiligt fühlen.

Für die Band komponierte er die Regenbogensonate, ein Instrumentalstück für die Instrumente der Band, das auch auf eine CD eingespielt wurde.

Werners musikalische Lebensgeschichte

Werner war 62 Jahre alt, als ich ihm 2013 in der Band begegnete. Er starb 2020. Über einen Mitarbeiter der Caritas, der ihn nach seiner Schizophrenie-Diagnose betreute, hatte er von unserer Band gehört. Seitdem hat er in allen Semestern und in fast allen Konzerten mitgewirkt. Auch er war Mitglied der partizipativen Forschungsgruppe. Viele Jahre wurde er durch eine Heimhilfe unterstützt. Inzwischen lebte er in einer Pflegeeinrichtung und besuchte die Bandproben mittels eines Fahrtendienstes. Werner brachte sich, wie er berichtet, mit ungefähr zwanzig Jahren das Gitarre- und Keyboardspiel selbst bei. Auf die Frage nach der Voraussetzung für seine Integration in der Band stellt er die Gruppensituation so dar: die Bandleaderin in der Mitte in einem Kreis; alle anderen, er eingeschlossen, befinden sich in dem Kreis in gleichem Radius um die Leiterin. Als ihn bereichernd und bestätigend hebt er hervor, dass allen Bandmitgliedern, ob mit oder ohne Behinderung, von den Teilnehmer*innen an dem Projekt auf Augenhöhe und mit Wertschätzung begegnet wird.

Fazit

Es kann festgehalten werden, dass das Musizieren in der *All Stars Inclusive Band* für alle Beteiligten sowohl in Hinsicht auf die musikalische Entfaltung als auch auf die Persönlichkeitsentwicklung förderlich ist. Wie die Beobachtungen und Auswertungen zeigen, gelingt es, dass die Musiker*innen mit Behinderung mehr Eigenverantwortung übernehmen und ein positives Selbstwertgefühl aufbauen. Die Studierenden profitieren vom geschützten Praxisfeld, in welchem sie erste pädagogische Erfahrungen in fähigkeitsgemischtem Musizieren, dazu angeleitet und nachbesprochen, gewinnen können. Sie lernen, sich pädagogisch und von der sozialen Seite her auf Menschen mit unterschiedlichen Kompetenzen einzustellen. Sie erleben, dass das Musizieren in einer heterogenen Gruppe vom Lehrenden viel Spontanität verlangt, auch die Fähigkeit, im jeweiligen Moment wichtige Dinge schnell zu erfassen und im Stundenverlauf flexibel darauf zu reagieren. Es geht bei der Arbeit mit einer inklusiven Band nicht darum, so Robert Wagner,

> „ein Musikwerk von A bis Z so wie es ist abzuspielen, möglichst fehlerlos. Sondern darum, dass jeder Mitwirkende eine Komposition erhält, ein Lead Sheet, in dem Akkordsymbole oder eine Melodie notiert sind. Meist hat er im Rahmen des Unterrichts gelernt, mit dem Sheet umzugehen. Das heißt, für sich selber Möglichkeiten zu finden, die Mitgestaltung an der Umsetzung der Musik zu ermöglichen"[36].

Literatur

APA-OTS: „Diversitas 2016": Mitterlehner zeichnete Hochschulen und Forschungseinrichtungen aus. Presseaussendung, 7.12.2016. URL: <https://www.ots.at/presseaussendung/OTS_20161207_OTS0022/diversitas-2016-mitterlehner-zeichnete-hochschulen-und-forschungseinrichtungen-aus-bild> (20.06.2020).

APA-OTS: Österreichischer Inklusionspreis 2017. Preisverleihung und PreisträgerInnen. Presseaussendung, 17.11.2017. URL: <https://www.ots.at/presseaussendung/OTS_20171117_OTS0102/oesterreichischer-inklusionspreis-2017-preisverleihung-und-preistraegerinnen> (20.06.2020).

Bradler, Katharina (Hg.): Vielfalt im Musizierunterricht. Theoretische Zugänge und praktische Anregungen. Mainz: Schott 2016 (Üben & Musizieren. Texte zur Instrumentalpädagogik).

Cloerkes, Günther: Die Kontakthypothese in der Diskussion um eine Verbesserung der gesellschaftlichen Teilhabechancen Behinderter. In: Zeitschrift für Heilpädagogik 33 (1982), H. 8, S. 561-568.

Flick, Uwe: Qualitative Sozialforschung. Eine Einführung. Reinbek bei Hamburg: Rowohlt 2002.

Gerland, Juliane: Inklusive Regeln statt exklusiver Ausnahme?! Inklusive Entwicklung von Musikschulen und Professionalisierung der Lehrkräfte. In: Üben & Musizieren 1/2016, S. 12-15.

---

[36] Zitiert nach Hennenberg 2010a, 42.

Gerland, Juliane: Inklusionsberatung an Musikschulen. In: Verband deutscher Musikschulen (Hg.): Spektrum Inklusion: Wir sind dabei! Wege zur Entwicklung inklusiver Musikschulen. Bonn: VdM Verlag 2017, S. 105-107.

Hennenberg, Beate: Alle Menschen sind grundsätzlich musikalisch. Gespräch mit Claudia Schmidt und Robert Wagner beim Hannoverschen Integrativen Soundfestival über Menschen mit Behinderungen an Musikschulen. In: Üben & Musizieren 3/2010a, S. 42-44.

Hennenberg, Beate: „... ihnen eine Sprache geben". Musizieren mit Menschen mit Behinderung – ein Thema in der musikpädagogischen Ausbildung. In: Schweizer Musikzeitung, 2010b, S. 10.

Hennenberg, Beate: „Und am meisten hab ich wohl gelernt von zwei, drei Behinderten". Aufzeichnungssequenzen eines Gesprächs zwischen Gerda Bächli und Beate Hennenberg, maschinenschriftlich, 2010c, Archiv Beate Hennenberg.

Hennenberg, Beate: Die inklusiv musizierende Band der Universität für Musik und darstellende Kunst Wien All Stars inclusive: Wie Musiker_innen mit und ohne Lernschwierigkeiten Inklusion definieren. In: Textor, Annette/Grüter, Sandra/Schiermeyer-Reichl, Ines/Streese, Bettina (Hg.): Leistung inklusive? Inklusion in der Leistungsgesellschaft. 2. Unterricht, Leistungsbewertung und Schulentwicklung. Bad Heilbrunn: Verlag Julius Klinkhardt 2017a, S. 96-102.

Hennenberg, Beate: Handlungsfelder in der inklusiven Musikpädagogik. Anregungen zu Beteiligungsprozessen am Beispiel von freiwillig Musizierenden in einer inklusiven Band. In: Schörkhuber, Bernhard (Hg.): Vom Kern der Sache. Tagungsband Inklusion. München: LIT Verlag 2017b, S. 169-174.

Hughes, Bill/Paterson, Kevin: The Social Model of Disability and the Disappearing Body. Towards a Sociology of Impairment. In: Disability & Society, 12 (1997), H. 3, S. 325-40.

Hüttmann, Rebekka: Wege der Vermittlung von Musik. Ein Konzept auf der Grundlage allgemeiner Gestaltungsprinzipien. Augsburg: Wißner ²2014 (Forum Musikpädagogik, Bd. 87: Berliner Schriften).

Johnson, Kelley/Walmsley, Jan: Inclusive Research with People with Learning Disabilities: Past, Present and Futures. London: Jessica Kingsley Publishers 2003.

Kastl, Jörg Michael: Einführung in die Soziologie der Behinderung. Wiesbaden: Springer ²2017.

Kranefeld, Ulrike/Heberle, Kerstin/Lütje-Klose, Birgit/Busch, Thomas: Herausforderung Inklusion? Ein mehrperspektivischer Blick auf die JeKi-Praxis an Schulen mit gemeinsamem Unterricht (GU). In: Clausen, Bernd (Hg.): Teilhabe und Gerechtigkeit. Participation and equity. Münster: Waxmann 2014. S. 95-113 (Musikpädagogische Forschung Bd. 35).

Krebber-Steinberger, Eva: Musikunterricht und Musiktherapie an Musikschulen – Zwei verschiedene Ansätze mit unterschiedlichen Zielsetzungen. In: Verband deutscher Musikschulen (Hg.): Spektrum Inklusion. Wir Sind Dabei! Wege Zur Entwicklung Inklusiver Musikschulen. Bonn: Verband deutscher Musikschulen 2017, S. 112-114.

Kuhl, Jan/Walther, Judith: Die Einstellung von Studenten unterschiedlicher Studiengänge zu Menschen mit geistiger Behinderung. In: Heilpädagogische Forschung 4/2008, S. 206-219.

Lacherstorfer, Marlene: Musik und Inklusion. Die Band All Stars Inclusive als Erfahrungsfeld für Musikstudierende der mdw. Magisterarbeit. Wien 2016.

Lamnek, Siegfried: Qualitative Sozialforschung. Band 1: Methodologie. 3. korrigierte Auflage. Weinheim: Beltz 1995.

Lamnek, Siegfried: Qualitative Sozialforschung. Band 2: Methoden und Techniken. ³Weinheim: Beltz 1995.

Lebenshilfe Österreich: Österreichischer Inklusionspreis: Die EhrenpreisträgerInnen 2016. URL: <https://lebenshilfe.at/oesterreichischer-inklusionspreis-die-ehren-preistraegerinnen-2016/> (20. 5. 2020).

Mayring, Philipp: Qualitative Inhaltsanalyse. Grundlagen und Techniken. Weinheim: Deutscher Studien Verlag ⁷2000.

Mayring, Philipp: Einführung in die qualitative Sozialforschung. Eine Anleitung zum qualitativen Denken. ⁵Weinheim: Beltz 2002.

Merkt, Irmgard: Musik hat ihren Wert für alle. Nachruf auf den Hochschullehrer Werner Probst. In: Neue Musikzeitung 56 (2007), H. 3. URL: <https://www.nmz.de/artikel/musik-hat-ihren-wert-fuer-alle> (20.06.2020).

Merkt, Irmgard: Dortmunder Modell: Musik. In: Verband deutscher Musikschulen (Hg.): Spektrum Inklusion: Wir sind dabei! Wege zur Entwicklung inklusiver Musikschulen. Bonn: Verband deutscher Musikschulen 2017, S. 257-258.

Probst, Werner: Musik mit Behinderten: Eine Aufgabe der Musikschule. In: Wagner, Robert (Hg.): Musik mit Behinderten an Musikschulen. Grundlagen und Arbeitshilfen. Berichte aus der Praxis. Informationen und Adressen. ²Nürnberg: Athmann 2002, S. 10-20.

Röbke, Peter/Hennenberg, Beate: Die Bedeutung der Gründung der Integrativen Band „All Stars" für Forschung und Lehre. Gemeinsames Konzept des Institutes für Musik- und Bewegungserziehung sowie für Musiktherapie und des Institutes für Musikpädagogik. Wien: mdw – Universität für Musik und darstellende Kunst Wien 2010. Arbeitspapier. URL: <http://typo3.p101647.webspaceconfig.de/fileadmin/pdf/pdf_Integrative_Musikschularbeit/Konzept_integrative_Band.pdf> (20.06.2020).

Schütze, Fritz: Biographieforschung und narratives Interview. In: Neue Praxis 13 (1983), H. 3, S. 283-293.

Tellisch, Christin: Maßstäbe für einen humanen Musikunterricht. In: Jank, Birgit/Bossen, Anne: Musikarbeit im Kontext von Inklusion und Integration. Potsdam: Universitätsverlag 2017, S. 157-180.

Verband deutscher Musikschulen (VdM): BLIMBAM. Der berufsbegleitende Lehrgang Instrumentalspiel für Menschen mit Behinderung an Musikschulen. O.J. URL: <https://www.musikschulen.de/projekte/inklusion/menschen-mit-behinderung/blimbam/index.html> (20.06.2020).

Verband deutscher Musikschulen (VdM): Musik mit Menschen mit Behinderung. Empfehlungen des VdM für die Arbeit mit Menschen mit Behinderung an Musikschulen.

O. J. URL: <https://www.musikschulen.de/projekte/inklusion/menschen-mit-behinderung/empfehlungen/index.html> (20.06.2020).

Wagner, Robert: Eine Musikschule für alle? Inklusion als Herausforderung für musikalische Bildungsinstitutionen. In: Neue Musikzeitung 62 (2013). URL: <https://www.nmz.de/artikel/eine-musikschule-fuer-alle> (16. 4. 2021).

Wagner, Robert: Max Einfach. Musik gemeinsam von Anfang an. Spielheft 1, 82 Lieder, Songs und Stücke. Fürth: Eigenverlag o.J. Regensburg: ConBrio 2016.

Beate Hennenberg ist Assistenzprofessorin am Institut für Musikpädagogische Forschung, Musikdidaktik und Elementares Musizieren (IMP), an welchem sie den Bereich Inklusive Musikpädagogik aufbaute: Begleitung der *All Stars Inclusive Band* in Forschung und Lehre seit deren ersten Anfängen und des Ensembles *ClassicALL* seit 2019. Gemeinsam mit Helga Neira Zugasty und Michael Weber zeichnet sie für die seit 2006 jährlich veranstalteten Fachtagungen für Inklusives Musizieren und die dreijährlich stattfindenden Inklusiven Soundfestivals verantwortlich.

2013 erschien die Studie *Das Konservatorium der Gesellschaft der Musikfreunde in Wien: Beiträge zur musikalischen Bildung in der 1. Hälfte des 19. Jahrhunderts*. Auch verfasste sie die erste Biografie über den am Leipziger Konservatorium lehrenden Klavierpädagogen, Komponisten und Musiktheoretiker Salomon Jadassohn. Sie war und ist in zwei inklusiven musikpädagogischen Erasmus+ Projekten engagiert: Inclusive Pedagogy in Arts – Europe (2017-2019) und All In – International inclusive Society in Arts (2020-2023).

Ihre Arbeitsschwerpunkte sind inklusive musikalische Bildung, inklusive Musikdidaktik und Diversität in Bildungsprozessen.

Marlene Ecker, Bernhard Lengauer

Das soziale Miteinander in der *All Stars Inclusive Band*

Einführung

„Singen, tanzen, musizieren und sich im Moment verlieren.
Mit guten Freunden kann man herzlich lachen."[1]

Die Botschaft dieser Textpassage aus einem kürzlich geschriebenen Song der *All Stars Inclusive Band*, die euphorische Art, wie die Bandmitglieder diese vortragen und die Herangehensweise des gemeinschaftlichen Komponierens sagen vieles über die Bedeutung des sozialen Miteinanders in der Band aus. Indem wir die einzelnen Kapitel dieses Beitrags mit Zitaten aus Songtexten einleiten, kommen faktisch die Mitglieder der Band zu Wort.

Zentrale musikalische Aspekte der *All Stars Inclusive Band*, die dieser Musikgruppe eine eigene künstlerische Identität geben, sind das Komponieren eigener Songs, das Interpretieren bzw. Covern bekannter Songs und die Improvisation. Dabei arbeitet die Band kontinuierlich an ihrer bestmöglichen musikalischen Entwicklung. In vielem unterscheidet sich die Gruppe kaum von anderen: Die *All Stars Inclusive Band* probt, um sich musikalisch zu entfalten und künstlerisch weiterzuentwickeln. Die Bandarbeit ist keine Musiktherapie oder ein Pädagogisches Laboratorium, die Band spielt Konzerte, komponiert Songs und möchte mit ihrer Musik ernst- und als *Band* wahrgenommen werden. Die künstlerische Entfaltung kann in dieser inklusiven Musikgruppe nur gelingen, wenn die Besonderheiten aller Musiker*innen wahrgenommen und akzeptiert werden.

Wir wollen in diesem Beitrag die soziale Komponente in der Probenarbeit mit der *All Stars Inclusive Band* in den Mittelpunkt stellen. Die Band ist ein Zusammenkommen vieler verschiedener Menschen, manche haben Behinderungen, andere nicht. Obwohl alle gleichberechtigte Bandmitglieder sind, legen wir hier einen Schwerpunkt auf die Schilderung der Situation von Menschen mit Behinderung.

---

[1] Alle im Verlauf dieses Beitrags angeführten Textzeilen entstammen Songs der *All Stars Inclusive Band*; deren jeweiliger Titel wird in der Fußnote angeführt. Hier: *Kumpelsong*.

Marlene Ecker, Bernhard Lengauer

I   Inklusionsverständnis im Sinne eines Offenseins für alle

„Lasst uns nicht nur rüber schauen, sondern Brücken bauen."[2]

Begegnung auf Augenhöhe

Marlene Lacherstorfer, die erste künstlerisch-pädagogische Leiterin der *All Stars Inclusive Band*, beschreibt diese als einen „Erfahrungsraum, in dem Laien gemeinsam mit professionellen MusikerInnen musizieren können"[3]. Die Band steht allen offen, die sich auf das gemeinsame Musikmachen einlassen möchten. Konkret bedeutet das, dass von Menschen mit schwerer Behinderung über Angehörige, Musikstudierende, Betreuer*innen bis hin zu professionellen Musiker*innen, Menschen unterschiedlichster Herkunft und verschiedenster Vorerfahrungen gleichberechtigte Mitglieder einer Gemeinschaft sind. Von Anfänger*innen, Musiker*innen der Wiener Philharmoniker über Bebop-Saxophonist*innen bis hin zu Rockgitarrist*innen ist jede*r herzlich willkommen. Wir stehen gemeinsam in einem Kreis, jede*r wird mit seinen musikalischen Möglichkeiten akzeptiert und ist gleichberechtigter Teil der Gruppe. Wenn sich jede*r mit ihren Fähigkeiten einbringt, die eigenen Begabungen ausschöpft und Lust an der Musik hat, wird eine musikalische Begegnung auf Augenhöhe möglich.

Viele Studierende machen in der Band ihre ersten Erfahrungen in der musikpädagogischen Arbeit in einem inklusiven Setting. Manche haben überhaupt zum ersten Mal Kontakt zu Menschen mit Behinderung und sind anfangs unsicher, wie sie sich ihnen gegenüber verhalten sollen. Wie Helga Neira Zugasty, die Initiatorin der Band, schreibt, wachsen Menschen in Österreich in einer Gesellschaft auf, in der bis heute in verschiedensten Lebenslagen, besonders in der so prägenden Schulzeit, großteils ein separierendes Umfeld herrscht[4]. Inklusion bedeutet somit für uns, dass alle etwas voneinander lernen können. Das angesprochene Brückenbauen ist ein aktiver Prozess. Zusehen reicht nicht, erst durch Aktivwerden und miteinander In-Kontakt-Treten kann Austausch stattfinden und können Vorurteile abgebaut werden. Lernen findet in der Band auf mehreren Ebenen statt und beinhaltet soziale, pädagogische und musikalische Fähigkeiten.[5] Vor allem im sozialen Umgang findet ein stetiger Lernprozess aller Beteiligten statt. Aus den Reflexionen mit Studierenden erfahren wir, dass sich besonders bei einer längeren Mitwirkung in der Band die Wahrnehmung von und der Umgang mit Menschen mit Behinderung verändert. Die Beziehungse-

---

2   *Friedenssong.*
3   Lacherstorfer, Marlene: Musik und Inklusion. Die Band All Stars Inclusive als Erfahrungsfeld für Musikstudierende. Magisterarbeit. mdw – Universität für Musik und darstellende Kunst Wien 2016, S. 119.
4   Vgl. den Beitrag von Neira Zugasty in diesem Buch.
5   Vgl. Lacherstorfer a. a. O., 121.

bene rückt für viele mit der Zeit immer stärker in den Vordergrund. Es findet ein Prozess statt, in dem die Beobachterrolle immer mehr gegen die des aktiv gestaltenden Bandmitglieds ausgetauscht wird.

Vernetzung und Austausch

Wir wollen uns aber auch mit anderen inklusiven Projekten vernetzen und mit unserer Musik eine breite Öffentlichkeit erreichen. Projekte wie ein jährliches inklusives Fest an der mdw – das erste fand im Wintersemester 2019 statt – bei dem inklusive Bands und Projekte aus verschiedensten Bereichen der Kunst auftreten, und die Einführung einer Austauschgruppe zu inklusivem Musizieren an der mdw sollen zu einer besseren Vernetzung inklusiver Projekte beitragen. Der Austausch mit anderen inklusiven Kunstprojekten, ob Malerei, Theatergruppen, Musikgruppen oder Tanzvereine, kann für alle Beteiligten eine große Bereicherung auf sozialer und künstlerischer Ebene sein. Ziel ist es, mit der Durchführung gemeinsamer Projekte wie dem Spielen von Konzerten, der Aufnahme von Videos und der Initiierung neuer inklusiver Projekte viele Menschen zu erreichen und so das Inklusionsbewusstsein in der Gesellschaft zu stärken.

II Bandmitglieder und ihre Lebenswelt

„Denn Musik kann jeder machen."[6]

Diese Zeile stammt aus unserem Song *Fliegende Jeans* und drückt aus, dass jede*r unabhängig von musikalischen Vorerfahrungen und mit unterschiedlichsten Voraussetzungen in der Band willkommen ist.

Heterogenität

Die *All Stars Inclusive Band* wird gemeinhin als heterogene Gruppe bezeichnet. Die Altersunterschiede innerhalb der Band variieren sehr stark, wobei sich das Alter zwischen 17 und 70 Jahren bewegt. Eine kleine Gruppe der jüngsten Teilnehmer*innen ist häufig sehr überschwänglich, was der Band viel Energie gibt. Andere, vor allem ältere Menschen, wirken eher als Ruhepol. Auch was die körperliche Verfassung betrifft, gibt es eine große Bandbreite. Die eben als überschwänglich beschriebenen Jungen sind recht sportlich veranlagt, sie tanzen gerne, legen Breakdance-Einlagen ein und posieren gerne am Ende eines Songs.

---

6   *Fliegende Jeans.*

Andere Mitglieder sind schwer gehbehindert, haben eine Sehbehinderung oder sind blind. Ebenso sind die kulturellen Hintergründe der Mitglieder vielfältig, und oft bringen diese eigene Musiktraditionen, Instrumente und Spielweisen in die Band ein. Gerade auch die Musikstudierenden sind mannigfaltig musikalisch sozialisiert, wovon die Band jedes Semester neu profitiert.

Lebenswelten der All Stars

Einige der *All Stars Inclusive Band*-Mitglieder, die eine Behinderung haben, sind sehr selbstständig, kommen ohne Begleitung zur Probe und gehen zur Arbeit. Manche arbeiten in Werkstätten von *Jugend am Werk, Balance* oder *Rainman's Home*, ein paar wenige haben einen Arbeitsplatz außerhalb von speziell für Menschen mit Behinderung eingerichteten Organisationen. Andere haben aufgrund von Mehrfachbehinderungen einen hohen Betreuungsbedarf. Neben manchen Eltern sind daher auch die Betreuer*innen eine unverzichtbare Stütze bei der Probenarbeit. Frau Julia W. spielt bei den Proben meist auf einer Rassel. Sie ist blind und drückt sich verbal durch Laute aus. Ihr Betreuer geht durch genaue Beobachtung und mit viel Einfühlungsvermögen auf sie ein und unterstützt sie, wenn sie sich zur Musik bewegt. Auch andere Bandmitglieder haben mit ihren Betreuer*innen eine eigene Art der Kommunikation und gegenseitiges Verständnis füreinander entwickelt. Dem Aufbau eines Vertrauensverhältnisses kommt aufgrund der Tatsache, dass Menschen mit starker Behinderung auf Unterstützung zwingend angewiesen sind, eine besondere Bedeutung zu. Einige Eltern sind in den letzten Jahren ebenfalls zu wichtigen Bandmitgliedern geworden. Sie begleiten ihre Kinder nicht nur zu Proben und Konzerten, sondern sind selbst aktive Musiker*innen in der Band und nehmen als solche auch am Kleingruppenunterricht teil. Ihre jahrelange Erfahrung im Umgang mit Menschen mit Behinderung stellt außerdem eine wertvolle Ressource für alle dar, die erstmals ein inklusives Setting erleben und möglicherweise verunsichert sind. Schließlich kommen jedes Jahr neue Studierende zur Band, die zwischen einem Semester und in seltenen Fällen mehrere Jahren bleiben. Oft gab es bei ihnen bereits erste Berührungspunkte mit dem Thema Behinderung, inklusive Musikpädagogik ist jedoch für die meisten eine neue Erfahrung.

Berührungsängste

Nicht unerwähnt soll aber auch bleiben, dass das inklusive Setting der Band auch schon Menschen abgeschreckt hat. Ein Student unterstützte uns bei der Instrumentenwartung und erzählte danach, dass er froh über die Möglichkeit gewesen wäre, auf diese Weise etwas für die Band zu machen. Er selbst wollte nicht mitmachen, weil er befürchtete, sich bei der Begegnung mit behinderten Menschen ständig seine Privilegien als Nichtbehinderter vor Augen zu führen und Mitleid zu verspüren. Mehr oder weniger diffuse Berührungsängste halten möglicherweise auch andere davon ab, die Band kennenzulernen. Diese Erfahrung zeigt, dass die Schaffung inklusiver Angebote wichtig ist, um einen natürlichen und angstfreien Umgang mit Menschen mit Behinderung zu fördern. Inklusive Musikgruppen für Kinder können einen besonderen Beitrag zur Inklusion leisten, da die Erfahrungen der Kinder und Jugendlichen prägend für ihre Einstellung und den zukünftigen Umgang mit Menschen mit Behinderung sein können. Dieser Gedanke war zentral bei der Gründung der *Polgar Inclusive Band*[7], und auch am Institut für musikpädagogische Forschung, Musikdidaktik und Elementares Musizieren (IMP) wurde mit der *Young All Stars Band*[8] eine inklusive Band für Kinder ins Leben gerufen. Als eine Schülerin des Polgargymnasiums die Band im Zuge ihrer Recherche für die vorwissenschaftliche Arbeit[9] besuchte, stellte sie sich die Frage, wie sie mit Menschen mit Behinderung umgehen solle. Schließlich beantwortete sie die Frage folgendermaßen: „So, wie mit jedem anderen auch".

III Ressourcenorientierter Ansatz

„Hallo liebe Leute passt gut auf – weil wir sind heut' super drauf!"[10]

Schon beim Probenstart soll eine positive und lockere Stimmung aufkommen, was die Worte des neuen Begrüßungsraps zeigen.

Geduld und Anerkennung

In der *All Stars Inclusive Band* versuchen wir mit einem ressourcenorientierten Ansatz zu proben. Wir möchten alle Mitglieder in ihren Stärken fördern, ihre Möglichkeiten in den Vordergrund stellen und etwaige Barrieren aus dem Weg räumen. Das bedeutet, dass allen das Gefühl gegeben werden soll, dass sie sich einbringen und ihre Ziele erreichen können. Jeder Mensch hat sein eigenes Tempo etwas zu lernen. Geduldig zu sein ist eine der wichtigsten Eigenschaften von Pädagog*innen und beim Musizieren mit Menschen mit Behinderung essenziell. Frau Michaela S., eine Trompeterin, spielt mit ihrem Vater in der Band und wird von diesem auch unterrichtet. Über die letzten zehn Jahre hat sie sich kontinu-

---

7   Die *Polgar Inclusive Band* wurde 2017/18 am Polgargymnasium von Bernhard Lengauer gegründet. Sie ist eine inklusive Musikgruppe, in der Kinder mit und ohne Behinderung gemeinsam musizieren.
8   Die *Young All Stars Band* wurde 2017 von Veronika Kinsky am IMP gegründet.
9   Die Vorwissenschaftliche Arbeit (VWA) ist eine Prüfungsaufgabe im Rahmen der Reifeprüfung an österreichischen Allgemeinbildenden Höheren Schulen.
10 All Stars Inclusive Band/Teresa Müllner, Song *Begrüßungsrap*.

ierlich auf ihrem Instrument weiterentwickelt, meistert nun schwierige Passagen und spielt immer selbständiger.

Große Herausforderungen zu bewältigen, auf einer Bühne zu stehen und von Bandmitgliedern und dem Publikum Aufmerksamkeit und Komplimente zu bekommen gibt den Musiker*innen Selbstvertrauen und wird, wie sowohl Angehörige als auch Bandmitglieder berichteten, als angenehm und wichtig empfunden. Auch der von Herrn Werner H. geschriebene Text „Unsre All Stars Band" beschreibt den Wunsch nach Anerkennung mit den Worten: „Wir hoff' n, dass uns boid a jeder kennt" und „Auf der Bühne fühl' ma uns daham"[11].

Jede*r kann sich einbringen

Ressourcenorientiert zu arbeiten bedeutet auch, dass sich vom Trompeten- und Klavierspiel über Bodypercussion, Schauspiel, Rhythmus, Songwriting bis hin zum Showtalent auf der Bühne jede*r so einbringen kann, wie er*sie dies gerne möchte. Durch ein vielfältiges Angebot wollen wir allen die Möglichkeit der Partizipation geben. Der Anspruch, allen Menschen ein Angebot zu machen, in dem sie sich ohne Überforderung bestmöglich einbringen können, individuelle künstlerische Entfaltung zu ermöglichen und am Ende ein musikalisch hochwertiges und alle zufriedenstellendes Ergebnis zu haben, wird immer eine große Herausforderung bleiben. Ein wichtiger Schritt auf dem Weg, Menschen bedürfnisorientiert zu fördern und besser auf jede*n Einzelne*n eingehen zu können, war die Einführung des Kleingruppenunterrichts.

Exklusivität und Inklusion

Das Alleinstellungsmerkmal der *All Stars Inclusive Band*, nämlich inklusiv und offen für alle zu sein, stellt natürlich einen Gegensatz zum exklusiven Charakter einer Musikuniversität, der sich etwa in extrem selektiven Zulassungsprüfungen zeigt, dar. Im inklusiven Setting, in dem wir besonders auf Stimmungen der Bandmitglieder eingehen wollen, ist das Musizieren oft situativ. Dabei streben wir nach dem Besten und Schönsten, das wir in dem gegebenen Moment gemeinsam erschaffen können. Die Band kann für Studierende somit einen Kontrast zum Leistungsdruck in Studium und Musiker*innenleben darstellen, einen Ort des Ausgleichs und des Erlebens befreiten Musikmachens. Die humorvolle Atmosphäre innerhalb der Band kann zusätzlich zur Auflockerung des oft von Terminen und Prüfungsstress geprägten Alltags beitragen.

---

11 *Unsre All Stars Band.*

IV Wirkung des sozialen Miteinanders auf kreative Prozesse

„Dir vertrau' ich blind, weil wir gute Freunde sind ..."[12]

Diese Zeile aus unserem *Kumpelsong* drückt aus, dass Vertrauen innerhalb der Band die Basis für das gemeinsame kreative Arbeiten ist.

Vertrauen

Wenn Menschen in einer Gruppe musizieren, spielt das soziale Miteinander eine wichtige Rolle. Viele Arbeitsweisen sind nur möglich, weil die Probenarbeit von Vertrauen, Respekt und gegenseitiger Anerkennung geprägt ist. Wenn neue Studierende oder andere neue Mitglieder in eine Probe kommen, ist zu beobachten, wie offen ihnen langjährige Mitglieder der Band entgegentreten. Auch wir studierten noch, als wir die Band kennenlernten, und fühlten uns dort sofort angenommen und willkommen. Bandmitglieder begrüßten uns auf so herzliche Weise, als würden sie uns schon lange Zeit kennen, und beseitigten damit jegliche anfängliche Unsicherheit. Die Studierenden entwickeln sich im Verlauf der Probenzeit zu wichtigen Bezugspersonen innerhalb der Band. Mit jedem Semester gibt es hier Wechsel und eine Veränderung der Gruppenkonstellation, was auch herausfordernd ist. Trotz des ständigen Wechsels gehen langjährige Bandmitglieder immer wieder offen auf neue Personen zu. Es gehört zu unserer Bandkultur, jeden Menschen freudig aufzunehmen, aktiv auf andere zuzugehen und gleichzeitig allen genug Zeit zu geben, sich auf neue Begegnungen einzulassen.

Regeln und Rituale

„Liebe Freunde es ist Zeit zu geh'n, doch wir wissen, dass wir uns wieder seh'n.
Bis dahin werd ich euch vermissen, denn ich hab euch lieb, das sollt ihr alle wissen."[13]

Nach Erklingen dieser Worte enden die Proben der *All Stars Inklusive Band*. Gewisse Regeln und Rituale, wie das Singen eines Einstiegs- und Abschlussliedes, schaffen einen immer gleichen Rahmen und damit Sicherheit für die Musiker*innen der Band.[14]

Bei diesen Ritualen kommen alle Mitglieder in einen Kreis. Sowohl für die Texte als auch für die den Text unterstützenden Bewegungen werden verbindende Elemente gewählt. Ein Großteil der Einstiegs- und Abschlusslieder wur-

---

12 *Kumpelsong*.
13 All Stars Inclusive Band / Bernhard Lengauer, Song *Liebe Freunde es ist Zeit zu geh'n*.
14 Vgl. Lacherstorfer a. a. O., 138, 149f.

de für die Band geschrieben oder adaptiert und spricht Themen wie das gemeinsame Singen, Freundschaft, Zusammenhalt und die Freude am Musizieren an. Durch Handgeben, Zuwinken und symbolische Bewegungen wird die Botschaft verstärkt. Unser am häufigsten gesungenes Abschlusslied enthält die Zeilen: „Bis dahin werd ich euch vermissen, denn ich hab euch lieb, dass sollt ihr alle wissen". Am Ende des Lieds halten wir alle die Hände vor den Körper, gehen im Kreis enger zusammen und schwingen sie zusammen nach oben. Dieses abschließende Element stellt die Gemeinschaft noch einmal ins Zentrum und gibt zusätzlich einen Vorgeschmack auf unser nächstes Zusammentreffen und das Begrüßungsritual in der nächsten Probe. Die Musiker*innen verlassen sich auf diese immer gleichen Elemente.

Damit die *All Stars Inclusive Band* offen für alle bleibt, fordert sie von ihren Mitgliedern einen respektvollen Umgang und die Einhaltung gewisser Regeln. Manchmal kommen in einer Probe über 30 Personen zusammen. Sich gegenseitig zuzuhören ist gerade bei einer großen Personenzahl essenziell für die Probenarbeit und eine Form des gegenseitigen Respekts. Das Thema „Grenzen", vor allem jenes der körperlichen Grenzen, spielt ebenfalls eine wichtige Rolle. Auf der einen Seite sind das Wahrnehmen und Artikulieren der eigenen Grenzen für manche eine Herausforderung. Andererseits braucht es ein gutes Gespür, verbunden mit einer gewissen Beobachtungsgabe und Bereitschaft, um die Grenzen anderer wahrzunehmen. So passiert es leider auch, dass in der oder rund um die Probe Grenzen überschritten werden. Als Bandleitung ist es uns wichtig, diese Grenzüberschreitungen mit allen Betroffenen anzusprechen und klarzumachen, warum bestimmte Verhaltensweisen nicht erwünscht sind. In den meisten Fällen reicht das, es kam jedoch auch schon zu einem (temporären) Ausschluss aus der Band.

Songwriting

„Mit guten Freunden kann man herzlich lachen."[15]

Diese Refrainzeile war der allererste Textvorschlag für unseren *Kumpelsong*. In dem Lied singen die Bandmitglieder aus der Wir-Perspektive über die Band und sprechen dabei die Bedeutung von Freundschaft und gemeinsamem Spaßhaben an. Die Idee kam Herrn Werner H. spontan in der Phase, in welcher alle Bandmitglieder gemeinsam Gedanken austauschten. Danach gingen die Mitglieder in Kleingruppen zusammen. In der Phase der Kleingruppenarbeit ist es entscheidend, dass Studierende und Angehörige Menschen mit Behinderung empathisch in den Songwriting-Prozess einbeziehen. Es ist notwendig, den Inhalt des Songs in leichter Sprache zu besprechen, damit sich jede*r einbringen

---

15 *Kumpelsong*.

kann. Wir beobachten immer wieder, wie es Studierenden gelingt, durch gezielte Fragen Menschen mit Behinderung gut einzubinden, indem sie konkret auf deren Interessen, Erfahrungen und Wünsche eingehen. Die soziale Komponente ist einerseits eine grundlegende Voraussetzung für das Anstoßen kreativer Prozesse und wird andererseits auch als Inhalt in Songtexten immer wieder von Bandmitgliedern thematisiert.

Häufig entstehen in den Kleingruppen so viele unterschiedliche Ideen, dass die Songs teilweise etwas komplex werden. Wir möchten einerseits die vielen Ideen ernst nehmen und aufnehmen. Andererseits werden die Songs dann mitunter harmonisch und textlich sehr anspruchsvoll und so umfangreich, dass sie manche an ihre Grenzen bringen. Die Herausforderung liegt darin, in einem Song verschiedene Elemente zu finden, die allen ein Mitmachen ermöglichen und dem Musikmachen eine gewisse Leichtigkeit geben. Diese Elemente sind individuell wählbar und beinhalten unter anderem leichte Backgroundchor-Gesänge, anspruchsvollere Rap-Teile für Textaffine und Bodypercussion-Begleitungen. Auf dem Weg, jeden Menschen auf individuell angepasste Weise in möglichst guter Form einzubinden und zu fördern, benötigt es das Engagement einer Vielzahl an Personen. Die Entwicklung der Beziehung der Studierenden zu Menschen mit Behinderung ist mitentscheidend dafür, wie gut es gelingt, diese in der Band zu fördern.

Manche Phasen des Songwriting-Prozesses, besonders jene, in denen wir die in Kleingruppen entstandenen Ideen zusammenfügen und uns in der großen Gruppe über den Ablauf austauschen, sind von leicht chaotischen Zuständen geprägt. Dieses Chaos zuzulassen ist Teil der Überlegung, dass Menschen in einem Umfeld mit großen Freiräumen Ausdrucksbarrieren abbauen und sich so kreativer entfalten können. Es herrscht in der Band ein großes Vertrauen darin, dass gerade in Momenten des Sich-Zurücknehmens der leitenden Personen die Mitglieder allein oder in Kleingruppen Beiträge zu einem Musikstück entwickeln können. In Phasen des relativ ungeregelten und informellen Gedankenaustausches entsteht ein Umfeld, in welchem Ideen ‚aus dem Bauch heraus' gesagt und Gefühle artikuliert werden können.

Emotions- und Trauerbewältigung

„Ich wünschte, du wärst bei mir, ohne dich ist es so einsam hier."[16]

Diese Worte richtet Herr Dominik M. an seinen sieben Jahre zuvor verstorbenen Vater. „Immer wenn ich in den Himmel schau, weiß ich, du passt auf mich auf"[17] schrieb Frau Sabine G. in Gedanken an ihre verstorbene Oma. *Bis in die Ewigkeit* und *Immer wenn ich in den Himmel schau* sind zwei der ersten Stücke, deren

---
16 *Bis in die Ewigkeit.*
17 *Immer wenn ich in den Himmel schau.*

Text von Mitgliedern der *All Stars Inclusive Band* geschrieben wurde. Frau Lisa K. schrieb einen Song für ihren verstorbenen Freund. Bei einem gemeinsamen Picknick spielten wir den Song in einer Kleingruppe. Da sie der Song so traurig machte, entschied sie sich dafür, ihn nicht mit der gesamten Band singen zu wollen.

Musik und Kunst im Allgemeinen können eine wichtige Stütze in der Emotionsregulation und Trauerbewältigung sein. Viele Musikstücke oder Gedichte entstehen aus dem Drang heraus, die Emotion der Trauer auszudrücken. Trauer über den Verlust von Angehörigen und Freund*innen oder über eine gescheiterte Beziehung waren immer wieder Themen, welche die *All Stars Inclusive Band* in Songexten und darüber hinaus beschäftigten. Auch Liebe bzw. Verliebtsein ist immer wieder präsent. In unserer Gesellschaft werden solche Gefühle vor allem in der Arbeitswelt, aber auch in der Freizeit häufig verdrängt oder verschwiegen. Manche Bandmitglieder haben einen sehr direkten Weg, ihre Emotionen auszudrücken. Wenn sie in der Probe diese Gefühle zeigen, können andere daran Anteil nehmen und so verstehen, was die Person gerade fühlt.

Der Tod und das Mitansehen eines teilweise langsamen, teilweise schnellen kontinuierlichen Abbaus geistiger und körperlicher Fähigkeiten sind Teil der Arbeit mit älteren Menschen und damit auch unserer Arbeit. Drei Mitglieder der *All Stars Inclusive Band* sind mittlerweile verstorben. Zwei von ihnen konnten in den letzten Jahren ihres Lebens die Band nicht mehr besuchen. Der jüngst verstorbene Herr Werner H. kam bis kurz vor seinem Tod. Wenige Wochen bevor er starb, trug er uns bei einem Besuch im Altersheim noch ein neues Gedicht über seine gegenwärtige Lebenssituation vor.

Bei seinem Begräbnis sangen Bandmitglieder zuerst das Stück *Unsre All Stars Band*, dessen Text er geschrieben hatte. Im Anschluss trug Magdalena Auer, die ihn im Zuge des Kleingruppenunterrichts auf der Gitarre unterrichtet hatte, ein von den beiden gemeinsam geschriebenes Lied vor. Es handelte von seiner Liebe zum Gitarrenspiel und von Erinnerungen, welche er mit seiner Jugendband und der *All Stars Inclusive Band* hatte. Der Refrain des Stücks lautet: „Am liabsten spüh' i E-Gitar, weil des für mi am schensten war, drum spü' i jeden Montag in der inklusiven Band, und diese Freude findet hoffentlich ka End."[18]

---

18 Haidl/Auer, Song *Werner und die All Stars Band.*

Das soziale Miteinander in der *All Stars Inclusive Band*

Abbildung 1: Preisverleihung „Ja zu Inklusion" des Österreichischen Inklusionspreises der Lebenshilfe (Lebenshilfe 2017)

V Präsenz nach Außen – Teilen unseres Miteinanders

„Wir hoff'n, dass uns boid a jeder kennt."[19]

Öffentliche Auftritte

Diese Worte aus dem Lied *Unsre All Stars Band* drücken aus, dass wir unser Miteinander auch teilen wollen, d. h., dass wir hinausgehen, andere Menschen erreichen und damit den Inklusionsgedanken weitertragen wollen. Ein Abbau von Barrieren in den Köpfen von Menschen und von diffusen Ängsten vor dem Anderssein ist Voraussetzung für eine produktive Probenarbeit. Wir sehen es daher als Auftrag für eine inklusive Musikgruppe, durch Konzerte, Aufnahmen, Videos und andere Formen öffentlicher Auftritte eine bewusstseinsbildende Funktion in der Gesellschaft zu übernehmen.

Konzerte der *All Stars Inclusive Band* hinterlassen beim Publikum meist einen bleibenden Eindruck. Die Grenzen zwischen Band und Publikum verschwinden, wenn die Zusehenden zum Mitsingen und Mittanzen aufgerufen werden

---

19 *Unsre All Stars Band.*

oder Bandmitglieder von der Bühne in den Saal gehen und mit Konzertbesucher*innen tanzen. Durch die partizipative Konzertgestaltung können sich die Besucher*innen von der Energie und Freude der Band mitreißen lassen und Berührungsängste abbauen. Dass die Stimmung bei inklusiven Konzerten oder Musikfestivals eine besondere ist, wird zum Beispiel bei Auftritten im Zuge der inklusiven Soundfestivals[20] spürbar. Unser Ziel ist, dass sich die Menschen im Publikum auf die Musik einlassen, sich überraschen lassen und die inklusive Atmosphäre genießen.

Treffen im öffentlichen Raum

„Im Sommer miteinander schwimmen und im Herbst wieder gemeinsam singen."[21]

Diese Zeile aus unserem Song *Endlich wieder* rückt wieder das Thema des sozialen Miteinanderseins den Vordergrund, diesmal aber auch außerhalb der Montagsprobe.

Um die probenfreien Sommermonate zu überbrücken, gibt es auch informelle Treffen zwischen Bandmitgliedern. Die letzten Jahre trafen wir uns zum Picknicken und Singen im Wiener Burggarten. Dabei sprachen wir auch über Songwünsche der Bandmitglieder, texteten deutsche Strophen zu bekannten internationalen Hits und sangen Lieder aus unserem Repertoire. Durch dieses Musizieren im öffentlichen Raum zogen wir manchmal die Aufmerksamkeit der anderen Parkbesucher*innen auf uns, was dem Ganzen mitunter einen auftrittsartigen Charakter gab. Es kam auch zu einigen interessanten Interaktionen zwischen den Bandmitgliedern und anderen sich im Park aufhaltenden Personen. Einmal schlossen sich uns ein paar Jugendliche an und machten beim Kreistanz zu unserem Song *Fliegende Jeans* mit. Ein anderes Mal setzte sich eine stark von Drogen berauschte junge Frau zu uns, der es ein großes Bedürfnis war, uns ihr Lieblingslied auf der Gitarre vorzuspielen.

Für das Musikvideo zu unserem Song *Hey, moch ma doch a freindlich's Gsicht* filmten wir gemeinsam an öffentlichen Orten in Wien. In dem Song singt die Band über die Gleichgültigkeit und fehlende Akzeptanz von Menschen mit Behinderung.

---

20 Vgl. den Beitrag von Beate Hennenberg über die Inklusiven Soundfestivals in diesem Buch.
21 *Endlich wieder.*

Das soziale Miteinander in der *All Stars Inclusive Band*

Abbildung 2: Die Band beim Filmen ihres Musikvideos zu *Hey, moch ma doch a freindlich's Gsicht* im Museumsquartier (Buchner 2019)

Wir suchen bewusst den öffentlichen Raum auf, weil wir sichtbar und hörbar sein wollen. Menschen mit Behinderung erfahren oft auch Ablehnung aufgrund ihres Andersseins. Wir wollen als Gruppe selbstbewusst im Park sitzen, so sein wie wir sind und unsere Lieder spielen. So teilen wir das Miteinander der *All Stars Inclusive Band* auch mit anderen.

VI Zusammenhalt und Herausforderungen

> „Wenn ich mit der U-Bahn fahr' (…) und niemand steht auf, wenn ich einen Sitzplatz brauch'."[22]

Herausforderungen[23]

Einige unserer Musiker*innen haben mit herausfordernden Lebensumständen zu kämpfen. Neben den kognitiven wie körperlichen Beeinträchtigungen gibt es auch Mitglieder, denen gesundheitliche und finanzielle Probleme zu schaffen, machen. Das Thema „Armut" beschäftigt einzelne Bandmitglieder, und da damit auch oft die möglicherweise eingeschränkte Teilnahme verbunden ist, uns als Bandleitung. Manche Menschen mit Behinderung erleben soziale Abgeschie-

---

[22] *Hey, moch ma doch a freindlich's Gsicht.*
[23] Vgl. dazu auch den Beitrag von Peter Röbke in diesem Buch.

denheit und vielfältige Diskriminierung im Alltag. Es kam öfters vor, dass Bandmitglieder nicht zu Proben kommen konnten, weil es in ihren Einrichtungen nicht ausreichend Betreuungspersonal gibt. Eine Gruppe konnte irgendwann aufgrund eines Ressourcenmangels gar nicht mehr teilnehmen. Einem Musiker wurde der Fahrtendienst gestrichen, die Taxifahrt zu den Proben konnte er sich jedoch finanziell nicht leisten.

Manchmal finden wir intern Lösungen, um Musiker*innen eine Teilnahme zu ermöglichen: Das Geld für die Taxifahrten wurde von der Universität übernommen, Mitglieder wurden mitunter von uns zu Hause abgeholt oder heimgebracht, eine dringend benötigte Gitarrentasche wurde durch einen Internetaufruf organisiert. Bandmitglieder rufen uns auch an und schildern uns private Schwierigkeiten, die sie an der Probenteilnahme hindern. Meist liegen die Hindernisse auf der strukturellen Ebene. Wir suchen immer nach Lösungen, um allen die Teilnahme an Proben zu ermöglichen, denn die Partizipation am kulturellen Leben ist ein jedem und jeder zustehendes Menschenrecht.

Proben während der Covid-19-Pandemie

> „Wir hoidn zaum, statt na Umoarmung schenk ma uns a Lächeln; über mein Büdschirm flimmern die Aug'n von so vü vertrauten G'sichtern."[24]

Diese Zeilen aus unserem neuen Lied *Wir hoid'n zaum* sind inspiriert von der Freude, die viele Musiker*innen der Band empfanden, als sie einander bei Onlineproben auf den Computerbildschirmen sahen.

Der Beginn der COVID-19-Pandemie im Sommersemester 2020 bedeutete für alle Beteiligten im und rund um das Bildungswesen in Österreich eine neue Herausforderung. Besonders für Menschen mit Behinderungen und deren Angehörige stellte sich die aus den Ausgangsbeschränkungen resultierende soziale Isolation und die Angst vor Ansteckung als besonders schwerwiegend heraus.

Die *All Stars Inclusive Band* probte während der Lockdowns und Ausgangsbeschränkungen auf Zoom. Musikalisch war es manchmal ein großes Durcheinander, da die akustische Übertragung leicht zeitverzögert ist. Ein zielgerichtetes musikalisches Arbeiten ist eine große Herausforderung und bedarf eigener Methoden. Trotz dieser schwierigen Situation – auch die Technik bereitete manchen Mitgliedern lang Probleme – zählten wir in diesen Proben bis zu 30 Teilnehmer*innen. Die Zeit der Krise zeigte auch auf, wie wichtig dieser Termin am Montagabend für viele Mitglieder ist. Es gibt Teilnehmer*innen, die seit ca. 10 Jahren trotz weitem Weg regelmäßig die Proben besuchen.

---

24 *Wir hoid'n zaum.*

Das soziale Miteinander in der *All Stars Inclusive Band*

Abbildung 3: Die All Stars Inclusive Band während der COVID-19-Pandemie (Müllner 2020)

„Grod jetzt in schweren Zeitn schöpf ma Kroft aus unsern Liadan": Auch in diesem Satz aus demselben Song wurden Gedanken aus dieser Krisenzeit verarbeitet. Sie drücken dabei einen gewissen therapeutischen Wert aus, den gemeinsames Musizieren gerade im Verarbeiten schwieriger Situationen haben kann. Dass soziale Interaktion und künstlerische Betätigung besonders wertvolle Rechte sind, wurde uns in dieser Krise schmerzlich bewusst. Ohne Zweifel profitieren wir bei unseren Online- Proben momentan enorm vom Zusammenhalt innerhalb der Band.

Abschließende Gedanken

> „Singen, tanzen, musizieren und sich im Moment verlieren.
> Mit guten Freunden kann man herzlich lachen."[25]

Abschließend möchten wir noch einmal zum ersten Liedzitat zurückkehren. Es beschreibt, was die Band für viele ihrer Mitglieder ist: ein Ort, an dem sie Freund*innen treffen, miteinander Musik machen, lachen und an dem die Zeit oft wie im Fluge vergeht. Die Band lenkt ab vom Alltags- und Studienstress, ermöglicht Begegnungen, musikalische und außermusikalische, und ist nicht zuletzt ein Lern- und Erfahrungsraum. Studierende, die in der *All Stars Inclusive Band* mitgewirkt haben, sollen ihre Erfahrungen im Musizieren mit Menschen mit Behinderung an Schulen und Musikschulen einbringen und sich vorbereitet

---

25 *Kumpelsong*.

fühlen, wenn sie selbst inklusive Musikprojekte wie Bands, Ensembles oder Musikwochen initiieren oder begleiten.

Die *All Stars Inclusive Band* erfüllt eine musikpädagogische Aufgabe, ist aber viel mehr noch als Projekt des sozialen Miteinanders zu verstehen. Gute Beziehungsarbeit ist eine unabdingbare Voraussetzung der musikpädagogischen Arbeit besonders mit Menschen mit Behinderung.

Liste der Songs der *All Stars Inclusive Band*

All Stars Inclusive Band, Song *Bis in die Ewigkeit*
All Stars Inclusive Band, Song *Endlich Wieder*
All Stars Inclusive Band, Song *Fliegende Jeans*
All Stars Inclusive Band, Song *Friedenssong*
All Stars Inclusive Band, Song *Hey, moch ma doch a freindlich's Gsicht*
All Stars Inclusive Band, Song *Immer wenn ich in dem Himmel schau*
All Stars Inclusive Band, Song *Kumpelsong*
All Stars Inclusive Band, Song *Unsre All Stars Band*
All Stars Inclusive Band, Song *Wir hoid'n zaum*
Haidl/Auer, Song *Werner und die All Stars Band*

Begrüßungs- und Abschlusslieder:
All Stars Inclusive Band/Teresa Müllner, Song *Begrüßungsrap*
All Stars Inclusive Band/Bernhard Lengauer, Song *Liebe Freunde, es ist Zeit zu geh'n*

Abbildungen

Abbildung 1: Lebenshilfe (2017): Preisverleihung *Ja zu Inklusion* des Österreichischen Inklusionspreises der Lebenshilfe.
Abbbildung 2: Buchner, Josef (2019): All Stars Inclusive Band: *Hey, moch doch a freindlich's Gsicht*. URL: <https://youtu.be/FhvHc2W5rEw> (20.01.2021).
Abbildung 3: Müllner, Teresa (2020): All Stars Inclusive Band: *Wir hoidn zaum* URL: <https://youtu.be/k-R9Shvz3NA> (20.01.2021).

Marlene Ecker studierte Musikerziehung und Geographie und Wirtschaftskunde an der mdw sowie der Universität Wien und schrieb ihre Diplomarbeit über *Demokratie-Lernen im Musikunterricht*. Seit 2016 arbeitet sie mit der *All Stars Inclusive Band* der mdw. Sie unterrichtet an einem Gymnasium in Wien und ist als Trainerin für Menschenrechtsbildung, Globales Lernen und Gewaltprävention sowie als Referentin bei Musikwochen tätig. Als Musikerin ist sie in unterschiedlichen Besetzungen künstlerisch aktiv.

Bernhard Lengauer ist seit 2016 künstlerischer Leiter der *All Stars Inclusive Band*. 2014 schloss er das Lehramtsstudiums Musikerziehung und Psychologie/Philosophie an der mdw – Universität für Musik und darstellende Kunst Wien und an der Universität Wien ab. Er schrieb seine Diplomarbeit über die musikpädagogische Arbeit mit der *All Stars Inclusive Band*. Seit 2015 lehrt er am Polgargymnasium, wo er 2017 die *Polgar Inclusive Band*, eine inklusive Band für Kinder und Jugendliche gründete und seitdem leitet.

Annukka Knuuttila, Elina Vetoniemi

The *All Stars Inclusive Band* as good practice?
A short outside view from a European perspective

As participants and project coordinators of the Inclusive Pedagogy in Arts-Europe (IPA-E) Erasmus + project (2017-2019) we had the unique opportunity to get a glimpse of the activity of the *All Stars Inclusive Band*.

The starting point for our comments is the legitimacy of the United Nations Universal Convention on the Rights of Persons with Disabilities (2006).

Our criteria for observing and assessing the activity of the band also come from the requirement of the Finnish law *Basic Art Education* and the basis of the syllabus for the *Basic Art Education* of the Finnish Ministry of Education and Culture (2002, 2017). The participation in the twenty years of development work for inclusion in the Kuopio Conservatory will also be visible in our views and questions.

The unique opportunity for us under the IPA-E project was to specifically take part in a rehearsal of the band. The learning atmosphere with astonishingly great joy made a deep impression on us.

As music educators, we asked the question, how did one create the goal of a shared feeling of joy? Working together in a group or making music together does not automatically result in joy. But in the *All Stars Inclusive Band* the feeling of joy was fully achieved and there wasn´t any lack of motivation to play, sing and dance!

The attitudes of the students attracted attention from us. There was no inhibition against the players with disabilities on the part of the students. It was a sign of how equality, respect and interaction in the group worked in a positive way.

We also paid attention to the strong self-esteem of the musicians with disabilities. In the respectful and artistic learning environment the disability seemed to change into a positive and unique characteristic of the individual.

What possibilities are there for the players in the *All Stars Inclusive Band* to develop musically and creatively as a group but also as an individual?

It seemed to us that the repertoire of the band consists largely of pop, hit and folk music. Are these styles of music one of the players' favorite music, which is more motivated or easier to play? Could one enrich the repertoire with classical compositions and give the players new musical experiences and challenges? Are private instrument lessons needed? Are they financially achievable for everyone? Would there be interesting opportunities for the band to work with different ensembles and cross-artistic projects?

Annukka Knuuttila, Elina Vetoniemi

The All Stars Inclusive Band is a phenomenon. It is an excellent example of a good practice in inclusive music education. There is a wide range of potential in the band to develop the activity and pedagogy in an ambitious and fruitful manner, but with the prerequisite that the joy and creativity do not disappear!

Annukka Knuuttila and *Elina Vetoniemi* teach at the Kuopio Conservatory (Finland).

Beate Hennenberg

Die *All Stars Inclusive Band* als Motor und Anstoß für Initiativen zum inklusiven Musizieren

1. Fachtagungen für Inklusives Musizieren

Mit der Zusage seitens der mdw – Universität für Musik und darstellende Kunst Wien, die von Swea Hieltscher, Direktorin der Musikschulen Wiens, 2006 erstmals an den Musikschulen Wiens veranstaltete Fachtagung für Inklusives Musizieren ab dem Jahr 2008 im Rahmen einer dauerhaften Kooperation mitzuorganisieren und mitzufinanzieren, entwickelte sich ein gut funktionierendes und erfolgreiches thematisches Weiterbildungsmodell. Dieses hatte vom wissenschaftlich-fachlichen Blickwinkel aus stets sowohl die Einbindung von Individuen in soziale musikalische Beziehungen als auch die Frage nach infrastrukturellen, institutionellen Ressourcen zum Thema, d. h. Aspekte der Zugänglichkeit, der Erreichbarkeit und Barrierefreiheit. Hieltscher begrüßte das Publikum anlässlich der ersten Fachtagung mit dem Versprechen, allen Kindern, welche sich an den Wiener Musikschulen anmelden, Unterricht zu ermöglichen. Dafür würden die Musikschulen gerade flexible Möglichkeiten und Modelle erproben.

In allen Studienjahren seit 2004, in denen wir (Beate Hennenberg und Peter Röbke) Seminare zu inklusiver Instrumental- und Musikpädagogik anboten, erhielten wir den Eindruck, dass sich die Musiker*innen mit Behinderung mit Verve in und durch Musik ausdrücken wollen. Sie wollen mit anderen und mit sich selbst über ihre Musik kommunizieren. Eine All Stars-Band-Gemeinschaft war ein faszinierendes Ziel in den frühen Nullerjahren. Wir waren auf der Suche nach und zugleich in Gestaltung von musikpädagogischen Angeboten, welche sich an den Studierenden orientierten und ihnen die Möglichkeit geben würden, Musik mitzugestalten und gemeinsam mit anderen zu erleben. Wir suchten nach offenen inklusiven Konzepten, die auch den Lehrenden Räume für eigene Ideen, Varianten und Ergänzungen geben würden, nach Methoden, welche im Sinne einer Musikpädagogik für alle sämtliche Musikinteressierten, einbeziehen, Senior*innen, Jugendliche, Anfänger*innen, Fortgeschrittene, Personen mit Behinderung, Hochbegabte.

Nach ihrer Einrichtung im Jahr 2006 wurden die Fachtagungen ab 2008 stets in Kooperation der Institute für Musikpädagogik und für Musik- und Bewegungspädagogik/Rhythmik und der Musikschule Wien geplant, finanziert und durchgeführt; das Team bestand aus Beate Hennenberg, Helga Neira Zugasty und Michael Weber. Regelmäßig bezuschusste Brigitte Weißengruber von der

Beate Hennenberg

Koordinationsstelle für musikalische Bildung im Bundesministerium für Bildung, Wissenschaft und Kultur die Tagungen.

Plakat 2010

Grundsätzlich waren die Fachtagungen auf Musikpädagog*innen, Sonder- und Heilpädagog*innen, Therapeut*innen, Sonderschullehrende und Musikerzieher*innen ausgerichtet. Die Struktur sah zunächst einen ins jährlich wechselnde Thema einführenden Vortrag einer/eines fachlich kompetenten und möglichst weitsichtig agierenden Referentin/Referenten aus dem deutschsprachigen Raum vor, sowie am Nachmittag Workshops, an denen auch fähigkeitsgemischte Gruppen oder Schulklassen teilnahmen. Der Referent der ersten Fachtagung für Integrative Musikschularbeit – so hieß diese anfangs – war am 26. März 2006 Robert Wagner, Musikschulleiter in Fürth und Vorsitzender des Bundesfachausschusses Inklusion im Verband deutscher Musikschulen, der seit vielen Jahren den berufsbegleitenden Lehrgang *Instrumentalspiel mit Menschen mit Behinderung* an der Bundesakademie in Trossingen leitet. Er zeigte damals plastisch, wie Musikschüler*innen mit Behinderung je nach Art der Behinderung und dem individuellen Bedarf einzeln gefördert wurden, am Gruppenunterricht teilnahmen und vielfältige Anregungen bekamen. Dabei ging es um die Verbesserung und Verfeinerung der auditiven und visuellen Wahrnehmung, der Grob- und Feinmotorik, der Kommunikationsfähigkeit und der Körperwahrnehmung.

Die *All Stars Inclusive Band* als Motor und Anstoß für Initiativen zum inklusiven Musizieren

Helga Neira Zugasty, zu jener Zeit Leiterin des Forschungsprojektes *Rhythmik als Movens der psychischen Funktionen*[1] sowie Lehrbeauftragte der Musikuniversität Wien, bekräftigte, dass es wichtig und notwendig sei, im Unterrichtsprozess die Gesamtpersönlichkeit zu entwickeln. Wesentlich sei die Einstellung der Lehrkraft, das Unterrichten als partnerschaftlichen Vorgang zu begreifen. In den Folgejahren referierten dann beispielsweise[2] Paul Hille, Komponist und Rhythmiker, Claudia Schmidt, Bandleaderin der Bochumer Band *Just Fun*, Eva Krebber-Steinberger, Pädagogin und Rehabilitationswissenschaftlerin, Andrea Dillmann, stellvertretende Musikschulleiterin aus Limburg, Saskia Schuppener, Leiterin des Instituts für Förderpädagogik an der Universität Leipzig, Georg Feuser, Professor für Behindertenpädagogik und Didaktik, Therapie und Integration bei geistiger Behinderung an der Universität Zürich. Michael Widmer, Musik- und Theaterpädagoge am Mozarteum Salzburg, sprach darüber, wie Inklusion durch Instrumentenbau gefördert wird. Zum Thema Community Music referierten Simone Siwek, Axel Petri-Preis, Dietmar Flosdorf, Albert Landertinger, Simon Schellnegger, Veronika Kinsky, Eva Königer und Shirley Salmon. Susanne Quinten von der TU Dortmund stellte ihr Projekt *Inklusiver Tanz – Forschungsbefunde und Konsequenzen für die Vermittlungspraxis* vor.

Bei der Einrichtung dieser Fachtagungen war der Nationale Aktionsplan Behinderung der österreichischen Bundesregierung zur Umsetzung des Übereinkommens der Vereinten Nationen über die Rechte von Menschen mit Behinderungen eine wichtige Vorgabe:

> „Ziel ist, dass Menschen mit und ohne Behinderungen von Anfang an gemeinsam in allen Lebensbereichen selbstbestimmt leben und zusammenleben. Auf Basis des Grundsatzes gleichberechtigter Teilhabe werden für Menschen mit Behinderungen die gleiche Qualität und der gleiche Standard in den jeweiligen Lebensbereichen erwartet, die auch für Menschen ohne Behinderungen gelten. Es geht um gleichberechtigte Teilhabe am politischen, gesellschaftlichen, wirtschaftlichen und kulturellen Leben, um Chancengleichheit in der Bildung, um berufliche Integration und um die Aufgabe, allen Bürgerinnen und Bürgern die Möglichkeit für einen selbstbestimmten Platz in einer barrierefreien Gesellschaft zu geben."[3]

---

1 Vgl. Garnitschnig/Neira Zugasty 2008.
2 Es ist eine Publikation über die Chronologie, Inhalte und Aufgaben dieser inklusiven Fachtagungen geplant.
3 Bundesministerium für Arbeit, Soziales, Gesundheit und Konsumentenschutz (BMASK) 2012, 10.

Plakat Fachtagung 2016

Nach dem theoretischen Input wurde in anschließenden Workshops gezeigt, wie die Realisierung vor Ort in der je verfügbaren Infrastruktur gelingen könnte. Durch welche didaktischen Überlegungen, durch welche neuen Notationen oder abweichende Methoden können Stücke für Menschen mit ganz unterschiedlichen Behinderungen spielbar gemacht werden? In fast allen Jahren luden wir Klassen aus Sonderpädagogischen Zentren ein, um das Gehörte mit einer/einem Fachkollegin/Fachkollegen umzusetzen. Stets war es faszinierend mitzuerleben, wie es Schüler*innen mit Körperbehinderung oder mit Trisomie 21 ermöglicht wurde, sich auf ihre persönliche Art musikalisch und in die Gruppe einzubringen. In einem abschließenden Erfahrungsaustausch wurde das Erlebte reflektiert, und so kam es in jedem Jahr zu Impulsen, die zu einer weiterführenden Auseinandersetzung mit den vorhandenen Lehrveranstaltungen und Angeboten führten und diese zu entwickeln halfen.

Die *All Stars Inclusive Band* als Motor und Anstoß für Initiativen zum inklusiven Musizieren

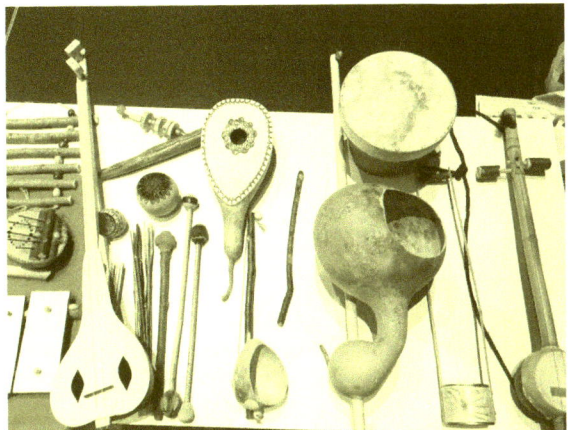

Der Instrumententisch bei der Fachtagung 2016

Plakat Fachtagung 2019

Beate Hennenberg

2. Vorüberlegungen zu Inklusiven Soundfestivals

Nachdem sich die *All Stars Inclusive Band* seit ihrer Gründung 2010 erfreulicherweise gut in den gemeinsamen Musizierprozess eingeschwungen hatte, gab es seitens der regelmäßig die Band besuchenden Musiker*innen mit Behinderung den Wunsch, ihr Können nicht nur wie gewohnt durch interne Semesteraufführungen hör-, sicht- und erlebbar zu machen, sondern auch öffentlich unter Beweis zu stellen. Die Arbeit in der Band wurde gestützt durch zunächst nur eine dazugehörige Lehrveranstaltung, inzwischen sind es bis zu vier in jedem Semester. Daran nehmen die für eine inklusive Zusammenarbeit benötigten Studierenden teil.[4] Allen in diesem Setting Lehrenden sowie den Institutsleiter*innen Peter Röbke und Angelika Hauser-Dellefant war es zu verdanken, dass durch die Bereitstellung der Proberäume, durch die Einrichtung von Lehrveranstaltungen, die zunächst Wahl- und später Pflichtlehrveranstaltungen waren, durch Lehraufträge für die Bandleader*innen und die Beschäftigung einer Studienassistentin und nicht zuletzt durch den Neuankauf von Instrumenten und Equipment ein proaktives Umfeld geschaffen und die Band stabilisiert wurde.

Helga Neira Zugasty hatte in dieser Zeit einige bewegende Aufführungen von inklusiven Ensembles im Rahmen des Reutlinger Festivals *Kultur vom Rande* miterlebt, ein seit 2000 existierendes lokales Festival für alle Menschen, unabhängig von Graden oder Arten der Behinderung und Benachteiligung, das die Pädagog*innen um Elisabeth Braun mit viel Gespür und Wissen organisierten.[5] So etwas konnte sie sich auch für Österreich vorstellen. 2012 organisierte sich das noch heute aktive Veranstalter*innenteam mit Neira Zugasty, Michael Weber, stellvertretender Leiter der Musikschule Wien, und Beate Hennenberg, welche als Erste Lehrveranstaltungen für inklusive Musikpädagogik an der mdw anbot.

Dass sich die verschiedenen Blickwinkel und Systeme zusammenfanden, angefangen vom sonder- und heilpädagogischen Standpunkt von Neira Zugasty über die beginnende Öffnung der Wiener Musikschulen zugunsten heterogener Musizier- und Tanzensembles, wie sie Weber plante, bis hin zur Implementierung systemrelevanter Bereiche inklusiver Musikpädagogik in die Musikhochschullehre, wie Hennenberg forderte, gelang, weil es eine Antwort auf die bildungspolitischen Herausforderungen der Stunde war.

Die Musikschule Fürth e.V. hatte bereits 2007 in Kooperation mit der Stadt Fürth aufgrund der Idee von Robert Wagner[6] ein Inklusives Soundfestival ins Leben gerufen, das zahlreiche Ensembles und diverse Musiken und Stilistiken

---

4 Gab es im Studienjahr 2010 nur die Lehrveranstaltung *Grundlagen der Instrumental- und Gesangspädagogik* mit drei Studierenden (startete erst im Sommersemester), so arbeiten im Studienjahr 2019/2020 vier Lehrveranstaltungen mit rund 40 Studierenden der Band zu.
5 Vgl. Verein Festival *Kultur vom Rande*.
6 Vgl. Wagner 2012, o. S.

einbezog und in diesem ersten Jahr des Bestehens in Fürth/Bayern stattfand: das *Fürther Integrative Soundfestival #Fis*. Wie anders kaum zu erwarten, ging ein Ringen um Inhalte, um die Namensgebung und die Art der Präsentation der Veranstaltung voraus. Robert Wagner erinnert sich:

> „Ein professionelles Festival sollte es werden. Die Idee des Festivals sollte auch bei Folgefestivals in anderen Städten erkennbar sein, ohne dass eine lokale Schwerpunktsetzung damit eingeschränkt würde. Menschen mit und ohne Behinderung sollten ein Forum erhalten, ihr Können unter professionellen Bedingungen (Bühne, Licht, Ton, Pressearbeit, Unterbringung, Verpflegung) zu zeigen. Gleichzeitig sollte die Vorgabe der Integration nicht dazu führen, Quoten erfüllen zu müssen, um dabei sein zu dürfen."[7]

Nicht zuletzt durch die hohe Akzeptanz, die das Vorhaben bei den Studierenden und der Leitung der mdw fand, schien es 2012 an der Zeit, die Öffentlichkeit am freudvollen Musizieren und an der musikalischen Qualität der Band teilhaben zu lassen.

3. Soundfestivals in Österreich?

Der Gedanke, ein Inklusives Soundfestival endlich auch in Österreich und zwar zunächst in Wien zu veranstalten, sollte nunmehr 2012, zwei Jahre nach Gründung der *All Stars Inclusive Band*, Realität werden. Auch in Wien sollte es nun um gemeinsame Freude an musikalischem Ausdruck, um die Qualität der Darbietungen und gleichermaßen um Daseinsfreude gehen. Nicht zuletzt sollte eine eigene künstlerische Ästhetik bemerkbar werden. Sichtbare und erlebbare Expertise wie sie Wagner forderte, ja, unbedingt! Denn freilich galt und gilt auch in musikpädagogischen Bereichen das Streben nach Exzellenz, wie Helge Harding und Wendelin Bitzan diskutieren, als selbstverständlich und gewünscht.[8] Jede*r Einzelne unserer Band strebt in den Proben und intensiver noch bei den öffentlichen Aufführungen nach ihrer/seiner individuellen Exzellenz, gemäß ihren/seinen Fähigkeiten und ihrer/seiner individuellen Entwicklung. Ich denke dabei an Andrea, die Leadsängerin, die über die fünf Jahre ihrer Teilnahme eine beeindruckende Energie ausstrahlte, an Sebastian, der sich nach seinen Rap-Strophen jedes Mal körperlich in einen heißen Breakdance fallen lässt, an Betty, welche in den Proben mit Lampenfieber kämpft und in den Aufführungen brilliert, an die gebrechliche Michaela, die die Konzertauftritte sichtlich verjüngt verlässt, oder an Werner, der auf der Bühne die zu Hause fleißig einstudierten Gitarrengriffe im Beat und mit dem Gruppenklang verschmolzen präsentiert.

---

7 Vgl. ebd., o. S.
8 Vgl. Harding/Bitzan 2018, 7.

Wie Fabian beschreibt, kann individuelle Exzellenz bereits in einem „leistungsunabhängigen So-Sein einer Person" gesehen werden, „allein durch ihre Anwesenheit beziehungsweise Existenz".[9] Die Arbeitsweisen inklusiver Bands sind natürlich höchst verschieden voneinander. Beispielsweise funktioniert die Band *Just Fun* in Bochum unter Leitung von Claudia Schmidt, welche mit klar gegliederten Arrangement-Bausteinen arbeitet, ganz anders als beispielsweise die Band *Vollgas* der Musikschule Fürth mit Robert Wagner, der die Band als Ganzes im Fokus hat.

3.1 Erstes Inklusives Wiener Soundfestival 2012

2012, zwei Jahre nach Gründung der *All Stars Inclusive Band*, wurde als Kooperation zwischen dem Institut für musikpädagogische Forschung, Musikdidaktik und Elementarem Musizieren, dem Institut für Musik- und Bewegungspädagogik/Rhythmik sowie Musikphysiologie und der Musikschule Wien das erste Inklusive Soundfestival veranstaltet und somit eine erste gemeinsame Musizierplattform für Menschen mit und ohne Behinderung in Österreich geschaffen. Dass dieses Festival inzwischen mehrere ähnliche inklusive Musik- wie auch Kulturfestivals in den Bundesländern auf den Plan rief, ist nur zu begrüßen.

Nachdem man in Wien die Begeisterung registriert hatte, welche nach dem Fürther Soundfestival auch die Festivals in Hannover, Dortmund und Bochum ausgelöst hatten, war es endlich auch hier an der Zeit. Unser erstes Wiener Inklusives Soundfestival war eingebettet in die Veranstaltung *Wir sind Wien – Festival der Bezirke 2012*, veranstaltet von der *Basis.Kultur.Wien* auf der Festbühne am Wiener Michaelerplatz. Die Wirtschaftskammer Wien und das Büro des Wiener Bürgermeisters konnten als Sponsoren gewonnen werden.[10] Einen ganzen Nachmittag lang traten sieben Bands aus Wien und Oberösterreich auf. Ensembles wie *Musica invita* von der Caritas Schärding, die Jazzband *Together* aus Ried, sowie aus Wien der Chor *Joy* aus dem Bundesblindeninstitut Wien, die Rap-Formation *OKMA & Relups*, die Musical-Sänger*innen *4 Unlimited*, die *All Stars Inclusive Band* wie auch die Rock-Band *Echt Stoak* präsentierten individuelle Arrangements, eigene Texte, Songs oder gecoverte Hits aus den Charts. Zwischen den Auftritten moderierte der ORF-Moderator Sascha Boctor, der auch mit dem Institutsleiter Peter Röbke und der Leiterin der Musikschule Wien Swea Hieltscher Interviews führte. Die Veranstaltung war barrierefrei, auch in dem Sinne, dass eine Gebärdensprachdolmetscherin über den gesamten Zeitraum aktiv zur Verfügung stand.

---

9   Siehe den Beitrag von Fabian in diesem Buch, S. 191.
10 Vgl. Hennenberg 2012.

Die *All Stars Inclusive Band* als Motor und Anstoß für Initiativen zum inklusiven Musizieren

3.2 Zweites Soundfestival 2015

2015 fand das zweite Soundfestival statt, wiederum organisiert und durchgeführt von den Instituten 12 und 13 der mdw – Universität für Musik und darstellende Kunst Wien sowie der Musikschule Wien, diesmal auch unter organisatorischer Mitwirkung von Musiker, Musikmanager und Arrangeur Norbert Hofer, der erstmals einen Festivalsong, nämlich *Onto The Stage*, komponierte. Da dieser Termin mit der zehnten Fachtagung für Inklusives Musizieren zusammenfiel, verklammerten wir beide Veranstaltungen. Im Vorfeld dazu wurde österreichweit eine Ausschreibung verschickt. Letztlich wurden acht ganz verschiedene inklusive Musizierensembles eingeladen, welche den Rahmen der Fachtagung nutzen sollten, einem breiten interessierten Publikum ihre je spezifische Arbeitsweise, ihre Erfahrungen und Besonderheiten in einem Vortrag vorzustellen und in einen Austausch mit dem Publikum zu treten.

Vor dem Auftritt 2015: Beat Poetry, All Stars Inclusive Band

Beate Hennenberg

Eingerahmt von einer Keynote des Musikschulleiters und Inklusionspädagogen Robert Wagner gab es Raum für Präsentationen der Ensembleleiter*innen Marlene Lacherstorfer, Kathrin Hofkofler und Jürgen Jagfeld, Harald Höhne, Philipp Stieglitz, Gerald Endstrasser, Kurt Mittler, Andreas Nistelberger und Christian Reiss. Sie gaben Einblicke in ihre spezifischen Proben- und Auftrittserfahrungen, zeigten ihren individuellen Zugang zu einer Arbeit mit fähigkeitsgemischten Gruppen und stellten die speziellen Gelingensbedingungen dar. Am Folgetag fand das zweite Inklusive Soundfestival in der Open-Air-Arena des Volksparks Laaerberg statt.[11] Unter dem Ehrenschutz des Büros des Wiener Bürgermeisters und mit Unterstützung von *Basis.Kultur.Wien*, der *dream-music-company*, Kultur in Favoriten, *Assistenz 24* und der Allgemeinen Unfallversicherungsanstalt AUVA bestritten die acht gecasteten Bands den Nachmittag. Erfolgreich zeigten die Gruppen *All Stars Inclusive Band* (Leitung Marlene Lacherstorfer), *L.E.O.* (Leitung Kathrin Hofkofler, Jürgen Jagfeld), *Missis Sippi* (Leitung Harald Höhne), *Musiksalat* (Leitung Philipp Stieglitz), *Together* (Leitung Gerald Endstrasser), *Echt Stoak* (Leitung Kurt Mittler), *Mundwerk* (Leitung Andreas Nistelberger, Christian Reiss) und *Beat Poetry Club* in mitreißender Dynamik ihr Können. Die Wiener Sängerin und ORF-Sprecherin Evelyn Vysher moderierte souverän und informativ, Gebärdensprachdolmetscherin Valerie Clarke übersetzte. Darüber hinaus sponserte das Wiener Musikhaus Doblinger Notengutscheine für alle teilnehmenden Bands und vertrieb die Noten und die Audio-CD des Festivalsongs.

3.3 Drittes Soundfestival 2018

Die dritte Auflage unserer gemeinsamen Musizierplattform für Menschen mit und ohne Behinderung, das Inklusive Soundfestival, sollte sich, so hatte sich das Team entschieden, stilistisch mit barocker und klassischer Musik sowie mit Werken der Vokaltradition auseinandersetzen. Die Wahl fiel auf fünf inklusiv musizierende Ensembles, Chöre und Formationen. Austragungsort war der Clara-Schumann-Saal der mdw. Den mitreißenden Beginn machte das steirische Volkskunstensemble *Mundwerk*, das unter Leitung von Christian Reiss und Andreas Nistelberger traditionelle Volksmusik, darunter Walzer und Polkas wie auch internationale Traditionals zu Gehör brachte. Es folgte die Band *L.E.O.*, eine Kooperation von jungen Musiker*innen des Zentrums inklusiver Schulen Leopoldgasse und der Musikschule Wien. Unter Leitung von Jürgen Jagfeld und Kathrin Hofkofler bot die Band Songs von Hubert von Goisern sowie traditionelle Songs der Roma wie auch jiddische und ungarische Volksmusik. Daran schloss sich das Trompetenensemble *Invita Trumpets and Friends* unter Leitung von Thomas Diesenberger an. Das zehnköpfige Ensemble begann mit einem Kanon von Michael Praetorius, gefolgt von einer *Pavana* von Antonio de Cabazon

---

11 Vgl. Hennenberg 2015.

und Michael Francks *Da Pacem*. Erstmals trat an dieser Stelle ein Ensemble aus dem Ausland auf. Das solistische inklusive Ensemble *Thonkunst*, ein A-capella-Ensemble in Form eines Doppelquartetts, war für das Festival aus Leipzig angereist. Das mit dem Förderpreis *In Takt* der miriam-Stiftung in Dortmund und dem sächsischen Mozartpreis ausgezeichnete Ensemble musizierte unter der musikalischen Leitung von Helmar Leipold und Jana Hellem Thomas Morlays *Sing We And Chant It*, Ludwig Senfls *Ach Elslein, liebes Elselein*, Adam de la Halle/ Rolf Lukowski: *Kume, kum Geselle min*, John Dowlands *Come Again* und weitere Vokalmusik. Den Abschluss bestritt das Projekt-Ensemble *Ohrenklang*, ein Sextett, in dem Studierende der mdw unter Leitung von Christoph Falschlunger je ein Semester mitwirken können. Besonderheit ist hier, dass ausschließlich Texte von Menschen mit Behinderung vertont werden, welche beim Literaturwettbewerb für Menschen mit Lernbehinderung *Ohrenschmaus* prämiiert und veröffentlicht wurden. Geboten wurden die Titel *Gefangene Gedanken* auf einem Text von David Tritscher und *Zeit fliagt schon wieda* von Peter Gstöttmaier.

4. Kommunikation ohne Worte als Erlebnis

In der Zwischenzeit, nämlich im Jahr 2014, hatte die Hauptversammlung des Verbandes deutscher Musikschulen (VdM) in Potsdam eine Erklärung auf Anregung des Bundesfachausschusses Inklusion verabschiedet, in der sich der gesamte Verband zur Leitidee einer inklusiven Gesellschaft bekennt.[12] Die im Verband organisierten Musikschulen streben an, ein barrierefreies Lernen und Leben in der musikalischen Gemeinschaft aller – ausnahmslos und einschließend – zu gewährleisten. Die Erklärung rekurriert auf die UN-Behindertenrechtskonvention von 2006, in der das Recht für Menschen mit Behinderung auf Teilhabe an kultureller Bildung unmissverständlich festgelegt wurde.[13] Dort verpflichten sich die Vertragsstaaten in Artikel 24, ein inklusives Bildungssystem zu gewährleisten. Und bereits in der Präambel benennt die UN-Konvention den wertvollen Beitrag, den Menschen mit Behinderungen zum allgemeinen Wohl und zur Vielfalt ihrer Gemeinschaften leisten können.

Schauen wir auf Österreich, so widmet sich die österreichische Bundesregierung im Nationalen Aktionsplan Behinderung dem Themenfeld Künstler*innen mit Behinderungen. Die Bundesregierung setzt sich dafür ein, Künstler*innen mit Behinderungen gleiche Voraussetzungen für die Kunstausübung wie nichtbehinderten Künstlerinnen und Künstlern und diskriminierungsfreie Zugangsmöglichkeiten zur Kunst und Kultur zu schaffen.

---

12 Vgl. Verband deutscher Musikschulen o. J.
13 Vgl. United Nations (UN) 2007 BMASGK 2016.

Grundaussage dieser Dokumente ist, dass beim Kunstausüben, hier speziell beim Musizieren mit anderen Mitmusizierenden, eine besondere Art der Kommunikation entsteht. Diese ist oft mit Worten nicht zu beschreiben. Das Zu-Hören, was die anderen spielen, das Zu-Sehen, wie diese Musik fühlen, das Mit-Spüren der Vibrationen und schließlich die gemeinsame Freude darüber, etwas Ästhetisches erschaffen zu haben, führt zu einem tiefen Erlebnis. Die Musik offenbart sich in ihren besten Eigenschaften.

Genau das war die Intention von Anfang an, ab der ersten Fachtagung und dem ersten Soundfestival. Und wenn unseren Studierenden die Möglichkeit eröffnet wird, dies aus der Nähe zu erleben und am Wachstum dieser Werte beteiligt zu sein, wird dies auch Auswirkungen haben hinsichtlich der Entwicklung von Empathie und Wertschätzung. Der Sinn für die Verschiedenheit der Menschen und ihre Vielfalt wird geschärft. Ein solches wünschenswertes inklusives Musiziersystem geht vom gemeinsamen Engagement aller beteiligten Personen, Musiker*innen mit und ohne Behinderung, Lehrenden, Studierenden und jenen, welche die Institutionen verwalten und weiterentwickeln, aus. Denn inklusive Musizierprojekte brauchen sowohl engagierte Musiker*innen, die nach ihren jeweiligen Möglichkeiten mitwirken, als auch inklusionssensible Organisator*innen und Verwalter*innen.

Jährlich besuchen inzwischen je rund 120 Interessierte diese Fachtagungen und Soundfestivals. Die Teilnahme wird von den meisten österreichischen Musikschulen als Weiterbildung angerechnet. Das erfreuliche Ergebnis seit der ersten Fachtagung war, dass sich die österreichische inklusive Musizierszene mit der schulischen wie außerschulischen Bildungsszene weitreichend zu vernetzen begann.

Literatur

Bundesministerium für Arbeit, Soziales und Konsumentenschutz (BMASK): Nationaler Aktionsplan Behinderung 2012-2020. Strategie der österreichischen Bundesregierung zur Umsetzung der UN-Behindertenrechtskonvention, Wien 2012.

Garnitschnig, Karl/Neira Zugasty, Helga: Rhythmik als Movens der Entwicklung der psychischen Funktionen. Forschungsprojekt. In: Neira Zugasty, Helga/Garnitschnig, Karl: Entwicklung beobachten, erkennen und unterstützen am Beispiel der rhythmisch-musikalischen Erziehung. Reg. Nr. 12348. Wien: Bundesministerium für Unterricht, Kunst und Kultur (BM:UKK) 2008, DVD/CD-Rom.

Harding, Helge/Bitzan, Wendelin: Künstlerische Exzellenz. Elementare Notwendigkeit oder elitärer Fetisch? In: Üben & Musizieren 1/2018, S. 6-10.

Hennenberg, Beate (Hg.): Integratives Soundfestival 2012. Wien: Praesens 2012. URL: <http://www.praesens.at/praesens2013/wp-content/uploads/daten/eBooks/Hennenberg_WEB.pdf> (27.02.2020).

Hennenberg, Beate (Hg.): Inklusive Musik(schul)pädagogik in Wien. Zum zehnjährigen Jubiläum. Wien: Praesens 2015. URL: <http://www.praesens.at/praesens2013/?p=5012> (27.02.2020).

Hennenberg, Beate: Integrative Musikschularbeit. Erste Fachtagung im Rahmen der Musiklehranstalten Wien. Bericht. URL: <http://typo3.p101647.webspaceconfig.de/berichte/berichtearchiv/berichte-0506/integrative-musikschularbeit/> (10.04.2020).

Herbst, Maren: Musik fördert Inklusion. Fachtagung in Potsdam. In: Potsdamer neueste Nachrichten (online), 2013. URL: <http://www.pnn.de/campus/755614/> (31.07.2016).

Kastl, Jörg Michael: Musizieren mit allen? Perspektiven inklusiver Musikschularbeit. Vortrag bei der Tagung des Verbandes deutscher Musikschulen 2016 in Reutlingen. URL: <https://www.ph-ludwigsburg.de/fileadmin/subsites/3b-ssoz-t-01/user_files/Kastl_Joerg_Michael_Musizieren_mit_allen__Musik_fuer_alle.pdf> (27.02.2020).

Meyer-Göllner, Matthias: Inklusion durch Musik als universelle Sprache. URL: <https://www.nifbe.de/component/themensammlung?view=item&id=311&catid=132&showall=1&limitstart=> (27.02.2020).

Tischler, Björn: Musik kann Inklusion. Musik als Chance für alle Kinder. In: Musik, Spiel und Tanz 1/2015, S. 6-10. URL: <http://www.erzieherin.de/files/paedagogische-praxis/2015_03_04Tischler_MST%201_2015.pdf> (10.01.2020).

Ulm, Michaela: Elementare Musikpädagogik und Musikvermittlung an der Universität für Musik und darstellende Kunst Wien. Geschichte, Gegenwart und Perspektiven. Unveröffentlichte Masterarbeit. Anton Bruckner Privatuniversität Linz 2014.

United Nations (UN): Convention on the Rights of Persons with Disabilities and Optional Protocol. New York: UN 2007. Deutsche Übersetzung: BMASGK: UN-Behindertenrechtskonvention. Übereinkommen über die Rechte von Menschen mit Behinderungen und Fakultativprotokoll. Neue deutsche Übersetzung. Publikation des Bundesministeriums für Arbeit, Soziales, Gesundheit und Konsumentenschutz, Wien 2016.

Verband deutscher Musikschulen: Potsdamer Erklärung. URL: <https://www.musikschulen.de/medien/doks/vdm/potsdamer_erklaerung_inklusionspapier.pdf> (12.04.2020).

Verein Festival Kultur vom Rande: Vereine & Institutionen. URL: <https://www.reutlingen.de/de/Leben-in-Reutlingen/Vereine-Institutionen?view=publish&item=club&id=1006> (27.02.2020).

Wagner, Robert: Inklusion an Musikschulen. Ein Situationsbericht aus Deutschland. Bericht anlässlich des 1. integrativen Soundfestivals in Wien am 01. Juni 2012. URL: <http://bidok.uibk.ac.at/library/wagner-musikschule.html> (27.02.2020).

Angaben zur Autorin siehe Beitrag *Die All Stars Inclusive Band: Chronik und charakteristische Aspekte.*

III.

Inklusives Musizieren als Teil einer inklusionskompetenten universitären Aus-Bildung

Georg Feuser

Grundlegende Momente der Aus-*Bildung* für eine inklusionskompetente Pädagogik[1]

Der Beitrag widmet sich den generellen Anforderungen an eine inklusive pädagogische Ausbildung, dies verbunden mit der Intention, auch die Institutionen selbst in Richtung Inklusion zu verändern: Es soll also um Ausbildungsinhalte gehen, die den Inhalten der musikpädagogischen Domäne *vorgeordnet* sind.

1. Zur Problemorientierung

Das Anliegen der 12. Fachtagung für inklusives Musizieren fällt mit einer seit Jahren sehr intensiv geführten Diskussion vor allem um Fragen der so genannten Lehrer*innenbildung zusammen. Unter dem Druck der in allen deutschsprachigen Ländern ratifizierten und nationales Recht gewordenen UN-Behindertenrechtskonvention (UN-BRK)[2] gibt es, auch bedingt z. B. durch die Kultushoheit der Länder in Deutschland und die Autonomie der Kantone der Schweiz, in Schul- und Bildungsfragen unzählige Versuche, diesem Erfordernis Rechnung zu tragen, wobei wohl in Österreich vor dem Hintergrund der nationalen Geschichte der Integration günstigere Ausgangsbedingungen gegeben sind. Dennoch sind auch hier die mit diesen Fragen verbundenen Problemlagen keineswegs einfacher Art.

Der/die Leser*in wird bemerkt haben, dass ich soeben in Bezug auf die UN-BRK von einem „Erfordernis" gesprochen habe, nämlich die Ausbildung von Pädagog*innen für eine inklusionskompetente pädagogische Praxis zu realisieren. Es ist, so meine generelle Beobachtung, nicht wirklich ein *Anliegen* geworden, wenn ich diesen Begriff auf ein inneres Bedürfnis bzw. pädagogisch gesehen: auf eine intrinsische Motivation beziehe. Eine solche Motivation würde darauf zielen, durch Ausbildung Voraussetzungen zu schaffen, dass eine inklusive Pädagogik Wirklichkeit werden könnte, die kein Kind, keinen Jugendlichen und auch keinen erwachsenen Menschen mehr aufgrund individueller Merkmale, wie eben auch

---
1 Dieser Betrag stellt die leicht überarbeitete Fassung der Keynote dar, die bei der 12. Fachtagung für inklusives Musizieren an der mdw – Universität für Musik und darstellende Kunst Wien am 31. März 2017 gehalten wurde. Der Duktus der gesprochenen Rede wurde weitgehend beibehalten.
2 Die UN-BRK ist in Deutschland am 26. März 2009, in Österreich am 26. Okt. 2008 und in der Schweiz am 15. Mai 2014 in Kraft getreten. Zum Text der UN-BRK siehe Beauftragte der Bundesregierung 2014.

der Art oder des Schweregrades seiner physischen, psychischen oder auf seine Entwicklung bezogenen Beeinträchtigungen, seiner sozialen oder nationalen Herkunft, seiner Stellung im System gesellschaftlicher Hierarchien von einem auf die je eigene Persönlichkeitsentwicklung abzielenden Lernen aus regulären pädagogischen Feldern ausschließt oder den Zugang zu diesen verwehrt.

Nun habe ich mit diesen Hinweisen bereits zwei definitorische Aussagen gemacht:
- Die eine bezieht sich auf die Inklusion, welche verlangt, dass *alle*, in voller Anerkennung ihrer Individualität, ein uneingeschränktes Recht auf aktive Teilhabe an Gesellschaft und Kultur, damit auch an Bildung, an den Orten ihres Lebens und in den Institutionen des regulären Bildungssystems haben, mit dem ich alle professionell organisierten und durchgeführten pädagogischen Angebote meine. Dieser Anspruch und diese Sichtweise von Inklusion, wie sie allein die Bedeutung des Begriffes gebietet, wird so umfassend weder in der Theoriebildung noch in der als inklusiv bezeichneten Praxis geteilt. Seit Jahren gibt es vielmehr einen deutlichen Trend, den ich zusammenfassend als *die Integration der Inklusion in die Segregation* beschreibe, was einer *selektierenden Inklusion* entspricht und ein bisher in der Geschichte der Pädagogik wohl einmaliges Paradoxon konstruiert.
- Zum anderen habe ich eine Aussage dahingehend gemacht, dass das Lernen der Persönlichkeitsentwicklung des Menschen zu dienen habe, einer Persönlichkeitsentwicklung, der, so die Konsequenz, die Vermittlung von anwendbarem Wissen, das Beherrschen von Techniken, Sachverhalten und Objekten insofern nachgeordnet ist, als es dem Menschen primär um die Erkenntnis der Welt und seiner selbst in dieser im Sinne einer Identitätsbildung geht und damit einerseits um *Aufklärung* über die Verhältnisse in Welt und Gesellschaft und andererseits um die Schaffung von Gemeinsinn und Verantwortung anderen Menschen und dem Planeten gegenüber, der unser Leben ermöglicht, was als *Erziehung* beschrieben werden kann. Das unterstreicht die Dialektik von Bildung und Erziehung als eine nicht aufspaltbare Einheit.

Auch dem steht die heute dominierende Bildungsorganisation in allen ihren Gliederungen und die sie steuernden und kontrollierenden gesellschaftlichen Mächte diametral entgegen, gleich, ob man die Mehrheitsverhältnisse in der Gesellschaft, die Bildungspolitik und -administration oder die in der Elternschaft dominierenden Auffassungen betrachtet. Worum es der Mehrheit dabei geht, kann in soziologischen Kategorien leicht gefasst werden: um die Umwandlung von *Humanressourcen* in *Humankapital*[3] und damit um den höchstmöglich erziel-

---

3 Mit diesem Begriff handelt es sich um eine in Volkswirtschafts- und Betriebswirtschaftslehre gefasste Relation von verfügbarem Wissen einer Person zu Investitionen in Bildung (Humankapitaltheorie). In den Wirtschaftswissenschaften wird Humankapital als ein *Produktionsfaktor* (hinsichtlich seiner Kosten-Nutzen-Relationen) betrachtet.

Grundlegende Momente der Aus-*Bildung* für eine inklusionskompetente Pädagogik

baren Output bezogen auf die Investitionen ins Bildungssystem hinsichtlich der wirtschaftlichen Verwertbarkeit und des gesellschaftlichen Nutzens der Menschen, die es durchlaufen haben. Wer diesen Standards nicht zu entsprechen vermag, wird im Gefüge der ständischen und hierarchischen Gliederung des Bildungssystems herabgestuft, bleibt ohne Aufstiegsmöglichkeit oder fällt ganz aus dem System heraus und wird in Sondersysteme (zwangs)inkludiert.

Damit ist eine weitere grundlegende Aussage getätigt, die in der soziologischen Debatte sehr klar herausgearbeitet ist, in der Pädagogik aber weitgehend negiert bleibt: Es gibt niemanden, der nicht inkludiert wäre! Das Problem sind die Folgen bestimmter Teilsysteminklusionen. In der Pädagogik sind es die heute in den Humanwissenschaften hinreichend bekannten Folgen für die Persönlichkeitsentwicklung des Menschen, die aus den sozial und bildungsinhaltlich erheblich deprivierenden und isolierenden Situationen in Sondersystemen erwachsen. Es geht also primär nicht um Inklusionen, sondern um die *Exklusionen*, die zu überwinden sind, und wären sie das, bräuchten wir von Inklusion nicht mehr zu reden. Im Feld der Pädagogik ist Inklusion nicht mehr und nicht weniger als ein Artefakt der ständig erfolgenden Selektion, Ausgrenzung und Segregation von Lernenden im institutionalisierten Erziehungs-, Bildungs- und Unterrichtssystem (sEBU); sie hat an sich keine davon unabhängige Substanz.

Nach diesen unverzichtbaren Hinweisen zur Problemlage, die für sich genommen schon ein hoch komplexes gesellschaftspolitisches und fachliches Feld eröffnen, stellt sich unmittelbar die Frage, für welches Verständnis von Inklusion in der Pädagogik ausgebildet werden soll und was mit Lernen zu bewirken wäre. Dazu gibt es so viele unterschiedliche Meinungen und Konzeptionen, wie es Personen gibt, die sich damit befassen. In diesem Fach ist nach über vier Jahrzehnten der Entwicklung von Integration und Inklusion nichts grundlegend geklärt, was zur wissenschaftlichen Schande gereicht und das Fach zum Tummelplatz paradoxer Theoriebildungen und Praxen macht, wodurch – und das ist das Schlimmste – es der Politik sehr leicht gemacht wird, in Sonntagsreden die Inklusion zu favorisieren und in der Realpolitik das bestehende selektierende, ausgrenzende und segregierende Erziehungs-, Bildungs- und Unterrichtssystem (sEBU) getreu dem Spruch „Divide et impera", also „Teile und herrsche" oder anders gesagt: „Wasche mir den Pelz, aber mach mich nicht nass" fortzuschreiben. Die so genannte wissenschaftliche Pädagogik hat es bis heute verabsäumt, bzw. die wenigen, die sich darum bemühten, blieben erfolglos darin, der Politik die Notwendigkeit eines inklusiven Erziehungs-, Bildungs- und Unterrichtssystems (iEBU) im Interesse jedes einzelnen Menschen, sei er nun behindert oder hoch begabt, und des gesellschaftlich Ganzen und unserer Kultur überzeugend nahezubringen. Diese Defizite der pädagogischen Debatte führen zu Praxen selektierender Inklusion, weshalb ich heute darauf bezogen von *Inklusionismus* spreche.

Georg Feuser

Für eine Aus-*Bildung* angehender Pädagog*innen, gleich in welchen fachlichen Domänen des Faches sie auch arbeiten werden, gehe ich von einer ungeteilten Inklusion aus, so wie es der Begriff, der – aus dem mittelalterlichen Latein stammend – im 19. und 20. Jahrhundert vor allem in die Soziologie Eingang gefunden hat, unmissverständlich meint: „einschließen, einschließlich, inbegriffen"[4]. Man muss, wie schon angedeutet, *die Exklusionen verstehen,* um *Inklusion denken* und auf dieser Basis anbahnen und realisieren zu können. Und ich gehe von einem Lernen aus, das Persönlichkeitsentwicklung induziert und auf Erkenntnisgewinn orientiert ist, der sich in Folge in Wissen verdichtet, das wiederum zum Werkzeug neuen Erkenntnisgewinns zu werden vermag. Nur so kann verstanden werden, was gewusst wird und sich die intrinsische Motivation aufbauen, Welt und Menschen verstehen zu wollen, und nicht, wie im bestehenden Bildungssystem in der Regel üblich, eine extrinsische, die nur auf die Vermeidung von negativen Sanktionen orientiert ist, für die vor allem das Schulsystem ein wahres Füllhorn ist.

Damit geht es als Generalia der Pädagogik um *Bildung* und *Erziehung,* auch derer, die späterhin als Pädagog*innen in der Lage sein sollten, als Teil heterogener Lerngemeinschaften ohne Ausgrenzung und *Verbesonderung* von Lernenden ein die Persönlichkeitsentwicklung induzierendes Lernen zu ermöglichen und zu unterstützen.

Nach dieser Problemorientierung kann in Anbetracht der Komplexität der Fragestellung und der Begrenzung der Zeilen dieses Beitrags nur in programmatischer Weise auf zentrale Grundlagen einer diesem umfassenden Verständnis von Inklusion und Lernen entsprechenden Pädagog*innen-*Bildung* verwiesen werden.

2. Das Mögliche, das im Wirklichen noch nicht sichtbar ist

Meine seit Anbeginn der Integrations- und Inklusionsentwicklung in den deutschsprachigen Ländern durchgängig gemachte Erfahrung ist, dass die für den gesamten Prozess an erster Stelle entscheidende Bedingung, die gleichzeitig die zentrale Ressource ist, unsere eigene Veränderung ist. Schon vor nahezu vier Jahrzehnten habe ich die Aussage getätigt: Integration fängt in den Köpfen an – in unseren![5] Die gesamte Aus-*Bildung* der Pädagog*innen hätte diesem

---

4 Duden 2001, 365; 1999, 1959.
5 Inzwischen ist eine Publikation unter dem Titel *Wider die Integration der Inklusion in die Segregation. Zur Grundlegung einer Allgemeinen Pädagogik und entwicklungslogischen Didaktik* erschienen, die zentrale Arbeiten von mir aus den 1980er Jahren in kommentierter Weise zusammenführt (Feuser 2018). Ich sehe dies als ein Dokument, das auf den Beginn der Integrationsentwicklung verweist und aufzeigt, dass schon damals gesellschaftlich wie fachlich relevante Grundlagen ausformuliert waren, die bis heute Bestand haben, auch bezogen auf eine „Allgemeine Päda-

Grundlegende Momente der Aus-*Bildung* für eine inklusionskompetente Pädagogik

Umstand in allen ihren humanwissenschaftlichen Dimensionen Rechnung zu tragen. Das sei nun kurz skizziert.

Hans Heinz Holz (1927-2011) schreibt in seinen Reflexionen über Walter Benjamin (1892-1940), denen er den Titel *Philosophie der zersplitterten Welt* gab, unter Aspekten des subjektiven und objektiven Charakters der Idee: „Die Idee konstituiert sich im Übergang zur Grenze, an der das Wirkliche ins Mögliche umschlägt."[6] Wenige Zeilen später zitiert Holz Benjamin aus dem ersten Band von dessen Schriften mit folgender Aussage: „So könnte denn wohl die reale Welt in dem Sinn Aufgabe sein, dass es gelte, derart tief in das Wirkliche einzudringen, dass eine objektive Interpretation der Welt sich darin erschlösse." Dies wiederum impliziert, wie Holz herausarbeitet, dass das Mögliche als das, was sein soll, als das *Andere* im Unmöglichen des Wirklichen aufscheint, aber noch nicht wirklich ist, also eine „Idee", die kraft der historischen und dialektischen Methode aus dem Wirklichen heraus geschaffen und gestaltet werden muss – eben auch das, was wir als Inklusion bezeichnen. Oder anders gesagt: Es geht immer um das Mögliche, das im Wirklichen nicht unmittelbar sichtbar ist und sich folglich allem technokratischen Bemühen, es zu prognostizieren und zu fassen, entzieht. Die solchen Bemühungen zu Grunde liegenden Beobachtungen und Beschreibungen führten zu keinen Erklärungen, die ABA-Designs operanter und RTI-orientierter Intervention[7] und der inzwischen nahezu zum Mythos erhobene neue Empirismus evidenzbasierter Forschung[8] wird die für Inklusion erforderlichen Antworten nicht finden.[9] Auch die hoch favorisierten Best-Practice-Modelle

---

gogik und entwicklungslogische Didaktik", die in Kindergärten und Schule praktiziert wurde und das Anliegen der Inklusion in sich aufhebt. Die ‚Irrungen und Wirrungen' in Sachen Inklusion, die heute zu paradoxen und in sich widersprüchlichen Diskursen und Konzeptionen führten und führen und fälschlicherweise einem falschen Integrationsverständnis angelastet werden (Hinz 2002), verdeutlichen sich als Fehlentwicklungen mit reaktionären Folgen in Bezug auf die Elternschaft und Politik.

6 Holz 1992, 102.
7 Ich beziehe mich hier auf das Rügener Inklusionsmodell der Universität Rostock, das davon ausgeht, mittels des Verfahrens *Response to Intervention (RTI)* die inklusive Beschulung umsetzen zu können, eine letztlich auf curriculare Standards bezogene datengeleitete Praxis, die individuelle Förderpläne für die Schüler erstellt, die bezogen auf diagnostisch identifizierte Lern- und Entwicklungsschwierigkeiten und die Ergebnisse einer ständigen Leistungsmessung (monatlich bis wöchentlich mittels standardisierter Testverfahren), so die Ergebnisse den Vergleichsdaten (z. B. Klassendurchschnitt) und den Lernzielen nicht entsprechen, zu einer fächerorientierten Intervention führen, dies wiederum bezogen auf drei evidenzbasierten Förderstufen. Es geht mit der *RTI* primär um die Integration von Wissenschaft und Praxis und eine dafür effektive methodische Organisation des Lernens. Siehe hierzu: <http://www.gpo.gov/fdsys/pkg/PLAW-108publ446/html/PLAW-108publ446.htm> (10.11.2013).
8 Das Verfahren entstammt der Medizin und dem Anspruch, die Behandlung von Patienten zum einen patientenorientiert und zum anderen auf der Grundlage empirisch belegter Wirksamkeit der Behandlung durchzuführen. Eine klare Definition evidenzbasierter Praxis steht im deutschen Sprachraum noch aus.
9 Vgl. Rödler 2013.

bleiben funktionalistisch einer Erfolgserwartung verpflichtet, der beobachtbaren Oberfläche des Geschehens verhaftet und bieten keine Qualitäts- und Reflexionskriterien in Bezug auf Erfordernisse einer ungeteilten Inklusion in der pädagogischen Praxis.[10] Die „Zone der nächsten Entwicklung"[11], in der Lernen stattfindet, entsteht in sozialen Kooperationen und ist kein im Vorhinein diagnostisch zugängliches Phänomen, das in einem Menschen ruht, zu Tage zu fördern und dann (sonder-)pädagogisch zu behandeln wäre. Es bedarf im Sinne von Alexej Leont'ev (1903-1979) des „inneren Beobachters"[12], d. h. der Betrachtung der Verhältnisse aus der Perspektive des Betroffenen und damit auch aus der Perspektive seiner Biographie. Wenn dies nicht gelingt oder erst gar nicht im Horizont der Pädagogik ist, werden mit dem Blick des ‚äußeren Beobachters' an manchen Menschen wieder Phänomene konstatiert, die mit Bewertungen wie lern- und bildungsunfähig, therapieresistent und austherapiert, selbstgefährdend, fremdgefährdend oder gar gemeinschaftsunfähig kategorisiert werden[13], wie ich das vor allem in Bezug auf schwer beeinträchtigte und tiefgreifend entwicklungs- bzw. psychisch gestörte Kinder, Jugendliche oder Erwachsene feststellen muss, die dann noch zynisch als ‚verhaltensoriginell' bezeichnet werden, und, wie eh und je, medikamentös sediert, mechanisch fixiert und/oder in einer Heim- bzw. psychiatrischen Verwahrung verbleiben; für die Pädagogik spielt ihre Existenz noch immer praktisch keine Rolle.

Wir haben es bei der Entwicklung der Inklusion damit zu tun, eine Pädagogik, die das Gegenteil der real Praktizierten ist, eben aus dieser heraus entwickeln zu müssen. Das verlangt von uns zu begreifen, dass eine inklusive Pädagogik als Gegenteil einer selektierenden, ausgrenzenden und segregierenden Pädagogik, welche über Jahrhunderte hinweg in ihrer Effizienz gesteigert und wie kein anderes Feld gesetzlich abgesichert und durch die Staatsmacht kontrolliert und gesteuert wurde, nicht mit denselben Maximen, Mitteln und Praxen ermöglicht werden kann, nach dem das sEBU höchst effizient funktioniert. Das zum einen.

Zum anderen haben wir es – und in keinem anderen Feld mehr und unmittelbarer als in der Pädagogik – beim Thema der menschlichen Entwicklung, die auf

---

10 Das Best-Practice-Modell ist eine anwendungsorientierte Methodik und keine Didaktik im Sinne human- und erziehungswissenschaftlich basierter Planungs- und Evaluationszusammenhänge. Eine – im wahrsten Sinne des Begriffes – unter gegebenen Bedingungen und Umständen *bestmögliche Praxis* ist nicht zwangsläufig eine, die den mit dem Begriff der Inklusion in der Pädagogik bestehenden Erfordernissen an einen (inklusiven) Unterricht sozusagen automatisch entspricht. Auch diese Modelle sind im Denken und in der Praxis dem Paradoxon einer *geteilten Inklusion* ausgeliefert.
11 Vgl. Vygotskij 1987.
12 Vgl. Leont'ev 1982.
13 Dieser Gefahr bleiben die vorstehend erwähnten Modelle in extremer Weise verhaftet. Sie sind allenfalls als Phänomenologie des von außen zu Beobachtenden zu begreifen, ohne theoretische Implikationen, die das Beobachtete erklären würden, ganz zu schweigen davon, dass sie je zu einem *Verstehen* als Basis pädagogischen Handelns kommen könnten.

Grundlegende Momente der Aus-*Bildung* für eine inklusionskompetente Pädagogik

Lernprozessen basiert, stets mit dem Möglichen zu tun, also mit dem, was aus einem Menschen werden kann, das in dem, wie er gegenwärtig ist, noch nicht sichtbar erscheint, also mit dem Möglichen, das im Wirklichen nicht sichtbar ist. Das zielt positiv gewendet auf die Fähigkeit der Pädagog*innen und Therapeut*innen, für ein Kind, einen Jugendlichen oder Erwachsenen, mit dem sie zusammenarbeiten, wie immer sie diesen Menschen in seiner Gegenwart wahrnehmen und wie schwer er auch beeinträchtigt sein mag und selbst wenn er mit intensivmedizinischer Hilfe im Zustand eines Komas lebt oder im Wachkoma, für diesen Menschen also ein *potenziell Mögliches* anzunehmen, das sie nicht kennen können. Dies verlangt natürlich, diesem ihn erreichende, also für ihn auf dem Hintergrund seiner Biographie wahrnehmbare und für seine momentane Lebenslage individualisierte Lernangebote zu machen, was keine Frage seiner Behinderung, sondern eine einer „entwicklungslogischen Didaktik" ist.[14] Martin Buber (1878-1965) hat das in seinen *Reden über Erziehung* schon 1939 wie folgt formuliert:

> „Denn der echte Erzieher hat nicht bloß einzelne Funktionen seines Zöglings im Auge, wie der, der ihm lediglich bestimmte Kenntnisse oder Fertigkeiten beizubringen beabsichtigt, sondern es ist ihm jedesmal um den ganzen Menschen zu tun, und zwar um den ganzen Menschen sowohl seiner gegenwärtigen Tatsächlichkeit nach, in der er vor dir lebt, als auch seiner Möglichkeit nach, als was aus ihm werden kann."[15]

Eine deutlichere Absage an eine defektbezogenes kompensatorisches oder Output steigerndes Funktionstraining kann man kaum formulieren.

Es geht sowohl in Bezug auf die Schaffung einer inklusiven Pädagogik – ich spreche allerdings in diesen Ausführungen aus den schon eingangs erwähnten Gründen weiterhin von einer *Allgemeinen Pädagogik* – als auch in Bezug auf die Entwicklung eines jeden Menschen, sei er nun als behindert etikettiert oder nicht, um das Bemühen, die *Grenze* zu entdecken und sie zu überschreiten, an der die *Idee* einer nicht ausgrenzenden Pädagogik und der Veränderung des Menschen im Sinne seiner Weiter- und Höherentwicklung Wirklichkeit werden kann. Es geht mithin, wie schon angedeutet, um ein auf die „Zone der nächsten Entwicklung" eines Menschen bezogenes Lernen, das Lew Vygotskij (1896-1934)[16] als Unterricht bezeichnet, ganz gleich wo, in welchen Zusammenhängen und durch wen ein solches Entwicklung induzierendes Lernen stattfindet. Diese Momente bilden den Kern pädagogischer und therapeutischer Erfordernisse in Theoriebildung und Praxis im Sinne einer pädagogischen Universalie.

Es bedarf dementsprechend einer wissenschaftlich fundierten und gleichwohl inneren Überzeugung und damit auch der nötigen Zivilcourage und des fachlichen wie politischen Widerstands gegen die Ausgrenzung von Menschen

---

14 Vgl. Feuser 2011a, 2013a.
15 Buber 1962, 63.
16 Vgl. Vygotskij 1987.

in pädagogischen Systemen. Dafür hätte eine Aus-*Bildung* von Pädagog*innen und Therapeut*innen Sorge zu tragen. Es geht, wie das Edouard Séguin (1812-1880) schon 1866 in seinem Buch *Die Idiotie und ihre Behandlung nach physiologischer Methode*[17] gefordert hat, um „die Wiederherstellung der Einheit des Menschen in der Menschheit" und um „die Wiederherstellung der zusammenhanglos gewordenen Mittel und Werkzeuge der Erziehung".[18] Besser ist nicht zu beschreiben, was Inklusion meint. Das heißt, wir haben (a) die *Einheit des Menschen* als solchen, d. h. was wir als seine Behinderung kategorisieren, als eine Bedingung seines Lebens und Lernens zu begreifen und nicht als sein Wesen, ihn (b) sozial vollumfänglich der Menschheit zugehörig zu sehen und (c) die Parallelität von Regel- und Heil- und Sonderpädagogik auf höherer Ebene zu vereinheitlichen und in einer *Allgemeinen Pädagogik* aufzuheben.

3. Zur *Bildung* der Pädagoginnen und Pädagogen

Die bisherigen Ausführungen dürften hinreichend verdeutlicht haben, dass es einer umfassend humanwissenschaftlich fundierten Aus-*Bildung* bedarf, um im Sinne der Überwindung der Exklusionen pädagogisch arbeiten zu können. Aber allein aufgrund des Umstands, dass Studierende während ihrer Aus-*Bildung* nicht wissen, wem sie in welchen Situationen unter welchen Bedingungen mit welchen damit verbundenen Anliegen der Betroffenen beruflich begegnen werden, bedürfen sie einer umfassenden theoretischen Qualifikation, um die ihnen begegnenden Realitäten und Anforderungen in inneren Spiegeln reflektieren, analysieren, erklären und verstehen zu können: Es sind diese „inneren Spiegel", die wir als Theorien verstehen können, die uns in die Lage versetzen, kompetent zu handeln. Ich beschreibe das als eine theoriegeleitete Prozessfolge vom *Erkennen* zum *Erklären*, vom *Erklären* zum *Verstehen* und vom *Verstehen* zum *Handeln*. Dabei meint *Verstehen* zu erkennen, dass ich unter entsprechenden Ausgangs- und Randbedingungen meines Lebens selbst wie jener Andere sein könnte, dem ich begegne und dem gegenüber ich in Verantwortung stehe. Dann ist er für mich nicht mehr der *andere Andere*, der Fremde, der Behinderte, der ich nicht bin und nicht sein möchte, sondern der mit mir Mensch Seiende, der sich nach den gleichen Gesetzmäßigkeiten entwickelt hat wie ich, aber eben unter den anderen Ausgangs- und Randbedingungen seines Lebens.

Damit greife ich schon auf hoch erklärungstüchtige Theorien zu, wie sie etwa die Selbstorganisationstheorie und die daraus resultierende Systemtheorie darstellen. Sie ermöglichen die Erkenntnis: Was wir an einem Menschen als seine Behinderung, seine Entwicklungs- oder psychische Störung wahrnehmen, kann

---

17 Heute würden wir von einer Geistigbehindertenpädagogik sprechen.
18 Séguin 1912, 163 f.

Grundlegende Momente der Aus-*Bildung* für eine inklusionskompetente Pädagogik

verstanden werden als ein entwicklungslogisches Produkt der Integration von internen und/oder externen Systemstörungen in das System mit den Mitteln des Systems, was nach Maßgabe seiner Biographie somit Ergebnis und Ausdruck seiner Selbstorganisation und seiner Aneignungs-Tätigkeit in Bezug auf die sein Leben absichernden Welt-Mensch-Beziehungen und mithin eine systemisch und subjektiv sinnhafte Kompetenz ist.

Was wir als Behinderung wahrnehmen, ist dann Ausdruck der Kompetenz, unter den je spezifischen Ausgangs- und Randbedingungen, die ein Mensch von seiner Zeugung an hat, ein menschliches Leben zu führen. Der Behinderungsbegriff bringt folglich die Art und Weise auf den Punkt, wie sich Verhältnisse, die das Lernen und die Persönlichkeitsentwicklung behindern, über sozialisatorische Prozesse im Subjekt in scheinbar behinderte Wahrnehmungs-, Denk- und Handlungsweisen transformieren. Daher verwende ich den Begriff der *Be-Hinderung* als Ausdruck unserer Art und Weise mit Menschen, die bestimmte Merkmale aufweisen, die wir als *Behinderung* klassifizieren, in einer Weise umzugehen, die sie in ihren Lebens-, Lern- und Entwicklungsprozessen be-*hindern*.

In Anerkennung der Einzigartigkeit eines jeden Menschen ist Inklusion keine Spezialisierung in der Aus-*Bildung* von Pädagoginnen und Pädagogen, sondern deren generelle und notwendige Grundlage, denn wir haben es – auch jenseits des mit Inklusion Gefassten – immer mit einmaligen Menschen zu tun, die es zuvor nicht geben hat und zukünftig nicht mehr geben wird. Bis in die Welt der unseren Kosmos aufbauenden Elementarteilchen hinein, die auch die Atome konstituieren, die unseren Körper aufbauen, müssen wir heute erkennen, dass alles was ist, aus Wechselwirkungen entstanden ist. Ich komme noch einmal auf Holz zurück. Er schreibt – und das lässt sich auf das Verhältnis von Einzelnem und Ganzen und mithin auf das Verhältnis von Diversität und Inklusion beziehen: „Jedes Einzelne ist dann in seinem So-Sein, […] ein Ausdruck der gesamten Einwirkungen, die von allen anderen ausgehen […]"[19], und das ist das individuelle Sein. Maurice Merleau-Ponty (1908-1961) schrieb: „Solange ich am Ideal eines absoluten Beobachters, einer Erkenntnis ohne Standpunkt festhalte, kann ich in meiner Situation nur eine Quelle des Irrtums sehen."[20] Und Lucien Sève (1926-2020) fasst den Sachverhalt sehr deutlich wie folgt zusammen: „Das Individuum ist *einmalig im wesentlich Gesellschaftlichen seiner Persönlichkeit* und *gesellschaftlich im wesentlich Einmaligen seiner Persönlichkeit*; das ist die Schwierigkeit, die zu bewältigen ist"[21], eine Schwierigkeit, die in besonderer Weise durch eine Pädagogik, die sich als inklusiv attribuiert, zu bewältigen ist: Diese Aussage gilt für uns alle in gleicher Weise.

---

19 Holz 2015, 136.
20 Merleau-Ponty 1960, 136 f.
21 Sève 1973, 237.

Georg Feuser

In einer Aus-*Bildung* von Pädagoginnen und Pädagogen müssten das als *Lernen* verstehbare interpersonale Grundverhältnis des Menschen zu seiner personalen und dinglichen Welt und die sich in Folge intrapersonal herausbildenden psychischen Strukturen, die als *Entwicklung* verstanden werden können, mittels erklärungstüchtiger Erkenntnismodelle gelehrt werden, um ein theoriegeleitetes, analysierend-reflexives Verstehen dieser Zusammenhänge und der Handlungen der Menschen als Grundlage des eigenen Handelns mit ihnen erzielen zu können. Grundlegend ist die soziale Qualität des Austausches eines lebenden Systems mit seiner Umwelt. Die selbstorganisierte interne Re-Konstruktion der resultierenden Erfahrungen, wir nannten sie *Entwicklung*, erfolgt nach Maßgabe des *Sinn*s, den die Austauschprozesse einem Individuum im Sinne einer primär affektiv-emotionalen, erlebensbezogenen Komponente machen und, darauf aufbauend, welche *Bedeutung* ein Mensch diesen Ereignissen folglich zumessen kann. Dies wiederum ist die Basis dafür, *kulturelle Bedeutungen*, wie sie das Bildungssystem intendiert, in sein System im Sinne einer primär kognitiv-mentalen Komponente integrieren zu können. Beide Momente bilden eine untrennbare, sich dialektisch vermittelnde Einheit. Die *Qualität* dieser Prozesse ist definiert durch das Verhältnis von durch Dialog, Interaktion und (reziproker) Kommunikation gekennzeichneten kooperativen Teilhabeprozessen im Verhältnis zum Grad der für einen Menschen bestehenden Bedingungen seiner Isolation – und damit sind wir wieder mitten in der Frage von Exklusion und Inklusion.

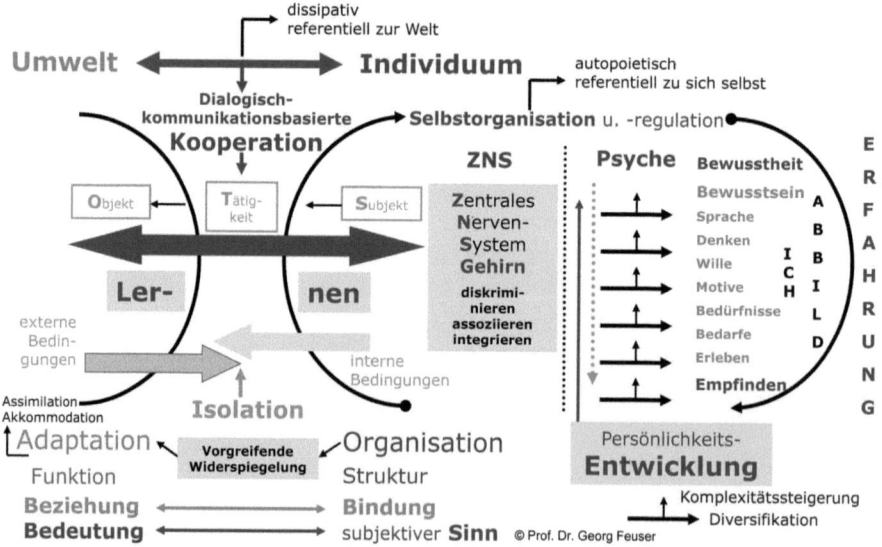

Abbildung 1: Strukturaustauschmodell

Die diese Grundverhältnisse erklärenden und im Studium zu vermittelnden Erkenntnismodelle sind
- die *Selbstorganisationstheorie*, die in ihr gründende *Systemtheorie* und der (kritische) *Konstruktivismus*, der die intrapersonale Rekonstruktion und psychische Organisation der Ereignisse beschreibt, die das System zu Zustandsänderungen veranlassen und u. a. zur internen Ausbildung subjektiver Erfahrungen führen und
- die *Tätigkeitstheorie der Kulturhistorischen Schule*, die das Verhältnis des Menschen zu seiner Welt als *Subjekt-Tätigkeit-Objekt*-Relation begreift, was meint, dass der Mensch sich Welt in aktiv-gegenständlicher Tätigkeit handelnd aneignet und sein Lernen als Prozess der *Interiorisation*[22] verstanden werden kann.
- Das wiederum verlangt, sich mit Entwicklungs- und Lerntheorien und Entwicklungs- und Lernpsychologien und mit den je zugehörigen neurowissenschaftlichen Erkenntnissen auseinanderzusetzen, und in der Folge
- diese Zusammenhänge in das Feld der Erziehungswissenschaften zu transferieren und pädagogisch in einer *Entwicklungslogischen Didaktik*[23] zu fassen,
- begleitet zu lernen, diese Didaktik in unterschiedlichsten pädagogischen und therapeutischen Settings, in unterschiedlichsten Institutionen, Lebenslagen und Lebenszusammenhängen wie bezogen auf alle Lebensaltersstufen zu praktizieren, was, so meine Erfahrung, nur in mindestens über drei Semester angelegten Studienprojekten ermöglicht werden kann, damit
- Theorie und Praxis konkret verknüpft werden können und es möglich wird, forschungsbezogene und theoriegeleitete praxisrelevante Handlungskompetenzen zu erwerben,
- Transparenz in der Lehre geschaffen und nachgewiesen werden kann, dass, was als Resultat aus der Forschung gelehrt wird, auch praktikabel ist, wodurch
- das gespaltene Theorie-Praxis-Verhältnis und eine vor allem im Feld der Pädagogik doch breit vorhandene Theoriefeindlichkeit überwunden werden kann, so dass
- Erkenntnisgewinn zur Basis von Wissen wird und nicht stumpf übernommene Lehrbuchtexte oder gar ‚rezeptologische' Handlungsanweisungen, die einen in Ohnmacht zurücklassen, wenn Menschen nicht mit den Konzepten kompatibel sind, die man anzuwenden gelernt hat. Dann heißt es, dass es mit diesem Kind oder jenem Schüler eben nicht gehe, und die vermeintliche Problemlösung wird dann wieder in der Zuweisung in Sondersysteme gesehen.

---

22 Vgl. Ferrari/Kurpiers 2001; Gal'perin 1967, 1980; Jantzen 2004.
23 Vgl. Feuser 1989, 1995, 2011a.

Im Sinne der Inklusion muss eine Pädagogik so allgemein und fundiert zu realisieren sein, dass sie niemand von Bildung ausschließt und gleichwohl in ihrer Didaktik so spezifisch, dass sie Unterricht von jedem biographisch-sozialisatorischen Erfahrungshintergrund und Entwicklungsniveau her in der Spanne von *aktueller und nächster Zone der Entwicklung* (Vygotskij) der Lernenden zu gestalten vermag, wie ich das schon in der ersten Hälfte der 1980er Jahre mit der Konzeption einer „Allgemeinen Pädagogik und entwicklungslogischen Didaktik"[24] gefasst habe, die Integration und Inklusion in sich aufhebt. Zentral für diese Pädagogik sind drei Momente:

- Das *Moment der Kooperationen,* die eine *Vielfalt an Kommunikationen* erfordern, in denen die Heterogenität der vielen zur Wirkung kommenden Momente ein hohes synergetisches Potential erzeugt, das zu emergenten Lösungen führt, zu solchen Lernergebnissen also, die kein*e einzelne*r Lernende*r für sich hätte erreichen können oder mit ihm bzw. ihr schon per se vorhanden gewesen wären. Das kennzeichnet eine kognitive Dimension des Bildungsprozesses, der auf Erkenntnisgewinn abzielt, aus dem Wissen resultiert, das durch die Erkenntnis selbst bedeutend wird und nicht, wie heute in der Pädagogik üblich, Wissen vermittelt wird, das ohne Erkenntnis bleibt und damit subjektiv überwiegend als sinnlos erfahren wird und für die Persönlichkeitsentwicklung tot bleibt.
- Durch das Moment der die Kooperationen ermöglichenden Kommunikationen werden die Lernenden *sozial füreinander bedeutsam.* Diese Bedeutsamkeit eines jeden für jeden anderen in der Lerngemeinschaft misst sich nicht an einer beeinträchtigungsbedingten pädagogischen und/oder therapeutischen Assistenz oder an der Nutzung von Hilfsmitteln, so wie diese auch den Grad der Erfahrung von Selbstwirksamkeit, Kompetenz und den Gewinn von Prestige in der Lerngemeinschaft nicht schmälern. Zentral ist die *aktive Teilhabe* an der gemeinsamen Kooperation der Lernenden im Kollektiv, in das die Lehrpersonen und andere im Unterricht mitarbeitende Fachpersonen mit einbezogen sind.
- Schließlich verweise ich auf das Moment der *Realisierung des Unterrichts in Projekten,* die sich mit den großen Fragen der Menschheit und den diesbezüglich zu lösenden Problemen befassen.

Man scheint noch immer der Auffassung zu sein, dass die Problematik der Inklusion fächerkonform und fachdidaktisch zu lösen sein wird. Die Attribuierung von Fächern mit „inklusiv", sogar von einer „inklusiven Diagnostik"[25]

---

24 Vgl. Feuser 1989.
25 In diesem Zusammenhang sei nur kurz darauf verwiesen, dass in der Debatte um die Dekategorisierung der Heil- und Sonderpädagogik immer wieder behauptet wird (was für einige Vertreter*innen dieses Anliegens leider auch zutrifft), dass damit eine Negation der objektiv vorliegenden Beeinträchtigungen eines Menschen und damit eine Missachtung ihrer individu-

Grundlegende Momente der Aus-*Bildung* für eine inklusionskompetente Pädagogik

ist die Rede, löst die Probleme nicht und kann nur als eine Art pädagogischer Selbstbetrug gesehen werden, dessen Zeche die dann wiederum als ‚nicht inkludierbar' geltenden Kinder und Jugendlichen bezahlen. Aus Finnland ist zu hören, dass der Fächerunterricht zugunsten von Projektarbeit aufgegeben werden soll, dies auch bezogen auf die so genannten Kernfächer. Diese Schritte werden damit begründet, dass die Welt und die sozialen Verhältnisse zu komplex seien, um sie isoliert in Fächern abbilden und so verstehen lernen zu können. Ich habe das schon vor 40 Jahren gefordert, und es sei auch hier erneut gefordert.

Folgen wir den Arbeiten von Wolfgang Klafki, so ist auch in der allgemeinen Erziehungswissenschaft deutlich ausgesagt, worum es geht, nämlich um „Allgemeinbildung als Bildung *für alle* zur Selbstbestimmungs-, Mitbestimmungs- und Solidaritätsfähigkeit, als kritische Auseinandersetzung mit einem neu zu durchdenkenden Gefüge *des Allgemeinen als des uns alle Angehenden* und als Bildung *aller* uns heute erkennbaren *humanen Fähigkeits*dimensionen des Menschen", um den gerade heute „neu aufkommenden Entpolitisierungsbestrebungen entgegen, auch als *politische Bildung* zur aktiven Mitgestaltung eines weiter voranzutreibenden Demokratisierungsprozesses verstanden zu werden"[26]. Man müsste es nur endlich zur Kenntnis nehmen, denn die Welt ist längst in ihren zentralen Dimensionen der Ökologie[27], der Ökonomie[28], des Sozialen[29] und der Kulturen[30] aus den Fugen geraten.

Von einem dem Anspruch der Inklusion Rechnung tragenden Studieren, das auch Forschen einschließt, wird erst dann wirklich gesprochen werden können, wenn auch Menschen mit Lern-, Kommunikations- und Entwicklungsbeeinträchtigungen ihrer Möglichkeit nach an Forschungsfragen mitwirken, an Ausbildungsgängen teilhaben und sich dabei selbst beruflich qualifizieren können. Damit wird auch deutlich auf den unverzichtbaren Einbezug der *Disability Studies* in die Aus-*Bildung* von Pädagoginnen und Pädagogen verwiesen.[31] Nur so können die zukünftigen Pädagog*innen über ihre eigene segregierte Schuler-

---

ellen Situation verbunden sei. Eine umfassende und fachlich solide Orientierung in Fragen der Beeinträchtigungen, seien sie nun physischer, psychischer oder entwicklungsspezifischer Art, ist eine unverzichtbare Grundlage einer subjektorientierten Pädagogik. Sie ist allerdings nicht, wie in den leider noch immer nicht überwundenen biologistischen und medizinisch-psychiatrischen Modellen, der Fokus von Etikettierungen und der Zuschreibung einer Behinderung i. S. der Wesensart eines Menschen. Sie sind nicht mehr – aber auch nicht weniger – als Bedingungen der Lebensgestaltung, des Lernens und der Entwicklung eines Menschen. Damit ist auch eine Diagnostik nicht obsolet; dies aber im Sinne einer rehistorisierenden (vgl. Jantzen/Lanwer-Koppelin 1996).

26 Klafki 1996, 40.
27 Vgl. Klein 2015.
28 Vgl. Scheidler 2015, Rifkin 2011.
29 Vgl. Bude 2010, Bude/Willisch 2008, Kronauer 2010.
30 Vgl. Kermani 2015.
31 Vgl. Waldschmidt 2003, Priestley 2003, Weisser/Renggli 2004.

fahrung hinaus Inklusion in einer Weise erfahren, die sie später selbst zu lehren und zu praktizieren bzw. bei Kindern und Schüler*innen grundzulegen haben.

Nur ein *inklusives* Projektstudium, das eine übergeordnete Fragestellung im Sinne eines „Gemeinsamen Gegenstandes" über mindestens drei Semester bearbeitet, in dem zentrale Teilfragen in kooperativen, interdisziplinären Prozessen arbeitsteilig und auch forschend zur Lösung gebracht und wöchentlich in einem Projektplenum ausgetauscht und neu konfiguriert werden und in dem Teilhabe durch Zusammenarbeit mit Menschen aller Arten und Schweregrade an Beeinträchtigungen (als Mitstudierende und Partner in Vorhaben und Teilprojekten) erfahren werden kann, vermag einen Studienkontext in Theorie und Praxis zu realisieren und die Erfahrung zu vermitteln, die Inklusion in der Pädagogik verlangt.

4. Eine Studienkonzeption

Ein subjektwissenschaftlich fundiertes Studium der Pädagogik könnte im *Bachelor-Studium (BA)* als inklusives Projektstudium konzipiert werden, das in modularisierter Form interdisziplinär angelegt, transdisziplinär orientiert ist und multiprofessionell durchgeführt wird und in das alle Forschungs-, Leistungs-, Praxis- und Prüfungsanteile pädagogischer und therapeutischer Art wie alle weiteren Fachanteile integriert sind, konzipiert werden.

Das *1. Studiensemester* sollte für alle Studierende aus einer integrierten Eingangs- und Orientierungsphase bestehen, die der Einführung in das Studium an einer Hochschule/Universität, dem Kennenlernen ihrer Struktur, Organisation und ihrer technischen wie sozialen Dienste sowie der Technik des Studierens und der Einführung und Orientierung in die bzw. den Inhalten des Studiums und der Propädeutik der fachlichen Domänen für den gesamten Studienverlauf dient.

Das *2. bis 4. Studiensemester* umfasst darauf aufbauend das *1. Projekt*. Dessen Schwerpunkte sind die erkenntnistheoretische und methodologische Befassung mit den grundlegenden Humanwissenschaften und ihren naturphilosophischen Grundlagen, mit ihren gesellschafts- und kulturwissenschaftlichen Aspekten in Kombination mit einer aufgabenbezogenen Einführung und praktisch-forschenden Tätigkeit in den Handlungs- und Praxisfeldern des Erziehungs-, Bildungs- und Unterrichtssystems, der Behindertenpädagogik[32], der Behindertenfürsorge, der Gesundheits- und Sozialdienste einschließlich therapeutischer Aspekte und der *Disability Studies*.

Das *5. Studiensemester* dient einem fachlich begleiteten, supervidierten und wissenschaftlich auszuwertenden Halbjahrespraktikum, das sich aus den Kon-

---

32 Vgl. Jantzen 2007.

texten des 1. Projekts ergibt. Die Bachelor-Arbeit ergibt sich im *6. Studiensemester* wiederum aus diesen Kontexten.

Im *Master-Studium (MA)* umfassen das *7. bis 9. Studiensemester* ein *2. Projekt*. Dessen Schwerpunkte sind die erkenntnistheoretische und methodologische Befassung mit den Erziehungswissenschaften, insbesondere mit den allgemeinen und speziellen Momenten der „Allgemeinen Pädagogik und entwicklungslogischen Didaktik" in Kombination mit den entsprechenden tätigkeitsbezogenen fachlichen Differenzierungen und Spezifizierungen, insbesondere jenen der personalen und advokatorischen Assistenz.[33]

Das *10. Studiensemester* schließt dann das Studium mit einer Masterthesis ab, deren Thema sich aus dem 2. Projekt ergibt und einen Nachweis theoriegeleiteter Professionalisierung in den gewählten fachlichen Differenzierungen und Handlungsfeldern erbringt.

Mit einer schnellen Veränderung der Institutionen in Richtung Inklusion ist nicht zu rechnen, auch nicht, was die Hochschulen und Universitäten betrifft. Hochschulen und Universitäten sind selbst ‚Sonderschulen' im sEBU. Aber die Pädagogischen Hochschulen und die Fachbereiche und Studiengänge der Universitäten, die mit Pädagogik befasst sind, stehen in einer besonderen Verantwortung, Fragen der Exklusions-Inklusions-Verhältnisse in der Pädagogik und bezogen auf die Bildungsinstitutionen nach außen humanwissenschaftlich fundiert, begrifflich eindeutig und differenziert in die bildungspolitische und gesellschaftliche Wahrnehmung zu bringen und nach innen Schrittmacher einer inklusiven Pädagog*innen-*Bildung* unter Einbezug der Frühen Bildung, der Schulbildung, der Berufsbildung und des universitären Studiums zu sein, mithin *aufzuklären* und nicht einen indifferenten ‚Inklusionismus' hervorzubringen und diesen noch mittels ihrer institutionellen Definitionsmacht zu bedienen und ihm ein wissenschaftliches Alibi zu verleihen.

Auch eine Universität, die mit Musik- und Instrumentalstudien, mit Musiktherapie, darstellender Kunst, Film und Fernsehen einen ganzen Kosmos eröffnet, wird sich diesen Zusammenhängen stellen und sich diskursiv in die damit verbundenen Fragen vertiefen müssen, die ich hier – wirklich nur grob – skizzieren konnte. Dieser Beitrag kann nicht einen Weg weisen, dem man nur einfach zu folgen hätte, um schnell und effizient – ich sage es einmal salopp – den Ball der Inklusion aufzunehmen. Vielmehr wäre neben der Vertiefung der vorgetragenen Ausführungen eine fundierte Befassung mit der Konzeption einer „Allgemeinen Pädagogik und entwicklungslogischen Didaktik" erforderlich, um, sind dessen Grundlagen verstanden und zumindest hinreichend in eine gemeinsame Begrifflichkeit und Sprache übersetzt, in transdisziplinären und multiprofessionellen Teams eine erste Konzeption zu entwickeln und zu erproben. Dazu erlaube ich mir drei Anmerkungen:

---
33 Vgl. Feuser 2011b.

Erstens: Es wird für alle Studierenden, deren Tätigkeitsfelder später im Zusammenhang von Pädagogik oder Therapie mit Musik, Darstellender Kunst und Film und Fernsehen angesiedelt sind, ein BA-Studium in Pädagogik wie das in diesen Zeilen kurz referierte erforderlich werden. Die erforderlichen humanwissenschaftlichen Grundfragen der Pädagogik lassen sich, so nehme ich an, nicht mit dem einen oder anderen Modul im Studium von Musik oder Darstellender Kunst abhandeln. Man könnte sich das im BA als ein Studium in zwei Fächern (Allgemeine Pädagogik *und* Musiktheorie und -praxis) vorstellen, ein Studium, das natürlich so weit als nur möglich stets interdisziplinär geführt werden sollte.

Zweitens: Im MA-Studium – es war in meinen Ausführungen dazu von tätigkeitsbezogenen fachlichen Differenzierungen und Spezifizierungen die Rede – müsste die Verzahnung beider Momente erfolgen: Dies könnte z. B. sein „Musiktherapie in der Frühen Bildung" oder „Musiktherapie im Kontext einer geriatrischen Klientel" oder auch: "Rhythmisch-musikalische Erziehung bezogen auf das Schulalter", um die gesamte Lebensspanne zu bedenken. Aber – und das ist der entscheidende Punkt: Bezogen auf Mehrstufenklassen und eine nicht ausschließende Inklusion wird das nicht in Form eines zu unterrichtenden *Faches* zu realisieren sein (damit wäre man im alten Modell), sondern eingebettet in ein *Projekt*, dessen „Gemeinsamer Gegenstand", den Interessen einer Lerngemeinschaft folgend, z. B. die satellitengestützte Television sein könnte, weil ein Kind beklagt, dass es zu Hause nur verwaschene Bilder auf dem Fernseher hat, wenn es seine Lieblingssendung schauen will, aber nicht weiß, dass der letzte Sturm die Parabolantenne verdreht hat. Nun dürfte in den Gehirnen des Lesers/der Leserin dieser Zeilen eine ‚Karussellfahrt' beginnen, wie man da etwa die rhythmisch-musikalische Erziehung oder gar die Musiktherapie etablieren soll… sicher nicht als ‚Fach' und auch nicht, indem man mit Kindern, die solcher Angebote scheinbar besonders bedürftig sind, in einem Fach- oder Therapieraum das Programm durchzieht, denn dann wäre man schon wieder in Exklusionen und Segregationen und in der sozialen Spaltung der Lerngemeinschaft.

Während des Vortrages projizierte ich einen Baum. Der Stamm verdeutlicht den *Gemeinsamen Gegenstand,* und die Äste bedeuten die Möglichkeiten, ihn zu bearbeiten, und meinen eben *nicht* die klassischen Unterrichtsfächer! Die Wurzeln sind die Wissenschaften, die dem *Gemeinsamen Gegenstand* zugrunde liegen, so z. B. die Newtonschen Gesetze oder die Quantenelektrodynamik, um nur zwei von einer sicher stattlichen Anzahl an Theorien zu benennen, die eine solche Erkenntnis über geostationäre Satelliten und Television grundlegen. Jeder Ast geht von den elementaren senso-motorischen Vollzügen und einem affektiv-emotional getönten Erleben aus und über alle Entwicklungsniveaus bis hin zur Astspitze, zum formal-logischen und dialektischen Denken. Während z. B. am Astansatz ein mit Wasser gefülltes Kännchen so herumgeschleudert werden

Grundlegende Momente der Aus-Bildung für eine inklusionskompetente Pädagogik

kann, dass das Wasser nicht herausläuft oder eben doch, wenn die Geschwindigkeit nachlässt, kann das am Astende in mathematische Formeln gebracht und als Verhältnis von Masse zu Geschwindigkeit berechnet werden. Wer das Kännchen herumschleudert, liefert die Messdaten für das, was andere in derselben arbeitsteiligen Gruppe aufzeichnen und wieder andere berechnen. Und könnte man die Show, die das Kind sehen wollte, nicht auch als Theaterstück selbst inszenieren? Das wäre ein anderer Ast. Oder den Wirrwarr der Elektronen, die die Show vom Studio zum Satelliten und dann zum Fernseher übertragen, also diesen Wirrwarr, mit dem man sich auch quantentheoretisch befassen kann, in einem Tanz darstellen, was wieder ein anderer Ast wäre?

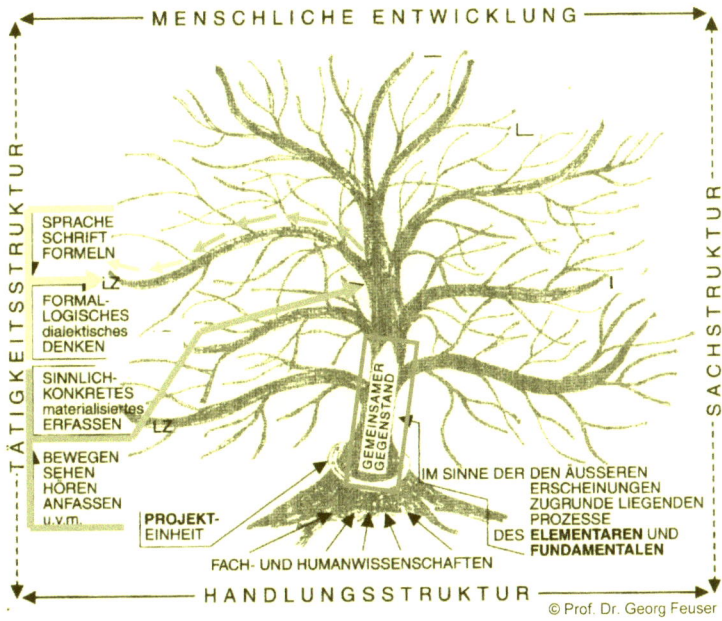

Abbildung 2: Das didaktische Feld einer Allgemeinen Pädagogik

Und dann könnten Tanz und Theater in Bild und Ton dokumentiert, geschnitten und gestaltet werden – und wieder wäre man auf einem weiteren Ast mitten im Medium des *Gemeinsamen Gegenstandes*. Kein Kind oder Jugendlicher in der Lerngemeinschaft muss auf allen Ästen tätig werden, denn jeder Ast entspringt demselben Stamm, repräsentiert also den *Gemeinsamen Gegenstand* in einer spezifischen Form seiner Erfassung und Bearbeitung in Bezug auf die zu gewinnenden Erkenntnisse, die sich in Erfahrung, Erleben und Wissen verdichten.

Meine dritte Anmerkung: Es dürfte deutlich geworden sein, dass man das nicht in einem Curriculum festlegen und dann schlicht nur ‚abarbeiten' kann, sondern die Arbeit am *Gemeinsamen Gegenstand* von Fachpersonen für den jeweiligen Bereich im Co-Teaching[34] mit anderen Lehr- und Fachkräften oder Assistent*innen und im Team mit den Kindern bzw. Schüler*innen entfaltet und gestaltet werden muss. Das Studium müsste in Theoriebildung und Praxis anders sein, als es jetzt vermutlich ist, und die Studierenden werden sehr gut aus-*gebildet* sein müssen, um die erforderliche Synthese von Fachspezifischem und Entwicklungslogischem bezogen auf die Lernvoraussetzungen und Lernbedürfnisse der Mitglieder der Lerngemeinschaft denken und realisieren zu können.

Die Neukonzeption der Pädagog*innen-*Bildung* bezogen auf ein iEBU wird ein langer und mühsamer Prozess gegen sehr viele Widerstände sein. Die Bildungspolitik wird aus gegenwärtiger Perspektive – in Deutschland z. B. mittels des Instruments der Kultushoheit der Länder – die Entwicklung inklusiver Bildungsinstitutionen mit allen ihr zur Verfügung stehenden Mitteln blockieren, zumindest aber zeitlich so ausgedehnt als nur irgend möglich verzögern, was in gleicher Weise auch für die Neukonzeption der Pädagog*innen-*Bildung* an Universitäten und Hochschulen der Fall sein wird. Letztere dürfte die Grundlage für eine Sollbruchstelle der sowohl quantitativen als auch qualitativen Weiterentwicklung von Integration und Inklusion sein. Dies insofern, als Pädagog*innen durch die Beibehaltung einer dem hierarchisch und ständisch gegliederten sEBU verpflichteten Ausbildung, in der Integration und Inklusion kurs- oder modulbezogene Nebenschauplätze des wie bisher üblichen Studiums bleiben, sich für die Praxis einer inklusiven Pädagogik auch weiterhin weder befähigt noch zuständig fühlen und meinen, Inklusion deshalb ablehnen und sie jenen überlassen zu können, die dem Auftrag der UN-BRK in Sachen Bildung zu entsprechen versuchen.

Eine Befreiung aus den Widersprüchen, die mit einer in allen Lebensbereichen perfekt selektierenden, ausgrenzenden und segregierenden Gesellschaft zwangsläufig gerade in der Pädagogik auftreten, gibt es nicht. Es gibt eben, wie Theodor W. Adorno (1903-1969) sagt, kein richtiges Leben im Falschen. Aber, so Adorno in seiner negativen Dialektik: „Wer für die Erhaltung der radikal schuldigen und schäbigen Kultur plädiert, macht sich zum Helfershelfer, während, wer der Kultur sich verweigert, unmittelbar die Barbarei befördert, als welche Kultur sich enthüllte.[35"] In einer Studie über *Gemeinschaften* schreibt Zygmunt Bauman (1925-2017):

---

34 Formen der Zusammenarbeit in einem multiprofessionellen Team (Lehrpersonen, Therapeut*innen, Assistent*innen) bezeichne ich heute mit dem Begriff des *Co-Teaching*, mit dem Begriff *Team-Teaching* hingegen die Zusammenarbeit von Lehrpersonen (z. B. Regel- und Heil- und Sonderpädagog*innen).
35 Adorno 1997, 360.

„Alles in allem bedingt das Ghetto die *Unmöglichkeit von Gemeinschaft*. Diese Eigenschaft macht die in der räumlichen Segregation und Immobilisierung verkörperte Politik der Ausschließung zum Patentrezept für eine Gesellschaft, die nicht mehr dafür sorgen mag, dass alle ihre Angehörigen ‚am gesellschaftlichen Leben teilhaben', die aber sehr wohl wünscht, dass jene weiterhin daran teilnehmen, die es nicht an Eifer und vor allem nicht an Gehorsam fehlen lassen."[36]

Entsprechend gilt in besonderer Weise für die Aus-*Bildung* der Pädagoginnen und Pädagogen, was Antonio Gramsci (1891-1937) fordert: „Man muss nüchterne, geduldige Menschen schaffen, die nicht verzweifeln angesichts der schlimmen Schrecken und sich nicht an jeder Dummheit begeistern", und er fordert „Pessimismus des Verstandes" und „Optimismus des Willens".[37]

Beides wünsche ich den Leserinnen und Lesern, die dazu gehörende Zivilcourage und den erforderlichen revolutionären Geist zur Umgestaltung unserer zum Nutzen und zur schamlosen Bereicherung einiger weniger aus den Fugen geratenen Welt.

Literatur

Adorno, Theodor W.: Negative Dialektik. Frankfurt am Main: Suhrkamp 1997.

Adorno, Theodor W.: Kritik des Musikanten. In: Ders.: Gesammelte Schriften, Band 14. Herausgegeben von Rolf Tiedemann. Frankfurt am Main: Suhrkamp 2003, S. 67-107.

Adorno, Theodor W.: Thesen gegen die musikpädagogische Musik. In: Ders.: Gesammelte Schriften, Band 14. Herausgegeben von Rolf Tiedemann. Frankfurt am Main: Suhrkamp 2003, S. 437-440.

Alheit, Peter/Page, Kate/Smilde, Rineke: Musik und Demenz. Das Modellprojekt „Music for Life" als innovativer Ansatz der Arbeit mit Demenzkranken. Gießen: Psychosozial-Verlag 2015.

Anders, Günther: Philosophische Untersuchungen über musikalische Situationen (1930/31). In: Ders.: Musikphilosophische Schriften. Texte und Dokumente. Herausgegeben von Reinhard Ellensohn. München: C.H. Beck 2017, S. 15-140.

Bauman, Zygmunt: Gemeinschaften. Frankfurt am Main: Suhrkamp Verlag 2009.

Beauftragte der Bundesregierung für die Belange behinderter Menschen: Inklusion bewegt. Die UN-Behindertenrechtskonvention. Übereinkommen über die Rechte von Menschen mit Behinderungen. Berlin 2014.

Buber, Martin: Reden über Erziehung. Heidelberg: Verlag Lambert Schneider 1962.

Buber, Martin: Ich und Du. In: Buber, Martin: Das Dialogische Prinzip. Heidelberg: Verlag Lambert Schneider 1965, S. 5-136.

---

36 Bauman 2009, 150.
37 Gramsci 1999, 2232 (Heft 28, § 11).

Bude, Heinz: Die Ausgeschlossenen. Das Ende vom Traum einer gerechten Gesellschaft. München: dtv 2010.

Bude, Heinz/Willisch, Andreas (Hg.): Exklusion. Frankfurt am Main: Suhrkamp 2008.

Ferrari, Danielle/Kurpiers, Sonja: P.J. Gal'perin. Auf der Suche nach dem Wesen des Psychischen. Butzbach-Griedel: Afra-Verlag 2001.

Feuser, Georg: Allgemeine integrative Pädagogik und entwicklungslogische Didaktik. In: Behindertenpädagogik 28 (1989), H. 1, S. 4-48.

Feuser, Georg: Behinderte Kinder und Jugendliche. Zwischen Integration und Aussonderung. Darmstadt: Wissenschaftliche Buchgesellschaft 1995.

Feuser, Georg: Entwicklungslogische Didaktik. In: Kaiser, Astrid/Schmetz, Ditmar/Wachtel, Peter/Werner, Birgit (Hg.): Didaktik und Unterricht. Band 4 des Enzyklopädischen Handbuchs der Behindertenpädagogik: Behinderung, Bildung, Partizipation. Stuttgart: Kohlhammer Verlag 2011a, S. 86-100.

Feuser, Georg: Advokatorische Assistenz. In: Erzmann, Tobias/Feuser, Georg (Hg.): „Ich fühle mich wie ein Vogel, der aus dem Nest fliegt." Menschen mit Behinderungen in der Erwachsenenbildung. Frankfurt am Main: Edition Lang 2011b, S. 203-218 (Band 6 der Reihe Behindertenpädagogik und Integration, Hg. G. Feuser).

Feuser, Georg: Die „Kooperation am Gemeinsamen Gegenstand" – ein Entwicklung induzierendes Lernen. In: Feuser, Georg/Kutscher, Joachim (Hg.): Entwicklung und Lernen. Band 7 des Enzyklopädischen Handbuchs der Behindertenpädagogik: Behinderung, Bildung, Partizipation. Stuttgart: Kohlhammer Verlag 2013a, S. 282-293.

Feuser, Georg: Grundlegende Dimensionen einer LehrerInnen-*Bildung* für die Realisierung einer inklusionskompetenten Allgemeinen Pädagogik. In: Feuser, Georg/Maschke, Thomas (Hg.): Lehrerbildung auf dem Prüfstand. Welche Qualifikation braucht die inklusive Schule? Gießen: Psychosozial-Verlag 2013b, S. 11-66.

Feuser, Georg: Inklusion – das Mögliche, das im Wirklichen noch nicht sichtbar ist. In: Feuser, Georg (Hg.): Inklusion – ein leeres Versprechen? Zum Verkommen eines Gesellschaftsprojekts. Gießen: Psychosozial Verlag 2017, S. 183-285.

Feuser, Georg: Wider die Integration der Inklusion in die Segregation. Zur Grundlegung einer Allgemeinen Pädagogik und entwicklungslogischen Didaktik. Berlin: Peter Lang Verlag 2018.

Gal'perin, Pjotr J.: Die Psychologie des Denkens und die Lehre von der etappenweisen Ausbildung geistiger Handlungen. In: Budilowa, Elena A. (Hg): Untersuchungen des Denkens in der sowjetischen Psychologie. Berlin/DDR: VEB Volk und Wissen 1967, S. 81-119.

Gal'perin, Pjotr J.: Zu Grundfragen der Psychologie. Köln: Pahl Rugenstein Verlag 1980.

Gramsci, Antonio: Gefängnishefte. Band 9, 22. bis 29. Heft. Hamburg: Argument Verlag 1999.

Hinz, Andreas: Von der Integration zur Inklusion – terminologisches Spiel oder konzeptionelle Weiterentwicklung. In: Zeitschrift für Heilpädagogik, 53 (2002), H. 9, S. 354-361.

Holz, Hans Heinz: Philosophie der zersplitterten Welt. Bonn: Pahl-Rugenstein Verlag 1992.

Holz, Hans Heinz: Freiheit und Vernunft. Bielefeld: Aisthesis Verlag 2015.

Jantzen, Wolfgang (Hg.): Die Schule Gal'perins. Berlin: Lehmanns Media 2004.

Jantzen, Wolfgang: Allgemeine Behindertenpädagogik. Berlin: Lehmanns Media 2007.

Jantzen, Wolfgang/Lanwer-Koppelin, Willehad (Hg.): Diagnostik als Rehistorisierung. Berlin: Lehmanns Media 1996.

Kermani, Navid: Wer ist wir? Deutschland und seine Muslime. München: Ch. Beck 2015.

Klafki, Wolfgang: Neue Studien zur Bildungstheorie und Didaktik. Weinheim: Beltz Verlag 1996.

Klein, Naomi: Die Entscheidung: Kapitalismus vs. Klima. Frankfurt am Main: S. Fischer Verlag 2015.

Kronauer, Martin: Exklusion. Frankfurt am Main/New York: Campus Verlag 2010.

Leont'ev, Alexei N.: Tätigkeit, Bewusstsein, Persönlichkeit. Köln: Pahl-Rugenstein Verlag 1982.

Merleau-Ponty, Maurice: Le philosophie et la sociologie. In: Eloge de la philosophie et autres essais. Gallimard: Paris 1960, S. 136-163.

Priestley, Mark: Worum geht es bei den Disability Studies? In: Waldschmidt, Anne (Hg.): Kulturwissenschaftliche Perspektiven der Disability Studies – Tagungsdokumentation. Bifos: Jena 2003, S. 23-35.

Rifkin, Jeremy: Die dritte industrielle Revolution. Frankfurt am Main: Fischer Verlag 2011.

Rödler, Peter: Inklusion ist evident begründbar, aber nicht evident machbar. Behindertenpädagogik 53 (2013), H. 4, S. 381-388.

Scheidler, Fabian: Die Mega-Maschine. Geschichte einer scheiternden Zivilisation. Wien: Pro Media 2015.

Séguin, Edouard: Die Idiotie und ihre Behandlung nach der physiologischen Methode. Herausgegeben von Salomon Krenberger. Original 1866. Wien: Verlag Karl Graeser & Cie 1912.

Sève, Lucien: Marxismus und Theorie der Persönlichkeit. Frankfurt am Main: Verlag Marxistische Blätter 1973.

Stein, Anne-Dore: Inklusion in der Hochschuldidaktik. Herausgegeben von der Gewerkschaft Erziehung und Wissenschaft. Frankfurt am Main: Eigenverlag 2011.

Vygotskij, Lew: Ausgewählte Schriften, Band 2. Köln: Pahl Rugenstein Verlag 1987.

Waldschmidt, Anne (Hg.): Kulturwissenschaftliche Perspektiven der Disability Studies – Tagungsdokumentation. Bifos: Jena 2003, S. 11-22.

Weisser, Jan/Renggli, Cornelia (Hg.): Disability Studies. Ein Lesebuch. Luzern: Edition SZH/CSPS 2004.

Georg Feuser, Jg. 1941, Grund-, Haupt-, Real- und Sonderschullehrer, Sonderschulrektor a. D., seit 1978 Professor für Behindertenpädagogik, Didaktik, Therapie und Integration bei geistiger Behinderung und schweren Entwicklungsstörungen an der Universität Bremen, von 2005 bis 2010 Gastprofessor an der

Georg Feuser

Universität Zürich (zuvor auch an den Universitäten Innsbruck, Klagenfurt und Wien), entwickelte und erprobte u. a. eine Allgemeine Pädagogik und entwicklungslogische Didaktik, die das Anliegen der Inklusion in sich aufzuheben vermag – dies selbstverständlich auch im interkulturellen Kontext.

Eveline Christof

Berufsbezogene Überzeugungen angehender (Musik-)Lehrer*innen zum Thema Inklusion als Aufgabe der Schule

Dieser Beitrag beschäftigt sich mit der Perspektive von Lehrpersonen, mit ihren Meinungen, Einstellungen, subjektiven Theorien, besonders bezogen auf ihre berufsbezogenen Überzeugungen zum großen Themenfeld der Inklusion und deren Bedeutung im Schulfeld bzw. für ihr professionelles Handeln. Dazu wird zunächst die Bedeutung von Einstellungen, Meinungen und Subjektiven Theorien, genauer: von auf den Beruf bezogenen Überzeugungen für das Handeln von (angehenden) Lehrpersonen dargestellt. Weiters wird danach gefragt, inwiefern Inklusion ein aktuelles und wichtiges Thema im Berufsfeld Schule darstellt. Warum Inklusion gerade für die Lehrenden in der Sekundarstufe eine besondere Herausforderung darstellt, wird nachfolgend ausgeführt. Ein kurzer Abriss zu ausgewählten Studien, die das Thema *Überzeugungen von Lehrpersonen und angehenden Lehrpersonen zum Thema Inklusion im Feld Schule* bearbeitet haben, soll Einblick in den aktuellen Forschungsstand geben. Daran anschließend wird besonders die Perspektive von angehenden Musiklehrpersonen in den Blick genommen, indem eine exemplarische qualitative Studie an der mdw – Universität für Musik und darstellende Kunst Wien zu diesem Thema die Sicht von Studierenden des Lehramts Musikerziehung in Form von Blitzlichtern beleuchten und lebendig werden lassen soll. Ein kritischer Abgleich zwischen Theorie und exemplarischen empirischen Einblicken sowie die Frage nach weiteren Forschungsdesideraten werden den Beitrag abrunden.

Berufsbezogene Überzeugungen von (angehenden) Lehrpersonen als handlungsleitende Prinzipien

Der Beruf einer Lehrerin oder eines Lehrers ist von ganz spezifischen Besonderheiten geprägt. In keinem anderen Berufsfeld, in das man im Rahmen einer Ausbildung einsteigt, wird zuvor mehr Zeit verbracht als in der Schule. Jede Person, die Lehrer*in werden möchte, war zuvor über eine lange Zeitspanne – mindestens 12 Jahre oder umgerechnet 12 000-14 000 Stunden – Schüler bzw. Schülerin, bevor sie das Studium zum/zur Lehrer*in beginnt. In diesen vielen Stunden konnten die angehenden Lehrpersonen das Handeln ihrer eigenen Lehrer*innen eingehend beobachten und – auch wenn ihnen das nicht immer bewusst oder ihr Ziel war – genau studieren. Einschlägige Forschungsbefunde zeigen, dass ins Lehramtsstudium einsteigende Personen deswegen schon eine große Bandbreite an persönlichen Überzeugungen, wie der Lehrberuf denn nun in ihren Augen auszusehen habe, in die Ausbildung mitbringen. Lehramtsstudierende kommen mit sehr genauen Vorstellungen über den Lehrberuf in das Studium und sind davon überzeugt, ihr künftiges Arbeitsfeld, die Schule, sehr genau zu kennen. Dies erfolgt jedoch nur aus einer bestimmten Perspektive, nämlich aus jener der Schülerin bzw. des Schülers, wobei diese Sicht nicht jene Kompetenzen erreicht, die professionelle Lehrer*innen auch tatsächlich haben müssen. Lortie[1] hat in einer soziologischen Studie über Lehrer*innen dieses Phänomen als *apprenticeship of observation* charakterisiert. Damit ist gemeint, dass durch die lange und intensive beobachtende Teilnahme am Feld Schule die Handlungen von Lehrpersonen den Schüler*innen sehr vertraut erscheinen (zu einem großen Teil sind sie das auch), was jedoch nur ein vermeintliches Kennen ist, denn der vielfältige Hintergrund der professionellen Tätigkeiten ihrer Lehrer*innen, wie etwa deren lange und umfangreiche wissenschaftliche Ausbildung, deren Aufgaben außerhalb des Unterrichtens und vieles andere mehr, ist den Schüler*innen nicht bekannt. Studierende sind der Meinung, dass sie den Beruf einer Lehrperson schon in der Schule ‚erlernt' haben. Einschlägige Studien zeigen, dass die über viele Jahre als Schülerin und Schüler entwickelten Einstellungen, Haltungen und Überzeugungen das künftige Handeln im Unterricht wesentlich mehr beeinflussen, als die im Laufe des Studiums erfahrenen und wissenschaftlich fundierten Techniken, Strategien und Handlungsanweisungen für das Unterrichten. Die eigenen Haltungen gründen sich auf eigene Erfahrungen und bilden den Horizont, wie Neues wahr- und aufgenommen wird. Diese eigenen Überzeugungen, Haltungen und Werte fundieren unser Wirklichkeitsbewusstsein und stellen den Rahmen dar, der uns hilft wahrzunehmen, diese Wahrnehmungen einzuordnen und zu handeln. Nun ist es so, dass angehenden Lehrpersonen bei der Planung von Unterricht einerseits von dem Wissen ausgehen, das sie im Studium erworben haben, dass sie andererseits aber auch jene Erfahrungen ins Spiel bringen, die sie in ihrer eigenen Schulzeit gemacht haben. Auch diese Erfahrungen haben bei ihnen schon eigene lerntheoretische Überzeugungen ausgebildet. Die Überzeugungen, die sich schon in der Schule ausgebildet haben, haben jedoch zum Teil viel stärkere Eindrücke hinterlassen, da sie auch viel länger wirken konnten. Der langen Schulzeit steht eben eine vergleichsweise kurze Phase des Studiums gegenüber.

Zahlreiche Wissenschaftler*innen haben dieses Phänomen erforscht, wie eine Forschungsgruppe rund um den Begriff *Konstanzer Wanne*.[2] Als Wanne wurde dieses Phänomen deshalb bezeichnet, da schon gegen Ende der 1970er Jahre das erste Mal empirisch nachgewiesen werden konnte, dass das Wissen und die

---

1 Vgl. Lortie 1975.
2 Vgl. Dann u. a. 1978 sowie auch Korthagen 2010 oder Zeichner/Tabachnik 1981.

Unterrichtstechniken, die den Studierenden im Rahmen des Studiums vermittelt werden, beim Einstieg in die Berufspraxis nicht zur Anwendung kommen. Frisch in den Lehrberuf einsteigende Lehrer*innen unterrichten zum Großteil nicht nach den neuesten Erkenntnissen, die sie im Studium in Bezug auf Methoden oder Lehren und Lernen kennengelernt haben, sondern in der Regel so, wie sie selbst in der eigenen Schulzeit unterrichtet wurden. Das ist deshalb der Fall, da neueste Erkenntnisse der Lehr-Lern-Forschung und daraus abgeleitete Methoden zwar im Studium erfahren und erprobt werden, jedoch – zumindest am Beginn des Lehrer*in Seins – keine Routinen aufgebaut werden können. Gerade bei Neueinsteiger*innen herrscht große Unsicherheit, und daher verlassen sich Junglehrer*innen meist auf die am eigenen Leib erfahrenen Methoden. Diese geben ihnen mehr Sicherheit, als neue nur wenig erprobte Methoden und Settings, die sie zwar im Studium kennengelernt, aber nur exemplarisch bzw. vereinzelt anwenden konnten. Die genannte Forschungsgruppe und andere Expert*innen, die Ähnliches untersucht haben, konnten auch feststellen, dass meist nach einem oder zwei Jahren in der Berufspraxis dann doch einige wenige der im Studium vermittelten Erkenntnisse Eingang in das unterrichtliche Handeln der neuen Lehrpersonen finden. Das wissenschaftliche Niveau, auf welchem die Ausbildung der Lehrerinnen und Lehrer endet, kommt nicht in der Praxis an. Es sinkt vorerst auf ein niedrigeres Niveau ab, jedoch folgt auf die Phase des Absinkens (vor allem in den ersten Berufsjahren) ein Anstieg, wenn auch nicht auf dasselbe wissenschaftliche Niveau wie zum Ende der Ausbildung an der Universität oder Hochschule.[3] Generell gilt, dass aufgrund dieser stabilen im Laufe der eigenen Schulgeschichte aufgebauten Haltungen und Überzeugungen, wissenschaftliche Erkenntnisse und etwa daran anschließende methodische Neuerungen nur sehr schwer, sehr langsam und in geringem Ausmaß Eingang in die unterrichtliche Praxis von Lehrer*innen finden. Im Sinne einer stetigen Professionalisierung von Lehrpersonen müssen daher diese berufsbezogenen Überzeugungen Gegenstand von Reflexionsprozessen werden und immer wieder einer Überprüfung auf ihre Angemessenheit für eine Anwendung im pädagogischen Einzelfall und eine Übereinstimmung mit aktuellsten Erkenntnissen der Lehr-, Lern- und Professionalisierungsforschung unterzogen werden.[4]

Inklusion als eine (neue) Aufgabe der Schule

Als die UN-Konvention über die Rechte von Menschen mit Behinderungen auch in Österreich im Jahr 2008 ratifiziert wurde, hatte das große Auswirkungen auf

---

3   Vgl. Korthagen 2010.
4   Vgl. Christof 2016, 2017.

das staatliche Bildungswesen. Der Artikel 24 dieses Dekrets beschäftigt sich mit dem Bereich der Bildung und legt fest:

> „Die Vertragsstaaten anerkennen das Recht von Menschen mit Behinderungen auf Bildung. Um dieses Recht ohne Diskriminierung und auf der Grundlage der Chancengleichheit zu verwirklichen, gewährleisten die Vertragsstaaten ein inklusives Bildungssystem auf allen Ebenen und lebenslanges Lernen mit dem Ziel, [...] Menschen mit Behinderungen ihre Persönlichkeit, ihre Begabungen und ihre Kreativität sowie ihre mentalen und körperlichen Fähigkeiten voll zur Entfaltung bringen zu lassen; [...] Menschen mit Behinderungen zur wirksamen Teilhabe an einer freien Gesellschaft zu befähigen."[5]

Inklusion im Bereich der Schule stellt dabei einen wichtigen Schritt dar, um Menschen mit Behinderungen eine echte Teilhabe an allen Bereichen der Gesellschaft zu ermöglichen. Dazu heißt es weiter:

> „Bei der Verwirklichung dieses Rechts stellen die Vertragsstaaten sicher, dass a) Menschen mit Behinderungen nicht aufgrund von Behinderung vom allgemeinen Bildungssystem ausgeschlossen werden und dass Kinder mit Behinderungen nicht aufgrund von Behinderung vom unentgeltlichen und obligatorischen Grundschulunterricht oder vom Besuch weiterführender Schulen ausgeschlossen werden; b) Menschen mit Behinderungen gleichberechtigt mit anderen in der Gemeinschaft, in der sie leben, Zugang zu einem inklusiven, hochwertigen und unentgeltlichen Unterricht an Grundschulen und weiterführenden Schulen haben; [...] Menschen mit Behinderungen innerhalb des allgemeinen Bildungssystems die notwendige Unterstützung geleistet wird, um ihre wirksame Bildung zu erleichtern; e) in Übereinstimmung mit dem Ziel der vollständigen Inklusion wirksame individuell angepasste Unterstützungsmaßnahmen in einem Umfeld, das die bestmögliche schulische und soziale Entwicklung gestattet, angeboten werden."[6]

In Österreich findet seit den 1990er Jahren ein Wandel im Schulsystem statt. Eltern behinderter Kinder können seit 1993 für die Primarstufe und seit 1996 auch für die Sekundarstufe wählen, ob ihr Kind in speziellen Einrichtungen – in sogenannten Sonderschulen bzw. in speziellen sonderpädagogischen Einrichtungen – oder in inklusiven Settings in der Regelschule beschult werden soll. Von da an gibt es die ersten Ansätze zur Inklusion von Kindern mit verschiedensten Formen der Beeinträchtigung in das Regelschulwesen. Die Umwandlung zu einem inklusiven Schulsystem sollte jedoch kein Sparprogramm sein, und es war auch nicht das Ziel, hoch spezialisierte Schulen für Kinder mit sehr speziellen Bedürfnissen ganz abzuschaffen. Ziel war, die Bedürfnisse jedes Kindes so zu berücksichtigen, wie es von der UN-Menschenrechtskonvention gefordert wurde.

Die Frage, wie behinderte Kinder am besten gefördert werden können – in inklusiven oder in speziellen Settings – wird nach wie vor kontrovers diskutiert. Das erfordert eine differenzierte Herangehensweise: Inklusion sollte keine Frage

---

5   UN-Behindertenrechtskonvention 2008, 18 f.
6   Ebd., 20.

der Ideologie sein, sondern danach fragen, was das Beste für jedes einzelne Kind ist. Die Umsetzung eines vermehrt inklusiv ausgerichteten Schulwesens macht jedoch auch die Umgestaltung der Ausbildung der Pädagog*innen notwendig, wenn zunehmend Kinder und Jugendliche mit Behinderungen oder speziellen Bedürfnissen in Regelklassen unterrichtet werden sollten. In die Studienpläne der Ausbildung von Primar- und Sekundarstufenpädagog*innen sind seit den ersten Reformen rund um das Jahr 2000 immer mehr Themen wie Heterogenität, Diversität und Inklusion aufgenommen worden. Seit der umfassenden Reform der Ausbildung von Lehrpersonen aller Schulstufen durch die *PädagogInnenbildung NEU*[7] gibt es ab dem Studienjahr 2015/2016 keine dezidierte Ausbildung mehr für ein Lehramt *Sonderschule*. Seit jenem Studienjahr ist es möglich, im Bereich der Primarstufe den Schwerpunkt *Inklusive Pädagogik* zu wählen, und im Sekundarstufenlehramt kann statt eines zweiten Unterrichtsfaches die Spezialisierung *Inklusive Pädagogik* studiert werden.

Auf den Seiten des österreichischen Bundesministeriums für Bildung, Wissenschaft und Forschung wird als zentraler Plan für die kommenden Jahre die Entwicklung eines inklusiven Bildungs- und Wissenschaftssystems genannt. 2021 wurde vom zuständigen Minister ein Consulting Board für inklusive Bildung und Sonderpädagogik etabliert, das ein Strategie- und Positionspapier[8] erarbeitet hat, das zum Ziel hat,

> „eine Basis für kurz-, mittel- und längerfristige Entwicklungen im Bereich der inklusiven Bildung in Österreich zu schaffen, die sowohl die Perspektive einer Vision beinhaltet als auch auf einem realistischen Verständnis eines komplexen Reformprozesses beruht, der auf mehreren Ebenen von unterschiedlichsten Konstellationen von Akteurinnen und Akteuren und ihren jeweiligen Interessen, Bedarfen und Anliegen geprägt ist"[9].

Inklusion als Herausforderung für die Sekundarstufe

Nachdem der gemeinsame Unterricht aller Schüler*innen in der Primarstufe schon immer praktiziert und Inklusion dort auch schon viel länger Thema ist, ist die Forderung nach Inklusion in der Sekundarstufe mit verschiedenen Problemen konfrontiert. Biewer u. a.[10] analysieren die besonderen Schwierigkeiten, die sich bei der Umsetzung von Inklusion in der Sekundarstufe erge-

---

7   Siehe dazu die entsprechenden Seiten des BMBWF, URL: <https://www.bmbwf.gv.at/Themen/schule/fpp/ausb/pbneu> (18.09.2021).
8   URL: <https://www.bmbwf.gv.at/Themen/schule/schulsystem/sa/sp/cb_inklusion.html> (18.09.2021).
9   Ebd., 5.
10 Vgl. Biewer u. a. 2015.

ben und machen individuelle und soziale sowie institutionelle Faktoren dafür verantwortlich. Als individuelle Faktoren, die die Inklusion von behinderten oder beeinträchtigten Schüler*innen in der Sekundarstufe erschweren, werden genannt, dass die Leistungen mit zunehmendem Alter der behinderten Schüler*innen einen immer größeren Abstand zu dem Wissen und Können der anderen Schüler*innen erkennen lassen und besonders jene mit intellektuellen Beeinträchtigungen dann keinen Anschluss an die Mitschüler*innen mehr finden. Biewer u. a. fragen nach „dem Effekt schulischen Lernens, wenn dieses sich auf individualisierte Angebote konzentriert und die sich aus der schulischen Interaktion ergebenden potenziellen Lernzuwächse reduziert sind"[11]. Das heißt, dass beeinträchtigte Schüler*innen zwar immer weiter durch individualisierten Unterricht gefördert werden können, sie jedoch den Anschluss an ihre Mitschüler*innen verlieren. Das bedingt auch in weiterer Folge soziale Faktoren, die ebenfalls wirksam werden und laut Biewer u. a. ausschlaggebend für eine nicht gelingende Inklusion sein können. In der Sekundarstufe und vor allem mit dem Einsetzen der Pubertät wird die Peer Group für die soziale Entwicklung der Jugendlichen enorm wichtig. Gleichaltrige geben anstelle der Eltern und frühen Bezugspersonen neue Entwicklungsrichtungen vor, was im Fall von Jugendlichen mit speziellen Bedürfnissen zu Problemen führen kann, wenn sie in der Gruppe der Mitschüler*innen, die auch alle pubertierend und auf der Suche nach Anhaltspunkten für ihre Entwicklung sind, nicht genügend Akzeptanz finden können. Biewer u. a. führen hier eine Reihe von Studien an, die solche Prozesse der Ausgrenzung bis hin zu Mobbing und Bullying (auch hin zu neueren Formen von Cyberbullying) von Kindern mit sichtbaren, aber auch unsichtbaren Behinderungen aufzeigen.[12]

Institutionelle Faktoren, welche Inklusion in der Sekundarstufe begrenzen, sind „das Selbstverständnis und die Struktur des Schulsystems, die Einstellung der Lehrkräfte und des Weiteren die Steuerungsmechanismen hin zur Sonderschule"[13]. Die Struktur unseres gegenwärtigen Schulsystems sieht nach der Primarstufe eine Selektion der Schüler*innen nach (vermeintlichen) Begabungen bzw. intellektuellen Fähigkeiten vor. Es herrscht ein allgemeines Verständnis von Schulleistungen und Schulerfolg vor, das sich auf rein kognitive Lernprozesse und mess- bzw. standardisierbare Leistungen bezieht. Heterogenität der Schüler*innen, individualisierte Lernprozesse und vor allem individuelle Leistungsmessung haben in diesem meritokratischen System wenig Platz. Leistung in Form von Scores und eine Orientierung an Normen ist das, was letztendlich zählt, um die Schüler*innen so zu ihren späteren gesellschaftlichen Positionen

---

11   Ebd., 15.
12   Ebd., 16 f.
13   Ebd., 17.

zuzuordnen, und deshalb ist eine echte Inklusion von Schüler*innen vor allem mit intellektuellen Beeinträchtigungen sehr schwer umzusetzen.

Kiel und Weiß[14] sehen daher besonders für Lehrpersonen höherer Schulformen eine Herausforderung, Inklusion umzusetzen. Sie fragen danach, was die Anerkennung von Inklusion in höheren Schulformen erschwert und schreiben dies einer vielschichtigen Problemlage zu. Sie konstatieren einen Orientierungsverlust bei Sekundarstufenlehrer*innen, da diese eine Umwertung ihrer professionellen Werte und ihres Selbstverständnisses erfahren können. Lehrpersonen in der Sekundarstufe sind damit konfrontiert, dass jene Werte der Schulform, in der sie unterrichten, wie Selektion der Schüler*innen nach Leistung, weitgehende Homogenität beim Lernen und der Leistung ihrer Schüler*innen, bei dem nunmehr geforderten Einsatz von inklusiven Settings nicht mehr gelten können, wenn Schüler*innen mit Beeinträchtigungen die geforderten Lern- und Leistungsniveaus eben nicht erreichen können. Die Teilhabe und Gleichbehandlung aller Schüler*innen – gleich, wie sie lernen können und was sie zu leisten imstande sind – setzt ein hohes pädagogisches Ethos bei Lehrer*innen voraus.

> „Empirische Forschung zeigt jedoch, dass ein solches Ethos bei Lehrenden in der Sekundarstufe der Regelschule nicht vorhanden ist. […] Während in dieser Untersuchung[15] Lehrkräfte verschiedener sonderpädagogischer Fachrichtungen als wichtigste Anforderung Formen eines humanistischen Ethos genannt haben, taucht dies bei Sekundarlehrkräften vor allem an Realschulen und Gymnasien überhaupt nicht auf."[16]

Das ist m. E. den Lehrkräften der Sekundarstufe jedoch nicht vorzuwerfen, da diese ethischen Ansprüche nicht oder zumindest nicht genügend in ihrer professionellen Ausbildung zur Sprache kommen und reflektiert werden.

Die UN-Behindertenrechtskonvention hat zu einem anderen Bewusstsein in der Gesellschaft beigetragen, was die Bedürfnisse und vor allem die Rechte von Menschen mit diversen Beeinträchtigungen betrifft. Die Forderung nach uneingeschränkter Teilhabe an allen Teilsystemen der Gesellschaft entspricht jenem Bild der modernen auf Gleichberechtigung beruhenden Gesellschaft, das von einem grundlegenden humanistischen Ethos geprägt ist. Wenn jedoch dieser berechtigte Kampf um Anerkennung der Inklusion auf allen Ebenen aufgrund von politischen Forderungen gesetzlich verankert wird, dann aber die betroffenen Personen nicht in die Umsetzung einbezogen werden, führt dies zu Skepsis und Ablehnung.

Weiters sorgt der Begriff der Diversität, wie er in den letzten Jahrzehnten gebraucht und im Schulbereich angewendet wurde, für Verwirrungen, da nicht zwischen unterschiedlichen Formen von Diversität unterschieden wird. Es wird

---

14 Vgl. Kiel/Weiß 2015.
15 Hier wird auf eine Studie von Weiß u. a. von 2014 Bezug genommen.
16 Kiel/Weiß 2015, 166.

argumentiert, dass jeder Mensch anders sei und es keine Klassifikationen geben sollte, in welchem das eine als Norm, das andere als Abweichung klassifiziert werde. Es stellt sich aber die Frage, wer die Normen vorgibt und welche Art von Macht hier bestimmend wirkt. „Eine solche Gleichsetzung entspringt zweifellos einem wohlmeinenden Impetus. Gemäß diesem Impuls sind alle verschieden, aber niemand ist aufgrund seiner Verschiedenheit besser oder schlechter als andere."[17] Hier zeigt sich eine Art Widerstand gegen die Vorstellung von Normalität, was jedoch nicht breite gesellschaftliche Zustimmung findet. Von Kiel und Weiß werden zahlreiche Studien angeführt, die dokumentieren, dass es nicht beliebig und nicht wertfrei möglich ist, Diversität zu definieren, und dass mit der Bestimmung von Kategorien wiederum Machtansprüche und eben auch Ängste verbunden sind. Sekundarstufenlehrpersonen müssen mit diesem Dilemma umgehen. „Wenig hilfreich für die Anerkennung von Inklusionsbemühungen ist in diesem Zusammenhang die starke Ideologisierung des Inklusionsgedankens von den Vertreter/innen der radikalen Inklusion."[18] Eine verordnete Inklusion führt demnach bei der Mehrheit der Sekundarstufenlehrpersonen zu Skepsis und Ablehnung.[19]

Lehrer*innen der Sekundarstufe sehen sich von ihrem Selbstverständnis und von ihrem professionellen Aufgabenspektrum für die Umsetzung von Inklusion nicht genügend ausgebildet[20] und daher auch nicht für deren Umsetzung zuständig. Durch viele empirische Studien ist bekannt, dass – entgegen einer Illusion der Homogenität gleichaltriger Schüler*innen in einer Klasse – alle Schulformen durch ein hohes Maß an Heterogenität geprägt sind. Vor allem Lehrpersonen, die in Gymnasien unterrichten, sehen sich vordergründig als Wissensvermittler*innen in ihren Fächern und nicht als solche, die für pädagogische oder erzieherische Aufgaben in der Schule zuständig sind. Dieses Professionsverständnis wird leider immer noch – eigentlich entgegen dem Stand der wissenschaftlichen Forschung – in den Ausbildungen perpetuiert.

Als letzten Punkt, der die Anerkennung einer inklusiven Schulreform für Sekundarstufenlehrkräfte erschwert, führen Kiel und Weiß an, dass die Literatur zum Thema Inklusion stark normativ geprägt ist und empirische Befunde speziell bezogen auf Inklusion in der Sekundarstufe als defizitär anzusehen sind. Es gibt wenige quantitative Befunde, und qualitative Studien weisen oftmals Mängel in Bezug auf die Einhaltung von wissenschaftlichen Gütekriterien auf, wie etwa eine unklare Stichprobenzusammensetzung oder eine Überrepräsentation von einzelnen Gruppen.

---

17 Ebd.
18 Ebd., 168.
19 Dazu werden im nächsten Teil, in welchem empirische Ergebnisse zu Einstellungen von Lehrpersonen zum Thema Inklusion dargestellt werden, Befunde aufgezeigt.
20 Auch dieser Befund wird durch die weiter unten dargestellten Studien bestätigt.

Kiel und Weiß nennen Ansätze und Möglichkeiten, wie Inklusion im Bereich der Sekundarstufe stärker ins Bewusstsein der Lehrpersonen gerückt werden kann. Es bedarf dazu schon in der Ausbildung eines vermehrten Wissens über Theorie zu sowie von Formen und Weisen der Umsetzung von Inklusion, weiters einer Überzeugungsarbeit bezogen auf die Ängste von und Ansprüche an die Lehrpersonen und schließlich der Thematisierung von Inklusion im Kontext von Gerechtigkeitskonzepten. Vermehrtes Wissen über theoretische Konzepte, empirische Ergebnisse und letztlich auch eine Entideologisierung des Themas Inklusion würden schließlich bewirken, dass auch Sekundarstufenlehrkräfte zur Umsetzung eines inklusiven Schulwesens beitragen. Als zusätzlich wichtigen Schritt sehen Kiel und Weiß eine gut fundierte Zusammenarbeit mit wichtigen Akteur*innen in diesem Feld, nämlich den Fachwissenschaftler*innen, den Erziehungswissenschaftler*innen, den Sonderpädagog*innen und Fachdidaktiker*innen. Um Ängsten und der Skepsis vor allem von Sekundarstufenlehrpersonen gegenüber der Inklusion begegnen zu können, braucht es zudem noch die Bereitstellung von Ressourcen wie gezielte Zusatzausbildungen, zusätzliche Stundendeputate für die Kooperation von Lehrpersonen oder auch Mittel für Supervision oder ähnliche Unterstützungsangebote.[21]

Überzeugungen von Lehrpersonen und angehenden Lehrpersonen zum Thema Inklusion: zum Forschungsstand

Mit dem Terminus inklusive Überzeugungen von Lehrpersonen werden bestimmte berufsbezogene Vorstellungen gefasst, die sich darauf beziehen, wie mit Schüler*innen umzugehen ist, die einen speziellen Förderbedarf haben. Diese Vorstellungen beziehen sich auch darauf, wie Schule und Unterricht auf die Bedürfnisse von allen Kindern eingehen kann und wie alle Schüler*innen bestmöglich nach ihren Möglichkeiten in ihrem Lernen unterstützt werden können. Kopp stellt als Ergebnis einer großen Studie[22] Haltungen dar, aus denen sich inklusive Überzeugungen bei Lehrpersonen zusammensetzen: Zustimmung zu gemeinsamen Unterrichten, Überzeugungen zu struktureller Homogenisierung und Selektion. Aus dieser Studie geht auch hervor, dass sich inklusive Überzeugungen bei Studierenden in eine positive und der Inklusion zustimmende Richtung ändern, wenn sie sich mit dem Thema vermehrt auseinandersetzen und etwa ein Seminar zum Thema Heterogenität besuchen. Jordan, Glenn und McGhie-Richmond haben einige Studien zu diesem Thema durchgeführt und eine Typologie der inklusionsbezogenen Überzeugungen Studierender ent-

---

21 Vgl. ebd., 175 f.
22 Kopp 2009.

wickelt. Sie unterscheiden pathognomische von interventionistischen Überzeugungen. Bei Lehrpersonen mit einer pathognomischen Überzeugung wird Behinderung als ein internales und stabiles Merkmal angesehen und Lernschwierigkeiten werden durch die Behinderung der Schüler*innen erklärt. Diese Lehrpersonen sehen getrenntes Lernen von Schüler*innen mit und ohne Beeinträchtigungen als besten Weg an und unterstützen behinderte Schüler*innen in inklusiven Settings mit vergleichsweise sehr viel weniger Engagement. Lehrer*innen mit interventionistischen Überzeugungen sehen als Ursache für die Behinderungen von Schüler*innen gesellschaftliche Normen an, die definieren, was als behindert anzusehen ist und was nicht. Erst durch diese Normvorgaben entstehen Barrieren, und diese zu verringern sehen sie als vorrangige Aufgabe der Lehrpersonen an. Die Autorinnen betonen auch, dass diese beiden Ausprägungen nicht absolut zu setzen sind und sich nicht gegenseitig ausschließen. Vielmehr sind die Überzeugungen der Lehrkräfte immer auf einem Kontinuum zwischen diesen beiden Polen zu denken. Was jedoch aus der Sicht von Jordan, Glenn und McGhie-Richmond wichtig scheint, ist, dass die jeweiligen Überzeugungen sich auf das unterrichtliche Handeln der Lehrpersonen insofern auswirken, dass Lehrpersonen mit interventionistischen Überzeugungen vermehrt schülerzentrierten Unterricht praktizieren und weniger Motivation durch Belohnung wie etwa durch Noten erreichen wollen.

Eine größere Anzahl an Studien, die in den letzten Jahrzehnten mit Lehrpersonen im deutschsprachigen Raum durchgeführt wurden, hat gezeigt, dass sich die Sichtweise zu Inklusion verändert hat und deutlich positiver geworden ist und die Lehrpersonen über alle Schultypen hinweg diesem Thema nun generell neutral bis positiv gegenüberstehen. Dabei sind Sonderschullehrkräfte generell positiver, aber auch teilweise kritischer eingestellt, Sekundarstufenlehrpersonen sehen das Thema nicht so positiv.[23]

Gebhardt u. a. können in einer Metastudie[24] zeigen, dass sich die Sichtweisen der Lehrpersonen zum Thema Inklusion auch in Bezug auf die Beeinträchtigungen der Schüler*innen unterscheiden. Schüler*innen mit Körperbehinderungen sind aus Sicht der Lehrpersonen einfacher in Regelklassen zu integrieren als jene mit Lernbehinderungen. Am schwierigsten beurteilen die Lehrpersonen Inklusion bezogen auf geistige Behinderungen und Verhaltensauffälligkeiten.

Hecht, Niedermair und Feyerer[25] erheben nach der Umstellung auf die schon erwähnte neue Lehrer*innenbildung mit einem Mixed-Methods-Design an zwei österreichischen pädagogischen Hochschulen die Einstellungen und inklusions-

---

23 Vgl. exemplarisch: Hellmich/Görel 2014, Kessels/Erbring/Heiermann 2014, Trumpa u. a. 2014. Siehe dazu auch in diesem Beitrag den Abschnitt zu „Inklusion als Herausforderung für die Sekundarstufe".
24 Gebhard u. a. 2011.
25 Hecht/Niedermair/Feyerer 2016.

bezogenen Selbstwirksamkeitsüberzeugungen von Lehramtsstudierenden und Berufseinsteigenden. In ihren Analysen zeigt sich,

> „dass positive Erfahrungen und zunehmende Wissensbestände um die Durchführung eines inklusiven Unterrichts im Zuge der Ausbildung bzw. im Rahmen von Weiterbildungsmaßnahmen positive Haltungen bewirken oder zur Stärkung inklusionsbezogener Selbstwirksamkeitsüberzeugungen beitragen"[26].

Die Autor*innen sehen darin eine Aufgabe für die Ausbildung angehender Lehrer*innen, die diesen notwendiges Wissen über Inklusion und praktische Erfahrungen mit inklusiven Settings ermöglichen muss, damit bei den Studierenden inklusionsbezogene Selbstwirksamkeitsüberzeugungen aufgebaut werden können. Diese Überzeugungen aufzubauen ist enorm wichtig, damit zukünftige Lehrkräfte sich den Herausforderungen eines inklusiven Schulsystems gewachsen fühlen und über Kompetenzen zur Gestaltung eines individualisierten Unterrichts verfügen.

Hellmich und Görel[27] haben ebenfalls herausgefunden, dass sich ein positiver Zusammenhang zwischen eigenen Erfahrungen mit inklusiven Settings und einer positiven Einstellung zu Inklusion insgesamt feststellen lässt.

Endres u. a. legen den Fokus ihrer qualitativen Studie[28] auf inklusionsbezogene Überzeugungen von angehenden Lehrpersonen hinsichtlich eines gemeinsamen Unterrichts. Die untersuchten Studierenden wünschen sich mehr Praxisphasen im Studium und das Einbeziehen von Expert*innen, vor allem für Inklusion, um mehr Wissen und Erfahrungen mit den Themen Inklusion und Heterogenität sammeln zu können. Die Studierenden verfügen über kein einheitliches Verständnis von Heterogenität und sehen eine Grenze ihrer Zuständigkeit bei Schüler*innen mit schweren Behinderungen. Einem gemeinsamen Unterricht von beeinträchtigten und nicht beeinträchtigten Schüler*innen stehen sie dann skeptisch gegenüber, wenn es darum geht, alle Schüler*innen tatsächlich in einer Klasse zu unterrichten, auch wenn die Unterschiede sehr groß sind. Bei Schüler*innen mit schweren Behinderungen und hohem sozial-emotionalem Förderbedarf ziehen sie daher für sich eine strikte Grenze und sehen ihre Rolle klar in der Wissensvermittlung und nicht in erzieherischen Belangen. Das bezieht sich auf Schüler*innen mit schweren Behinderungen und Schüler*innen mit Verhaltensproblemen.

Opalinski und Scharenberg[29] untersuchen, inwiefern sich inklusionsbezogene Überzeugungen bei Lehramtsstudierenden durch diversitätssensible Lehrveranstaltungen verändern lassen. In ihrem bildungswissenschaftlichen Studienanteil werden den Studierenden spezielle inklusionspädagogische Lehrveranstaltun-

---

26 Ebd., 98.
27 Hellmich/Görel 2014.
28 Endres u. a. 2020.
29 Opalinski/Scharenberg 2018.

gen mit konzeptuell verankerter Theorie-Praxis-Vernetzung bereitgestellt. Als Design der Studie wird ein Längsschnitt gewählt, und die Studierenden werden jeweils zu Semesterbeginn und zu Semesterende befragt. Durch den Besuch der diversitätssensiblen Lehrveranstaltungen und die Theorie-Praxis-Vernetzung in diesem Bereich haben sich bei den Studierenden die inklusionsbezogenen Einstellungen signifikant verbessert. Über einen tatsächlichen Kompetenzzuwachs konnte mit dieser Studie allerdings nichts ausgesagt werden, ebenso wenig über die Stabilität dieser verbesserten Lage der Überzeugungen zum Thema Inklusion. Um inklusive Professionalität bei den Studierenden nachhaltig entwickeln und verankern zu können, bedarf es der Verbindung von Wissensvermittlung mit einer fallbezogenen Bearbeitung, in welcher „eigenes pädagogisch-didaktisches Handeln sowie theoretisches und empirisches Wissen zu einem Gesamtreflexionsprozess zusammengeführt werden sollten"[30].

Opalinkski und Benkmann vergleichen in ihrer Studie[31] allgemeine und spezifische Einstellungen zur schulischen Inklusion von Lehrpersonen allgemeinbildender Schulen in Thüringen. Die Autorin und der Autor stellen eine insgesamt relativ negative und kritische Einstellung gegenüber Inklusion bei den untersuchten 386 Lehrkräften fest. Interessant ist, dass schulische Inklusion klar als Aufgabenbereich und in der Verantwortung aller Lehrkräfte gesehen wird. Weibliche Lehrpersonen sind laut dieser Studie signifikant positiver gegenüber Inklusion eingestellt als männliche Lehrpersonen. Eine deutliche Mehrheit der befragten Lehrpersonen ist selbst mit Inklusion in ihrer professionellen Tätigkeit befasst. Jene mit mehr Erfahrung bewerten Inklusion in der Schule generell positiver. „Insgesamt waren Gesamtschullehrkräfte signifikant positiver zu schulischer Inklusion eingestellt als Lehrkräfte der Gymnasien und Regelschulen."[32] Die Lehrpersonen der Gesamtschule fühlten sich mehr für Inklusion zuständig und auch in der Umsetzung kompetenter. Sie sehen ihre Zeit für Schüler*innen ohne Förderbedarf nicht eingeschränkt, wenn sie sich in inklusiven Settings speziell um Schüler*innen mit Beeinträchtigungen bemühen und meinen, dass auch Schüler*innen mit schweren Verhaltensauffälligkeiten nicht in Sondereinrichtungen unterrichtet werden sollten.

> „Im Gegensatz dazu hielten Lehrkräfte der Grund- und Förderschulen Sonderklassen, Lehrkräfte der Regelschule Sonderklassen und sogar Förderschulen für angemessen, wenn es um die Beschulung von Schüler/innen mit gravierenden Verhaltensauffälligkeiten ging."[33]

Diese Unterschiede in den Einstellungen sind m. E. einerseits auf die unterschiedlichen Inhalte und Logiken der Ausbildung sowie andererseits auf die

---

30 Ebd., 459.
31 Opalinski/Benkmann 2021.
32 Ebd., 93.
33 Ebd., 96.

Entwicklung eines jeweils spezifisch auf den Schultypus abgestimmten professionellen Habitus und das daraus resultierende Selbstverständnis der Lehrpersonen zurückzuführen.

Eine exemplarische qualitative Studie: *„Aber in der Musik hast du die unglaubliche Chance, Inklusion wirklich gelingen zu lassen."*

Um einen Einblick in die Sicht von Studierenden zum Thema Inklusion zu erhalten, wurden Ende des Jahres 2020 und zu Beginn des Jahres 2021 exemplarisch[34] zwei Interviews[35] mit Masterstudierenden des Lehramts Musikerziehung an der mdw – Universität für Musik und darstellende Kunst Wien nach dem Konzept des „pädagogisch reflexiven Interviews"[36] geführt. Das pädagogisch reflexive Interview ist ein offenes, diskursives und an einem Leitfaden orientiertes Interview. Das bedeutet, dass sich Fragende und Befragte mindestens zweimal treffen. Nach dem ersten Interview werden die Daten in Form einer Rekonstruktion Subjektiver Theorien ausgewertet und den Befragten rückgemeldet, und diese Ergebnisse werden in einem zweiten Treffen aufgegriffen, gemeinsam analysiert und weiterbearbeitet. Themen der beiden Interviews waren der eigene Zugang zum Thema Inklusion, Erlebnisse damit in der eigenen Schulzeit, die aktuelle Sicht auf das Thema Inklusion im Rahmen des Studiums, theoretische Inputs und praktische Übungen zu Inklusion, sowie die eigenen Erfahrungen in schulischen Settings (z. B. im Rahmen der Praktika) in der Rolle als Lehrperson bzw. Praktikant*in. Die ersten Gespräche wurden nach dem Konzept der Subjektiven Theorien ausgewertet und den Gesprächspartner*innen rückgemeldet. Im zweiten Gespräch lag der Fokus neben der kommunikativen Validierung der rekonstruierten Subjektiven Theorien aus dem ersten Treffen auf einer Ver-

---

34 Die Interviews und die Auswertung erheben selbstverständlich keinerlei Anspruch auf Verallgemeinerung und können sicher nicht die Meinung von Studierenden des Lehramts Musikerziehung abdecken oder repräsentieren. Es geht an dieser Stelle darum, einen exemplarischen Einblick in die berufsbezogenen Überzeugungen von Lehramtsstudierenden aus dem Fach Musikerziehung bezogen auf das Thema Inklusion zu gewinnen. Abseits von individuellen Faktoren können jedoch auch Rückschlüsse auf das Feld Schule, wie Inklusion dort umgesetzt wurde bzw. wird und die Sichtweisen von Schüler*innen bzw. Lehramtsstudierenden gezogen werden, da alle erwähnten Akteure und Akteurinnen durch die strukturellen Bedingungen des Felds Schule in ihren Handlungen und Sichtweisen geprägt wurden.

35 An dieser Stelle bedanke ich mich bei meinem Studienassistenten Thomas Sanin, der die Interviews geführt, transkribiert und in einem ersten Schritt ausgewertet hat.

36 Das pädagogisch reflexive Interview (vgl. Christof 2009) ist ein Forschungsprogramm, das mittels eines diskursiven Interviews die Subjektiven Theorien (vgl. Groeben u. a. 1988) einer Person zu einem Bereich erhebt. Das zweite Gespräch dient auch einer kommunikativen Validierung der erhobenen und analysierten Subjektiven Theorien der befragten Person.

tiefung in Form einer Erzählung von ganz konkreten Unterrichtssituationen, in welchen inklusive Settings erlebt wurden.

Beide Studierende (ein Mann, Josef, und eine Frau, Silvia[37]) absolvieren derzeit das Masterstudium des Lehramts Musikerziehung an der mdw – Universität für Musik und darstellende Kunst Wien. Die Auswertung wird in der Form von zwei Fallgeschichten anhand dieser Themen vorgestellt: eigene Definition von und Sicht zum Thema Inklusion, Erleben von Inklusion in der eigenen Schulzeit, Erleben von Inklusion im Rahmen des Studiums (theoretisch und praktisch), konkret erlebte Situation(en) zu Inklusion im Rahmen der schulpraktischen Studien.

Fallgeschichte 1 – Josef

Josef ist gelernter Jazz-Saxophonist. Außerdem hat er bereits Instrumentalpädagogik an der Anton Bruckner Privatuniversität in Linz studiert. Neben seinem aktuellen Lehramtsstudium in Musikerziehung gibt er in unterschiedlichen Musikschulen Saxophon-Einzelunterricht, kombiniert mit Ensemblearbeit, Bandprojekten und Konzerten. Außerdem ist er seit kurzem als Musiklehrer an einer Mittelschule tätig.

Josef erklärt den Begriff Inklusion anhand des bekannten Bildes mit den drei Kreisen. Bei Exklusion gibt es laut ihm einen elitären Kreis, und bestimmte Personen werden von der großen Gruppe ausgeschlossen. Bei der Integration werden die Personen in den Kreis hineingeholt, allerdings sind immer noch deutlich die Unterschiede zu den ‚anderen' zu erkennen.

> „Und die Inklusion ist so einfach ein bunt gespickter Kreis. Und ich finde, das Bild super, weil die Integration ist in Wahrheit das, was ständig stattfindet. Und Integration ist ja eigentlich ein positiv konnotiertes Wort, behaupte ich. Wir integrieren irgendwelche Leute, aber in Wahrheit glaube ich, ist die Integration im schulischen Kontext, also ich bleibe bei der Schule […], also es kann sehr verletzend sein, nicht. Wenn du immer der andere bist, du bis jetzt integriert, hurra, alle sind gelb angezogen, nur ich bin der Depperte, der in Grün daherkommt, das ist schwierig. Also, ich finde, in der Schule ist das Integrieren auch so dieser kleine Bruder vom Mobbing, nicht."

Josef sieht bei vielen Lehrer*innen und bei sich selbst die Gefahr, dass viele dazu tendieren, einen Schüler bzw. eine Schülerin lediglich zu integrieren und nicht zu inkludieren. Er hatte etwa bei einem Praktikum an der Neuen Mittelschule (NMS) das Gefühl, dass Lehrpersonen immer ein bestimmtes ‚Hauptklientel' an Schüler*innen haben, welches sie in die Klasse zu integrieren versuchen. Ihm

---

[37] Die Namen wurden geändert, im Sinne der verbesserten Lesbarkeit und plastischeren Darstellung wird diese Form (fiktive Namen anstelle Interviewpartner*in 1 und 2) gewählt.

wäre lieber, wenn die Schülerinnen und Schüler gleich als besonders und einzigartig angesehen würden und jeder sich daranhalten würde.

Josef würde gerne wissen, ab wann der inklusive Gedanke in der Schule aufkam. Als er selbst zur Schule ging, gab es diesen jedenfalls nicht.

> „Es gab die Sonderschule, an die ist jeder gegangen, der lernschwach war, aber aus unterschiedlichen Gründen. In erster Linie war es der soziale Background, den sie mitgebracht haben, und die Eltern waren es, die ihre Kinder verwahrlosen haben lassen. Die waren an der Sonderschule. An der Sonderschule waren natürlich auch die Menschen mit besonderen Bedürfnissen, natürlich. Deswegen hatte ich in meiner Schulzeit sowohl an der Volksschule als auch gerade am Gymnasium keine Erfahrungen in diesem Sinn. Also, keinen körperlich behinderten Menschen, zum Beispiel."

Josef erzählt, dass es während seiner Praktika keine konkrete Situation gab, in der es um Inklusion ging. Er berichtet beispielsweise von einer NMS in Wien, an der es in seinen Augen überhaupt nicht zu Inklusion kam, weil die Maßnahmen zur Aufrechterhaltung eines einigermaßen geordneten Betriebs an dieser Schule im Vordergrund standen.

> „Also, in diesem Fall ging es in dieser Schule nicht um irgendwelche Inhalte, sondern es war von früh um acht bis nachmittags um halb drei, war es reine Erziehungsmaßnahme, und da war es auch egal, ob Mathematik, Latein, Latein hatten die nicht, Mathematik, Englisch, Geografie oder Musik am Lehrplan stand, ähm am Stundenplan. Es ging um körperliche Gewalt zum Teil, ja. Es ging um Schüler, die schlägern, die jüngere Kinder erpressen, Rauchen am Häusl, um sowas ging es da, den ganzen Tag."

> „Es spielt sozusagen an dem Punkt, wo die Inklusion greifen sollte, nämlich im Vermitteln von Wissen, dann eigentlich. Oder wie gehe ich mit Menschen um, die sich schwerer tun vielleicht im Erfahren von Inhalten. Aber zu diesem Punkt kam es an dieser NMS ja nie. Es ging immer nur darum, wo ist der und der? Und wenn er nicht gerade am Klo ist und eine raucht, dann ist er wahrscheinlich gerade auf der Straße und prügelt sich."

Inklusion hat in den Augen von Josef ständig auch mit Emotion zu tun, da jene Menschen, die man gerne inkludieren möchte, immer auch eine Geschichte mitbringen. Man kann nicht immer bereits im Voraus wissen, wann und wo sich eine Inklusionssituation überhaupt ergibt, weshalb solche Situationen nicht immer planbar sind. Die Schulen sind aus seiner Sicht nicht immer für inklusiven Unterricht ausgestattet, wenn man allein an die Barrierefreiheit denkt.

Dem Thema Inklusion muss man sich aus Josefs Sicht ganzheitlich nähern (Politik, Finanzierung, Ausbildung an den Universitäten etc.). Es ist für ihn höchste Zeit, dass man sich mit diesem Thema in unserer Gesellschaft auseinandersetzt. Wichtig jedoch ist, dass inklusiver Unterricht langsam und nicht von heute auf morgen in den Schulen umgesetzt wird, da der inklusive Unterricht in die Gesellschaft erst langsam hineinwachsen muss und viele noch Skepsis und Ängste gegenüber einer umfassenden schulischen Inklusion empfinden.

Rückblickend auf die Volksschulzeit hat dieser Interviewpartner das Gefühl, dass die Unterschiede im Musikunterricht sehr stark waren. Die Schule war hinsichtlich der sozialen Herkunft der Schüler*innen sehr durchmischt. Die Kinder von Akademiker*innen und Ärzt*innen spielten oft sehr früh ein Instrument. Außerdem hat diese Gruppe an Kindern häufig zusätzlich die Musikschule besucht, wo sie Blockflötenunterricht, Klavierunterricht bzw. Gitarrenunterricht erhielten. Dass sich diese Kinder in der Schule im Fach Musikerziehung viel leichter getan haben, ist klar. Am Musikgymnasium, das Josef ab der Unterstufe besuchte, wurde ein hohes Niveau sowohl im Instrumentalbereich als auch in der Musiktheorie vorausgesetzt.

Josef fühlt sich auf einen inklusiven Musikunterricht nicht gut vorbereitet. Allerdings erhofft er sich, dass er vom letzten ausstehenden Seminar, indem es um Inklusion in der Schule geht, ausreichend Input erhält, um dann einen inklusiven Musikunterricht gestalten zu können. Er hat einen guten Freund in einer Inklusionsschule in Wien und könnte sich durchaus vorstellen, auch dort einmal zu hospitieren.

> „Aber in der Musik hast du die unglaubliche Chance, Inklusion wirklich gelingen zu lassen."

Der Interviewpartner ist hundertprozentig davon überzeugt, dass Inklusion im Musikunterricht funktionieren kann. Dies zeigen beispielsweise die zahlreichen Filme und Dokumentationen über verschiedene Musikprojekte, die einen inklusiven Gedanken verfolgen. Auch an der Wiener Staatsoper gibt es beispielsweise eine Inszenierung, bei der Kinder mit Downsyndrom mitmachen können.

> „Es funktioniert wirklich und die Musik kann das wirklich."

Unsicherheit im Zusammenhang mit inklusivem Musikunterricht hat Josef deshalb, „weil [er] einfach noch keine Erfahrung [hat] und weil [er] darüber noch nicht ausgiebig unterrichtet worden [ist]". Er ist davon überzeugt, dass sich Routine im inklusiven Musikunterricht durchaus einstellen kann, diese allerdings erst recht spät erworben sein wird. Ein weiteres Problem in der Gestaltung eines inklusiven Musikunterrichts sieht Josef bei den älteren Lehrerkolleg*innen. Diese haben im Rahmen ihrer ‚klassischen Ausbildung' mit diesem Thema keine Berührungspunkte gehabt. Gerade aus diesem Grund befürchtet Josef, dass er auf eine große Resignation bei der älteren Lehrergeneration treffen wird. Er ist der Auffassung, dass man sich von den alten Formaten verabschieden sollte, etwa sich nur an den traditionellen Besetzungen von Streichquartett, Orchester oder Jazzband zu orientieren Erst dann kann inklusiver Musikunterricht erfolgen. Ziel eines inklusiven Musikunterrichts muss es laut diesem Interviewpartner sein, „neue Klangkörper entstehen zu lassen". Hindernisse hinsichtlich der

Abhaltung eines inklusiven Musikunterrichts sieht er lediglich bei den materiellen Parametern (Geräte, Raumkapazitäten etc.).

Nach konkreten Vorstellungen und Visionen zu seinem zukünftigen inklusiven Unterricht befragt antwortet der Interviewpartner so: Er würde zunächst auf das musikalisch Sein des Schülers bzw. der Schülerin achten und dessen bzw. deren Stärke im Musikunterricht nutzen. Bei der Vermittlung von Theorie wäre es ihm wichtig, sich zunächst mit dem Phänomen der speziellen Behinderung der Schülerin oder des Schülers zu beschäftigen, um herauszufinden, wie Menschen mit Beeinträchtigung kognitive Dinge wahrnehmen und in welchem Ausmaß sie diese erlernen können. Im Musikunterricht selbst sieht er die Chance der Teilhabe und Teilnahme für den Schüler bzw. die Schülerin mit Beeinträchtigung. Außerdem glaubt er, dass das Musizieren für den Schüler und die Schülerin mit Beeinträchtigung durchaus ein Erlebnis werden kann.

> „Ich glaube, dass ich beim Down-Syndrom beeinträchtigten Menschen auf jeden Fall eine Fähigkeit entdecke, die ich wunderbar einsetzen kann und die auf jeden Fall gleich gut, gleichwertig ist, wie bei einem nicht körperlich, in dem Fall auch geistig beeinträchtigten Kind."

Für sich selbst als Lehrperson sieht er die Chance, dass er eine Schülerperson, die vielleicht sonst in ihrem Alltag aufgrund ihrer Beeinträchtigung ausgeschlossen wird, die Möglichkeit gibt, sich kreativ zu äußern und sie in die Klasse zu inkludieren, vorausgesetzt auch, dass diese wie jede andere Schülerperson dazu selbst bereit ist. Auch für die restliche Klasse sieht er darin eine Chance. Er kann sich durchaus vorstellen, dass es am Beginn auch zu negativen Reaktionen innerhalb eines Klassenverbands kommen kann. Er ist allerdings davon überzeugt, dass dann, wenn die erste Hürde von der gesamten Klassengemeinschaft bewältigt wurde, einem inklusiven Musikunterricht nichts mehr im Wege stünde. Josef glaubt, dass eventuelle Hindernisse und Risiken in einem inklusiven Musikunterricht minimiert werden können, dann nämlich, wenn die Schüler*innen mit einem Menschen mit einer Beeinträchtigung in Berührung kommen. Menschenbilder und Weltvorstellungen könnten sich durch Begegnungen verändern.

> „Ich meine es halt, das Menschenbild würde sich für jeden Schüler verändern, wenn er das erste Mal in eine Situation kommt, wo er einen anderen Menschen, der aufgrund einer Beeinträchtigung einfach anders funktioniert, trifft. Ich finde das Wort funktionieren gar nicht schlimm eigentlich. Ähm, das ist definitiv für jeden Menschen eine Erfahrung. Das, was dann aber oft verbalisiert wird, ist einfach eine blöde Meinungsmache, ja. Aber im Inneren ist es auf jeden Fall für jeden Menschen eine Erweiterung, okay. Es ist halt die Inklusion in unserer Gesellschaft noch nicht inkludiert, so, das ist halt einfach das Problem, aber wir fangen damit ja jetzt an."

Die Inklusion ist aus seiner Sicht noch nicht ganz in unserer Gesellschaft angekommen, aber wir würden am Anfang dieser Entwicklung stehen und damit jetzt beginnen. Einer Gesellschaft bestimmte Dinge einfach überzustülpen, bringt für keinen einen Vorteil. Der Gedanke der Inklusion muss in eine Gesellschaft langsam hineinwachsen.

> „Meine Chance wäre, dass ich einfach einem Menschen eine Möglichkeit gebe, sich kreativ zu äußern, in einem Rahmen der Schule, also sogar in einen verpflichteten Rahmen. Also, er kommt mir gar nicht aus. Das heißt, ich habe da die unglaubliche Chance, diesen Menschen, der vielleicht sonst in seinem Alltag, in seinem Leben häufig ausgegrenzt wird, einfach teilhaben zu lassen."

Fallgeschichte 2 – Silvia

Silvia ist gelernte Sängerin, neben ihrem Lehramtsstudium Musikerziehung unterrichtet die Interviewpartnerin 20 Stunden an einer Musikschule. Die Interviewpartnerin ist der Auffassung, dass in der Universität das Thema inklusive Schule nur wenig angesprochen wird. Letzen Endes muss jede bzw. jeder selbst entscheiden, wie sie oder er damit in ihrem bzw. seinem Unterrichten umgehen will. Silvia meint, dass das Thema inklusive Schule im Laufe verschiedenster bildungswissenschaftlicher Seminare immer wieder nur gestreift wird. Für sie zielt der Inklusionsanspruch auf ein bestimmtes Gruppenverhalten ab. Es geht darum, jede bzw. jeden in eine Gruppe hereinzuholen und teilhaben zu lassen. Für die Interviewpartnerin stellt eine wichtige Voraussetzung, um Inklusion in der Schule gelingen zu lassen, das Kennenlernen der Klasse und der Strukturen dar, da Lehrpersonen ansonsten nicht wissen, worauf sie achten müssen. Sie erzählt von einem ihrer Schulpraktika, in welchem sie einen inklusiven Mathematikunterricht kennenlernen konnte. Die Praxislehrperson hat in ihren Augen versucht, alle Schüler*innen mit ins Boot zu holen und öfters nachgefragt, wer etwas noch nicht verstanden hat. Da laut Silvia ein gutes Vertrauensverhältnis zwischen der Lehrperson und der Klasse herrschte, haben sich die Schüler*innen auch getraut aufzuzeigen, wenn sie etwas nicht verstanden hatten. Für diese Interviewpartnerin hat die beobachtete Lehrperson einen guten inklusiven Unterricht gestaltet, weil sie mit einem Kartensystem spielerisch versucht hat, jede Schülerin und jeden Schüler anzusprechen und sie alle dadurch zur Mitarbeit zu motivieren. Außerdem wusste die Lehrperson durch die Rückmeldung der Schüler*innen, wer bereits etwas verstanden hatte und wer nicht. Dadurch konnte sie noch einmal gezielt die jeweiligen Schüler*innen, die etwas noch nicht verstanden hatten, fördern.

Das Thema Inklusion spielte in der eigenen Schulzeit der Interviewpartnerin keine Rolle. Sie kann sich lediglich daran erinnern, dass es in ihrer Volksschule jemanden gab, der eine geistige und körperliche Beeinträchtigung hatte. Diese

Person wechselte allerdings nach der Volksschule an eine Sonderschule. Es gab in den Augen von Silvia in ihrer eigenen Schulzeit auch keine Schüler*innen, die dem Musikunterricht nicht folgen konnten. Jene, die dem Musikunterricht nicht folgen konnten, hatten für dieses Fach einfach kein Interesse entwickelt.

> „Inklusion ist in der Schule eigentlich ein Riesenthema, es kommt darauf an in welcher Schule, in welchen Klassen man dann auch steht, aber auch welche Möglichkeiten man hat. Also es ist jetzt bei Musik wahrscheinlich nicht so der Fall, aber wir haben schon auch so Teamteaching gehabt und zu zweit und haben das auch probiert oder man hat sich über Ideen ausgetauscht. Natürlich kann man zu zweit noch besser darauf eingehen auf jeden Einzelnen oder noch mehr auf eine Gruppe."

Die Interviewpartnerin würde sich wünschen, dass es im Studium noch mehr angewandte Theorie, auch im Hinblick auf inklusiven Unterricht, gäbe.

> „Also, jetzt zu wissen, dass inklusive Schule ein wichtiger Bestandteil ist, das ist natürlich vollkommen klar, aber wie mit dieser Situation dann umgehen, da bekommen wir jetzt keine Lösungsvorschläge oder auch keine, weiß ich nicht, Tipps oder Anregungen, sondern wir lesen Artikel darüber."

In Silvias eigener Schulzeit wurde die Sonderschule auch dann besucht, wenn Schüler*innen eine Lernschwäche hatten. Der Unterricht fand zu ihrer Schulzeit vor allem exklusiv statt. Sie ist der Auffassung, dass es im Deutsch- und Mathematikunterricht sicherlich bei Inklusion verstärkt auch um Einzelförderung gehen wird, vor allem, wenn jemand inhaltlich nicht vorankommt. Im Musikunterricht hingegen „kann man andere Parameter spielen lassen". Mit den anderen Parametern meint sie beispielsweise Gruppenspiele, Gruppenaktionen oder auch einfach nur das gemeinsame Musizieren, das Inklusion im Musikunterricht gelingen lassen kann. Als Lehrende*r kann man dort gezielt einwirken, wer, wo, wann, mit wem spielt, singt etc. Außerdem können Gemeinschaftsprojekte veranstaltet werden. Silvia kann sich in ihrer eigenen Schulzeit in der Oberstufe des Gymnasiums erinnern, dass sie dort einen Lehrer hatte, welcher es schaffte, auch Schüler*innen für den Musikunterricht zu begeistern, welche ursprünglich kein Interesse daran hatten. Danach hatte sie eine Lehrperson, die den Stoff im Musikunterricht einfach „vorpredigte", ohne darauf Rücksicht zu nehmen, ob die Schüler*innen Freude oder Interesse für das Fach entwickeln konnten. Anhand dieser beiden Beispiele zeigt sich für sie ganz klar, was einen erfolgreichen inklusiven Musikunterricht ausmacht.

Diese Interviewpartnerin bedauert, dass es im Musikunterricht kein Teamteaching gibt, in welchem man sich austauschen bzw. absprechen könnte. Aus diesem Grund gestaltet sich dort Inklusion noch einmal schwieriger als in Fächern, in welchen Teamteaching stattfindet, weil man als Lehrperson auf die Entwicklung der Dynamik einer Gruppe mehr schauen muss und hofft, dass sich diese nicht in eine falsche Richtung entwickelt. Die Gefahr, eine Gruppe zu verlieren, ist für einzelne Lehrperson im Musikunterricht viel höher als in Fächern, in denen im Teamteaching unterrichtet wird.

Silvia findet es spannend, bald selbst inklusiven Musikunterricht an einer Schule gestalten zu können. Es wird ihrer Ansicht nach auch nicht immer alles perfekt funktionieren. Wichtig ist jedoch, dass man es probiert und daraus lernt. Durch das Studium selbst fühlt sie sich auf das Thema Inklusion im Musikunterricht nicht vorbereitet. Vielmehr sei es ihre bisherige Erfahrung, auf welche sie zählen könne.

Inklusiver Musikunterricht bedeutet für Silvia

> „vor allem in der Gruppe was musikalisch [zu] erfahren, sei es eben musizieren oder hören oder eben auch was jetzt in eine Partitur reinschmökern, Erfahrungen sammeln, musikalische Erfahrungen sammeln".

Aus der Sicht der Interviewpartnerin müssen die Schüler*innen keine musikalischen Skills mitbringen. Ihr Ansatz ist es vielmehr, mit dem zu arbeiten, was vorhanden ist.

> „Und wenn jemand halt sehr schwach ist, dann bekommt er halt eine ganz einfache Stimme, aber er kann auf jeden Fall mitspielen."

Silvia sieht im Bereich der Herstellung von Disziplin (Classroom-Management) eine größere Herausforderung als in der Gestaltung eines inklusiven Musikunterrichts.

Für die Interviewpartnerin sieht inklusiver Musikunterricht folgendermaßen aus:

> „Also, ich glaube ganz wichtig ist, dass […] für Schüler*innen, für Jugendliche […] ist Musik doch ein großes Thema. Und natürlich muss man ihnen da irgendwie auch ein Interesse an ihren Personen sozusagen zeigen, dass man sich für ihre Musik interessiert, aber gleichzeitig auch ein Tor dann, dass sie sich auch für jegliche andere Musik interessieren. Für mich ist es irgendwie wichtig, so die Spannung an diesem Thema oder an dieser Verschiedenheit der Musik zu zeigen. Nur weil ich jetzt keine zeitgenössische klassische Musik gerne höre, heißt es nicht, dass ich sie nicht auch anerkennen kann, was das ist oder dass es in jeder Musik so Parameter gibt, mit denen man sich beschäftigen kann. Und also wichtig wäre für mich, dass sie das lernen, was jetzt nicht so viel mit Inklusion zu tun hat, aber, dass man sie sozusagen alle mit reinnehmen kann, die Faszination an der Musik zu lernen oder zu sehen."

> „Auch wenn es eine ist, die mir nicht so gefällt. Und wenn mir die Musik des Nachbarn nicht gefällt, dann heißt das nicht, dass das jetzt, also dieses bäh, ekelhaft und so, dass das nicht vorkommt. Also sozusagen auch die Akzeptanz gegenüber den Mitschülern, dass das sehr wichtig ist, von dem, wie man Musik hört, man muss halt immer noch schauen, was man Faszinierendes daran findet."

Für diese Interviewpartnerin ist außerdem das eigene Musizieren sehr wichtig,

> „weil das halt wieder so Erfahrungswerte mitbringt, so persönliche Erfahrungswerte. Ich habe schon auch gemerkt in der Musikschule, dass es eine andere Erfahrung ist, wenn man Musik mal wirklich selber macht."

> „Das dauert natürlich, das geht nicht sofort, aber man muss da kontinuierlich dranbleiben und das Interesse sozusagen wecken und schauen, dass da sozusagen einfach Musik passiert, wo sie auch das Gefühl haben, ich habe selber was entstehen lassen, obwohl ich selber kein Instrument spiele."

> „Und eben das wäre schon das Ziel, dass man das mit allen macht, ja und dass man da wirklich ebenfalls Kompositionen so auslegt, dass du mit allen das spielen kannst."

> „Dann ist aber auch jeder in dem Team drinnen. Ich stelle mir es zum Beispiel ganz super so als Minimal Music vor."

Inklusion im Musikunterricht lässt sich für Silvia leichter umsetzen als in anderen Fächern, da die Schüler*innen nicht zwingend irgendein Wissen oder Talent für den Unterricht mitbringen müssen, außer wenn sie einen musikalischen Zweig besuchen. Im Hinblick darauf, dass sie bald selbst einen inklusiven Musikunterricht gestalten wird, erwartet sie sich, dass sie diesen nicht nur theoretisch, sondern auch kreativ hält, denn gerade im Unterrichtsfach Musik gibt es viele Möglichkeiten.

Wenn Silvia daran denkt, selbst inklusiven Unterricht zu gestalten, dann würde sie sich über die speziellen Beeinträchtigungen von Schüler*innen in ihrer Klasse zunächst informieren, bspw. über die Formen von Behinderung oder inwieweit diese Schülerin oder dieser Schüler einer spezifischen Form der Leistungsfeststellung unterliegt oder nicht. Sie ist aber grundsätzlich optimistisch und glaubt, dass gerade das gemeinsame Musizieren und Singen immer stattfinden kann. Außerdem glaubt sie, dass durch den inklusiven Gedanken in einer Klasse auch die Klassengemeinschaft gestärkt werden kann.

Eine Schwierigkeit beim inklusiven Musikunterricht sieht die Interviewpartnerin vor allem dann, wenn eine Schülerin oder ein Schüler von der restlichen Klasse aktiv gemobbt wird. Sie würde auch anhand der Stimmung und der Mitarbeit in einer Klasse festmachen, ob der inklusive Musikunterricht gelungen ist oder nicht, wobei der eigene Blick manchmal täuschen kann, wie sie aus ihrer eigenen Unterrichtserfahrung von den Orchesterstunden weiß. Silvia kann sich weiters nicht vorstellen, dass es zu einer Konfliktsituation innerhalb einer Klasse aufgrund einer differenzierten Leistungsbeurteilung bzw. Aufgabenstellung kommen könnte, weil die Schüler*innen in ihren Augen ja wissen, dass die Beurteilung anders erfolgt als ihre eigene.

Eveline Christof

Fazit: Theoretische Grundlagen, empirische Ergebnisse, Ausblick und Forschungsdesiderate

Inklusion ist als wichtiges Thema in der Gesellschaft und somit auch in ihrem Teilsystem Schule angekommen. Umstrukturierungen wie in der Lehrer*innenbildung zeigen eindrücklich, dass unser Schulsystem auf einem guten Weg ist, zu einem tatsächlich alle Mitglieder unserer Gesellschaft inkludierenden Bildungswesen zu werden. Bestimmte Meilensteine, wie etwa das Anrecht von Schüler*innen mit diversen Beeinträchtigungen in Regelschulen unterrichtet zu werden oder die gemeinsame Ausbildung aller Sekundarstufenlehrpersonen zwar mit speziellen Schwerpunkten wie auch inklusiver Pädagogik, aber dennoch in einheitlichen Studienplänen geben die gemeinsame Richtung vor. Alle in den letzten Jahren bzw. sogar Jahrzehnten in Österreich entwickelten Curricula für die Ausbildung von Sekundarstufenlehrpersonen (ebenso für jene der Primarstufe) enthalten zahlreiche Module, die sich theoretisch und praktisch den Themen Heterogenität, *diversity* oder Inklusion widmen.

Von zentraler Bedeutung für eine flächendeckende und alle Schularten umfassende Umsetzung des Inklusionsgedankens sind Lehrpersonen und ihre generelle Einstellung zu Inklusion in den verschiedenen Schulstufen. Forschungsbefunde haben jedoch gezeigt, dass gerade diese Sichtweisen von Lehrpersonen, d. h. ihre berufsbezogenen Einstellungen schwer zu beeinflussen und noch schwerer nachhaltig zu ändern sind. Daher gilt es hier an verschiedenen Punkten in der Aus- und Weiterbildung von Lehrpersonen anzusetzen, um einerseits Ängste und Vorbehalte gegenüber Inklusion abzubauen und um andererseits genügend Wissen über Formen von Beeinträchtigungen oder Behinderungen und einen professionellen Umgang mit denselben bereitzustellen und darüber hinaus Erfahrungen im Umgang mit inklusivem Unterricht zu ermöglichen sowie notwendige Kompetenzen für einen individualisierenden Unterricht zu vermitteln.

Im zweiten Teil dieses Beitrags wurde ein kleiner exemplarischer Einblick in die Sichtweisen von angehenden Musiklehrpersonen gegeben. In diesen beiden Fallgeschichten wird deutlich, dass sich Studierende im Masterstudium sehr wohl schon mit den Themen der inklusiven Schule und eines diversitätssensiblen Unterrichtens auseinandergesetzt haben. Sie haben erste theoretische Zugänge kennengelernt und auch diesbezügliche Praxiserfahrungen sammeln können. Bei Entwürfen für ihre eigenen in der Zukunft liegenden und auf Inklusion bezogenen professionellen Tätigkeiten greifen sie jedoch vermehrt auf eigene Erfahrungen und andere Lerngelegenheiten außerhalb des Studiums zurück. Sie fühlen sich noch nicht genügend vorbereitet, um tatsächlich inklusiven Unterricht gestalten zu können und wünschen sich, dazu noch mehr an spezifischem Wissen und einschlägiger Kompetenz im letzten Teil ihrer Ausbildung aufbauen zu können. Beide befragten Personen stehen dem Gedanken der

Inklusion sehr positiv gegenüber und sehen gerade im Fach Musikerziehung ein enormes Potenzial zu deren Umsetzung. Hier sind zwar nur zwei Studierende, die das in dieser exemplarischen Studie so positiv beschreiben, jedoch kann ich eine überwiegend bejahende Sicht gegenüber Inklusion bei fast allen Studierenden des Faches Musikerziehung, die meine pädagogischen Kurse an der mdw – Universität für Musik und darstellende Kunst Wien in den letzten Jahren besucht haben, feststellen.

Diese exemplarische Studie kann ein erster Ansatzpunkt sein, um eine breitere Diskussion bei Studierenden über eigene Erfahrungen mit dem Schulfach Musik in der Sekundarstufe anzuregen. Die Sichtweisen und Wünsche, aber auch die Befürchtungen der Studierenden in Bezug auf Inklusion in der Schule (speziell was die Herausforderungen für die Sekundarstufe betrifft) zu kennen, kann ebenso dazu beitragen, die Ausbildung wesentlich zu verbessern, um den Studierenden einerseits ihre Ängste und Vorbehalte zu nehmen und ihnen anderseits grundlegendes Wissen und notwendige Kompetenzen zu vermitteln, um in inklusiven Settings des Schulfelds sicher und professionell agieren zu können.

Literatur

Biewer, Gottfried/Böhm, Eva-Theresa/Schütz, Sandra: Inklusive Pädagogik als Herausforderung und Chance für die Sekundarstufe. In: Biewer, Gottfried/Böhm, Eva Theresa/Schütz, Sandra (Hg.): Inklusive Pädagogik in der Sekundarstufe. Stuttgart: Kohlhammer 2015, S. 11-24.

Bundesministerium für Bildung, Wissenschaft und Forschung: Inklusive Bildung und Sonderpädagogik. Strategie- und Positionspapier des Consulting Board. URL: <www.bmbwf.at> (17.09.2021).

Christof, Eveline: Bildungsprozessen auf der Spur. Das pädagogisch reflexive Interview in der Forschungspraxis. Wien: Löcker Verlag 2009.

Christof, Eveline: Berufsbezogene Überzeugungen angehender Lehrerinnen und Lehrer. Professionalisierung durch Reflexion. Habilitationsschrift. Universität Innsbruck 2016.

Christof, Eveline: Was leitet das Handeln von Lehrerinnen und Lehrern? Zum Zusammenhang berufsbezogener Überzeugungen und dem Handeln von LehrerInnen. In: Christof, Eveline/Gerhartz-Reiter, Sabine (Hg.): Lehrer/innenhandeln wirkt. Zu den Chancen und Risiken schulischer Interaktion. schulheft 166 (2017), H. 2, S. 76-93.

Dann, Hanna-Dietrich/Cloetta, Bernhard/Müller-Fohrbrodt, Gisela/Helmreich, Reinhard: Umweltbedingungen innovativer Kompetenz. Eine Längsschnittuntersuchung zur Sozialisation von Lehrern in Ausbildung und Beruf. Stuttgart: Klett-Cotta 1978.

Endres, Annika/Risch, Björn/Schehl, Marie/Weinberger, Philip: „Teacher's Beliefs": Inklusionsbezogene Überzeugungen von angehenden Lehrkräften hinsichtlich eines gemeinsamen Unterrichts. QfI – Qualifizierung für Inklusion 2 (2020) URN: <urn:nbn:de:0111-pedocs-209181 – DOI: 10.21248/qfi.31>. (22.09.2021).

Gebhardt, Markus u. a.: Einstellungen von LehrerInnen zur schulischen Integration von Kindern mit einem sonderpädagogischen Förderbedarf in Österreich. Empirische Sonderpädagogik 3 (2011), H. 4, S. 275-290.

Groeben, Norbert u. a.: Forschungsprogramm Subjektive Theorien. Eine Einführung in die Psychologie des reflexiven Subjekts. Tübingen: Francke Verlag 1988.

Hecht, Petra/Niedermair, Claudia/Feyerer, Ewald: Einstellungen und inklusionsbezogene Selbstwirksamkeitsüberzeugungen von Lehramtsstudierenden und Lehrpersonen im Berufseinstieg. Messverfahren und Befunde aus einem Mixed-Methods-Design. Empirische Sonderpädagogik 8 (2016), H. 1, S. 86-102.

Hellmich, Frank/Görel, Gamze: Erklärungsfaktoren für Einstellungen von Lehrerinnen und Lehrern zum inklusiven Unterricht in der Grundschule. Zeitschrift für Bildungsforschung 4 (2014), H. 3, S. 227-240.

Jordan, Anne/Glenn, Christine/McGhie-Richmond, Donna: The Supporting Effective Teaching (SET) project: The relationship of inclusive teaching practices to teachers' beliefs about disability and ability, and about their roles as teachers. Teaching and Teacher Education 26 (2010), H. 2, S. 259-266.

Kessels, Ursula/Erbring, Saskia/Heiermann, Liesel: Implizite Einstellungen von Lehramtsstudierenden zur Inklusion. Psychologie in Erziehung und Unterricht 61 (2014), H. 3, S. 189-202.

Kiel, Ewald/Weiß, Sabine: Inklusion als Herausforderung für Lehrkräfte höherer Schulformen. In: Biewer, Gottfried/Böhm, Eva Theresa/Schütz, Sandra (Hg.): Inklusive Pädagogik in der Sekundarstufe. Stuttgart: Kohlhammer 2015, S. 164-178.

Kopp, Bärbel: Inklusive Überzeugungen und Selbstwirksamkeit im Umgang mit Heterogenität – Wie denken Studierende des Lehramts für Grundschulen? Empirische Sonderpädagogik 1 (2009), H. 1, S. 5-25.

Korthagen, Fred A. J.: Teacher Reflection. What It Is and What It Does. In: Pultorak, Edward G. (Hg.): The Purposes, Practices, and Professionalism of Teacher Reflectivity. Insights for Twenty-First-Century Teachers. Lanham: Rowman & Littlefield Education 2010, S. 377-401.

Opalinski, Saskia/Benkmann, Rainer: Einstellungen zur schulischen Inklusion – Eine Untersuchung an Thüringer Lehrkräften. In: Benkmann, Rainer/Chilla, Solveig/Stapf, Evelyn (Hg.): Inklusive Schule. Einblicke und Ausblicke. Immenhausen bei Kassel: Prolog-Verlag 2021, S. 85-101 (Band 13 der Schriftenreihe Theorie und Praxis der Schulpädagogik).

Opalinski, Saskia/Scharenberg, Katja: Veränderung inklusionsbezogener Überzeugungen bei Studierenden durch diversitätssensible Lehrveranstaltungen. Bildung und Erziehung 71/2018, S. 449-464.

Sulzer, Annika: Inklusion als Werterahmen für Bildungsgerechtigkeit. In: Wagner, Petra (Hg.): Handbuch Inklusion. Grundlagen vorurteilsbewusster Bildung und Erziehung. Freiburg im Breisgau: Herder ²2017, S. 12-21.

Trumpa, Silke u. a.: Einstellungen zu Inklusion bei Lehrkräften und Eltern – Eine schulartspezifische Analyse. Zeitschrift für Bildungsforschung, 4 (2014), H. 3, S. 241-256.

Wagner, Petra: Vielfalt respektieren, Ausgrenzung widerstehen – aber wie kann man da lernen? Konzepte und Praxis der Aus- und Fortbildung. In: Wagner, Petra (Hg.): Handbuch Inklusion. Grundlagen vorurteilsbewusster Bildung und Erziehung. Freiburg im Breisgau: Herder ²2017, S. 262-279.

Weiß, Sabine/Schramm, Simone/Kiel, Ewald: Was sollen Lehrerinnen und Lehrer können? Anforderungen an den Lehrerberuf aus der Sicht von Lehrkräften und Ausbildungspersonen. Forum Qualitative Sozialforschung 15(3). 2014. URL: <http://www.qualitative.research.net/index.php/article/view/2174> (22.09.2021).

Wittek, Doris: Heterogenität und Inklusion – Anforderungen für die Berufspraxis von Lehrpersonen. In: Rothland, Martin (Hg.): Beruf Lehrer/Lehrerin. Ein Studienbuch. Münster: Waxmann 2016, S. 217-332.

Zeichner, Ken/Tabachnik, B. Robert: Are the Effects of University Teacher Education „Washed Out" by School Experience? Journal of Teacher Education 32 (1981), H. 3, S. 7-11.

Ziemen, Kerstin: Kompetenz für Inklusion. Inklusive Ansätze in der Praxis umsetzen. Göttingen: Vandenhoeck & Ruprecht 2013.

Eveline Christof ist Professorin für Bildungswissenschaft am Institut für musikpädagogische Forschung, Musikdidaktik und elementares Musizieren der mdw – Universität für Musik und darstellende Kunst Wien. Sie studierte Pädagogik und Sonder- und Heilpädagogik an der Universität Wien. 2008 Promotion im Bereich qualitativ erziehungswissenschaftlicher Methoden zur Erforschung von Bildungsprozessen. Langjährige Tätigkeit im Bereich der Lehrer*innenbildung an verschiedenen österreichischen Universitäten und Pädagogischen Hochschulen. 2011-2020 an der Universität Innsbruck am Institut für Lehrer*innenbildung und Schulforschung als Leiterin des Instituts und Professorin für Allgemeine Didaktik tätig. Ihre Arbeits- und Forschungsschwerpunkte sind: Lehrer*innenbildung, Professionalisierungsforschung, Allgemeine Didaktik, Bildungswissenschaften, reflexionswissenschaftliche Forschung.

Kathrin Fabian

Breite Teilhabe und Exzellenz in inklusiven Musizierangeboten der mdw – Universität für Musik und darstellende Kunst Wien

1 Einleitung: Inklusives Musizieren an der mdw

Wie kann es gelingen, breite Teilhabe und Exzellenz an einer Musikuniversität in Einklang zu bringen? Ausgehend von dieser Frage setzt sich dieser Beitrag mit Möglichkeiten der Inklusion im Sinne eines gelingenden Umgangs mit Diversität auseinander. Dabei bilden die inklusiven Musizierangebote der mdw – Universität für Musik und darstellende Kunst Wien den Ausgangspunkt der Erläuterungen; insbesondere wird das Beispiel der inklusiv musizierenden *All Stars Inclusive Band* herangezogen.

Studierende der mdw sind im Rahmen eines Studiums der Instrumental- und Gesangspädagogik (IGP) im Hinblick auf ein mögliches zukünftiges Tätigkeitsfeld an Musikschulen stark mit Fragen zu Exzellenz und breiter Teilhabe konfrontiert. Inklusive Musizierangebote, die sich mit diesen Fragen konkret und in der Vielseitigkeit ihrer Implikationen auseinandersetzen, sind ein geradezu naheliegendes Angebot in ihrem Studium.

Seit dem Jahr 2010 existieren an der mdw Angebote zu inklusivem Musizieren im Pflicht- wie auch im Wahlfachbereich, die laufend erweitert werden. Die bestehenden Angebote umfassen dabei neben Kooperationen mit externen Einrichtungen (Elementares Musizieren an Sonderschulen oder in inklusiven Schulklassen, Hospitationen im inklusiven Unterricht der Musikschulen) zwei inklusive Bands (*All Stars Inclusive Band* und *Young All Stars Band*) und weitere zwei inklusive Ensembles (*ClassicALL* und das inklusive Ensemble *Ohrenklang*). Weitere Initiativen bilden Elementares Musizieren in inklusiven Gruppen (beispielsweise mit Kindern mit Hörbehinderung) und Instrumentalunterricht für Kinder und Jugendliche mit Fluchterfahrung.

Die Lehrveranstaltungen zu inklusivem Musizieren ermöglichen Studierenden, sich vielleicht erstmals mit Fragen der Inklusion und der breiten Teilhabe und damit verbunden mit der Frage nach Exzellenz vertieft auseinanderzusetzen.

Kathrin Fabian

2 Exzellenz und Teilhabe – ein Widerspruch?

Im Folgenden werden Aspekte eines gelingenden Umgangs mit Differenzen erörtert, wie er in der inklusiv musizierenden *All Stars Inclusive Band* an der mdw zu erfahren ist. Dabei wird der Blick insbesondere auf die Mikroebene der in der Band stattfindenden Arbeit am gemeinsamen Gegenstand, orientiert an dem Konzept von Georg Feuser[1], gelenkt. Der Exzellenzbegriff wird für den Kontext der musikalischen Bildung definiert und diskutiert. Die Ausführungen zu dieser Mikroebene sollen dabei als Ausgangspunkt für Überlegungen zu Exzellenz und Teilhabe auf gesamtuniversitärer Ebene fungieren. Mittels abschließender Leitfragen sollen Universitätsangehörige und Interessierte angeregt werden, über bestehende Strukturen, Prozesse und Strategien sowie Möglichkeiten der Weiterentwicklung der Teilhabe- und Exzellenzförderung an ihrer Universität zu reflektieren und Initiativen zu entwickeln.

2.1 Exzellenz im Kontext der (Aus-)Bildung im Bereich Musik

Harding und Bitzan[2] führen aus, dass eine Orientierung an künstlerischer Exzellenz im Bereich der musikalischen und musikpädagogischen Tätigkeit als selbstverständlich gilt. Das Streben nach umfassender Beherrschung des Instruments oder der Stimme und einer stilistisch angemessenen, intellektuell und emotional ansprechenden musikalischen Interpretation eines Werkes stellt sich in den Dienst eines künstlerischen Ideals.

Die beiden Autoren befürworten eine Relativierung der künstlerischen Exzellenzorientierung an geeigneter Stelle und sprechen hier insbesondere die Ausbildungswege und Berufsbilder im musikpädagogischen Bereich an.[3] Im Bereich der Schulmusik sehen sie zentrale Aspekte der Tätigkeit einer Pädagogin oder eines Pädagogen beispielsweise in der „Auseinandersetzung mit der außermusikalischen Lebenswelt der Schülerinnen und Schüler", der „Nutzung von Transfereffekten der Beschäftigung mit Musik" und der Vermittlung.[4] Für die Instrumental- und Gesangspädagoginnen und -pädagogen seien in der Ausbildung Kommunikationsstärke, die Fähigkeit, sich individuell auf die Bedürfnisse der Lernenden einzustellen sowie neben musikalischer Kompetenz insbesondere methodische und fachdidaktische Qualifikationen wichtige Kernelemente.[5] Der Exzellenzbegriff und hohe künstlerische Leistung werden in dem Artikel von Harding und Bitzan für den Bereich der Musik in weitgehend exklusiver relationaler Verbindung stehend betrachtet. Die Auslegung des Exzellenzbegriffs als

---

1 Vgl. Feuser 1998, 2005.
2 Vgl. Harding/Bitzan 2018, 7.
3 Vgl. ebd., 8 f.
4 Ebd., 8.
5 Vgl. ebd., 8 f.

künstlerische Exzellenz und als hervorragende oder ausgezeichnete künstlerische Leistung kann im Bereich der Musik gemeinhin als geläufig angesehen werden. Dennoch könnte man, ähnlich dem Modell multipler Intelligenzen von Gardner (1983), auch den Exzellenzbegriff dementsprechend facettenreicher definieren. Neben künstlerischer Exzellenz wäre dann im Bereich der Musikpädagogik beispielsweise, den Gedanken Harding und Bitzans folgend, ebenso eine fachdidaktische Exzellenz oder eine Exzellenzorientierung in der Auseinandersetzung mit der außermusikalischen Lebenswelt von Schülerinnen und Schülern denkbar.

In vorliegendem Beitrag wird der Exzellenzbegriff hingegen nicht im Rahmen qualitativer, inhaltlicher Dimensionen spezifiziert, sondern auf eine Art begrifflich präzisiert, in der Exzellenz intraindividuell verortet und der gewählte Begriff der individuellen Exzellenz verwendet wird. Diesem wird ein Verständnis der Orientierung an den individuellen Fähigkeiten und der individuellen Entwicklung jedes Menschen zugrunde gelegt. In der theoretischen Auseinandersetzung im Bereich der inklusiven Pädagogik wird als Möglichkeit der Leistungsbewertung die (zusätzliche) Orientierung an einer individuellen Bezugsnorm eingebracht, wodurch unterschiedliche Lernvoraussetzungen und individuelle Anstrengungsbereitschaft berücksichtigt werden können und der Lernfortschritt am eigenen Können gemessen wird.[6] An dieses Verständnis schließt der hier verwendete Begriff an, jedoch mit dem Verweis darauf, dass individuelle Exzellenz ebenso in dem leistungsunabhängigen So-Sein einer Person gesehen werden kann und dass somit allein deren Anwesenheit beziehungsweise Existenz als Ausdruck einer individuellen Exzellenz gewertet werden kann. Das So-Sein eines Menschen kann wiederum Einfluss auf die ‚Leistungsfähigkeit' anderer Menschen haben, die dadurch in ihrer Entwicklung beeinflusst werden können, orientiert man sich an einem weit gefassten Lern- und Leistungsbegriff, der neben der fachlichen Perspektive ebenso menschliche Entwicklungsbereiche und die Vielfalt menschlicher Entwicklungswege mit einschließt.[7] Prengel spricht sich in ihrer Konzeption einer Pädagogik der Vielfalt beispielsweise dafür aus, dass „[d]ie Begegnung mit Anderen [...] eine wichtige Herausforderung für kognitives und emotionales Wachstum [ist]"[8].

2.2 Exzellenz und Teilhabe in der *All Stars Inclusive Band*

Wie vorhin erläutert, können wir mit dem Exzellenzbegriff hohe fachliche Leistungen in einem bestimmten Bereich assoziieren. Andererseits können wir auch von dem Begriff einer individuellen Exzellenz ausgehen und damit individuelles So-Sein, individuelle Leistungen und Lernbereitschaft verbinden.

---

6 Vgl. Heimlich/Bjarsch 2020, 271 f.
7 Siehe dazu das Planungsmodell der inklusionsdidaktischen Netze in Kahlert/Heimlich 2014, das fachliches und entwicklungsorientiertes Lernen zu verbinden versucht.
8 Prengel 2019, 196.

Zum Verständnis des Begriffs Teilhabe orientiert sich dieser Beitrag an Kardorffs Konzeption von Partizipation.[9] Partizipation und Teilhabe werden im Rahmen des Diskurses zu Inklusion oftmals synonym verwendet.[10] Der Autor verweist für die Konzeption von Partizipation auf die soziale Einbindung (beschrieben als Teil-Sein unter dem Aspekt der Dazugehörigkeit, der Anerkennung und der Abwesenheit von Exklusion und Missachtung), den Zugang zu und die Teilhabe an sozialen Kontakten, Bereichen und Entscheidungen und eine aktive Übernahme von Mitbestimmung beziehungsweise bürgerschaftlichem Engagement.[11] Ein wichtiger Aspekt, der Teilhabe bedingt, ist das Vorhandensein von Barrierefreiheit. Diese bezieht sich auf Aspekte, die Voraussetzung dafür sind, dass Formen der Teilhabe möglich sind und nicht durch vorhandene Barrieren verhindert werden.

Welche Aspekte von Exzellenz und Teilhabe lassen sich nun nach diesen Definitionen auf Ebene des gemeinsamen Musizierens in der *All Stars Inclusive Band* ausfindig machen?

2.2.1 Kooperativ-solidarisches Lernen am gemeinsamen Gegenstand

In der *All Stars Inclusive Band* musizieren seit dem Jahr 2010 wöchentlich Menschen mit Behinderungen, Begleitpersonen und Interessierte gemeinsam mit Studierenden und Lehrenden der Lehrveranstaltung. Daher treffen in der Band verschiedene Lebensrealitäten und Persönlichkeiten, Menschen mit unterschiedlichen Wünschen, Intentionen und Fähigkeiten aufeinander.

Welche Implikationen hat diese Diversität der Beteiligten im Hinblick auf Teilhabe? Mit Blick auf einen Lerngegenstand impliziert Diversität beispielsweise, dass dieser für unterschiedliche Menschen in verschiedenen Graden und auf verschiedene Arten Teilhabe ermöglichen kann. Das bedeutet einerseits, dass ihm innewohnende Aspekte, die für unterschiedliche Menschen Teilhabe verringern könnten, ausfindig gemacht werden müssen, um Teilhabehindernisse zu überwinden, und andererseits, dass die ihm innewohnenden vielseitigen Lern- und Teilhabemöglichkeiten erkannt und didaktisch ein- und umgesetzt werden müssen.

Vorhandene Barrieren zu erkennen und abzubauen, ist auch in allen anderen Bereichen (z. B. baulich, sozial oder medial) vonnöten, um eine größtmögliche Teilhabe zu erreichen. Dadurch können Voraussetzungen geschaffen werden, dass der Einbezug in die soziale Aktivität für alle Beteiligten in hohem Maße ge-

---

9 Vgl. Kardorff 2010.
10 Vergleiche dazu beispielsweise die Internationalen Klassifikation der Funktionsfähigkeit, Behinderung und Gesundheit (ICF): „Die Übersetzung des englischen Begriff [sic] ‚participation' ist ‚Teilhabe'" (World Health Organization [WHO] 2005, 4). Partizipation [Teilhabe] wird in der ICF als „Einbezogensein in eine Lebenssituation" (ebd., 16) definiert.
11 Vgl. Kardorff 2010, 266-268.

währleistet werden kann, dabei soziale Einbindung stattfindet und Mitbestimmung möglich ist.

In der *All Stars Inclusive Band* wird breite Teilhabe insbesondere durch den Prozess des partizipativen Erschaffens des gemeinsamen Lerngegenstands, der musizierten Songs, zu verwirklichen versucht. Die meisten der in der Band performten Songs sind in ihren musikalischen, textlichen und performancebegleitenden Ideen aus einem gemeinsamen Gruppenprozess heraus entstanden, die restlichen zumindest in Teilen. Dies ermöglicht Individualisierung bei gleichzeitiger Gemeinschaftsorientierung.

In diesem Schritt ist eine Auseinandersetzung mit aktuellen Fähigkeiten, Interessen und mit der nächsten Entwicklungsstufe jeder und jedes Teilnehmenden notwendig. Dadurch können Menschen passend in einen Gesamtprozess eingebunden werden, der das Potential hat, individuelle Exzellenz und breite Teilhabe optimal zu vereinen.

Wurde ein Konzept für einen Song erarbeitet, befindet man sich nun im gemeinsamen Musizieren, in einem Prozess, den alle Beteiligten zugleich erleben, sie arbeiten also zur selben Zeit und im selben Raum am selben Gegenstand. Trotz der Gemeinsamkeit und der im Kompositionsprozess entstandenen vorläufigen Konzeption des Gegenstands sind innerhalb seiner Dimensionen, wie etwa der zeitlichen oder der Komplexitätsdimension, noch reichlich Freiräume vorhanden, die im Prozess des gemeinsamen Musizierens individuell gestaltet werden können. So setzt sich dieser Gegenstand – wie eben der gemeinsam einstudierte Song – aus partizipativ erarbeiteten und individuellen Beiträgen zusammen.

Ein Song eröffnet unterschiedliche Varianten der Umsetzung von Rhythmus, Melodie, Bewegung oder seines affektiven Gehalts. Durch den geeigneten Einsatz und die Beanspruchung vorhandener Fähigkeiten können Beteiligte individuell und in hohem Maße in die Aktivität einbezogen werden. Menschen mit unterschiedlichen Lernvoraussetzungen, Handlungsmöglichkeiten und Interessen können so sinnvoll in den gemeinsamen Prozess eingebunden werden. Eine Person, die sich am liebsten tanzend ausdrückt, kann der Musik durch ihre Bewegungen Ausdruck verleihen. Studierende, die ihr Können am Instrument zeigen möchten, sind beispielsweise in der Komposition mit einem herausfordernden Part vertreten oder beanspruchen Zeit für ein Solo für sich.

Im Idealfall ergibt sich so ein Gesamtbild, das von den Beiträgen aller Beteiligten lebt und bereichert wird. Eine derartige Lernsituation, bei der die einzelnen Beiträge sinnhaft für das Gesamtergebnis und sinnvoll im Hinblick auf ein gemeinsames Ziel miteinander verbunden sind, kann als kooperativ-solidarische Lernsituation bezeichnet werden.[12] In einer kooperativ-solidarischen Leistung verbinden sich idealerweise individuelle Exzellenzen zu einem Gesamtergebnis, das durch jeden Beitrag bereichert wird. Entsteht der Lerngegenstand

---
12   Vgl. den Begriff der kooperativen, solidarischen Lernsituation nach Wocken 1998.

aus der Gruppe und orientiert man sich dabei an der individuellen Exzellenz eines jeden, so spiegelt das Gesamtergebnis die Exzellenz der Gesamtgruppe wider, die unter der Bedingung der gemeinsamen Arbeit und der Teilhabe aller Beteiligten entstanden ist. Aus dieser Perspektive bedingt Teilhabe Exzellenz in einem gruppenmusikalischen Prozess, und Teilhabe und Exzellenz stellen keinen Widerspruch dar.

2.2.2 Barrierefreiheit

Wie bereits angesprochen, stellen vorhandene Barrieren ein Hindernis für die Verwirklichung von Teilhabe und Exzellenz dar. Breite Teilhabe sowie Exzellenz können nur in einem barrierefreien Umfeld vollends zur Geltung kommen. Der Umsetzung von Barrierefreiheit kommt daher in der *All Stars Inclusive Band* große Bedeutung zu.

Um Barrierefreiheit umzusetzen, sind vielfältige Maßnahmen unter anderem auf baulicher, sozialer, kommunikativer und institutioneller Ebene nötig. Barrieren sind nach der Internationalen Klassifikation der Funktionsfähigkeit, Behinderung und Gesundheit (ICF)

> „(vorhandene oder fehlende) Faktoren in der Umwelt einer Person, welche die Funktionsfähigkeit einschränken und Behinderung schaffen. Diese umfassen insbesondere Aspekte wie Unzugänglichkeit der materiellen Umwelt, mangelnde Verfügbarkeit relevanter Hilfstechnologie, negative Einstellungen der Menschen zu Behinderung, sowie Dienste, Systeme und Handlungsgrundsätze, die entweder fehlen oder die verhindern, dass alle Menschen [...] in alle Lebensbereiche einbezogen werden."[13]

Barrierefreiheit stellt ein vielschichtiges Thema dar, dessen Bearbeitung zielgruppenbezogene und individuell angepasste Maßnahmen erfordert. Für die Umsetzung individueller Maßnahmen der Barrierefreiheit braucht es einen Zugang zu den je spezifischen Bedarfen. Das bedeutet, dass hierbei insbesondere die subjektive Sicht der Betroffenen eingeholt und berücksichtigt werden muss.

An der mdw konnte gewährleistet werden, dass die *All Stars Inclusive Band* für Rollstuhlfahrerende baulich barrierefrei zugänglich ist. Barrierefreiheit für die mediale Darstellung, beispielsweise der Notenblätter, wurde durch ihre individuelle Anpassung erreicht (größere Schrift, Liedtext mit Bildern zum besseren Verständnis).

Außerdem sind vielseitige didaktische und methodische Herangehensweisen von Seiten der Bandleader*innen vonnöten. Dabei spielen insbesondere die erwähnte Arbeit am gemeinsamen Gegenstand sowie Methoden der inklusiven Musikpädagogik[14] eine bedeutende Rolle.

---

13 World Health Organization (WHO) 2005, 147.
14 Vgl. hierzu beispielsweise Wagner 2016.

Trotzdem bestehen in der *All Stars Inclusive Band* sicherlich noch Barrieren. Handlungsgrundsätze oder fehlende Vorkehrungen, die gar nicht als Barrieren erkannt werden, könnten Barrieren darstellen und Teilhabe verringern. In der praktischen Arbeit identifizierte Barrieren werden mit den Studierenden in praxisbegleitenden Seminaren diskutiert und Möglichkeiten ihrer Reduzierung besprochen. In diesen Seminareinheiten werden Studierende außerdem aus theoretischer Sicht an unterschiedliche Lebensrealitäten herangeführt. Dadurch sollen sie über ihre eigene Wahrnehmung hinaus dafür sensibilisiert werden, welche Teilhabehindernisse speziell für manche Menschen bestehen können und wie sich subjektive Realitäten und damit die individuelle Exzellenz in den Dimensionen Empfinden und Wahrnehmen, Erleben, Wollen und Handeln bei aller Gemeinsamkeit divers darstellen kann.

3 Abschließende Gedanken zu Exzellenz und Teilhabe auf Hochschulebene

Legt man diese Gedanken zu Exzellenz und Teilhabe, wie sie anhand der *All Stars Inclusive Band* der mdw veranschaulicht wurden, auf den gesamten Bereich einer Hochschule um, so stellen sich beispielsweise die folgenden Fragen:
- Wie definiert die Universität den Exzellenzbegriff für sich?
- Wie kann es zu einer Erhöhung der Teilhabe aller Angehörigen an Universitäten kommen?
- Wie können teilhabefördernde partizipative Prozesse an Universitäten angeregt werden?
- Wie können in diesen Prozessen Mitbestimmung und individuelle Wahlmöglichkeiten einer und eines jeden gestärkt werden?
- Wie können individuelle Exzellenzen, beispielsweise durch Sichtung von Fähigkeiten, Interessen und Potentialen aller Beteiligten an Universitäten, erkannt werden?
- Wie können die individuellen Exzellenzen der beteiligten Personen sinnvoll in einem kooperativ-solidarischen Gesamtprozess wirken?
- Welche Strukturen oder Prozesse könnten Teilhabe als Barriere entgegenstehen?

Die Auseinandersetzung mit diesen Fragen im Rahmen eines qualitativen Forschungsprojekts könnte dazu beitragen, inklusive, teilhabefördernde und partizipative Prozesse an Universitäten sichtbar zu machen. Dabei drängt sich die folgende Frage auf: Ist eine Orientierung an einem Verständnis von Exzellenz als individuelle Exzellenz, also an einem intraindividuellen Bezugspunkt der Entwicklung, auf der Ebene einer Hochschule, die Teil des formalen Bildungssystems ist und speziell an der mdw im Bereich der Beschäftigung mit Musik überhaupt möglich?

Bei der Frage nach intraindividuellen versus interindividuellen Bezugsnormen und Bewertungskriterien kommt das „schon lange und vielerorts besprochene Spannungsverhältnis zwischen den gesellschaftlichen Funktionen von Schule (Qualifikation, Selektion, Legitimation) einerseits und der pädagogischen Funktion von Leistungsbewertung (Lernstandsfeststellung, Entwicklungsprognose, Ableitung von Fördermaßnahmen)"[15] und ebenso einer leistungsunabhängigen, entwicklungsorientierten Pädagogik andererseits neuerlich in den Blick.

Dieses Spannungsverhältnis kann an dieser Stelle nicht aufgelöst, jedoch mit einigen abschließenden Gedanken angesprochen werden.

Der musikalischen Ausbildung, insbesondere im Bereich der klassischen Sparte, liegt nach Harding und Bitzan die Orientierung an einem künstlerischen Ideal, also der künstlerischen Exzellenz zugrunde. Bewertungskriterien für musikalische Leistungen, die ausgehend von ebendiesem Ideal entwickelt werden, existieren in stillschweigender Übereinkunft der musikalischen Fachcommunity und bilden daher eine kollektive, interindividuelle Bezugsnorm. Diese Bezugsnorm dient der zu erfüllenden Qualifikationsfunktion des Bildungssystems, der erfolgreichen Vermittlung von Fähigkeiten und Fertigkeiten und ihrem anschließenden erfolgreichen beruflichen Einsatz durch Absolventinnen und Absolventen des jeweiligen Fachgebiets. Die Selektionsfunktion, die Fend als Allokationsfunktion bezeichnet[16], betrifft die aktuelle gesellschaftliche Funktion des Bildungswesens, über das Prüfungswesen und die dadurch vermittelten Qualifikationen eine legitimierbare Allokation von Personen zu Aufgaben mit bestimmten Anforderungen vorzunehmen. Im Rahmen von Prüfungen dient eine kollektive Bezugsnorm daher ebenso der Allokationsfunktion.

Jedoch muss die Orientierung an individueller Exzellenz nicht im Widerspruch zu Kompetenz- und Qualifikationsorientierung stehen. Folgt man der Selbstbestimmungstheorie von Deci und Ryan[17], so besitzen alle Menschen eine inhärente Entwicklungstendenz, die mit dem Bedürfnis nach Kompetenz, sozialer Einbindung und interessensgeleitetem persönlichen Wachstum in Verbindung steht. Stehen also entwicklungsförderliche Bedingungen zur Verfügung und entwickelt sich ein Mensch gemäß den gesellschaftlichen Anforderungen bezüglich eines bestimmten soziokulturellen Aufgabengebiets, verliert eine kollektive Normierung dann an Bedeutung, wenn diese mit der individuellen Ausrichtung im Einklang steht: Sie wird quasi verinnerlicht, extrinsische Motivation verwandelt sich in intrinsische.

---

15 Heimlich/Bjarsch 2020, 271.
16 Vgl. Fend 2009, 50.
17 Vgl. Decy/Ryan 1985.

Bei der Orientierung an individueller Exzellenz in Zusammenhang mit Orientierung an der Sachnorm, bei der Leistung unter Bezugnahme auf den Lerngegenstand bewertet wird[18], stellt sich für die Qualifikations- und Allokationsfunktion des Bildungswesens dann aber die Frage nach den zu erfüllenden Anforderungen, soll eine begrenzte Zahl an Positionen verteilt werden. Mit Blick auf die Unvorhersehbarkeit und Offenheit zukünftiger gesellschaftlicher Entwicklung wäre jedoch die Allokationsfunktion des Bildungssystems, die sich weitgehend an bereits bestehenden sozialen Ordnungen orientiert, als solche grundlegend in Frage zu stellen.

Das Ideal einer inklusiven Gesellschaft und Pädagogik, die von dem Gedanken einer natürlichen menschlichen Entwicklungstendenz, die eine optimale menschliche Entwicklung begründet, ausgeht, ließe sich wohl nur im Rahmen einer individuell begründeten Ko-Konstruktion gesellschaftlicher Zusammenhänge erfüllen. Das mögliche Spannungsverhältnis zwischen Bildungssystem und Individuum, zwischen normativer Leistungs- und Entwicklungsorientierung würde sich dann zugunsten der individuellen Entwicklung und Bezugsnorm im Kontext eines auf optimaler menschlicher Entwicklung basierenden gesellschaftlichen Systems auflösen.

Auch wenn die Verwirklichung dieses gesellschaftlichen Ideals aktuell noch in der Zukunft liegt und auch nicht durch die isolierte Weiterentwicklung eines einzelnen Teilsystems, wie sie Universitäten darstellen, erreicht werden kann, können doch selbst auf singulärer institutioneller Ebene Wege eingeschlagen werden, die die Entwicklung zu einem auf diese Art inklusiven Gesellschafts- und Bildungssystem unterstützen.

Musikuniversitäten wie die mdw können auf dem Weg zu einem inklusiven Gesellschafts- und Bildungssystem im Rahmen gegebener und auslotbarer Möglichkeiten die Frage nach individueller Exzellenzförderung stellen: Welche Möglichkeiten ergeben sich, um im Spannungsfeld normativer und individueller Orientierung zu agieren, wenn sich dieses auftut? Auf welche Art können im Rahmen der Musikausbildung konkret der individuellen Entwicklung zuträgliche Bedingungen geschaffen werden?

Diese Fragen können im Rahmen der Lehre und des Prüfungswesens sowie im Rahmen der Curricula und allgemeiner Strukturen gestellt werden, und ihre Beantwortung kann in einem gemeinschaftlichen, theoriegeleiteten und -generierenden Prozess der institutionellen Entwicklung unterstützt werden.

---

18 Vgl. Seifert/Müller-Zastrau, 2014 zit. n. Heimlich/Bjarsch 2020, 272.

Kathrin Fabian

Literatur

Deci, Edward L./Ryan, Richard M.: Intrinsic motivation and self-determination in human behavior. New York: Human Behavior Press 1985.

Fend, Helmut: Neue Theorie der Schule. Einführung in das Verstehen von Bildungssystemen. 2. durchgesehene Auflage. Wiesbaden: VS Verlag für Sozialwissenschaften 2009.

Feuser, Georg: Gemeinsames Lernen am gemeinsamen Gegenstand. Didaktisches Fundamentum einer Allgemeinen (integrativen) Pädagogik. In: Hildeschmidt Anne/Schnell, Irmtraud (Hg.): Integrationspädagogik. Auf dem Weg zu einer Schule für alle. Weinheim: Juventa 1998, S. 19-36.

Feuser, Georg: Behinderte Kinder und Jugendliche. Zwischen Integration und Aussonderung. Darmstadt: Wissenschaftliche Buchgesellschaft 2005.

Gardner, Howard: Frames of mind. The theory of multiple intelligences. New York: Basic Books 1983.

Harding, Helge/Bitzan, Wendelin: Künstlerische Exzellenz. Elementare Notwendigkeit oder elitärer Fetisch? In: Üben & Musizieren, 1/2018, S. 7-10.

Heimlich, Ulrich/Bjarsch, Susanne: Inklusiver Unterricht. In: Heimlich, Ulrich/Kiel, Ewald (Hg.): Studienbuch Inklusion. Bad Heilbrunn: Klinkhardt 2020, S. 248-294.

Hennenberg, Beate: Inklusion und Diversität an der mdw – Universität für Musik und darstellende Kunst: Qualitätsmerkmale einer modernen Universität. URL: <https://kultur-und-inklusion.net/beate-hennenberg-inklusion-und-diversitaet-an-der-mdw-universitaet-fuer-musik-und-darstellende-kunst-qualitaetsmerkmale-einer-modernen-universitaet/> (06.04.2020).

Kahlert, Joachim/Heimlich, Ulrich: Inklusionsdidaktische Netze – Konturen eines Unterrichts für alle (dargestellt am Beispiel des Sachunterrichts). In: Heimlich, Ulrich/Kahlert, Joachim (Hg.): Inklusion in Schule und Unterricht. Wege zur Bildung für alle. Stuttgart: Kohlhammer ²2014, S. 153-190.

Kardorff, Ernst von: Evaluation beteiligungsorientierter lokaler Enabling Community-Projekte: Welche Anforderungen sind damit verbunden? In: Evangelische Stiftung Alstersdorf/Katholische Hochschule für Sozialwesen Berlin (Hg.): Enabling Community. Anstöße für Politik und soziale Praxis. Hamburg: Alstersdorf 2010, S. 263-276.

Prengel, Annedore: Pädagogik der Vielfalt. Verschiedenheit und Gleichberechtigung in Interkultureller, Feministischer und Integrativer Pädagogik. Wiesbaden: Springer ⁴2018.

Wagner, Robert: Max Einfach. Musik Gemeinsam von Anfang an. Lehrerband. Regensburg: Con Brio 2016.

Wocken, Hans: Gemeinsame Lernsituationen. Eine Skizze zur Theorie des gemeinsamen Unterrichts. In: Hildeschmidt, Anne/Schnell, Irmtraud (Hg.): Integrationspädagogik. Auf dem Weg zu einer Schule für alle. Weinheim: Juventa 1998, S. 37-52. URL: <http://www.hans-wocken.de/Werk/werk23.pdf> (06.04.2020).

World Health Organization (WHO): Internationale Klassifikation der Funktionsfähigkeit, Behinderung und Gesundheit. Genf: WHO 2005. (Original 2001: International Classification of Functioning, Disability and Health.)

Kathrin Fabian studierte Instrumental(Gesangs)Pädagogik an der mdw sowie Deutsche Philologie mit den Fächern Deutsch als Fremd- und Zweitsprache, Pädagogik und Geographie und Wirtschaftskunde an der Universität Wien. Aktuell studiert sie ein individuelles Masterstudium der inklusiven Musikpädagogik an der mdw, der Karl-Franzens-Universität Graz und der Universität Wien. Sie ist im Rahmen der universitären Ausbildung an inklusionsbezogenen Lehrveranstaltungen und Projekten beteiligt.

IV.
Didaktische Aspekte des inklusiven Musizierens

Christoph Falschlunger

Grundzüge einer inklusiven Musikdidaktik – am Beispiel des Ensembles *Ohrenklang*

In diesem Beitrag geht es nicht um den detaillierten Abriss einer inklusiven Musikdidaktik[1], er stellt auch keine Methodensammlung vor, die als Nachschlagewerk dienen könnte. Die Intention dieses Beitrags ist vielmehr, auf eine vielleicht unkonventionelle Art fünf methodisch-didaktische Aspekte für die künstlerisch-pädagogische Arbeit in inklusiven Musiziergruppen mit Menschen mit Behinderungen herauszugreifen und diesbezügliche Leitfragen zu stellen, auf die so geantwortet werden könnte, dass Bedingungen des Gelingens inklusiven Musizierens deutlich werden. Das Herausarbeiten dieser Gelingensbedingungen – ich nenne sie gerne auch *Glücklichkeitsbedingungen*[2] – soll anregen, über eigene Handlungen und Praktiken nachzudenken und auf der Suche nach dem zu bleiben, was uns gemeinsam glücklich macht.

Auftrag: UN-Behindertenrechtskonvention

> „Durch die kleinen Handlungen und Routinen, die das tägliche Unterrichtsgeschäft ausmachen, werden inklusive Prozesse in jeder pädagogischen [und künstlerischen] Situation neu gefördert – oder verhindert."[3]

In diesem kurzen Zitat tauchen einige Aspekte auf, die in Bezug auf inklusive Musikdidaktik bedeutungsvoll sind: *kleine Handlungen, Routinen, täglich, inklusive Prozesse, fördern*. Worauf Willmann jedoch auch unverblümt hinweist ist, dass *wir* – also jede und jeder von uns – immer wieder aufs Neue Gelingensbedingungen für Inklusion in unseren Settings schaffen können. Diese Tatsache allein wäre doch ein Grund, wenn nicht sogar *der* Grund, sich für die Vielfalt künstlerischer Ausdrucksformen in unserer Gesellschaft stark zu machen und Inklusion vielfältig zu erleben. Hätte diese Vielfalt keinen Platz, welche Gesellschaft wären wir dann?

---

1 Hierzu sei etwa auf Probst/Schuchhardt/Steinmann 2006, Bradler 2016, Wagner 2016, VdM 2017 oder Merkt 2019 verwiesen.
2 Dazu wurde ich inspiriert durch die Aussage des österreichischen Musikers Willi Resetarits, der einmal auf Radio Ö1 sinngemäß sagte: „Glücklich sein hat mit Gelingen zu tun; wenn etwas gelingt, kann ich glücklich sein!"
3 Willmann 2015, 55.

Christoph Falschlunger

In Artikel 30/2 der UN-Behindertenrechtskonvention steht in der Forderung zu Teilhabe am kulturellen Leben sowie an Erholung, Freizeit und Sport:

> „Die Vertragsstaaten treffen geeignete Maßnahmen, um Menschen mit Behinderungen die Möglichkeit zu geben, ihr kreatives, künstlerisches und intellektuelles Potential zu entfalten und zu nutzen, nicht nur für sich selbst, sondern auch zur Bereicherung der Gesellschaft."[4]

Dieser Artikel bezieht sich konkret auf den Auftrag und die Umsetzung von Inklusion durch Kunst, der unter anderem durch inklusive Bands, Ensembles und Musiziergruppen realisiert wird. Darüber hinaus stellen sich die folgenden Fragen, die auch in Hinblick auf eine inklusive Didaktik wichtig sind:

– Der deutsche Begriff *Teilhabe* suggeriert ein eher passives Teilnehmen bzw. Teilhaben an etwas. Die Überschrift von Artikel 30 im englischen Originaltext der UN-CRPD lautet jedoch: „Participation in cultural life, recreation, leisure and sport"[5]. In Bezug auf die deutsche Übersetzung muss daher kritisch hinterfragt werden, ob *Teilhabe* und *participation* wirklich dasselbe sind. Wäre nicht *Partizipation* bzw. *Teilgabe* die stimmigere deutsche Übersetzung, denn Partizipation geht viel weiter als Teilnahme bzw. Teilhabe?[6] Was bedeutet dieser Anspruch auf Partizipation für inklusive künstlerische Projekte und (wie) wird dieser gelebt?

– Wie werden *geeignete Maßnahmen* konkret gesetzt und gelebt? Alle, die inklusive künstlerische Projekte initiiert und es vielleicht sogar bis zu einer Aufführung geschafft haben, wissen, dass ein immenses und größtenteils nicht bezahltes Engagement hinter jeder Initiative steckt. Das Wissen darüber sowie ein (Selbst)Verständnis dafür ist auf staatlicher und institutioneller Seite leider in den wenigsten Fällen gegeben. Daher ist selten ein ausreichendes Budget für Inklusion vorhanden, um die geeigneten Maßnahmen in ihrer vollen Bandbreite setzen zu können.

– Sollen Menschen mit Behinderungen Möglichkeiten zur *Entfaltung ihrer Potentiale* gegeben werden, muss der Aspekt Barrierefreiheit in vielfältiger Weise mitbedacht werden. Dies fängt bei räumlichen Gegebenheiten an, setzt sich in Support-Systemen fort – also wie Menschen mit Behinderung überhaupt an einen bestimmten Ort kommen können – und entfaltet erst dann in Angebots- und Vermittlungspraktiken viele neue Facetten, die wiederum Fragen in Hinblick auf Methodik aufwerfen.

– Wenn ebendiese Potentiale eine *Bereicherung für die Gesellschaft* sein sollen, dann schwingt hier einerseits der künstlerisch-kreative (Ausdrucks-)Wert von Menschen mit Behinderungen innerhalb einer Gesellschaft mit und andererseits klingen die Möglichkeiten und Chancen an, diese überhaupt zei-

---

4   UN-BRK 2016, 25.
5   UN-CRPD 2006, 22.
6   Vgl. Wright/von Unger/Block 2010.

gen zu können – beispielsweise im Rahmen einer Aufführung. Wenn darüber hinaus aber auch der gesamtgesellschaftliche Mehrwert von Inklusion für die Vielfalt in unserer Gesellschaft insgesamt angesprochen würde[7], dann würde klar, dass Diversität in und durch Kunst einen viel höheren Stellenwert einnehmen muss.

Methodisch-didaktisches Handeln: 5-Finger-Aspekte

Wenn es in diesem Beitrag um Grundzüge einer inklusiven Musikdidaktik geht und damit auch um die *All Stars Inclusive Band*, das inklusive Ensemble *Ohrenklang*, *ClassicALL*, die *Young All Stars Band* oder andere inklusive Musiziergruppen als Erfahrungsraum für ebendiese, ist die Frage: Wo setzt inklusive Musikdidaktik an? Didaktik im Allgemeinen hat laut Kron u. a.

> „Interesse an Lehr- und Lernprozessen sowie an Momenten, die diese Prozesse bedingen: z. B. die Inhalte, die Medien, die Sozialformen des Lehrens und Lernens, aber auch die diese wieder bedingenden gesellschaftlichen, sozialen und individuellen Faktoren"[8].

In Bezug auf eine inklusive Musikdidaktik kommen inhaltlich die Fachbereiche Inklusive Didaktik, Fachdidaktik Musikerziehung und Didaktik der Instrumental- und Gesangspädagogik mit ihren spezifischen Fragestellungen ins Spiel. Dementsprechend vielfältig, aber auch überlappend sind ihre Zugänge – je nach Setting. Kron u. a. sehen beispielsweise als Voraussetzungen einer inklusiven Schule (hier könnte Schule auch durch Band, Gruppe oder Ensemble ersetzt werden) den beabsichtigten Umgang mit Vielfalt, die Akzeptanz der Unterschiedlichkeiten und den Verzicht auf den vorherrschenden Gedanken der Homogenität. Für die Umsetzung des inklusiven Leitgedankens brauche es keine eigenen Methoden und Konzepte, sondern sowohl altbewährte als auch neue seien vielfältig und flexibel einzusetzen und auf die Bedürfnisse aller abzustimmen.[9] Dies deckt sich mit dem von Feuser schon seit langem vertretenem Ansatz, den Begriff *Inklusion* in der Pädagogik aufzuheben, wenn diese per se inklusiv wäre. In Bezug auf Integration schreibt Feuser: „Eine Allgemeine Pädagogik in dem von mir entwickelten Sinne hebt Integration in sich auf, weil sie grundsätzlich weder pädagogisch bildungsreduktionistischer noch sozial selektierender und segregierender Art ist."[10]

In all diesen Aussagen schwingt mit, dass Inklusion keine ‚besondere' Pädagogik braucht. Dies führt zurück zur Aussage von Willmann, dass *wir* es sind,

---
7 Vgl. Biewer/Proyer/Kremsner 2019, 23.
8 Kron/Jürgens/Standop 2014, 20.
9 Vgl. ebd., 49.
10 Feuser 2006, 45.

die unsere Methoden an die jeweilige Zielgruppe anpassen können, wenn wir offen sind für die Vielfalt an möglichen Zugängen zum musikalischen Handeln und immer wieder nach neuen Methoden suchen.

Die nun folgenden fünf Aspekte *Haltung und Beziehung, Differenzierung, Ganzheitlichkeit, Entwicklung* und *Bewegung* – aufgezeigt anhand der fünf Finger – sollen wichtige Grundzüge inklusiver Musikdidaktik vorstellen, Aspekte, die gleichfalls jeder ‚guten' allgemeinen Didaktik immanent sein sollten. Auszüge aus der Literatur sowie eigene Erfahrungen aus meiner Praxis als Rhythmiker im Bereich der Inklusions- und Heilpädagogik, als Leiter und Begleiter verschiedener inklusiver Ensembles und als Volks-, Sonderschul- und Integrationslehrer fließen hier mit ein und sollen anregen, über eigene Handlungen nachzudenken. Im Anschluss werden diese Aspekte exemplarisch am Beispiel des inklusiven Ensembles *Ohrenklang* weiter ausgeführt und praxisbezogen erläutert.

Der Zeigefinger: Du bist in deinem So-Sein wichtig! (*Haltung* und *Beziehung*)

Mit dem Zeigefinger zeigen wir auf jemanden und wollen damit vermitteln: Du bist dran! Du bist gemeint! Hier soll die Symbolik auch bedeuten: Du bist wichtig bzw. Du bist in deinem So-Sein wichtig und gewünscht! Dabei spielen meine persönliche Sichtweise, meine Haltung, mein Blickwinkel auf mein Gegenüber hinein. Sehe ich eher den Defekt, die Behinderung, oder sehe ich Ressourcen und Kompetenzen einer Person? ‚Schwinge' ich mit einer Person mit und lasse ich Resonanz zu? Wie empathisch bin ich? Bin ich in einer dialogischen[11] oder in einer defizitorientierten Haltung?

Inklusive Pädagogik ist menschenrechtsbasierte Pädagogik und bezieht sich nicht nur auf den schulischen Bereich[12], sondern kann und soll handlungsleitend für jegliches musikvermittelndes Handeln sein. Grundlage des künstlerisch-pädagogischen Tuns ist jedenfalls eine humanistische Haltung, die auch Roth erwähnt, wenn er schreibt: „Haltung und Methode müssen zu der Person des Beraters, Supervisors, Therapeuten [und der Pädagogin bzw. des Pädagogens] passen."[13] Er führt die Ansätze der Humanistischen Psychologie explizit auch für die Pädagogik und die Lehrpersonen aus und spricht von den drei Haltungsvariablen *Achtung-Wärme-Rücksichtnahme, einfühlendes Verstehen* und *Echtheit-Aufrichtigkeit*.[14] Hier klingen auch *Interaktion* und *Beziehungsgestaltung* an, die laut Prengel ebenfalls zu einer gut gelingenden inklusiven Bildung bei-

---

11 Vgl. Falschlunger 2016, 204 f.
12 Vgl. Biewer/Proyer/Kremser 2019, 23.
13 Roth 2014, 1.
14 Ebd., 50-53.

tragen können.[15] In anderen Worten: Die wichtigste Voraussetzung für gelingende Bildung ist eine konstruktive und das Lernen unterstützende *Beziehung*. Diese Beziehungserfahrungen betreffen nicht nur aktuelle Situationen, sondern haben, wenn sie wiederholt und einschneidend sind, neurobiologische Langzeitwirkung.[16] Dabei ist *Resonanz* ein wichtiger Grundpfeiler, die Pädagoginnen und Pädagogen vor allem durch Musik und Bewegung vielfältig erfahrbar machen können[17], um jenes ‚Knistern' anzuregen, welches Rosa in seinem Resonanzdreieck beschreibt: Lehrer*in, Schüler*in und der Stoff in wechselseitig ‚vibrierenden' Resonanzachsen.[18]

Reichs erster Baustein einer inklusiven Didaktik fokussiert ebenso das Thema Beziehung. Bezogen auf die Haltung von Lehrkräften in inklusiven Settings stellt er interessante Fragen zu Einstellungen und Methoden, die auch abseits von Schule die Chancen für gelebte Inklusion erweitern.[19] Gelingt es also, ehrlich, wertschätzend und beobachtend Menschen zu begegnen, Beziehung aufzubauen und diese resonierend in Musik und Bewegung zu gestalten, die soziale Inter-Aktion in den Mittelpunkt zu rücken und offen zu sein, neue Kompetenzen zu entdecken, so sind wichtige Grundlagen gelegt, die jeder Pädagogik förderlich sind.

> *Didaktische Leitfragen:* Wie stellen wir uns auf unsere Musiker*innen ein? Nehmen wir Stimmungen wahr und greifen diese auf? Wie versuchen wir, die Musiker*innen dort abzuholen, wo sie gerade stehen? Lassen wir auch Tempi und Dynamiken zu, die uns einzelne Musiker*innen zeigen? Wer passt sich wem an: Musiker*innen der Leiterin bzw. dem Leiter oder umgekehrt? Wie passen sich die Musiker*innen untereinander an? Wie kann Musizieren auf *Augenhöhe* stattfinden?

Der Mittelfinger: Du darfst im Mittelpunkt stehen und hast das Recht auf binnen-differenzierte Angebote! (*Differenzierung*)

Der Mittelfinger bildet die Mitte der fünf Finger, überragt die anderen Finger und ist Symbol dafür, dass jede*r im Mittelpunkt stehen darf und soll. Dafür braucht es einen individualisierten Blick auf die beteiligten Personen und einen differenzierten Zugang zum gemeinsamen Musizieren innerhalb einer Gruppe.

---

15 Vgl. Prengel 2019, 11-17.
16 Vgl. Bauer 2012, 14-18.
17 Vgl. ebd., 42-45.
18 Vgl. Rosa/Endres 2016, 45 f.
19 Vgl. Reich 2014, 88-91.

Im Mittelpunkt zu stehen bedeutet, dass es eine Gruppe braucht, in der Personen in ihrem So-Sein agieren können und in ihrer Individualität wahrgenommen werden. Inklusion wird ja erst durch die Gruppe real und er-lebbar. Die Grundannahme dabei ist, dass jede Gruppe per se heterogen ist und es zu keiner Selektion kommt[20], denn das demokratische Weltbild der Inklusion wendet sich ab von normativen Festlegungen ‚idealer' Entwicklungsverläufe. Qualifikation, Exzellenz und Entwicklung sind Ziele für alle.[21]

Unter Differenzierung ist die Binnendifferenzierung oder auch *innere* Differenzierung innerhalb einer Lerngruppe gemeint, also die Berücksichtigung aller Differenzierungsmerkmale (Interesse, Lerntempo oder Lernstile) und Differenzierungsformen (didaktische Materialien, Unterrichtsformen oder Ziele), die innerhalb dieser Gruppe zum Tragen kommen und angewandt werden.[22] Meyer-Willner unterscheidet dabei einerseits zwischen der Differenzierung in der Methoden- und Medienauswahl bei gleichen Zielen und andererseits der Differenzierung durch variierende Inhalte und Ziele.[23]

Differenzierung bedeutet aber auch auf der Suche nach Gemeinsamkeiten zu sein, also der Frage nachzugehen, wo sich eine Gruppe im gemeinsamen ‚Kern' findet. Seitz beschreibt hierzu die *Selbstähnlichkeiten* als didaktischen Ausgangspunkt und lenkt den Blick weg vom Stufendenken (einfacher-schwieriger, simpel-komplex usw.) hin auf „die Frage nach möglichen Ähnlichkeiten innerhalb der verschiedenen [...] [individuellen] Zugangsweisen"[24]. Es geht um universelle Aspekte, wie sie beispielsweise auch im *universal design for learning* (UDL) bzw. in der Adaptierung zum *universal design for inclusive education*[25] aufscheinen: breite Nutzbarkeit, Flexibilität in der Anwendung, einfache und intuitive Benutzung, sensorisch wahrnehmbare Informationen, Fehlertoleranz, niedriger körperlicher Aufwand sowie Größe und Platz für Zugang und Benutzung. Hierzu lassen sich in Bezug auf Musik, Musikinstrumente und gemeinsames inklusives, multidimensionales Musizieren viele Parallelen finden, beispielsweise bei der passenden Instrumentenauswahl in Bezug auf Klangkörper und Spielbarkeit oder in der Gestaltung musikalischer ‚Räume' und musikalischer Angebote.

---

20 Vgl. ebd., 105.
21 Vgl. ebd., 107.
22 Vgl. Walgenbach 2017, 45-49.
23 Vgl. Meyer-Willner 1979 in: Walgenbach 2017, 45.
24 Seitz 2006, 5 f.
25 Vgl. Kremsner/Proyer/Baesch 2020, 44 f.

> *Didaktische Leitfragen:* Wie ist gemeinsames Musizieren möglich, wenn die Ausgangslage so ist, dass es verschiedene Musiker*innen mit und ohne Behinderung mit verschiedenen Instrumenten und je unterschiedlichen Vorkenntnissen gibt? Welche Bedürfnisse will jede Musikerin bzw. jeder Musiker mit dem eigenen Instrument ausleben/befriedigen? Wie ausdauernd ist jede*r auf dem eigenen Instrument? Welche Spielmöglichkeiten gibt es? Wie findet das Erinnern von musikalischen Abläufen statt? Welche Visualisierungen und Notationen werden angeboten und gebraucht? Braucht es Begleitung und Unterstützung und wenn ja, in welcher Form? Was ist der kleinste gemeinsame Nenner: Ist es der gemeinsame Beat, das gemeinsame Lernen des Textes eines Liedes, das gemeinsame Finden von Bewegungen zum Text oder etwas anderes? Wo im Stück spielen alle und wo gibt es Raum für Soli, Duos oder freie Improvisationen? Wie können Eigenzeiten der einzelnen Musiker*innen abgestimmt werden auf die Synchronisationsvorgänge in der Gruppe?

Der Ringfinger: Du hast das Recht auf ganzheitliche Angebote zum musikalischen Gestalten! (*Ganzheitlichkeit*)

Der Ringfinger ist meist jener Finger, auf dem ein Ring getragen wird. Der Ring steht für *ein Ganzes* und symbolisiert die Gruppe und den *ganzheitlichen Zugang* zum Lernen und Musizieren.

In Bezug auf Ganzheitlichkeit steht im österreichischen Lehrplan der Sonderschule für Kinder mit erhöhtem Förderbedarf in den Grundprinzipien des Unterrichts, dass

> „die Schülerinnen und Schüler ganzheitlich angesprochen [werden sollen]. Das heißt, dass das Erlernen und Üben einzelner Fertigkeiten und Fähigkeiten in Lernbereichen erfolgen soll, die mit dem Leben [...] in einem konkreten Zusammenhang stehen."[26]

Stabe versteht unter ganzheitlichem Lernen

> „sowohl erlebnis- als auch handlungs- und lernzielorientiertes Lernen durch Musik, Bewegung, Sprache und Materialien [...]. Ganzheitliches Lernen geschieht über möglichst viele Sinneskanäle (Sensorik) unter Einbeziehung von Psyche, Emotionen, Motorik und Kognition in sozialen Erlebnisfeldern."[27]

Ganzheitlichkeit lässt sich in der Gesamtheit aller Wechselbeziehungen und in ihrer Komplexität nur schwer wissenschaftlich fassen. Vielmehr geht es um den

---

26 BMBF 1996, 19 f.
27 Stabe 1996, S. 27 f.

Versuch, die Verflechtung, Gleichzeitigkeit, ‚Gleichwirklichkeit' und Gleichwertigkeit unterschiedlicher Entwicklungsbereiche des Menschen deutlich zu machen.[28] Kann Pestalozzis *Lernen mit Kopf, Herz und Hand* als ein erster ganzheitlicher Ansatz gedeutet werden, so bedeutet dies in einer differenzierteren Auffassung, bewusst und vernetzt Angebote für alle acht Bereiche der Entwicklung, wie sie beispielsweise in der Tabelle der Entwicklung der psychischen Funktionen[29] aufscheinen, zu machen und damit den Zugang zum ganzheitlichen Lernen zu erweitern. Dazu gehören Bewegen, Wahrnehmen, Denken, Sprechen/Kommunizieren, sozial-emotionales Handeln, Wollen, Intuieren/ Kreativ-sein und Erinnern. In weiterer Folge bedeutet das auch – wenn sich Aufgabenstellungen immer wieder ändern –, dass Phasenwechsel stattfinden sollen und sich rhythmische Strukturen manifestieren können. Diese werden beispielsweise angeregt und gestaltet durch den Wechsel der Wahrnehmungsbereiche, der Sozialformen, der eingesetzten Mittel/Medien, aber auch durch den Wechsel von Aktivität und (aktiver) Passivität beispielsweise im Spielen und Zuhören, bei Soli und Tutti, usw. Die Bedeutung von Rhythmus als Gestaltungsmittel unterstreicht u. a. auch Danuser-Zogg.[30]

Didaktische Leitfragen: Sind Angebote für verschiedene Wahrnehmungskanäle und für Bewegung vorhanden? Gibt es Raum für sprachliche Ausdrucksformen? Wie und wo bekommen Emotionen ihren Raum? Welche Möglichkeiten gibt es, Stücke multidimensional und ganzheitlich zu erarbeiten und zu gestalten? Welche Gruppenkonstellationen gibt es im Verlauf der Probe und wie können diese verändert werden (gesamte Gruppe, Duo, Instrumentengruppen usw.)? Welche Angebote werden gemacht, damit die individuelle Kreativität und spontanes Experimentieren angeregt werden? Welche Erfahrungen und Erlebnisse lässt Musik in ihrer Vielfalt zu? Wie werden Lieder und Musikstücke angeboten? Wird nur technisch geübt oder gibt es Alternativen? Wird jegliche musikalische Gestaltung von außen vorgegeben oder entscheiden die Musiker*innen selbst mit und finden eigene Ideen? Wie sind die Darstellungsformen/Notationen? Welche Bilder und Gedanken fließen hier mit ein? Wird Musik nur gehört oder wird sie auch über andere Sinne, also etwa visualisiert oder bewegt wahrgenommen? Wie finden die Wechsel der Tätigkeits- und Organisationsformen statt, also z. B. strukturiert-unstrukturiert musizieren, im Sitzen-im Stehen agieren, metrisch-ametrisch spielen, alle gemeinsam-einer alleine oder zu zweit spielen, Musik hören, sich dazu bewegen oder spielen?

---

28 Vgl. Fröhlich 2008, 63 f.
29 Vgl. Garnitschnig u. a. 2021.
30 Vgl. Danuser-Zogg 2002, 28-41.

Der Daumen: Du darfst dich weiterentwickeln und deine Potentiale voll ausschöpfen! (*Entwicklung*)

Der Daumen steht als Sinnbild für den Daumenabdruck und die dadurch sichtbar werdende spiralförmige Struktur – ein Weg, der in der Mitte beginnt und sich nach außen windet. Die Spirale bedeutet Entwicklung und Aufbau und kann folgende methodisch-didaktische Aspekte veranschaulichen: aufbauendes Arbeiten, Schritt für Schritt, Wiederholung, Variation, Wiederkehr des Ähnlichen usw.

Für Probst u. a. sind in ihrem Buch *Musik überall* Wiederholung und Übung wesentliche methodische Grundlagen für den Musikunterricht in der Sonderpädagogik.[31] Wiederholung ist eine Lerngrundlage schlechthin und findet sich in der Assimilation ebenso wieder wie in der Akkommodation, wenn beispielsweise vorhandene Tätigkeiten durch Wiederholung stabilisiert werden oder eine veränderte Ausgangslage die Neustrukturierung von Vorhandenem verlangt.[32] Wir durchlaufen also einen ständigen Prozess von Wiederholungen und Variationen in der Aneignung und Anpassung an unsere Umwelt und entwickeln uns dadurch weiter.

Wiederholung bezieht sich aber auch auf strukturgebende, unterrichtsdramaturgische Momente, wie Beginn und Abschluss einer gemeinsamen Stunde oder Probe. Diese sind wichtig, damit nicht immer alles neu organisiert und erklärt werden muss. Rituale sind eng mit Wiederholungen verbunden und können durchaus förderlich sein, da sie Sicherheit vermitteln und darin auch Fertigkeiten geübt und vertieft werden können.[33]

Zugänge zum Musizieren brauchen ein aufbauendes, stufenweises Erarbeiten, ein „vom-über-zum", wie es in der österreichischen Rhythmik-Literatur oft beschrieben wird.[34] Stufenweise Erarbeiten bedeutet beispielsweise vom Konkreten zum Abstrakten, vom Einfachen zum Komplexen oder vom Bekannten zum Unbekannten zu gelangen[35], also konkret: vom Körper (mittels Bodypercussion) zum Instrument, vom Experimentieren zum exakten Spiel am Instrument, vom Metrum zum Rhythmus u. v. a. m. Wagners Handbuch *Max Einfach* bietet hierzu eine Fülle an aufbauenden Schritten.[36]

Entwicklungsmöglichkeiten eröffnen bedeutet zudem, Freiheit anzubieten, beispielsweise jene Instrumente auswählen zu dürfen, die im Moment interessant sind und dabei die Offenheit zu haben, eine erste mögliche Spielform selbst zu erfinden. Die Aufgabe der Pädagogin bzw. des Pädagogen ist es, zu beobach-

---

31 Vgl. Probst/Schuchardt/Steinmann 2006, 16 f.
32 Vgl. Schroer/Biene-Dreißler/Greving 2016, 49.
33 Vgl. Bunk 2012, 12.
34 Vgl. Bankl/Mayr/Witoszynskyj 2009, 35; Stummer 2006, 38.
35 Vgl. Probst/Schuchardt/Steinmann 2006, 16.
36 Wagner 2016.

ten und in der Interaktion das weiterzuführen, was als Impuls oder Ausdruck da ist. Um hier nochmals am Prinzip der Ganzheitlichkeit anzuknüpfen: Wichtig zu wissen ist, dass jede selbsttätige Handlung per se ein Zusammenspiel aller Entwicklungsbereiche verlangt, und dies noch mehr, wenn diese Handlungen auch Spielraum für eigene Entscheidungen und eigenen kreativen Ausdruck lassen. Weiterentwicklung ist dann möglich, wenn es gelingt, Angebote so zu machen, dass diese in den einzelnen Handlungsschritten möglichst an den jeweiligen Entwicklungsstand der Person in den oben erwähnten acht psychischen Funktionen angepasst sind, und zwar mit Blick auf die jeweils nächsten Schritte.[37] Feusers Vorstellung einer *entwicklungslogischen Didaktik* und Wygotskis Konzept der *Zone der nächsten Entwicklung* klingen hier an.[38]

> *Didaktische Leitfragen:* Welche Strukturen und Rituale im Ablauf gibt es? Wie wird aufbauendes Arbeiten geplant und gestaltet? Welche Ideen bringen die Musiker*innen mit ein: in der Bewegung, am Instrument, für die Komposition, für das Arrangement? Wie können Musiker*innen gezielt in ihrer Entwicklung beobachtet und unterstützt werden? Welche Ziele werden gesetzt? Wie können bestehende Stücke weiterentwickelt werden und welche Möglichkeiten bieten sich hier für die Musiker*innen? Welche Wiederholungen gibt es bzw. wie können Variationen angeboten werden?

Der kleine Finger: Du darfst Musik durch Bewegung erleben und ausdrücken! (*Bewegung*)

Der kleine Finger macht die Hand komplett. Erst durch ihn können Handlungen und Aktivitäten voll ausgeschöpft werden. Deshalb steht der fünfte Finger als Symbol für die Bewegung in und durch Musik.

Musik machen heißt in Bewegung sein, denn dadurch wird Musik vielschichtig erlebbar. Was oft vergessen wird ist, dass Musizieren vor allem am Instrument eine motorische (Höchst-)Leistung darstellt, die umfangreiche grob- bzw. feinmotorische Fertigkeiten verlangt. Vieles mehr erfordert das Musizieren in einem Gruppenprozess, wenn beispielsweise in einem Ensemble das eigene Musizieren koordiniert werden muss mit dem Beobachten und Hören der anderen, dem Schauen auf die leitende Person, dem Synchronisieren mit der Gruppe. Wir haben es mit einem komplexen Handeln zu tun, das weit mehr ist als reines Bewegen. Hier kommt die Wahrnehmung ins Spiel, denn Bewegung ist vor allem ein Zusammenspiel der taktilen und kinästhetischen Wahrnehmung, das im En-

---
37 Vgl. Garnitschnig/Neira Zugasty/Falschlunger 2021, 1-3.
38 Vgl. Merkt 2019, 256-258.

semblespiel noch viele weitere Sinnes- und Verarbeitungsleistungen erfordert. Zusätzlich werden „durch bewussten [sic] Aktivierung aller Sinne und ihren Einsatz, verknüpft mit den Erfahrungen und Kenntnissen konkreten Handelns […] Lernprozesse unterstützt und Denkprozesse eingeleitet"[39]. Durch bewegte Zugänge im musikalischen Gestalten wird also genau das aufgegriffen, was für inklusiv-pädagogisches Handeln so wichtig ist: basale und elementare Zugänge zu schaffen, die über und in Bewegung mit verschiedenen Sinneseindrücken vernetzt sind.[40] Auf diese Grundlage verweist auch Danuser-Zogg, wenn sie schreibt, dass alle sechs Teilbereiche der Rhythmik, von denen einer Musik ist, immer beim direkten Körperkontakt, also bei der Wahrnehmung und somit in Verbindung zur Bewegung ansetzen.[41] Dies berührt sich zudem mit den Ansätzen der *Basalen Stimulation* Fröhlichs, wenn er als die spürbar intensivsten körpernahen Zugänge die Somatik, das Vestibularium und die Vibration beschreibt.[42]

Für musikalisches Handeln bedeutet die Bewegung, ohne große Umwege zum Erlebnis und zur Aktivität zu kommen, das Tun von Anfang an anzuregen und in einen Gesamtzusammenhang zu stellen und das Handeln auch verbalisieren zu lassen. Durch Letzteres wird ‚Dingen' ein Name gegeben und den Fertigkeiten eine bestimmte Qualität zugeordnet, die dann wieder übertragbar sind auf neue Handlungen.[43]

> *Didaktische Leitfragen:* Welchen Stellenwert nimmt Bewegung ein? Ist es nur die Bewegung am Instrument oder gibt es auch Raum für grobmotorische Bewegungen? Wie können Bewegungsabläufe schrittweise erarbeitet werden? Lässt die Probe auch Raum für ametrisches, improvisiertes Bewegen? Wie entstehen Klänge? Welche Varianten von Bewegungen und Klängen lassen sich am Instrument finden?

Umsetzung: Ensemble *Ohrenklang*

Im Folgenden sollen die oben beschriebenen 5-Finger-Aspekte exemplarisch anhand der künstlerisch-pädagogischen Arbeit im inklusiven Ensemble *Ohrenklang*[44] greifbar gemacht werden. Nach einer knappen Vorstellung des Ensembles werden Gelingens- und Glücklichkeitsbedingungen beschrieben, die sich im Laufe der Jahre in der gemeinsamen musikalischen Arbeit mit den beteiligten

---

39 BMBF 1996, 20.
40 Vgl. Falschlunger 2016, 217.
41 Danuser-Zogg 2002, 46.
42 Vgl. Fröhlich 2007, 92.
43 Vgl. Wagner 2017, 144-146.
44 URL: <https://www.mdw.ac.at/mrm/mbe/inklusives-ensemble-ohrenklang> (06.08.2021).

Musikerinnen und Musikern entwickelt haben. Die Liste ist dabei keinesfalls vollständig, ergeben sich doch immer wieder neue kreative Zugänge zum gemeinsamen Musizieren. Auch wenn vieles positiv und möglicherweise allzu einfach klingt, soll nicht idealisiert werden, kommt es doch auch immer wieder zu ‚kritischen' Situationen, die im Sinne eines inklusivpädagogischen Handelns auch anders hätten gelöst werden können. Es bleibt nach wie vor eine spannende Herausforderung, Inklusion in all ihren Facetten zu leben. Für *Ohrenklang* bleibt jedenfalls Feusers Definition von Inklusion eine wichtige Leitlinie, einer Inklusion, die dann gelingen kann, wenn

> „alle […] in Kooperation miteinander, auf ihrem jeweiligen Entwicklungsniveau, nach Maßgabe ihrer momentanen Wahrnehmungs-, Denk- und Handlungskompetenzen, an und mit einem ´gemeinsamen Gegenstand´ […] spielen, lernen, studieren und arbeiten"[45].

Ohrenklang ist ein seit 2017 existierendes junges inklusives Ensemble von acht bis zehn Personen, das in kooperativer Kommunikation zwischen Studierenden der mdw – Universität für Musik und darstellende Kunst Wien und musizierenden Menschen mit und ohne Behinderung Texte von Autorinnen und Autoren des inklusiven Literaturwettbewerbs *Ohrenschmaus*[46] musikalisch gestaltet.

> „Zeit fliagt schon wieda
> jedn Tog fliagt a Tog weg
> bis Joahr gor ist
> und ih fliag mit"[47]

In der Wahllehrveranstaltung *Künstlerisches Gestalten im inklusiven, interdisziplinären Kontext* werden prämierte Siegertexte ausgewählt, hierzu musikalische Patterns und Arrangements von Studierenden entwickelt, Ensembleproben

---

45 Feuser 2018, 151.
46 URL: <https://www.ohrenschmaus.net> (06.08.2021).
47 Gedicht von Peter Gstöttmaier aus 2016. URL: <https://ohrenschmaus.net/texte/2016/gstoettmaier/> (12.08.2021). Grundlage des ersten *Ohrenklang*-Stückes: *Zeit fliagt schon wieda*.

konzipiert, Proben gemeinsam abgehalten und reflektiert. Kooperationen mit verschiedenen Personen, Vereinen und Institutionen sowie Auftritte vor Publikum bilden jeweils das Highlight eines Semesters. Die Konzeptidee sieht eine Weiterentwicklung in Richtung Performance/Tanz vor, was schon im Rahmen von *diversity unplugged_mdw* in einem inklusiven Workshop im Jahr 2021 erstmals versucht wurde.[48] Eine zirkulierende Transformation der Texte in Musik und weiter in tänzerische Umsetzung, gemeinsam mit Menschen mit Sehbehinderungen, deren Interpretation von Menschen mit Hörschädigungen wieder in Text übertragen wird, ist noch ausständig. Dies wäre ein ko-kreatives und inklusives Kunstprojekt mit Potential, geht es hier doch um Kommunikations- und Vermittlungsaspekte mit Erfahrungsmöglichkeiten für alle.

> „Manchmal läßt du die Gedanken frei und manchmal sperrst du sie ein.
> Gefangene Gedanken sind in deinem Kopf, doch irgendwann werden sie ziehen.
> Irgendwann werden sie ziehen und dann sind sie frei.
> Nichts hält sie noch zurück und nichts hält sie noch bei dir.
> Sie ziehen in die Weite hinaus, denn sie sind jetzt frei.
> Sie sind jetzt frei und nicht mehr gefangen."[49]

Haltung und Beziehung

Ganz im Sinne eines inklusiven Prozesses werden alle Beteiligten, also Studierende und Musiker*innen mit und ohne Behinderung, so gut und so oft als möglich in Entscheidungsprozesse mit einbezogen: bei der Textauswahl, den Kompositionen, der Logogestaltung und bei vielem anderen mehr. Ebenso wird versucht, die Proben so zu gestalten, dass jede*r sich einbringen und mitgestalten kann. Dies wird schon in kleinsten Sequenzen möglich, wenn beispielsweise jede*r zu Beginn eine Aufwärmübung anleitet oder bei Stücken leichte Adaptierungen in der Gestaltung (etwa in Bezug auf die Instrumentierung) vorschlägt. Generell begegnen wir einander auf Augenhöhe und respektieren die unterschiedlichsten aktuellen Stimmungen unserer Ensemblemitglieder. Die Pausengestaltung mit vielerlei Gesprächen und der Humor während und nach den Proben unterstützen den Zusammenhalt. Was neue Studierenden jedenfalls sofort erleben, ist die ungezwungene, unvoreingenommene und respektvolle Aufnahme durch das konstante *Kernteam*.

---

48 URL: <www.mdw.ac.at/zfw/kurse/?kursid=1445> (06.08.2021).
49 Gedicht von David Tritscher aus 2017. URL: <https://ohrenschmaus.net/texte/2017/tritscher/> (12.08.2021). Grundlage des dritten Ohrenklang-Stückes: *Gefangene Gedanken*.

Christoph Falschlunger

Differenzierung

Neben den Gemeinsamkeiten zu Beginn der Proben durch einen rhythmischen Spruch und eine bewegte Aufwärmphase findet die Differenzierung hauptsächlich durch unterschiedliche Instrumentenauswahl bei gleichen, auf ein bestimmtes Stück bezogenen Zielen statt. Die Erarbeitungsmethoden können zu Beginn dieselben sein: Es geht darum, ein neues Stück zu lernen, sich den Text bzw. die Struktur anzueignen und zu merken, eine Taktart oder einen Rhythmus einzuführen und sich zu synchronisieren. Im Laufe der Proben verändern sich jedoch diese allgemeinen Zugänge und werden individuell auf einzelne Musiker*innen zugeschnitten. Dies ist bedingt durch die unterschiedlichen Instrumente im Ensemble und die je individuellen Aneignungs- bzw. Übe-Methoden. In der Gruppe wird fast ausschließlich mit allen gemeinsam geprobt, jedoch kann es auch zum Üben in Kleingruppen kommen, wenn Gesang und musikalische Begleitung vertieft und ausdifferenziert werden müssen.

Gelebter Vielfalt bedeutet auch, dass es verschiedene Notenblätter und andere Formen der Visualisierungen gibt: Der Sänger hat beispielsweise einen Text in größerer Schrift und klarer Struktur mit musikalischen Hinweisen, die Trompeten verwenden ausschließlich die Trompetenstimme im Großformat, die meisten Studierenden wählen die gesamte Partitur, und der Perkussionist reagiert größtenteils intuitiv bzw. in Interaktion mit dem Leiter oder einer*einem Studierenden.

Ganzheitlichkeit

Musizieren ist per se erlebnis- und handlungsorientiert und vernetzt mehrere Entwicklungsbereiche. Die zumeist positive Stimmung und Motivation in Bezug auf Instrumentalspiel und Gesang ist dafür eine gute Grundlage. Proben gestalten sich so, dass verschiedene Zugänge zum Lernen neuer Stücke oder auch zum Üben gewählt werden. Beispielsweise unterstützen neben Vor- und Nachsprechen des Liedtextes passende Wortkarten bzw. Bilder den Text, oder es werden sprachunterstützende Bewegungen – auch aus der Österreichischen Gebärdensprache – verwendet. Stimmungen können auch durch selbst gefundene Klangideen auf Instrumenten dargestellt werden, wodurch mögliche Vor- oder Zwischenspiele entstehen. Generell kann gesagt werden, dass im Verlauf der Probe verschiedene Aspekte wie Bewegung zu Musik, Multisensorik in der Aufgabenstellung des gemeinsamen Musizierens, Kreatives durch das Einbringen eigener Ideen, Soziales durch den Gruppenprozess und durch unterschiedliche Konstellationen in der Gruppe (Solo, Duo, Tutti), aber auch Kognitives durch das Mitdenken und das Erinnern von Abläufen abwechseln.

Dabei sind die verschiedenen Instrumentalistinnen und Instrumentalisten sehr unterschiedlich gefordert, und es benötigt Beobachtungsgabe und Sensibilität, bei Überforderung oder Müdigkeit einen Phasenwechsel einzuleiten und andere Aspekte oder Funktionen zu fokussieren. Jedenfalls stehen das multidimensionale Erleben und das intuitive Musizieren neben dem gezielten Spiel nach Noten mit klaren Abläufen.

Entwicklung

Bezogen auf den Stundenaufbau und die Entwicklungsmöglichkeiten lassen sich verschiedene Aspekte beleuchten: Der ritualisierte Stundenbeginn schafft Struktur und einen gemeinsamen Beginn, bei dem interessant ist, wie unterschiedlich dieser je nach Probentag abläuft. Es gibt meist einen grob konzipierten Probenablauf, der mit den Studierenden gemeinsam erarbeitet und als Basis für weitere Proben reflektiert werden kann. Überlegungen zum sinnvollen Aufbau prägen ebenso die Planung wie der Wechsel der Beanspruchung. Trotzdem muss während der Proben Flexibilität und Offenheit für aktuelle Bedürfnisse und Änderungen gegeben sein.

Beim Erarbeiten neuer Stücke braucht es aufbauendes Arbeiten, das an Bekanntem anknüpft und sich vom Einfachen zum Komplexen entwickelt. Studierende erstellen dafür meist eine erste Grobstruktur, komponieren erste musikalische Patterns zu Teilen des Textes, studieren diese in der Probe ein und entwickeln diese durch die Erfahrungen und die neuen Ideen, die sich aus dem gemeinsamen Musizieren ergeben, weiter. Für die wiederholten Stücke braucht es oftmals im Moment Varianten, damit die Konzentration aufrecht bleibt. Variieren lassen sich sehr rasch das Tempo (langsamer-schneller), die Dynamik (lauter-leiser, impulsiver-reduzierter), die Tonart (sofern nicht alle auf Instrumenten spielen und begleiten) oder auch die Form (ein Vorspiel dazu nehmen oder ein improvisiertes Zwischenspiel gestalten, das wieder zum Anfang führt). Manches Mal braucht es aber auch einen klaren Schnitt und einen ganz anderen neuen Input.

Entwicklungsunterstützend sind jedenfalls auch Auftritte vor Publikum sowie beispielsweise eine CD-Produktion[50]. Bei alldem entwickeln die Musiker*innen ein unglaubliches Potential in der Fokussierung und im Zusammenspiel. Herausfordernd aber zugleich gewinnbringend ist, dass die meisten Studierenden jedes Semester wechseln. Somit kommen neue Personen hinzu und dadurch auch neue Instrumentenkonstellationen zustande, die eine Adaptierung der bestehenden Stücke erfordern. Interessant ist, dass in diesen Situationen die Musi-

---

50 Bezugsmöglichkeit der Ohrenklang-CD gegen freiwillige Spenden, die für weitere CD-Produktionen gesammelt werden, unter falschlunger@mdw.ac.at.

ker*innen des Kernteams – also vorwiegend Menschen mit Behinderung – den neuen Studierenden ihr Wissen zu Ablauf, Tempo und Gestaltung kompetent weitergeben können.

Bewegung

Bewegung nimmt in den Proben einen speziellen Stellenwert ein. Sie dient in den Aufwärmphasen der Aktivierung, Fokussierung und Synchronisation. Dafür gibt es unterschiedliche Möglichkeiten: So gibt es neben Stampfen im Metrum bodyperkussive Bewegungen mit eigenen Rhythmen und parallel dazu das begleitende Trommeln des Perkussionisten. Manches Mal kommt es spontan zu einer Jam-Session, in der jede*r auf jenen Instrumenten mitspielt, die im Raum sind: Dann zeigt sich Bewegung im grob- wie feinmotorischen Instrumentalspiel. Das Textlernen wird von selbst gefundenen Bewegungen unterstützt, diese geben ihm Sinn und helfen beim Merken und Erinnern.

Das inklusive Ensemble *Ohrenklang* trägt durch seine Konzeption, die vielfältigen Kooperationen, die inklusive Umsetzung und die Etablierung an einer Kunstuniversität wichtige Schritte zur *gelebten* Umsetzung der UN-Behindertenrechtskonvention bei. Ebenso wird der Anspruch der mdw-Diversitätsstrategie konkret realisiert, „spezifische Lehr-Lernsituationen an der mdw kritisch zu beleuchten und Denkanstöße [zu liefern] und Impulse für gender- und diversitätsreflektiertes didaktisches Handeln zu bieten"[51]. Erreicht werden soll, dass Musik und Inklusion als wesentliche und bereichernde Teile der Gesellschaft und der Musikkultur gesehen werden und die mdw als Ausbildungsinstitution hierzu einen entscheidenden Beitrag leistet, dadurch dass Studierende darauf vorbereitet werden, in ihrer beruflichen Zukunft selbst inklusive Musikprojekte mit Breitenwirkung in die Wege zu leiten.

Literatur

Bankl, Irmgard/Mayr, Monika/Witoszynskyj, Eleonore: Lebendiges Lernen durch Musik, Bewegung, Sprache. Wien: G & G Verlagsgesellschaft 2009.

Bauer, Joachim: Lob der Schule. Sieben Perspektiven für Schüler, Lehrer und Eltern. München: Wilhelm Heyne ⁵2012.

---

51 URL: <www.mdw.ac.at/ggd/diversitaetsstrategie/diversitaet-in-lehre/forschung/weiterbildung/> (01.08.2021).

Biewer, Gottfried/Proyer, Michelle/Kremsner, Gertraud: Inklusive Schule und Vielfalt. Stuttgart: Kohlhammer 2019.

BMBF – Bundesministerium für Bildung und Frauen (1996): Lehrplan der Sonderschule für Kinder mit erhöhtem Förderbedarf. BGBl. Nr. 355/1996. URL: <https://www.ris.bka.gv.at/Dokumente/BgblPdf/1996_355_0/1996_355_0.pdf> (30.07.2021).

Bradler, Katharina (Hg.): Vielfalt im Musizierunterricht. Theoretische Zugänge und praktische Anregungen. Mainz: Schott 2016.

Bunk, Ulrich: Spiel und spieltherapeutische Methoden. Köln: Bildungsverlag EINS ³2012.

Danuser-Zogg, Elisabeth: Musik und Bewegung. Struktur und Dynamik der Unterrichtsgestaltung. Sankt Augustin: Academia Verlag 2002.

Falschlunger, Christoph: RhythmikMB: ein Basisverfahren für inklusiv gestaltete Pädagogik. In: Hauser-Dellefant, Angelika/Witoszynskyj, Eleonore (Hg.): Leben ist Bewegung ist Musik. Entwicklungen und Konzepte der Wiener Rhythmik an der mdw – Universität für Musik und darstellende Kunst Wien. Wiesbaden: Reichert 2016, S. 199-221.

Feuser, Georg: „Alle Menschen werden Brüder…" – Zeit und Rhythmizität als Grundprozess des Lebens und der Verständigung. In: Salmon, Shirley (Hg.): Hören – Spüren – Spielen. Musik und Bewegung mit gehörlosen und schwerhörigen Kindern. Wiesbaden: Reichert 2006, S. 45-60.

Feuser, Georg: Entwicklungslogische Didaktik. In: Müller, Frank J. (Hg.): Blick nach zurück nach vorn – WegbereiterInnen der Inklusion. Band 2. Gießen: Psychosozial-Verlag 2018, S. 147-165. URL: <https://www.pedocs.de/volltexte/2019/17007/pdf/Feuser_2018_Entwicklungslogische_Didaktik.pdf> (01.08.2021).

Fröhlich, Andreas: Basale Stimulation. In: Greving, Heinrich: Kompendium der Heilpädagogik. Band 1. A – H. Troisdorf: Bildungsverlag EINS 2007, S. 88-96.

Fröhlich, Andreas: Basale Stimulation. Das Konzept. Düsseldorf: Verlag Selbstbestimmtes Leben ⁵2008.

Garnitschnig, Karl/Neira Zugasty, Helga/Falschlunger, Christoph: Lernen aus entwicklungsdynamischer Sicht: RhythmikMB & Tabelle der psychischen Funktionen – zwei sich ergänzende Verfahren (incl. Tabelle der Entwicklung der psychischen Funktionen-TPO 2006/2020). URL: <https://www.mdw.ac.at/mrm/mbe/inklusions-und-heilpaedagogik-diversitaet/entwicklungsraster-tpo/> (01.08.2021).

Kremsner, Gertraud/Proyer, Michelle/Baesch, Sophia: Vom Universal Design for Learning zum Local Universal Design for Inclusive Education. Ein Plädoyer für inklusive Wurzeln. In: Sonderpädagogische Förderung 1/2020, S. 34-46.

Kron, Friedrich W./Jürgens, Eiko/Standop, Jutta: Grundwissen Didaktik. München: Ernst Reinhardt Verlag ⁶2014.

Merkt, Irmgard: Musik – Vielfalt – Integration – Inklusion. Musikdidaktik für die eine Schule. Regensburg: ConBrio Verlagsgesellschaft 2019.

Prengel, Annedore: Pädagogische Beziehungen zwischen Anerkennung, Verletzung und Ambivalenz. Opladen: Barbara Budrich Verlag ²2019.

Probst, Werner/Schuchhardt, Anja/Steinmann, Brigitte: Musik überall. Ein Wegweiser für Förder- und Grundschule. Braunschweig: Westermann 2006.

Reich, Kersten: Inklusive Didaktik. Bausteine für eine inklusive Schule. Weinheim: Beltz 2014.

Rosa, Hartmut/Endres, Wolfgang: Resonanzpädagogik. Wenn es im Klassenzimmer knistert. Weinheim: Beltz ²2016.

Roth, Wolfgang: Humanistische Psychologie und Pädagogik. Eine Einführung in die theoretischen Grundlagen. Ergänzte Auflage 2014. URL <http://www.wolfgang-roth.org/files/File/Humanistische%20Psychologie%20und%20P%C3%A4dagogik%20%28HPP%29_0.pdf> (25.07.2021).

Schroer, Barbara/Biene-Deißler, Elke/Greving, Heinrich: Das Spiel in der heilpädagogischen Arbeit. Stuttgart: Kohlhammer 2016.

Seitz, Simone: Inklusive Didaktik: Die Frage nach dem ‚Kern der Sache'. 2006. URL: <https://www.inklusion-online.net/index.php/inklusion-online/article/view/184/184> (28.07.2021).

Stabe, Eva Roswitha: Rhythmik im Elementar-, Primär- und Sonderschulbereich. Ganzheitliche Entwicklungsförderung am Beispiel retardierter und behinderter Kinder und Jugendlicher in Theorie – Didaktik – Praxis. Bern: Haupt Verlag 1996.

Stummer, Birgitta: Rhythmisch-musikalische Erziehung. Bewegung erklingt – Musik bewegt. Wien: Manz Verlag 2006.

UN-Behindertenrechtskonvention (UN-BRK) (2016). URL: <https://broschuerenservice.sozialministerium.at/Home/Download?publicationId=19> (25.07.2021).

UN-Convention of the Rights of Persons with Disabilities (UN-CRPD) (2006). URL: <https://www.un.org/disabilities/documents/convention/convoptprot-e.pdf> (25.07.2021).

Verband deutscher Musikschulen (Hg.): Spektrum Inklusion. Wir sind dabei! Wege zur Entwicklung inklusiver Musikschulen. Bonn: VdM Verlag 2017.

Wagner, Robert: Max Einfach – Musik Gemeinsam von Anfang an. Spielheft 1 & Lehrerband. Regensburg: ConBrio Verlagsgesellschaft 2016.

Wagner, Robert: „Selbstverständlich" musizieren heißt selbstbestimmt Musik erleben. Grundlagen einer inklusiven Musikpädagogik. In: Verband deutscher Musikschulen (Hg.): Spektrum Inklusion. Wir sind dabei! Wege zur Entwicklung inklusiver Musikschulen. Bonn: VdM Verlag 2017, S. 141–147.

Walgenbach, Katharina: Heterogenität – Intersektionalität – Diversity in der Erziehungswissenschaft. Opladen: Barbara Budrich Verlag ²2017.

Willmann, Marc: „Wie kommen die anderen 22 Kinder dazu, dass eine/r immer alles kaputt macht?" In: Steirische Vereinigung für Menschen mit Behinderung (Hg.): Behinderte Menschen 4/5/2015, S. 54–55.

Wright, Michael T./von Unger, Hella/Block, Martina: Partizipation der Zielgruppe in der Gesundheitsförderung und Prävention. In: Wright, Michael T. (Hg.): Partizipative Qualitätsentwicklung in der Gesundheitsförderung und Prävention. Bern: Hans Huber Verlag 2010, S. 35–52.

Grundzüge einer inklusiven Musikdidaktik – am Beispiel des Ensembles *Ohrenklang*

Christoph Falschlunger ist Rhythmiker/Musik- und Bewegungspädagoge sowie Sonder- und Volksschullehrer. Seit über zwei Jahrzehnten arbeitet er mit Kindern und Menschen mit Behinderungen in schulischen sowie in künstlerischen Settings und setzt sich für Inklusion in diesen Bereichen ein. Dies bildet sich auch in seiner Lehrtätigkeit als Senior Lecturer an der mdw – Universität für Musik und darstellende Kunst Wien (vorwiegend am Institut für Musik- und Bewegungspädagogik/Rhythmik sowie Musikphysiologie), als Lehrender an der Kirchlich Pädagogischen Hochschule Wien/Krems (Institut für Ausbildung) und an der Universität Wien unter anderem in Lehrveranstaltungen zu Theorie, Didaktik, Hospitation, Praxisbetreuung und künstlerischem Gestalten innerhalb der Inklusions- und Heilpädagogik, vorwiegend mit Fokus auf Rhythmik/Musik und Bewegung, ab. Er arbeitet in diversen Fachgruppen zu Inklusion an verschiedenen Institutionen, führt altbewährte inklusive Projekte weiter und ist Mitinitiator, Begleiter und Leiter neuer Initiativen (z. B. inklusives Ensemble *Ohrenklang*, *ClassicAll*, *Inklusion to go*). Er ist Referent im In- und Ausland und schreibt Fachartikel. Sein besonderes Forschungsinteresse gilt geschichtlichen und aktuellen Tendenzen von RhythmikMB in der Inklusions- und Heilpädagogik sowie dem Aspekt von Inklusion in den angrenzenden Fachbereichen.

Veronika Kinsky

Die *Young All Stars* und die Kunst, inklusive Musizierensembles zu leiten

Einleitung

Ein inklusives Musizierensemble zu leiten ist eine sehr große Herausforderung. Es bedarf der Kunst, für jedes Mitglied optimale Bedingungen zu bereiten, um miteinander Musiziermomente zu zaubern, die für alle bedeutsam und erfüllend sind. In dieser Kunstfertigkeit zu reifen entspricht oft einem lebenslangen Suchen, Lernen, Ringen und Verfeinern. Es bedeutet:
- zutiefst die Haltung zu verkörpern, jeden Menschen voraussetzungsfrei im Musizierprozess willkommen zu heißen,
- eine feine Wahrnehmung zu entwickeln, um die Besonderheiten und Ressourcen jeder einzelnen Person zu entdecken, um diese sinnvoll in das musikalische Geschehen miteinzubeziehen,
- sich offen, flexibel, voller Neugierde und Risikobereitschaft auf unerwartete Unterrichtssituationen einzustellen und mit einem immer variantenreicheren Methodenrepertoire adäquat zu reagieren,
- in der Vorbereitung individuelle Arrangements zu erdenken, in denen für jeden Menschen die genau richtigen Anforderungen gestellt werden und die in der Gesamtheit ein musikalisch sinnvolles und für alle befriedigendes Ergebnis ermöglichen,
- genau diese Arrangements im Moment wieder zu verändern und an die Wünsche und neuen Ideen der Teilnehmenden anzupassen, sie zu variieren oder gar zu verwerfen,
- auch in Situationen, die misslingen und in denen man einfach nicht mehr weiter weiß, ruhig und gelassen zu bleiben, die Verantwortung zu tragen und den Glauben an das kreative Potential der unterschiedlichen Menschen in der Gemeinschaft nicht zu verlieren,
- eine hohe Kooperationsbereitschaft zu haben, um im Teamwork einander optimal zu ergänzen.

Es bedeutet aber auch, *als leitende Person und als ganzer Mensch bereichert, erfüllter und glücklicher zu sein.*

In diesem Beitrag sollen anhand der Darstellung vielfältiger Rollen und Fertigkeiten einer leitenden Person in inklusiv geführten Gruppen die komplexen Anforderungen an das künstlerische und musikpädagogische Wirken veranschaulicht und reflektiert werden. Die eingestreuten Beispiele aus der Praxis

Veronika Kinsky

fußen dabei auf persönlichen Erfahrungen der Autorin im Mitbegleiten des inklusiven Kinderensembles *Young All Stars Band*.[1]

Mitmensch und *Facilitator*

Menschen, die sich für Inklusion einsetzen, vertreten meist eine bestimmte Haltung, die für eine soziale und durch Mitmenschlichkeit geprägte gesellschaftliche Entwicklung steht. Heterogenität wird dabei nicht nur als gegebene Normalität, sondern als Chance und Ressource erkannt und genutzt. So heißt es etwa in der *Potsdamer Erklärung* des Verbands deutscher Musikschulen (VdM):

> „Als Zeichen menschlicher Vielfalt werden Begabungen und Behinderungen wertfrei betrachtet. Empowerment jedes/r einzelnen Schülers/in durch Förderung, Unterstützung und Begleitung mit dem Ziel individueller Sinnfindung in der aktiven Auseinandersetzung mit Musik bestimmt die Arbeit der Musikschulen."[2]

Shirley Salmon nennt als Gelingensbedingungen für inklusives musikpädagogisches Wirken eine Haltung, die an das außergewöhnliche Potential in jedem Menschen glaubt und die Überzeugung, dass jeder Mensch ein Grundbedürfnis und Grundrecht auf kulturelle Teilhabe und künstlerischen Ausdruck hat. Unterschiedliche Kompetenzen werden nicht nur begrüßt und akzeptiert, sondern sie werden im Unterricht auch sinnvoll eingebaut.[3] Für die leitende Person bedeutet das, sich in einem Rollenverständnis zu finden, das weniger einer Lehrperson im konventionellen Sinn entspricht als vielmehr einer Begleiterin oder Mitspielerin, die sich mit allen Teilnehmenden in menschlicher Gleichwürdigkeit[4] auf eine gemeinsam zu gestaltende Reise begibt. Auch Robert Wagner weist auf ein neues Rollenverständnis hin:

---

1 Die *Young All Stars Band* ist ein Angebot für Kinder im Alter von 7-12 Jahren mit und ohne Behinderung des *Zentrums für Elementares Musizieren* am *IMP*. In diesem Musizierensemble steht das gemeinsame lustvolle Musizieren im Mittelpunkt, wo jedes Kind sein musisches Ausdrucksbedürfnis mit genau den Möglichkeiten, die ihm zur Verfügung stehen, ausleben kann. Ausgehend von unterschiedlichen Impulsen werden eigenständig entwickelte Improvisationen und Gestaltungen ebenso erarbeitet wie auch Ensemblestücke und Lieder quer durch alle möglichen Stile und Kulturen. Zusätzlich bietet das Ensemble im Rahmen der Pflichtlehrveranstaltung *Pädagogik des Elementaren Musizierens* einen Erfahrungs- und Lehrpraxisraum für IGP- und Lehrgangsstudierende. Siehe auch: <https://www.musiceducation.at/young-all-stars/>.
2 Verband deutscher Musikschulen 2017, 29.
3 Salmon 2020.
4 „Gleichwürdigkeit" ist die deutsche Übersetzung einer Wortschöpfung des dänischen Familientherapeuten Jesper Juul. Es beschreibt die Besonderheit, in menschlichen Beziehungen respektvoll und in Anerkennung der Würde des Gegenübers, Wünsche, Anschauungen und Bedürfnisse des anderen ernst zu nehmen (vgl. z. B. Juul 2001, 40).

Die *Young All Stars* und die Kunst, inklusive Musizierensembles zu leiten

„Die Vorbereitung auf die Umsetzung inklusiver Leitziele in der täglichen Unterrichtspraxis ist für viele Lehrkräfte eine Herausforderung, da damit verbunden ist, das eigene Rollenverständnis zu überdenken und sich gemeinsam mit ihren Schülern als Lerngemeinschaft zu begreifen – ohne freilich dabei ihre Verantwortung als Lehrende und Erziehende abgeben zu können und ohne, dass die Zuständigkeit für neue Zielgruppen bedeuten darf, dass Begriffe wie Qualität, Leistung und Können an Bedeutung für Unterrichtsprozesse und Unterrichtsergebnisse verlieren."[5]

In der *Community Music*, deren Ziel es ja ist, Musik, kulturelle Teilhabe, Inklusion und soziale Gerechtigkeit für alle zu ermöglichen, wird die Rolle der begleitenden oder initiierenden Person *Faciliator* genannt. Ein *Faciliator* schafft musikalische Begegnungs- und Erfahrungsräume und nimmt dabei Rücksicht auf die Wünsche und Bedürfnisse der einzelnen Gruppenmitglieder.[6] In dieser Rolle ist es für die leitende Person wichtig, sich mutig und zuversichtlich auch auf Unerwartetes, Neues und Unberechenbares einzulassen und auch vor drohender Orientierungslosigkeit nicht zurückschrecken. Katharina Bradler nennt als hilfreiche Aufforderungen für eine Haltung, die Vielfalt als Chance begreift:
– „Lass Dich überraschen.
– Vermute Unvermutetes. […]
– Betrachte Unterricht systemisch als Beziehungsgeflecht.
– Freunde dich mit Uneindeutigkeit an.
– Unterricht ist nicht restlos planbar. Unterricht ist immer neu. […]
– Nimm den ‚Schrecken' eines Widerfahrnisses als Anreiz.
– Versuche Unsicherheit auszuhalten." [7]

Zu dieser Haltung und zu diesem Rollenverständnis gehört auch, genügend Zeit zu geben, um Vertrauen aufzubauen und allen Teilnehmenden auf der Basis verlässlicher Beziehungen, Sicherheit und Raum zur Entwicklung zu bieten.

In einem kurzen Begrüßungslied wird jedes Kind singend beim Namen gerufen und zusätzlich aufgefordert, eine Begleitung für die Bodypercussion auszuwählen. Es ist wichtig und beglückend für jedes Kind, beim Namen gerufen zu werden und eine Begleitung eigenständig vorzuschlagen. Susi, ein schüchternes Mädchen, neigt dazu, sich oft in sich selbst zurückzuziehen, indem sie die Schultern leicht hebt, ihre Arme gekreuzt vor sich hält und den Kopf senkt. In dem Moment aber, wo ihr Name genannt wird, blickt sie kurz auf, lächelt und schlägt als Begleitung ein sanftes Streichen auf ihren Oberschenkeln vor und macht diese Bewegung auch während des Liedes mit. Die vorgeschlagenen Bewegungen der anderen macht sie lieber nicht mit, und trotzdem ist wahrnehmbar, wie sie auf ihre zurückhaltende Art innerlich am gesamten Geschehen beteiligt ist. Dass ihre Mutter neben ihr sitzt und alle Bewegungen mit Freude mitmacht, gibt ihr Sicherheit. Sie hat in ihrer

---
5   Wagner 2017a, 84.
6   Kertz-Welzel 2018.
7   Bradler 2020, 107.

Mutter eine Art ‚Wesensergänzung', die das mutige-Sich-Ausdrücken stellvertretend für sie vollzieht. Für die Entwicklung dahin, dass sie selbst mehr und mehr Mut dazu gewinnt, sich vor der Gruppe auszudrücken, braucht sie viel Zeit, und nach und nach passieren in den Stunden Momente, wo es ihr manchmal gelingt.[8] Auch Roland freut sich besonders, wenn er beim Begrüßungslied bei seinem Namen gerufen wird. In seiner Körpersprache drückt er aus: „Das bin ich, ich bin hier, ich bin hier willkommen, ich werde gesehen und bei meinem Namen gerufen, ich bin wie ich bin, und es ist gut so." Roland ist im Wesen fast wie ein Kontrapunkt zu Susi. Er macht alles eifrig mit, vergrößert im Tun die Bodyperkussions-Vorschläge und wird zwischendurch plötzlich vor Begeisterung sehr laut. Er wippt heftig am Sessel aufgeregt vor und zurück. Susi bringt in das Gruppengeschehen ein sehr zartes und Roland manchmal ein überströmendes, kräftiges Element ein, zwei gegensätzliche Energien ergänzen einander, Energien, die das gemeinsame Geschehen in persönlichen Varianten mitvollziehen und von zwei extremen Polen her bereichern.

Die Lehrperson in dieser Situation trägt das Geschehen durch ihre Haltung, dass genau diese divergierenden Varianten, die sehr zarte zurückhaltende und die laute überbordende Energie, hier ihren Raum haben können und willkommen sind. Dieses Selbstverständnis – und das ist besonders in inklusiven Gruppen wahrnehmbar – überträgt sich im Idealfall auf die Haltung aller Teilnehmenden. Für alle wird es ganz selbstverständlich, dass unterschiedliche Möglichkeiten im Mitvollzug des Geschehens völlig in Ordnung sind. Die von Empathie, Mitmenschlichkeit und Wertschätzung geprägte Haltung wächst in jedem Teilnehmenden und ist daher auch von gesellschaftspolitischer Relevanz.

Die Schatzsucherin[9]

Personen, die inklusive Ensembles leiten, balancieren auf einem speziellen Grat der Wahrnehmung. Getragen ist diese von der eben ausgeführten Haltung des wertfreien Beobachtens, Aufnehmens und Integrierens der für den Musizierprozess wertvollen Möglichkeiten jedes einzelnen Ensemblemitglieds. Diese Haltung muss aber mit einer sehr feinen Wahrnehmung einhergehen, die fernab von Beliebigkeit in einer Fülle von Eindrücken jene Ressourcen, die zu einem erfüllenden Musizieren beitragen können, erkennen kann:

> „Die Verhaltensbeobachtung eines jeden Einzelnen, das empathische sich Einfühlen und einander Kennenlernen sind Grundvoraussetzungen, um die wahren Bedürfnisse und Möglichkeiten der Menschen, die uns anvertraut sind, zu erkennen und dementsprechend zu handeln."[10]

---

8   Nach drei Jahren im Ensemble gelang es ihr erstmalig, auch ohne Elternteil teilzunehmen.
9   Die weibliche Form wird hier, wie auch im folgenden Text genutzt, da sie sich auf die Rolle der Lehrperson bezieht, meint aber immer alle Geschlechter.
10 Theißen 2017, 169.

Es ist also ein Balanceakt zwischen einer empathischen, liebevollen Offenheit jedem menschlichen Wesen gegenüber und einem ganz genauen Erkennen, Unterscheiden und auch Beurteilen, welche Voraussetzung wo, wann und wie aufgegriffen, eingesetzt und weiterentwickelt werden kann. Bei Hoehne/Thormann findet sich der Begriff des *diagnostischen Wahrnehmens* oder der *pädagogischen Diagnostik*.[11] Der Begriff der Diagnose kann in (musik-)pädagogischem Kontext auch kritisch betrachtet werden, da er stark mit einem medizinischen Vorgehen und der Feststellung bestimmter Krankheiten konnotiert ist und damit eine defizitorientierte Haltung suggerieren könnte, die ein *Leiden* beheben möchte. Helga Neira Zugasty spricht hingegen von einer *entwicklungsdynamisch orientierten Beobachtung*, für die sie gemeinsam mit Karl Garnitschnig einen Entwicklungsraster psychischer Funktionen zusammengestellt hat.[12] Dieser soll als Instrument der didaktischen Orientierung in inklusiver Arbeit dienen:

> „Der Entwicklungsraster gibt Orientierung und erleichtert das Erkennen und Ordnen der beobachteten Operationen. Durch deren Darstellung in der Analyse können Entwicklungsschwerpunkte erkannt werden und eine genaue Abstimmung (Passung) der nachfolgenden Angebote auf die Erfordernisse der Teilnehmer erfolgen. Die Zielrichtung auf längere Frist kann daraufhin abgestimmt werden."[13]

Hier schließt sich auch die Frage an, wie gut eine leitende Person in inklusiven Ensembles über Spezialwissen beispielsweise aus der Sonder- und Heilpädagogik verfügen muss. Heilpädagogisches Spezialwissen – und hier begegnen wir wieder einer paradoxen Erkenntnis – ist zugleich förderlich und hinderlich. Förderlich, ja sogar notwendig ist es, über mögliches Anfallsgeschehen, notwendige Medikation oder (auto-)aggressives Verhalten von Teilnehmenden und sinnvolle Reaktionen Bescheid zu wissen. Hinderlich ist spezielles Wissen, wenn es durch das Einordnen in Kategorien und diagnostische Zuschreibungen das Wahrnehmen eines Menschen einengt. Das heftige Wippen eines Kindes aus dem Autismus-Spektrum ordnet die Spezialistin als ein *Stimming* ein, ein sich selbst stimulierendes Verhalten, welches vor Reizüberflutung schützen kann. Aus einer offenen Wahrnehmung heraus und auf der Entdeckungssuche für Ressourcen aus einem künstlerischen Blickwinkel könnte das Wippen jedoch der Ausgangspunkt für ein gemeinsames Metrum sein, auf dessen Grundlage eine rhythmische Improvisation gestaltet wird. Bernhard König geht noch einen Schritt weiter und teilt in seinem *Plädoyer für eine Ästhetik des Eigenartigen* mit, dass er auffallende andersartige Laute einzelner Menschen mit Behinderungen nicht aus einer therapeutischen oder inkludierenden Intention heraus betrachtet, sondern als *Klangforscher*:

---

11 Hoene/Thurmann 2011, 29.
12 Vgl. Garnitschnig u. a. 2020.
13 Garnitschnig/Neira Zugasty 2006, 119.

> „Zumindest bewahrt mich die Rolle des Klangforschers, der aufrichtig an den stimmlichen und expressiven Besonderheiten seines Gegenübers interessiert ist, davor, diesem mit irgendwelchen therapeutischen Intentionen zu begegnen: Seine Andersartigkeit ist nichts, was ich wegkurieren, überwinden, unsichtbar machen oder geflissentlich übersehen möchte. Ich will diese Andersartigkeit auch nicht ‚inkludieren'. Im Gegenteil: Ich will sie stark machen, indem ich einen exklusiven Raum schaffe. Einen Raum, in dem das Eigenartige sich maximal entfalten kann."[14]

Vielleicht lassen sich aber die unterschiedlichen Wahrnehmungsmodi, d. h. der ressourcenorientierte künstlerische Blick, mit dem Spezialwissen über bestimmte Verhaltensweisen und die Analyse von Entwicklungsstufen und Bedürfnisse durch bewusstes Reflektieren derselben auch verbinden. Eine gegenseitige Bereicherung kann sich in der Zusammenarbeit in Teams entwickeln, wo sich unvoreingenommene künstlerische und spezialisierte entwicklungsorientierte Blickwinkel optimal ergänzen können.

Die Arrangeurin und Komponistin

Susi liebt es, auf der Gitarre mit ihrem Daumen die tiefste Seite im Pianissimo zu zupfen, während Valerie lieber mit dem Plektrum alle offenen Saiten schlägt und Roland eine gezupfte Saite und durchschlagende Akkorde in variabler Reihenfolge erfassen und spielen kann. Moritz hat eine besonders kräftige Stimme und singt leidenschaftlich gerne, auch spontan improvisierte Melodien. Benedikt lernt schon drei Jahre Posaune, möchte aber in der Band derzeit lieber den E-Bass ausprobieren. Oswald und Jonathan möchten zusätzlich zu e-Moll und D-Dur endlich weitere Akkorde auf der E-Gitarre lernen. Markus kann mit beiden Händen von Noten Klavier spielen und teilt sich das Klavier mit David, der sich gut Dreiton-Ostinati merken kann. Laura lernt seit Kurzem Cello, und Gabor sucht sich gerne das Schlagzeug aus. Leise spielen liegt ihm gar nicht, dafür kann er mit einem sicheren Viererbeat das Metrum stützen. Flora spielt heute zum ersten Mal auf der Geige und möchte unbedingt schon mit dem Bogen über die Saiten streichen.

Franz Kasper Krönig beschreibt als Ziel für inklusive Ensembles: „Ein inklusives Orchester sucht gemeinsam nach künstlerischer Bedeutung und ästhetischen Momenten solcher Art, die mit exakt den Personen, die momentan anwesend sind, möglich werden können."[15]

Für das eben beschriebene *Kunterbunt-Orchester* müssen daher, genau abgestimmt auf die jeweiligen Könnensstufen, eigens Spielideen und Übungen für den Kleingruppenunterricht und Arrangements für das gemeinsame Spiel in

---

14 König 2017, 331.
15 Krönig 2017, 249.

der Großgruppe erstellt werden. Die geeignetste Tonart muss gewählt werden, eine mögliche Vision der Zusammenklänge erdacht bzw. vorausgehört werden. Wesentliche Elemente, die für das Stück oder Lied charakteristisch sind, wie bestimmte Rhythmen oder melodische Figuren, dürfen nicht einer Vereinfachung zum Opfer fallen, und darüber hinaus müssen auch unterschiedliche Formen der Notation bedacht werden. Manche Kinder lernen am liebsten über das Gehör, andere brauchen eine visuelle Orientierung, sei es in Form von Buchstaben, graphischen Zeichen, Bildern oder auch traditionellen Noten. Andere können eigenständig auf die Suche nach einer passenden Stimme im Arrangement gehen, so dass das vorgedachte Arrangement nur als Grundlage dient und im Moment des Erarbeitens und Spielens verändert, adaptiert, erweitert oder auch ganz umgeworfen werden kann. Für manche Kinder muss eine bestimmte Stimmung auf der Gitarre bedacht werden, um ein harmonisches Spiel der leeren Saiten zu ermöglichen, weil vielleicht das Greifen zu schwierig ist. Für das Spiel auf Streichinstrumenten können Gummiringerl eine Orientierungshilfe bieten. Insgesamt müssen sich alle Stimmen klanglich reizvoll und stimmig ergänzen.

Robert Wagner spricht von *personalisierten Partituren* und meint, dass schon das Spielen einzelner Viertelnoten, wenn sie sinnvoll in den Gesamtzusammenhang gestellt werden, ein vollständiges Erleben der entstehenden Musik bedeuten kann.[16] In seinem Lehrerband zu *Max einfach* zeigt er, wie anspruchsvolles gemeinsames Musizieren für Menschen mit unterschiedlichen musikalischen Erfahrungen und verschiedenen Instrumenten möglich ist. Die vorgestellte Methode erlaubt die selbstbestimmte Erweiterung des musikalischen Ausdrucks durch ein individuelles Angebot methodisch aufbauender Spielbausteine.[17]

Personalisierte Partituren zu erdenken und dann im Moment des gemeinsamen Spielens zu verändern und zu variieren, gehört zu einer der Kernkompetenzen der leitenden Personen und erfordert harte Arbeit und hohe künstlerische Fähigkeiten. Sie sind einer der Schlüssel für gelingendes Musizieren. Die wichtigsten Tipps für individualisierte Arrangements fasse ich so zusammen:
– Geeignete Instrumentenwahl:
  – Mallet-, Perkussion- und Effektinstrumente,
  – eigens hergestellte Instrumente (wie z. B. die Veeh-Harfe) und Schlägel,
  – Einsatz offener Stimmungen für die Gitarre[18],
  – Basssaiten der Gitarre abkleben für leichtere Griffwechsel,
  – Klebepunkte oder Kartonleisten für das Klavier[19],
  – Gummibünde für Streichinstrumente.

---

16 Vgl. Wagner 2017b, 144.
17 Vgl. Wagner 2017c, 236.
18 Vgl. Kondzialka/Wagner 2017, 174.
19 Vgl. Schmidt 2017, 181.

- Variable Notationsweisen:
  - Buchstaben oder Zahlen in Viertelpuls-Kästchen,
  - grafische Notation,
  - Farben oder Symbolnotation,
  - Notation in Bildern,
  - Veeh-Harfennotation[20],
  - individuell erdachte Notationen.
- Besonderheiten in Arrangements:
  - Freirhythmische und improvisatorische Teile einbauen,
  - klangmalerische Begleitformen für Lieder integrieren,
  - Rhythmen mit Sprache koppeln,
  - Formen mit individuell gestaltbaren solistischen Teilen.

Eine personalisierte Partitur auf der Grundlage eines Kanons von Uli Führe[21] für das oben beschriebene Kunterbunt-Orchester könnte z. B. so aussehen, wobei die meisten Kinder ihre Stimmen durch Nach- und Mitspielen mit den leitenden Personen erarbeiten:

Jetzt geht's los...

3-stimmiger Kanon von Uli Führe

---

20 Unter den Saiten der Veeh-Harfe ist ein Blatt eingelegt, mit Punkten genau unter den zu spielenden Saiten, die mit Linien verbunden sind. Die Spielenden können sich so entlang der Punkte und Linien orientieren und die der Melodie entsprechenden Saiten leicht finden.
21 Führe 2017.

Die *Young All Stars* und die Kunst, inklusive Musizierensembles zu leiten

In der Umsetzung können die verschiedenen Instrumentengruppen auch einander abwechselnd oder nach und nach dazu kommend den gemeinsamen Gesang begleiten. Die Gruppe mit den akustischen Gitarren könnte starten, die Streicher kommen dazu, dann das Klavier und schließlich auch die Bandgruppe mit den E-Gitarren, dem E-Bass und dem Schlagzeug. Es kann auch ein Kind dirigieren, welche Gruppe gerade spielt oder singt.

Eine der größten musikalischen Herausforderungen in einer inklusiven Kinderband ist das gemeinsame rhythmische Spiel über einem einheitlichen Metrum. Dieses ist aber erstrebenswert, da gerade metrische Synchronisation musikalisch erfüllende Ereignisse und stimmige Musiziermomente begünstigt. Robert Wagner meint sogar: „Ensemblearbeit steht und fällt nicht mit der Beherrschung von bestimmten Techniken, sondern mit der Orientierung aller Musiker in der gemeinsamen Zeit."[22] Da gerade das Halten eines gemeinsamen Metrums über längere Zeit für manche Kinder eine Überforderung ist, bietet das Rondo eine ideale Lösung an, wobei metrisch gebundene und freimetrische Teile einander abwechseln. Irmgard Merkt spricht ebenfalls dem Rondo als Form für binnendifferenziertes musikalisches Handeln einen besonderen Wert zu und meint zudem:

> „Dabei initiiert gerade das Moment des ‚Nicht-Getakteten' das, was die Musikpädagogik gerne erreichen will: Konzentriertes Zuhören, Warten können, Erleben von Klangqualitäten und Klangdauern, kurz gesagt, das aufmerksame Lauschen statt des bloßen Hörens. […] Die Mischung rhythmisch freier und rhythmisch gebundener Anteile erreicht einen höheren Grad an Aufmerksamkeit und Interesse

---

22 Wagner 2017c, 234.

Veronika Kinsky

für musikalische Prozesse als das ‚Durchspielen' eines Rhythmus im Sinne von ‚Einsteigen und Abfahren'."[23]

In der *Young All Stars Band* bewährte sich oft am Beginn ein rhythmisch gestaltetes Einschwingen in Form eines Rondos. Der wiederkehrende Rondo-Teil ist ein fixierter rhythmisch gebundener Teil, passend zum Stundenthema erdacht und mit einer leichten Bodypercussion-Begleitung versehen. Dieser wird immer metrisch gebunden ausgeführt, aber mit individuellen Lösungen: Manche Kinder können den Rhythmus mit der gleichen Bodyperkussion wie die leitende Person exakt spielen. Anderer vereinfachen die Bodypercussion, einige wippen einfach nur mit, und ein Kind analysiert vielleicht gleichzeitig die Taktart. Die Strophen zwischen den Rondo-Ritornellen kann jedes Kind, genau angepasst an sein Vermögen, erfinden und dabei auch alle zum Imitieren einladen. Dieser individuelle Teil kann sowohl rhythmisch komplex wie auch freirhythmisch gestaltet sein. Hier ein Beispiel aus einer Stunde zum Thema Drachen:

Die Designerin individueller Stunden

Jede Gruppe ist einmalig, besteht aus unterschiedlichen Individuen mit unterschiedlichen Persönlichkeiten, Voraussetzungen, Vorlieben und Kompetenzen und braucht nicht nur personalisierte Partituren, sondern auch ihre einmaligen individuell angepassten Stundenkonzepte. Kein vorgegebenes Stundenbild,

---

23 Merkt 2019, 103.

keine konventionelle Dramaturgie, schon gar kein standardisiertes Unterrichtsrezept kann einfach übernommen werden. In einem Prozess des Kennenlernens jeder einzelnen Person, der sehr viel Zeit braucht, wachsen von Stunde zu Stunde immer mehr verfeinerte neue Konzepte und methodisch sinnvolle Schritte. Der Vorbereitungsaufwand ist mitunter recht groß, und gerade in den ersten Monaten kann die Konzipierung einer Ensemblestunde drei bis viermal so viel Zeit in Anspruch nehmen, als diese dann tatsächlich dauert. Von entscheidender Bedeutung für das Design und die Durchführung der Stunde ist das zentrale Anliegen des Unterrichts, nämlich Musik und Musizieren *selbstbestimmt* zu erleben. Robert Wagner führt weitere Prinzipien an, die für ein Stundendesign wichtig sind, unter anderem:

> „Ohne große Umschweife zum musikalischen Handeln und damit zum musikalischen Erlebnis kommen. Musikalisches Handeln kann auch Hören oder Bewegen zur Musik sein.
> Eine Klangvorstellung unabhängig vom Instrument fordern.
> Frustrationserlebnisse vom Instrument fernhalten.
> Durch verschiedenste Zusatzaufgaben eine ‚Aufgabe' reizvoll halten.
> Geeignete Sozialform wählen.
> Nicht zu viele Inhalte in einer (Arbeits-)Anweisung transportieren."[24]

Besonders geeignet für das Stundendesign und dessen Durchführung in inklusiver Praxis sind Arbeitsweisen und Konzepte aus der Elementaren Musikpädagogik (EMp), der Elementaren Musik- und Tanzpädagogik (EMTP)[25] und der Rhythmik: Die vielfältigen miteinander verwobenen Inhaltsbereiche wie Singen, Instrumentalspiel, Bewegung, Musikhören, darstellendes Spiel, Sprache, Visualisierungsformen und Tanz ermöglichen ein differenziertes Erleben und Vertiefen des gemeinsamen Themas oder Lerngegenstandes. Jeder Mensch findet durch die Vielfalt der Herangehensweisen, die visuelle, auditive und haptische Wahrnehmungsebenen nutzen, leichter einen für ihn besonders geeigneten Zugang. Eine so gestaltete Praxis bedeutet: „eine Ummantelung oder auch Durchdringung des Phänomens Musik aus den verschiedensten Blickrichtungen und eröffnet vielfältige Wege zur Binnendifferenzierung"[26]. Zusätzlich werden die verschiedenen Aktionsbereiche als kurzweilig und abwechslungsreich erlebt, wodurch Motivation und Konzentrationsfähigkeit erhöht werden. Explorations- und Improvisationsphasen sind dabei ausdrücklich erwünscht und fördern selbstbestimmtes Musizieren und die damit verbundene Erfahrung von Selbstwirksamkeit. Auch die Selbstverständlichkeit in der Praxis der EMP, EMTP und der Rhythmik, nämlich Stundenkonzepte möglichst offen anzulegen,

---

24 Wagner 2017b, 144.
25 Auf die Bezeichnung Elementare Musik- und Tanzpädagogik wird am ORFF-Institut und von der internationalen ORFF-Schulwerkgesellschaft besonderer Wert gelegt, um die Gleichwertigkeit von Musik und Tanz auch in der Bezeichnung auszudrücken.
26 Oberhaus 2015, 330.

Veronika Kinsky

um situativ und im Dialog mit den Teilnehmenden Prozesse zu gestalten, ist für inklusive Arbeit bedeutsam. So empfiehlt auch Michael Dartsch: „Die Lehrperson sollte den Unterricht bereits so planen und anlegen, dass er für eine aktive Mitgestaltung der Teilnehmenden offen ist."[27] In der Umsetzung haben leitende Personen eine Methodenvielfalt zur Verfügung, die sowohl verschiedene soziale Interaktionsformen als auch vielfältige im Dialog mit den Teilnehmenden flexibel gestaltete Handlungsmöglichkeiten berücksichtigt. Nicht zuletzt ist auch eine rhythmisierte Arbeitsweise für die Gestaltung eines dramaturgisch kurzweiligen und reizvollen Stundenbogens in der inklusiven Praxis besonders geeignet. Damit sind bewusste Wendungen im Spannungsfeld von Polaritäten gemeint, die vor allem beim Phasenwechsel genutzt werden. Das bedeutet, dass in der Vorbereitung und im Verlauf selbst spontan ein organischer Fluss zwischen Spannung und Entspannung, offenen und geführten Phasen, Eindruck und Ausdruck, Ruhe und Bewegung und weiteren Polaritäten gesucht wird.[28]

Für die *Young All Stars Band* kristallisierte sich als bewährtes Stundendesign folgende grobe Vorstrukturierung heraus, die dann im konkreten Vollzug aber auch modifiziert werden konnte:

- Die ersten 30 Minuten: parallel geführte Kleingruppen. Maximal vier Kinder in einer Gruppe können jeweils für eine oder mehrere aufeinanderfolgende Einheiten bestimmte Instrumente wählen. Abgestimmt auf das Stundenthema werden instrumentenspezifische vorbereitende Spiel- und Übe-Aufgaben inhaltlich gestaltet.
- Anschließend 45 Minuten gemeinsame Zeit in der Großgruppe (maximal 14 Kinder). Jede Phase bezieht sich dabei wiederum auf das jeweilige Stundenthema:
    - Gemeinsamer Beginn: z. B. rhythmisches Spiel oder Lied im Kreis;
    - zwei bis drei Spielideen für das Vertiefen des Themas, z. B.:
        - Bewegungsspiele in Verknüpfung mit musikalischer Bewegungsbegleitung im Raum,
        - Lied mit Bewegungsgesten,
        - Experimentieren, eigenständige Klangsuche in gemischten Kleingruppen,
        - Zusammensetzen vorher geübter Teile,
        - musikalische Ratespiele,
        - Musizieren und musikalische Spielideen in Verbindung mit Sprache, Malen oder darstellendem Spiel;
    - Schluss: Zusammenführung der Erfahrungen zu einer gemeinsamen Gestaltung (meist ein Lied mit instrumentaler Begleitung).

---

27 Dartsch 2017, 155.
28 Vgl. z. B. Bankl u. a. 2009, 9.

Yogi sein

Obwohl die Bedürfnisse der einzelnen Kinder manchmal extrem auseinanderdriften, wird von den leitenden Personen prinzipiell erwartet, dass sie sich jedem Kind auf individuell angepasste Weise zuwenden.

Es ist aber unmöglich, sich zu jedem Zeitpunkt eines Unterrichtsprozesses jedem Kind in adäquater und resonanter Weise zuwenden zu können. Ein Nebeneinander von teilweise chaotischen Phasen ist trotz Teamteaching und methodischem Erfahrungsreichtum manchmal unvermeidbar.

Moritz möchte laute Töne am Tenorhorn hervorbringen, braucht aber zum Halten des Instruments eine Unterstützung, während Benedikt am E-Bass das Pattern vergessen hat und um Hilfe bittet. Zur gleichen Zeit schlägt Roland Purzelbäume, läuft zum Schlagzeug und drischt aus der Not momentaner Reizüberflutung fortissimo auf das Becken. Daraufhin hält sich Susi sofort die Ohren zu. Oswald sieht unbeteiligt aus dem Fenster, während David mit ausdrucksvoller Gestik im Fortissimo eine Rocknummer performt, die mit dem momentan erarbeiteten Stück gar nichts zu tun hat. Gabor sieht ihm amüsiert dabei zu. Laura probt währenddessen ihre Stimme am Cello und bräuchte für den richtigen Rhythmus eine Hilfe. Markus kann seine Stimme am Klavier schon sehr gut, langweilt sich und spielt deshalb zwischendurch Harry-Potter-Motive, die er im Klavierunterricht gelernt hat. Laura ist davon begeistert, legt das Cello beiseite und beginnt sich mit Markus über den ‚Stein der Weisen' zu unterhalten. Jonathan ist frustriert, weil er den Wechsel von e-Moll auf D-Dur noch nicht schnell genug schafft, und Valerie muss dringend auf die Toilette und braucht dabei eine Begleitung.

In diesen Phasen braucht es vor allem Gelassenheit, die Fähigkeit, die innere Ruhe zu bewahren, und eine Resilienz, um den zeitweiligen Lautstärkepegel und die parallelen Aktions- und Reaktionsstränge im Raum auszuhalten. Gleichzeitig verlangt die Situation aber auch eine sehr wache Aufmerksamkeit, um im Moment schnell entscheiden zu können, wer nun die persönliche Zuwendung am nötigsten hat. Zeit zum Austauschen und Beraten mit der/dem in diesen Phasen besonders wichtigen Teamteaching-Partner*in ist fast keine gegeben. Selbst sehr erfahrene Personen können in einer solchen Situation nicht alles perfekt meistern: Es gilt daher, so gut wie möglich zu reagieren und sich in der *Kunst, das Scheitern auszuhalten*, zu üben und auch Fehler als Erfahrungslernen anzunehmen. Damit es trotzdem gelingt, solche Herausforderungen, Hindernisse oder als störend empfundene Aktionen ins Positive zu transformieren, sind die Künste der *Schatzsucherin*, *Stundendesignerin* und *Arrangeurin* gleichzeitig gefragt, um trotz des Chaos im Raum aus der Reflexion heraus zu den folgenden Handlungsoptionen zu gelangen:
– Die lauten Tenorhorntöne von Markus könnten in ein Reaktionsspiel eingebaut werden;

- Sara und Roland brauchen in der nächsten Stunde unbedingt wieder geordnete leise Musizierphasen;
- David zeigt in seiner Performance eine unglaublich starke Präsenz und schauspielerisches Talent;
- der Cellorhythmus von Laura könnte in ein rhythmisches Spiel für alle verpackt werden;
- für Markus und Laura ist *Harry Potter* gerade sehr wichtig;
- für Jonathan muss ein ‚cooles' Stück gefunden werden, das ihn motiviert, den Wechsel von e-Moll nach D-Dur zu üben;
- Gabor, Oswald und Markus müssen richtig gefordert werden und brauchen anspruchsvollere Aufgaben;
- Valerie muss *vor* der Stunde erinnert werden, auf die Toilette zu gehen.

Das Stundenthema der nächsten Wochen lautet „Harry Potter"'. Mit leiser ruhiger Klangstäbe-Musik wird der dreiköpfige Riesenhund Fluffy in den Schlaf gewiegt. Gabor, Oswald und Markus müssen zugleich erklingende Zaubersprüche als rhythmische Rätsel lösen. Für einen der Zaubersprüche erfinden wir gemeinsam eine Melodie in e-Moll und D-Dur. Als fliegende Schlüssel flitzen wir selbst durch den Raum, begleitet von Markus am Klavier und Moritz, der uns immer wieder mit seinen Tenorhorntönen zum Erstarren bringt.

Am Ende unserer letzten Harry-Potter-Stunde kommt es zur Schlussszene aus „Der Stein der Weisen": David tritt als Voldemort in den Kreis. Im Raum ist es auf einmal mucksmäuschenstill. Alle blicken fasziniert auf David. Dieser beginnt mit diabolischer Ausdruckskraft, hoher Körperspannung und völliger Hingabe die Szene zu sprechen und darzustellen: „Gib mir den Stein!" brüllt David und blickt mit funkelnden Augen den vor ihm zitternd stehenden Gabor als Harry an. Mir läuft ein Schauer über den Rücken...

Das war kein Spiel mehr, schon gar nicht ein Unterrichtsgeschehen, das war ein Ereignis, hervorgebracht von der künstlerischen Ausdruckskraft eines Kindes, dessen laute Aktionen in den Stunden davor so oft als extrem herausfordernd und störend empfunden wurden. Hier aber wurde die Energie, die in diesem Kind steckte, in einen künstlerischen Akt transformiert. Die ganze Gruppe war ergriffen und wurde staunend Zeuge dieses Schauspiels. Diese Momente, die wie Geschenke auftauchen, sind es, die die Kraft geben, auch in chaotischen Phasen nicht den Mut zu verlieren und die Gelassenheit eines Yogis zu bewahren.

Die polyglotte Allroundkünstlerin

Wie viele Sprachen muss die leitende Person eines inklusiven Ensembles sprechen können? Die gesprochene Sprache, in der Worte verwendet werden, ist nur eine davon, und schon diese zeigt sich in vielfachen, abwechslungsreichen Varianten: Von einer klaren, einfachen funktionellen Wortwahl wie „Wir spielen auf der Cajon abwechselnd Basstöne und Slaps" bis hin zu einer fantasievollen, bilderreichen Wortwahl wie „Unsere Hände sind die einer Schlagzeugerin, die die ganze Band anfeuert, Bumm-Tschak-Bumm-Tschak, wie ein kräftiger Herzschlag, der uns und unsere Musik lebendig macht!" Variationen sind aber auch beim Tempo, bei der Dynamik und Artikulation der Sprache sinnvoll. Ein Kind braucht für sein Verstehen eine klare, einfache, langsam gesprochene Sprache, die durch Bilder ergänzt wird, ein anderes eine besonders deutliche Artikulation. Für ein Kind ist eine ironische Sprache nicht zu verstehen, ein anderes ist dann besonders aufmerksam, wenn die Wörter in der Tonhöhe abwechslungs- und farbenreich, mal kräftig bestimmt und dann wieder zart, fast flüsternd ineinandergreifen.

Noch viel wichtiger ist es, auf gesprochene Worte auch ganz zu verzichten und mit anderen Möglichkeiten zu kommunizieren, beispielsweise mit dem Körper zu sprechen und das Spiel auf der Cajon ganz einfach vorzumachen. Das spricht Kinder an, die sich lieber visuell an der leitenden Person orientieren und durch Imitieren des Vorbildes zum Mitmachen angeregt werden. Auch der Einsatz der Gebärdensprache ist dabei sehr nützlich. Körpersprache ist aber nicht einfach nur körperliches Agieren ohne gesprochene Wörter, auch hier gilt es, sich variantenreich und ausdrucksstark mitzuteilen. Bewegungsgesten können deutlich artikuliert werden und zudem mit dynamischen und agogischen Gestaltungsparametern variiert werden, um Teilnehmende zu erreichen. Damit ist nicht ein übertriebenes Animationsgebärden gemeint, sondern ein von innen heraus erfüllter und präsenter Ausdruck in der Körpersprache, der künstlerisch mitteilen will.

Wiederum sind für die Vielfalt an künstlerisch-pädagogischen Ausdrucksformen Kompetenzen aus der EMP, EMTP sowie der Rhythmik besonders nützlich. Leitende Personen mit diesem fachlichen Background können meist mehrere Instrumente spielen, traditionelle ebenso wie Perkussion-, Effekt- und Mallet-Instrumente, und sind sehr erfahren im Singen, Tanzen, szenischen Gestalten, Musik Imaginieren und Improvisieren. Bianka Wüstehube spricht in Bezug auf die künstlerische Rolle in der EMP von *Simultantransformer*innen*, d. h. von Akteur*innen und Körperkünstler*innen, die Musik, Bewegung und Stimme gleichberechtigt im unaufhörlichen Wechsel und auch gleichzeitig einsetzen können.[29] Mit diesem Hintergrund ist es dann besser möglich, die individuellen Vorlieben, Wahrnehmungs- und Ausdrucksmöglichkeiten einzelner Kinder zu fördern und zu gemeinsamen Gestaltungen zu verknüpfen. Genau diese Verknüpfungen unterschiedlicher Inhaltsbereiche und Methoden werden auch von Sabine Hoene und Birgit Thurmann für die kreative musikpädagogische Arbeit in heterogenen Gruppen empfohlen, wie z. B. Transpositionen von Musik in Bewegung, Bilder,

---

29 Wüstehube 2019, 64.

Texte und Szenen.[30] Dadurch können nicht nur unterschiedliche Lerntypen (auditive, optisch-visuelle, haptische und verbalabstrakte) sondern auch verschiedene Gewichtungen an multiplen Intelligenzformen (kinästhetisch, visuell-räumlich, intrapersonell, interpersonell, existentiell, sprachlich, logisch-mathematisch, naturalistisch, musikalisch) angesprochen und erreicht werden.[31] Zudem schafft die Transformation von verschiedenen Ausdrucksformen einen pädagogisch-künstlerischen Dialog zwischen Teilnehmenden und leitenden Personen, die der Rhythmiker Christoph Falschlunger als *kreativen Übersetzungsraum* beschreibt. Als Voraussetzung für die leitenden Personen nennt er:

> „Als leitende Person bedarf es im Verlauf von Rhythmik-Einheiten zusätzlich einer *pädagogisch-empathischen Übersetzung*, beispielsweise wenn Bewegung in Musik übersetzt wird oder wenn auf Aktionen der leitenden Person Reaktionen der Gruppe oder einzelner folgen, auf die wiederum reagiert werden soll. Einfühlungsvermögen, ein pädagogisch sinnvoller und wechselseitiger Einsatz der Mittel der Rhythmik [Musik, Bewegung, Stimme/Sprache und Materialien] und das Nutzbarmachen der Gesetzmäßigkeiten des Phänomens Rhythmus [u. a. Polarität, Wiederholung, Variation, Ordnung, Synchronisation, Kontinuität] sind dafür wichtige Voraussetzungen der PädagogInnen."[32]

Wichtig ist aber, dass die verschiedenen Ausdrucksformen und deren Verknüpfungen und Transformationen nicht aus rein methodisch-didaktischen Gründen genutzt werden, sondern aus einem künstlerischen Ausdrucksbedürfnis heraus. Das Agieren als empathische Allroundkünstlerin ist die wichtigste Kommunikationsform, sie teilt mit und steckt an.

Das Begrüßungsritual gestaltet sich diesmal ganz anders. Die beiden leitenden Personen spielen für zwei Kinder auf Sansulas eine zarte, dialoghafte und achtsam gezupfte Willkommensmusik. Die angesprochenen Kinder suchen sich zwei weitere Kinder aus, für die sie ebenfalls eine eigenständig gestaltete Willkommensmusik improvisieren. Die zart und hell erklingenden Duette, jeweils zwei Menschen ganz persönlich gewidmet, bringen eine besondere Atmosphäre in den Raum. Der Klang umhüllt alle auf eine feine, fast zärtliche Weise und eröffnet damit in besonderer und achtsamer Art auch die Stunde und den gegenseitigen Umgang miteinander.

Das Drachenthema der letzten Stunde wird nun fortgesetzt: Eine Gruppenleiterin begleitet spontan die Kinder am Klavier, die nun gemeinsam mit der zweiten Leiterin Drachenbewegungen im Raum erkunden. Sie nutzt dabei für besonders ausladende Bewegungen große Zerlegungen in D-dorisch, begleitet von Oktaven und Quinten, für Sturzflüge Abwärts-Glissandi und für wildes Flügelflattern Triller und Tremolos in mittelhoher Lage. Die Kinder wählen nun drei Bewegungsarten aus, nämlich „Drachenfliegen", „Drachengleiten" und „Drachensturzflug", zu denen sie eigene musikalische

---

30 Vgl. Hoene/Thurmann 2011, 66-70.
31 Vgl. ebd., 22.
32 Falschlunger 2014, 351.

Motive auf ihren Instrumenten oder mit der Stimme suchen. Während die Kinder ihre vokal-instrumentalen Spielideen vorstellen, verkörpern die beiden Gruppenleiterinnen zwei große Drachen, die sich passend zu den gefundenen Motiven der Kinder im Raum bewegen. Ihre Arme schwingen synchron zu den auf- und abwärtsgespielten Melodien der Flugmusik geschmeidig auf und ab. Zu den lang angehaltenen Tönen der Gleitmusik breiten sie ihre Arme weit auseinander und laufen lautlos, als wollten sie gleich abheben, durch den Raum. Roland legt auf einmal sein Instrument beiseite, breitet seine Arme ebenfalls aus und schließt sich begeistert den großen Drachen im Raum an. Es folgen noch mehrere Wechsel, wo Kinder und leitende Personen die Rollen von begleitenden Musiker*innen oder sich bewegenden Drachen einnehmen. Anschließend werden die musikalischen Motive für die Drachenbewegungen auf großen Blättern grafisch notiert. Als Schlussgestaltung der Stunde wird ein selbst komponiertes Drachenlied gesungen und gespielt, in dem die grafischen Notationen in eine Reihenfolge gebracht und als Partitur integriert werden. Die Leiterinnen stützen das Lied mit ihren Begleitungen am Kontrabass und an der E-Gitarre und singen spontan zweite und dritte Stimmen dazu.

Die Teamplayerin

> „Wissen vermehrt sich, wenn man es teilt. Leitungskompetenz vermehrt sich, wenn ein Team in unterstützender und wertschätzender Weise zusammenarbeitet."[33]

Es ist keine Frage, dass Kooperation und Teamteaching in einem inklusiven Ensemble unbedingt empfehlenswert sind. Damit die Zusammenarbeit aber auch gut gelingt und die Qualität des Ensembles fördert, muss das Team sich nicht nur menschlich gut verstehen, sondern sich auch im Prozess der gemeinsamen Arbeit über vieles klar verständigen. Sowohl die Arbeitsaufteilung in der Vorbereitung und Planung als auch die Rollenverteilung in der Durchführung müssen transparent für alle Beteiligten kommuniziert und stimmig gelebt werden. Nur so kann der Mehrwert professionellen Zusammenwirkens genutzt werden und ein gemeinsam verantwortetes, konkurrenzarmes Teamteaching gelingen.

Eva Krebber-Steinberger nennt als Voraussetzungen auf der Beziehungsebene gegenseitiges Vertrauen, die Anerkennung oder Wahrnehmung verschiedener Perspektiven und Interessen, intensive Kommunikation darüber und die Erkenntnis, dass der Einzelne nicht alles schaffen kann und muss. Für die Rollengestaltung hält sie Offenheit für andere Sichtweise, Flexibilität, Fähigkeit zur Selbstreflexion, Übereinstimmung in Werten und Zielen, aber auch die Wertschätzung der jeweils eigenen Expertise für wesentlich. Nur so werde Kooperation als Entlastung und als Mehrwert wahrgenommen.[34]

---

33 Kondzialka/Wagner 2017, 67.
34 Vgl. Krebber-Steinberger 2017, 93.

Es gibt ganz verschiedene Formen des Co-Teachings, z. B:
- eine leitet, eine beobachtet;
- eine leitet, eine unterstützt;
- paralleles Leiten;
- komplementäres Leiten und einander Unterstützen;
- gleichzeitiges Leiten Seite an Seite;
- eine trägt die Hauptverantwortung;
- geteilte Verantwortung.[35]

Die ideale Form der Zusammenarbeit zu finden braucht seine Zeit. Auch in der *Young All Stars Band* war dies für uns ein längerer Lernprozess, um beispielsweise zu klären, ob bei disziplinären Herausforderungen die gerade leitende Person oder die unterstützende Person für das Grenzen Setzen verantwortlich ist. Von Stunde zu Stunde reifte unsere ideale Form der Zusammenarbeit: Bei einem wöchentlichen fixen Termin bereiteten wir die Stunden gemeinsam in einem kreativen Prozess des *Ideenspinnens* und ‚*Vorvisionierens*' vor und reflektierten im Anschluss an jede Stunde unser Erleben. Für die Rollenaufteilung in der Stunde bewährten sich für uns Mischformen der oben genannten Beispiele. Bei manchen Spielaufgaben trug eine Person die Hauptverantwortung, die andere unterstützte, wobei unser gegenseitiges Vertrauen so groß war, dass wir jederzeit auch spontane Ideen für die Gruppe einbringen konnten, auch wenn wir nicht gerade in der leitenden Rolle waren. In anderen Phasen, vor allem in Werkstattphasen, leiteten und unterstützten wir die Kinder parallel. Besonders fein waren die Phasen oft gegen Ende eines Stundenprozesses, wenn wir einander spontan *die Bälle zuwarfen* und es gar nicht mehr klar oder wichtig war, wer gerade leitete. Wir agierten als kollaborative Gemeinschaft bei der musikalischen Schlussgestaltung unserer Stunde.

Es ist das Arrangement zu dem Lied „The Lion Sleeps Tonight", welches wir für eine Aufführung beim Campusfest der mdw zum dritten Mal proben: Markus leitet mit Akkordzerlegungen am Klavier ein, Laura kommt mit dem Cello dazu und wird dabei von Ines, ebenfalls am Cello, unterstützt. Dann setzen Susi und Valerie an den akustischen Gitarren gemeinsam mit Eva am Kontrabass ein. Mario beginnt mit der Percussiongruppe dazu zu singen: „Weeheeheehee dee heeheeheehee weeoh aweem away". Ich zwinkere Roland zu, der nun vortritt, mit Inbrunst laut und kräftig bis vier zählt und so nun auch Gabor am Schlagzeug, Oswald und Jonathan an den E-Gitarren, Benedikt am E-Bass und der Percussion-Combo mit Bongos und Maracas den Einsatz gibt. Die Band groovt sich ein, und schließlich singen alle: „In the jungle, the mighty jungle the lion sleeps tonight". Dann wird es auch improvisatorisch, wir beginnen mit der Stimme Motive miteinander zu kombinieren und auch neue Stimmen dazu zu erfinden und auf

---

35 Vgl. ebd., 92.

einmal ‚kippen' wir alle hinein in die Musik. Weder Eva, Ines, Mario noch ich sind in diesem Moment leitende Personen, sondern in der gleichen Rolle wie alle anderen im Raum: musizierende Menschen, die sich ganz und gar der Musik hingeben und in den entstehenden Klang fallen lassen. Mitunter treffen sich dabei unsere Augen, um ohne Worte mitzuteilen, welches Glück es gerade ist, mit ‚unserem Ensemble' das gemeinsame Musizieren genießen zu können.

Ausklang

> „Musik kann einfach auch nur genossen werden, ganz ohne Bildungs-, Leistungs-, Nützlichkeitsdenken oder ohne therapeutische Absichten. Menschen tauchen ein in Musik, die sie berührt, verlassen hörend diese Welt und erleben sich in einer anderen Welt, erleben ihre Existenz positiv, zumindest solange sie mit dieser Musik beschäftigt sind. Ein hoher Wert!"[36]

Erfreulicherweise ist das Bekenntnis zum Recht jedes Menschen auf erfülltes Musizieren, egal welche Voraussetzungen er mitbringt, in diversen Präambeln und Leitbildern von Bildungsinstitutionen und Curricula bzw. in politischen Statements zu finden. Es bedarf aber nicht nur der Worte, sondern auch entsprechender Ressourcen und vor allem großer Leitungskunst, um dies in der Praxis auch verwirklichen zu können. Damit viele diese Kunst erlernen können, braucht es für alle Studierenden musikpädagogischer Studienrichtungen als Basis ein viel größeres Angebot an Lehrveranstaltungen und Erfahrungsräumen in inklusiven Praxen und Projekten über einen längeren Entwicklungszeitraum hinweg, um sowohl die vielfältigen künstlerischen und pädagogischen Kompetenzen als auch ein Wissen um die eigenen Grenzen und die Bereitschaft zu kollegialer und multiprofessioneller Kooperation zu erwerben.[37] Denn die Arbeit in einem inklusiven Ensemble bedeutet für die leitende Person, auf der Grundlage einer offenen und wertfreien Haltung jedem Menschen gegenüber methodisch vielfältig zu agieren und dann wie eine Schatzsucherin, Arrangeurin, Komponistin, individuelle und flexible Stundendesignerin, Sängerin, Multiinstrumentalistin, empathische Allroundkünstlerin, Simultantransformerin, Yogi und Teamplayerin agieren zu können. Zusätzlich ist zu erwarten, dass sich die intensiven Leitungserfahrungen im Umgang mit inklusiven Ensembles positiv auf das musikpädagogische Handeln insgesamt auswirken werden und professionelles Wachstum fördern.

Zu guter Letzt kann es nach aller Erfahrung dazu führen, und das ist das Allerwichtigste, nicht nur als leitende Person, sondern als ganzer Mensch glückli-

---

36 Sobirey 2017, 299.
37 Vgl. Wagner 2017a, 80.

cher und erfüllter zu sein. Nicolai Petrat erstellte eine Liste der *Top Ten* für einen Unterricht, der nicht nur Lernende, sondern auch Lehrende glücklicher macht:
1. Optimistische Grundhaltung finden,
2. Fähigkeiten entdecken und Stärken einbringen,
3. Vorfreude und Neugier wecken,
4. an Bekanntes andocken,
5. über Emotionen schneller zum Ziel,
6. expressiv sein: sich extravertierter geben,
7. den Körper in Bewegung setzen,
8. etwas schaffen,
9. eigene Entscheidungen treffen,
10. aus der Isolation ausbrechen: gemeinsam Musik machen.[38]

All diese Kriterien treffen in hohem Maße auf die Arbeit in inklusiven Musiziergruppen zu.

Unersetzbar sind dabei die uns geschenkten Momente, in denen alle in ihrer einzigartigen Verschiedenheit sich dem Musizieren hingeben können, sich als sinnvoll miteinander wirkende Gemeinschaft erleben und ganz einfach mit sich, der Musik und der Welt eins sind.

Literatur

Bankl, Irmgard/Mayr, Monika/Witoszynskyj, Eleonore: Lebendiges Lernen durch Musik, Bewegung, Sprache. Wien: G&G-Verlag 2009.

Bradler, Katharina: Vielfalt als Chance! Auch (k)eine Lösung? Einige kritische Anmerkungen zu gegenwärtigen Forderungen in der Musikpädagogik. In: Berg, Ivo/Lindmayer, Hannah/Röbke, Peter (Hg.): Vorzeichenwechsel. Gesellschaftspolitische Dimensionen von Musikpädagogik heute. Münster: Waxmann 2020, S. 93-110.

Dartsch, Michael: Unterrichtsentwicklung im Bereich der Elementaren Musikpraxis. In: Verband deutscher Musikschulen (Hg.): Spektrum Inklusion. Wir sind dabei! Wege zur Entwicklung inklusiver Musikschulen. Bonn: VdM 2017, S. 153-157.

Falschlunger Christoph: Rhythmik und Performing Translation. Zum Potenzial kreativer Übersetzungsräume in der Rhythmik/Musik- und Bewegungspädagogik am Beispiel interaktiver Sequenzen mit Menschen mit schweren Mehrfachbehinderungen. In: Hasitschka, Werner (Hg.): Performing Translation. Schnittstellen zwischen Kunst, Pädagogik und Wissenschaft. Wien: Löcker-Verlag 2014, S. 344-353.

Führe, Uli: Frag einmal die Philosophen. 24 neue Jazzkanons. Koblenz: Fidula-Verlag 2017.

---

38 Vgl. Petrat 2014, 156.

Garnitschnig, Karl/Neira Zugasty, Helga: Rhythmik als Movens der Entwicklung der psychischen Funktionen. Forschungsprojekt des Instituts für Musik und Bewegung sowie Musiktherapie der Universität für Musik und darstellende Kunst Wien und des Instituts für Bildungswissenschaft der Universität Wien. 2006. URL: <https://www.mdw.ac.at/mrm/mbe/inklusions-und-heilpaedagogik-diversitaet/entwicklungsraster-tpo/> (05.06.2021).

Garnitschnig, Karl/Neira Zugasty, Helga/Falschlunger, Christoph: Tabelle der Entwicklung der psychischen Funktionen – TPO 2006/2020. URL: <https://www.mdw.ac.at/mrm/mbe/inklusions-und-heilpaedagogik-diversitaet/entwicklungsraster-tpo/> (05.06.2021).

Hoene, Sabine/Thurmann, Birgit: Umgang mit Heterogenität im Musikunterricht. Band 1: Grundlagen. Herausgegeben vom Institut für Qualitätsentwicklung an Schulen Schleswig-Holstein. Kronshagen: IQSH 2011.

Juul, Jesper: Das kompetente Kind. Reinbeck bei Hamburg: Rowohlt ⁵2001.

Kertz-Welzel, Alexandra: Community Music oder: die Faszination des Nicht-Lernens. In: Gruhn, Wilfried/Röbke, Peter (Hg.): Musiklernen. Innsbruck: Helbling 2018, S. 358-378.

Kondzialka, Otto/Wagner, Robert: Inklusive Leitungsstrukturen in inklusiven Musikschulen. In: Verband deutscher Musikschulen (Hg.): Spektrum Inklusion. Wir sind dabei! Wege zur Entwicklung inklusiver Musikschulen. Bonn: VdM 2017, S. 66-67.

König, Bernhard: Exklusive Musik. Plädoyer für eine Ästhetik des Eigenartigen. In: Verband deutscher Musikschulen (Hg.): Spektrum Inklusion. Wir sind dabei! Wege zur Entwicklung inklusiver Musikschulen. Bonn: VdM 2017, S. 329-335.

Krebber-Steinberger, Eva: Alle reden von Kooperation – die Umsetzung bleibt zu gestalten. Über den Mehrwert multiprofessionellen Zusammenwirkens. In: Verband deutscher Musikschulen (Hg.): Spektrum Inklusion. Wir sind dabei! Wege zur Entwicklung inklusiver Musikschulen. Bonn: VdM 2017, S. 89-95.

Krönig, Franz Kasper: Wann und in welcher Hinsicht kann ein Orchester sinnvollerweise „inklusiv" genannt werden? In: Verband deutscher Musikschulen (Hg.): Spektrum Inklusion. Wir sind dabei! Wege zur Entwicklung inklusiver Musikschulen. Bonn: VdM 2017, S. 247-250.

Merkt, Irmgard: Musik · Vielfalt · Integration · Inklusion. Musikdidaktik für die eine Schule. Regensburg: ConBrio Verlagsgesellschaft 2019.

Oberhaus, Lars: Fächerübergreifender Unterricht – Musik in allen Fächern. In: Mechthild Fuchs (Hg.): Musikdidaktik Grundschule. Theoretische Grundlagen und Praxisvorschläge. Innsbruck: Helbling 2015, S. 330-341.

Petrat, Nicolai: Glückliche Schüler musizieren besser! Neurodidaktische Perspektiven und Wege zum effektiven Musikmachen. Augsburg: Wißner 2014.

Salmon, Shirley: Inklusive Gruppen (Zielgruppe). In: Dartsch, Michael/Mayer, Claudia/Stiller, Barbara (Hg.): EMP kompakt. Kompendium der Elementaren Musikpädagogik. Teil 1 Lexikon. Esslingen: Helbling 2020, S. 235-241.

Schmidt, Claudia: Klavierunterricht. In: Verband deutscher Musikschulen (Hg.): Spektrum Inklusion. Wir sind dabei! Wege zur Entwicklung inklusiver Musikschulen. Bonn: VdM 2017, S. 181-185.

Sobirey, Wolfhagen: Musik – tatsächlich ein Leben lang! In: Verband deutscher Musikschulen (Hg.): Spektrum Inklusion. Wir sind dabei! Wege zur Entwicklung inklusiver Musikschulen. Bonn: VdM 2017, S. 293-299.

Theißen, Beate: Inklusive Praktiken entwickeln – Unterrichtsentwicklung am Beispiel Blockflöte. In: Verband deutscher Musikschulen (Hg.): Spektrum Inklusion. Wir sind dabei! Wege zur Entwicklung inklusiver Musikschulen. Bonn: VdM 2017, S. 169-173.

Verband deutscher Musikschulen (Hg.): Spektrum Inklusion. Wir sind dabei! Wege zur Entwicklung inklusiver Musikschulen. Bonn: VdM-Verlag 2017a.

Verband deutscher Musikschulen: Die Potsdamer Erklärung des VdM, verabschiedet auf der Hauptarbeitstagung am 16. Mai 2014 in Potsdam. In: Verband deutscher Musikschulen (Hg.): Spektrum Inklusion. Wir sind dabei! Wege zur Entwicklung inklusiver Musikschulen. Bonn: VdM 2017b, S. 29-30.

Wagner, Robert: Personalentwicklung/Fortbildungen. In: Verband deutscher Musikschulen (Hg.): Spektrum Inklusion. Wir sind dabei! Wege zur Entwicklung inklusiver Musikschulen. Bonn: VdM 2017a, S. 82-85.

Wagner, Robert: „Selbst-verständlich" musizieren heißt selbstbestimmt Musik erleben. Grundlagen einer inklusiven Musikpädagogik. In: Verband deutscher Musikschulen (Hg.): Spektrum Inklusion. Wir sind dabei! Wege zur Entwicklung inklusiver Musikschulen. Bonn: VdM 2017b, S. 141-147.

Wagner, Robert: Ensemblearbeit – Erste Schritte. In: Verband deutscher Musikschulen (Hg.): Spektrum Inklusion. Wir sind dabei! Wege zur Entwicklung inklusiver Musikschulen. Bonn: VdM 2017c, S. 234-236.

Wagner, Robert: Ausblick: „Wir sind dabei!" In: Verband deutscher Musikschulen (Hg.): Spektrum Inklusion. Wir sind dabei! Wege zur Entwicklung inklusiver Musikschulen. Bonn: VdM 2017d, S. 336-341.

Wüstehube, Bianka: „…etwas, was in keine Schachtel passt!" Aspekte künstlerischer Präsentationen im Fachbereich Elementare Musikpädagogik (EMP) an der Anton Bruckner Privatuniversität Oberösterreich. Eine Fallstudie. Kefermarkt: Studio Weinberg 2019.

Veronika Kinsky ist Senior Lecturer am Institut für musikpädagogische Forschung, Musikdidaktik und Elementares Musizieren (IMP) mit den Schwerpunkten Elementares Musizieren und Verbindung von Instrumentaler Musikpädagogik, Elementarer Musikpädagogik und Rhythmik. Forschungstätigkeit zum Thema Unterrichtdramaturgie, zahlreiche Fortbildungen im In- und Ausland und Mitwirkung als Pianistin und Performerin in Konzerten für junges Publikum. 2017 gründete sie gemeinsam mit Eva Königer und unter Mitarbeit von Ines Pilz und Mario Smetana das inklusive Kinder-Musizierensemble *Young All Stars Band*.

Beate Hennenberg

Das Ensemble *ClassicALL* als spezifische inklusionspädagogische Herausforderung
Einblicke in den Arbeitsprozess eines Kammermusikensembles

Seit dem Wintersemester 2019/2020 existiert am Josef Hellmesberger Institut für Streichinstrumente, Gitarre und Harfe in der Musikpädagogik ein weiteres inklusives Ensemble an der mdw: *ClassicALL*. Inklusive Teilhabe am Musizieren und der Umgang mit Heterogenität, dies bedeutet im Falle dieses Ensembles, durch differenzierte Arrangements oder Spielmaterialien in unterschiedlichster Notation Bezug auf die Entwicklung der musikalisch-künstlerischen Fähigkeiten und Fertigkeiten von Musiker*innen mit Behinderung zu nehmen. Das Ensemble hat sich nach vier Semestern auf eine Besetzung mit vier jungen Männern mit Lernschwierigkeiten, vier Studierenden, einer Studienassistentin sowie drei Lehrenden eingependelt.

Auch *ClassicALL* ist ein geschütztes Praxisfeld für Studierende der Instrumentalpädagogik und der Rhythmik, um Erfahrungen im Musizieren, Üben und Zusammenspiel in einer gemischten Gruppe zu erwerben. Die Studierenden werden angeregt, ihr fachlich-pädagogisches Können und ihre Freude am Musizieren als Musiker*innen wie auch als Lehrende einzubringen. Die Kammermusikstücke, die – naheliegend für ein an einem Streicherinstitut angesiedeltes Ensemble – im Mittelpunkt der Arbeit stehen, sind meist vierstimmig und im Barock- oder Klassikstil gehalten. In den wöchentlichen Proben geben ein jeweils wiederkehrendes und mit Bewegungen versehenes Begrüßungs- und ein Abschlusslied den Rahmen: Dies wurde auch in den Zoom-Proben während der coronabedingten Schließzeiten beibehalten. Es folgt ein fünfminütiges gereimtes Fingerspiel, um die Hände zu stärken und die Unabhängigkeit der Finger zu trainieren. Eine Aktivierung des Körpers mittels Bewegung oder Bodypercussion, darin verwoben Schlüsselworte aus einem aktuellen Lied oder Stück, schließt an. *Atte Katte Nuwa* ist eine solche rhythmische Pièce, die durch ihre Rondoform und die Ritornelle zu ständiger Variation einlädt: zum Klatschen des Metrums, zum von der Studienassistentin arrangierten vierstimmigen A-cappella-Gesang, zum reinen Streichersatz oder zu einem vielschichtigen interaktiven und stürmischen Stampf- und Ruderlied.

Vorbereitend besprechen wöchentlich die Lehrveranstaltungsleiter*innen mit der Studienassistentin den Ablauf und die näheren und ferneren Ziele sowie mit den Studierenden deren Microteachings. Es sollen Lernmöglichkeiten geschaffen werden, die sich an bedeutsamen Phänomenen und dem jeweiligen Entwicklungsstand der Musiker*innen im Geschehen orientieren. Immer stellen wir uns die Frage: Wie kann die nächste Unterrichtseinheit unter fachdidaktischen und entwicklungslogischen Gesichtspunkten gestaltet werden? Der Mensch „erschließt sich die Dinge durch den Menschen und sich den Menschen über die Dinge", so Georg Feuser[1]. Es gehe somit, so Ewald Feyerer in *Inklusion konkret*, um einen dynamischen Aufbau, ein didaktisches Erforschen der Handlungsmöglichkeiten und deren Erweiterung.[2] Wichtig ist stets auch das Einbeziehen von lebensweltlichen Aspekten.

gemeinsam erstelltes Logo des Ensembles

Vielfältige didaktische Anreize

Helga Neira Zugasty stellte beispielsweise fünf Aquarellzeichnungen zu den vertonten Inhalten des Liedes *Der Mond ist aufgegangen* zur Verfügung. Der Student Federico ließ experimentelle Klänge zu den Jahreszeiten beim Lied *Es war eine Mutter* finden. Die Studentin Kathrin verpackte Rhythmen in ein Memory. Verena, eine andere Studentin, setzte Gesten ein. Insgesamt werden die Musiker*innen in alle Planungsschritte rund um den Aufbau des jeweiligen Werkes einbezogen.

Inklusive Musizierformate sind vorbereitungsintensiv. Neben der Organisation und Administration sind Kompetenzen für eine gelingende musikalisch-didaktische Arbeit notwendig. Das Arrangieren von Ensemblewerken, d. h. die passende Fassung eines Werks zu finden und zwar sowohl in Nähe zum jeweiligen Song als auch mit Freiheit in der Gestaltung, wird gerade von klassisch ausgebildeten Instrumentalpädagog*innen als besondere Herausforderung empfunden.

Studienassistentin Hiroyo stellt in einer Probe den vierstimmigen Satz *Tanzen und Springen* von Hans Leo Haßler vor. Zuerst nähern sich alle Mitwirkenden

---

[1] Feuser, Georg: Lernen am gemeinsamen Gegenstand. Vortrag im Rahmen der Vortragsreihe Offener Unterricht – Antwort auf Heterogenität der Pädagogischen Hochschule Zentralschweiz am 11. 1. 2007 in Luzern. URL: <https://www.georg-feuser.com/wp-content/uploads/2019/06/V-1-Elog-Did.pdf> (23.03.2021).

[2] Feyerer, Ewald: Inklusion konkret. Gestaltung inklusiven Unterrichts. Linz: Bundeszentrum inklusive Bildung & Sonderpädagogik 2016, 6.

dem neu zu lernenden Dreiertakt an: Die schweren und leichten Betonungen werden geklatscht, danach auf der Trommel von allen ausprobiert. Nun teilen sich die Violinen in den vierstimmigen Satz, wobei alte Schlüssel zu entziffern sind. Simon schwingt zur Musik, steht plötzlich auf und dirigiert mit Hingabe das Geschehen. Einer der Lehrenden legt daraufhin ein Fundament unter die Musik, setzt also einen Generalbass darunter. Im nächsten Schritt improvisieren die Studierenden nacheinander einzeln ihre Stimme, während die Tenor- und Bassmelodien weiter schreiten. Leise unterstützt in der Wiederholung eine Handtrommel die zarte Melodie.

Die Musiker mit Behinderung

Nachdem 2019 zwei Musiker wechselten, ist das Ensemble nun seit dem Sommersemester 2020 stabil. Für alle Mitmusizierenden waren die passenden Instrumente zu finden. Wir entschieden uns bei Mario für die obertonreiche Veeh-Harfe, die sich hervorragend für das Zusammenspiel in Gruppen eignet. Das Vizerektorat für Organisationsentwicklung, Gender & Diversity bewilligte den Ankauf von zwei Veeh-Harfen sowie von entsprechenden Notenheften. Mario spielt nun im Ensemble dieses Instrument. Er hatte es früher bereits in der Schule kennengelernt. „Auch singt er sehr gern und ist begabt darin, sich schnell Texte und Melodien zu merken. Für alle Mitspielenden in diesem Ensemble ist es wichtig, sich an der Lautstärke der Veeh-Harfe zu orientieren, damit sie hörbar bleibt", so Studienassistentin Watanabe[3]. Als im Lockdown die wöchentlichen Ensembleproben per Zoom-Meeting abgehalten wurden, wirkte Mario beim Musizieren, Rhythmusschlagen und Singen unvermindert motiviert.

Musiker Simon ist ein begabter Perkussionist, der über mehrere Jahre an der Musikschule in Wien Unterricht erhalten hat. Er kann Dreier- und Vierertakte auf Schlaginstrumenten wie Djembe und Conga spielen und vermag es, neue Musikstücke zu lesen und zu spielen und sich diese längerfristig zu merken. Auf der Trommel gelingt es ihm, mit dem Schlägel die betonten und unbetonten Taktzeiten klanglich unterschiedlich zu charakterisieren. „Im Wintersemester 2020", so Watanabe, „lag der Schwerpunkt der musikalischen Arbeit auf unterschiedlichen Dynamiken. Es gelingt Simon inzwischen, von p bis ff mit crescendo und diminuendo abzustufen, wenn wir die Dynamik deutlich anzeigen. Durch interaktive musikalische Übungen, etwa eine Solo-Runde, bei der es um das aufmerksame Zuhören der Präsentation der Mitmusizierenden geht, schafft es Simon immer besser, zum verabredeten Zeitpunkt einzusetzen."

---

3   Diese wie die folgenden Charakterisierungen entstammen der Beschreibung der Musiker, die Studienassistentin Watanabe für den unten erwähnten RSO-Workshop verfasst hat.

Musiker Jonathan kam zu uns, nachdem er zwei Jahre privat Gitarrenunterricht erhalten hatte, kombiniert mit Musiktherapie. Er spielt die Akkorde A, E, F, Am, C, G, Em, D, Dm. Noch ist der Akkordwechsel schwierig für ihn, er braucht für den jeweils nächsten Akkord viel Zeit, was auch daran liegt, dass er auch bei gleichen Akkorden in Folge die Finger von der Saite hebt. Das Liegenbleiben der Finger muss besprochen und geübt werden. „Deshalb erstellen wir für ihn Notenblätter, bei denen zwischen zwei Akkorden ein Pfeil steht, damit es für ihn klarer wird, dass er sich auf den nächsten Akkord vorbereiten sollte. Er lernt schnell und spielt die Akkorde korrekt, kann auch bereits in verschiedener Dynamik (in p und f) musizieren", so die Studienassistentin. Überhaupt benötigt er insgesamt mehr Zeit als die anderen, sei es für das Auspacken der Noten, das Bereithalten des Stücks oder das Platzieren des Instruments. Normalerweise kommt er mit seinem allgemeinen Handlungsrepertoire zurecht, jedoch benötigt er Energie und Konzentration, um ein Musikstück durchzuhalten. Wenn Musikstücke in Bewegung erarbeitet werden, fällt ihm die Bein-Arm-Koordination schwer.

Musiker Alex spielt ebenfalls gern Schlagzeug. Er schaffte es in den letzten Monaten gut, sich als Ensemblemitglied einzugliedern. Lieder in geraden Taktarten kann er inzwischen gut mit Viertel- und halben Noten begleiten. Watanabe beobachtet, dass er „soeben lernt, sich beim Musizieren auf die ihm zugewiesene Lehrperson zu fokussieren, worauf die Gruppe wiederum mit Rücksicht zu reagieren hat. Sinnvolle Pausen und Wechsel in den Aktivitätsformen sind zu setzen."

Arbeit mit dem Repertoire

Das jüngste Werk, das sich das Ensemble gerade erarbeitet hat, ist ein Bransle, ein barocker Reigen- oder Kettentanz in gerader 4/4-Taktart. Simon schlägt pro Takt eine halbe und zwei Viertelnoten auf der Djembe. Jonathan spielt auf der Gitarre auf dem ersten Schlag des Taktes abwechselnd die Akkorde G-Dur und D-Dur. Alex spielt pro Takt zwei halbe Noten auf den Claves und Mario die Hauptmelodie auf der Veeh-Harfe.

Ein weiteres Stück aus dem Notenheft für Veeh-Harfe *Kleine Stücke großer Meister* ist Marc Antoine Charpentiers *Te Deum*, das ebenso im 4/4-Takt steht. Simon spielt hier Viertelnoten mit einer Pause auf dem dritten Schlag, welche er auch gestisch anzeigt. Alex bleibt bei den zwei halben Noten pro Takt auf den Claves, und Jonathan spielt auf dem ersten Taktteil abwechselnd G-Dur, D-Dur und C-Dur. Mario spielt die Hauptmelodie auf der Veeh-Harfe, worin ihm die Studierenden mit ihren Instrumenten folgen, auch dann, wenn die anderen Musiker im B-Teil des in A-B-A-Form geschriebenen Stücks schweigen.

Das Ensemle *ClassicALL* als spezifische inklusionspädagogische Herausforderung

Das Volkslied *Der Mond ist aufgegangen* wird zunächst gesungen und mit Gesten begleitet. Wenn die Instrumente einsetzen, charakterisiert Simon auf der Djembe die Abendstimmung und den steigenden Nebel. Jonathan steigt auf der ersten Taktzeit mit Akkorden in D-Dur und A-Dur ein. Mario setzt mit der Veeh-Harfe solistisch ein kleines Vorspiel voran, bevor die Gruppe auf dem Volltakt gemeinsam einsetzt. Alex spielt konturiert den Rhythmus auf der Conga.

Verschiedene Notationen

Bransle: Kästchennotation für Gitarre

- Kästchen stehen für Takte, Schläge sind darüber notiert
- Musikalische Struktur wird sichtbar durch Gruppierung von jeweils 4 Takten
- Notation in absoluten Akkorden
- Akkordwechsel farblich dargestellt
- Pfeile planen die Zeit zur Vorbereitung des neuen Griffs ein

Kästchennotation für Jonathan

Der Mond: Grafische Notation für Conga

- Stück wurde zuerst mit Bildern und Gesten erarbeitet
- Gesten wurden auf das Instrument übertragen
- Notationssymbole zeigen verschiedene Spieltechniken
- Jede Viertelnote muss notiert sein, Kreisbewegungen brauchen länger
- Dynamik: dicke Striche sind lauter als dünne

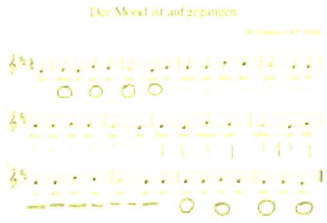

Grafische Notation für Simon

Beate Hennenberg

Der Mond: Schrittnotation für Claves

- Halbe Noten sind als große Schritte notiert
- Orientierung im Stück durch bildliche Darstellung der einzelnen Strophen
- Phrasierung wird sichtbar durch jeweils 4 Schritte pro Zeile

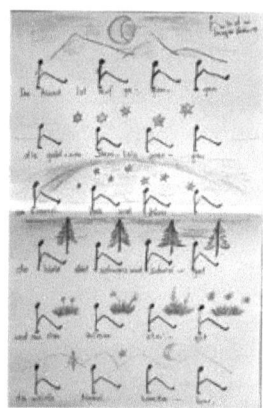

Schrittnotation für Alex

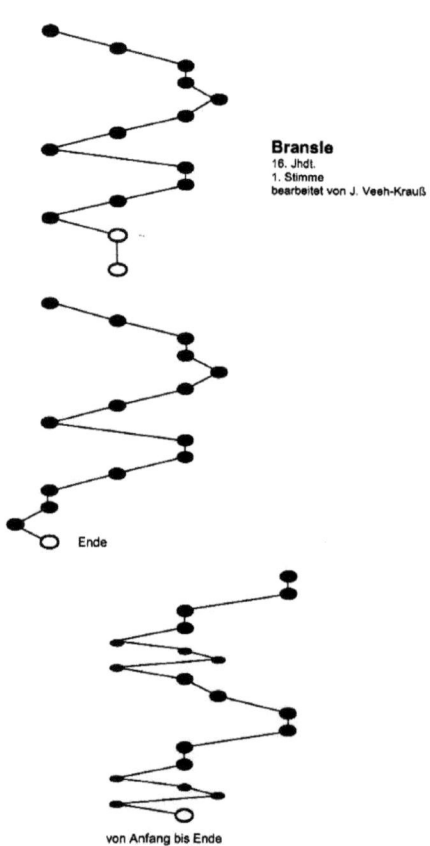

Veeh-Harfen-Notation für Mario

Ein bekanntes Volkslied der Inuit, *Atte Katte Nuwa*, das zwischen einem 2/4-Takt im ersten Teil und einem 3/4-Takt im zweiten Teil wechselt, wird von allen mit Begeisterung musiziert. Simon spielt auf der Djembe im ersten Teil wechselnd zwischen vier Achtel- und zwei Viertelnoten. Im zweiten Teil spielt er sechs Achtelnoten und eine halbe Note plus eine Viertelnote. Alex hält sich beim Musizieren an die Viertelnoten. Jonathan musiziert G-Dur und D-Dur-Akkorde jeweils auf den ersten Taktteil. Mario mischt sich hier ebenfalls mit der Trommel ein; in Coronazeiten war das ein Häferl, wobei er im zweiten Teil ein dynamisches tremolierendes Solo spielt. An diesem Stück zeigt sich die Wichtigkeit der Binnendifferenzierung, denn zum einen ist ein gewisser Drive für die Atmosphäre wichtig, zum anderen schaffen es nicht alle, das ganze Stück hindurch ein straffes Tempo durchzuhalten. Damit sich keine Unzufriedenheit oder Laxheit einstellt, muss darauf geachtet werden, welchen Anteil an den Fähigkeiten die Musiker einbringen können. Dieser wird als individuelle Rolle artikuliert und erhält seinen Wert im gemeinsamen Tun.

Das erste Konzert an der mdw und die Mitwirkung bei *A Global Ode to Joy*

Bereits gegen Ende des ersten Semesters war es möglich, beim Klassenabend des Josef Hellmesberger Instituts mit dem *ClassicALL*-Ensemble aufzutreten. Institutsleiter Georg Hamann, der das Projekt von Anfang an unterstützt hatte, schreibt an die Verfasserin: „Diversität und im Besonderen Inklusion sind einige der brennendsten Themen unserer Gesellschaft. Ich bin sehr froh, dass wir ein klassisches Ensemble für inklusives Musizieren an unserem Institut etablieren konnten, wodurch Studierende der Instrumental- und Gesangspädagogik in der professionellen Arbeit mit behinderten Musiker*innen wertvolle Erfahrungen gewinnen können, die ihnen sicherlich in ihrem künftigen Berufsfeld von größtem Nutzen sein werden."

Das Ensemble ist auch ein Ort für bildungswissenschaftliche Diskurse über inklusives Lehren und Lernen, Denken und Handeln. Dabei werden auch gesellschaftspolitische Hintergründe diskutiert. Das Kammermusikensemble bringt die Idee einer individualisierenden Musikpädagogik auf den Punkt: Die Didaktik erzwingt geradezu angemessene Ziel- und Inhaltsentscheidungen sowie einen flexiblen Methodeneinsatz.

Die Chefdirigentin des Radio-Symphonieorchesters Wien, Marin Alsop, hatte vor, mit *All Together – A Global Ode To Joy* 2021 ein weltumspannendes Projekt nach Wien zu bringen. Dabei ging es darum, Beethovens Neunte Symphonie in der Stadt ihrer Entstehung als Aufruf zu Einheit, Gerechtigkeit und Selbstbestimmung im 21. Jahrhunderts darzustellen. Dabei war es ihr wichtig, durch dieses Projekt verschiedene Gemeinschaften zusammenbringen, auch solche, die normalerweise nicht zusammen kommunizieren. Neben der Wiener Singakademie und den Kindern von *Superar*, einem an *El Sistema* orientierten und in der Ankerbrot-Fabrik in Wien-Favoriten angesiedelten musikpädagogischem Projekt, war auch *ClassicALL* zur Mitwirkung eingeladen. In Alsops Worten: „Den 250. Jahrestag von Beethovens Geburt zu feiern, indem man seine Neunte Symphonie neu entwirft – ich denke, er hätte es geliebt."[4] Im April wurde das Konzert zwar leider coronabedingt abgesagt, dennoch konnte ein Workshop mit zwei Musikern des RSO, dem Schlagzeuger Wolfgang Nagl und dem Kontrabassisten Yamato Moritake an der mdw stattfinden.

Fazit

Inklusive Musikpädagogik erfordert von zukünftigen Lehrkräften vor allem ein genaues Hinsehen. Darauf lenken wir in unserer Arbeit kontinuierlich hin. Es gilt, jeden Menschen so gut und genau wie möglich in seiner Individualität, seinem Denken, Handeln, Fühlen und Wollen wahrzunehmen. Daraus ergibt sich dann die Methodik, die man jeweils für sich zu erarbeiten hat.

Impulse dazu kommen auch und gerade von den Studierenden. Für ein gemischtes Ensemble im Zeichen der Inklusion ist eine gleichbleibende Struktur wichtig, vom Aufbau der Musizierstunden bis hin zur Gestaltung der Notenblätter. Da gibt es noch viel Verbesserungsbedarf wie auch bei der Kommunikation, etwa wenn mehrere Unterrichtende gleichzeitig agieren. Sich besser abzusprechen und manchmal auch zurückzunehmen wäre wichtig. Auf aktuelle Wünsche und Bedürfnisse wie auch auf schwierige Momente in der Kommunikation ist angemessen zu reagieren.

Für die Lehrenden bedeutet dies, die inklusiven didaktischen Konzepte zu planen und gleichzeitig immer wieder auf ihre Sinnhaftigkeit und Verhältnismäßigkeit zu hinterfragen. Nur so kann ein Lernprozess gelingen, bei dem über den Lehrgegenstand die daran Beteiligten im Mittelpunkt stehen.

Angaben zur Autorin siehe Beitrag *Die All Stars Inclusive Band: Chronik und charakteristische Aspekte*.

---

4   URL: <https://rso.orf.at/programm/3794> (05.052021).

V.
Inklusives Musizieren und Professionalisierung

Marlene Ecker

Anmerkungen zum Instrumental- und Gesangsunterricht für die *All Stars Inclusive Band*

Jeden Montagabend verwandeln sich die Räume im Zentrum für Weiterbildung an der mdw in eine inklusive Musikschule. Schüler*innen sind jene Mitglieder der *All Stars Inclusive Band,* die nicht Musik studieren. Sie bekommen Einzel- oder Kleingruppenunterricht am Klavier, der Gitarre und Ukulele, in Stimmbildung und Percussion.

Bereits 2016 beschrieb die damalige Bandleiterin Marlene Lacherstorfer die Schaffung von Instrumentalunterricht für die Bandmitglieder als Weiterentwicklungsmöglichkeit innerhalb der mdw.[1] Durch die Auszeichnung mit dem *Diversitas*-Preis wurden die notwendigen Ressourcen zur Verfügung gestellt und im Herbst 2017 mit dem Unterricht begonnen.

Der Grundgedanke ist, die Bandmitglieder individuell zu fördern und Studierenden einen Erfahrungsraum für inklusiven Instrumental- und Gesangsunterricht zu ermöglichen. Durch die vermehrte Beschäftigung der Musiker*innen mit ihren Instrumenten wird die gesamte Band gestärkt. Den Unterricht bieten Tutor*innen an, die Instrumental- und Gesangspädagogik, Rhythmik oder Musiktherapie studieren. Die für die Bandmitglieder kostenlosen Einheiten dauern zwischen 15 und 60 Minuten, die Dauer wird dabei an die Schüler*innen angepasst. So ist etwa der wöchentliche Einzelunterricht auf der Gitarre kürzer als die geblockte Percussion-Stunde in der Gruppe.

Die Tutor*innen gestalten den Unterricht nach ihren Vorstellungen und bauen dabei ein eigenes, von der Band unabhängiges Repertoire auf. Dabei entstehen auch Eigenkreationen, wie ein selbst geschriebener Song im Gitarrenunterricht. Vor Auftritten wird in den Tutorien auch an den Songs für das Konzert gearbeitet.

Im Rahmen der Tutorien erwerben sowohl die Bandmitglieder als auch die unterrichtenden Studierenden wichtige Kompetenzen. Für die Bandmitglieder ist der Unterricht eine Möglichkeit, sich selbst stärker als im Mittelpunkt stehend wahrzunehmen. Während zur Bandprobe manchmal bis zu 35 Personen kommen, sind sie im Tutorium maximal zu fünft. In der Stimmbildung lernen sie, stimmtechnische Grundlagen anzuwenden, ihre Stimme bewusst wahrzunehmen und gestaltend einzusetzen. Einen pensionierten erblindenden Mann unterstützte der Gitarrenunterricht, das Gedächtnis und die Feinmotorik zu trainieren. Als es ihm immer schwerer fiel, die jahrzehntelang beherrschten Gitarrengriffe zu spielen, wurde er von der Gitarrenlehrerin beim Umlernen

---

1 Vgl. Lacherstorfer 2016, 176f.

schwieriger Griffe und beim Auswendiglernen der Lieder begleitet und ermutigt. Für eine Musikerin war die Einführung der Tutorien der Auslöser, ihren Wunsch nach Klavierunterricht zu artikulieren und mit dem Klavierspielen zu beginnen.

Die Studierenden, die die Tutorien anbieten, sammeln Praxiserfahrung im Einzel- und Gruppenunterricht mit Menschen mit Behinderung. Diese Möglichkeit ist an der mdw momentan einzigartig und bereitet sie auf die berufliche Arbeit vor. Die Studierenden lernen, Vorurteile und Unsicherheiten im Umgang mit Menschen mit Behinderung zu hinterfragen und abzulegen. Zudem entwickeln sie methodisch-didaktische Kompetenzen.

Im Zuge der Weiterführung der Tutorien sind mittelfristig folgende Ziele essenziell:

1. Die Mittel für die Tutorien stammten bisher aus dem *Diversitas*-Preis. Eine langfristige Finanzierung und Implementierung ermöglichen vorausschauende Planung und Weiterentwicklung.
2. Für die Zukunft ist die stärkere Verknüpfung von Band und Tutorien ein wichtiges Ziel, sodass die Bandmitglieder ihre Fähigkeiten gezielter in die Probenarbeit einbringen und Anfänger*innen früh Musiziererfahrung in der großen Gruppe sammeln können.
3. Die Tutor*innen sollen eine didaktische Begleitung erhalten, in der sie ihren Unterricht besprechen und reflektieren sowie Fragestellungen des inklusiven Musizierens behandeln.

Angaben zur Autorin siehe Beitrag D*as soziale Miteinander in der All Stars Inclusive Band*.

Robert Wagner

Berufung Musiker*in – wenn Mitglieder inklusiver Bands sich professionalisieren

Ein anerkannter ‚Profi', der Akkordeonist Andreas Hinterseher, antwortete auf die Frage von Journalisten nach dem schönsten Konzert seiner weltweit renommierten Formation *Quadro Nuevo*:

> „Da kann man natürlich viel erzählen, […] dass wir in Israel gespielt haben als deutsche Band oder in Polen in einem ausgebombten Theater, aber ganz ehrlich, die einzig richtige Antwort ist die, es waren mehrere Konzerte mit *Vollgas*! *Vollgas* ist eine inklusive Band der Musikschule Fürth mit Menschen mit Handicap, die an der Musikschule eine Ausbildung zum Berufsmusiker erfahren und wöchentlich Unterricht haben, proben und als Band auftreten, […] was sie für eine Liebe in die Musik stecken und wie gut sie vor allem sind, die werden auch jedes Mal besser."[1]

„Besser werden", so dass es als professionell gelten kann, das ist fürwahr das Bestreben der Band *Vollgas*. Doch eigentlich geht es in dem Projekt der Musikschule Fürth *Berufung Musiker*in* um weit mehr als nur darum, Musik zu machen, die gespielt und gehört werden will! Ganz im Sinne der UN-Behindertenrechtskonvention geht es um das Recht aller Menschen, „ihr kreatives, künstlerisches und intellektuelles Potenzial zu entfalten und zu nutzen, nicht nur für sich selbst, sondern auch zur Bereicherung der Gesellschaft"[2]. Ziel ist es, im Rahmen der eigenen Zuständigkeit und der eigenen Möglichkeiten Verantwortung für die Vielfalt der Menschen zu übernehmen und das Selbst- und Weltverständnis Inklusion als Chance für alle Menschen erfahrbar zu machen.

Zu einer inklusiven gesellschaftlichen Entwicklung beizutragen ist Anspruch und Aufgabe aller öffentlicher Musikschulen in Deutschland. Inklusion ist weder Weg noch Ziel, sondern eine von gemeinsamen Werten geprägte Haltung, die jeden Menschen einschließt und jedem Menschen nützt. In jeder Sekunde werden statistisch zweieinhalb Menschen geboren. Sie gehören dazu, weil sie einfach da sind. Niemand kann oder muss inkludiert werden. Jeder Mensch ist schon ein Teil der Summe aller Menschen (*Teil-Sein*). Er gehört dazu, weil er da ist. Aus diesem Verständnis und dieser Haltung heraus leitet sich der Handlungsauftrag ab, im Rahmen der eigenen Zuständigkeit eine inklusive gesellschaftliche Entwicklung zu unterstützen, die den Willen zur *Teil-Nahme* weckt und stärkt, das Menschenrecht auf *Teil-Habe* gewährleistet, die Möglichkeit ei-

---

1   URL: <https://www.youtube.com/watch?v=YoTSBAlkOaw> (30.08.2020).
2   UN-BRK, § 30,2.

ner individuellen *Teil-Gabe* fördert und begründet und so das subjektive Gefühl der Zugehörigkeit zu einer Gemeinschaft (*sense of belonging*) unterstützt.

Die Verwendung des Begriffes „inklusive Band" legt nahe, dass es auch nicht-inklusive Bands gibt. Dies ist natürlich nicht der Fall. Vielmehr betont der Begriff die Haltung und das Selbstverständnis aller in und um die Band herum Handelnden. Vielfalt wird als Bereicherung des Eigenen wertgeschätzt, alle Menschen sind willkommen. Der Fokus der nachfolgenden Ausführungen liegt dennoch auf Menschen mit Behinderung und der Verwirklichung von deren Menschenrecht auf Teilhabe im Bereich der Kulturproduktion.

Werner Probst notierte 1991 im Vorwort seines Buches *Instrumentalspiel mit Behinderten*: „Instrumentalspiel mit Behinderten darf nicht der mitleidsgetragene Sonderfall an einer Musikschule sein, es ist die Verpflichtung, eine Angebotsschule für alle zu sein."[3] Heute, 30 Jahre später, ist diese Verpflichtung noch immer nicht an allen Musikschulen eingelöst. Gleichzeitig aber diskutieren wir zu Recht über die nächsten Schritte einer vollständigen kulturellen Teilhabe, über Professionalisierung, über künstlerische Ausbildungsplätze und über die zu schaffenden Möglichkeiten, den Lebensunterhalt mit Musik bestreiten zu können. Der hier vorliegende Beitrag verweist am Beispiel des Projektes *Berufung Musiker*in* auf bisher Erreichtes. Nicht zuletzt zeigt er, dass vor allem durch pädagogische Professionalität Professionalisierung in gleichermaßen belastbaren wie flexiblen Bildungssystemen möglich wird.

Doch zunächst zurück zu den Anfängen einer Erfolgsgeschichte, dann zu grundsätzlichen Aussagen zur Ensemblearbeit, zu den musikalischen Anlagen jedes Menschen, die für die Bildung eines ‚Vermögens' bereitstehen und zur Verortung von kultureller Bildung in inklusiv handelnden und öffentlich verantworteten Systemen.

1. *Vollgas*, ein besonders normales Ensemble der Musikschule Fürth[4]

Seit 1988 unterrichte ich das Fach Blockflöte und Musikalische Grundausbildung an einer Förderschule mit dem Förderschwerpunkt geistige Entwicklung. Zunehmend erfolgreich musizierten wir in verschiedenen Lebenshilfeeinrichtungen und zu unterschiedlichen Anlässen in unserer Stadt. Einmal jährlich verreisten wir gemeinsam mit Schüler*innen der Musikschule Fürth, um mit diesen eine Freizeit zu verbringen und auch um gemeinsam zu musizieren. Oft musizierten die Kinder mehrere Jahre in Klassengemeinschaften gemeinsam, und die musikalischen Ergebnisse unserer Arbeit konnten sich hören lassen.

---

3   Probst 1991.
4   Vgl. Wagner 2017a, 259 f.

Berufung Musiker*in – wenn Mitglieder inklusiver Bands sich professionalisieren

In ihrer Schule – die damals noch Schule zur individuellen Lebensbewältigung hieß – wurden die Kinder und Jugendlichen intensiv ‚beschult und therapiert' und bestmöglich auf eine weitestgehende nachschulische Selbständigkeit vorbereitet. Irgendwann dann hatten die Jugendlichen ihre Schulpflicht abgeschlossen und … tja, und waren … weg.

Mit diesem Zustand war ich zunehmend unzufrieden, und ich versuchte daher viele Jahre später, meine ehemaligen Schüler*innen wieder zu finden, um inspiriert durch den Film *The Blues Brothers*, „die Band wieder zusammen zu bringen".

In einer Werkstatt der Lebenshilfe wurde ich fündig, erkannte den Einen und die Andere und wurde auch von diesen erkannt. „Hast Du Lust wieder Musik zu machen?" So kristallisierten sich acht Musiker*innen heraus. Warum acht? Weil acht Musiker*innen und ich als Fahrer gemeinsam in einen Kleinbus passten. Ganz einfach. Ähnlich pragmatisch versuchte ich auch die Instrumentenwahl vorsichtig zu lenken. Da ich die Vorlieben aller Musiker*innen kannte, konnten wir uns schnell auf eine sinnvolle Verteilung der Bandinstrumente einigen: Gesang, Saxophon, Akkordeon, Keyboard, zweimal Gitarre, Bass, Schlagzeug. Die Band war vollständig, doch wie sollte die Ausbildung aussehen und vor allem: Wer sollte sie bezahlen? Was war unser Ziel?

Die Ausbildung sollte intensiv sein, so wie eine Berufsausbildung, und die Musiker*innen sollten so fit im Notenlesen und so sicher auf ihrem Instrument werden, dass sie ohne Probleme mit anderen Musiker*innen und Bands würden zusammenspielen können. Dass sie auch einen Teil ihres Lebensunterhaltes mit der Musik bestreiten würden, haben wir schnell aus unserer Wunschliste gestrichen. Und so wurde aus dem Ausbildungstitel *Beruf Musiker*in* die Projektüberschrift *Berufung Musiker*in*.

Monate gingen ins Land, und wir, die Musiklehrkräfte und die Band, standen in den Startlöchern und suchten zunehmend verzweifelt nach Geldgebern. Gleichzeitig nutzten wir die Zeit, um unser Ausbildungskonzept zu konkretisieren.

Da wir keine Voraussage machen konnten, ob die Musiker*innen die angedachten zwei Ausbildungsjahre durchhalten würden und uns sicher waren, dass die Einnahmen aus Auftritten im überschaubaren Bereich bleiben würden, einigten wir uns mit den Dambacher Werkstätten der Lebenshilfe Fürth darauf, dass die Musiker*innen in der vorgesehenen Probenzeit, also an drei Vormittagen pro Woche, von der Werkstatt freigestellt würden, um ihren ‚Außenarbeitsplatz' Musikschule zu besuchen. Die Tageszeit wählten wir mit Bedacht jeweils von neun bis zwölf Uhr, so konnten die Mitglieder der Band – zurück in der Werkstatt – in ihrer vertrauten Umgebung mit ihren Arbeitskolleg*innen essen und verloren zu diesen nicht den Kontakt. Wichtig aber war uns, dass die Ausbildung in der Musikschule und nicht in der Werkstatt stattfinden würde, damit das Ensemble ein normales Ausbildungsumfeld inmitten anderer Musikschüler*innen hatte.

Zwei Jahre sollte es dauern, bis der Bezirk Mittelfranken dann im Sommer 2009 endlich grünes Licht gab und die Finanzierung des Projektes durch den Bezirk, die Fürther Lebenshilfe und die Dambacher Werkstätten für die Ausbildungszeit von zwei Jahren sichergestellt wurde. Am 1. Oktober 2009 startete das Modellprojekt der Musikschule Fürth e.V. *Berufung Musiker*in*.

Nur drei Monate später absolvierte die Band – mittlerweile war der Bandname *Vollgas* gefunden – ihren ersten Auftritt im Rahmen einer Weihnachtsfeier; wieder fünf Monate später fand das erste Gastspiel in der Münchner Staatskanzlei statt, ein Jahr nach ihrer Gründung folgte ein Auftritt im deutschen Bundestag.

Einerseits ging es um die gesellschaftliche Teilhabe dieser acht Personen, anderseits war und ist es uns ein wesentliches Anliegen, ein Menschenbild in der Gesellschaft festigen zu helfen, das Menschen mit Behinderung nicht auf ihre Behinderung reduziert, sondern deren Potenziale und deren Kompetenz herausstellt: Menschen mit Behinderung, Kinder, Jugendliche, Erwachsene, Senior*innen, haben nicht nur Freude an Musik, die sie hören, sondern sind auch im Rahmen ihrer Möglichkeiten fähig, Musik selber zu machen... wie andere Menschen auch.

Das Projekt *Berufung Musiker*in* hat alle Erwartungen weit übertroffen:
- Die jungen Musiker*innen sind zu einer festen *Gemeinschaft* geworden und musizieren gemeinsam mit unglaublichem Engagement und riesiger Freude.
- Die Entwicklung der *Persönlichkeit jeder*s Einzelnen* überrascht selbst (und gleichzeitig vor allem) die Eltern der *Vollgas*-Musiker*innen.
- *Vollgas* verändert den *Lebensraum Musikschule*. Die Haltungen der Schüler*innen, der Eltern und der Lehrkräfte gegenüber Menschen mit Behinderung werden auf den Kopf gestellt.
- *Vollgas* musiziert in der *Öffentlichkeit* und begeistert das Publikum mit ihrem musikalischen Können und ihrer enormen Spiel- und Lebensfreude.
- *Vollgas* präsentiert sich nicht nur als in sich geschlossene Band, sondern in musikalischen Fusionen mit einzelnen Schüler*innen, Lehrer*innen und Profiensembles in und außerhalb der Musikschule und zeigt somit, dass das erworbene musikalische *Können* tatsächlich kompatibel und in der musikalischen Praxis anwendbar ist.

Übertragbar ist auch die Pädagogik, die diese Ergebnisse erst ermöglicht hat. Dem einzelnen Menschen verpflichtet fordert das Projekt heraus, systemrelevante Bereiche gelingender inklusiver Musikpädagogik wie Inhalt, Zeit, Vorbilder, Strukturen oder angstfreie Lernräume zu reflektieren und die Qualität des Unterrichtsprozesses und seine Ergebnisse sowie die Würde der Beteiligten in das Zentrum aller Überlegungen und allen Handelns zu stellen.

Berufung Musiker*in – wenn Mitglieder inklusiver Bands sich professionalisieren

Wer hätte das gedacht, als der gemeinnützige Trägerverein der Musikschule Fürth im Frühsommer 2009 um Spenden für die musikalische Ausbildung von Menschen mit Behinderung rang? Wer wäre auch nur im Entferntesten auf die Idee gekommen, dass die im Projekt *Berufung Musiker*in* ausgebildeten Angestellten der Dambacher Werkstätten mit ihrem Können nach nur drei Jahren der Lehre selbst Bedürftigen helfen können? So erspielte die Band *Vollgas* für ein Schulprojekt in Indien knapp 10.000 Euro in einem Fusionskonzert mit der Gruppe *Quadro Nuevo* in Rosenheim.

Das Projekt ist ein Gewinn für die beteiligten Musiker*innen, für alle Menschen mit Behinderung, für das Anliegen aller Einrichtungen, die sich für Menschen mit Behinderung einsetzen, für eine vom Menschen ausgehende und am Menschen orientierte Pädagogik und für die Umsetzung der UN-Konvention. Die pädagogische Welt ist in Bewegung! Die Inklusion hat mit *Berufung Musiker*in* einen Edelstein, der beweist, dass Menschen mit Behinderung Kraft, Talent, Leistungsfähigkeit und mehr besitzen, wenn man nur eine gleichermaßen belastbare wie flexible Struktur bereitstellt und auf Kolleg*innen zählen kann, die sich mit großer Fachkompetenz und Teamfähigkeit der Aufgabe stellen.

Die Fusionen mit anderen Gruppen der Musikschule war eines der Kernziele unserer Arbeit. In der inklusiven Musikpädagogik geht es darum, alle Musiker*innen, ob mit oder ohne Behinderung, in die Lage zu versetzen, mit anderen selbstbestimmt gemeinsam zu musizieren.

Dazu ist es nötig, musikalische Zeichen zu kennen und deren Bedeutung zu verstehen sowie sich mit anderen Musiker*innen verständigen zu können. Weniger wichtig ist es zu wissen, wie die Noten heißen. Manche Bandmitglieder spielen nach Noten, andere nach Buchstaben (Grundtöne der Akkorde), nach der Kästchennotation oder nach Fingersätzen. Wichtig ist die Orientierung auf ihrer Notenvorlage und dass z. B. Wiederholungszeichen und andere musikalische Symbole erkannt und umgesetzt werden können. Dies alles haben wir in den letzten Jahren zusammen erreicht, und die erste Ausbildungsgruppe ist auch heute noch als Band zusammen.

Noch einmal sei Andreas Hinterseher von *Quadro Nuevo* zitiert:

> „Großartig ist der mehr als bescheidene Ausdruck, was die Musiker von *Vollgas* leisteten. Der ausverkaufte Saal überschlug sich in fassungslosem Staunen und begeistertem Jubeln und immer wieder wurden Taschentücher gezückt. Niemand konnte sich der Spielfreude und der Begeisterung unserer jungen Kollegen entziehen. Es ist phänomenal, was auch Menschen mit Einschränkungen zu leisten im Stande sind, wenn sie nur die Chance dazu bekommen! Danke, dass wir dabei sein und mit Euch gemeinsam musizieren durften! 1-2-3 Vollgas!"

Die Erfahrungen mit dem ersten Ausbildungsprojekt waren so gut, dass wir eine zweite Band ins Leben rufen konnten. Die Band *Alle Neune* sollte unsere Erfahrungen vertiefen und gegebenenfalls ergänzen. Wir mussten allerdings feststellen, dass es ein großer Fehler ist, aus den Erfahrungen der ersten Gruppe Regeln für die zweite Ausbildungsstaffel abzuleiten, denn jede Gruppe ist anders. Jede Gruppendynamik orientiert sich an der Zusammensetzung der Musiker*innen, an deren Fähigkeiten und Persönlichkeiten. Jede Gruppe hat andere Bedürfnisse und Eigenheiten.

Die rasante Arbeit, wie sie mit *Vollgas* möglich war, erwies sich hier als völlig kontraproduktiv, und wir mussten lernen, unser Tempo den Fähigkeiten und dem Auffassungsvermögen der neuen Gruppe anzupassen: Was treibt sie an, welche Aufgaben können sie bewältigen, wo stehen sie musikalisch und was verlangen ihre Persönlichkeiten?

Also stellten sich eigentlich die gleichen Fragen, die in jeder Ensemblearbeit wichtig sind.

2. Professionelles Ensemblemusizieren jenseits der Frage „behindert oder nicht-behindert?"[5]

Führt professionelle Ensemblearbeit automatisch zur Professionalisierung von Musiker*innen? Meine Erfahrung zeigt: ja! Ob sich durch die Professionalisierung auch Möglichkeiten eröffnen, Geld mit der Kunst zu verdienen, ist eine andere Frage. Keine Frage ist, dass Musizieren nur dann eine Geldquelle werden wird, wenn es nachgefragt ist und sich vermarkten lässt. Wer auf die Bühne will, steht in Konkurrenz mit anderen Bewerber*innen. Das gilt auch für inklusive Ensembles. Attraktiv für Konzertveranstalter ist die Band, die Publikum generiert. Das Publikum kommt, wenn Musik gespielt wird, die gehört werden will.

Wer auf die Bühne will, um sein Können (mit) zu teilen, um mit dem Publikum in Kommunikation zu treten und um Applaus und vielleicht auch finanziell zu ernten, darf überraschen, muss aber vor allem auch Erwartungen erfüllen und die Spielregeln der Musik kennen, verstanden haben und beachten.

In einem Ensemble ist es möglich, dass die Vielfalt der Musiker*innen ihr Können addiert und so musikalische Ergebnisse erzielt, die weit über die Möglichkeiten einzelner Mitmusiker*innen hinausgehen. Kein Wunder also, dass für viele gerade das gemeinsame Musizieren ein erfolgversprechender Weg auf die Bühne ist.

Willi etwa will auf die Bühne und stellt die übliche Frage: „Was muss ich können, damit ich in einem Ensemble mitspielen darf und es mir Spaß macht?" Eine gute Frage. Eine mögliche andere Frage wäre gewesen: „Was muss ich können, damit es den anderen Musiker*innen des Ensembles weiterhin Spaß macht, wenn ich mitspiele?" Oder besser noch: „Welche Fähigkeiten brauche ich, um mich in den Dienst des gemeinsamen Musizierens stellen zu können?" Denn erst für diese

---

5   Vgl. Wagner 2017b, 234f.

Frage lassen sich sinnvolle Antworten finden, Antworten, die wiederum unterschiedlich ausfallen, wenn man zwei Typen von Ensembles unterscheidet.

Hat sich ein Ensemble der werkgetreuen Wiedergabe eines ‚Meisters' verpflichtet, so sind die Anforderungen des Werkes entscheidend. Wer den Tonumfang und die technischen Anforderungen meistert und stilistisch entspricht, darf mitspielen. Trifft sich hingegen ein Ensemble, um eine eigene Interpretation eines Werkes zu erarbeiten oder um eigene Kompositionen zu gestalten – und von diesen Ensembles soll nachfolgend die Rede sein –, dann sind die individuellen Möglichkeiten jeder Mitspielerin und jedes Mitspielers sowie der Gruppe gefordert. Dann geht es vor allem darum, mit diesen vorhandenen Möglichkeiten eine Musik zu gestalten, die den Mitspieler*innen und den Zuhörer*innen gefällt.

Ob den Musiker*innen und dem Publikum etwas gefällt, hängt nicht von der Höhe oder der Anzahl der gespielten Töne ab, sondern davon, ob die einzelnen Beiträge ein musikalisches Ganzes ergeben, ob also die Elemente Melodie, Harmonie und Rhythmus besetzt sind und die Aufgaben der einzelnen Instrumente im Ensemble Beachtung finden.

Die Regeln für alle Ensemblemitglieder (ob fortgeschritten oder weniger fortgeschritten) sind einfach, für alle gleich und dienen der Qualität des Ganzen:
Jeder/jede spielt nur das, was er/sie kann und *Jeder/jede spielt, so gut er/sie kann.*

Nicht ganz so einfach ist allerdings, das Tun jedes/jeder Einzelnen auf einen gemeinsamen Puls zu beziehen (Musik ist die Kunst in der Zeit). Um ein Tun auf andere Ereignisse zeitlich abstimmen zu können, ist die Fähigkeit zur Wahrnehmung eine Grundvoraussetzung. Ohne ein Mindestmaß dieser Fähigkeit zu besitzen, ist der oben beschriebene ‚Spaß für alle' ziemlich schnell vorbei.

Musik lebt und wirkt durch die *Synchronisation* von Klangereignissen und Emotionen

Erfahrene Mitspieler*innen des Ensembles können ‚falsche Töne' auflösen, nicht jedoch ausgleichen, wenn die zeitbezogene Synchronisation aller Spieler misslingt. Die Arbeit an Ausdruck, Dynamik oder Intonation geht an den akuten Problemen jedes Ensembles vorbei, wenn einzelne Mitspieler*innen nicht ins Spiel finden oder unterwegs den Anschluss verlieren. Ensemblearbeit steht und fällt *nicht* mit der Beherrschung von bestimmten Techniken, sondern mit der Orientierung aller Musiker*innen in der gemeinsamen Zeit.

Spielen Schüler*innen in einem Ensemble neben- statt miteinander, so fehlt ihnen die zeitliche Orientierung. Manchmal fehlt aber auch die Wahrnehmung dafür, dass das eigene Tun mit dem Tun der anderen nichts zu tun hat. Oder anders formuliert: um ‚richtig' wieder einsteigen zu können, muss man wahrnehmen, ‚draußen' zu sein.

Robert Wagner

Die Klage vieler Musiklehrkräfte, dass ihre Schüler*innen zunehmend Schwierigkeiten haben, ein Tempo aufnehmen und halten zu können, verweist auf einen oft vernachlässigten ersten Schritt jeder musikpädagogischen Arbeit: der Arbeit an der Wahrnehmung.

Die Entwicklung der Wahrnehmungsfähigkeit ist möglich!

Die Fähigkeit, sich selbst, andere und die Bezogenheit aller aufeinander und auf einen gemeinsamen Puls wahrnehmen zu können, ist für jeden Menschen entwickelbar. Ein Überspringen dieses notwendigen Entwicklungsschrittes ist nicht möglich. Jede Vernachlässigung rächt sich hörbar.

In Ensembles mit Menschen unterschiedlichster Erfahrungen und Fähigkeiten gibt es viele Möglichkeiten, die individuelle Wahrnehmungsfähigkeit zu unterstützen. Der Versuch, durch Dirigieren den Ohren über die Augen zu Hilfe zu kommen, kann, muss aber nicht gelingen. Oft ist die Ansprache eines anderen Sinnes eine zusätzliche Verwirrung und die Reduktion der Anforderungen die einzig hilfreiche Alternative.

Zudem sollte es nicht nur im inklusiven Kontext immer darum gehen, dass das Handeln der Musiker*innen weitestgehend durch die Wahrnehmung der Musik selbst geleitet werden sollte. Eine Konzentration auf klare musikalische Orientierungssignale, die vom Spieler selbst wahrgenommen werden können, ist der erste methodische Schritt.

Selbst die Musiker*innen, die sich noch nicht in der Lage sehen, metrisch gebunden zu spielen und sich der Aufgabe zuwenden, etwa atmosphärisch mit einer Guiro den A-Teil zu begleiten (also im B-Teil nicht zu spielen) sollten anhand der Melodie, des Textes oder der jeweils spielenden Instrumente selbstständig hören bzw. wahrnehmen, dass sie ‚dran' sind. ‚Dran' sein, um mit Klängen Stimmungen zu produzieren, irgendwann, irgendwie. Aber eben nur im A- Teil.

Für manche ist es bereits Herausforderung genug, Anfang und Ende eines Stückes zu erkennen und zu beachten oder eine Bewegung zur Musik pünktlich zu beginnen und dann wieder zu beenden. Die stressabbauende Erfahrung, dass man zu selbstbestimmten Aktionen in festgelegten Zeitfenstern fähig ist und damit die Möglichkeit hat, eigene Klänge auf andere abzustimmen, erlaubt, dass die Zeitfenster nach und nach schmäler werden können. Damit geht einher, dass die Lust, etwas gemeinsam zu tun, schließlich so groß wird, dass die gezielte Konzentration auch auf einzelne Klänge oder Töne möglich wird.

Das erwartete Erlebnis eines gemeinsamen Schlusspunktes einer melodischen Phrase oder einer markanten Stelle des Stückes („If you´re happy ... clap, clap") trainiert die Aufmerksamkeit, ganz gleich, ob man die Zeitspanne davor ‚versteht' oder nur interessant findet. Wie vielen Kinder war und ist es z. B. völlig egal, ob der Reiter, erst einmal in den Graben gefallen, von den Raben gefressen wird. Aber der Zeitpunkt und das Erlebnis, wenn der Opa die Knie öffnet und das Kind und er gemeinsam „plumps" rufen, lässt das Kind immer wieder „Noch einmal!" einfordern. Die Musik wirkt durch die Kraft des gemeinsam empfundenen Ereignisses.

Jede Musik lebt von der angesprochenen Abwechslung von A- und B-Teil, von Spannung und Entspannung, von *downbeat* und *offbeat*, von aktiv spielen und pausieren. Obwohl sich dieses Prinzip auch im Menschen wiederfindet und der regelmäßige Herzschlag zur menschlichen Grundausstattung gehört, also eigentlich ein verknüpfendes Lernen, ein Anknüpfen an vorhandene Kompetenzen naheliegt, ist es in der Praxis bisweilen unumgänglich, den Weg der Synchronisation mit der Fokussierung auf ein Einzelereignis zu beginnen.

Wer Unterschiede zwischen A- und B-Teilen nicht wahrnehmen kann, wird kaum in der Lage sein, eine melodische Passage zeitgerecht mit anderen zu musizieren. Binden darüber hinaus die technischen Anforderungen des Instrumentes zusätzlich Aufmerksamkeit, ist die haltgebende Synchronisation in Bezug auf Taktschwerpunkte oder das Metrum nicht möglich.

Die inklusive Musikpädagogik im Bereich des Ensemblemusizierens wird zur Chance, wenn

– wir Lehrer*innen unsere Schüler*innen als Individuen annehmen,
– es durch eine Reduktion der simultan zu erfüllenden Aufgaben gelingt, Barrieren zu beseitigen, die die musikalische Orientierung verhindern,
– wir den Schüler*innen ein individuell stimmiges Angebot an musikalischen Aufgaben anbieten, aus dem sie selbstbestimmt auswählen können und dabei die Erfahrung ihrer Selbstwirksamkeit machen sowie Vertrauen in die eigene Kompetenz gewinnen,
– wir Musik in erster Linie als Spiel begreifen, das einfachen Regeln folgt,
– wir unsere Schüler*innen mit musikalischen Bausteinen versorgen, die sie verstehen („selbst-verständlich musizieren"[6]) und deshalb selbstbestimmt und kompetenzorientiert einsetzen können.

Es gibt Spiele, bei denen es am Schluss einen Sieger gibt: den Schnellsten, Stärksten, Schlausten. Im Spiel Musik sind andere Dinge entscheidend, nämlich die Möglichkeit, sich spielerisch auszudrücken und sich dadurch selbst wahrzunehmen, die Wahrnehmung des Gegenübers und die Kommunikation mit Anderen, die Möglichkeit, durch gemeinsames Erleben die eigene Wahrnehmung zu erweitern und zu verfeinern.

Erst die Beziehung des Tuns auf ein gemeinsam definiertes Zeitmaß macht es möglich, Musik wirklich gemeinsam zu spielen. Deshalb ist jede Übung, die diese Fähigkeit schult, ein notwendiger erster Baustein für gelingende Ensemblearbeit und für die Professionalisierung der Mitspielenden.

---

6   Vgl. Wagner 1999, 31-55.

Robert Wagner

Die Grundlagen der inklusiven Musikpädagogik im Bereich des Ensemblemusizierens benennt der Lehrerband zu *Max Einfach*[7]. Er zeigt, wie anspruchsvolles gemeinsames Musizieren für Menschen mit unterschiedlichen musikalischen Erfahrungen und verschiedenen Instrumenten möglich ist. Die vorgestellte Methode erlaubt eine selbstbestimmte Erweiterung des musikalischen Ausdrucks durch ein individuelles Angebot methodisch aufbauender Spielbausteine.

3. Gelingensbedingungen einer pädagogisch begleiteten Professionalisierung am Beispiel der Musikschule Fürth

Das Projekt *Berufung Musiker*in* zeigt: Jeder Mensch, der will, kann lernen, Musik zu machen, und zwar Musik, die gespielt und gehört werden will. Ob allein, als Band *Vollgas* oder in Fusionen mit Profis musizieren die Mitglieder der Band zu ihrer eigenen Zufriedenheit und zur Zufriedenheit ihrer Mitmusiker*innen und des Publikums. Zahlreiche Konzerte mit der Formation *Quadro Nuevo*, den Weltmusikern des *Feveran Quartetts*, der *Thilo Wolf Big Band* oder mit überregional bekannten Solist*innen legen Zeugnis ihrer Professionalität ab.

Das Projekt *Berufung Musiker*in* zeigt aber ebenfalls: Das musikalische Vermögen, also die Fähigkeit, selbstbestimmt Musik zu machen, alleine und mit anderen, ist nicht die einzig nötige Voraussetzung, um zu konzertieren oder um Geld zu verdienen. Das afrikanische Sprichwort „Es braucht ein ganzes Dorf, um ein Kind großzuziehen" kann durchaus auch auf die Professionalisierung von Musiker*innen – jenseits der Frage „behindert oder nicht behindert?" – bezogen werden.

Die Professionalisierung Einzelner kann nur gelingen, wenn die Gemeinschaft aller dafür Verantwortung übernimmt und wenn es Orte und Systeme, zum Beispiel Musikschulen und Musikhochschulen gibt, die bereit und fähig sind, das Menschenrecht auf eine umfassende Teilhabe an der Mitgestaltung von Kultur zu verwirklichen. Gleichzeitig kann sie aber nur dann gelingen, wenn auch jeder Mensch selbst stark genug ist, seinen Platz inmitten aller anderen Musiker*innen zu behaupten.

Die Musikgeschichte kennt viele Beispiele von Menschen, deren Neigung hin zur Musik so stark war, dass sie ihrem inneren Ruf folgten und sich gegen alle Widerstände der Musik verschrieben. Sie spürten eine Berufung, der sie nicht ausweichen konnten. Um sie herum tobte etwa der Dreißigjährige Krieg oder wütete die Pest, sie lebten von der Hand in den Mund, steckten das Unverständnis ihrer Mitmenschen weg und arbeiteten rastlos für die Kunst.

Manche konnten ihr Leben tatsächlich durch ihr musikalisches Vermögen bestreiten. Sie vermarkteten sich selbst oder fanden Manager, die ihre musikali-

---
7 Wagner 2016.

schen Anlagen gewinnbringend zu nutzen wussten. Um diese Menschen soll es in den nachfolgenden Ausführungen *nicht* gehen, also nicht um die ca. ein bis zwei Prozent der Musikschüler*innen, die aus ihrer Leidenschaft einen Beruf machen[8], von Kindesbeinen an mit viel Ausdauer und Disziplin üben, um eine Aufnahmeprüfung an einer Musikhochschule zu bestehen, um danach, nach der bestandenen Abschlussprüfung, ins Orchester zu gehen, Solist*in oder Komponist*in zu werden. Und es soll auch weniger um jene Musiker*innen gehen, die *trotz* einer körperlichen oder einer Sinnesbehinderung eine erfolgreiche musikalische Karriere mach(t)en.

Vielmehr soll es darum gehen, welches Selbstverständnis dem Angebot an Musikschulen zugrunde liegt und welche Gelingensbedingungen gegeben sein müssen, um möglichst viele Menschen – Menschen mit und Menschen ohne Behinderung – zu ermutigen, selbst musikalisch aktiv zu werden und Musizieren als Lebensinhalt und als Bereicherung zu erfahren.

Jeder Mensch reagiert auf Musik und ist für Musik empfänglich. Für viele Menschen ist Musik ein so starker Anreiz, dass sie selbst Musik machen wollen, mit all den Dingen, die dazu gehören: üben, das eigene Können genießen und mit anderen teilen, auf der Bühne stehen, neue Freund*innen finden, Spaß haben ...

Musizieren, vor allem gemeinsames Musizieren, gibt dem Menschen viel: Er kann Gefühle ausdrücken und diese mit anderen teilen, er harmonisiert sein Tun mit sich selbst und mit anderen, er erfährt Selbstwirksamkeit und sein Tun als richtig. Er muss nicht die erste Geige spielen, um ein Werk vollständig genießen zu können. Musikschulen sind Möglichkeitsräume, in denen vieles möglich ist, aber nichts von selbst passiert.

Viele unserer Schüler*innen kommen seit Jahren mehrmals in der Woche in *ihre* Musikschule. Sie investieren ihre Freizeit und setzen sich gemeinsam mit ihren Lehrkräften und Mitmusiker*innen – ihren Möglichkeiten entsprechend – individuelle Ziele: Sie wollen etwas können und wollen ihr Können zeigen. Warum also nicht vielleicht doch aus den vorhandenen Anlagen ein ‚Vermögen‘ machen, ein Können, mit dem sich vielleicht sogar Geld verdienen ließe?

Wenn Musik in jedem Menschen angelegt ist: Warum machen so wenige Menschen aus ihrer Anlage ein ‚Vermögen‘?

Seit vielen Jahren bringe ich im Jahresheft der Musikschule Fürth meine Gedanken über die Bedeutung der Musik und damit der Musikerziehung zu Papier. Oft beschäftigte mich hierbei die Frage, warum jedes kleine Kind ungehemmt lautiert, singt und tanzt, dann aber, um den Schuleintritt herum, musikalisch verstummt und das aktive Musizieren nur noch von einer Minderheit gepflegt wird.

---
8   Röbke 2015, 42.

Robert Wagner

Musik ist in jedem Menschen angelegt: Die erste Verständigung des Menschen findet über musikalische Lautäußerungen statt, über diese werden Gefühle und Bedürfnisse (mit)geteilt und wird Zugehörigkeit erfahren. Ist es die Fähigkeit zu sprechen, die die angeborene Fähigkeit zur musikalischen Äußerung verdrängt?

Unser Gehirn ist in der Lage, über die Sprache und über die Musik Botschaften zu senden und zu empfangen. Warum wird im Bereich der Musik die Möglichkeit zu senden, also aktiv zu musizieren, später nicht mehr genutzt? Macht die sprachliche Kommunikation die musikalische Kommunikation überflüssig und ist sie ihr in allen Bereichen überlegen?

„Die allmähliche Verfertigung der Gedanken beim Reden", einhergehend mit der Möglichkeit, diese Gedanken auszutauschen und durch die Vielfalt der Perspektiven Probleme zu lösen und Herausforderungen zu bestehen, spricht für die Effektivität von Sprache. Doch soll und kann es hier nicht darum gehen, den ‚Verständigungswert' von Sprache und Musik gegeneinander aufzurechnen.

Aber: Warum wird der Wert der Musik nicht begründet mit der „allmählichen Ausdifferenzierung der Gefühle beim Musizieren"? Wenn schon das Hören von Musik in der Lage ist, Emotionen zu synchronisieren, also Harmonie und Zugehörigkeit zu erleben, um wie viel mehr müsste dies über das aktive Musizieren gelingen?

Oder spielen ganz andere Zusammenhänge eine Rolle? Wird Menschen Unmusikalität eingeredet, weil etwas vielleicht nicht sofort gelingt oder nicht einer vorgegebenen Norm entspricht? Wird den meisten Menschen die Lust genommen, sich musikalisch auszudrücken? Oder fehlt schlicht und ergreifend ein stimmiges Angebot, das individuelle Entwicklungswege und Ziele wertschätzt und Möglichkeiten anbietet, Musizieren als bereichernd für sich zu erfahren?

Musik ist nicht in erster Linie Kunst und als solche nur einem erlauchten Kreis exklusiv zu lehren. Vielmehr ist Musik ein in jedem Menschen angelegtes Potenzial, das in jedem Menschen entfaltet werden will, entfaltet werden kann und in gesamtgesellschaftlicher Verantwortung entfaltet werden sollte.

Das Leitmotiv der Musikschule Fürth, *Musik einfach machen* (erstmals im Musikschuljahresheft 1994 thematisiert), ermutigt den Menschen, mit seinen Anlagen einfach Musik zu machen. Gleichzeitig ist für uns Lehrkräfte das Leitmotiv – im Sinne von „mache Musik einfach" – eine Verpflichtung, die Grundregeln (die Grammatik) des Spiels bzw. der Sprache Musik gemeinsam mit unseren Schüler*innen Schritt für Schritt zu entdecken und deren Anwendung zu verfeinern. Oder anders gesagt: aus einer Anlage ein Vermögen, ein Können zu machen, weil Können Spaß macht und Sinn stiftet.

Jeder Mensch ist anders. Jeder Mensch, der zu uns kommt, bringt Eigenes mit: eigenes Können, eigenes Lernverhalten, eigene Erfahrungen, eigene Interessen, Neigungen und Ziele, eigene Möglichkeiten und Begabungen.

Kann eine Schule all diesen Eigenheiten gerecht werden? Sie kann es, indem sie einerseits die Individualität wahrnimmt und als Chance für das Gemeinsame begreift und andererseits gleichzeitig „übergeordnet Gleiches"[9] aufgreift und in den Dienst einer individuellen Förderung stellt.

Menschen sind neugierig, wollen gesehen und anerkannt werden, suchen die Gemeinsamkeit mit Gleichgesinnten, wollen dazugehören, wollen Selbstwirksamkeit spüren, wollen Spaß haben, wollen lernen, wollen in unterschiedlicher Ausprägung einerseits Sicherheit und andererseits ‚Abenteuer', verlangen Perspektiven.

Öffentliche Musikschulen sind Angebotsschulen. Ihr Angebot richtet sich an alle, die wollen und bereit sind, sich im Rahmen ihrer Möglichkeiten für ihre Ziele zu engagieren. Niemand muss, jeder Mensch, der will, kann. Das Angebot der Musikschulen ist vielfältig, aber nicht beliebig: Es passt sich einerseits im Sinne von Dienstleistung den Interessen und Möglichkeiten ihrer Schüler*innen an und setzt andererseits den personellen, finanziellen und konzeptionellen Möglichkeiten der jeweiligen Musikschule entsprechend eigene pädagogische Schwerpunkte. Es stellt sich in den Dienst einer gesamtgesellschaftlichen inklusiven Entwicklung, erfüllt einen öffentlichen Auftrag und gewährleistet Teilhabe am Lernen und Leben in der Gemeinschaft im Bereich der fachlichen Zuständigkeit.

Gerade weil Musikschulen als öffentliche Aufgabe eine systemrelevante, sozial verbindende Funktion in unserer Gesellschaft haben, muss ihre Zuständigkeit und ihr eigener Anspruch die bestmögliche Förderung des individuellen und gemeinschaftlichen Musizierens sein.

Teilhabe am Angebot der Musikschule beinhaltet vor allem vier wesentliche Aspekte. Es geht um
- den Aufbau und die Pflege von Können,
- die vielen Gelegenheiten, das eigene Können zu zeigen,
- individuelle Perspektiven und
- das Gefühl, dazuzugehören.

Musikschulen richten ihren Blick auf den Einzelnen, weil es um das Ganze geht, und auf das Ganze, weil es um den Einzelnen geht. Das Ganze ist der musikalisch-harmonische Gesamtklang Musizierender, aber es sind ebenfalls auch die mit dem Musizieren einhergehenden persönlichkeits- und haltungsbildenden Erfahrungen und deren Wirkung in Bezug auf die Gesellschaft.

---

9 Merkt 2019, 9.

Robert Wagner

Musikschulen richten ihren Blick auf das Ganze, weil es um den Einzelnen geht.

Musikschulen richten ihren Blick auf den Einzelnen, weil es um das Ganze geht.

Attraktive Ziele sorgen dafür, dass viele mitmachen wollen, individuelle Zugänge dafür, dass alle, die wollen, mitmachen können.

Attraktive und annehmbare Angebote *für alle*, die die ganze Lebensspanne umfassen und gerade auch diejenigen berücksichtigen, die – aus welchen Gründen auch immer – noch nicht frei entscheiden können, ob sie wollen, schließen jedwede exkludierende Maßnahme aus oder stellen sie zumindest kritisch in Frage. Prüfungen und Wettbewerbe etwa, die die Qualität erwünschter Leistungen ausbauen und sichern sollen, machen eigentlich nur für jene ca. zwei Prozent der Musikschüler*innen Sinn, die sich der Berufsvorbereitung stellen.

Entscheidend für die Qualität der Ergebnisse ist nicht der jeweilige Status Anfänger*in oder Fortgeschrittene*r, Berufsmusiker*in oder Laie, alt oder jung, behindert oder nicht-behindert, sondern eine Pädagogik, die die Kompetenzen der Menschen kennt, aufgreift und zu einem stimmigen Ganzen werden lässt. Das je eigene Können der Mitspieler*innen ist für das Klangergebnis von entscheidender Bedeutung. Unterschiede in der Auffassungsgabe oder im Lerntempo grenzen nicht aus und halten die Gruppe nicht auf. Jeder Spieler und jede Spielerin tragen seinen bzw. ihren Teil, sein und ihr Können bei.

Die Lernräume für Kinder und Jugendliche an einer Musikschule müssen nicht mehr einer fremdbestimmten und von außen kommenden Leistungsnorm entsprechen. Vielmehr sind sie Lern- und Lebensräume, in denen jeder Mensch ganzheitlich und individuell Beachtung findet und das (Menschen-)Recht hat, sich seinen Möglichkeiten entsprechend bestmöglich zu entwickeln.

Nicht zuletzt mit ihrem pädagogischen Stresstest *Berufung Musiker*in* trat die Musikschule Fürth den Beweis an: Jeder Mensch, der will, kann lernen, selbst Musik zu machen und kann sich im Rahmen seiner Möglichkeiten an musikalischen Gestaltungsprozessen beteiligen und diese bereichern. Jeder Mensch

kann, wenn er die Gelegenheit bekommt, in einer auf ihn abgestimmten (Lern)
Umgebung seine Anlagen entdecken und entfalten.

Gleichzeitig hat jeder Mensch das Recht, selbst zu entscheiden, ob und in welchem Umfang er aktiv Musik machen möchte. Dies setzt allerdings voraus, dass Musikschulen individuelle Entwicklungswege und Ziele wertschätzen und dass sie Möglichkeiten anbieten, individuell Musik als bereichernd zu erfahren. Musikschulen sind dann Möglichkeitsräume für alle, wenn es gelingt, die Kraft der Musik individuell wirksam werden zu lassen.

Der Ansatz, das *individuell Eigene* und gleichzeitig das *übergeordnet Gleiche* als Ausgangspunkt für pädagogisches Handeln zu wählen, ist für die gelebte Praxis in der Fürther Musikschule kein Widerspruch. Das gemeinsame Musizieren von Anfang an und die vielen Gelegenheiten, gemeinsames und individuelles Können zu zeigen, sind wesentliche Fundamente des Angebotes der Fürther Musikschule und die Teilnahme daran ein wesentlicher Bestandteil des pädagogischen Konzeptes.

Das Bedürfnis nach gemeinsamen Erfahrungen und Erlebnissen und nach der Anerkennung des eigenen Anteils daran ist als *übergeordnet Gleiches* im Menschen verankert. Die Zugehörigkeit zu einer Gruppe verleiht Sicherheit, ebenso das Wissen, für die Gruppe Wertvolles einbringen zu können.

Für die Pädagogik der Fürther Musikschule ist es deshalb wichtig, gemeinsam mit den Schüler*innen Musik zu erleben, gute Erfahrungen zu machen, Können anzuwenden und Perspektiven zu eröffnen. In der Lerngemeinschaft Schüler*in-Lehrkraft geht es zuvorderst darum, das Eigene bewusst zu machen, Eigenes wertschätzen zu lernen, Eigenes verfügbar zu machen, Eigenes auszubauen, um Eigenes mitzuteilen und in ein entstehendes Ganzes (*Teil-Gabe*) einbringen zu können.

Darum geht es im Musikunterricht:

ErLEBEN

Gute
ERFAHRUNGEN

PERSPEKTIVEN
Können

Musik
Menschen

Vertrauen ——————————————— Beziehung

Individuelle Sinnfindung
in der Gemeinschaft

Robert Wagner

Inklusive Musikpädagogik überwindet Barrieren, die der *Teil-Habe* Einzelner im Wege stehen. Sie nimmt den Menschen wahr und stimmt Ziele, Wege und Lerntempo mit jedem einzelnen Menschen ab. Sie baut auf seinen Vorerfahrungen auf und arbeitet mit seinen Möglichkeiten.

Aufgabe der Lehrkräfte ist es deshalb,
– dem*der Einzelnen eigene Bedürfnisse, Gefühle, Haltungen, Kompetenzen und eigenes Können bewusst zu machen,
– einen Rahmen zu stecken, in dem die Schüler*innen in ihrem je eigenen Tempo lernen können, ihr Spiel zu entwickeln und zu verbessern, sowie ihre eigenen Ausdrucksmöglichkeiten zu erkennen und zu erweitern,
– Gelegenheiten zu schaffen, um eigene Fähigkeiten lustbringend in ein Ganzes einbringen zu können,
– der Musik das Feld zu bereiten, auf dem (musikalische) Beziehungen gedeihen können und
– bezogen auf das zu bearbeitende Material durch eine individualisierte Bearbeitung des Spieles (des Musikwerkes, der Noten, der Regeln) dafür Sorge zu tragen, dass die Mitspieler*innen ihren Baustein, also ihr Können als Besitz begreifen, den sie in das Spiel einbringen können. Diese Bausteine müssen so beschaffen sein, dass sie auch von den anderen Mitspielenden als Bereicherung einer Gesamtgestaltung akzeptiert und begrüßt werden.

Menschen lernen besser,
– wenn sie es selber wollen,
– in angstfreien Lernräumen,
– gemeinsam mit und von anderen,
– in verlässlichen und individuell sich anpassenden Strukturen,
– mit kompetenten Lehrkräften,
– ohne Zeitdruck,
– in einem von Wertschätzung und Respekt geprägten Klima.

Das Angebot der Musikschule folgt einem in sich schlüssigen Konzept, baut aufeinander auf, lädt Seiteneinsteiger ein und ermöglicht Perspektiven für die Freizeit, aber auch für die Aufnahme von Musikberufen. Individuelle Förderung in verlässlichen, von Vertrauen geprägten Lerngemeinschaften führt in der Fürther Musikschule zu qualitativ hochwertigen musikalischen Ergebnissen. Durch die Gestaltung ihres Angebotes macht die Musikschule Fürth gemeinsam mit ihren Schüler*innen aus deren musikalischen Anlagen ein Vermögen: Musikalisches Können, mit dem unsere Schüler*innen etwas anzufangen vermögen, etwas anfangen können und vielleicht gerade deshalb auch etwas anfangen wollen.

Alle Menschen können ihrer Berufung folgen und sind zu besonderer Leistung fähig, wenn die Gemeinschaft aller Menschen Verantwortung übernimmt.

Entsprechend dieser Überzeugung entwickelt sich die Fürther Musikschule seit nunmehr 36 Jahren. Sie verwirklicht das Menschenrecht Aller auf Teilhabe am Leben in der Gemeinschaft, setzt das politisch geforderte Leitbild des lebenslangen Lernens um und sorgt in ihrem kommunalen Zuständigkeitsbereich für mehr Bildungsgerechtigkeit. Die bestmögliche individuelle musikalische Förderung geht ausdrücklich mit der Erziehung zu einer individuellen Sinnfindung Hand in Hand. Empowerment, also die Stärkung von Resilienz, Eigenmacht, Autonomie und Selbstverfügung, macht Mut, auf die eigenen Ressourcen und das eigene Vermögen zu vertrauen. Unabhängig davon, ob über die Professionalisierung des Musizierens Einkünfte erzielt werden können oder gar der Lebensunterhalt bestritten werden kann, ist ein hoher Qualitätsanspruch die Grundlage jeder Professionalisierung und zugleich Voraussetzung für eine bessere Welt.

Schritt für Schritt entwickelte sich das gemeinsame Projekt der Lebenshilfe und der Musikschule Fürth *Berufung Musiker*in* weiter. Die Band *Vollgas* wurde zu *Vollgas Connected*, einer Band, in der Menschen mit und ohne Behinderung, Laien und Profis musizieren und ihrer gemeinsamen Berufung folgen. Unter diesem Namen ist die Band auch in verschiedenen musikalischen Fusionen mit anderen Schüler*innen und Lehrkräften der Fürther Musikschule *on tour* durch die Republik.

Vollgas Connected folgte der Einladung der International Society for Music Education (ISME), gastierte 2016 in Edinburgh und Glasgow sowie 2018 in Salzburg und stellt der Fachwelt in Konzerten und Workshops die Gelingensbedingungen und die Ergebnisse einer Musikpädagogik der Vielfalt vor (z. B. auf den Bundeskongressen des deutschen Musikschulverbandes in Mainz und Bamberg).

Peter Hauser, Vorsitzender des Fürther Theatervereins, schrieb 2019 nach einem Auftritt der Gruppe *Vollgas* im Stadttheater Fürth:

> „Macht unbedingt weiter mit Eurer Vision. […] Sie spendet Hoffnung, macht Mut für die Zukunft und hat ganz sicher zur tollen Stimmung des Abends beigetragen. Da passiert mehr in uns als nur das Musikerlebnis. Da wird ganz tiefe Menschlichkeit zum Klingen gebracht."

Literatur

Hinterseher, Andreas: Das großartigste Musikprojekt aller Zeiten. URL: <https://www.youtube.com/watch?v=YoTSBAlkOaw> (11.08.2021).

Merkt, Irmgard: Musik, Vielfalt, Integration, Inklusion. Regensburg: ConBrio 2019.

Probst, Werner: Instrumentalspiel mit Behinderten. Ein Modellversuch und seine Folgen. Mainz: Schott 1991.

Röbke, Peter: Drei Musikschulen unter einem Dach. In: Natalia Ardila-Mantilla/Peter Röbke/Hanns Stekel: Musikschule gibt es nur im Plural. Innsbruck: Helbling 2015, S. 9-50.

UN-Behindertenrechtskonvention (UN-BRK) (2016). URL: <https://broschuerenservice.sozialministerium.at/Home/Download?publicationId=19> (25.07.2021).

Wagner, Robert: Musik mit Behinderten an Musikschulen. Bausteine „selbst-verständlichen Musizierens". In: Verband Bayerischer Sing- und Musikschule e. V. (Hg.): Musik mit Behinderten an Musikschulen. Grundlagen und Arbeitshilfen. Berichte aus der Praxis. Nürnberg: Verlag Peter Athmann 1999, S. 44-55.

Wagner, Robert: Max Einfach – Von der Harmonie zur Melodie. Regensburg: ConBrio 2016.

Wagner, Robert: Berufung Musiker. In: Verband deutscher Musikschulen (Hg.): Spektrum Inklusion. Wir sind dabei! Wege zur Entwicklung inklusiver Musikschulen. Bonn: VdM 2017a, S. 259f.

Wagner, Robert: Ensemblearbeit – Erste Schritte. In: Verband deutscher Musikschulen (Hg.): Spektrum Inklusion. Wir sind dabei! Wege zur Entwicklung inklusiver Musikschulen. Bonn: VdM 2017b, S. 234-236.

Robert Wagner unterrichtet die Fächer Gitarre (Gruppen zwischen 2 und 10 Schüler*innen), Gitarrenensemble für Erwachsene, Orchester Kunterbunt, Pop-Ensemble, Musikalische Grundausbildung für Erwachsene, Instrumentalspiel für Menschen mit Behinderung und ist seit 36 Jahren Leiter der Musikschule Fürth e.V.

Er betreute das Fach Musikpädagogik an der Musikhochschule Nürnberg (1993-2003), forscht, lehrt und veröffentlicht zum Thema *Systemrelevante Bereiche gelingender Musikpädagogik,* ist Vorsitzender des Bundesfachausschusses *Inklusion* des Verbandes deutscher Musikschulen (VdM) und Lehrgangsleiter des berufsbegleitenden VdM-Lehrgangs *Instrumentalspiel mit Menschen mit Behinderung.*

Wichtigste Veröffentlichung: *Max Einfach – Musik gemeinsam von Anfang an* (Spielheft und Lehrerband). ConBrio: Regensburg 2016.

Juliane Gerland

Inklusive musikalische Bildung: Spielraum, Lebensraum, Arbeitsraum
Erfahrungen und Perspektiven aus dem Dortmunder Modell

1. Das Dortmunder Modell: Ansätze, Strukturen, Ziele

Von 2010 bis 2013 fördert das Ministerium für Arbeit, Gesundheit und Soziales in Nordrhein-Westfalen das Modellprojekt *Dortmunder Modell: Musik (DoMo)*. Das übergeordnete Ziel ist die Exploration möglicher Modelle der Erwerbstätigkeit im Bereich Musik für Menschen mit Lernschwierigkeiten sowie die entsprechende musikalische Weiterqualifizierung interessierter Personen für eine solche musikbezogene Beschäftigung. Angesiedelt ist das dreijährige Projekt am Lehrstuhl *Musik in Rehabilitation und Pädagogik bei Behinderung* der rehabilitationswissenschaftlichen Fakultät der Technischen Universität Dortmund. Die Ratifizierung der UN-Behindertenrechtskonvention durch Deutschland im Jahr 2009 bietet eine tragfähige rechtliche Grundlage und ein wirkungsvolles Argument in Richtung Politik, um für die musikbezogene Förderung von Menschen mit Behinderung neue Perspektiven auszuloten. Insbesondere Artikel 30, Absatz 2 der Konvention lässt sich als Impuls verstehen, neu über das Thema Menschen mit Behinderung und Musik nachzudenken. In der Konvention heißt es hier:

> „Die Vertragsstaaten treffen geeignete Maßnahmen, um Menschen mit Behinderung die Möglichkeit zu geben, ihr kreatives, künstlerisches und intellektuelles Potenzial zu entfalten und zu nutzen, nicht nur für sich selbst, sondern auch zur Bereicherung der Gesellschaft."[1]

Eine Lesart dieses Absatzes legt nahe, Maßnahmen zu entwickeln, die es Menschen mit Behinderung ermöglichen, als Musiker*innen so tätig zu sein, dass sie durch ihr musikalisches Handeln die Gesellschaft, die dieses rezipiert, bereichern.

Eine zweite Lesart des zweiten Absatzes stellt weniger die musikalischen Handlungen und Ergebnisse in den Mittelpunkt, sondern die Menschen mit Behinderung selbst. Hier erscheinen Menschen mit Behinderung als Botschafter*innen einer diversen und pluralistischen Gesellschaft. Diese Vielfalt auch in den Bereichen Kunst und Kultur selbstverständlich zu berücksichtigen bedeutet, dass sich die relevanten Teilbereiche weiterentwickeln müssen und so selbst zu einer Bereicherung der Gesellschaft beitragen.

Beide Lesarten finden sich im Dortmunder Modell wieder.

---

1 Bundesgesetzblatt 2008.

Juliane Gerland

Zunächst wird bei der Betrachtung des Kultur- und Musikbetriebs und der in ihm berufstätigen Musiker*innen klar (und zwar durchaus sparten- und genreübergreifend): Menschen mit Behinderung und insbesondere Menschen mit schweren Behinderungen und/oder Lernschwierigkeiten sind offensichtlich deutlich unterrepräsentiert, selbst wenn über die exakte zahlenmäßige Verteilung derzeit keine wissenschaftlich gesicherten Erkenntnisse vorliegen. An diesem Punkt setzt das Dortmunder Modell an und identifiziert folgende Meilensteine für das Projekt:
– „Teilhabe von Menschen mit Behinderung am kulturellen Leben als Akteure,
– Nutzung und Ausleben individueller musikalischer Potenziale und Interessen,
– Präsenz von Menschen mit Behinderung im öffentlichen Kulturleben,
– Erzeugen eines neuen Blicks auf Menschen mit Behinderung,
– Erzeugen neuer künstlerisch-inhaltlicher Akzente im Kulturleben und
– (Weiter-) Entwicklung der inklusiven musikalischen Zusammenarbeit mit professionellen Musikerinnen und Musikern."[2]

Das Modellprojekt fokussiert durch diese Zielsetzungen den Personenkreis der erwachsenen erwerbstätigen Menschen mit Behinderung, von dem angenommen wird, dass hier ein weitgehender Mangel an musikalischer (Weiter-)Bildung und an Gelegenheiten zum aktiven Musizieren vorliegt.[3] Dieser strukturelle Mangel insbesondere bei erwerbstätigen Menschen mit Behinderung lässt sich folgendermaßen erklären: Musik gehört zwar in den Fächerkanon aller allgemeinbildenden Schulen und zwar unabhängig davon, ob sie nun Regelschulen, Förderschulen oder inklusive Schulen sind, eine auf Musizierpraxis ausgerichtete Ausbildung ist jedoch nicht das vorrangige Ziel des schulischen Musikunterrichts. Eine solche instrumentale oder vokale Ausbildung wird vielmehr durch außerschulische Institutionen und Akteur*innen im Bereich der musikalischen Bildung angeboten, insbesondere durch Musikschulen oder freiberufliche Instrumental-/Gesangspädagog*innen. Dabei stellen die im Zusammenhang der Musizierpraxis erworbenen Kompetenzen den zentralen Baustein für einen Musikberuf dar. Der Zugang zu solchen außerschulischen Bildungseinrichtungen im Bereich Musik ist Menschen mit Behinderung allerdings häufig strukturell erschwert. Ursache hierfür ist eine Vielzahl unterschiedlicher Barrieren, beispielsweise strukturelle, finanzielle, konzeptionelle oder individuell-subjektive Barrieren.[4] In der Folge endet für viele Menschen mit Behinderung die Förderung ihrer Musikalität und die Anregung, musikalisch aktiv zu sein, mit dem Ende ihrer Schulzeit. Menschen, die neben der schulisch initiierten Beschäftigung mit Musik auch regelmäßig in ihrer Freizeit musikalisch aktiv sind,

---
2 Diehl/Merkt 2016, 181.
3 Vgl. ebd., 180.
4 Vgl. Gerland 2016b.

können dieser Leidenschaft auch nach Beendigung der Schullaufbahn weiter nachgehen, indem sie beispielsweise in Chören, Orchestern oder anderen Ensembles musizieren oder ihren Instrumental- bzw. Gesangsunterricht über die Schulzeit hinaus fortsetzen.

Dementsprechend setzt das Dortmunder Modell hier im Sinne einer musikalischen Erwachsenenbildung für Beschäftigte in Werkstätten für Menschen mit Behinderung an, um die beschriebene Lücke in den musikalischen Bildungsbiographien zu füllen.

In Bezug auf kulturelle Teilhabe etablieren sich im Projekt drei Bereiche: Breitenbildung, Talentförderung und (Semi-)Professionalisierung[5]. Im Bereich der Breitenbildung geht es um die Initiierung inklusiv angelegter, deutlich niedrigschwelliger Angebote, u. a. um den inklusiven Chor *Stimmig*, in dem bis heute Werkstattbeschäftigte, Studierende, Angehörige und Musikinteressierte während der Vorlesungszeiten gemeinsam musizieren.[6] Im Bereich Talentförderung steht die stringentere individuelle musikalische Weiterentwicklung im Fokus, häufig in Gestalt von Instrumentalunterricht sowie Bandproben, Ensemblearbeit und elementarmusikpädagogischer Praxis. Der Bereich der (Semi-)Professionalisierung exploriert, inwieweit sich Kooperationen zwischen den Akteur*innen im Dortmunder Modell und (semi-)professionellen Musiker*innen bzw. Ensembles einrichten und fördern lassen. Hier geht es besonders darum, für die Werkstattbeschäftigten regelmäßige Auftrittsgelegenheiten zu akquirieren, um in einen Teil des Berufslebens einer/eines Musikerin/Musikers hineinschnuppern zu können.

Als ein Zwischenergebnis der wissenschaftlichen Begleitung des Dortmunder Modells werden die folgenden Gelingensbedingungen inklusiver musikalischer Erwachsenenbildung und Kulturarbeit mit Menschen mit Lernschwierigkeiten skizziert:

– „Menschen mit Behinderung entdecken und leben ihre musikalischen Interessen; sie integrieren musikalischen Unterricht und neue musikalische Aktivitäten in ihren Alltag.
– Professionelle musikalische Akteure des regionalen Kulturlebens bilden mit *DoMo*-Musikerinnen und -Musikern neue inklusive Ensembles und Netzwerke; gleichzeitig entwickeln sie selbst neue Kompetenzen im Umgang mit Menschen mit Behinderung.
– Die Projektergebnisse werden in Form von Konzerten und künstlerisch interdisziplinären Projekten Teil des öffentlichen Kulturlebens."[7]

---

5   Vgl. Diehl/Merkt 2016, 182.
6   Vgl. Merkt 2012.
7   Diehl/Merkt 2016, 181.

Juliane Gerland

2. *DoMo*-Bilanz: Erfolge, Grenzen, nächste Schritte

Bedenkt man die begrenzte Projektlaufzeit von drei Jahren, so hat das *Dortmunder Modell: Musik* unzweifelhaft viel erreicht: Das gilt sowohl für den Bereich der Breitenbildung und der Talentförderung als auch für den Bereich der (Semi-)Professionalisierung, hier allerdings mit einigen Einschränkungen, die im weiteren Verlauf analytisch untersucht werden sollen. Die parallele Betrachtung der Phänomene Erwerbstätigkeit, Behinderung und musikalische Professionalität und Professionalisierung ergibt eine ausgesprochen komplexe Struktur. Das Sozialsystem in Deutschland sieht für Menschen mit Behinderung Erwerbstätigkeit zu bestimmten Bedingungen vor.[8] So wird versucht, durch unterschiedliche Formen von Nachteilsausgleichen und unterstützenden Strukturen Menschen mit Behinderung die Erwerbstätigkeit zu ermöglichen bzw. zu erleichtern. Ein Beispiel für die Logik dieser spezifischen Struktur ist die Beschäftigung von Menschen mit schwerer Behinderung oder Lernschwierigkeiten in einer Werkstatt zu Bedingungen, die für diesen Personenkreis angemessen und zumutbar erscheinen. Die Logik des musikspezifischen Arbeitsmarkts ist hingegen eine ganz andere. Das allgemeine Bildungssystem, das ganz grundsätzlich auf Leistungsorientierung und Selektion fußt, erfährt im Bereich Musik in dieser Hinsicht seine Perfektionierung. Wer sich für einen Musikberuf entscheidet, entscheidet sich meist nicht erst gegen Ende der Schulzeit, sondern ist bereits Jahre vorher intensiv damit beschäftigt, dieses Ziel erreichen zu können. Jahrelange instrumentale bzw. vokale Vorbereitung, intensives Üben und spezielle Vorbereitung im Vorfeld der Eignungsprüfung einer Universität oder Musikhochschule sind hier die Regel. Viele, die sich dieses Ziel ursprünglich gesetzt haben, halten dem Druck nicht stand. Sie scheitern an einem oder mehreren Teilen der Eignungsprüfung oder entscheiden sich angesichts der Belastung doch noch einmal um. Die Erfahrung, sich zwar einen Musikberuf zu wünschen, ein entsprechendes Studium jedoch nicht aufnehmen zu können, ist also keinesfalls ausschließlich an das Merkmal Behinderung gekoppelt. Darüber hinaus ist selbst ein erfolgreich absolviertes Musikstudium keineswegs ein Garant für eine entsprechende berufliche Laufbahn beispielsweise als konzertierende*r Künstler*in. Klassisch sind hier mosaikartige Berufsformen[9], die sich beispielsweise aus Unterrichten, Konzertieren, Projektarbeit und weiteren Elementen zusammensetzen können, häufig in (anteiliger) Freiberuflichkeit, die wenig Absicherung bietet. Hinzukommt, dass die Anforderungen, die der Arbeitsmarkt Musik stellt, in formaler Hinsicht uneinheitlich sind. Während eine formale Qualifizierung beispielsweise durch ein erfolgreich absolviertes Studium für Bildungskontexte wie Schule und Musikschule zwingend erforderlich ist, ist sie im Bereich der Konzertpraxis schon eher verzichtbar: Hier wird sich durchset-

---

8 Vgl. SGB IX, Kapitel 10, Leistungen zur Teilhabe am Arbeitsleben, §§ 49-63.
9 Vgl. Gerland 2016a.

zen, wer exzeptionell gut spielt – wesentlich unabhängiger von Zeugnissen und Examina. Spätestens hier stellt sich also auch die Frage, was musikalische Professionalität überhaupt bedeutet: ein bestimmtes musikalisch-künstlerisches Niveau, eine bestimmte formale Qualifikation oder die Tatsache, dass mittels Musik der Lebensunterhalt bestritten wird?

Selektion und Exklusion strukturieren alle Szenarien: entweder über formale und institutionelle Aspekte oder über leistungs- bzw. marktspezifische Kriterien.

Ein denkbares Modell ist natürlich die Konstruktion von Werkstattarbeitsplätzen im musikalischen Bereich, wie sie beispielsweise bei *Barner 16*[10] in Hamburg praktiziert wird. Hier lässt sich der Anspruch in Bezug auf musikbezogene Beschäftigung realisieren, durch die strukturelle und institutionelle Konstruktion handelt es sich allerdings um Beschäftigungsformen in Werkstattkontexten und nicht auf dem ersten Arbeitsmarkt.

Dass sich ein solcher Knoten an Voraussetzungen, Barrieren und unterschiedlichen Logiken nicht im Rahmen eines dreijährigen Modell-Projekts zerschlagen lässt, überrascht nicht. Dennoch ist das Dortmunder Modell auch in seinem Bereich der (Semi-)Professionalisierung als ein Erfolg zu werten. Das Berufsbild, das im Teilbereich Professionalisierung in den Blick genommen wird, ist das der/des konzertierende*n Musikers/Musikerin*in. Konkret entwickeln sich während der Laufzeit des Projekts verschiedene Ensembles, in denen sehr unterschiedliche Menschen miteinander musizieren und voneinander lernen. Professionalisierung im Bereich Musik lässt sich hier auf zwei Arten verstehen, in etwa vergleichbar mit den beiden oben vorgeschlagenen Lesarten des Art. 30, Abs. 2 der UN-Behindertenrechtskonvention. Zum einen sammeln Akteur*innen mit Behinderung erstmals Bühnen- und Konzerterfahrung und setzen sich auch mit den damit zusammenhängenden Erfordernissen auseinander: Wie regelmäßig muss geprobt werden? Warum muss ich pünktlich sein? Wie komme ich zum Auftrittsort? Zum anderen ergeben sich für Berufsmusiker*innen neue Formen des sozialen Umgangs und der gegenseitigen Unterstützung, musikalisch wie organisatorisch: Wie kann ich mit jemandem musikalisch arbeiten, der zwar große Begeisterung zeigt, aber wenig Routine hat?

Die soziale und musikalische Vielfalt der entstandenen Ensembles bringt Stil- und Genrefragen in Spiel, stellt aber auch die Frage nach innovativen Formaten. Interdisziplinäre Ansätze sowie eine künstlerische Gesamtkonzeptionierung, die auch Raum lässt für experimentelle und improvisatorische Momente im Sinne einer künstlerisch anspruchsvollen elementaren Musikpraxis, verfügen über ein größeres Potential für Vielfalt, Teilhabe und Inklusion als ein streng auf Reproduktion ausgerichtetes und normatives Musikverständnis. Differenzierte Arrangements, die die individuellen Kompetenzen der Mitwirkenden berücksichtigen, so dass alle entsprechend ihrer musikalischen Möglichkeiten

---

10 URL: <https://barner16.de/ueber-uns> (24.11.2020).

Juliane Gerland

Verantwortung für das Ergebnis übernehmen, stellen eine wichtige Bedingung für eine gelingende Ensemblepraxis und erfolgreiches Konzertieren dar. Wie lässt sich nun der Erfolg des Teilbereichs (Semi-)Professionalisierung angemessen beschreiben? Viele der Teilnehmenden können sich in der Rolle erproben, als Musiker*in arbeiten zu dürfen bzw. zu müssen, und lernen, entsprechende Verpflichtungen einzugehen. Die kooperierenden Werkstätten für Menschen mit Behinderung ermöglichen den Teilnehmer*innen, für die der Teilbereich der (Semi-)Professionalisierung in Frage kommt, an zwei Tagen pro Woche die berufliche Tätigkeit außerhalb der Werkstatt im Projektkontext. Der Arbeitsalltag an diesen Projekten beinhaltet Übezeit, Unterricht, Rhythmustraining und praktische Gehörbildung sowie Ensembleproben. Hinzu kommen weitere Proben und Konzerttätigkeit in der Freizeit bzw. am Wochenende. Die *DoMo*-Ensembles stellen sich hier durchaus auch den Anforderungen des ersten Arbeitsmarkts, soweit dieser Begriff auf Kontexte der Konzertpraxis passt: Auftritte werden vereinbart, Gagen ausgehandelt. Die Auftrittsorte sind keineswegs auf spezifische Formate wie Werkstattfeste etc. festgelegt, zahlreiche Engagements finden in nicht explizit als inklusiv ausgewiesenen Kontexten, die sich so gewissermaßen als inklusiv im eigentlichen Sinne zeigen, statt. Der Lern- und Erfahrungsgewinn kann als beeindruckend gewertet werden: Das zeigen Gespräche mit den Teilnehmenden sowie eine Betrachtung der individuellen Entwicklungsverläufe. Eine dauerhafte und vollständige Verlagerung der Erwerbstätigkeit in den musikalischen Bereich über die Projektlaufzeit hinaus gelingt allerdings nicht, dennoch werden die Kooperationen mit den Werkstätten fortgesetzt. Die Finanzierung dieser Projektfortsetzung ist eine ständige Herausforderung und läuft aktuell über einen Förderverein.

Der Teilbereich (Semi-)Professionalisierung hat insbesondere gezeigt, dass die Möglichkeiten, Menschen mit Behinderung als konzertierende Musiker*innen im sogenannten professionellen Musikbereich einzubinden, längst nicht ausgeschöpft werden, jedoch auch, dass eine solche Ausschöpfung eine Entwicklung bedeuten würde, die wirklich gewünscht und finanziert werden muss.

Die Anforderungen an eine solche Entwicklung verteilen sich auf vier Dimensionen:

1. auf die Dimension der musikalischen Bildung: Musikalische Bildung über den Schulunterricht hinaus muss auch für Menschen mit Behinderung bei entsprechendem Interesse realisierbar sein und passende Formate anbieten. Nur so können Menschen mit Behinderung ihr musikalisches Potenzial erkennen und nutzen. Dies wiederum ist unabdingbar für eine Erwerbstätigkeit im Bereich Musik;
2. auf die Dimension der Akteur*innen im sogenannten professionellen Musikkontext bzw. im etablierten Kulturbereich: Erfahrungen im Umgang mit

(musikalischer) Vielfalt und Offenheit gegenüber neuen Formen sind in dieser Dimension Voraussetzungen für eine entsprechende Weiterentwicklung;
3. auf die Dimension des Publikums bzw. der Gesellschaft: Hör- und Sehgewohnheiten müssen sich flexibilisieren. Die Vorverständnisse in Bezug auf konzertierende Künstler*innen müssen ebenso reflektiert und neu konstruiert werden wie die Bandbreite des musikalischen Spektrums, das in der Gesellschaft rezipiert wird;
4. auf die politische Dimension: Auf politischer Ebene muss sich durchsetzen, dass Entwicklungsprozesse dieser Größenordnung nicht ohne politischen bzw. strukturellen und das bedeutet letztlich auch finanziellen Hintergrund funktionieren.

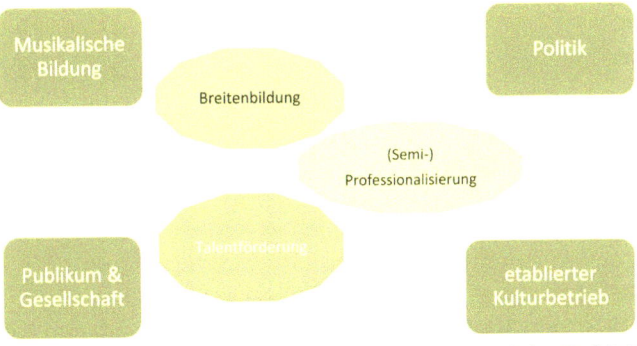

Abbildung 1: Modellierung der Entwicklungsdimensionen und der *DoMo*-Teilbereiche

Betrachtet man die Größenordnung der skizzierten Entwicklungsdimensionen wird deutlich, dass der Erfolg des Teilbereichs der (Semi-)Professionalisierung im Dortmunder Modell sich nicht daran messen lassen kann, ob am Ende der Projektlaufzeit musikbezogene Erwerbstätigkeit der Teilnehmenden umgesetzt ist, sondern vielmehr daran, dass eine differenzierte Analyse der Zielperspektive möglich geworden ist.

Die Erfolge der beiden Teilbereiche Breitenbildung und Talentförderung des Dortmunder Modells lassen sich im Vergleich leichter erkennen, da ihre Zielsetzungen in weniger komplexe Begründungszusammenhänge fallen. Zunächst lässt sich allgemein feststellen, dass durch das Dortmunder Modell einige längst überfällige Prozesse regional angestoßen werden konnten. So existiert nun mit dem Chor *Stimmig* ein Format, in dem im Sinne der Breitenbildung äußerst niedrigschwellig gemeinsam musiziert werden kann. Durch die andauernde Zusammenarbeit der TU Dortmund und den beteiligten Dortmunder Werkstätten können hier Studierende des Lehramts und der Rehabilitationspädagogik eigene Erfahrungen im inklusiven Musizieren machen, die möglicherweise einen Effekt erzeugen, der die oben angeführten Dimensionen 1 und 3 (Musikalische

Bildung; Publikum/Gesellschaft) betrifft. Durch die im Dortmunder Modell angestoßene Kommunikation zwischen Werkstätten, den Akteur*innen im Projekt und der Musikschule Dortmund, nehmen jetzt einige Teilnehmende aus dem Dortmunder Modell projektunabhängig im Sinne einer Talentförderung Instrumentalunterricht: Hier werden die Dimensionen 1 und 2 (musikalische Bildung; etablierter Kulturbetrieb) angesprochen. Dementsprechend arbeiten die Teilbereiche Breitenbildung und Talentförderung innerhalb des Gesamtprojekts im Grunde dem dritten Teilbereich der (Semi-)Professionalisierung zu. Perspektivisches Ziel muss es sein, Musikschulen als Institutionen, die sich musikalische Breitenbildung und Talentförderung auf die Fahnen geschrieben haben, so weiterzuentwickeln, dass sie in der Lage sind, Menschen mit Behinderung in ihren Bedarfen zu unterstützen – pädagogisch und didaktisch, aber auch in Bezug auf Verwaltungsabläufe wie Anmeldungen, Ermäßigungen, Information etc.

3. Den Blickwinkel erweitern: Erwerbstätigkeit im Bereich musikalische Bildung

Das Dortmunder Modell konzentriert sich in seinem Teilbereich der (Semi-)Professionalisierung stark auf das Berufsbild eines/einer konzertierenden Musiker*in. Konkret geht es um das Mitspielen in Bands und Ensembles. Ausgehend von den im Dortmunder Modell gemachten Erfahrungen und mit Bezug auf die oben geschilderte mosaikartige Struktur, die eine Berufstätigkeit im Bereich Musik häufig kennzeichnet, ist in der mittelbaren Folge des Dortmunder Modells die Idee der Erwerbstätigkeit als *Fachperson für inklusionsorientierte musikalische Bildung* entstanden – als eine weitere Möglichkeit einer Erwerbstätigkeit im Bereich Musik, die sich möglicherweise mit dem Berufsbild des/der konzertierenden Musiker*in vereinbaren lässt. Einen passenden Bezugspunkt bietet das Projekt *Gemeinsam Lernen* der Leibniz Universität Hannover[11] und das Institut für inklusive Bildung[12] initiiert von der Stiftung *Drachensee*[13], die zunächst mit der Christian-Albrechts-Universität zu Kiel kooperiert. Ausgehend von diesem Projekt entstehen weitere Initiativen in mehreren Bundesländern Deutschlands und in Österreich. In beiden Projekten geht es darum, die persönliche Expertise von Menschen mit Behinderung für eben deren Lebensbedingungen zu nutzen, um die Entwicklung in Richtung Inklusion in unterschiedlichen Bildungseinrichtungen auf eine neue Stufe zu heben. So können einerseits die persönlichen Erfahrungen der Menschen mit Behinderung dazu beitragen, vorhandene Barri-

---

11 URL: <https://www.ifs.uni-hannover.de/de/abteilungen/allgemeine-behindertenpaedagogik-und-soziologie/projekt-gemeinsam-lernen/> (24.11.2020).
12 URL: <https://inklusive-bildung.org> (24.11.2020).
13 URL: <http://www.drachensee.de> (24.11.2020).

eren besser zu identifizieren, andererseits üben sich die beteiligten Akteur*innen in Interaktion, Kommunikation und Perspektivwechsel im Kontext Inklusion an Bildungseinrichtungen. Menschen mit und ohne Behinderungserfahrung können von solchen Formaten in gleichem Maße profitieren. *Gemeinsam Lernen* an der Leibniz Universität Hannover ist ein Projekt im Bereich politischer Bildung. Studierende am Institut für Sonderpädagogik und Menschen mit Lernschwierigkeiten setzen sich gemeinsam mit aktuellen politischen Fragestellungen auseinander und erwerben so gleichermaßen politische und inklusionsbezogene Kompetenzen.[14] Das Projekt *Gemeinsam Lernen* hat allerdings nicht die Erwerbstätigkeit der Teilnehmenden mit Lernschwierigkeiten zum Ziel, sondern setzt an den Strategien, Konzepten und Zielen der Erwachsenenbildung an.

Um ein Modell der Berufstätigkeit für Menschen mit Behinderung geht es dagegen im Projekt Institut für inklusive Bildung, initiiert von der Stiftung *Drachensee* und der Christian-Albrechts-Universität in Kiel. Ziel ist die Weiterqualifizierung von Menschen mit Behinderung, um die Perspektive von Menschen mit Behinderung als Lehrpersonen in Kontexten inklusiver Bildung zu implementieren. So sollen „(zukünftige) Lehr-, Fach- und Führungskräfte"[15] für die spezifischen Lebenslagen von Menschen mit Behinderung sensibilisieren und auf die daraus resultierenden Herausforderungen an eine inklusionsorientierte Gesellschaftsentwicklung aufmerksam machen.

Auch für eine Spezifizierung für den Bereich Musik und musikalische Bildung erscheinen solche Modelle vielversprechend. Denkbar ist etwa eine musikpädagogische Assistenztätigkeit, beispielsweise in größeren Unterrichtsgruppen, Ensembles, Chören oder Orchestern oder die Begleitung informeller musikpädagogischer Angebote wie beispielsweise von solchen im Zusammenhang der offenen Kinder- und Jugendarbeit. So könnte die Perspektive von Menschen mit Behinderung in musikpädagogischen Kontexten die Entwicklung in Richtung Inklusion fachlich und strukturell bereichern.

Weitere denkbare Einsatzorte sind Hochschulen. Gemeinsames Lernen und Arbeiten bietet für die Studierenden ein Potenzial, ihre Haltung zu Inklusion weiter auszudifferenzieren und Erfahrungen in heterogenen Lerngruppen als wichtigen Teil der Vorbereitung auf eine inklusionsorientierte Berufspraxis zu begreifen.

4. Musikbezogene Hochschullehre inklusiv gestalten

Nachfolgend soll anhand eines Beispiels aus dem Lehr- und Forschungsbereich *Kulturelle Bildung & Inklusion* an der Universität Siegen beschrieben werden, wie sich inklusionsorientierte Entwicklungen im Kontext von Kunst und Kultur im

---
14 Vgl. Meyer 2019.
15 Inklusive Bildung o.S., o.J. (URL: <https://inklusive-bildung.org> (24.11.2020).

Hochschulbereich zunächst projektartig umsetzen lassen und so gleichzeitig eine Grundlage für partizipative Forschung im Themenfeld Inklusion und musikalische Bildung geschaffen werden kann.

Inhalt des von 2016 bis 2018 durchgeführten Projekts zur inklusionsorientierten Hochschullehre ist eine explorative Auseinandersetzung mit der Umsetzung inklusionsorientierter Strukturen in den drei zentralen akademischen Handlungsfeldern Lernen, Lehren und Forschen. Diese Handlungsfelder sind in Zusammenarbeit mit einer Werkstatt für Menschen mit Behinderung der Arbeiterwohlfahrt (AWO) in Netphen-Deuz[16] im Sinne einer Kollaboration von Studierenden, Hochschullehrenden, Wissenschaftler*nnen und Werkstattbeschäftigten im Projektzusammenhang inklusiv gestaltet. Die Studierenden besuchen die Seminare im Rahmen des regulären Studienverlaufs, die Werkstattbeschäftigten besuchen die Seminare als arbeitsbegleitende Maßnahme im Sinne des § 5, Abs. 3 der Werkstättenverordnung.[17] Die Seminartermine finden grundsätzlich an der Universität statt.

Gemeinsam lernen: Die *Labore 30*[18]

Bei den *Laboren 30* handelt es sich um ein wöchentliches Seminarangebot während der Vorlesungszeiten für Studierende der Sozialen Arbeit (Modul Kulturelle Bildung) und für Lehramtsstudierende mit Fach Musik (Teilmodul Psychologische und soziologische Aspekte der Musikpädagogik). Hier setzen sich Studierende gemeinsam mit Menschen mit Lernschwierigkeiten – basierend auf der Kooperation mit den AWO-Werkstätten für Menschen mit Behinderung – mit Fragen und Prozessen der bildenden Kunst (Kunstlabor) bzw. der experimentellen Musik (Klanglabor)[19] auseinander. Die *Labore 30* bilden im Projektkontext die Säule des gemeinsamen Lernens ab.

Die Seminare vermitteln einen Einblick in die inklusive musikalische Praxis in unterschiedlichen Anwendungsfeldern der sozialen Arbeit bzw. der Musikpädagogik. Neben der Vermittlung des notwendigen theoretischen Grundlagenwissens und der Vorstellung exemplarischer Projekte bietet das Seminar auch Praxiserfahrung in inklusiven Kontexten.[20] Die Studierenden haben die Möglichkeit, gemeinsam mit den Werkstattbeschäftigten musikalisch tätig zu werden. In der musikalischen Praxis wird theoretisches Wissen anschaulich gemacht und ver-

---

16 URL: <https://www.awo-siegen.de/einrichtungen/werkstatt-deuz/> (24.11.2020).
17 URL: <https://www.gesetze-im-internet.de/schwbwv/__5.html> (24.11.2020). URL: <http://www.drachensee.de> (24.11.2020).
18 Der Name *Labore 30* bezieht sich auf den Artikel 30 der UN-BRK, der den Bereich Kunst und Kultur behandelt.
19 Bei den Gasthörenden handelt es sich je nach Gruppe (Kunstlabor/Klanglabor) um unterschiedliche Personen. Die Teilnahme erfolgte nach persönlichem Interesse am jeweiligen Seminarangebot.
20 Vgl. Gerland/Zielbauer 2016.

tieft. Erfahrungsgemäß verhindern separierende Strukturen und dadurch erzeugte Berührungsängste im alltäglichen Leben häufig intensive Begegnungen und persönlichen Austausch. In den *Laboren 30* bzw. über das Medium Musik wird Inklusion konkret erfahrbar und der Umgang mit Verschiedenheit zur Schlüsselkompetenz erhoben. Es entsteht Raum für außergewöhnliches Denken und experimentelle Ausdrucksformen, so dass Musizieren zur forschenden Praxis wird. Im Zentrum steht die Wertschätzung der musikalischen Handlungen aller, nicht auf Grundlage von Begabungen oder Behinderungen, sondern im Hinblick auf die unterschiedlichen Fähigkeiten jedes/jeder einzelnen.

Gemeinsam lehren: Kompakt-Seminar *Zeit*

Die zweite Säule des Projekts setzt sich mit Herausforderungen und Potenzialen der Einbindung von Menschen mit Lernschwierigkeiten als Lehrende im Hochschulkontext und hier im Bereich kulturelle und musikalische Bildung auseinander. Seminarinhalte sind inklusionsorientiertes künstlerisches Arbeiten sowie die Bedeutung von Zeit, Zeiterleben und Eigenzeitlichkeit für das Zusammenleben und die Zusammenarbeit von Menschen mit und ohne Behinderung. Den strukturellen Rahmen bildet eine Kompaktphase, in der inklusiv arbeitende künstlerische Kollektive oder Menschen mit Behinderung, die künstlerisch tätig sind, als Gastdozent*innen die Lehre in den einzelnen Workshops (Musik/bildende Kunst/Skulptur/Medien/Theater) übernehmen.

Gemeinsam forschen: Behinderung in den audiovisuellen Medien

Die dritte Säule des Projekts widmet sich der Frage nach gemeinsamer, also partizipativer oder inklusiver Forschung.

Gegenstand des Seminars *Partizipative Forschung: Menschen mit Behinderung in Film und Fernsehen* ist die Darstellung von Menschen mit Behinderung in audiovisuellen Medien sowie die Bedeutungszuschreibung bzw. die Konstruktion des Phänomens Behinderung in den audiovisuellen Medien. Im ersten Teil der dreisemestrigen Lehrveranstaltung, das im Modul Forschungsmethoden/Forschungspraxis des Masterstudiengangs Bildung und Soziale Arbeit der Universität Siegen verortet ist, werden in Kooperation mit den Werkstattbeschäftigten[21] Forschungsfragen und Forschungsdesigns formuliert und entwickelt. Zur Veranschaulichung und zur differenzierten Exploration des Forschungsgegenstands werden die Perspektiven unterschiedlicher Akteur*innen aus dem Kontext Behinderung in Film und Fernsehen im Rahmen von Gastvorträgen und Gesprächsrunden berücksichtigt. Ausgangspunkt ist die Erkenntnis, dass

---

21 Die Gäste dieses Seminars arbeiten ebenfalls in den Werkstätten für Menschen mit Behinderung der AWO in Netphen-Deuz. Es handelt sich hier im Einzelnen jedoch um andere Personen. Die Teilnahme erfolgte nach persönlichem Interesse am jeweiligen Seminarangebot.

Juliane Gerland

sozial-, kultur- und erziehungswissenschaftliche Fragestellungen im Kontext des Phänomens Behinderung verstärkt sowohl von Menschen mit als auch von Menschen ohne Behinderung bearbeitet werden sollten – folgt man dem Leitgedanken eines partizipativen Forschungsstils.

Bislang sind Menschen mit Behinderung aufgrund ihrer Bildungsbiografien häufig nicht systematisch in Forschung eingebunden.[22]

> „Wenn es gelingt in die wissenschaftliche Forschung auf dem Feld des sonderpädagogischen Handelns die Menschen als Subjekte der Forschung wiedereinzuführen, sie also partizipieren zu lassen, dann ist dies ein wichtiger Schritt auf dem Weg zu einer inklusiven Gesellschaft."[23]

Im gemeinsamen Diskurs und Forschungsprozess können die Bedingungen der sozialen Realität aufgedeckt und auf Möglichkeiten einer Verbesserung der Lebens- und Arbeitssituationen untersucht werden. So kann die Forschung durch das partizipative Vorgehen eine "sozial-gesellschaftliche Praxiswirkung"[24] in verschiedenen gesellschaftlichen Bereichen, wie z. B. im Bereich der inklusionsorientierten Weiterentwicklung unterschiedlicher Handlungsfelder der musikalischen Bildung, entfalten.

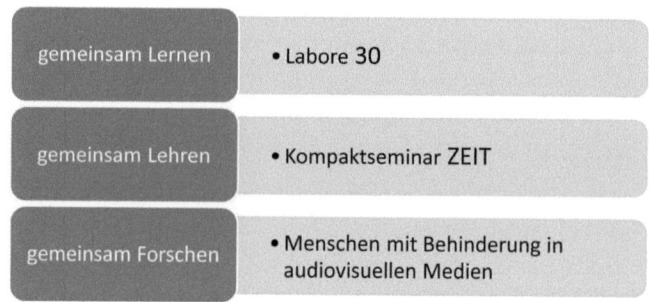

Abbildung 2: Inklusionsorientierung in der Hochschullehre im Bereich musikalische Bildung

5. Fazit und Ausblick

Um (Teil-)Erwerbstätigkeit im Bereich Musik für Menschen mit Behinderung und insbesondere mit Lernschwierigkeiten verstärkt zu ermöglichen, gilt es in erster Linie, Zugang zu musikalischer Bildung im Allgemeinen und zur Förderung und Entwicklung musizierpraktischer Kompetenzen im Besonderen zu er-

---

22 Vgl. Goeke 2016.
23 Graf 2015, 40.
24 Von Unger 2014, 94.

möglichen. Für eine musikbezogene Erwerbstätigkeit ist es unabdingbar, die jeweiligen musikalischen Potenziale zu entwickeln, damit interessierte Personen überhaupt über ein ihnen entsprechendes Ausdrucks- und Musizierrepertoire verfügen und nicht in eine Infantilisierungs-Falle geraten. Gelingt dies nicht, bleibt der Vorsprung derjenigen, die bereits früh eine solche Förderung erhalten, uneinholbar. Die Gelegenheit, die jeweiligen individuellen musikalischen Potenziale zu identifizieren und bestmöglich auszuschöpfen, stellt in meinen Augen das zwingend notwendige Kriterium für entsprechende inklusionsorientierte Prozesse dar. Alle weiteren Maßnahmen und Ansatzpunkte in Richtung musikbezogene Erwerbstätigkeit verfehlen ihren eigentlichen Sinn, wenn sie nicht an dieser bestmöglichen Ausschöpfung des individuellen musikalischen Potenzials anknüpfen können. Solange die Chance auf eine solche individuelle musikalische Entwicklung vergeben wird, werden alle Maßnahmen, die auf berufliche Qualifizierung zielen, unvollständig wirken und nicht ohne eine Positiv-Diskriminierung (sprich einen ‚Behinderten-Bonus') auskommen, die statt der musikalischen-ästhetischen Qualität der Musizierprozesse die als besonders empfundene individuelle Ausstrahlung und Ausdrucksstärke der Akteur*innen hervorhebt. Anstatt Anschlussmöglichkeiten zu schaffen, würden so Differenzen bestätigt und Ausschlüsse produziert werden.[25] Der Ansatz, Menschen mit Behinderungen und insbesondere mit Lernschwierigkeiten in Bildungskontexten als vermittelnde bzw. lehrende Expert*innen einzubinden, erscheint vielversprechend und wirkungsvoll zu sein: Einerseits kann die subjektive Expertise zur Situation von Menschen mit Behinderung hier pädagogisch und fachlich bereichern, andererseits ergibt sich durch die Situation, dass Menschen ohne Behinderungserfahrung von Menschen mit Behinderungserfahrung lernen, die Möglichkeit eines notwendigen Perspektivwechsels. Darüber hinaus üben sich alle Beteiligten in der Zusammenarbeit in inklusiven Settings. Setzt sich eine solche inklusionsbezogene Erfahrung bis in die Strukturen musikalischer Bildung generell fort, verbessern sich die Chancen auf die oben erläutere Identifizierung und bestmögliche Förderung individueller musikalischer Potenziale auch für Menschen mit Behinderung.

Entsprechende Forschungsdesiderate ergeben sich beispielsweise unter dem Gesichtspunkt der Rekonstruktion von In- und Exklusionsprozessen im Bereich der außerschulischen musikalischen Bildung, insbesondere in Musikschulen. Wie wird in diesen Zusammenhängen Differenz hergestellt, bestätigt oder als irrelevant erklärt?

Ein weiteres vielversprechendes Forschungs- und Praxisfeld bildet der Einsatz von digitalen Technologien in musikpädagogischen Kontexten, insbesondere in Bezug auf die Frage nach barrierearmen Musikinstrumenten und Apps,

---

25 Vgl. Hirschauer 2014.

die qualitative, hochwertige künstlerische Musizieraktionen ermöglichen und so möglicherweise Teilhabechancen erweitern können.[26]

Literatur

Bundesgesetzblatt (2008): Gesetz zu dem Übereinkommen der Vereinten Nationen vom 13. Dezember 2006 über die Rechte von Menschen mit Behinderungen sowie zu dem Fakultativprotokoll vom 13. Dezember 2006 zum Übereinkommen der Vereinten Nationen über die Rechte von Menschen mit Behinderungen. URL: <http://www.un.org/depts/german/uebereinkommen/ar61106-dbgbl.pdf> (15.07.2020).

Diehl, Lis Marie/Merkt, Irmgard: Musik als Beruf? Überlegungen aus dem Dortmunder Modell: Musik. In: Zoyke, Andrea/Vollmer, Kirsten (Hg.): Inklusion in der Berufsbildung: Befunde – Konzepte – Diskussionen. Bielefeld: wbv Media 2016, S. 179-187.

Gerland, Juliane: Künstlerisch-kulturelle Erwerbstätigkeit im Spiegel des Phänomens Behinderung. Ein Mosaik aus Formen künstlerischer Teil- und Vollzeitberufstätigkeit. In: Gerland, Juliane/Keuchel, Susanne/Merkt, Irmgard (Hg.): Kunst, Kultur und Inklusion. Teilhabe am künstlerischen Arbeitsmarkt. Regensburg: Con Brio 2016a, S. 30-36 (Schriftenreihe Netzwerk Kultur und Inklusion, Bd. 1).

Gerland, Juliane: Wi(e)der die Barrieren im Kopf. Öffnung von Kulturinstitutionen für inklusive Entwicklungen. In: Gerland, Juliane/Keuchel, Susanne/Merkt, Irmgard (Hg.): Kunst, Kultur und Inklusion. Teilhabe am künstlerischen Arbeitsmarkt. Regensburg: Con Brio 2016b, S. 63-67 (Schriftenreihe Netzwerk Kultur und Inklusion, Bd. 1).

Gerland, Juliane/Zielbauer, Sisko: Inklusionsforschung im Kunstlabor. Kunstforschung im Inklusionslabor. In: Diagonal – Zeitschrift der Universität Siegen 37 (2016), S. 219-228.

Goeke, Stephanie: Zum Stand, den Ursprüngen und zukünftigen Entwicklungen gemeinsamen Forschens im Kontext von Behinderung. In: Buchner, Tobias/Koenig, Oliver/Schuppener, Saskia (Hg.): Inklusive Forschung. Gemeinsam mit Menschen mit Lernschwierigkeiten forschen. Bad Heilbrunn: Verlag Julius Klinkhardt 2016, S. 37-53.

Graf, Erich Otto: Partizipative Forschung. In: Hedderich, Ingeborg/Zahnd, Raphael/Egloff, Barbara (Hg.): Biografie – Partizipation – Behinderung. Theoretische Grundlagen und eine partizipative Forschungsstudie. Bad Heilbrunn: Verlag Julius Klinkhardt 2015, S. 32-42.

Hirschauer, Stefan: Un/doing Differences. Die Kontingenz sozialer Zugehörigkeiten. In: Zeitschrift für Soziologie 43 (2014), H. 3, S. 170-191.

Hauser, Mandy: Qualitätskriterien für die Inklusive Forschung mit Menschen mit Lernschwierigkeiten. In: Buchner, Tobias/Koenig, Oliver/Schuppener, Saskia (Hg.): Inklusive Forschung. Gemeinsam mit Menschen mit Lernschwierigkeiten forschen. Bad Heilbrunn: Verlag Julius Klinkhardt 2016, S. 77-98.

Merkt, Imgard: Voices. An inclusive Choir in Dortmund, Germany. In: Approaches: Music Therapy & Special Music Education 4 (2012), H. 2, S. 93-100.

---

26 Vgl. Niediek u. a. 2019.

Meyer, Dorothee: Gemeinsamkeit herstellen, Differenz bearbeiten. Eine rekonstruktive Studie zu Gruppenprozessen in inklusiven Kleingruppen. Bad Heilbrunn: Verlag Julius Klinkhardt 2019.

Niediek, Imke/Gerland, Juliane/Sieger, Marvin/Hülsken, Julia: be_smart: Zur Bedeutung von Musik-Apps für die Teilhabe von Jugendlichen und jungen Erwachsenen mit komplexen Behinderungen an Kultureller Bildung. In: Jörissen, Benjamin/Kröner, Stefan/Unterberg, Lisa (Hg.): Forschung zur Digitalisierung in der Kulturellen Bildung. München: kopaed 2019, S. 37-48.

Von Unger, Hella: Partizipative Forschung. Einführung in die Forschungspraxis. Wiesbaden: Springer Fachmedien 2014.

Juliane Gerland ist Professorin für Musik in kindheitspädagogischen und sozialen Handlungsfeldern an der FH Bielefeld. Sie studierte Instrumental- und Elementare Musikpädagogik sowie Musiktherapie. 2014 Promotion im Bereich Musik in den Rehabilitationswissenschaften. Langjährige Unterrichtstätigkeit im Bereich Musikschule (EMP, Schnittfeld EMP und Instrumentalunterricht, Schulkooperationen). Von 2015-2018 hatte sie an der Universität Siegen eine Juniorprofessur für Kulturelle Bildung und Inklusion inne. Ihre Arbeits- und Forschungsschwerpunkte sind: Inklusion und musikalische Bildung, Musik in der Elementarpädagogik, pädagogische Professionalisierung in der außerschulischen Musikpädagogik, qualitative Forschungsmethoden im Kontext musikalische Bildung.

VI.

Inklusives Musizieren als ästhetische Herausforderung

Gesprächsrunde mit Marlene Ecker, Dietmar Flosdorf, Reinhard Gagel, Bernhard Lengauer, Christoph Falschlunger, Veronika Kinsky und Peter Röbke

Vom Eigensinn und Eigenklang oder: Hat das inklusive Musizieren eine spezielle Ästhetik?

„Too important to be left to the musicians": Aspekte des inklusiven Musizierens

Reinhard Gagel (RG): Mich treibt in meiner Arbeit schon seit sehr langer Zeit um, dass es um etwas anderes, nämlich um eine andere Musik und eine andere Art des Musikmachens geht, als wir normalerweise in Institutionen beigebracht bekommen, also hat diese Diskussion ein systemsprengendes Potenzial. Ich habe mit verschiedenen (Erwachsenen)Ensembles so positive und Horizonte eröffnende Erfahrungen gemacht und erlebt, dass es funktioniert. Aber warum geht das eigentlich? Warum funktioniert das? Warum können wir jetzt plötzlich so mit Musik umgehen, warum können wir miteinander spielen, ohne dass wir diese übliche musikalische Erziehung durchlaufen haben, ohne dieses gesamte Defizitäre, was uns beigebracht worden ist, etwa, was unmusikalisch sein heißt, oder: Du musst erst üben, und danach kommt die Befriedigung.

Es gibt ein Projekt in England, in dem es um Musik für „Non-Musicians"[1] geht. Der Urheber ist selbst eigentlich kein Musiker, er wollte aber irgendwo mal mitspielen, und dann wurde er als unmusikalisch bezeichnet und nicht genommen. Das hat ihn dazu gebracht, die Frage zu stellen: Wer gibt jemanden eigentlich überhaupt ein Recht, mir zu sagen, dass ich unmusikalisch bin? Und dann hat er mit einem Projekt angefangen, das heute immer noch existiert. Er hat immer alle Leute zusammenkommen lassen, und die haben einfach Musik gemacht, ohne professionelle Musiker*innen oder Lehrer*innen. Sie haben es alle selbst gemacht und alles sofort auf CD aufgenommen. Und es gibt jetzt ein ganzes Label mit bestimmt 50 CDs ... Das ist eine ziemlich klasse Sache, und Charlie Bramley sagt: "Music is too important to be left to the musicians."

Marlene Ecker (ME): Wenn ich mit meinem Cello unterwegs bin, sehen mich Leute und fragen: „Ah, du bist Musikerin?! Und wenn ich dann Ja sage: „In welchem Orchester spielst du denn?" Das ist immer so: Wenn man Musikerin ist, dann ist man gleich Berufsmusikerin und spielt in einem renommierten Orchester, jedenfalls in der Vorstellung vieler Leute. Ich spiele aber nicht in einem

---
[1] Charlie Bramley: *Too important to be left to the musicians: un-musical activism and improvised fiction.* URL: <http://hdl.handle.net/10443/3221> (15.10.2021).

Gesprächsrunde

renommierten Orchester, ich bin trotzdem Musikerin. Und ich finde, dass jeder Mensch in dem Moment, wo er Musik macht, auch Musiker*in ist, unabhängig davon, ob man das studiert hat und wie gut oder schön das klingt. Die musikalische Praxis des Musikmachens macht einem zum Musiker oder zur Musikerin. Das ist das einzige Kriterium!

Bernhard Lengauer (BL): Wir sind so stark durch den Gedanken der Perfektion geprägt, das Defizitäre steht im Vordergrund, und wir wollen bloß keine Fehler machen … aber Musik hat so viel mit Freiheit zu tun! Und so können wir in inklusiven Bands zu einem freieren Umgang mit Musik kommen, etwa hinterfragen, ob Töne wirklich genauso intoniert werden müssen, wie man es gelernt hat: Es gibt doch so viele unterschiedliche Musikkulturen mit anderen Tonsystemen!

Oft wird die Freiheit im Umgehen mit Musik genommen, aber in inklusiven Musikgruppen zeigt sich, dass Menschen mit Beeinträchtigungen oft einen direkteren oder intuitiveren Zugang haben als Menschen, die vielleicht Musik studiert haben, und durch dieses direkte Musizieren kann eine eigene Ästhetik entstehen, die man bewundern kann. Bei unseren Konzerten spüren viele Menschen diese Befreiung, wir bekommen positives Feedback, auch von Musikprofessor*innen. Das befreiende Nicht-Nachdenken über Fehler öffnet Wege, und die daraus entstehende Freude überträgt sich auch auf die professionellen Mit-Musikerinnen und -Musiker.

Veronika Kinsky (VK): An diese Befreiung möchte ich anschließen. Ich finde es ganz, ganz wesentlich und wichtig, dass jede Person, die hier am Haus studiert, dieser anderen Art des musikalisch-künstlerischen Ausdrucks begegnet, einer Art, die ich besonders in inklusiven Ensembles, aber nicht nur dort, sondern allgemein in unseren elementaren Musiziergruppen erlebe, Gruppen, die ja prinzipiell voraussetzungsoffen und für jeden Menschen da sind, egal, was er mitbringt. Künstlerischer Ausdruck ist eine Folge der jeweiligen Weltbegegnung. Und diese Begegnung mit der Welt stellt sich oft für Menschen mit Behinderungen oder für nicht professionell ausgebildete Musiker*innen auf eine andere, manchmal eine vertiefte, jedenfalls eine besondere Weise dar. Und daraus resultiert ein anderer Ausdruck, befreiter von Normen und von außen kommenden Bewertungen. Diese befreite Musizierfreude öffnet einfach neue Türen, für jede Musikerin, für jeden Musiker.

Dietmar Flosdorf (DF): Man kann ganz an den Anfang gehen und fragen: Warum gibt es eigentlich Musik oder was ist eigentlich Musik? Ich glaube, dass Musik das ist, was aus einem selbst kommt, also aus dem Bedürfnis entsteht, sich zu äußern, sich auszudrücken, seiner Emotion Luft oder Raum zu geben. Da entwickelt sich Musik, und so sie ist auch letztendlich entstanden. Wenn ich mir die Höhlenmalereien anschaue, die zehntausende Jahre alt sind, dann kann ich

Vom Eigensinn und Eigenklang oder: Hat das inklusive Musizieren eine spezielle Ästhetik?

mir nicht vorstellen, dass Menschen, die so ästhetisch gemalt haben, nicht auch in ihren Lautäußerungen ästhetisch miteinander kommuniziert haben.

Musik entsteht aus dem Bedürfnis, aus einem selbst heraus und unmittelbar der eigenen Lebenslust oder auch der Traurigkeit Raum zu geben. Diesen Raum immer wieder spürbar zu machen, das ist eine Aufgabe, die ein Haus wie die mdw wirklich hat! Wenn Studierende in der Arbeit mit inklusiven Ensembles, im einfach Miteinander-Musik-Machen Freude und Unmittelbarkeit erleben, können sie in ganz andere Fahrwasser geraten. Vieles von dem scheint im Ausbildungskontext verloren zu gehen, umso wichtiger ist es, dass immer wieder diese Räume entstehen.

Christoph Falschlunger (CF): Ich möchte noch über den subjektiven musikalischen Ausdruck hinausgehen: Es geht ganz stark um Resonanzerfahrung, darum, dass jemand anderer das Ausgedrückte auch wahrnimmt und als wertvoll schätzen kann. Ich habe über ein ganzes Jahrzehnt in einer Sonderschule in Wien für Kinder mit erhöhtem Förderbedarf, d. h. mit schwerster Behinderung, gearbeitet, und ich kann mich an ein Jahres-Abschlussprojekt erinnern, wo ich von einer Hortpädagogin gefragt wurde: Können wir einmal ein musikalisches Projekt machen mit jenen Kindern, die nie im Mittelpunkt stehen und bei denen es immer heißt: „Die können sich nicht äußern, für die passt das nicht". Genau diese Kinder haben wir uns ausgesucht, weil wir gewusst haben, dass sie genauso Musik machen wollen. Und es war durchaus eine Herausforderung, *Peter und der Wolf* mit elementarsten Mitteln zu machen. Was dann herauskam, als wir vor Publikum spielten, war diese Erfahrung von Resonanz, das unglaubliche Gefühl bestätigt zu werden: Da war ein Mehrwert für die Musiker*innen und für das Publikum. Kinder mit schweren Behinderungen stehen auf der Bühne, und Musik als Ausdruck ist da und stößt auf Resonanz. Ich habe da einfach unglaubliche Erfahrungen gemacht, die mich in den inklusiven Projekten, die ich jetzt begleite, tragen und die dort weiterleben, etwa auch bei Senior*innen mit Demenz, für die Resonanz so extrem wichtig ist.

BL: Darf ich dazu noch ein Beispiel bringen? Bei einer Musikgruppe für Kinder mit und ohne Beeinträchtigung habe ich mal die Erfahrung gemacht, dass zwei Kinder nicht nur auf einer regulären Bühne stehen wollten, sondern sich außerdem wünschten, ihre ganz eigene permanente Bühne zu haben, im eigenen Garten bzw. im Garten der Oma, und die wurde dann mit Mischpult, Lichtern und allem möglichem gebaut. Das Bedürfnis nach Anerkennung zeigt sich meiner Erfahrung nach in inklusiven Gruppen oft auf sehr direktem Weg, und dieses Beispiel verdeutlicht den Stellenwert, den der Wunsch nach Angenommen-Werden einnimmt.

RG: Ich will auch noch die Frage der Intensität ansprechen. Natürlich erreichen wir professionellen Musiker*innen auch Momente der Intensität, wenn wir einen richtig guten Tag auf der Bühne haben, wenn wir komplett in dem aufgehen, was wir da spielen. Nur machen die Bewertungen, die in der Musikuniversität herrschen, dass Erreichen dieser Momente schwer. Daher habe ich nach der Beendigung meines Musikstudiums mein eigenes Ding gemacht, mir meine eigenen Normen gesetzt, und gesagt: Ich will so spielen, wie ich will, und ich will intensiv spielen. Das höre ich auch aus Euren Beiträgen heraus: Ihr seid mit diesem Virus der Musik infiziert. Und wenn dieser Virus da ist, wird man halt intensiv.

Ich habe ein Ensemble von sieben Erwachsenen, viele weit über 50, mit denen ich seit 2013 spiele: Wir arbeiten gemeinsam an uns. Fast allen hatte man gesagt: Du kannst das ja nicht. Also sagten sie sich: Dann lass ich die Musik sein. Aber dann kamen sie irgendwann an einen Ort, an dem plötzlich das, was sie eben doch können, wertgeschätzt wird. Die haben sich dann teilweise so schlagartig entwickelt, dass dieses Ensemble jetzt eigentlich ein Profi-Ensemble ist, wobei natürlich das Wort Profi total unangemessen ist, weil Profis ja nur die sind, die damit Geld verdienen. ... Nein, es ist ein Ensemble, das eine ungeheure Intensität hat, das jeden Ton, den es spielt, lebt, bei dem wirklich merkt, dass das aus ihnen herauskommt, das einen ungeheuer schönen Zusammenhalt und eine intensive Kommunikation miteinander hat, und nicht nur im Musikalischen, sondern auch in der Art, wie sie miteinander reden. Und dass die Intensität dieses Ensemble zusammenhält, zeigt sich auch daran, dass sie sich mittlerweile auch ohne mich treffen und immer weiterspielen, also überhaupt keinen sogenannten Leiter mehr brauchen, sondern immer weitermachen.

Alles, was die spielen, muss man ernst nehmen! Wir haben eine Cellistin, die eigentlich nicht Cello spielen kann, wir haben eine Klavierspielerin, die erstmal überhaupt nicht Klavierspielen konnte, die aber mittlerweile ein Virtuosin geworden ist, wirklich unglaublich, wir haben sehr unterschiedliche Leute, wir haben einen Rockgitarristen gehabt, der zwischendurch immer irgendwie Riffs gespielt hat, wir haben mehrere Sängerinnen, und wir haben diese Cellistin, die die ganze Zeit dabei ist, die wichtig fürs Ensemble ist, die genau diesen einen Ton spielt, der uns an der richtigen Stelle weiterbringt.

Berührende Momente der Authentizität

Peter Röbke (PR): Wenn ich das, was insgesamt ein systemsprengendes Potenzial des inklusiven Musizierens ausmachen kann, zusammenfassen darf – es geht um Befreiung, um musikalische Selbstbegegnung, um eine radikal subjektive und direkte, unmittelbare Weise der Expression, um das Zulassen des Intuitiven, um Räume, in denen musikalische Ursprünglichkeit und pure Lebenslust

Vom Eigensinn und Eigenklang oder: Hat das inklusive Musizieren eine spezielle Ästhetik?

wieder erfahrbar werden, um Resonanzbeziehungen und lebendige Interaktionen, und es geht durchweg um Intensität. Aber – und Ihr habt das schon angedeutet: Die Normen von Ausbildungssituationen und die Homogenitätsästhetik der westlichen Musik wie etwa saubere Intonation, perfekte Synchronisation oder ausgewogene Klangbalance sind auch in der Welt und stellen durchgehend Reibeflächen für das inklusive Musizieren dar.

Also konkret auf die erste CD der *All Stars Inclusive Band* bezogen: Ich stoße da auf acht tolle Songs, die Band ‚fährt ab', die Rhythmusgruppe ist professionell (da sind offenkundig die Studierenden am Werk), und der Chor, der dazu singt, der hat dann aber schon etwas Spezielles, was ich an der Musikuniversität normalerweise nicht höre. Dieses Etwas bedeutet nicht etwa schlechte Intonation oder misslungene Synchronisation, sondern da höre ich etwas Eigensinniges in einem positiven ästhetischen Sinn, etwas Impulsives, Direktes, Heterophones, Radikaleres und Raueres …

… und das führt dann zu speziellen Momenten der Berührung…

DF: … die sich nicht voraussagen lassen. Wie es sich in einem philharmonischen Konzert nicht voraussagen lässt, ob da ein Funke überspringt … Aber ob beim philharmonischen Konzert oder im Konzert der inklusiven Gruppe: Es gibt diese Momente – und man darf sie weder der philharmonischen noch der inklusiven Situation absprechen! –, aber diese Momente empfindet jeder anders. In einer diversen Welt hat alles seinen Platz und verdient Wertigkeit und Anerkennung. Dem geben wir Raum, und dann können diese ästhetischen Momente entstehen, die aus dem Augenblick heraus berühren.

PR: Da Du offenkundig nicht den philharmonischen gegen den inklusiven Moment ausspielen willst – Du bringst Outreach Projekte in den Kontext der Internationalen Sommerakademie der mdw (ISA), also eines Kammermusik-Sommerkurses mit jungen Spitzenensembles in Reichenau ein, machst dort eine Woche Community Music mit ISA-Teilnehmer*innen, mit Senior*innen, mit Volksschul-Kindern, mit Bewohner*innen eines Hauses für Menschen mit Behinderung, wo es um klingende Lebensgeschichten geht, oft in freien Gestaltungsformen, die jeweils eine ganz hohe persönliche Bedeutung haben, Du hast *Musik zum Anfassen* entwickelt und professionelle Kammermusik zusammen mit den Klanggeschichten, die in Schulworkshops entwickelt wurden, auf die Bühne gebracht; kurz: traditionelle stoßen auf experimentelle Formate, die Profis auf die Laien …

DF: Ich will diese Spannung, die durch das konkurrenzfreie Zusammentreffen von Kammermusikstück und freier Gestaltung entsteht, und bin davon überzeugt, dass das für alle Seiten befriedigend und inspirierend ist. Sozusagen zwei Seiten der Professionalität: Die Seniorin, die sensibel die Triangel im genau rich-

Gesprächsrunde

tigen Moment schlägt, ist professionell, und das mitwirkende Quartett, das zuvor eine Woche lang im Kurs auf Perfektion trainiert hat und diese nun auf die Bühne bringt, ist es auch.

PR: Also Koexistenz verschiedener Ästhetiken, wechselseitige Bereicherung und Bezugnahme aufeinander, inklusive Ästhetik ohne Exklusion der ‚Klassik' ...

VK: Um zu den Momenten des inklusiven Musizierens zurückzukommen – in diesen Momenten strömt auf meine Wahrnehmung gewissermaßen ein Gesamtpaket ein: Das ist dann eben nicht nur der Klang der Stimme, sondern der der ganzen Person, so wie sie dasteht, wie sie sich ausdrückt, mit ihrem Körper und auch mit ihrem Selbstverständnis. Das ‚kommt rüber', das fasziniert mich, und ich denke mir dann: Diese komplette Hingabe haben die Musiker*innen mit Beeinträchtigungen manchmal den exzellenten professionellen Musiker*innen voraus. Sie stehen zu sich selbst, so bin ich, so viel bin ich wert, so stehe ich da, und so schenke ich Euch alles, was ich jetzt zu bieten habe. Ich selbst bekomme das so nicht hin, habe Angst mich zu blamieren, entkomme nicht dem äußeren Wertesystem, und so lerne ich etwas von diesen Musiker*innen, das mich zutiefst berührt. Und das können übrigens auch ganz zarte und feine und sensible Momente sein, und ob das „systemsprengend" ist? Systemerweiternd wäre mir lieber, systemsprengend klingt mir zu gewalttätig ...

CF: Interessant ist, dass das mancher Zuhörerin und manchem Zuhörer auch zu viel sein kann, sie sind irritiert, weil sie ein Zuviel an Emotion, an Natürlichkeit, an Authentizität erleben.

Stichwort Authentizität: Natürlich muss man auch bei Profimusiker*innen fragen, wieviel Authentizität sie liefern, wieviel sie von ihrer Person zeigen und was über das Instrument hinausgeht. Menschen mit Behinderung fällt das wohl von Natur aus leichter. Und dazu noch ein Gedanke: Wenn an der mdw ebenso Menschen mit Lernbehinderungen, die nicht die grundlegenden Ausbildungselemente mitbringen, studieren dürften, das wäre wohl wirklich systemsprengend und ein Zeichen der Institution, sich wirklich für die Vielfalt von Menschen öffnen zu wollen. Ok, es gibt blinde Musiker*innen oder Menschen im Rollstuhl bei uns, aber diese erfüllen ja trotzdem das Niveau der Zulassungsprüfung.

BL: Peter, Du hast das Reiben an Normen und Ästhetiken angesprochen, die Strukturen, auf die wir stoßen. Nun, ich denke, Strukturen entstehen zunächst einmal, weil wir ein Bedürfnis nach Halt haben, wir wollen auf Basis dieser Strukturen etwas verstehen und nachvollziehen können, wir wollen etwas Vertrautes erleben und schaffen uns deswegen immer wieder Systeme. Das durchzieht die gesamte Musikgeschichte, aber Fakt ist auch, dass Regeln und Systeme immer wieder gebrochen werden. Und so glaube ich, dass eine Band nur dann

Vom Eigensinn und Eigenklang oder: Hat das inklusive Musizieren eine spezielle Ästhetik?

in irgendeiner Weise eine Eigenständigkeit haben und eine eigene musikalische Identität aufbauen kann, wenn sie so vorgeht. Und dabei sind die erwähnte unverstellte Authentizität und die Hingabe entscheidend, somit ein wichtiger Aspekt der Ästhetik und Qualität von inklusiven Gruppen. Aber natürlich: Auch wenn man Jimi Hendrix oder Janis Joplin auf der Bühne erlebte, war da das Gefühl, dass sie in ihrer Expressivität ganz sie selbst sind …

ME: Wenn ich da vielleicht noch ergänzen darf – klar sind Auftritte von inklusiven Ensembles und Bands immer sehr mitreißend und haben diese Authentizität, von der gerade gesprochen wurde. Man darf aber gleichzeitig nicht vergessen, dass viele Leute in der Band auch schüchtern sind und dass das Auftreten für die manchmal auch extrem aufregend ist. Und dann haben sie gar nicht die Möglichkeit, sich so gehen lassen, wie sie vielleicht wollten, weil sich auswirkt, dass sie im Alltag oft Ablehnung erfahren.

Und weil Du, Peter, die CD-Aufnahme angesprochen hast: Wenn man ins Studio geht und eine CD aufnimmt, dann steht man wirklich vor der Frage, wie diese Aufnahme klingen soll. Wir haben alle Möglichkeiten: Ich kann die verschiedenen Spuren so laut mischen, wie ich sie haben will, ich kann Leute weiter nach hinten stellen, damit man sie nicht so gut hört, ich kann Leute nach vorne stellen, damit man sie besser hört, also da ist bei einer Aufnahme nichts dem Zufall überlassen, und das ist dann der Moment, wo wir uns auch immer die Fragen stellen: Wie soll das Lied wirklich klingen, welche Kriterien gelten für die Aufnahme?

BL: Auch wenn es ganz anders ist als im Live Auftritt: Trotz aller professionellen Bearbeitung versuchen wir, die Band irgendwie auf eine natürliche Art ‚rüberkommen' zu lassen. Es ist ein Abwägen von Ton zu Ton, von Spur zu Spur, und dabei wollen wir einen authentischen Klang der *All Stars Inklusive Band*.

PR: Also kein akustisches *Photoshop*? Nicht alle vokalen ‚Pickel und Narben' wegretuschieren, die Aufnahme schönen?

BL: Warum sollte man dann noch die *All Stars Inklusive Band* hören? Wenn man alles völlig glattbügeln würde, wäre das nicht der richtige Weg.

Freiheit und Rituale im inklusiven Musizieren

PR: Hat es Reinhard leichter mit einer besonderen Musik des Eigensinns und des Eigenklangs, weil er aus der freien Improvisation kommt und Instrumente auch ganz unkonventionell einsetzen kann? Hat er es leichter als Christoph, in dessen Ensemble *Ohrenklang* Kompositionen der Ausgangspunkt sind und bestimmte Erwartungen an das Instrumentalspiel bestehen? Und wie steht es mit der Pop-Band, bei der die Rhythmusgruppe erst einmal dafür sorgen muss, dass ‚es fährt' und allenfalls Freiräume für die Sänger*innen entstehen? Und wo ist dann die Kontrabassistin, die extreme Dinge tut?

CF: Also ich kann Lebendigkeit und Freiheit auch bei *Ohrenklang* leben. Ich habe zwar ein vorgefertigtes Sheet, aber stehe trotzdem vor immer neuen Herausforderungen: Wir haben jedes Semester andere Studierende, müssen ständig neu arrangieren. Das Coole ist dann aber, dass die Musiker*innen mit Behinderung die Professionals sind, da sie die Stücke kennen und etwa wissen, was sie als Begleitung brauchen: „Also so kann ich das Stück aber nicht singen!"

Also da ist ganz viel Freiheit dabei, wenn wir die Texte aus dem *Ohrenschmaus*-Wettbewerb vertonen. Aber natürlich denke ich auch an die Aufführungen: Es soll doch für die Zuhörer*innen „schön" klingen ... Da erfüllen wir dann doch bestimmte Normen und bedienen Erwartungshaltungen; dabei könnten wir doch radikaler sein. Wie radikal könnten wir eigentlich improvisieren? Eigentlich hätten wir jede Freiheit, jedoch muss diese Freiheit auch in Balance mit dem gebracht werden, was Menschen mit Behinderung brauchen, nämlich Strukturen und Rituale: Ich kann da nur die tolle DVD von Shirley Salmon aus dem Orff-Institut[2] zu diesem Thema empfehlen!

PR: Also konventionelle Musizierweisen, gegebene musikalische Formen, auf Homogenität gerichtete Klangideale... das sind nicht nur Vorgaben, die vielleicht die musikalischen Freiheiten einschränken, sondern sie geben auch Rückendeckung in der inklusiven Arbeit, sie sind rituelle Stützen, die Sicherheit vermitteln?

CF: Wir probieren ja auch immer wieder, improvisatorische Elemente einzubauen, wir haben Stücke mit verrückten Taktwechseln... in diese Richtung weiterzugehen: Ich fände das eigentlich total herausfordernd.

PR: Du zielst auf das ganz experimentelle inklusive Ensemble an der mdw, das es noch nicht gibt?

CF: Aber ganz ohne Rituale? Ich kann mir nicht vorstellen, immer komplett frei zu sein.

PR: Nun sei die Frage nach musikalischen Freiheiten auch an die anderen gerichtet: Gibt es diese eher im sängerischen, tänzerischen und gestischen Agieren oder auch im instrumentalen, also wie weit geht ihr da?

---

[2] DVD + Booklet (D/E) *Zwischen Freiraum und Ritual. Musikalisch-tänzerische Ausdrucksmöglichkeiten für Menschen mit Behinderung.* URL: <https://www.uni-mozarteum.at/people.php?p=50199> (15.10.2021).

Vom Eigensinn und Eigenklang oder: Hat das inklusive Musizieren eine spezielle Ästhetik?

ME: Die *All Stars Inclusive Band* ist eine Popband, die auf einen Auftritt hin probt, das kann man so sagen. Aber die Coronazeit und die Veränderung unserer Probenarbeit hat uns auch neue Freiräume ermöglicht, weil wir keine Auftritte gespielt und die Band in vier Teile geteilt haben, das heißt, wir haben in Kleingruppen mit fünf oder sechs Leuten musiziert. Und das ist dann einfach ganz etwas anderes als das, was die All Stars Band sonst ist. Wenn normalerweise dreißig Leute in einem Raum zusammen sind und die Lieder proben: Das ist eine ganz andere Energie als zu siebt. Darauf haben wir reagiert, und ich habe mit meinen Gruppen viel improvisiert, viel frei improvisiert. Und ich war wirklich begeistert, wie gut das angenommen wurde! Da entstanden tolle Sachen und coole Klangcollagen, für alle beglückend, es war total schön. Es war ganz etwas anderes als das, was wir sonst auf die Bühne gebracht haben. Ich bin sehr dankbar dafür, dass wir diese Erfahrung auch gemacht haben und dass uns Corona die Möglichkeit gegeben hat, etwas Neues auszuprobieren.

In der großen Band besteht eher die Erwartung der Bandmitglieder, dass wir Poplieder machen, und sie kommen auch mit Ideen, wie wir etwa *Dancing Queen* umdichten könnten. Also die verstehen sich schon in erster Linie als Band, die Pop- und Rocksongs singt und mit denen auftritt.

CF: Auch im *Ohrenklang* gibt es diese Erwartungshaltung: Können wir jetzt bitte endlich unsere Stücke spielen …

BL: In der inklusiven Pädagogik sind Rituale natürlich etwas ganz Wichtiges, etwas, an das man sich halten und auf das man sich verlassen kann: ein gemeinsamer Einsing-Song, das gemeinschaftliche Im-Kreis-Aufstellen, sich bewusst anschauen und in der Vor-Corona-Zeit auch sich berühren oder zusammenklatschen, also solche Möglichkeiten, den sozialen Gedanken zu leben. Andererseits – es soll ja für alles Raum sein: Warum könnte man nicht bei einem Konzert auch einmal was ganz Experimentelles machen, etwas, was vielleicht nicht dem musikalischen Genre entspricht, aus dem man ursprünglich kommt? Ich glaube, da sind uns nicht wirklich Grenzen gesetzt.

RG: Beim Einklinken in ein kulturelles Ritual kann man sicher sein, dass man dafür Anerkennung kriegt. Man kann als Band-Mitglied oder dann vor allem als Drummer sicher sein, dass die Leute darauf reagieren werden. Das sei allen Pop-Bands gegönnt; es ist nur schade, dass Schülerinnen und Schüler, die experimentelle Sachen machen, dafür keine Anerkennung bekommen, allenfalls ein „ganz schön" oder „recht interessant", aber auch „ich dachte, Ihr probt gerade", dabei war das schon die Aufführung …

Ich bin nicht glücklich darüber, dass die Schulmusik manchmal nur noch auf die Praxen, die Zustimmung garantieren, aus ist: Mir scheint, zu neunzig Prozent wird so musiziert, dass es vor allem Trommelgruppen gibt, bei denen alle auf einen Rhythmus steigen und alle dann ganz beeindruckt sind, oder dass Songs nachgespielt werden, bei denen dann auch die Eltern mitsingen dürfen … die Frage ist halt, ob es noch etwas anderes gibt.

Musikalische Erfahrungsräume und Anerkennung

RG: Wir haben über Resonanz und Anerkennung gesprochen und denken dabei zumeist an Aufführungen, in denen diese Anerkennung im begeisterten Mitmachen des Publikums spürbar wird. Ich möchte aber nun die Frage aufwerfen, ob es nicht auch ganz andere Formate der Resonanz und Anerkennung geben könnte. Also nicht Assoziation ‚großes Rockkonzert', sondern etwas Abgeschlossenes, die kleine experimentelle Gruppe, eine Situation, in der wir nur für uns spielen und alle anschließend sagen: Es war total toll, wir konnten etwas ausprobieren, wir sind zwei Stunden komplett darin versunken und können jetzt glücklich nach Hause gehen.

Also das Gegenbild zur Darbietungskultur, zur Produktion von Waren, die der musikalischen Homogenität verpflichtet sind, zum Geldmachen.

Ich bin ein Verfechter der sogenannten offenen Bühnen in der freien Improvisation: Man trifft einmal im Monat an bestimmten Orten zusammen und spielt, unterstützt von Ritualen, vom Zettel-Ausfüllen, wer mit wem spielt usw. Da gibt es viel Zulauf: Im Berliner *Exploratorium* kamen sonntagabends 40 Menschen zusammen und wollten irgendwie spielen, das war ein großer Renner. Und da ist Musik so komplett direkt, und es gibt auch totale Abstürze, es passiert auch fürchterliche Musik, und die Professionellen werden dann ganz nervös: Das kann doch nicht sein, dass das irgendwie Musik sein soll, ja, da spielt einer, was weiß ich, und da spielt einer noch einen Dreiklang, also wirklich!

Wir haben hier an der mdw im Rahmen der Lehrveranstaltung *Ensemble 1 (Musikalische Kommunikation)* das sogenannte Improforum, wo wir uns einmal im Semester treffen und einfach irgendwas miteinander machen, und dieses *irgendwas* ist kein Negativbegriff, sondern bedeutet einfach: Spielt doch einfach zusammen, das ist ok, und das, was zuerst erschreckend ist, ist auf einmal super und bekommt Beifall. Und solche Formate sollten wir weiterentwickeln, wobei ein wenig Ordnen in dem, was passiert, durch eine gute Moderation hilfreich ist.

VK: Bei uns in der *Young Allstars Band*, wie überhaupt in den elementaren Musiziergruppen, spielen ja Bühne und Aufführung eigentlich so gut wie gar keine Rolle. Jede Stunde stellt einen für sich abgeschlossenen künstlerisch-pädagogischer Prozess dar, in dem jeder Moment wichtig ist und der sich selbst genügt und zufrieden ist mit dem, was hier und jetzt passiert. Interessanterweise kam von den Kindern der *Young Allstars Band* gar nicht der Wunsch, damit auf die

Vom Eigensinn und Eigenklang oder: Hat das inklusive Musizieren eine spezielle Ästhetik?

Bühne zu gehen. Aber die Auftritte haben sich dann ergeben, weil wir von den Veranstalter*innen des mdw Campusfestes oder der Tagung für Inklusives Musizieren gefragt worden sind, ob wir spielen wollen, aber das eigentliche Gesehen-Werden, das so wichtig ist für die Menschen, findet im Miteinander-Tun statt: Es muss nicht immer von außen, von einem Publikum kommen, es kann von den Menschen kommen, mit denen ich musiziere. Und wie schwer ist es dann, die in diesem Prozess auftauchenden einzelnen Momente, die ganz besonders sind und die *Exzellenz* in diesem Prozess ausmachen, zu benennen und mitzuteilen … wird doch die Qualität leider oft nur an den Endprodukten gemessen.

DF: Als Profimusiker liebe ich diese Momente, aber es ist auch so schön, wenn die im Musizierprozess von ‚Laienmusiker*innen' entstehen; da spürt zum Beispiel jemand, dass da jetzt als Klang noch irgendwas kommen muss – und auch in der Aufführung: Haben wir vorher nie geprobt, aber das Kind setzt genau den richtigen Schlusspunkt! Was da an ästhetischem Empfinden vorhanden ist, das ist unglaublich, das ist unbezahlbar, das sind solche wunderbaren Momente, Momente wahrhafter Begegnung, einer Begegnung, in der wir uns auf einmal auf einer ganz anderen Ebene des Erlebens und der Würdigung begegnen. Dafür hat unsere Gesellschaft viel zu wenig Räume, und hier geht es um eine Ästhetik, die alle Ästhetiken im Sinne von Perfektion maßlos überschreitet.

CF: Ich habe diese Erfahrung bei einem mdw-Workshop im Kontext von *diversity unplugged (Tag der Vielfalt)*[3] gemacht, bei dem wir drei *Ohrenklang*-Stücke, unterstützt von einem Tänzer mit Behinderung, mit vier Personen live vor Ort und anderen, die per Zoom dazugeschaltet waren, durch Bewegung und Tanz transformiert haben. Es war unglaublich, welche Qualität da in der Bewegung entstanden ist, und faszinierend, wie sich plötzlich die Musik durch die Bewegung inspirieren ließ. Und dann gab es diese extrem berührenden Momente, wo ganz wenig in der Bewegung passiert ist, aber Gänsehautstimmung ausbrach. Und das war auch über Zoom zu erleben, als wir uns anschließend von unseren Gedanken und Visionen erzählt haben: Das Potenzial der Transformation der Künste wurde erlebbar, und wir stellten fest, dass Workshop, Begegnung und Aufführung ineinanderflossen.

Lern- und Transformationsräume für Studierende

PR: Wir haben viele Facetten eines inklusiven Musizierens voller Eigensinn und Eigenklang zusammengetragen, das die beschriebenen musikalischen Erfah-

---

[3] URL: <https://www.mdw.ac.at/ggd/diversity-unplugged> (15.10.2021).

Gesprächsrunde

rungsräume füllt. Darf ich Euch nun noch fragen, wie die Euch anvertrauten Studierenden in diesen Räumen agieren bzw. wie die Erfahrungsräume zu Räumen des Lernens, der Veränderung, der Transformation werden können?

Es fällt ja auf, dass etwa Bernhard König gern mit erfahrenen Avantgardemusiker*innen arbeitet, Ihr habt ausgewiesene Hintergründe in freier Improvisation, Elementarem Musizieren, in der Pop-Musik oder der Rhythmik – wie steht es aber mit Studierenden der Instrumental- und Gesangspädagogik oder der Schulmusik, die eher klassisch geprägt sind? Verstecken die sich in der Rolle der Garanten für rhythmische Präzision und harmonische Stimmigkeit oder geht da mehr?

VK: Also meine wichtigste Erfahrung ist, dass die Studierenden in einen Prozess gehen, der *Zeit* braucht! Denn in der Erstbegegnung ist es für mich immer wieder erschütternd, dass es oft tatsächlich eine *Erstbegegnung* von Studierenden mit Menschen mit Behinderungen ist, das ist eigentlich ein Skandal. Es gibt so viele Menschen mit Beeinträchtigungen, und dennoch sind studierende junge Erwachsene nie solchen Menschen wirklich begegnet,

Also geht es, weil diese Erstbegegnung so dominant ist, auf lange Zeit gar nicht primär ums Miteinander-Musizieren, weil da so viele Emotionen auf die Studierenden zukommen. Das Nähe- und Distanzthema ist präsent, sie werden womöglich von den Kindern gleich umarmt: Das ist alles ganz heftig! Und dann entsteht oft zuerst auch Mitleid, was wir ja eigentlich gar nicht wollen, aber mit diesen Gefühlen sind die Studierenden konfrontiert. Hinzu kommt eine latente Überforderung mit der Situation des Elementaren Musizierens, weil dieser Musizieransatz für viele ganz neu ist.

Also, es braucht Zeit, sich in diesen Räumen mit Sicherheit zu bewegen und in all das hineinzuwachsen. Und wenn dann der Druck abfällt und realisiert wird, dass man auch mit einfachen Mitteln musizieren kann, dann sinkt mitunter erst einmal der künstlerische Anspruch. Aber mehr und mehr wird dann deutlich, dass schon in *einem* Ton eine künstlerische Qualität liegen kann, und wenn dann diese Einsicht da ist, dann eröffnet sich etwas ganz Neues. Dann wird auch mit einfach zu spielenden Instrumenten zusammen mit den eigenen Instrumenten fein und ausdrucksvoll gestaltet: Das ist dann für mich das Wichtigste.

Das gelingt nicht immer, man kann es nicht garantieren, aber Räume öffnen und arrangieren, und ob sich dann jemand aus innerer Bereitschaft darauf einlässt, ist den Menschen selbst überlassen.

PR: Und, Dietmar, Du hast in einer Woche ISA outreach in Reichenau noch weniger Zeit?

DF: Ich habe zwar noch weniger Zeit, aber ich glaube, ich komme damit klar, weil ich eine Brücke schlage. Ich hole die Studierenden bei dem ab, was sie gewohnt sind, da, wo sie sich ästhetisch zuhause fühlen, und das bringen wir auch in der oben beschriebenen Mischung auf die Bühne.

Sie haben alles Recht und sogar die Pflicht, sich in ihrem Können zu präsentieren, zugleich bringt sie die Begegnung mit dem Anderen und den Anderen in eine andere Dimension. Mag da in diesem Prozess auch anfänglich Distanz sein: In der Aufführungssituation müssen sich die Studierenden dann in ihrer eigenen Ästhetik bewähren, zugleich erleben sie, dass auch die anderen mithalten können, und die Mauern fangen an zu bröseln ... vor allem im gemeinsamen Musizieren und Miteinander-Gestalten.

PR: Wieder sind wir bei der Koexistenz der Ästhetiken, d. h. nicht nur beim Respekt für die Mitglieder der inklusiven Ensembles, sondern auch bei dem vor den Studierenden und dem, was sie an Werten und Überzeugungen mitbringen.

Bist Du in der Improvisations-Lehrveranstaltung im ersten Studienjahr in der gleichen Situation, Reinhard? Schockst Du die Studierenden oder baust Du Brücken?

RG: Eigentlich ist es gar nicht schwer. Man muss nur den ersten Ton spielen, und dann wird sich alles weitere geben ... und einfach diesen ersten Ton zu spielen, das funktioniert immer oder meistens. Und nach nunmehr 18 Jahren *Ensemble 1 (Musikalische Kommunikation)* stelle ich schon fest, dass inzwischen viele Musikerinnen und Musiker kommen, die ganz offen sind und für die das kein Ersterlebnis ist.

Kein ‚Schockerlebnis', sie spielen ja einfach miteinander, und wenn wir dann später in einer anderen Lehrveranstaltung überlegen, wie sich Improvisation vermitteln lässt, ist immer der Bezugspunkt, dass sich alle als Improvisierende erleben – da muss ich nicht groß ‚Methoden' ansprechen.

Corona hat uns durchaus geholfen, Gewohnheiten über Bord zu werfen, und noch deutlicher gezeigt, was in den Studierenden in kreativer Hinsicht steckt: Die Aufnahmen ihrer Improvisationen, die sie mir geschickt haben, waren nicht nur aufnahmetechnisch sehr gut, sondern voller interessanter Musik, die Reflexionen dazu überzeugend: Was muss ich ihnen eigentlich noch beibringen?! Das Know-how ist da: Sie beschreiben, wie sie von einem Klangereignis zum Nächsten kommen, und merken auch, wenn z. B. ein Akkord gefehlt hat ... also, das lässt sich gut weiterentwickeln. Gleiche Erfahrungen mache ich übrigens am Institut für Kammermusik: Menschen, die noch nie vorher improvisiert haben, aber das gleich können.

PR: Das ist ganz wichtig, was Du da feststellst – wir dürfen keine Pappkameraden aufbauen und unseren Studierenden nicht unterstellen, dass sie ‚Hardcore Klassiker*innen' wären, die nichts anderes tun, als viele Stunden am Tag reines instrumentales Training zu betreiben.

CF: Das angesprochene Know-how ist auch eines der *Menschlichkeit*. Wenn ich Studierende in der *All Stars Inclusive Band* didaktisch begleite, habe ich wenig Zeit, aber ich kann darauf setzen, dass das Wichtigste ist, einfach dabei zu sein und mitzumachen und dann seine oder ihre eigene Rolle zu finden. Jede*r bringt seine oder ihre Menschlichkeit mit und kann erleben, dass man Menschen mit Behinderung unverstellt begegnen kann. Dann spielt man mit, unterstützt, begleitet, schaut sich die Mitmusizierenden an, kann auch einfach nur dabeisitzen und zuhören ...

Und dann erwarte ich von den Studierenden, dass sie sich der Challenge stellen, einmal leitend vor der ganzen Gruppe zu stehen und wenigstens zehn Minuten etwas anzuleiten, das wird vorbereitet, und in der Regel ist danach Zufriedenheit: Ich habe das gut über die Bühne gebracht, ich konnte Leute begeistern, ich konnte gemeinsam musizieren, ich konnte einem bestimmten ästhetischen Anspruch genügen, was für Studierende sehr wichtig ist.

PR: Die Rolle der Studierenden in der *All Stars Inclusive Band* – Marlene und Bernhard, wollt Ihr ergänzen?

ME: Die Grundsituation ist ja, dass die Mitglieder, die ja wirklich schon sehr lange dabei sind, sehr freundlich und unterstützend denen gegenüber sind, die neu dazukommen, also gegenüber den Studierenden: Die werden ausgefragt und sofort angenommen und haben dann erfahrene Bandmitglieder an ihrer Seite, was ihnen sehr hilft, mit ihrer Unsicherheit klarzukommen.

Wenn auch dies für viele wirklich der erste Kontakt mit Menschen mit Behinderung ist, habe ich bisher immer das Gefühl gehabt, dass das Eis sehr schnell gebrochen ist. Und wir erwarten natürlich, dass sie als Musikerinnen und Musiker dabei sind, gleichzeitig auch als Pädagog*Innen, aber wir erwarten nicht, dass sie gleich Vollgas losstarten und hektisch irgendwelche Dinge tun, sondern sie dürfen ruhig am Anfang einfach dabei sein und schauen, was da passiert.

BL: Ika, mit der Betonung des Zeitfaktors hast Du mir aus der Seele gesprochen, ja, wir brauchen Zeit, um aufeinander zuzugehen und Berührungsängste abzubauen. Kinder tun sich da manchmal leichter ...

Ich weiß noch, dass ich beim ersten Betreten des Proberaums der All Stars Band sofort überschwänglich von Toni gegrüßt wurde, ich habe mich sofort wohlgefühlt, und diese sofortige Aufgenommen-Werden ist eine schöne Sache in der Band; aber dennoch: Berührungsängste sind vorhanden, und es ist eine bedeutende Aufgabe, Inklusion zu verwirklichen und Menschen mit und ohne Behinderung schon in möglichst jungen Jahren zusammen zu bringen, in einer Umgebung, in der individuelle Betreuung und ein gegenseitiges Voneinander-Lernen möglich sind.

Vom Eigensinn und Eigenklang oder: Hat das inklusive Musizieren eine spezielle Ästhetik?

VK: Und wir sollten nicht damit zufrieden sein, dass es nur Projekte oder auch nur Wahlpflichtfächer gibt, für die man jedes Jahr um ein Budget ansuchen muss, sondern alle Studierende dieses Hauses sollten mit einer Selbstverständlichkeit durch diese Räume gehen können. Es sollten also nicht nur die musikpädagogischen, sondern alle Studienrichtungen diese Begegnungsmöglichkeiten haben, und es sollte genügend Zeit dafür vorhanden sein, nicht nur ein Semester!

Karl A. Immervoll

Combo PertHolz. Ein musikalisches Abenteuer

> Wer kennt es schon – das Dorf Kleinpertholz, „Vorstadt" von Heidenreichstein im obersten Waldviertel? Die *Combo PertHolz*: Frauen und Männer, die sich nichts sehnlicher wünschen, als in dieser Gesellschaft dabei zu sein, Mitarbeiterinnen und Mitarbeiter der Tagesstätte *Zuversicht*, einer Werkstätte für Menschen mit Behinderung im oben genannten Dorf.
>
> Sie nehmen sich alle Freiheiten, so wird aus der Pause am Anfang – der Sprachlosigkeit, was denn Behinderung sei – der Klang; aus der Dissonanz – Ausgrenzung von gesellschaftlichen Vorgängen – die Harmonie; aus der Rhythmuslosigkeit – Was bringt die Zukunft? – der Jazz des Lebens.
>
> Aus dem Einreichungstext für *musik aktuell 2020*

Die Voraussetzungen

Ich hatte es mir anders vorgestellt, als es dann letztlich kam! Am Anfang stand die Idee einer *anderen* Erwachsenenbildung für die Mitarbeiterinnen und Mitarbeiter der Tagesstätte *Zuversicht* in Kleinpertholz bei Heidenreichstein. Statt Mathematik und Sprache, statt Schule und Lernen sollte es ein kreativer Ansatz werden. So bildeten sich eine Musik- und eine Theatergruppe. Als Projektbegleiter bei der Gründung und beim Aufbau der Tagesstätte 2003 und gleichzeitig als Musiklehrer in der örtlichen Musikschule war es für mich naheliegend, die Musikgruppe zu übernehmen. Zunächst meldeten sich zwölf Personen an, und wir begannen im Musikzimmer der Schule – es ist sinnvoll, außerhalb der Werkstätte zu sein, einfach einen Tapetenwechsel zu haben – mit Übungen. Es sollte ja Musik daraus werden! Der Fundus an Instrumenten war groß, und so wählten alle etwas: Rassel, Trommel, Cajon, Boomwhacker, Klangstäbe, Triangel … Es war von Beginn an ein buntes Miteinander – oder vielleicht auch ein Gegeneinander? Denn bald hatte ich meine Grenzen erreicht: Takt?! Was ist das? Gemessen am Metronom ist das ja eine klare Sache, aber bei uns? Martin schüttelte das Rhythmus-Ei in einer Weise, dass es einem leidtun konnte und erzeugte somit ein unveränderliches Grundgeräusch, Günther spielte proportional zur Lautstärke: Je lauter, umso schneller. Üblicherweise folgte dem Crescendo auch die unvermeidliche Temposteigerung. Tobias hielt genau den Takt, war aber stets um eine Spur zu spät. Michi ermüdete schnell, setzte aus und brauchte

Karl A. Immervoll

dann ebenso lange, um wieder einigermaßen dabei zu sein, machte aber gleich wieder eine Pause. Nur Christine schlug an der Trommel konsequent das begonnene Tempo bis zum Ende. Mein Fehler: Ich folgte der klassischen Musikschulmethode und meinte, den Leuten etwas beibringen zu müssen. Es dauerte eine Weile, bis ich begriff: Es war an mir zu lernen!

Wir machten also Körper- und Lockerungsübungen, damit sich alle spüren konnten. Manche von ihnen verrichten anstrengende Arbeiten. Wenn Martin mir die Hand reicht, dann versuche ich – meinen Fingern zuliebe – der Erste zu sein, der zudrückt. Als er einmal die Rassel ganz fest in der Hand hielt, zeigte ich ihm eine lockere Handhaltung und das Spiel aus dem Handgelenk. Er hielt so *locker*, dass ihm kurze Zeit später das Ding aus der Hand flog und Barbara am Kopf traf. Sie hatte eine Schramme und weinte, die Rassel war gebrochen. Nein! So ging es nicht! Ich hatte noch immer nicht genug begriffen.

Die Leute aus der Tagesstätte *Zuversicht* sind Frauen und Männer im Alter von 18 bis 45 Jahren, die am regulären Arbeitsmarkt keine Chance haben. Trotzdem haben sie Fähigkeiten, die zu wertvoll sind, als dass sie *nur* betreut werden sollten. Sie sind produktiv in verschiedenen Werkbereichen: Garten, Küche, Grünraumpflege, Tischlerwerkstätte, Kreativgruppe. Sie haben von Zeit zu Zeit eine Schreibwerkstatt und beim Literaturwettbewerb *Ohrenschmaus* schon Preise errungen. Sie bringen sich ein und erledigen auch gesellschaftlich wichtige Auftragsarbeiten. Es ist also eine wirkliche *Arbeitswelt*. Die Musikgruppe, mittlerweile *Combo PertHolz* genannt und aus derzeit neun Personen bestehend, bildet also ein Innehalten im Werksbetrieb. Jeden Donnerstag beginnt der Tag mit Musik. Diese *Stunde* ist in die Musikschule integriert. Sie ist Teil meiner Lehrverpflichtung und damit auch wichtiges Angebot der örtlichen Musikschule.

Allerdings wurde die Combo vor einigen Jahren Opfer jener Regelung, die für erwachsene SchülerInnen keine Landesförderung mehr vorsah, und fiel nun so aus dem Förderprogramm des niederösterreichischen Musikschulmanagements. Wir wehrten uns dagegen und gingen bis zum Volksanwalt im ORF, denn Mitarbeiter*innen einer geschützten Werkstätte erhalten leider nur Taschengeld, keinen Gehalt. Damit erreichten wir, dass der Musikunterricht für Menschen mit Behinderungen wieder vom Land Niederösterreich gefördert wurde. Das Geld kommt nun allerdings nicht vom Musikschulmanagement, sondern aus dem Sozialbudget. Bildung für *Behinderte* ist anscheinend eine Sozialmaßnahme und kein Recht! Weiter heißt es im entsprechenden Informationsblatt: „Die finanzielle Unterstützung der Abteilung für Soziales des Landes Niederösterreich erfolgt nach Maßgabe der vorhandenen Budgetmittel." Die Förderung ist also nicht garantiert!

Der Neuanfang in der Gruppe führte also weg von der Vorstellung, dass ich jemandem ein Instrument oder das Musizieren in gewohnter Form beibringe und schon gar nicht, dass wir ein real existierendes Stück einstudieren, auch keines, das ich vielleicht extra für sie geschrieben habe, sondern dass ich mich mit jeder Person befasse und mich gemeinsam mit ihr auf eine Entdeckungsreise nach der individuellen Ausdrucksweise machte. Das umfasst auch die Auswahl des Instrumentes. Und gemeinsam brachten wir langsam verschiedene Instrumente zum Klingen. Es war wie bei John Cages *4.33*: Der Zufall, was denn da kam, bildete das Stück – zunächst! Um dies zu verstehen, ist es allerdings wichtig, noch einmal die Frage danach zu stellen, was denn Musik sein kann und einen Blick auf die konkreten Menschen zu werfen.

Was ist Musik?

In meiner Ratlosigkeit schaue ich in den Computer und lasse mir von Wikipedia sagen:

> „Musik ist eine Kunstgattung, deren Werke aus organisierten Schallereignissen bestehen. Zu ihrer Erzeugung wird akustisches Material, wie Töne und Geräusche innerhalb des für Menschen hörbaren Bereichs, geordnet. Aus dem Vorrat eines Tonsystems werden Skalen gebildet. Deren Töne können in unterschiedlicher Lautstärke bzw. Intensität, Klangfarbe, Tonhöhe und Tondauer erscheinen. Melodien entstehen aus der Abfolge von Tönen sowie gegebenenfalls Pausen in einem zeitlich festgelegten Rahmen (Rhythmus). Aus dem Zusammenklang mehrerer Töne von jeweils anderer Tonhöhe erwächst Mehrstimmigkeit, aus den Beziehungen der Töne untereinander entsteht Harmonik. Die begriffliche Erfassung, systematische Darstellung der Zusammenhänge und deren Deutung leistet die Musiktheorie, mit dem Lehren und Lernen von Musik befasst sich die Musikpädagogik, mit Fragen nach der musikalischen Gestaltung hauptsächlich die Musikästhetik. Musik ist ein Kulturgut."

Ja, so habe ich es gelernt! Genau diese durchaus nachvollziehbare Definition wird in unserem Fall ad absurdum geführt. Ebenso wie ein Lehrplan der Musikschule. Und ‚Therapie' betreiben wir auch keine! Wer meint, für die Gruppe sei es ein schöner Zeitvertreib, liegt ebenso falsch. Musik ist für Menschen so unterschiedlich wie sie selbst. Für den einen ist sie harte Arbeit, für andere Muse. Musik fördert die Entwicklung von Kindern (und wohl auch Erwachsenen), sie mobilisiert das Gehirn, wird in der Medizin eingesetzt und ist therapeutisches Mittel so wie andere Kunstformen. In der Etymologie werden wir auf die *Muse* verwiesen. *Μοῦσα* ist in der griechischen Mythologie jene Göttin, die die Künste beschützt, eben Lied, Dichtung, Gesang, Wissenschaft. Trotzdem ist der Begriff unklar. Was steckt noch drinnen? *Mut, munter* (also *aktiv*) sein? Allem ist etwas abzugewinnen. Für uns ist es am ehesten Ausdruck und Kommunikation!

Wir treffen uns Donnerstag am Morgen im Musikraum der Volksschule, noch bevor alle zur Arbeit gehen. Es ist wie ein Sich-Sammeln für andere Aufgaben und unterbricht die Arbeitswoche für einige Zeit. So steht am Beginn fast immer der *Blues in F*. Er war eines unserer ersten Stücke. Alle wissen, was sie zu tun haben. Und doch gibt das einleitende Spiel Auskunft über die Situation. Manchmal braucht es dann das Gespräch, es werden Informationen gegeben, Neuigkeiten ausgetauscht, Stimmungen benannt. Damit folgt die Überleitung zum weiteren Tun, für das, was dran ist. Bei unserem Musizieren darf alles sein, hat alles Platz. Es muss nichts Bestimmtes herauskommen. Es ist nur wichtig, dass wir einen Rahmen bilden. Wie der *Blues* am Anfang so dann auch ein entsprechender Abschluss – ungeplant, aus dem Augenblick heraus entschieden. Manchmal gibt es noch Aufstrich-Brote von den Eltern der Kinder in der Volksschule, die die *Gesunde Jause* für die Schüler*innen richten. Nach der *Musikstunde* gehen sie in die verschiedenen Arbeitsgruppen, um sich vielleicht bei anderer Gelegenheit wieder zu treffen. Das Weggehen wird damit ein Leichtes und ist ein guter Start in den Tag.

Unsere Auftritte sind nicht nur ein akustisches Ereignis, sondern immer auch ein optisches. Die Freude des Musizierens ist den Frauen und Männern anzusehen und springt über. Wir werden eingeladen bei Ausstellungen zu spielen, wir gestalten Gottesdienste, machen Straßenmusik, spielen beim Neujahrsempfang des Bürgermeisters und sind oft mit Partnern aus Tschechien unterwegs, vor allem mit der Werkstätte *Domov sv. Anežky* aus Týn/Vltavou. Auftritte erfordern Mut und geben Selbstvertrauen. Auf einer Bühne zu stehen, beachtet zu werden, der Applaus und der Zuspruch danach, das tut gut! Damit gehört die Combo zur Gemeinschaft. Aber auch hinter verschlossenen Türen heißt es mitunter: „Versuch es, du kannst!" Was immer dabei entsteht, es ist stets eine Offenbarung, die mehr ist als die Erzeugung von Klängen. Wir machen Musik. Wir nennen es so, weil wir es als solche betrachten. Oft klingt es gar nicht angenehm, oft sind wir damit nicht zufrieden. Wir sind ehrlich zu uns selbst, probieren und agieren auf Augenhöhe, indem wir auf alle Befindlichkeiten Rücksicht nehmen. Damit verschwindet die Frage, wer denn da behindert ist.

Die MusikerInnen

Martin – Instrument: Chicken Eggs

Er erinnert mich in seiner Sanftheit, Liebenswürdigkeit und Statur an Obelix. Seine Kraft und sein Händedruck sind beeindruckend. Das Rhythmus-Ei gibt eine Basis, die sich nach Bedarf schon geringfügig ändert und dafür sorgt, dass nie ein anderes Instrument *in der Luft* hängt. Die Ehrlichkeit und Verlässlichkeit, mit der er bei der Sache ist, bilden eine gute Basis für das Miteinander.

Combo PertHolz. Ein musikalisches Abenteuer

Barbara – Klangstäbe, Triangel, Rassel

Ihre Heiterkeit und Unbeschwertheit sind wohltuend. Oft lacht sie mitten im Geschehen und freut sich an der Musik. Es reicht ihr, während des Spiels anderen zuzuzwinkern, und es entsteht eine fröhliche Kommunikation, die sich auch im Musizieren niederschlägt. Die Stimmung kann aber schnell wechseln: Als eines Tages – nach Einführung der Erwachsenenregelung – in einem ORF Interview die Reporterin eine Frage nach der Zukunft der Combo stellte, gar fragte, ob diese in Gefahr sei, brach sie in Tränen aus und war lange nicht zu beruhigen.

Michael – Bongos, Klangschale

Michi spielt bedächtig. Hochkonzentriert ist er im Geschehen. Seine Pausen werden seltener, aber er braucht Zeit. Will ich etwas von ihm wissen, bedarf es einiger Geduld, bis die Antwort kommt. Treibe ich ihn zur Eile, passiert das Gegenteil. Das betrifft auch das Spiel auf der Klangschale: Ich gebe den Einsatz, und irgendwann erfolgt der Schlag! Er lehrt mich Gelassenheit.

Tobias – Waschrumpel, Chicken Eggs

Der Fingerhut am Finger, mit dem er die Waschrumpel klopft, folgt gut dem Takt. Sobald Tobi allerdings einen Schläger in Händen hält, verzögert sich der Schlag und ist genau um dessen Länge zu spät. Der Waschrumpel entlockt er auch andere Klänge wie Ratschen, die allerdings dann einem Rhythmus entfliehen. Tobias ist gemeinsam mit Christine der Sprecher der Gruppe, nimmt alles sehr genau und ist vor Auftritten entsprechend nervös – übrigens nicht als Einziger! Das beschert uns nicht selten Überraschungen, aber davon lebt unsere *Performance*.

Christina – Djembe, Gesang

Immer wieder staunen wir über ihre Sprachfähigkeit, wenn sie eine Moderation übernimmt. Christina hat eine gute Stimme und ein ebensolches Gehör. Daher ist sie die Stütze der Gruppe. Vor Jahren wollte sie im Kirchenchor in ihrer Heimatgemeinde mitsingen. Das wurde ihr verwehrt, weil sie nicht Noten lesen kann! (Wie viele Kirchenchorleute können das wirklich?) Sie hat es erlernt, geübt und schließlich gekonnt. Mitsingen durfte sie trotzdem nicht! Die Stimmung, in der sie sich empfindet, ist bei ihr sehr spürbar. Dann äußert sie auch, wenn es ihr nicht möglich ist, mitzutun. Gleichzeitig hat sie Mut und scheut auch nicht davor zurück, vor einem größeren Publikum ihre Rede zu halten.

Alfred – Kontrabass

Der Kontrabass ist sein *Baby*! Liebevoll trägt er ihn überall hin, zu jedem Auftritt. Er zupft ihn. Manchmal haben seine Fingerkuppen schon Blasen, das hindert Fredi nicht daran, durchzuhalten. Er fragt auch nach jedem Spiel nach, ob es eh gepasst hat. „Auf mich kannst Dich verlassen!" höre ich immer wieder von ihm, was sich schon in manchen Situationen gezeigt hat.

Melanie – Klangstäbe, Rassel, Glockenspiel

Bescheidenheit und Gewissenhaftigkeit macht ihren Charakter aus. Bevor sie etwas verkehrt macht, fragt sie lieber nach: Was brauche ich jetzt für einen Stab? Das Stück *Five* ist *ihre* Nummer. Das geht nicht ohne sie. Melanie ist so selbstverständlich und verlässlich dabei, dass man sie fast übersehen könnte. Doch sie hat große Umsicht und achtet auf das Gesamte der Gruppe.

Günther – Cajon, Ölfass

„Da musst du durch!" ist sein häufigster Ausspruch. Das betrifft uns, wenn er wieder einmal schneller wird und uns alle vor sich hertreibt, weil er sich auch nicht bremsen lässt. Günther ist der Kontrapunkt zu Michael, nimmt alles leicht und auch nicht so genau. Motto: Üben zwecklos! Er ist stets für Späße zu haben und auch für jede Anstrengung wie etwa Instrumente schleppen, die rund um das Spiel der Combo notwendig ist.

Andreas – Gitarre, Ölfass

Andi ist der coole Typ der Combo. Nicht nur, dass wir von ihm – dem Jüngsten – erfahren, was gerade ‚in' ist. Er kann in gleicher Weise draufgängerisch wie sensibel sein. Wenn er gemeinsam mit Günther eine *Session* auf den Ölfässern macht, dann kann schon was abgehen! Als er längere Zeit weg war, gab es stets die Frage und Sorge um ihn, ob es ihm auch gut geht!

Karl – Klavier, Akkordeon und sonstiges

Ich höre zu, füge mich ein, versuche mit Hilfe meines Instrumentes zusammenzuhalten.

Die Spielweise

Keiner meiner Musikerkolleginnen und -kollegen in der Combo hatte zuvor Kenntnisse auf irgendeinem Instrument. Trotzdem war es wichtig, allen von Be-

Combo PertHolz. Ein musikalisches Abenteuer

ginn an die Teilhabe zu ermöglichen. So ist die Gitarre rein gestimmt, ohne Terz, meist in C. Dazu braucht es den Kapodaster, der die Grundtonart des jeweiligen Musikstückes garantiert. Der Kontrabass wurde von Fredi lange Zeit nur an leeren Saiten gezupft, mittlerweile sind Griffe dabei. Klangstäbe werden entsprechend der Tonart eingesetzt, das Glockenspiel ist in pentatonischer Stimmung.

Klassischerweise gibt es ein Musikstück in bestimmter Besetzung, das dann einstudiert wird. Wir machen es umgekehrt, und unsere Stücke entstehen. Als sich John Cage 1953 an den Flügel setzte und die berühmten 4 Minuten und 33 Sekunden vor dem geschlossenen Klavierdeckel verharrte, geschah zunächst nichts. Aber was war zu hören? Cage erinnert sich später, dass es anfangs der Wind draußen war, dann das Tropfen des Regens im 2. Satz und schließlich das Publikum mit verschiedenen Geräuschen im 3. Was ist es bei uns? Die Frage, was denn Musik sei, beschäftigt uns sehr. Die Klänge des Ölfasses, der Waschrumpel, der Besenstangen – oder vielleicht doch das eine oder andere konventionelle Instrument? Alle hören in sich hinein: Wenn etwa Michael auf den Bongos beginnt, Tobias nach kurzer Zeit einsetzt, während andere noch warten, dann ist noch lange nicht klar, was daraus wird. Manchmal ist es ein Klang, ein anderes Mal eine Stimmung oder ein Rhythmus, mit dem gespielt wird – oder alles zugleich. Wir spielen, probieren aus, reden darüber und wiederholen. Strukturen entstehen, aus denen wir dann gemeinsam unsere ‚Nummern' bauen. Und sie sind niemals gleich, können nicht wiederholt werden, weil jedes Mal etwas Anderes ins *Spiel* kommt. Authentizität heißt unser Anspruch! Wir spielen nichts vor. Wir spielen das, was wir in diesem Augenblick, an diesem Ort sind und empfinden. Unsere Stücke heißen: *Im Irrgarten, Steps, Flux, ESO, Die Uhr, Spiegelung* und so weiter.

In den 60er-Jahren des vorigen Jahrhunderts fiel Cage in einer Prager Buchhandlung eine Sternenkarte in die Hände. Die darin verzeichneten Sternbilder sind willkürlich verbundene Gebilde aus Sternen, die nichts miteinander zu tun haben. Cage tat Ähnliches mit dem fünfzeiligen Notensystem, und es entstanden die *Etudes Australes*. Aus der Stille des Sternenhimmels entstand Neues. Einzeln sind die MusikerInnen der Combo vergleichbar mit den Sternen, verschieden, einzigartig, schön und strahlend. Die imaginären Notenlinien über ihren Persönlichkeiten ergeben faszinierende Bilder und Klänge, unsere Musik!

Ich mache mir viele Notizen darüber, was in den Einheiten passiert ist. So halte ich für mich Eindrücke fest, schreibe auf, um im Fall der Wiederholung daraus Elemente zu entwickeln, die das Entstehen von Struktur ermöglichen. Das klingt bei jedem Male anders. Es lebt, ist nie fertig, immer offen. Unsere Musik kommt nicht aus dem Kopf, eher ‚aus dem Bauch'. Vor allem Klangelemente, die plötzlich und unerwartet entstehen, interessieren mich. Sie nicht dem Zufall zu überlassen, sondern auch wiederholbar, vielleicht sogar planbar zu machen, ist die Absicht. Darauf kann wieder aufgebaut werden, um eine Entwicklung zu ermöglichen. In letzter Zeit bauen wir Texte mit ein, die von den Mitgliedern der Combo selbst in den Schreibwerkstätten geschaffen wurden. Immerhin haben wir ja Preisträger eines Literaturwettbewerbes dabei. Der Klang des Wortes erweitert das Repertoire der Instrumente. Wenn ich am Klavier sitze und höre, was da entsteht, dann mache ich es genauso wie meine Kolleginnen und Kollegen: Ich füge Klänge ein, spiele Melodien und Akkorde, versuche, das musikalische Geschehen wie in einer virtuellen Schale zu sammeln. Dabei will ich offenbleiben, Neues zulassen, meine Vorstellungen, was denn Musik sei, so gut wie möglich hintan stellen. Dementsprechend gibt es keine Vorgaben. Die Situation, das Instrument und die Stimmung stehen am Beginn. Ja, es muss stimmen, dann entsteht Musik. Dann sehe ich manchmal ein Blitzen in Fredis Augen, ein Lachen in Barbaras Gesicht, und Tobi stellt am Ende fest: „Das war super!"

Der Beitrag wurde mit den Musikerinnen und Musikern der Combo abgesprochen.

Karl Anton Immervoll ist Theologe, Schuhmacher und Musiker, verheiratet und Vater von 3 erwachsenen Kindern und war von 1983 bis 2020 Pastoralassistent für Betriebsseelsorge im oberen Waldviertel. Er hat langjährig an der Lehranstalt für Pastorale Berufe und am Musikschulverband Heidenreichstein mit Schwerpunkt Musizieren im Sozialen Raum unterrichtet. Seit März 2021 ist er Bundesseelsorger der Katholischen Arbeitnehmer*innenbewegung Österreichs (KABÖ) und seit 2017 (Beg-)Leiter von HIN-GEHEN, einem Ausbildungskurs für Seelsorge und christliches Engagement in der Arbeitswelt. Er ist Organist und Cembalist.

# VII.

Inklusive Musikpraxis in der Sicht verschiedener musikpädagogischer Fachbereiche

Christina Kanitz-Pock

Elementares Musizieren als inklusives Musizieren

> Wer sprechen kann, kann singen. Wer gehen kann, kann tanzen.
> ... auch wer nicht sprechen und gehen kann, kann singen und tanzen.

Einleitend werden die Ausgangspunkte dieses Artikels benannt, und damit wird ein Referenzrahmen skizziert, in dem dieser Beitrag navigiert: Der naheliegendste Ausgangspunkt ist mein persönlicher Zugang, den ich als Mensch und fachlich als Musik- und Bewegungspädagogin habe. Als weitere Bezugspunkte werde ich Definitionen von Inklusion und deren gesellschaftliche Relevanz anführen und beschreiben, wie Inklusion im Kontext dieser Überlegungen verortet ist. Daran anknüpfend soll ein Verständnis der Ausdrucksform Elementares Musizieren (EM) und der Elementaren Musikpädagogik (EMp)[1] definiert und dieses in Bezug auf Inklusion, auf inklusive Didaktik und auf Aspekte des inklusiven Musizierens betrachtet werden. In einem Resümee wird versucht, Auswirkungen dieser Überlegungen im Hinblick auf gelebte Barrierefreiheit und Elementares Musizieren als inklusives Musizieren aufzuzeigen.

Ausgangs- und Bezugspunkte

Ich bin seit mehr als 20 Jahren als Rhythmikerin, Elementare Musik- und Tanzpädagogin sowie Motopädagogin tätig und arbeite in verschiedenen Feldern mit heterogenen und diversen Gruppen:
– mit Babys beziehungsweise Kleinkindern sowie deren Eltern und Großeltern, die miteinander in Eltern-Kind-Gruppen musizieren und tanzen,
– mit Schulkindern in der Primarstufe in Kooperationsprojekten von Volksschule und Musikschule sowie mit Vorschul- und Schulkindern in Kursen für Elementares Musizieren in der Musikschule, die von Kindern unterschiedlicher Herkunft, Sprache, Kultur und Religion sowie auch von Kindern mit diversen Behinderungen besucht werden,
– mit Kindern und Jugendlichen mit sprachlichen, kognitiven und/oder motorischen Defiziten und Beeinträchtigungen, die den Wunsch haben, sich an Instrumenten musizierend bzw. singend, tanzend und gestaltend auszudrücken und die ich im Einzelsetting begleite,

---

1 Die Kleinschreibung des Buchstabens p verweist darauf, dass es im Wiener Verständnis von EMp weniger um eine Elementare Musikpädagogik als um eine Pädagogik des Elementaren Musizierens geht.

Christina Kanitz-Pock

– mit Studierenden verschiedener nationaler und kultureller Herkunft im Alter zwischen 18 und über 50 Jahren mit ihren individuellen Voraussetzungen, Möglichkeiten und Bedürfnissen, die Schwerpunkt und Module der EMp absolvieren und meine didaktischen sowie künstlerischen Lehrveranstaltungen besuchen (im Rahmen der Studienrichtungen Instrumental- und Gesangspädagogik, Rhythmik/Musik- und Bewegungspädagogik, Musikerziehung oder im berufsbegleitenden Weiterbildungslehrgang für EMp).

Für mich steht in all diesen Begegnungen grundsätzlich der Mensch als Individuum im Vordergrund, und ich versuche, auch in Gruppen beziehungsweise Schulklassen die Teilnehmenden möglichst als einzigartige Persönlichkeiten wahrzunehmen. Mein Bestreben ist, sie nicht auf einzelne Merkmale zu reduzieren, die mir oder anderen bei ihnen besonders auffallen, denn sie sind immer viel mehr als das, und ich würde sie damit maßlos unterschätzen. Ich versuche somit, jede Person in ihrer individuellen Vielfalt ins gemeinsame Gestalten mit einzubeziehen, also inkludierend zu agieren.

Mein persönlicher Zugang steht im Kontext fachlicher künstlerisch-pädagogischer und gesellschaftspolitischer Diskurse, einige davon seien im Folgenden genannt.

Die United Nations Educational, Scientific and Cultural Organization (UNESCO) verstand 1997 Inklusion als „Überzeugung, die davon ausgeht, dass alle Menschen gleichberechtigt sind und in gleicher Weise geachtet und geschützt werden sollen, wie es die fundamentalen Menschenrechte verlangen."[2] Diese Überzeugung führt in logischer Folge zu einem Anspruch, den bereits Comenius mit „omnes omnia omnino excoli – Allen alles in Rücksicht auf das Ganze zu lehren" vertrat.[3]

> „'Bildung für Alle' – so heißt das größte und wichtigste Programm der UNESCO im Bereich Bildung. Damit setzt sich die Weltgemeinschaft ein eminent wichtiges Ziel: Alle Menschen weltweit sollen Zugang zu qualitativ hochwertiger Bildung erhalten. Jeder muss in die Lage versetzt werden, seine Potenziale entfalten zu können. Dieser Anspruch ist universal und gilt unabhängig von Geschlecht, sozialen und ökonomischen Voraussetzungen oder besonderen Lernbedürfnissen eines Menschen. Der Begriff der Inklusion steht für genau diese Vision."[4]

Die Konkretisierung dieser Ideale wird so beschrieben:

> „Inklusive Bildung ist ein Prozess, im Rahmen dessen jene Kompetenzen im Bildungssystem gestärkt werden, die nötig sind, um alle Lernenden zu erreichen. Folglich kann inklusive Bildung als Schlüsselstrategie zur Erreichung von ‚Bildung für Alle' gelten. Inklusion sollte als übergreifendes Prinzip sowohl die

---

2 Feuser 2003, 315.
3 Johann Amos Comenius zitiert nach URL: <https://de.wikipedia.org/wiki/Johann_Amos_Comenius> (11.04.2020).
4 Deutsche UNESCO-Kommission 2009, o. S.

Bildungspolitik als auch die Bildungspraxis leiten, ausgehend von der Tatsache, dass Bildung ein grundlegendes Menschenrecht ist und die Basis für eine gerechtere Gesellschaft darstellt."[5]

Inklusion wird an anderer Stelle als „ein entwicklungs- und ausbaufähiges Moment sozialer Globalisierung"[6] benannt und „versteht sich daher folgerichtig als Weg zum Leben ohne Ausgrenzung"[7].

In Bezug auf den Umgang mit Menschen mit Behinderung stellte Feuser eine historische „Entwicklung von der Segregation durch Integration zur Inklusion"[8] fest und resümiert: „Wie die Tiere Bremen nicht erreicht haben, werden auch wir immer nur auf dem Weg sein, um Integration – eine konkrete Utopie – zu realisieren."[9]

Hinz will sich nicht damit abfinden, dass wie im Märchen *Die Bremer Stadtmusikanten* nur der Weg das Ziel bleiben soll und beschreibt eine Tendenz, „Problemlagen in der Realisierung der Integration diesem Begriff anzulasten und ihn durch Inklusion zu ersetzen".[10]

> „Integration ist
> - kulturelle Notwendigkeit
> - ethische Verpflichtung
> - ‚nur gemeinsam sind wir stark'".[11]

Auch Feuser meint kritisch zum Begriff *Inklusion*:

> „Dieser Begriff wird mit der Illusion aufgeladen, dass allein durch seine Verwendung und die Etikettierung von Prozessen als inklusive die im EBU [Erziehungs-, Bildungs- und Unterrichtssystem] tief verankerten Probleme und Widersprüche nicht mehr existieren würden oder aufgehoben werden könnten, ohne dass entsprechende gesellschaftliche Prozesse stattfinden, die primär politischer und nicht erziehungswissenschaftlicher Natur sind."[12]

Prengel zeigt Unterschiede und Gemeinsamkeiten von Interkultureller Pädagogik, Feministischer Pädagogik und Integrationspädagogik auf und formuliert einen konflikthaften Zusammenhang zwischen Emanzipation und Assimilation, da für Menschen mit Migrationshintergrund, für Frauen und für Menschen mit Behinderung gleichermaßen nicht das Erreichen von Gleichheit, sondern von Gleichberechtigung das Ziel ist. In Bezug auf Menschen mit Behinderung stellt sie fest:

---

5   Ebd.
6   Ebd.
7   Feuser 2003, 16.
8   Feuser 2018, 151.
9   Feuser 2003, 16.
10 Hinz 2002, 15.
11 Ebd., 16.
12 Feuser 2018, 149.

"Integrationspädagogik ist die einzige und erste Pädagogik, die den demokratischen Slogan der Einheitsschule ‚Eine Schule für alle Kinder' verwirklicht. Einzigartig ist dabei, wie die Aufmerksamkeit für individuelle Heterogenität verbunden wird mit der Aufmerksamkeit für Gemeinsamkeit."[13]

Boger beschreibt mit den Eckpunkten *Normalisierung - Empowerment - Dekonstruktion* ein „Trilemma Inklusion"[14]. *Normalisierung* ist darin in Bezug auf Behinderung als normaler Bestandteil der Gesellschaft beschrieben, *Dekonstruktion* meint den Abbau des „Konstrukts Behinderung" und *Empowerment* signalisiert: Jede und jeder ist gut und genau richtig so, wie er oder sie ist. Bogner gelangt „zu einer ‚trilemmatischen' Schlussfolgerung, was bedeutet, dass sich jeweils bestenfalls zwei dieser Positionen aufeinander beziehen lassen und die jeweils dritte einen theoretisch-logischen Widerspruch bildet"[15].

Drei grundlegende Ziele einer reflexiven inklusionsorientierten pädagogischen Grundhaltung nennen Budde und Hummrich[16]:
– Verzicht auf Ungleichheitskategorien, wo immer möglich,
– exkludierende Aspekte reflexiv zugänglich machen,
– Wissen um die Bedeutung sozialer Ungleichheitskategorien.

Wahrnehmung von Individualität versus Zielgruppenorientierung?

Mir erscheint in der Musikpädagogik das Prinzip der Partizipation im Sinne von *Teil-Habe*, *Teil-Nahme* und *Teil-Gabe* selbstverständlich, und ich sehe es als wesentliche Voraussetzung für künstlerisch-pädagogisch Tätige, dass wir die Menschen, mit denen wir arbeiten, nicht auf die Merkmale reduzieren, die sie zu einer Minderheit beziehungsweise Randgruppe machen und sie primär als unterprivilegiert oder diskriminiert erscheinen lassen. Menschen wollen in ihrer vielfältigen Individualität wahrgenommen werden, nicht als Flüchtling, Behinderte*r, Kind, Jugendliche*r, Frau, Mann beziehungsweise einem anderen Geschlecht angehörend, hochbetagter Mensch oder unter einem anderen reduzierenden Aspekt. Und sie wollen auch nicht spezielle Angebote für sie als (Rand-) Gruppe, sondern ein mitbestimmtes musikalisches Interagieren im Sinne von „Nothing about us without us"[17]:

"Neue Grundlagen menschlichen Miteinanders können so ausgehandelt und bestimmt werden. Individuelle Differenz und soziale Kohärenz bilden ein ent-

---

13 Prengel 2006, 169 f.
14 Boger 2017, o. S.
15 Ebd.
16 Vgl. Budde/Hummrich 2013, o. S.
17 Vgl. Boban/Hinz 2003.

wicklungsoffenes Verhältnis, dessen kritische Vergegenwärtigung und dialogisch-kooperative Gestaltung es letztlich ermöglicht, Hindernisse und Barrieren für Selbstbestimmung und Inklusion Stück um Stück abzutragen und aus dem Weg zu räumen."[18]

In meinen weiteren Überlegungen ist also Inklusion nicht in Bezug auf einzelne Teilgruppen der Gesellschaft (etwa Menschen mit Behinderungen, Menschen mit Fluchterfahrung oder hochbetagte Menschen) gemeint. Dennoch ist der Blick auf gesellschaftliche Realitäten unabdingbar, und Zielgruppenorientierungen im Kontext von Musikpädagogik machen Sinn, solange Inklusion noch keine Selbstverständlichkeit darstellt. Wir befinden uns in einem Dilemma zwischen Gruppendefinitionen und einer holistischen Betrachtung der Gesellschaft. Benennungen von Zielgruppen wirken einerseits durch reduzierende Zuordnungen auf bestimmte Merkmale diskriminierend, scheinen aber im gesellschaftlichen Entwicklungsprozess bislang nötig, um Minderheiten verschiedener Art nicht zu vergessen, sondern diese selbst und deren Recht auf Partizipation sichtbar zu machen.

Der Tänzer und Choreograph Maldoom beschreibt die Problematik von Kategorien und der daraus resultierenden Handlungsweisen folgendermaßen:

„Alter, Geschlecht, Glaube, sexuelle Orientierung, Familienstand, Hautfarbe, soziale Herkunft, wirtschaftlicher Hintergrund und Nationalität – man könnte diese Liste ewig fortsetzen [...] überall will man Informationen. Und nicht etwa irgendwelche, man will weder etwas über unsere Meinung noch über unsere Träume oder Befürchtungen erfahren, nur reine Fakten werden abgefragt. Das Individuum wird eingegrenzt, eingezwängt und reduziert. Wenn die Kästchen dann ausgezählt sind, kann man die so entstandenen Gruppen und damit jeden Einzelnen einer Kategorie zuordnen, die entweder ein Problem darstellt, mit dem man sich beschäftigen muss, oder eine Ressource, die ausgenutzt werden kann. [...] Im kulturellen Bereich Tätige können, vor allem wenn sie mit Laiengruppen arbeiten, ebenso anfällig für diese Art der Zuordnung und Abschottung sein wie die Behörden oder kommerziell ausgerichtete Unternehmen."[19]

Um dem entgegenzuwirken, wäre ein Ziel, nicht in Gruppierungen und Kategorien zu denken, sondern die Gesellschaft als eine diverse und heterogene Einheit zu betrachten und im Bereich des Elementaren Musizierens demnach alle Menschen in ihrer individuellen Vielfalt zu betrachten, im Sinne einer Pädagogik der Vielfalt[20] und wie in einem Kaleidoskop, was ja aus dem Griechischen übersetzt bedeutet: *schöne Formen sehen*.

---

18 Ebd., 217.
19 Maldoom 2015, 179.
20 Vgl. Prengel 2006.

Christina Kanitz-Pock

Elementares Musizieren als inklusives Musizieren?

Und wie kann dies nun beim Musizieren im Allgemeinen und beim Elementaren Musizieren im Besonderen aussehen?

Musik ist laut Salonen ein „biologisches Bedürfnis"[21]. Musik ist „voraussetzungslos"[22] und ein Kommunikationsmedium: „Musik führt die Menschen zusammen und zeigt ihnen, dass sie nicht alleine sind."[23]

Die Wirkung von Musik auf Emotion und Motorik ist in Fachbereichen wie der Musikpsychologie, der Musiktherapie oder der Rhythmik/Musik- und Bewegungspädagogik mehrfach beschrieben worden. Dabei ist von der „Universalität der Musik" und den „Universalien der Musikwahrnehmung"[24] die Rede, also von angeborenen Elementen der menschlichen Musikwahrnehmung und -verarbeitung. Die Neurowissenschaft zeigt auf, dass „menschliche Kommunikation in der Musik wie in der Sprache den gleichen Regeln und Prinzipien folgt"[25] und „Struktur, Entwicklung und Verarbeitung von Sprache und Musik Gemeinsamkeiten haben"[26]. In der *Musikbasierten Kommunikation*, einem musiktherapeutischen Konzept von Hansjörg Meyer, wird festgestellt:

> „Musik kennt keine Grenzen, weder ethnische, kulturelle noch solche des Verstehens. Musik stellt Hörer auf eine Ebene – sie wertet nicht ab, ob jemand sie musikwissenschaftlich oder emotional erlebt. [...] Das Phänomen der musikalischen Erreichbarkeit von Menschen mit schwerer Intelligenzminderung fasziniert immer wieder aufs Neue."[27]

Musik ist also in ihrem Wesen geprägt von inklusiven Aspekten. Was bedeutet dies nun für die Elementare Musikpädagogik (EMp) und das Elementare Musizieren als deren künstlerische Ausdrucksform?

Im Fachbereich Elementare Musikpädagogik an der mdw – Universität für Musik und darstellende Kunst Wien wird Elementares Musizieren auf Basis der folgenden Grundsätze definiert, verstanden und gelehrt, wobei die Überzeugung, dass wir *musizieren, um zu musizieren*, im Zentrum steht:

---

21 Esa-Pekka Salonen zitiert nach Zehntel/Sansour 2016, 25.
22 Meyer/Zehntel/Sansour 2016, 8.
23 Rattle 2013, o. S.
24 URL: <https://de.wikipedia.org/wiki/Universalien_der_Musikwahrnehmung> (05.01.2021).
25 Mertel 2016, 48.
26 Sallat 2016, 66.
27 Meyer 2016, 8.

Elementares Musizieren als inklusives Musizieren

> Ergebnisoffen - prozessorientiert - individuelle Zugänge ermöglichend - gleichwürdig - dialogisch - handlungsorientiert - wertschätzend - abwechslungsreich - vielfältig - sinnlich - ressourcenorientiert - Impulse aufnehmend - eigenständig - gemeinsam im kreativen Feld - bedingungslos - voraussetzungsoffen - spielorientiert - körperorientiert - respektvoll - stimmig - kreativ - intermedial - improvisatorisch - ganzheitlich[28]

Die persönliche *Haltung* der Lehrenden in der Arbeit mit Menschen, seien es Studierende in der EMp-Ausbildung oder Kinder, Jugendliche oder Erwachsene unterschiedlichen Alters, die an EM-Kursen teilnehmen, ist geprägt von Schlüsselworten wie:

> Authentisch sein - Hingabe - im Dialog sein - beobachten - für den Unterricht aus dem eigenen Schatz als Musiker*in schöpfen - soziales Lernen integrieren - Flexibilität - Zugang zur eigenen Herzenswärme - Reduktion und in die Tiefe kommen - Fehler machen mögen: liebevoll mit dem eigenen (Un-) Vermögen umgehen - Mut machen, den eigenen Stil zu suchen und zu finden - Gleichwertigkeit in der Kompetenz zwischen leitender Person und Teilnehmenden - Freude an und Berührt-Sein von Ausdruck in Musik und Tanz - Wertschätzung - Eigenes - Gemeinsames[29]

Aus meiner Analyse von Grundlagentexten einer inklusiven Didaktik ergeben sich die folgenden didaktisch-methodischen Aspekte[30]:
- Lernumgebung für gleichberechtigte *Teilhabe/Teilnahme/Teilgabe* aller,
- Selbsttätigkeit im praktischen Tun,
- Prozess vom Bekannten zum Unbekannten,
- Vereinfachung auf wesentliche Merkmale,
- Reduktion der Inhalte in einer (Arbeits-)Anweisung,
- Abstimmung auf die individuellen Möglichkeiten der Schüler*nnen (Differenzierung),
- Isolierung von Schwierigkeiten,
- Wechsel von Tätigkeiten und Organisationsformen,

---

[28] Diese Aspekte wurden in einer Teamklausur zum Thema *Inklusion* im Februar 2020 formuliert und werden hier mit freundlicher Genehmigung des EMp-Teams am Institut für musikpädagogische Forschung, Musikdidaktik und Elementares Musizieren der mdw abgedruckt. Ich bin selbst Mitglied dieses Teams und danke Julia Auer, Johann Bucher, Agnes Haider, Veronika Kinsky, Eva Königer, Veronika Mandl, Ines Pilz, Katharina Ruf, Ruth Schneidewind, Mario Smetana und Michaela Ulm-Aram.
[29] Wie Fußnote 28.
[30] Vgl. Wagner 2002; Probst/Schuchardt/Steinmann 2006; Falschlunger 2016.

- Einbeziehen möglichst vieler Sinne,
- Wahl einer geeigneten Sozialform,
- Reduktion von Barrieren auf ein Minimum,
- Wechsel von Spannungs- und Entspannungsphasen,
- Entwicklungs- und Prozessorientierung,
- Nutzung von Vielfalt als Chance,
- positive Einstellung zum Potenzial der Gruppe und zum Potenzial jedes*r einzelnen,
- Raum für individuelles und soziales Lernen,
- Angebotswahl im Hinblick auf aktive Teilnahme aller,
- Wechselspiel von Beobachtung und Handlung,
- Handlungsorientierung,
- Kind-Zentrierung,
- dialogische Haltung,
- Kompetenz- und Ressourcenorientierung.

Werden nun diese Aspekte inklusiver Didaktik mit den zuvor beschriebenen Begriffen und Haltungen, die in der EMp an der mdw die Basis von Forschung, Lehre und künstlerischer Praxis bilden, übereinandergelegt, ergeben sich deutlich erkennbar große Schnittmengen.

Elementares Musizieren und EMp sind demnach, wie ihre Schwesterndisziplinen Rhythmik/Musik- und Bewegungspädagogik und Elementare Musik- und Tanzpädagogik, fachimmanent für inklusive Angebote prädestiniert, da tragende Säulen des Fachbereichs per se inklusiv sind. Hier seien wesentliche dieser Pfeiler angeführt:
- Wertschätzung, Respekt, Gleichwürdigkeit, Hingabe und Authentizität bilden die entscheidende Basis für die Haltung der Lehrenden im Elementaren Musizieren.
- Musik und Bewegung fungieren als non-verbale Kommunikationsmittel, was ermöglicht, dass auch Menschen, die der Sprache (noch) nicht bzw. einer gemeinsamen (Unterrichts-)Sprache nicht oder nur beschränkt mächtig sind, dennoch am Elementaren Musizieren teilnehmen, teilhaben und ‚teilgeben' können.

> „Music and dance may not be universal languages but are universal artistic means of expression and communication. [...] The semantic ambiguity of music makes it possible to stimulate the aesthetical und emotional sensitivity of different individuals and thus to activate some process of sense-construction."[31]

- „Gemeinsam"[32] ist einer der Wirkungsfaktoren im Elementaren Musizieren. Es steht im direkten Bezug zur Kommunikation mit Musik und Bewegung.

---

31 Sangiorgio 2010, o. S.
32 Schneidewind 2011, 39.

Im Lateinischen bedeutet *communicare* teilen, gemeinsam machen, mitteilen, vor Augen halten, Gemeinsamkeit herstellen oder Gemeinsamkeit feststellen. Die Bedeutung der sozialen Komponente wird im Lehrplan für Elementares Musizieren der Konferenz der Musikschulwerke in Österreich und Südtirol (KOMU) folgendermaßen unterstrichen:

> „Elementares Musizieren findet aus methodisch-didaktischen Gründen in der Gruppe statt. Musik, Bewegung, Tanz, Stimme, Sprache und Formen der Visualisierung sind Ausdrucks- und Kommunikationsmittel. Gemeinsames Tun ist immer mit sozialen Prozessen verknüpft. Diese beeinflussen wiederum die musikalische und tänzerische Entwicklung positiv."[33]

Maldoom, der das Genre des *community dance* mit unterschiedlichsten Teilnehmenden (Menschen mit Behinderung oder Kriegs- bzw. Fluchterfahrung, Straßenkinder etc.) entscheidend mitgeprägt hat, beschreibt die kommunikative Wirkung und *Macht* des Tanzes:

> „Die wortlose Sprache des Tanzes ist eine Ergänzung der mündlichen und schriftlichen Kommunikation, eine weitere Möglichkeit, das Selbst zu erforschen, verborgene Wünsche zu entdecken und mit anderen in Kontakt zu treten. Fehlt beispielsweise aufgrund einer besonderen Bedürftigkeit oder geringer Bildung die Fähigkeit, sich mit konventionellen Mitteln mitzuteilen, kann der Tanz ein wertvolles Hilfsmittel sein, sich darzustellen und mit anderen zu kommunizieren."[34]

- Weitere Schlüsselbegriffe des Elementaren Musizierens wie „bedingungslos", „voraussetzungslos", „zweckfrei" oder „ergebnisoffen"[35] beschreiben, dass individuelle Zugänge und offene Lernprozesse in den Angeboten wesentlich sind und es selbstverständlich ist, „dass jeder Mensch sich nach seinem individuellen Plan und nicht nach vorgeschriebenen Altersstufen bzw. anders fixierten Normen entwickelt"[36].
- Der Mensch wird im Elementaren Musizieren in seiner Gesamtheit und Ganzheitlichkeit, d. h. intellektuell, motorisch, emotional und sozial angesprochen: In der Skizze „Ganzheitlichkeit der Entwicklung"[37] stellt Fröhlich deren Komponenten dar.
Wechsel in Bezug auf Prozesse, Phasen, soziale Strukturen, Sinneskanäle und Medien adressieren im Elementaren Musizieren zudem verschiedene Lerntypen.
Gleichermaßen für Musik gültig ist, was Maldoom für den Tanz in Bezug auf dessen Ganzheitlichkeit beschreibt:

---

33 KOMU 2019, o. S.
34 Maldoom 2015, 39.
35 Schneidewind 2011, 38.
36 Fröhlich 1999, 23.
37 Vgl. diese Skizze in Fröhlich 2013, 64.

> „Tanz ist schön, selbst wenn er das Hässliche in uns, unserem Leben oder unserer Umwelt zeigen beziehungsweise darstellen will. Für diejenigen, die bisher wenig Schönes in ihrem Leben erlebt haben, kann Tanzen eine richtige Offenbarung sein [...] Was ist das Besondere am Tanz? Tanzen ist eine ganzheitliche Form der Kunst. Es ist eine körperliche, emotionale, geistige, kognitive und soziale Tätigkeit."[38]

- Ein zentraler Ansatz ist die Orientierung an den Ressourcen und Kompetenzen, die jede teilnehmende Person hat, und nicht an deren Defiziten. Dies unterstützt eine allgemeine Stärkung des positiven Selbstbewusstseins und der Selbstwirksamkeit, und mit diesen Voraussetzungen kann jeder Mensch dann an eigenen Defiziten arbeiten. Einen „Bedeutungswandel in Theorie und Praxis" und den „Wechsel von einem defizit- zu einem kompetenzorientierten Denk- und Handlungsmodell"[39] beschreibt Feuser.
So lassen sich Stärken von Teilnehmer*innen, die eine Behinderung, ein Sprachdefizit oder andere Einschränkungen haben, im Elementaren Musizieren konstruktiv ins Geschehen einbetten: Somit wird nicht ihr eingeschränktes Vermögen oder Unvermögen fokussiert, sondern sie werden als Person mit einer besonderen Fähigkeit mit eingebunden. Diese Stärken können sich beispielsweise in einer außergewöhnlichen Gedächtnisleistung, in besonderen rhythmischen Fähigkeiten oder in einer offensichtlichen und ansteckenden Freude beim Musizieren, Tanzen und Schauspielen zeigen.
- Eine „entwicklungsfreundliche Beziehung"[40] im Sinne von Senckel und das Erfahren einer sicheren Bindung unterstützen die Teilnehmenden, Vertrauen zu entwickeln, freien Zugang zu ihren Ressourcen zu finden und Autonomie in sozialer Gebundenheit bzw. eine bezogene Individuation zu entfalten.[41]

Im KOMU-Lehrplan für Elementares Musizieren findet sich in Bezug auf Inklusion: „Die EMP bietet gute Voraussetzungen für die Arbeit mit heterogenen Gruppen, beispielsweise mit kultureller Durchmischung oder unterschiedlicher Alterszusammensetzung, sowie mit inklusiv geführten Gruppen."[42] Die im Lehrplan genannten methodisch-didaktischen Grundsätze zeigen eine Vielzahl von Wegen auf, wie im Elementaren Musizieren ganz selbstverständlich inklusiv gedacht und gearbeitet werden kann.

Um uns all diesen Idealen im Elementaren Musizieren mit heterogenen und diversen Gruppen annähern zu können, bietet die EMp also hervorragende Voraussetzungen.

Prengel stellt „12 Thesen einer Pädagogik der Vielfalt" auf und spricht von einem „demokratischen Differenzbegriff", gemeint ist eine „pädagogische Um-

---

38 Maldoom 2015, 39 f.
39 Feuser 2003, 6.
40 Vgl. Senckel 2016.
41 Vgl. Phan Quoc 2020.
42 KOMU 2019, o. S.

setzung der demokratischen Wertschätzung von Differenzen".[43] In diesem Sinne kann auch im Kontext des Elementaren Musizierens die Anerkennung und Wertschätzung des Abweichens von einer ‚Norm' als bereichernd betrachtet werden.

Ebenso lässt sich an die Entwicklungslogische Didaktik (ELD) anknüpfen:

> „ELD öffnet (inklusive) soziale Räume im Sinne von Lern- und Handlungsfeldern, in denen Menschen mit unterschiedlichster Biografie, Entwicklungsniveaus und Lernmöglichkeit in Kooperation miteinander an verschiedenen erkenntnisrelevanten Dimensionen einer zu bearbeitenden Wirklichkeit (die den ‚Gemeinsamen Gegenstand' kennzeichnen) im Sinne einer Entwicklung induzierenden Lernens zieldifferent arbeiten können."[44]

Gelingt es also, sich in der EMp zu einer *Pädagogik der Vielfalt* und einer inklusiven Didaktik beziehungsweise zu einer *entwicklungslogischen Didaktik* zu bekennen, tun sich vielfältige Möglichkeiten auf.

Resümee und Ausblick

Die vorliegenden Ausführungen sollen nicht realitätsfern und naiv anmuten, denn Inklusion ist nie ein widerspruchsfreier Prozess. Die künstlerisch-pädagogische Arbeit mit Gruppen und Klassen stellt Elementare Musikpädagog*innen vor vielfältige Herausforderungen und hat mitunter tatsächlich Grenzen, an die Lehrende und Teilnehmende gemeinsam stoßen. Es gilt daher immer wieder zu reflektieren, welche Gruppenkonstellationen für alle Beteiligten sinnvoll und konstruktiv sind, wie diese nach Möglichkeit immer wieder anzupassen oder zu variieren sind und welche Spielregeln für alle gleichermaßen gelten müssen. Eventuell ist zusätzlich zur Arbeit in der Gruppe oder Klasse eine individuelle Förderung einzelner Teilnehmer*innen im Einzel- oder Kleingruppensetting angebracht, wenn durch Individualisierung und Differenzierung in der Gruppe wesentliche Bedürfnisse Einzelner beim Musizieren nicht abgedeckt werden können.

Elementare Musikpädagog*innen werden mitunter in Frage stellen, ob sie für Inklusion ausgebildet und dafür befähigt sind. Dazu stelle ich eine mehr rhetorische Frage: Wenn Inklusion ein allgemeines politisches und pädagogisches Bekenntnis ist, muss sich dann die ganze Gesellschaft fragen, ob sie für Inklusion ‚ausgebildet und befähigt' ist, bevor sie Inklusion tatsächlich lebt? Ich denke, dass sich die Gesellschaft als Ganze Inklusion nur mittels *learning by doing* erarbeiten kann.

In der pädagogischen Arbeit steht immer die persönliche Beziehung, die der oder die Lehrende zu jeder einzelnen teilnehmenden Person suchen und finden muss, am Anfang des gemeinsamen Agierens. Dazu sollte jede Lehrkraft

---

43 Prengel 2006, 181.
44 Feuser 2018, 158 f.

fachlich und persönlich in der Lage sein, wobei nicht das Suchen und Finden einer modellhaften, sondern einer individuellen Form der Begegnung das Ziel ist – basierend auf Respekt, Wertschätzung, Gleichwürdigkeit und möglichst auf Augenhöhe stattfindend. Natürlich ist es notwendig, sich zusätzlich zur persönlichen Begegnung von Mensch zu Mensch mit den Besonderheiten zu beschäftigen, die die konkreten Personen haben, mit denen wir arbeiten: sei es in Bezug auf ihr Alter, ihre Bedürfnisse, ihre eventuell traumatischen Erfahrungen oder ihre Schwierigkeiten im Alltag und andere mögliche Wirkungsfaktoren.

In diesem Zusammenhang stellen sich die Fragen wie:

Was bewirkt ein konstruktives Miteinander in einer Gruppe, was hingegen überschreitet wessen Grenzen? Ist eine Lehrperson der Heterogenität und Diversität der jeweiligen Gruppe gewachsen oder braucht es im inklusiven Kontext mehr Personal und Teamteaching? Sind die jeweiligen institutionellen Rahmenbedingungen für inklusive Arbeit förderlich oder hinderlich? Steht Inklusion nur am Etikett beziehungsweise im Leitbild einer Institution oder gibt es ein reales Bekenntnis dazu und wird sie mit entsprechenden Ressourcen tatsächlich gefördert und gelebt? Inwiefern werden Studierende in Ausbildungsstätten mit dem Thema Inklusion konfrontiert, können sich in Theorie und Praxis damit auseinandersetzen und in einer gewissen Selbstverständlichkeit in inklusive Arbeit hineinwachsen?

Auch solche Fragen können aufkommen: Was ist guter Unterricht im Bereich des Elementaren Musizierens oder kann ich gut unterrichten, wenn ich nach inklusiven Grundsätzen eine Pädagogik für alle anbieten soll?

Was ‚guter Unterricht' ist, möchte ich mir nicht anmaßen zu beantworten, doch eine Maxime könnte sein, mit den musikalischen Angeboten nahe an den Menschen und ihren Bedürfnissen zu sein und mit ihnen das gemeinsam Mögliche im Hinblick auf die ausgewählten musikalischen Themen und die Klangvorstellungen zu suchen und zu finden. Prämisse für dieses Suchen und Finden ist eine auf den vielfältigen Methoden des Elementaren Musizierens basierende, im Dialog mit den beteiligten Menschen entstehende, entwicklungslogische Didaktik im Rahmen einer Pädagogik der Vielfalt. Und dies kann in einer Haltung gelingen, die Elementaren Musikpädagog*innen sehr vertraut ist: in respektvoller Wertschätzung, gleichwürdig, mit offenen Sinnen, prozessorientiert, ergebnisoffen, individuelle Zugänge zulassend, authentisch, aus dem eigenen Schatz als Künstler*in schöpfend, mit Hingabe zu und Freude an musikalisch-künstlerischem Ausdruck.

Wenn Inklusion der Grundgedanke einer Gesellschaft im Allgemeinen und spezieller Teilbereiche wie der Kunst und der Pädagogik wäre, wäre Elementares Musizieren ganz selbstverständlich ein inklusives Musizieren.

Inklusion wäre somit für Politik, Wirtschaft, Gesundheit, Bildung, Kunst und weitere Säulen unserer Gesellschaft ein Imperativ, und es wäre demnach eine humane und demokratische Verpflichtung und damit Teil des Berufsethos von Elementaren Musikpädagog*innen, künstlerisch-pädagogische Angebote für alle Menschen anzubieten, die musizieren und tanzen wollen und sie dadurch zu unterstützen, Tore zu sich selbst und zur Welt zu öffnen.

Es geht keinesfalls darum, wohlwollend etwas für bestimmte Zielgruppen oder für als solche definierte ´Randgruppen´ zu tun, sondern darum, ganz selbstverständlich möglichst alle an musikalischen Angeboten teilhaben zu lassen. Tatsächlich gelebte Inklusion hat allerdings Auswirkungen auf alle:

> „Wenn die Erfahrungen der inferiorisierten Gruppen gesellschaftlich zur Geltung kommen, so betreffen sie immer auch die Existenz der Angehörigen privilegierter Gruppen. Sie fordern primär den Abbau von Herrschaft, Privilegien und Höherwertigkeitsvorstellungen."[45]

Doch letztendlich kann ein Benefit für alle entstehen, wie hier in Bezug auf Menschen mit Behinderung formuliert wird:

> „Die integrative Pädagogik schafft, initiiert durch die Anwesenheit der Behinderten, Freiräume für alle Kinder, ihrer Verschiedenheit gemäß zu lernen, ohne den Zwang zur Orientierung an einem gedachten Jahrgangsklassendurchschnitt, dem ja auch die Nichtbehinderten real nicht entsprechen."[46]

Eine Offenheit für neue und möglicherweise ungewohnte Zugänge zu künstlerischem Ausdruck bietet Chancen für einen geweiteten Blick auf Elementares Musizieren als inklusives Musizieren. Der Komponist König etwa bezeichnet „Heterogenität als ästhetische Zumutung"[47] und beschreibt von ihm initiierte künstlerische Darbietungen, in denen Erwachsene mit geistiger Behinderung solistisch an Instrumenten wie Cello oder Klavier musizieren und von einem professionellen (Kammer-) Orchester begleitet werden, wobei der Aufbau des Stückes, Spielregeln und *clues* (Signale) im Vorfeld miteinander vereinbart und geprobt sind.

Ich möchte diesen Beitrag mit einem, wie ich finde, berührenden Beispiel, dem Projekt *Tanz nicht nur für Blinde* abrunden:

> „Bei den Berliner Tanztagen 2018 gelangte das nicht-visuelle, partizipative Bühnenstück *Subjects of Position* zur Aufführung. In einem völlig dunklen Raum wurde die Choreographie durch die fünf Performer, [...] darunter eine blinde und zwei hochgradig sehbehinderte, dem Publikum nicht über das Sehen vermittelt, sondern über dessen körperliche Beteiligung am Tanz. [...] Indem Zwoisy Mears-Clarke aus künstlerischen Gründen eine Choreographie gestaltet hat, die ohne das Sehen auskommt, macht sein Stück Tanz einem blinden Publikum in dersel-

---

45 Feuser 2018, 179.
46 Ebd.
47 So der Titel von König 2019.

> ben Weise zugänglich wie einem sehenden, ohne den Anspruch zu haben, Tanz für Blinde zu sein. Es macht nicht nur Inklusion, sondern auch das soziale Modell von Behinderung ästhetisch erfahrbar, denn es zeigt, dass es die äußeren Bedingungen sind, die Menschen zu Behinderten machen. [...] Das Besondere [...] ist dabei, dass es eine Choreographie aufweist, die dem Publikum anstelle der üblichen visuellen durchgehend eine somatosensorische Erfahrung von Tanz vermittelt; darüber hinaus bringt das Stück die einzelnen Besucher in eine Gruppe zusammen und verlangt von ihnen eine Kooperation. Im Dunkeln wird das Publikum aus seiner Vereinzelung herausgeführt und ihm in einer Grenzerfahrung die wechselseitige Abhängigkeit veranschaulicht, die Menschen voneinander haben."[48]

Musik ist eine solche ganzheitliche, universale Kunst wie der Tanz, sie kann das Leben von Menschen bereichern und Türen zueinander öffnen, daher sei nochmals Sir Simon Rattle zitiert: „Musik führt die Menschen zusammen und zeigt ihnen, dass sie nicht alleine sind."[49]

Jedenfalls können wir das Elementare Musizieren als inklusives Musizieren verstehen und es möglich machen, sich selbst, anderen und der Kunst zu begegnen: Wir müssen es nur einfach tun!

Literatur und andere Quellen

Boban, Ines/Hinz, Andreas: „Nothing about us without us." Versuch einer Annäherung an den partizipativen Anspruch von Menschen mit Behinderungen im Rahmen der externen Evaluation des Unterstützten Arbeitstrainings der Hamburger Arbeitsassistenz. In: Feuser, Georg (Hg.): Integration heute. Perspektiven ihrer Weiterentwicklung und Praxis. Frankfurt a. M.: Peter Lang 2003, S. 217-236.

Boger, Mai-Anh: Theorien der Inklusion – eine Übersicht. In: Zeitschrift für Inklusion-online.net, 1/2017. URL: <https://www.inklusion-online.net/index.php/inklusion-online/issue/view/32> (14.04.2020).

Budde, Jürgen/Hummrich, Merle: Reflexive Inklusion. In: Zeitschrift für Inklusion-online.net, 4/2013. URL: <https://www.inklusion-online.net/index.php/inklusion-online/issue/view/32> (14.04.2020).

Deutsche UNESCO-Kommission e.V. (Hg): Inklusion: Leitlinien für die Bildungspolitik, 2009, S. 3. Titel der Originalausgabe: Policy Guidelines on Inclusion in Education. Paris: UNESCO, 2009, ED-2009/WS/31. URL: <https://jugendsozialarbeit.de/media/raw/unesco_policy_guidelines_deutsch.pdf> (08.04.2020).

Falschlunger, Christoph: Rhythmik MB: Ein Basisverfahren für inklusiv gestaltete Pädagogik. In: Hauser-Dellefant, Angelika/Witoszynskyi, Eleonore (Hg.): Leben ist Bewegung ist Musik. Entwicklungen und Konzepte der Wiener Rhythmik an der Uni-

---

48 Walser-Wohlfarter/Richarz 2018, 36.
49 Rattle 2013, o. S.

versität für Musik und darstellende Kunst Wien. Wiesbaden: Reichert Verlag 2016, S. 199-221.

Feuser, Georg (Hg.): Integration heute. Perspektiven ihrer Weiterentwicklung und Praxis. Frankfurt a. M.: Peter Lang 2003.

Feuser, Georg: Entwicklungslogische Didaktik. In: Müller, Frank J. (Hg.): Blick zurück nach vorn – WegbereiterInnen der Inklusion. Band 2. Gießen: Psychosozial-Verlag 2018, S. 147-165.

Fröhlich, Andreas: Pädagogische Aspekte der Förderung von Kindern und Jugendlichen mit cerebralen Bewegungsstörungen. In: Hartmut Bauer u. a. (Hg.): Kinder mit cerebralen Bewegungsstörungen. Förderung und Therapie. Düsseldorf: verlag selbstbestimmtes leben 1993, S. 17-26.

Fröhlich, Andreas: Basale Stimulation. Ein Konzept für die Arbeit mit schwer beeinträchtigten Menschen. Düsseldorf: verlag selbstbestimmtes leben 2015.

Hinz, Andreas: Von der Integration zur Inklusion – terminologisches Spiel oder konzeptionelle Weiterentwicklung? In: Zeitschrift für Heilpädagogik 53 (2002), H. 9, S. 354-361.

KOMU (Konferenz der Musikschulwerke in Österreich und Südtirol) (Hg.): Lehrplan für Elementares Musizieren. Überarbeitete Version 2019. URL: <http://komu.at/lehrplan/KOMU_Lehrplan_Elementares_Musizieren.pdf> (09.04.2020).

König, Bernhard: Heterogenität als ästhetische Zumutung. Überlegungen zu einer inklusiven musikalischen Fachdidaktik. 2019. URL: <http://www.schraege-musik.de/start/themen/musik-und-inklusion/14577> (17.04.2020).

Maldoom, Royston: Tanz um dein Leben. Meine Arbeit, meine Geschichte. Frankfurt a. M.: S. Fischer 2015.

Mertel, Kathrin: Kommentar zum Artikel von A. Fröhlich. In: Meyer, Hansjörg/Zehntel, Peter/Sansour, Teresa (Hg.): Musik und schwere Behinderung. Karlsruhe: von Loeper Literaturverlag 2016, S. 48-50.

Meyer, Hansjörg: Musikbasierte Kommunikation für Menschen mit schwerer Behinderung. Das Konzept. Karlsruhe: von Loeper Literaturverlag ²2016.

Meyer, Hansjörg/Zehntel, Peter/Sansour, Teresa: Einleitung. In: Dieselben (Hg.): Musik und schwere Behinderung. Karlsruhe: von Loeper Literaturverlag 2016, S. 7-12.

Phan Quoc, Eva: Bindungsorientierte Musiktherapie. Unveröffentlichter Vortrag am 16.01.2020 im Rahmen des Forum EMp an der mdw.

Prengel, Annedore: Pädagogik der Vielfalt. Verschiedenheit und Gleichberechtigung in Interkultureller, Feministischer und Integrativer Pädagogik. Wiesbaden: Verlag für Sozialwissenschaften ³2006.

Probst, Werner/Schuchhardt, Anja/Steinmann, Brigitte: Musik überall. Ein Wegweiser für Förder- und Grundschule. Braunschweig: Westermann 2006.

Rattle, Simon: Acht Orchester in einem Abo. Fokus-Interview mit dem Generalmusikdirektor der Berliner Philharmoniker. 2013. URL: <https://www.focus.de/magazin/archiv/periskop-acht-orchester-in-einem-abo_aid_191600.html> (14.04.2020).

Sallat, Stephan: Sprache und Musik: Struktur, Verarbeitung und Transfereffekte. In: Meyer, Hansjörg/Zehntel, Peter/Sansour, Teresa (Hg.): Musik und schwere Behinderung. Karlsruhe: von Loeper Literaturverlag 2016, S. 66-79.

Sangiorgio, Andrea: Orff-Schulwerk as anthropology of music. 2010. URL: <http://emp.hmtm.de/images/articles_and_files/Sangiorgio_2010_Orff-Schulwerk_as_Anthropology_of_Music.pdf> (06.01.2021),

Schneidewind, Ruth: Die Wirklichkeit des Elementaren Musizierens. Wiesbaden: Reichert Verlag 2011.

Senckel, Barbara: Musikalische Elemente einer Entwicklungsfreundlichen Beziehung. In: Meyer, Hansjörg/Zehntel, Peter/Sansour, Teresa (Hg.): Musik und schwere Behinderung. Karlsruhe: von Loeper Literaturverlag 2016, S. 82-96.

Wagner, Robert: „Selbst-verständlich" musizieren heißt: selbstbestimmt Musik erleben. In: Verband Bayrischer Sing- und Musikschulen e.V. (Hg.): Musik mit Behinderten an Musikschulen. Nürnberg: Verlag Peter Athmann 2002, S. 45-56.

Walser-Wohlfarter, Evelyne/Richarz, Bernhard: Kein Tanz nur für Blinde. In: Orff-Schulwerk heute 99 (2018), Schwerpunktheft: Besondere Zielgruppen, S. 34-36.

Zentel, Peter/Sansour, Teresa: Grundlagen musikalischen Verstehens. In: Meyer, Hansjörg/Zehntel, Peter/Sansour, Teresa (Hg.): Musik und schwere Behinderung. Karlsruhe: von Loeper Literaturverlag 2016, S. 22-39.

Christina Kanitz-Pock ist Rhythmikerin und Elementare Musik- und Tanzpädagogin und hat in Wien (mdw) und Salzburg (Mozarteum) studiert. Sie lehrt seit 2007 an der mdw am Institut für musikpädagogische Forschung, Musikdidaktik und Elementares Musizieren im Fachbereich Elementare Musikpädagogik und bietet dort als Senior Lecturer didaktische und künstlerische Lehrveranstaltungen an. An den Musikschulen der Stadt Wien ist sie als Lehrende sowie Fachgruppensprecherin für EMP tätig und war Mitautorin des KOMU-Lehrplans für Elementares Musizieren. Seit Jahrzehnten bietet sie Musik und Tanz in inklusiv geführten Gruppen und Schulklassen an, forschte zum Thema Musik im polyästhetischen Kontext in Kooperation zwischen Musikschule und Schule, publiziert Fachbeiträge und ist als Sängerin, Instrumentalistin und Tanzperformerin aktiv.

Reinhard Gagel

Freie Improvisation: offene Bühne für Musiker*innen mit besonderen individuellen Voraussetzungen

Die amerikanische Sängerin Linda Sharrock erlitt 2009 einen Schlaganfall, der sie halbseitig lähmte und ihre Sprach- und Singfähigkeit stark beeinträchtigte. Mit enormer Willenskraft und der Unterstützung befreundeter Musiker trat sie ab 2011 wieder auf und veröffentlichte auch einige CDs. Ich habe Sharrock 2016 bei einem Konzert im *exploratorium berlin* erlebt und mit ihr und ihrem Kollegen Mario Rechtern ein längeres Gespräch geführt, wobei sie nach wie vor nicht sprechen kann. Aber sie war dennoch stets präsent, und im Konzert mit ihrem Trio wirkte sie mit ihrer sehr bemerkenswerten Singweise gleichberechtigt, oft schien sie gar die Hauptperson zu sein. Ihre klanglichen Äußerungen bestanden etwa in einem heulenden Singen, in Stöhnen, gutturalen Lauten, Glissandos, in Äußerungen, die sich zugleich persönlich und ungeschönt rau anhörten.

Der Gegensatz zu der Virtuosität der in enorm energetischen und schnellen Passagen spielenden Mit-Musiker auf Saxophon, Trompete und Drums konnte nicht größer sein; ihr Gesang war reduziert, geradezu einfach, aber auch intensiv und ‚wild', sie gestaltete eine emotionale Dynamik eng an den Spannungskurven der anderen, schwieg manchmal, fast nach innen gekehrt, um dann mit Timing wieder einzusetzen. Es ergab sich ein schwer zu beschreibendes emotionales und ästhetisches Erlebnis.

Linda soll hier ein Beispiel dafür sein, mit einem verwundeten Körper, der nur ein beschränktes Singen erlaubt, Musik machen und mit diesen individuellen Mitteln musizieren und als Künstlerin auf der Bühne zu stehen zu können. Und sie zeigte sich dabei nicht mit einem auf sie abgestimmten ‚erleichterten' Repertoire, sondern uneingeschränkt in ihrer Art sich zu äußern. Die Musiker*innen des *Linda Sharrock Network* machten auch nicht den Eindruck, als würden sie für Linda ‚therapeutisch' musizieren. Im Gegenteil: sie war vollgültiges Mitglied und musizierte mit ihnen auf Augenhöhe.

Die Stimmkunst von Linda Sharrock ist in Bezug zur Kunst von frei improvisierenden Sänger*innen zu sehen, die sich von der klassischen Stimmkunst und auch von der des Jazz entfernten.[1] Auch diese finden in ihrem Körper Stimmtechniken und Laute, die denen von Linda ähneln, und sind mit ihrer daraus entwickelten Stimmkunst gefragte Solist*innen oder Ensemblemitglieder. Anhand des geschilderten Konzerterlebnisses und nach dem Hören und Anschauen einiger weiterer

---

1   Z. B. Franziska Baumann, Ute Wassermann, Saynko Namchilak, Phil Minton, Jaap de Blonk u. a.

Konzertmitschnitte, die man auf YouTube findet[2], möchte ich erörtern, wie speziell die freie Improvisation Gelegenheiten für individuelles und eigenschöpferisches Musikmachen jenseits des offiziellen Kulturbetriebs mit seinen Normen für Ausbildung und Niveau, Perfektion und Virtuosität bietet. Ich möchte fragen, ob und wie genau das die Chance für Musiker*innen mit ganz individuellen Voraussetzungen sein könnte, ihre eigene Kunst zu finden und zu präsentieren.

Das zu Beginn beschriebene Konzert war in gewisser Weise ein musikalischer *Art Brut*[3]-Auftritt. In der bildenden Kunst sind *Art Brut*-Künstler*innen anerkannte Kunstschaffende (mit besonderer Ästhetik und Stilistik, mit besonderen Themen und Arbeitsweisen und zusätzlich mit speziellen Museen, Galerien, Vertriebssystemen usw.). Der Weg von Linda Sharrock wäre vergleichbar, denn sie hat – nach langen Jahren als erfolgreiche Jazz- und Fusion-Sängerin – trotz ihres Schlaganfalls eben nicht aufgegeben, sondern mit Unterstützung durch Freunde und Kolleg*innen eine eigene künstlerische Stimme finden wollen und diese wohl auch gefunden. Dieser Prozess fand natürlich vor dem Hintergrund ihrer vormaligen Erfahrung mit Kunst und der Anerkennung als Künstlerin statt, war aber vor allem ein Weg zu einem neuen Eigenen.

Freie Improvisation erlaubt und ermöglicht expressiven Klangausdruck mit ganzem Leib. Das trifft besonders auf Sängerinnen und Sänger, aber auch auf Instrumentalist*innen zu: Sie nutzen besondere Arten der Klangerzeugung, erfinden oder manipulieren Instrumente. Sie haben oft keine musikalische Ausbildung und definieren sich in dieser radikalen Authentizität.

Offene Bühne als Prinzip und Paradigma

Jede freie Improvisation ist per definitionem eine offene Bühne, auf der sich Musiker*innen und auch Musiker*innen mit eingeschränkten Möglichkeiten frei bewegen und auf Augenhöhe zusammenwirken. Klangmaterial und Formungsprinzipien an sich sowie die aus dem Improvisieren ableitbaren Spiel- und Präsentationsformen stellen eine Fülle von Möglichkeiten bereit. Dafür muss eine geschützte und wertschätzende Atmosphäre existieren. Diese entsteht beim

---

2   Z. B. The Linda Sharrock Group (2nd Set) – Mopomoso Special 3-05-15; <https://www.youtube.com/watch?v=1O-iOe3ZWR0> (20.03.21).

3   „Die *Art brut* (franz. für ‚rohe Kunst') ist ein Sammelbegriff für autodidaktische Kunst von Laien, Kindern, Menschen mit einer psychischen Erkrankung oder einer geistigen Behinderung und gesellschaftlichen Außenseitern, etwa Insassen von Gefängnissen, aber auch gesellschaftlich Unangepassten. Die Bezeichnung ging vom französischen Maler Jean Dubuffet aus, der sich eingehend mit einer naiven und antiakademischen Ästhetik beschäftigte. *Art brut* meint eine Kunst quasi in ihrem Rohzustand – jenseits etablierter Formen und Strömungen." (Wikipedia, abgerufen am 1.12.20).

Treffen von Gleichgesinnten oft von selbst, bedarf aber manchmal auch klarer Regeln und einer Moderation.

Solche *Offenen Bühnen* sind für praktisch jeden musikalisch Interessierten zugänglich und stilistisch nicht gebunden (anders als die Jam-Orte des Jazz). Ihre künstlerische Intention ist, persönliche und eigenwillige musikalische Begegnungen zu ermöglichen und *ephemere*, aus dem Moment entstehende Musik zu schaffen. Meine Idee ist nun, dieses Modell für das Musikmachen von Menschen mit Beeinträchtigungen zu erweitern, denn es bietet einen charakteristischen Resonanzraum, der sich von anderen musikpädagogischen oder musiktherapeutischen Aktivitätsangeboten, in denen Lieder entsprechend arrangiert und das Mitspielen durch einen niederschwelligen Einstieg ermöglicht wird, unterscheidet.

An und für sich zielt freies Improvisieren nicht auf Fixiertes. Es ist vielmehr experimentell, d. h. nicht auf die Herstellung erwartbarer musikalischer Produkte aus. Improvisieren fördert musikalische Eigen-Art und musikalischen Eigen-Sinn. Es ermöglicht Kooperation und Teilhabe auf der Basis einer offenen musikalischen Kommunikation. Beim freien Improvisieren wird Musik nicht gecovert oder arrangiert, sondern selbst erfunden, die Neugier, etwas Neues, ganz Individuelles zu erschaffen, wird geweckt. Die Klanglichkeit der freien Improvisation erlaubt, dass jede Art Musiker*innen mit ihren jeweils eigenen Spielweisen Platz finden kann. Klang und Geräusch, unkonventionelle Stimm- und Instrumentalklänge und freie Formbildung öffnen einen weiten expressiven Raum.

Ich habe im Rahmen meiner Musiktherapie-Ausbildung mit Schwerstbehinderten improvisiert. Ziel der Arbeit konnte nicht sein, konventionelle musikalische Musizier- und Singweisen zu verlangen. Das Mitsingen und Mitspielen beruhte vielmehr auf den Klängen, die meine Klient*innen aus sich heraus und ohne Vorübungen gestalten konnten, und auf ihrer Sensibilität für Musik, die sich aus dem Innern Bahn brach. Die Nordoff-Robbins Musiktherapie hat aus der Erfahrung unzähliger Therapiesitzungen für dieses Reservoir den Begriff des „music child"[4] geprägt und damit ausdrücken wollen, dass jeder Mensch mit all seinen individuellen Möglichkeiten und Fähigkeiten und ohne eine Reduzierung auf „schwerstbehindert" oder „Kind mit einer Autismusspektrum-Störung" über eine Sensibilität für Musik, gar eine Begabung und über darauf basierende Aktivitätsmöglichkeiten verfügt. Auf dieser Erfahrung fußt auch meine Überzeugung, freie Improvisation als ein musikalisches Feld zu sehen, um eigenes, ja ureigenes Klangrepertoire freizulegen und zu entfalten.

---

4   Vgl. Nordoff 1986, 1-18.

Reinhard Gagel

Improvisation als schöpferisches Aggregat

> „Wenn man eine Improvisation als einen Prozess des Entdeckens betrachtet, den jemand im Augenblick mit anderen teilt, kann Improvisation dann mißlingen?"[5]

Diese Frage des amerikanischen Geigers Malcolm Goldstein bringt es auf den Punkt. Was ist eigentlich Improvisation? Ein Prozess des unaufhörlichen Entdeckens, der sich selbst genügt, oder eine ästhetische Produktionsweise, die sich normierten Bewertungen von Gelingen und Misslingen stellen muss? Kritiker improvisierter Musik haben gerade dies immer ins Feld geführt: Improvisation sei rein lustorientiertes Musikantentum ohne künstlerische Letztverantwortung. Wo jeder mitmachen kann, sei doch alles beliebig.

Ich verstehe jedoch Improvisation als intensives Entdecken *und* als ästhetisches Gestalten. Improvisieren ist das schöpferische Produzieren von nicht präfixierter, potenziell ins *Unvorherhörbare* sich entwickelnder Musik.[6] Strukturen und Formen in der freien Improvisation folgen nicht abgesprochenen Regeln. Improvisierende Musiker*innen schaffen ad hoc und ohne Korrekturmöglichkeit eine kollektive Komposition. Sie tun dies, indem sie auf der Basis ihrer jeweiligen Fähigkeiten aufeinander reagieren und miteinander kooperieren. Das Entstehen und Auftauchen musikalischer Strukturen konstituiert sich in einem Prozess der Verständigung in gegenseitiger Wahrnehmung, Akzeptanz und Achtsamkeit.

Zusammenklänge entstehen nicht auf dem Fundament des Wissens um Material und Formen, es werden keine Muster und Idiome bedient. Klangstrukturen tauchen aus dem Zusammenspiel auf, sie sind ein emergentes Resultat des Miteinander-Handelns der Musiker*innen. Improvisations-Kunst und damit das Erfinden von Musik entstehen aus dem sozialen Miteinander. Dieses Miteinander braucht Konzentration, Zuhören, Einverständnis und Offenheit dem Neuen gegenüber.

Freie Musik

> „Improvisierte Musik, insbesondere in der Nähe zum Free Jazz, assoziierte sich in den sechziger Jahren in den USA und in Westeuropa, in den siebziger und achtziger Jahren in der DDR und den anderen Ländern des Ostblocks mit sozialem Aufbruch, mit oppositionellen Ober- und Untertönen, mit antiautoritärem Gestus."[7]

---

5 Malcom Goldstein zitiert nach Noglik 2003, 170.
6 Vgl. Gagel 2010.
7 Noglik 2003, 166. Die Website einer Kölner Improvisatorengruppe heißt in dieser Tradition auch heute noch *BEFREITE-MUSIK*, vgl. <https://laut.fm/befreite-musik> (21.12.20).

Nachdem sich die Pioniere der freien Improvisation von festen Vorgaben wie Grooves, Skalen, Harmoniefolgen oder Formschemata verabschiedet hatten, nannten sie in einem ‚antiautoritären Gestus' die besondere Klanglichkeit ihrer Musik auch *nonidiomatisch*. Deren Merkmale sind eine erweiterte Klanglichkeit jenseits der tonalen Idiomatik mit ungewöhnlichen, musikfremden Klängen, also Geräuschen, erzeugt durch unkonventionelle Spieltechniken, mit sehr individuellen Ausprägungen und besonderen künstlerischen ‚Handschriften' einzelner Musiker*innen. Über allem aber schwebte als Motivation und Prinzip der Begriff der Freiheit.

Im Laufe der Jahre haben sich Szenen herausgebildet, die bestimmte Stilmerkmale pflegen, z. B. die dynamische energetische Spielweise des *Free Jazz*, oder die *Reduktion*, d. h. die Gestaltung mithilfe eines genau ausgehörten eingeschränkten Klangmaterials. Zunehmend aber gibt es mittlerweile viele Musiker*innen, die auch wieder stilistische Floskeln, Pattern und rhythmische Motive in die freie Improvisation einbringen und Stile mischen. Es finden „Rekonfigurationen"[8] statt, die alte Gegensätze aufheben, auch den von Improvisation und Komposition.

Freie Musik ist ein ästhetisches Gebilde und ein offenes Möglichkeitsfeld. Damit sich jeder Mitspielende mit seinen Ideen und seinem aktuellen und nicht vorher verabredeten und eingeübten Können beteiligen kann, müssen Klangmaterial, Strukturen und Formen *offen* sein. Nur was in den Worten von Christian Kaden „so-und-auch-anders"[9] sein kann, bietet Anschlussmöglichkeiten und lässt immer die Wahlfreiheit für fortgesetztes Versuchen. Es ist in den Worten von Kaden nicht „egomanisch", sondern „sozial indiziert". Menschliche Gegenseitigkeit und wechselseitige Verhaltenskorrektur sind das Aggregat für die Entstehung oder für die spontane Komposition, aber eben nicht Interpretation von Musik. Homogene wie heterogene Klanglichkeit entsteht aus der musikalischen Kommunikation, sie ist für die Spieler*innen in einfacher Weise identifizierbar. Sie können sich einfügen, sich integrieren, sie können aber auch kontrastieren oder nicht mitspielen. In jedem Fall sind ihre musikalischen Aktionen immer produktiver Teil des Prozesses.

Ich denke, dass Menschen in gemeinsamem Handeln eine Intention verfolgen. Das gilt auch für das freie Improvisieren. Man will eine für sich sinnvolle Ordnung aus der Vielzahl möglicher Artikulationen und daraus entstehender Klangelemente finden und diese mit anderen teilen und erweitern. So entsteht eine Ordnung im Spielvorgang selbst, die ich Selbstorganisation nenne.[10] Im Verlauf gemeinsamen Spielens werden quasi gemeinsame Nenner oder „Referenten" entwickelt: „Der Referent ist Ausgangspunkt und Bezugspunkt aller musikalischen

---

8 Vgl. Wilson 2003, 46-53.
9 Kaden 1993, 58.
10 Vgl. ausführlich zum Thema Selbstorganisation Gagel 2010.

Aktivitäten und ermöglicht die kontinuierliche und kohärente Gestaltung eines improvisierten Stückes."[11] Der Begriff Referent bezieht sich im Jazz meist auf ein Schema oder eine Abfolge von Akkorden, die dann den roten Faden der Improvisation bilden. Freie Improvisation zeichnet sich hingegen dadurch aus, dass auch klangliche Charakteristika wie Farben, Tempo, Lautstärken usw. zum gemeinsamen roten Faden werden, der den Spielverlauf durchzieht und prägt.

Mitspielorte: *Offene Bühne* konkret

Im vorstehenden Abschnitt habe ich die künstlerischen Voraussetzungen beschrieben, unter denen sich ganz eigene Musizierformate der freien Improvisation entwickelt haben. Zwei Beispiele dafür sollen kurz skizziert werden. Das eine ist das von mir in den Jahren 1997 bis 2019 veranstaltete *Improvisiakum*.[12] Ein Wochenende lang trafen sich Musiker*innen aus Deutschland und anderen europäischen Ländern einmal im Jahr in der Rheinischen Musikschule in Köln. Grundidee dieses Treffens war ganz schlicht, miteinander zu improvisieren. Improvisierte Musik sollte sich im freien Spiel entfalten können. Die Organisation war darauf abgestimmt: Es gab verschiedene Räume, in denen kleine Gruppen miteinander spielen konnten. Die Spieler*innen konnten zunächst in ihrer Gruppe improvisieren, dann aber zu anderen Gruppen wechseln. Was in den Kleingruppen geschah, bestimmten die Gruppenmitglieder selbst: So entwickelten sich lange Improvisationsprozesse ohne Diskussionen, aus denen dann nach und nach Spieler*innen ausschieden und in die neue dazukamen, oder kurze Stücke, über die anschließend diskutiert wurde. Einige spielten, andere hörten einfach nur zu. Die Musiker*innen unterstützten und ermutigten sich gegenseitig und konnten sich so improvisierend erfahren und gemeinsam Musik erschaffen.

Es gibt solche Initiativen in verschiedenen Städten, also Gelegenheiten, bei denen sich Musiker*innen zusammenfinden, um miteinander zu improvisieren. Als weiteres Beispiel möchte ich den Ablauf der *Offenen Bühne*[13] in Berlin anführen. Im *exploratorium berlin*, einem Konzert- und Workshopraum für improvisierte Musik[14], erscheinen zum vereinbarten Termin eine Vielzahl verschiedenster Musiker*innen. Sie sind zum Teil regelmäßige Mitspieler*innen. Auch Profis sind darunter. Sehr unterschiedliche Instrumente tauchen auf. Auch Sän-

---

11   Wagner 2004, 176.
12   Improvisiakum. Internationale Werkstatt für Improvisation. Kooperationspartner war der *ring für gruppenimprovisation, berlin*. Improvisiakum ist eine Wortschöpfung aus Aphrodisiakum und Improvisation. Viele Mitspielorte der Improvisation benennen sich mit Wortspielen: z. B. Improviso(h)rium, Improvision u.v.m.
13   Der Name steht auch so im Programm.
14   Vgl. <https://www.exploratorium-berlin.de> (21.12.20).

ger*innen sind dabei. Wer ohne Instrument kommt, dem ist möglich, auf dem reichlich im Raum vorhandenen Percussion-Instrumentarium mitzuspielen. Der Moderator eröffnet eine Liste. In diese können sich die Musiker*innen eintragen und Formationen zuordnen. Dann kann die erste Gruppe die Bühne betreten. Was dort geschieht, ist gänzlich das Ergebnis der im Augenblick miteinander verwebten musikalischen Spielweisen und Gedanken.[15]

Es gehörte immer schon zum ethischen Grundsatz improvisierender Musiker*innen, freie Improvisation als kollektive Musik zu sehen und deshalb offen für Beteiligung zu sein. Auftretende Musiker*innen liebäugelten eine Weile damit, am Ende ihrer Konzerte mit interessierten Zuhörer*innen zusammenzuspielen. Das hat sich nicht durchgesetzt, Konzerte sind Sache der Musiker*innen auf der Bühne geblieben. Viele Improvisator*innen verstehen sich dennoch auch als Künstler*innen, die Workshops, Partizipationsmöglichkeiten und Projekte anbieten, bei denen alle mitmachen können. Dahinter steht die Überzeugung, mithilfe des Improvisierens verschiedene Fähigkeiten, ästhetische Einstellungen und Wünsche zusammenbringen zu können.

Zugang

Zu den *Offenen Bühnen* kommen Interessent*innen, die oft bereits eine Vorstellung von freier Musik haben und eine besondere Instrumentenbehandlung und eigenes Spielrepertoire mitbringen. Dieses ist sehr eigenwillig und unterschiedlich und immer angetrieben von dem unbändigen Wunsch, sich mit Musik auszudrücken. Viele haben sich das Singen und Spielen selbst beigebracht: Sie sind auf eine interesssante Weise Autodidakt*innen. Oft sind es sehr besondere ‚Typen' mit einem sympathisch skurrilen Musikvokabular, das nirgendwo sonst einen Platz fände, da es in keinen Stil passt.

„Mehr als anderswo geht es in der improvisierten Musik um Authentizität, um zu Klängen kondensierte Biografien, um die im musikalischen Material und im Umgang mit diesen enthaltenen individuellen Kodizes."[16] Alle wünschen, musikalischen Ausdruck mit anderen zu teilen und im gemeinsamen Spielen ihr Potential einzusetzen und zu erweitern. Alle wollen ihr Eigenes mit dem der anderen verbinden. Alle wollen erleben, wie das eigene Spielen sich im Zusammenspiel zu etwas ganz Neuem entwickelt. Sie wollen Teil immer neuer kollektiver Kreation im Prozess einer sich live entfaltenden Musik sein. Das sind starke persönliche, soziale und künstlerische Motivationen. Dazu kommt, dass hier eine Bühne ist, also oft für andere Zuhörende gespielt wird. Dadurch entsteht eine besondere Atmosphäre, deren Aura die Spieler*innen beflügelt. Es ist

---

15 Weitere Erfahrungsberichte und Analysen zum Thema offene Bühne in: improfil 78/2015.
16 Noglik 2003, 166.

erregend, dass die Bühne von jedem/jeder, der/die will, betreten werden kann, und nicht ein hermetischer, nur bestimmten Menschen zugänglicher Raum ist.

Viele eint die Abwehr (musik)schulischer oder stilistischer, also wertnormierter kultureller Anforderungen. Sie wenden sich gegen das Lernen unter Leistungsdruck und mit instrumentalem ‚Drill'. Viele wollen zudem frei sein von stilistischer Fixierung und einem bestimmten einzuübenden Vokabular, sei es aus der Klassik oder dem Jazz. Andere wiederum kommen mit einem klassischen Hintergrund und wollen neue Erfahrungen machen, um ihr als zu eng und fixiert erlebtes Spielen auszuweiten.[17] Manche haben überhaupt keine Erfahrung mit Improvisation, speziell mit dem Improvisieren in Gruppen. Trotz der heterogenen Voraussetzungen finden diese Musiker*innen im gemeinsamen Spielen meist zu einer musikalischen Verständigung.

Setting

Improvisieren geschieht im Hier und Jetzt einer spezifischen *Situation*. Damit wird der Moment, der Ort und das Zusammentreffen von Spielern bezeichnet, aber auch eine besondere Dringlichkeit: Improvisieren meint, dass das, was geschieht, das Einzige ist, was geschehen kann. Und das bedeutet: Es gibt keine Verbesserung, kein fehlerhaftes Spiel, für das man sich entschuldigen muss. Man improvisiert, und in diesem Prozess entwickelt sich in allen musikalischen Details ein unvorhersehbares Ganzes. Jede(r) daran Beteiligte ist wirklich involviert und mitverantwortlich. Jede(r) agiert in einer gemeinsamen Praxis, die jedoch nicht von einem geplanten musikalischen Ablauf, sondern nur durch individuelle Aktionen gesteuert wird. Das Entstehen des Stückes ist damit von der jeweiligen Situation geprägt, in der dieses Improvisieren geschieht.

> „Wichtige Bereiche eines Improvisationsworkshops bestehen dann erfahrungsgemäß vor allem aus ‚Vertrauen schaffenden' Maßnahmen, d. h. aus der alltäglichen Kunst, die Menschen davon zu überzeugen, dass sie eigentlich längst besitzen, wonach sie suchen." [18]

Vertrauen schaffen und die Erlaubnis geben, das Eigene zu tun, befreit Spieler*innen, die sich als unerfahren und unsicher einschätzen, von der Sorge, sie könnten nichts oder ihre Musikalität sei blamabel und nichts wert. Vielmehr können sie Versuche anstellen, sich zu erproben und mit Spielweisen zu experimentieren. Niemand braucht Angst zu haben, etwas ‚Falsches' zu spielen. Dazu muss allerdings ergänzt werden: Für viele Musiker*innen ist diese freie Musik zunächst auch fremd, sie fühlen sich ohne vertrautem Muster unsicher, ihnen

---

17 Das war ein Ansatzpunkt des Forschungsprojektes *Quo vadis, Teufelsgeiger?* an der mdw – Universität für Musik und darstellende Kunst Wien in den Jahren 2010-12.
18 Biesenbender 2005, 79.

fehlen Melodie und fester Rhythmus. Hier ist dann eine Flexibilität gefragt, die es den Spieler*innen ermöglicht, ihre Muster zu verlassen und sich auf Ungewohntes einzulassen.

Ich muss hinzufügen, dass das offene Setting auch Auswüchse zulässt. Nicht immer sind die Konstellationen auf den Bühnen ideal, nicht immer gehen alle zufrieden von der Bühne, nicht immer ist das Zusammenspiel befriedigend. Das Eigene der Spieler*innen kann auch zu egomanen oder narzisstischen musikalischen Äußerungen führen, etwa dann, wenn jemand nur sich selber wahrnimmt und eben nicht die anderen, wenn es aus mangelnder Sensibilität einigen nicht gelingt, auf die anderen zu hören, wenn jemand immer nur einen Stil bedienen kann und ihn den anderen aufzwingen will.

Zwar trägt die Trennung von Bühne und Publikum oft zur Verantwortung den anderen gegenüber bei: Die Spielenden sind sich der Hörenden bewusst. Aber es gibt auch in der freien Improvisation die ‚Rampensäue', die sich gerne im Scheinwerferlicht sehen.

Im *Improvisiakum* und auf der Bühne des *exploratorium berlin* werden Nachgespräche geführt, indem man sich aus dem Prozess heraus erinnert, das Gehörte beschreibt und Eindrücke und Beobachtungen austauscht. Diese Gespräche drehen sich einerseits um die *soziale* Qualität des Gespielten, andererseits wird auch die *ästhetische* Qualität zum Thema: War das Stück zu lang, welchen Spannungsbogen hatte es, wie waren Abschnittbildungen und Schlüsse usw.? Dabei wird nicht in musiktheoretischen Fachbegriffen, sondern in eigener Sprache formuliert. In dieser Weise wird Musik von der musikalischen und der kommunikativen Seite ihrer Entstehung her nachgearbeitet, und es werden Folgerungen für das weitere Spiel gezogen.

Moderation

Oft gibt es bei den Mitspielorten keine Leitung. Jemand hat einen Raum, man kommt, man spielt und geht wieder. Wenn es einigermaßen organisiert ist, dann ist es doch gut. Moderation hat jedoch durchaus eine wichtige Funktion, wenn es um die musikalische Begegnung einander fremder, sehr differenter ‚Typen' geht und Sensibilität und Kooperation gefragt sind. Jemand, der anleitet, müsste folgende Kompetenzen haben:

Der/die Moderator*in oder besser *Facilitator* bzw. Ermöglicher*in sollte situationsbezogen, einfühlsam und flexibel auf das kommunikative und musikalische Geschehen reagieren. Er/sie sollte an der unmittelbaren Wirklichkeit, dem improvisatorischen Geschehen im Hier und Jetzt, nicht aber an normativen Vorstellungen von künstlerischen Ergebnissen ansetzen. Die Lebenswelt, die Erfahrung und die Fähigkeit der Teilnehmenden sollten dabei die Hauptrolle spielen. Seine/ihre Aufgabe sollte das Gestalten einer sozialen Lernwelt sein, d. h. Situationen zu modellieren und Beziehungen und Interaktionen als konstitutiv für das Gestaltungsergebnis im Blick zu haben.

Wer so anleitet, kann kein(e) Lehrer*in im traditionellen Sinne, auch kein(e) Künstler*in, der/die als Meister*in auftritt, sein. Hier ist kein ‚Besser-Wisser', sondern ein *Facilitator* von Prozessen nötig. Seine/ihre Aufgabe ist das Bereitstellen und Aufrechterhalten von Erfahrungsmöglichkeiten: Es geht darum, die Möglichkeiten der Spieler*innen einzuschätzen und zu fördern, die Selbstwahrnehmung der Spieler*innen anzuregen, die Interaktion innerhalb der Gruppe zu befragen oder den Fokus auf den Umgang mit dem Klangmaterial zu richten. Dabei ist er/sie geleitet von der Einsicht, dass das musikalische Geschehen einer Improvisation einmalig ist. Improvisationsprozesse entwickeln sich von Mal zu Mal neu und unerwartet. Es gibt keine standardisierten Tricks und Tipps, keine *methods and tools*. Die Leitung solch offener Prozesse verlangt eine ganz eigene Kompetenz: Die wichtigsten Ressourcen sind eigene improvisatorische Erfahrungen, das Hören von improvisierter Musik und die künstlerische Auseinandersetzung mit dem freien Improvisieren, Erfahrung im freien Zusammenspiel mit anderen Musiker*innen und im Anleiten von Improvisationsprozessen.

Improvisatorisches Musizieren als Fundament

Linda Sharrock hat vor ihrem Schlaganfall als Profimusikerin auf vielen Bühnen gesungen. Dass sie seit 2011 mit ihrer nun ganz neuen eigenen Art auftreten kann, verdankt sie dem generellen Charakter der freien Musik mit ihren Bühnen und Szenen, der kulturellen Entwicklung, die solche Musik ermöglicht und den vielen Musiker*innen, die die freie Improvisation vertieft und weiterentwickelt haben und neben ihren musikalischen Fähigkeiten auch Flexibilität, Zuhören und Achtsamkeit ins Spiel bringen.

Improvisatorisches Musizieren könnte ein Fundament für eine eigenständige Kunst behinderter Musiker*innen bieten. Sharrocks Gesang ist eine Ermutigung, eigen-willige klangliche Äußerungen als musikalisch ganz besonders schön anzusehen. Es ist zu fragen, ob es nicht diese besondere Vielfalt und Kreativität ist, die unter Beachtung der jeweiligen Fähigkeiten und Möglichkeiten bei jedem Menschen individuell gefördert werden sollte, und zwar ganz im Sinne der schon erwähnten *Art Brut*. Deren Künstler*innen werden wirklich als Künstler*innen behandelt. Ihre Ausdrucksweise wird nicht durch Anpassungen verändert. Sie werden gefördert: Das *Museum Gugging* in der Nähe von Wien ist dafür ein gutes Beispiel. Kunst ist intensive, schöpferische und befriedigende Erfahrung, Tätigkeit, Präsenz für alle Menschen.

Das Zusammenspiel von Linda Sharrock mit ihren Musikern war für alle Beteiligten kein therapeutischer Akt.

> „Wie sich Rechtern erinnert, kam der Durchbruch während eines Besuchs von Henry Grimes, dem legendären Bassisten und Geiger [...] Margaret und Henry Grimes kamen für ein Konzert nach Wien, und hier fand ein weiteres Einfühlungsvermögen und musikalisches Wunder statt: Henry spielte seine Geige in Lindas Wohnung, und nach einer Weile begann Linda zu singen, nur Töne, fast flüsternde lange Töne in das Geflecht dieser zerrissenen und losen Fäden, die einzeln oder als fragmentiertes Geflecht aus Henrys Geige herabfallen und -hängen."[19]

Es war ein Durchbruch: das (Wieder-)Finden ihrer eigenen Stimme, das sich aus dem einen scheinbar zufälligen Spiel auf Augenhöhe entfaltete. Es musste ein Musiker da sein, der einfühlsam genug war, zuzuhören und der in der Lage war, auf ihre Äußerungen zu reagieren, der Töne verwendete, die ihr Anschluss und Anerkennung boten wie zufällig im *Dazwischen* von sozialen, interaktiven, musikalischen und persönlichen Wechselwirkungen.

Die Musiker beschreiben das Zusammenspiel als ungewöhnlich tiefe emotionale Erfahrung. Bogner berichtet aus der Mitte der Musik des Trios Rechtern/Bogner/Sharrock:

> „Alles änderte sich [...] Die sichtbaren Ausdrucksrahmen, unsere Zungen und Berührungspunkte, die wir vorher hatten, wurden in rohe Stücke zerschmettert, und wir wurden in ein schwarzes Meer gestürzt, ohne Sicht und Richtung minimiert oder in diesem eigentlichen Sinne zu archaischen Instinkten und der grundlegendsten Verbundenheit erhoben, die eine menschliche Seele je fühlen konnte. Es war eine vollständige und absolute Explosion und eine Defragmentierung bis in unsere innersten Teile. Nachdem wir wieder an die Oberfläche und aus dem Keller oder der Unterwelt des Orpheus kamen, setzte ich mich hin und wusste nicht, was passiert war oder wie ich mich dabei fühlen sollte. Alle meine Wünsche, mich in Richtung eines abstrakteren Bereichs in der Musik zu bewegen, wurden in dieser Stunde erfüllt, und es war zu viel zu nehmen oder zu rationalisieren, aber ich war süchtig danach."[20]

Aus dieser ‚Sucht' und geradezu überschwänglicher Begeisterung ergab sich ein miteinander geteiltes Denkgeflecht, das den Musiziervorgang als rituelle, transzendente Erfahrung in Worte bannt:

> „Von diesem Zeitpunkt an spielten das Kerntrio aus Linda, Mario und mir weiter mit einer sich ständig verändernden Gruppe gleichgesinnter Seelen um uns herum, Menschen, die mit uns auf dieser Ebene der Verbindung fühlen können, die im Grunde die Begriffe der Musik hinter sich lässt und in die der Fürsorge und der menschlichen Interaktion eintritt, Liebe, Aufopferung, Leiden, Empathie, wobei der Begriff ‚Empathoharmonie' geprägt wird, da es nicht die Musik ist, die wir spielen, oder unsere Instrumente oder die Strukturen, sondern es ist die (De-)/

---

19 Smith 2017, o. S. im Original in englischer Sprache, übersetzt von RG.
20 Ebd., o. S.

> Harmonisierung unserer innersten und dunkelsten Bewegung, der Schatten unserer Negativität, der Nachhall unserer Seelen. Jedes Konzert von *(In) The Abyssity Of The Grounds*[21] ist wie Dantes Weg durch die Kreise der Hölle, weiter durch das Fegefeuer und hinauf in den Himmel, wobei der bewusste Gedanke oder die Vernunft zurückgelassen und in der Gemeinschaft der Gruppe und des Publikums aufgelöst wird. Es ist eine vollständige Trance, die jeden möglichen Aspekt unseres Selbst berührt, ein Urknall, ein Schrei, der sich um die Welt vermittelt, sich willkürlich ausbreitet, bis er mit voller Wucht auf uns zurückkommt und schließlich die zugrunde liegenden Kräfte berührt, die alles auf diesem Planeten bewegen – die Menschheit als emotionales, miteinander verbundenes, dynamisches Netzwerk als ein einziges Wesen, das nicht zwischen Sprache, Rasse, Klasse, Intellekt oder Alter unterscheidet, sondern universell ist."[22]

Aus diesen Worten spricht nicht nur besondere emotionale Berührung, sondern auch ein fast archaisch anmutendes ästhetisches Empfinden. Hier geht es um Klänge, die schon Thomas Mann im Roman *Doktor Faustus* als den Ursprung neuer ausdrucksstarker Ästhetik angesehen hatte: das Heulen des Urmenschen als Beginn der Musik und das verstörende, aber vitale und weit in die Menschheitsgeschichte zurückreichende elementare, auch dissonante Klangbewusstsein, das sich jenseits zivilisatorischer und musikgeschichtlicher Zusammenhänge Bahn bricht. Der Improvisationsmusiker Edwin Prevost[23] zitiert das als den Ursprung einer Klanglichkeit, die gewissermaßen zur ersten Natur des Menschen gehört, und er postuliert, dass Klänge dieser Art nach dem Durchschreiten der zweiten Natur, in der die Musik zivilisiert, kulturell vereinheitlicht, normativ bewertet und zur Ware wurde, nun wieder relevant werden und eine dritte Natur aufscheinen lassen.

> „Wir benötigen eine kreative und empathische Rückkehr zu einem Moment, bevor kulturelle Formen begannen, einen vertrauten und danach formellen (,normalen') Charakter zu haben. Die Fähigkeit, die *zweite Natur* zu reflektieren, ist möglicherweise unsere dritte Natur. Sie führt uns vielleicht zu Tätigkeiten, die über die ,Präsentation von Fertigprodukten' hinausgehen. Wir können uns in eine aktive, künstlerische Position begeben."[24]

Das könnte auch heißen, dass neben der bildnerischen auch eine musikalische *Art Brut* denkbar wäre, zu der nicht nur die Musiker*innen mit eingeschränkten Fähigkeiten ihren Beitrag leisten, sondern auch die vielen anderen, die ihre Spielweise aus dem direkten Umgang mit Klang schöpfen.

Das freie Improvisieren ist grundsätzlich immer eine offene Bühne und kann damit ein Setting bieten, in dem partizipierend und kooperativ musiziert wird und gleichzeitig tiefe Klangerfahrungen gemacht werden können. Der Aus-

---

21 <https://www.youtube.com/watch?v=X95-cPwp8q8> (20.3.2021).
22 Ebd., o. S.
23 Prevost 2016, 262-281.
24 Prevost 2016, 276.

druckswunsch des genuin Eigenen entfaltet sich im kooperativen Eingehen aufeinander und dieses erweist sich im Umgang mit den ‚fremden' Anderen als überaus fruchtbar.

Literatur

Biesenbender, Volker: Aufforderung zum Tanz. Aarau: Nepomuk 2005.

Gagel, Reinhard: Musik auf Augenhöhe. Das *Improvisiakum* als Modell und Vision für öffentliche, spontane Kunstpraxis. In: Röbke, Peter/Natalia Ardilla-Mantilla (Hg.): Vom wilden Lernen. Musizieren lernen – auch außerhalb von Schule und Unterricht. Mainz: Schott 2009, S. 145-158

Gagel, Reinhard: Improvisation als soziale Kunst. Überlegungen zum künstlerischen und didaktischen Umgang mit improvisatorischer Kreativität. Mainz: Schott 2010.

improfil, Theorie und Praxis improvisierter Musik Nr. 78/2015. Themenheft Offene Bühne Improvisation – adhoc.

Kaden, Christian: Des Lebens wilder Kreis. Kassel: Bärenreiter 1993.

Noglik, Bert: Chancen und Limits von musikalischer Improvisation im gesellschaftlichen Kontext. In: Fähndrich, Walter (Hg.): Improvisation V. Winterthur: Amadeus 2003.

Nordoff, Paul/Robbins, Clive: Schöpferische Musiktherapie. Individuelle Behandlung für das behinderte Kind. Stuttgart: Fischer/Bärenreiter 1986.

Prevost, Edwin: Exploratoria. In: Gagel, Reinhard/Schwabe, Matthias (Hg.) Improvisation erforschen – improvisierend forschen/Researching Improvisation – Researching by Improvisation. Beiträge zur Exploration musikalischer Improvisation/Essays About the Exploration of Musical Improvisation. Bielefeld: Transcript 2016, S. 262-281.

Smith, Stewart: The strange World of ... Linda Sharrock. In: The Quietus, 8. November 2017. URL: <https://thequietus.com/articles/23531-linda-sharrock-strange-world-interview-history> (21.12.20).

Wagner, Thorsten: Franco Evangelisti und die Nuova Consonanza. Saarbrücken: Pfau 2004.

Wilson, Peter Niklas: Rekonfigurationen. In: Gagel, Reinhard/Zoepf, Joachim (Hg.): Können Improvisatoren tanzen? Dokumentation des Symposiums *Improvisierte Musik* in Köln vom 21.-13.1.2000. Hohenheim: Wolke 2003, S. 46-53.

Reinhard Gagel: Musiker (Piano, Moog Synthesizer) mit Schwerpunkt Improvisation, Ensembleleiter und Intermedia-Künstler (Malerei, Collage, Assemblage, Video). Er ist Autor und Herausgeber von Publikationen zur Improvisation und Lehrbeauftragter für Improvisation an der mdw – Universität für Musik und

Reinhard Gagel

darstellende Kunst Wien. War bis 2020 Leiter des Arbeitsbereichs Theorie und Forschung am *exploratorium berlin*. CDs, Rundfunkaufnahmen, Konzertprojekte, Musiktheaterproduktionen (*Offhandopera Berlin*), Gruppen- und Einzelausstellungen in Köln, Berlin, Budapest, Neubrandenburg. Er betreibt zusammen mit Gitta Martens den *GM KunstRaum Pleetz* in Mecklenburg-Vorpommern.

Axel Petri-Preis

Musikvermittlung und Community Music als Motoren von Inklusion im klassischen Konzertleben

Eine halbe Stunde vor Konzertbeginn ist der Schubert-Saal des Wiener Konzerthauses bereits beinahe voll. Menschen stehen oder sitzen in Grüppchen zusammen und unterhalten sich. Die Musikvermittlerin des Hauses begrüßt am Eingang die Besucher_innen. Viele kennt sie beim Namen, sie gehören bereits zum Stammpublikum des noch jungen Konzert-Zyklus *klangberührt*. Die klassische Bestuhlung wurde zu einem großen Teil durch Kartonhocker ersetzt, die als flexible Sitzgelegenheiten Bewegung im Raum ermöglichen und Platz für Rollstühle schaffen. Die Instrumente stehen auf leicht erhöhten Podesten im Zuschauer_innenraum. Zu Beginn des Konzertes begrüßt eine Moderatorin das Publikum, stellt die Künstler_innen vor und erklärt den Ablauf des Konzertes. Nun betreten die beiden Schlagzeuger Martin Grubinger und Richard Putz im Rücken des Publikums den Saal und wandeln musizierend durch die Zuhörer_innen zur Bühne. Die Wirkung der Musik wird im Laufe des Konzertes durch dezente Lichtstimmungen und die Moderation von Martin Grubinger verstärkt. Klassische Rituale sind großteils außer Kraft gesetzt, Bewegung, Tanz und spontane Gefühlsäußerungen wie Klatschen oder Mitsingen sind möglich. Nach etwa zwei Dritteln des Konzertes initiieren die Musiker_innen eine gemeinsame musikalische Aktion mit dem Publikum. Als ein Besucher an einer besonders mitreißenden Stelle auf die Bühne geht, blicken sich die Musiker zunächst erstaunt an, reagieren dann aber spontan, indem sie ihm Platz machen und anbieten, auf einer Cajon mitzuspielen. Das folgende Stück über ist der junge Mann Teil der Band.

„Wir leben in einer Gesellschaft der Vielfalt. Diese Vielfalt darf und soll sich auch in unserem Konzertpublikum widerspiegeln. Allen Menschen wird […] eine barrierefreie kulturelle Teilhabe ermöglicht", heißt es im begleitenden Programmhefttext zum Konzertzyklus *klangberührt*, den das Wiener Konzerthaus in der Saison 2019/20 zum ersten Mal anbietet. Es entstehe ein Raum, „in dem sich Konzertbesucherinnen und -besucher mit ihren Empfindungen spontan artikulieren dürfen." An dieser Passage erscheinen mir drei Aspekte bemerkenswert und geeignet, um generelle Befunde zum zeitgenössischen Konzertleben zu formulieren.

1. Es mag zunächst seltsam anmuten, dass ein Konzertveranstalter dezidiert darauf verweist, das Publikum *dürfe* im Konzert die Vielfalt der Gesellschaft widerspiegeln. Allerdings sind klassische Konzerte immer noch exklusive

Orte der Distinktion und der bürgerlichen Selbstvergewisserung.[1] Die/der durchschnittliche Besucher_in eines klassischen Konzertes ist über 55 Jahre alt, weiß, wohlhabend und gebildet.[2] Darüber hinaus gehört sie/er einer Gruppe von nur 5-15% der Bevölkerung an, die regelmäßig ein klassisches Konzert besucht.[3]

2. Dass dem Publikum in der zitierten Passage *erlaubt* wird, seine Empfindungen spontan zu artikulieren, verweist auf die seit etwa dem Ende des 19. Jahrhunderts geltenden Rituale in klassischen Konzerten[4], zu denen unter anderem das Klatschen an den ‚richtigen' – und nicht an den als emotional passend empfundenen – Stellen, das ruhige Sitzen im Gegensatz zum körperlichen Mitvollzug der Musik durch Wippen, Schunkeln oder Tanzen sowie das kontemplative Hören, das ein Mitsingen oder Plaudern mit dem Sitznachbarn ausschließt, gehören. Die Kenntnis dieser kulturellen Codes ist insofern Voraussetzung für eine ‚erfolgreiche' Teilnahme an einem klassischen Konzert, als erfahrene Konzertbesucher_innen diese von Newcomern zuweilen vehement einfordern. Hornberger stellt dazu fest, dass „[n]och heute [...] in den Bildungs- und Kulturtempeln Disziplinierung als kultivierter und distinktiver Habitus sichtbar und [...] auch verlangt [wird]."[5]

3. Angesichts des demographischen Wandels und einer zunehmenden Diversifizierung in der spätmodernen Gesellschaft stehen etablierte Kulturinstitutionen wie das Wiener Konzerthaus vor der Herausforderung, ihr Angebot zu adaptieren und zu verändern, um es für ein breites Publikum attraktiv und zugänglich zu machen. Konzerthäuser und Orchester reagieren seit einigen Jahren auf diese Entwicklung, indem sie ihr Angebot im Bereich von Musikvermittlung und Community Music ausweiten und Formate anbieten, die sich an Publika jenseits des klassischen Abonnementpublikums richten.[6] Die wachsende Bedeutung dieser Veranstaltungen im Konzertbetrieb verdeutlicht die Konzertstatistik der deutschen Orchestervereinigung, wonach sich in deutschen Kulturorchestern die jährlichen Veranstaltungen in diesem Bereich in den vergangenen fünfzehn Jahren verdreifachten und in der Saison 2017/18 klassische Sinfonie- und Chorkonzerte zahlenmäßig überholten.[7]

Ausgehend von diesen Befunden werde ich im vorliegenden Artikel zeigen, wie Aktivitäten von Musikvermittlung und Community Music Schlüssel zur Öff-

---

1   Wimmer 2018, 204-206. Borwick 2012, 17.
2   Gembris/Menze 2018, 311.
3   Renz 2016a, 131.
4   Tröndle 2018, 33.
5   Hornberger 2016, o. S.
6   Die Ausgabe 04/2020 des Magazins *das Orchester* widmet sich beispielsweise dem Thema *Inklusion und Barrierefreiheit*.
7   Vgl. Deutsches Musikinformationszentrum 2019.

nung von Musikinstitutionen wie Konzertveranstaltern und Orchestern und auf diese Weise ein entscheidender Motor im Hinblick auf ein inklusives Konzertleben sind.[8]

Musikvermittlung und Community Music im klassischen Konzertbetrieb

Community Music, verstanden als aktive Intervention, die sozialen Wandel zum Ziel hat, entstand in den späten 1960er und 1970er Jahren als Teil des *Community Arts Movement* in Großbritannien. Als aktivistische Bewegung der Gegenkultur heftete sie sich Themen wie Teilhabe und Inklusion sowohl in musikalischen als auch in soziokulturellen Kontexten an die Fahne und wandte sich gegen die als Vertreter der *highbrow culture* wahrgenommenen etablierten Kulturinstitutionen.[9] Diese Haltung wurde in den 1980er Jahren abgeschwächt, als Community Musicians erste Stellen für *music animateurs* in britischen Orchestern übernahmen und Jugendprojekte durchführten.[10] Inhaltliche Überschneidungen gibt es zur Soziokultur in Deutschland und Österreich, der es darum ging, „die Gesellschaft durch Kultur zu demokratisieren und mit einem Kulturverständnis zu brechen, das die Welt des Geistes adelte und zur eigentlichen Kultur erhob"[11]. Seit 2013 wurde das Konzept von einer Aktionsforschungsgruppe in München aufgegriffen und in Forschung und Praxis weiterentwickelt.[12] An diesem Verbund sind auch die Münchner Philharmoniker beteiligt, die seither Projekte in diesem Bereich entwickeln.

Die Wurzeln von Musikvermittlung liegen in Konzerten für Kinder, die bis heute das Herzstück von Musikvermittlung bilden.[13] Während in den 1970er und 1980er Jahren im deutschsprachigen Raum bei Konzerten für Schulklassen noch eine starke Bindung an den schulischen Musikunterricht zu erkennen ist, entwickeln Orchester und Konzertveranstalter ab den 1990er Jahren, nicht zuletzt inspiriert durch die *Young People's Concerts* von Leonard Bernstein, zunehmend eigenständige Formate, bei denen explizite Bildungsinhalte zugunsten eines eigenständigen Kunstwerkes aus Musik, Licht, Tanz und Schauspiel zunehmend in den Hintergrund rücken.[14] Die Gründung des Masterstudien-

---

8 Matthias Naske nannte Musikvermittlung in der mdw-Ringvorlesung *Innovative Potentiale der Musikvermittlung* (WS 2019/20) eine Schlüsselagenda im Konzertbetrieb.
9 Vgl. Higgins 2012, 2017 und Bartleet/Higgins 2018.
10 Higgins 2012, 47. Deane 2018, 329.
11 Knoblich 2001, o. S.
12 Vgl. de Bánffy-Hall 2019.
13 Für eine Übersicht über die Entwicklung von Kinderkonzerten vgl. Gruhn 1986, Mall 2016, Wimmer 2011.
14 Vgl. Mall 2016, Wimmer 2018.

ganges *Musikvermittlung – Konzertpädagogik* im Jahr 1998 an der Hochschule für Musik Detmold etablierte Musikvermittlung als Terminus technicus[15] für das an Bedeutung gewinnende Praxisfeld und war Ausgangspunkt für einen Prozess der Professionalisierung und einer damit einhergehenden Institutionalisierung.[16] Nahezu alle großen Musikinstitutionen schufen in den vergangenen zwei Jahrzehnten neue Stellen oder ganze Abteilungen für Musikvermittlung, deren Ziel es ist, mit einer Fülle an Angeboten einerseits neue und vertiefte ästhetische Erlebnisse auch für bestehendes Publikum zu ermöglichen und andererseits neue Bevölkerungsschichten anzusprechen.[17] Musikvermittelnde Formate finden häufig vor oder nach dem Konzert statt. Dabei kann es sich um Workshops und Künstler_innenbesuche in Schulen handeln, um Einführungsvorträge oder vorbereitende Workshops für Erwachsene sowie um Publikumsgespräche und Diskussionen. Musikvermittlung im Konzert findet in spezifischen Formaten statt, die sich an verschiedene Zielgruppen richten: Yogakonzerte in der Philharmonie Luxemburg oder die *yellow lounge* in Berlin, bei der kammermusikalische Darbietungen in Clubatmosphäre stattfinden, ermöglichen neue Formen der Rezeption, das Format *2xHören* verbindet das zweimalige Erklingen eines Musikstückes mit einem Künstler_innengespräch, und partizipativ gestaltete inszenierte Konzerte richten sich an Kinder aller Altersstufen. Eine Schnittmenge zwischen Musikvermittlung und Community Music ergibt sich in partizipativen Projekten und Aktivitäten, in denen Musiker_innen ihre angestammten Wirkungsstätten verlassen und in die Communities gehen. Mit *Rhythm is it* (2003/04) der Berliner Philharmoniker unter Sir Simon Rattle fanden Ansätze der Community Music und des Community Engagement erstmals Eingang in den deutschen Konzertbetrieb. Der *community dancer* Royston Maldoom erarbeitete mit über 250 Berliner Schüler_innen eine Choreographie zu Igor Strawinskys *Le Sacre du Printemps*. Die vielfach ausgezeichnete Film-Dokumentation wurde ein großer Erfolg und trug wesentlich zur öffentlichen Sichtbarkeit von Musikvermittlung bei. Institutionen wie die Münchner Philharmoniker oder das Konzerthaus Dortmund haben in den letzten Jahren verstärkt Akzente in diesem Bereich gesetzt und Community Orchester oder Street Bands gegründet, die Elbphilharmonie Hamburg rief im Rahmen des Festivals *Salam Syria* den *Chor zur Welt* ins Leben und bindet mit dem Projekt *Stadtlied* die Bewohner_innen von Hamburg ein, die Komische Oper Berlin öffnet sich mit ihrem Programm *Selam Opera* seit 2011 für die türkisch-stämmige Bevölkerung der deutschen Hauptstadt.

---

15 Der Begriff Konzertpädagogik, der zum Teil synonym verwendet, zum Teil als das genuin pädagogische Handeln in der Musikvermittlung aufgefasst wurde (vgl. Wimmer 2010), ist heute kaum noch von Bedeutung. Zur Begriffsgeschichte von Musikvermittlung vgl. Petri-Preis 2019b.
16 Vgl. Chaker/Petri-Preis 2019.
17 Die Gründe dafür umfassen sowohl betriebswirtschaftliche wie auch kultur- und gesellschaftspolitische Dimensionen (Mandel 2019, 72).

Dieser notwendigerweise unvollständige Überblick zeigt, dass Inklusion und kulturelle Teilhabe die leitenden Handlungsprinzipien von Community Music und Musikvermittlung sind. Wenngleich die beiden Konzepte nicht zuletzt in ihrem Verhältnis zur sogenannten Hochkultur unterschiedliche Wurzeln haben, erweitern sie seit etwa zwanzig Jahren das Angebot des klassischen Konzertbetriebes in Hinblick auf inklusive Angebote für ein vielfältiges Publikum.

Inklusion und kulturelle Teilhabe im Konzertleben

Das Konzept der Inklusion zielt in seiner weiten Definition auf eine Gleichberechtigung aller Menschen einer Gemeinschaft unabhängig von Alter, Herkunft, Geschlecht, sexueller Orientierung, Aussehen oder Behinderung. Im Gegensatz zur Integration geht es nicht um die Aufnahme einer ausgegrenzten Gruppe in ein bestehendes Ganzes und die (Wieder-)Herstellung einer Einheit, sondern um gleichberechtigte Teilhabe und *Teilgabe* im Sinne von Vielheit.[18] Im Bereich des Kulturbetriebes bedeutet Inklusion das Recht auf kulturelle Teilhabe, das im Artikel 27 der Allgemeinen Erklärung der Menschenrechte durch die Vereinten Nationen verbrieft ist. Demnach hat jeder Mensch das Recht, am kulturellen Leben der Gemeinschaft frei teilzunehmen und sich an den Künsten zu erfreuen. Dass *Kultur für alle*[19] in Form eines inklusiven klassischen Konzertbetriebes allerdings eine immer noch unrealisierte Vision ist, zeigt das folgende Zitat der Autorin Birte Müller, Mutter eines behinderten Kindes, im deutschen Magazin DER SPIEGEL:

> „Wie exklusiv wird die Elbphilharmonie sein? Werden wir mit Willi dort willkommen sein? Trauen wir uns überhaupt jemals mit ihm dort hin? Oder müssen wir warten, bis es die Konzertreihe ‚Klassik für Kloppis' gibt, wo dann vielleicht auch noch demente Menschen, psychisch Kranke und andere Außenseiter erwünscht sind? Wie viel Inklusion kann ich meinen Mitmenschen zumuten? Immerhin haben sie viel Geld für Konzertkarten bezahlt und wollen ungestört genießen. Und wie viel Unruhe kann ich den Musikern zumuten?"[20]

Pointiert kritisiert Müller die Exklusionsmechanismen des klassischen Konzertbetriebes und die Gefahren einer gönnerhaften Integration von marginalisierten Gruppen in Form von Spezialzyklen anstatt echter und ernstgemeinter Inklusion. Von einer Konzertreihe ‚Klassik für Kloppis' hebt sich das eingangs beschriebene Format *klangberührt* des Wiener Konzerthauses deshalb ab, weil das Konzept klug und sensibel auf alle Menschen, mit und ohne Behinderung,

---

18 Vgl. Terkessidis 2019.
19 Vgl. Hoffmann 1979.
20 Müller 2017, o. S.

abzielt.²¹ Dennoch kann ein inklusiver Konzertzyklus nur eine wichtige erste Etappe auf dem Weg zu gelebter Inklusion im Konzertbetrieb sein. Tobias Renz weist darauf hin, dass

> „das Nicht-Besuchen von Theatern oder Museen nicht ausschließlich als freie Entscheidung der Individuen zu verstehen [ist], sondern eine ungleiche Verteilung der Teilhabe immer als abbauwürdigen sozialen Missstand, als Exklusion bestimmter Gruppen der Gesellschaft von demokratischen Prozessen zu begreifen. Daraus folgt der wesentliche Auftrag an die Akteure im Kulturbetrieb, ein sozial diverses Publikum und *Kultur für alle* anzustreben"²².

Angebote der Musikvermittlung und Community Music, deren Akteur_innen Menschen in einer wertschätzenden und antidiskriminatorischen Haltung mit Musiken in Berührung bringen, sind ein wesentlicher Beitrag dazu, mehr Chancengerechtigkeit zu ermöglichen. In welcher Form das gelingen kann, soll im folgenden Abschnitt exemplarisch an drei mehrfach ausgezeichneten Initiativen gezeigt werden.

Inklusive Projekte in Musikvermittlung und Community Music

Die Deutsche Kammerphilharmonie Bremen zählt zu den weltweit führenden Kammerorchestern. Im Jahr 2007 bezog es seine Probenräume in einer Gesamtschule des Stadtteiles Tenever, der als sozialer Brennpunkt²³ galt und seither durch einen Verbund aus Aktivitäten des Orchesters, städtebaulichen und sozialpolitischen Maßnahmen eine deutliche Aufwertung erlebte. Die pragmatische Entscheidung des Orchesters, ihre Heimstätte in einer Schule zu beziehen, – die Räumlichkeiten bieten eine gute Akustik und die Möglichkeit zu hochauflösender Musikaufzeichnung – führte zur Gründung des *Zukunftslabors* mit einer Reihe von inklusiven künstlerisch-sozialen Projekten. *Die Melodie des Lebens* ermöglicht Schüler_innen der Gesamtschule Bremen-Ost, ihre eigenen Songs gemeinsam mit dem Moderator und Sänger Mark Scheibe und dem Orchester auf die Bühne zu bringen. Besonders hervorzuheben ist die Stadtteil-Oper, bei der die Musiker_innen der Kammerphilharmonie seit 2009 jährlich gemeinsam mit professionellen Sänger_innen sowie Schüler_innen und Bewohner_innen von Bremen-Tenever ein Musiktheater mit rund 600 Beteiligten erarbeiten und in einem eigens dafür errichteten Theaterzelt zur Aufführung bringen.

Das Luzerner Symphonieorchester setzte 2017 einen inklusiven Fachbeirat ein, der die Institution dabei unterstützt, auf die verschiedenen Bedürfnisse jener Besucher_innen einzugehen, die Schwierigkeiten haben, klassische Konzer-

---
21 URL: <https://konzerthaus.at/konzert/eventid/56989> (21.12.2020).
22 Renz 2016, o. S.
23 URL: <https://www.sozialestadt.bremen.de/foerdergebiete/tenever-3562> (21.12.2020).

te zu besuchen. So bietet das Orchester sowohl Formate an, die im Kultur- und Kongresszentrum Luzern stattfinden (Mittagskonzerte für demente Menschen, Konzertbegleitung für blinde Menschen), als auch Angebote, bei denen Musiker_innen den angestammten Konzertort verlassen und in Alters- und Pflegeheimen sowie Institutionen für behinderte Menschen spielen. Einem Eröffnungskonzert, zu dem auch ein öffentliches Publikum eingeladen werden kann, folgen bei diesen *Stationskonzerten* halbstündige Konzerte samt Moderation auf den einzelnen Stationen der Einrichtung. Mit dem *Musikwagen* verfügt das Orchester außerdem über ein mobiles Format, das von Institutionen für Community Music-Projektwochen gebucht werden kann.

Das Wiener Konzerthaus setzt seit 2019 verstärkt Akzente im Bereich inklusiver Angebote. Der Konzertzyklus *klangberührt* startete nach zwei Pilot-Konzerten in der Saison 2019/20. Vier Konzerte mit Musik unterschiedlicher Stilrichtungen finden im Schubert-Saal statt, der eine flexible Raumnutzung ermöglicht und so den Kontakt zwischen Musiker_innen und Publikum intensiviert. Eine Musikvermittlerin konzipiert und moderiert die 75-minütigen Konzerte, in denen die Musiker_innen das Publikum auch musikalisch miteinbeziehen. Im Sommer 2019 fand die erste inklusive *SommerMusikWoche* statt, die sich dezidiert an Menschen allen Alters, jeglicher Herkunft und mit oder ohne Behinderung wendete. Vier Tage lang musizierten die Teilnehmer_innen mit professionellen Musiker_innen und Ensembles. Am Ende der Woche gab es ein gemeinsames Konzert im großen Saal des Konzerthauses. In Kooperation mit den *Stadtlaboren*, einer Initiative der Stadt Wien und der Brunnenpassage, einem soziokulturellen Zentrum im 16. Wiener Gemeindebezirk, konzipiert das Konzerthaus unter dem Titel *Musik findet Stadt* außerdem künstlerische Interventionen und Konzerte in strukturschwachen Gegenden der Stadt.

Musiker_innen als *bridging agents*

Für klassische Musikinstitutionen und deren Akteur_innen stellen die beschriebenen Aktivitäten durchaus beachtliche Herausforderungen dar. Denn ernst gemeinte und qualitativ hochwertige inklusive Angebote bestehen nicht lediglich aus einer Integration von neuem Publikum in ein bereits bestehendes Programm, sondern erfordern eine kritische Prüfung und Weiterentwicklung der eigenen Praxis. Terkessidis fordert, dass

> „alle Bemühungen um Teilhabe auch im Dienste einer Selbstprüfung der jeweiligen Trägerstrukturen stehen – verbunden mit der Frage, ob ‚unsere' Strukturen, Planungen und Angebote ‚fit' sind für die Vielheit der Gesellschaft. Also ‚fit' sind

dafür, auf die Individuen mit ihren unterschiedlichen Voraussetzungen, Hintergründen und Referenzrahmen entsprechend einzugehen"[24].

Als ethisches Leitprinzip formuliert Terkessidis *Kollaboration*, die sich nicht wie Kooperationen in einer bloßen Zusammenarbeit erschöpft, sondern alle beteiligten Akteur_innen und Institutionen potentiell verändert.[25] Herausragende Beispiele für Kollaborationen in diesem Sinne sind die oben beschriebenen Partnerschaften zwischen dem Wiener Konzerthaus und der Brunnenpassage, zwischen dem Luzerner Symphonieorchester und Einrichtungen für alte oder behinderte Menschen sowie zwischen der Kammerphilharmonie Bremen und der Gesamtschule Bremen-Ost. Dabei handelt es sich um die Zusammenarbeit zwischen Institutionen mit völlig unterschiedlichen Logiken und Selbstverständnissen, was die Möglichkeit aufwirft, in einem gemeinsamen Lernprozess voneinander zu profitieren und die eigene Praxis zu transformieren. Kollaborative Projekte mit Communities, wie die Stadtteiloper der Kammerphilharmonie Bremen, erfordern darüber hinaus eine Reflexion der eigenen hegemonialen Position von Kultureinrichtungen und die Öffnung und Weitung eines normativen, auf Hochkultur reduzierten Kulturbegriffs, damit Teilhabe „kein grosszügiges [sic!] Eröffnen von Zugängen zu einem abgeschlossenen Feld, sondern ein Prozess gegenseitigen Austauschs im Sinne einer sich dynamisch entwickelnden kulturellen Vielfalt – Kultur von allen [ist]".[26]

Zentrale Akteur_innen in diesem Prozess der Öffnung und der Veränderung hin zu einem inklusiven Konzertleben sind Musiker_innen, deren berufliche Tätigkeiten sich angesichts der beschriebenen Entwicklungen stark verändern. Sie spielen an neuen Konzertorten wie Altersheimen, Gefängnissen, Krankenhäusern, Behinderteneinrichtungen oder Gemeindezentren, interagieren dort mit neuem und zum Teil vulnerablem Publikum[27], kreieren partizipative Projekte und schärfen bei Musiker_innenkolleg_innen und ihren jeweiligen Organisationen das Bewusstsein für die Wichtigkeit dieser Projekte. In einer Fallstudie von Petri-Preis[28] zu den subjektiven Theorien einer Musikerin in Hinblick auf Musikvermittlung beschreibt die Interviewpartnerin ihre Rolle als Bindeglied, als Akteurin also, die an den Grenzen oder über die Grenzen von Communities und sozialen Welten hinaus agiert und zwischen ihren Mitgliedern übersetzen kann. Die Musiker_innen werden in Projekten von Musikvermittlung und Community Music daher zu *bridging agents*[29], die Brücken sowohl innerhalb ihrer Institutionen als auch aus den Institutionen hinaus zu Partner_innen und zu den Communities bauen. Dazu benötigen sie einen Nexus an sozialen, päda-

---

24 Terkessidis 2019, 84.
25 Vgl. Terkessidis 2015.
26 Hornberger 2019, 209.
27 Vgl. Smilde 2019.
28 Vgl. Petri-Preis 2019a.
29 Vgl. Strauss 2017.

gogischen und künstlerischen Kompetenzen, den Wenger-Trayner/Wenger-Trayner als „knowledgeability"[30] bezeichnen, und der sie in die Lage versetzt, über die Grenzen von Communities of Practice[31] hinweg wirksam zu werden.

Musikvermittlung und Community Music am IMP

Die Lehrenden und Forschenden des Fachbereichs *Musik im Dialog (Musikvermittlung/Community Music)*[32] am Institut für musikpädagogische Forschung, Musikdidaktik und Elementares Musizieren der mdw bereiten Studierende auf die beschriebenen Entwicklungen im Konzertleben und ihre Rolle als Künstler_innen und Vermittler_innen im 21. Jahrhundert vor. Inklusion ist grundlegender Bestandteil und Wesensmerkmal aller Projekte, die in den Lehrveranstaltungen durchgeführt werden. Partner_innen in Projekten wie *isa Outreach*[33], *ProMiMiC*[34], *Musik zum Anfassen*[35], *Community Orchester Wien*[36] und *junge oper wien*[37] sind so unterschiedliche Einrichtungen wie die Neue Oper Wien, die Musikschule der Stadt Wien, Neue Mittelschulen, Einrichtungen für geflüchtete und behinderte Menschen, Altersheime, Krankenhäuser und Gefängnisse. Basierend auf einem antidiskriminatorischen und postkolonialen Verständnis von Musikvermittlung und Community Music, das künstlerische Exzellenz mit gesellschaftlicher Verantwortung und pädagogischer Sensibilität verbindet, wird in diesen Initiativen Wert auf ein dialogisches und wertschätzendes gemeinsames Arbeiten gelegt, das voraussetzungsoffen alle Menschen gemäß ihren Interessen und Fähigkeiten inkludiert. Studierende, die in diesen Projekten tätig sind, finden in den entsprechenden Lehrveranstaltungen einen Lern- und Entfaltungsraum vor, in dem sie sich vielfältige Kompetenzen für ihre spätere berufliche Tätigkeit aneignen können, um als *bridging agents* nicht nur fit für ein sich wandelndes Konzertleben zu sein, sondern diesen Wandel auch aktiv vorantreiben zu können.

---

30 Vgl. Wenger-Trayner/Wenger-Trayner 2015.
31 Vgl. Lave/Wenger 1991, Wenger 1998
32 URL: <https://www.mdw.ac.at/imp/musik-im-dialog/> (21.12.2020).
33 URL: <https://www.mdw.ac.at/imp/?PageId=3885> (21.12.2020).
34 URL: <https://www.mdw.ac.at/61/> (21.12.2020).
35 URL: <https://www.musikzumanfassen.at/> (21.12.2020).
36 URL: <https://community-orchester.wien> (21.12.2020).
37 URL: <https://www.mdw.ac.at/imp/junge-oper-wien/> (21.12.2020).

Axel Petri-Preis

Conclusio und Ausblick

Die These, die ich diesem Text zugrunde legte, lautet, dass Musikvermittlung und Community Music wesentliche Motoren von Inklusion im klassischen Konzertbetrieb sind. Ich habe gezeigt, dass Kulturinstitutionen in Angeboten von Musikvermittlung und Community Music und in Kollaboration mit verschiedenen Partner_innen kulturelle Teilhabe für Communities und Publika ermöglichen, die vom traditionellen Konzertbetrieb als Distinktionsmaschine bis dato ausgeschlossen waren. Nun mag kritisch eingewendet werden, dass Kulturinstitutionen musikvermittelnde Programmreihen oder Community-Projekte als Feigenblatt verwenden könnten, das davon ablenkt, dass der Kernbetrieb unverändert exklusiv bleibt. Das grundlegende Verdienst von Musikvermittlung und Community Music besteht zunächst darin, ein Einfallstor für Inklusion und kulturelle Teilhabe in den Konzertbetrieb geschaffen zu haben. Das langfristige transformative Potential liegt jedoch darin, dass Akteur_innen von Musikvermittlung und Community Music ihr in der Ausbildung und in entsprechenden Projekten erworbenes *mindset* in den Kernbetrieb des Konzertlebens tragen und ihn damit nachhaltig verändern. So könnten Konzerterlebnisse wie das eingangs beschriebene von der Ausnahme schon bald zum Regelfall eines inklusiven Konzertlebens werden.

Literatur

Bartleet, Brydie-Leigh/Higgins, Lee: Introduction: An Overview of the Community Musik in the Twenty-first Century. In: Bartleet, Brydie-Leigh/Higgins, Lee (Hg.): The Oxford Handbook of Community Music. Oxford: Oxford University Press 2018, S. 1-22.

Borwick, Doug (Hg.): Building Communities, not Audiences. The Future of the Arts in the United States. Winston-Salem: Arts Engaged 2012.

Chaker, Sarah/Petri-Preis, Axel: Professionalization in the Field of Music Mediation. Wien: Unveröffentlichtes Manuskript 2019.

de Bánffy-Hall, Alicia: The development of community music in Munich. Münster: Waxmann 2019.

Deane, Kathryn: Community Music in the United Kingdom: Politics or Policies? In: Bartleet, Brydie-Leigh/Higgins, Lee (Hg.): The Oxford Handbook of Community Music. Oxford: Oxford University Press 2018, S. 323-342.

Deutsches Musikinformationszentrum: Konzertstatistik, URL: <http://www.miz.org/downloads/statistik/78/78_Veranstaltungen_oeffentlich_finanzierter_Orchester.pdf> (21.12.2020).

Gembris, Heiner/Menze Jonas: Zwischen Publikumsschwund und Publikumsentwicklung. Perspektiven für Musikerberuf, Musikpädagogik und Kulturpolitik. In: Tröndle, Martin: Das Konzert II. Beiträge zum Forschungsfeld der Concert Studies. Bielefeld: transcript 2018, S. 305-332.

Gruhn, Wilfried: Die Vermittlung von Musik in Kinder- und Jugendkonzerten. In: Österreichische Musikzeitschrift 41/1986, S. 346-369.

Higgins, Lee: Community Music: In Theory and In Practice. Oxford: Oxford University Press 2012.

Higgins, Lee: Community Music verstehen – Theorie und Praxis. In: Hill, Burkhard/de Bánffy-Hall, Alicia (Hg.): Community Music: Beiträge zur Theorie und Praxis aus internationaler und deutscher Perspektive. Münster, New York: Waxmann 2017. S. 45-61.

Hoffmann, Hilmar: Kultur für alle. Perspektiven und Modelle. Frankfurt am Main: Suhrkamp 1979.

Hornberger, Barbara: Informelle Orte, informelles Lernen: Herausforderung für Kulturelle Bildung. URL: <https://www.kubi-online.de/artikel/informelle-orte-informelles-lernen-herausforderung-kulturelle-bildung> (21.12.2020).

Hornberger, Barbara: Die Anerkennung kultureller Präferenzen. Zum Verhältnis von populärer Kultur und kultureller Teilhabe. In: Nationaler Kulturdialog (Hg.): Kulturelle Teilhabe, ein Handbuch. Zürich: Seismo Verlag 2019, S. 205-212.

Knoblich, Tobias J.: Das Prinzip Soziokultur – Geschichte und Perspektiven. URL: <https://www.bpb.de/apuz/26396/das-prinzip-soziokultur-geschichte-und-perspektiven>, (21.12.2020).

Lave, Jean/Wenger, Etienne: Situated Learning. Legitimate peripheral participation. Cambridge: Cambridge University Press 1991.

Mall, Peter: Schule und Orchester. Aspekte des Zusammenspiels von schulischer und außerschulischer Musikvermittlung in kooperativer Projektarbeit. Augsburg: Wißner 2016.

Mandel, Birgit: Teilhabeorientierte Kulturvermittlung. Neue Herausforderungen für Kulturinstitutionen und Kulturpolitik. In: Nationaler Kulturdialog (Hg.): Kulturelle Teilhabe, ein Handbuch. Zürich: Seismo Verlag 2019, S. 69-76.

Müller, Birte: Hochkultur für Behinderte. Ein Konzert für alle – außer Willi. URL: <https://www.spiegel.de/lebenundlernen/schule/ganz-harte-schule-behinderte-in-der-elbphilharmonie-a-1133130.html> (21.12.2020).

Petri-Preis, Axel: „Die Schule kann das nicht alleine stemmen". Subjektive Theorien einer Musikerin zu ihrem Handeln im schulischen Kontext. In: schulheft 172/2019a, S. 31-45.

Petri-Preis, Axel: Musikvermittlung. Ein musikpädagogischer Streitbegriff. In: Diskussion Musikpädagogik 84/2019b, S. 5-10.

Renz, Thomas: Nicht-Besucherforschung: Die Förderung kultureller Teilhabe durch Audience Development. Bielefeld: transcript 2016a.

Renz, Thomas: Nicht-BesucherInnen öffentlich geförderter Kulturveranstaltungen. Der Forschungsstand zur kulturellen Teilhabe in Deutschland. 2016b. URL: <https://

www.kubi-online.de/artikel/nicht-besucherinnen-oeffentlich-gefoerderter-kultur-veranstaltungen-forschungsstand-zur> (21.12.2020).

Smilde, Rineke: Community Engagement and Lifelong Learning. In: Bartleet, Brydie-Leigh/Higgins, Lee (Hg.): The Oxford Handbook of Community Music. Oxford: Oxford University Press 2018, S. 673-692.

Strauss, Anselm: Continual Permutations of Action. (Erstausgabe 1993). London: Routledge 2017.

Terkessidis, Mark: Kollaboration. Frankfurt am Main: Suhrkamp 2015.

Terkessidis, Mark: Kulturelle Teil-Gabe. Das Prinzip der Kollaboration. In: Nationaler Kulturdialog (Hg.): Kulturelle Teilhabe, ein Handbuch. Zürich: Seismo Verlag 2019, S. 79-86.

Tröndle, Martin: Eine Konzerttheorie. In: Tröndle, Martin: Das Konzert II. Beiträge zum Forschungsfeld der Concert Studies. Bielefeld: transcript 2018, S. 25-53.

Wenger, Etienne: Communities of Practice. Learning, meaning, and identity. Cambridge: Cambridge University Press 1998.

Wenger-Trayner, Etienne/Wenger-Trayner, Beverly: Learning in a landscape of Practice: A framework. In: Wenger-Trayner, Etienne u. a. (Hg.): Learning in Landscapes of Practice. Boundaries, Identity, and Knowledgeability in Practice-Based Learning. London: Routledge 2015. S. 13-29.

Wimmer, Constanze: Exchange – Die Kunst, Musik zu vermitteln. Qualitäten in der Musikvermittlung und Konzertpädagogik. URL: <http://www.kunstdervermittlung.at> (01.04.2020).

Wimmer, Constanze: Konzerte für Kinder gestern & heute. Perspektiven der historischen und aktuellen Praxis in der Musikvermittlung. In: Schneider, Klaus-Ernst/Wimmer, Constanze (Hg.): Hörräume öffnen. Spielräume gestalten. Konzerte für Kinder. Regensburg: conbrio 2011, S. 9-19.

Wimmer, Constanze: Einen Sehnsuchtsort der Wahrnehmung öffnen. Musikvermittlung im Konzertbetrieb, In: Tröndle, Martin: Das Konzert II. Beiträge zum Forschungsfeld der Concert Studies. Bielefeld: transcript 2018, S. 197-216.

Axel Petri-Preis studierte Musikpädagogik, Germanistik und Musikwissenschaft in Wien und promovierte mit einer Studie über die Lernwege von klassischen Musiker_innen im Hinblick auf eine Tätigkeit in der Musikvermittlung. Er ist seit 2011 als freischaffender Musikvermittler tätig. Aufträge erhielt er von Festspiele Mecklenburg-Vorpommern, Wien Modern, Philharmonie Luxemburg u.v.m. Für die Neue Oper Wien zeichnete er zwischen 2011 und 2018 für die Programmheftgestaltung verantwortlich und baute das mehrfach ausgezeichnete Musiktheatervermittlungsprogramm *junge oper wien* auf. Seit 2017 ist er wissenschaftlicher Mitarbeiter am Institut für Musikpädagogische Forschung, Musikdidaktik und Elementares Musizieren (IMP) der mdw – Universität für Musik und darstellende Kunst Wien und seit Oktober 2021 dessen stellvertretender Leiter.

VIII.
Ausblick und Perspektiven

Helga Neira Zugasty

Inklusiv musizieren – von gesellschaftlicher Relevanz?

> „Jeder Mensch kann Musik machen lernen – wenn die Gemeinschaft aller Verantwortung dafür übernimmt und individuelle Wege zulässt."[1]

Rückblick

Wenn wir einigermaßen realistische Vorstellungen über das gleichberechtigte Miteinanderleben und -lernen von Menschen mit und ohne Behinderung in unserem Land gewinnen wollen, dann erscheint es mir unumgänglich, mit einem Rückblick zumindest auf jenen Abschnitt zu beginnen, den ich selbst erlebt habe.

1944, mein Geburtsjahr, war noch die Zeit, in der menschliches Leben als lebenswert oder lebensunwert klassifiziert wurde. Als Tochter eines Arztes habe ich eine Erinnerung an eine Bemerkung beim Mittagstisch aus meiner Kinderzeit, als mein Vater mit Bedauern die Konsequenzen für eine befreundete Krankenschwester kommentierte, die ein sogenanntes ‚missgebildetes' Baby nicht weglegte, sondern am Leben hielt. Sie habe damit niemandem etwas Gutes getan, auch wenn sie nicht nach dem medizinischen Usus der damaligen Zeit, sondern menschlich, also ihrem Herzen folgend gehandelt habe. Ich kann meine kindlichen Gedanken von damals, meine Vorstellungen, wie dieses Kind gestorben sein muss, noch heute abrufen.

Aber in dieser Zeit geschah auch anderes. Aus der Erschütterung über die institutionalisiert verübten Grausamkeiten in der ersten Hälfte des 20. Jahrhunderts wurde 1948 die *Allgemeine Erklärung der Menschenrechte*[2] verfasst und mit 48 Jastimmen, acht Enthaltungen und keiner Gegenstimme in der Versammlung der Vereinten Nationen verabschiedet. Sie hat Gültigkeit für alle Menschen der Erde, ist seither Wegweiser und Bezugspunkt im Kampf für ein menschenwürdiges Leben und gegen Angst, Schrecken und Armut.

Diese, obzwar rechtlich nicht bindende, Deklaration hat den Sinn, dass ihre allgemein anerkannten Grundsätze in die Gesetzgebung der einzelnen Staaten überführt werden. Dies geschah und geschieht noch immer in jeweils spezifischen Beschlussfassungen für Kinderrechte, Frauenrechte, Antifolter, Recht auf Arbeit, Wohnen, Rassendiskriminierung und vieles weiteres. Es versetzt mich nachträglich in Erstaunen, dass während meiner ganzen Schulzeit sowie in

---
1   Wagner o.J.
2   United Nations General Assembly [UN General Assembly] 1948.

Helga Neira Zugasty

meiner Ausbildung zur Lehrerin oder auch in menschenrechtlich entscheidenden Fragen wie Teilhabegerechtigkeit, diese bahnbrechende weitreichende humanitäre Errungenschaft nicht bewusst gemacht wurde, geschweige denn als Argumentationsgrundlage herangezogen wurde. Das ist oft auch heute noch so. Es wird sogar allenthalben versucht, an dieser gemeinsamen und weltverbindenden ethischen Basis für unser Zusammenleben zu rütteln.

Es gab einige Schlüsselerlebnisse in meiner Ausbildungszeit, die mir den abwertenden, unqualifizierten Umgang mit Kindern mit Behinderung in einer Hospitationsklasse und in einem großen Heim mit erwachsenen Menschen mit Behinderung als eine schlichtweg unerträgliche Ungerechtigkeit erscheinen ließen. Meine damalige Entscheidung für den Beruf der Sonderschullehrerin wurde in meinem Umfeld als eine bedauerliche Vergeudung von besseren Studien- und Karrierechancen gesehen: Sonderschullehrer*innen waren eben nur nicht ganz ernst zu nehmende Sozialidealist*innen. 2007 wurde die *Allgemeine Erklärung der Menschenrechte* in Bezug auf Menschen mit Behinderungen präzisiert – in der UN-Behindertenrechtskonvention [UN-BRK][3].

Der Psychologe und langjährige Präsident der Lebenshilfe Österreich, Germain Weber[4], beschreibt im Artikel *Ob Geschichte geschrieben wird* seine Gedanken zur UN-BRK[5], aus denen ich auszugsweise zitieren möchte.

> „Das Modell, das sich in der Behindertenarbeit seit Jahrzehnten in unseren Gesellschaften gefestigt hat, ist durch eine karitative Grundhaltung charakterisiert, orientiert sich vorwiegend an einem medizinischen Modell der Behinderung, und die handlungsethische Maxime der pflegenden Umwelt ist, sich zum Wohle des behinderten Menschen zu verwenden. In den Lebensumwelten, die auf dieser Grundlage entstanden und in diesem Sinne geführt worden sind, war wenig Raum für individuelle Autonomie und Unabhängigkeit der betreuten Menschen mit Behinderungen. [....] Menschen mit Behinderungen wurden allerdings in diesen Zeiten und Entwicklungen [das heißt nach der Allgemeinen Erklärung der Menschenrechte 1948] eigentlich nicht als Träger dieser Rechte und Freiheiten betrachtet. [....] Tatsächlich sind diese rechtlichen Bestimmungen in weiterer Folge mit vielfältigen Formen der Benachteiligung und Diskriminierung der ‚geschützten' Personen einhergegangen. [Und dieser Schutz steht unter dem Begriff ‚lebenslänglich', vom Kindergarten über Schule, Werkstätte, Wohnheim bis Altersheim.]."[6]

> „Es zeigt sich somit, dass in den fünfzig Jahren nach der *Allgemeinen Erklärung der Menschenrechte* Menschen mit Behinderung und die Barrierefreiheit von Menschenrechten wenig Beachtung gefunden haben. Aus dieser Nichtrealisierung, gepaart mit der Erkenntnis, dass über achtzig Prozent der Menschen, die weltweit in Armut

---

3   United Nations [UN] 2007.
4   Dr. phil. Germain Weber, 2008-2016 Dekan der Fakultät für Psychologie an der Universität Wien sowie außerordentlicher Universitätsprofessor am Institut für angewandte Psychologie; seit 2004 Präsident der Lebenshilfe Österreich (vgl. Lebenshilfe Österreich, o.J.).
5   Vgl. Weber 2012.
6   Ebd., 250f.

leben, von Behinderungen direkt oder indirekt betroffen sind, entstand eine Reihe von Vorläufer-Instrumenten, die aber allesamt in ihrer Wirkung für Menschen mit Behinderung enttäuschend waren. [...] Auf Initiative einiger Staaten im Jahre 2001 kam der Vorschlag, auf UN-Ebene eine gesonderte Konvention über die Rechte von Menschen mit Behinderungen zu entwickeln. [...] 1994 war beispielsweise mit der *Salamanca-Erklärung*[7] der Impuls für die gleichberechtigte Teilhabe von Menschen mit Behinderung im Bereich Bildung gegeben worden: Er blieb in Österreich faktisch unwirksam, weil einerseits die 8. Schulorganisationsgesetz-Novelle[8] auf Basis von ‚Kann'-Bestimmungen und Freiwilligkeit formuliert wurde und andererseits Integration nur auf den Bereich Schule, aber nicht auf weiterführende Lebenswelten wie Arbeit, Lehre, Wohnen oder Freizeit bezogen wurde."[9]

„Mit dieser neuen, schließlich 2006 in Kraft getretenen Konvention sollen die Umsetzung der Rechte von Menschen mit Behinderungen sowie die Bekämpfung der Armut – eine seit vielen Jahren verfolgte Zielsetzung der UN – wirkungsvoll gefördert werden. Die Behindertenkonvention enthält keine neuen Rechte und keine Rechte, die über jene der *Allgemeinen Erklärung der Menschenrechte* von 1948 hinausgehen. Die Konvention präzisiert vielmehr diese Rechte in Bezug auf Menschen mit Behinderungen und sieht vor, dass mit der Ratifikation durch die nationalen Parlamente die Bestimmungen der UN-Konvention verbindlich in nationales Recht übergeführt werden – ein entscheidender Unterschied zur Erklärung von 1948. Der jeweilige Vertragsstaat verpflichtet sich, ein System zur innerstaatlichen Durchführung und Überwachung aufzubauen. In Österreich wurde diese Aufgabe per Gesetz dem Unabhängigen [sic] Monitoring Ausschuss zugewiesen, der sich am 10. Dezember 2008 konstituiert hat."[10]

Nachdem es in Österreich bei der Anpassung der gesetzlichen Maßnahmen bis 2010 kaum zu merklichen Veränderungen in der Praxis kam, erfolgte die Erstellung des *Nationalen Aktionsplans [NAP] Behinderung 2012-2020*[11]. Aber nicht nur, dass in diesem Plan wesentliche Forderungen der Zivilgesellschaft ignoriert wurden, wie zum Beispiel Sanktionierung von Gesetzesverstößen: Die Praxis zeigt auch, dass die Maßnahmen in den acht Jahren seit Inkrafttreten des NAP nur teilweise umgesetzt wurden, die Sensibilisierung im Sinne der UN-BRK, nämlich Inklusion als Menschenrecht zu verwirklichen, in vielen Institutionen kaum stattgefunden hat und von flächendeckender Inklusionsarbeit speziell im Bildungswesen nicht die Rede sein kann.

Derzeit leistet wieder die Zivilgesellschaft die Vorarbeit für den Folgeplan NAP II, der 2021 in Kraft treten soll, mit der Erwartung, dass diesmal mit mehr Transparenz und Verbindlichkeit die Maßnahmen für inklusive Bildung in der alltäglichen Praxis auf allen Ebenen verwirklicht werden können.

---

7   United Nations Educational Scientific and Cultural Organization [UNESCO] 1994.
8   8. Schulorganisationsgesetz-Novelle, Bgbl. Nr. 271/1985.
9   Ebd., 252, Hervorhebung nicht im Original.
10 Ebd., 252, Hervorhebung nicht im Original.
11 Bundesministerium für Arbeit, Soziales und Konsumentenschutz [BMASK] 2012.

Helga Neira Zugasty

Und doch: International tat sich seit 1948 einiges, das im Laufe der Zeit auch in unserem Land vor allem Eltern animierte, ein Ende jener Spezialisierung zu fordern, die ausschließend und aus dem gesellschaftlichen Leben ausgrenzend wirkt, und dagegen die Forderung nach gemeinsamen Lebens- und Lernwelten aufzustellen. So gab es über viele Jahre die sogenannte ‚wilde' Integration. Im Bezirk Reutte in Tirol führte diese sogar zu einer flächendeckenden Abschaffung von Sonderinstitutionen, was bundesweit den Druck auf die Schulbehörden erhöhte, dem internationalen Trend zur Abschaffung segregierender Systeme zu folgen. Eltern und Lehrer*innen kamen mit stiller Billigung seitens der dortigen Schulverwaltung überein, dass Kinder mit Behinderung, manchmal sogar schwer mehrfach behinderte Kinder, gemeinsam mit den Kindern aus ihrer Wohnumgebung, also in ihrem angestammten sozialen Umfeld, erfolgreich beschult werden.

Für mich gab es diese Option 1990 leider nicht. Es gab im näheren Wohnumfeld unter Berücksichtigung zumutbarer Wege keine Möglichkeit für unseren Sohn mit Down-Syndrom eine, wenn schon nicht inklusiv, so doch wenigstens integrativ gestaltete Primarschulzeit zu absolvieren. Meine Konsequenz daraus: Abmeldung vom Regelschulsystem und häuslicher Unterricht und Gründung der ersten integrativen (de facto voll inklusiven) Lernwerksatt in Wien. Noch haben wir Eltern in Österreich das Privileg, diese Option wählen zu können, da es in Österreich keine Schul-, sondern nur eine Unterrichtspflicht gibt. Neben zwei älteren Söhnen im Gymnasium, einer vollen Lehrverpflichtung an der Körperbehindertenschule und einem Lehrauftrag an der mdw – Universität für Musik und darstellenden Kunst Wien, war es eine wirkliche Herausforderung, nicht nur die finanziellen, organisatorischen und personellen Belange für diese kleine Schule in partizipativer Weise zu bewältigen, sondern vor allem die Didaktik für die Lernsituationen von 22 Kindern in Primar- und Sekundarstufe nach reformpädagogischen Prinzipien zu entwickeln und zu gestalten und innere Strukturen für die vorbereitete Umgebung zu schaffen: Maria Montessori, Rebeca Wild und Célestin Freinet waren hierbei die Leitbilder. Alle Schüler*innen hatten am Ende jedes Schuljahrs eine so genannte Externistenprüfung abzulegen. Eine große Hilfe war dabei das Beobachtungs- und Analyseverfahren nach der Theorie der psychischen Funktionen von Karl Garnitschnig[12], mit dem wir nicht nur eine gute Orientierung und Reflexion unserer Arbeit erreichten, sondern eine Qualitätssicherung möglich war, die sogar in einem Forschungsprojekt dokumentiert wurde.[13] Selbstredend oblag es damals auch uns Eltern,

---

12 Univ. Prof. Dr. Karl Garnitschnig, Bildungswissenschafter (i.R.), Universität Wien; Lehrbeauftragter und Lehrgangsleitung an der Donauuniversität Krems und der Privatuniversität UMIT für Gesundheitswissenschaften, Medizinische Informatik und Technik, Psychotherapeut, Supervisor, Wissenschaftlicher Leiter des Instituts für Bildungsmanagement (vgl. Institut für Bildungsmanagement/Verein für Familienbegleitung, o.J.).
13 Vgl. Garnitschnig/Neira Zugasty 2008.

für die musikalischen Ambitionen unseres Sohnes (klassische Gitarre, Schlagwerk) den Unterricht auf privater Basis zu organisieren.

An der Situation hat sich bis heute nur geändert, dass wesentlich mehr Eltern und reformpädagogisch wache Lehrer*innen in unserem Land inklusive Lernsituationen schaffen. Systemisch und vom offiziellen Bildungskonzept her (siehe Agenda 20-30) sind in Österreich die pädagogischen und damit auch gesellschaftlich relevanten Errungenschaften der Reformpädagogik aber eben immer noch ‚Reform' und nicht ins allgemeine pädagogische Handwerk und den schulischen Alltag implementiert. Diese Prinzipien sind aber unabdingbar für inklusiven Unterricht und auch für den Musikunterricht.

In Folge der bereits erwähnten *Salamanca Erklärung* wurde im österreichischen Schulsystem zum ersten Mal die Integration von Kindern mit Behinderungen möglich, vorerst in der Unterstufe, in weiterer Folge dann bis zum 14. Lebensjahr. Diese Vorgangsweise erwies sich aber als nicht zielführend für das Empowerment der Schüler*innen, sich einen gleichberechtigten Platz in der Gesellschaft zu schaffen, denn die nachfolgenden den Jugendlichen ohne Behinderung zur Verfügung stehenden Weiterbildungsmöglichkeiten waren nicht mehr inklusiv gestaltet: Die Lebenswege von Jugendlichen mit Behinderungen mündeten somit meist wieder in sonderpädagogische Institutionen. Bedauerlicherweise befinden sich Eltern in vielen Orten Österreichs noch immer in einer Bittstellersituation. Sie erfahren in unwürdigen und auf Defizite ausgerichteten ‚Beratungsgesprächen', dass ihr Kind auch nach gelungener gemeinsamer Kindergarten- und Primarschulzeit eben nicht weiterhin im Regelschulbetrieb verbleiben und auch die Sekundarstufe im gelebten sozialen Umfeld besuchen kann. Da wirken Einstellungen, die auch entsprechend der derzeitigen Ausrichtung der Bildungsverantwortlichen in die gegenteilige Entwicklung führen. Einerseits gibt es die gesetzliche Verpflichtung für ein inklusives Bildungswesen in Österreich, andererseits werden weiterhin Investitionen in ein separiertes Schulsystem getätigt. Mit Umberto Eco könnte man sagen, dass bei diesem an sich unverständlichen Phänomen Fortschritt und Rückschritt zusammenfallen.[14]

Warum habe ich die von Germain Weber ausgeführte Chronologie in dieser Ausführlichkeit zitiert?

Ein Grund ist, dass ich aufzeigen will, dass zwar national und international eine transparente Mitarbeit der Zivilgesellschaft an der Umsetzung der UN-BRK vorgesehen ist und vielerorts auch gelingt, diese bei uns aber noch nicht systematisch praktiziert wird. Der andere Grund ist, dass beim genauen Hinhören auf diverse Botschaften der Politik beziehungsweise der Menschen, die politische Weichen stellen und Entscheidungen treffen können, der vorgestrige Bodensatz in deren Einstellung zu gleichberechtigter Teilhabe der Menschen mit Behinderung am gemeinsamen Leben in der Gesellschaft immer noch

---

14 Vgl. Eco 2011, o. S.

deutlich hörbar und im Handhaben von Umsetzungsmöglichkeiten sehr wohl spürbar ist. Dieser Umstand ist erschreckend, wie zum Beispiel die Existenz des § 97 im österreichischen Strafgesetzbuch[15] zeigt, der die Tötung eines Fötus bis einen Tag vor der Geburt erlaubt, wenn dieser eine schwere Behinderung aufweist. Anzuführen wären auch die erneute Zunahme von Sonderschulen in Österreich (auch wenn sie anders benannt werden, etwa in Schulzentren im Fachbereich für Inklusion, Diversität & Sonderpädagogik, ändert das nichts daran, dass sie separierende Institutionen sind) und die beharrliche Weigerung, eine in vielen Ländern zufriedenstellend praktizierte gemeinsame Schule der Sechs- bis Fünfzehnjährigen anstelle des separierenden Systems zuzulassen, das mit Screenings das Auseinanderdividieren der Lernwelten jetzt schon in die dritte Klasse Volksschule vorverlegt und anderes mehr.

Wer die Artikel der UN-BRK, im Besonderen die eindrücklichen Punkte der Präambel, genau liest – und das sollte für alle Lehrenden und Studierenden eine Pflichtlektüre sein – und unvoreingenommen das eigene Tätigkeitsfeld daraufhin durchforstet, wird seinen Blick für Strukturen, Vorgangsweisen und Gewohnheiten schärfen, zu kritischen Fragen kommen und sicher auch Impulse für eine schulische Ermöglichungskultur bekommen. Denn dann stehen die Menschen im Fokus und nicht die Systeme, deren Sachzwänge und Usancen, an denen vielerorts aus unterschiedlichen Interessen heraus scheinbar nicht gerüttelt werden darf.

Dort, wo vor Jahren die *Salamanca Erklärung* den Ansatz für eine Veränderung vom separierenden zum inkludierenden Umgang mit Menschen mit Behinderung suchte, nämlich im Bereich Bildung, dreht sich hierzulande auch 25 Jahre später noch immer die Diskussion nicht darum, wie die Ressourcenaufteilung so gestaltet werden kann, dass gemeinsames Lernen zumindest bis zum Ende der Bildungspflicht möglich ist, sondern immer noch darum, ob das überhaupt gut und notwendig wäre. Derzeit scheint für die Bildungsverantwortlichen im Ministerium das differenzierte Schulsystem völlig außer Streit zu stehen, wobei allerdings anzumerken ist, dass jede einzelne Lehrkraft für ihre Schüler*innen vor Ort die eigentlich Hauptverantwortliche ist und man sich wohl mit dem System auseinandersetzen muss. Lehrkräfte sollten ihre Spielräume nutzen, denn die Nutzung der Lehr- und Methodenfreiheit ist nicht nur ein Recht, sondern auch zugleich eine Pflicht, um allen mir überantworteten Schüler*innen gerecht zu werden.

Immerhin aber lässt sich sagen, dass in vielen Lebensbereichen für Menschen mit Behinderung Fortschritte zugunsten deren Lebensqualität gelungen sind. Ich nenne hier die generell höhere Akzeptanz im gesellschaftlichen Kontext, die Bemühungen um Barrierefreiheit (die sich meist jedoch nur auf die bauliche

---

15 § 97. Straflosigkeit des Schwangerschaftsabbruchs. In Bgbl. Nr. 60/1974 zuletzt geändert durch Bgbl. I Nr. 112/2015.

Zugänglichkeit reduziert), Sicherheit und Ressourcenzugang für den Lebensunterhalt, mehr Offenheit (wie zum Beispiel ein hervorragend gestaltetes inklusives Abonnement im Konzerthaus oder inklusive Lehrveranstaltungen und Ensembles für die Lehrpraxis an der mdw). Für die Betroffenen geht es noch immer zu langsam, ist es zu wenig, und für Einzelschicksale lassen sich oft keine akzeptablen Lösungen finden, aber vieles wäre zu Beginn meiner Lehrtätigkeit undenkbar gewesen. Das ist ein Verdienst von vielen Einzelpersonen, von zivilen Organisationen und auch von Beamten an Schaltstellen der Verwaltung, die den Paradigmenwechsel geschafft haben, Behinderung nicht als medizinisches, auf Defizite und ‚Befürsorgung' ausgerichtetes Problem zu sehen, sondern zur Einsicht gelangt sind, dass Behinderung vom sozialen Kontext her verstanden werden muss. Die Frage also lautet: Was hindert eine Person an der Entwicklung ihrer individuellen Fähigkeiten, an der für sie optimalen Teilhabe am gesellschaftlichen Leben?

Inklusion ist nicht ausschließlich die Sache von Menschen mit Behinderung, weil das Sosein eines Menschen – jedes Menschen, ob mit oder ohne Behinderung – mit seinen individuellen Ausdrucksweisen und Fähigkeiten weder diskutierbar, mess- oder bewertbar, noch die gleichwertige Stellung eines/einer Jeden verhandelbar ist. Inklusion meint die gleichwertige (nicht gleichartige) Teilhabe aller an den diversen gesellschaftlichen Prozessen und eben auch an Prozessen des lebenslangen Lernens. Sie hat folglich in der Umsetzung Einfluss auf die nicht behinderte Gesellschaft und verlangt von ihr Anpassung, Mitdenken, Veränderung mit positiven Effekten für das Zusammenleben aller.

Weiters wird in der Geschichte dieses siebzig Jahre dauernden Zeitraums seit der *Allgemeinen Erklärung der Menschenrechte* deutlich, wie mühselig und langwierig der Prozess der Inklusion als solcher ist. Es wirkt sich auch der Umstand aus, dass in der Entwicklung des Behindertenwesens in unserem Land bis heute zu wenig Menschen als tragende Rollenbilder öffentlich wirksame gesellschaftliche Relevanz gewinnen konnten. Denn was bräuchte eine Gesellschaft mehr, als Menschen wie zum Beispiel Franz-Joseph Huainigg[16] oder Helene Jarmer[17], die trotz schwerster Behinderung in einer unübertreffbaren Brillanz politisch, sozial, als Autoren und Autorinnen, Multiplikatoren und Multiplikatorinnen kreativ tätig sind, um zu überzeugen, dass Inklusion nur gegenseitigen Gewinn für alle bringen kann? Und wie kann dann eine solche Einsicht ignoriert und von dumpfer Ignoranz überwuchert werden? Wenn man so überzeugende Vorreiter*innen erlebt – und deren gibt es mehrere in unserem Land: Wie kann dann die volle Bedeutung

---

16 Dr. Franz-Joseph Huainigg, geb. 1966, 2002-2008 und 2010-2017 Nationalratsabgeordneter der ÖVP in der Funktion als Behindertensprecher und Sprecher für Entwicklungszusammenarbeit der ÖVP, Kinderbuchautor, Medienpädagoge (vgl. Republik Österreich. Parlamentsdirektion, 2017a).

17 Mag. Helene Jarmer, geb. 1971, 2009-2017 Nationalratsabgeordnete der GRÜNEN (vgl. Republik Österreich. Parlamentsdirektion, 2017b).

der UN-BRK, die eigentlich ganz einfach zu verstehen ist, nicht verstanden und tatkräftig umgesetzt werden? Warum wird der Halbherzigkeit verantwortlicher Personen so wenig entgegengehalten? Es ist ausschließlich der Unbeugsamkeit, Nachhaltigkeit und Effizienz engagierter Einzelpersonen, die sich häufig in Interessensvertretungen zusammenschließen, oft aber auch in vorhandenen Institutionen als ‚Salz der Erde' wirksam werden, zu verdanken, dass überhaupt in unserem Land Inklusion als legitimes Thema verhandelbar ist.

Wenn in Leitbildern von Institutionen die explizite Erwähnung von Inklusion für nicht nötig erachtet wird, weil die Formulierungen sich angeblich per se auf alle Personen und Funktionsbereiche bezögen, Inklusion daher keine Sondererwähnung brauche, dann beweist die hier ausgeführte Geschichte zur UN-BRK das Gegenteil. Diese Sichtweise wäre jedoch nur dann berechtigt, wenn mit der allgemeinen Formulierung auch die Erstellung der erforderlichen Rahmenbedingungen und die Zuteilung der notwendigen zusätzlichen Ressourcen erfolgen würde, wenn auch das grundsätzliche Verständnis von Teilhabe der Menschen mit Behinderung selbstverständlich verwirklicht werden würde.

Solange dies nicht der Fall ist, braucht es die UN-BRK genauso wie die deutliche Einforderung von deren Umsetzung.

Setzen einzelne Personen in Schlüsselpositionen ihre Einstellung zu Inklusion in ihrem Umfeld um, dann hat das eine Signalwirkung für andere Bereiche. Dies geschah beispielsweise durch die Direktorin der Musikschule Wien, Swea Hieltscher, die spontan bei der ersten Anfrage bereits 2004 für alle Musikschulen Wiens die Möglichkeit eröffnete, dass jede/r Lehrende zehn Prozent der Lehrverpflichtung für Schüler*innen mit Behinderung einsetzen kann und zusätzlich mit Michael Weber einen Koordinator und eine Fachbegleitung einsetzte. Ein Beispiel, das zeigt, dass bei entsprechender Offenheit doch vieles möglich ist.

Einblicke

Stellen wir uns vor, dass wir den Goldenen Saal des Wiener Musikvereins aus unterschiedlichen Perspektiven betrachten: Es bleibt immer derselbe Saal, es klingt im ganzen Raum dieselbe Musik, aber die Personen, die ihn betreten, haben ganz unterschiedliche Zugänge. Die Musiker*innen sind von der Akustik begeistert, die Dirigent*innen wiederum von den Musiker*innen, die Konzertmanager*innen freuen sich an der guten Auslastung, die Tontechniker*innen sehen die technischen Möglichkeiten für die Aufnahmen, das Hauspersonal die vielen organisatorischen Details von der Reinigung bis hin zu Billetverkauf und -kontrolle. Das Publikum erlebt am Ende die Gesamtheit dieser unglaublich komplexen Zusammenarbeit als künstlerischen Höchstgenuss in einem stimmigen, wunderbaren Ambiente.

Auch ein stimmiges, genussvolles Ambiente für inklusives Musizieren entsteht erst dann, wenn viele Faktoren möglichst reibungsfrei aufeinander abgestimmt sind und alle Beteiligten ein Verständnis für diese Komplexität aufbringen.

Der Zugang der Beteiligten ist jeweils sehr unterschiedlich und erfordert nicht nur eine Auseinandersetzung mit dem eigenen Aktionsfeld, sondern vor allem auch die Einsicht in die anderen mitwirkenden Bereiche. Machen wir uns daher die Mühe zu überlegen, welche verschiedenen Personen an einem gelingenden Musizieren in fähigkeitsgemischten Gruppen beteiligt sein können[18]:
- der Anteil der Bevölkerung, der als nicht behindert gilt;
- die Eltern, die Bezugspersonen;
- die Ausbildner*innen, die Verwaltungsorgane;
- die Studierenden;
- die Musiker*innen mit Behinderung.

Der Anteil der Bevölkerung, der als nicht behindert gilt

Zunächst sind die nichtbehinderten Akteur*innen von vorrangiger Bedeutung. Ohne sie gäbe es gar kein inklusives künstlerisches bzw. kunstpädagogisches Schaffen. Sie sind wesentliche Meinungsbildner*innen und Meinungsträger*innen im öffentlichen Diskurs bezüglich des Gestaltungsraums inklusiver Lebensformen und damit auch des gemeinsamen Musizierens in heterogenen Gruppen. Ich erlebe oft, dass Kinder mit Behinderung für sich singen, spontan und mit Lust Klänge auf einem Instrument hervorbringen und sich als Musizierende fühlen, sich daran freuen und darüber glücklich sind. Sobald jedoch nicht behinderte Partner*innen mitmusizieren, beginnt das Klanggefüge in eine Schräglage zu rutschen. Denn gemeinsames Musizieren beruht auf wenigen, aber unabdingbaren Regeln, insbesondere, wenn inklusive Ensembles sich in einem öffentlichen Rahmen präsentieren.

> „Musik [Musizieren] ist nicht per se inklusiv. Sobald eine ästhetische Dimension ins Spiel kommt, – sobald es also nicht mehr gleichgültig ist, was erklingt und wie es erklingt, sondern die Wahrnehmung des Erklingenden durch ein normatives Wertesystem, einen tradierten Schönheitsbegriff oder einen kollektiven Qualitätsanspruch grundiert ist – wird das Musizieren in der Regel eine hochgradig exklusive Angelegenheit."[19]

Wer aus dem geteilten Potenzial von Menschen mit sehr unterschiedlichen stimmlichen, kognitiven oder motorischen Ausdrucksmöglichkeiten heraus in fähigkeitsgemischten Gruppen zu einem gemeinsamen Musiziergenuss kom-

---
18 Musizieren steht für mich in engem Zusammenhang mit der Kunst des Darstellens und Tanzens, daher sind in den folgenden Abschnitten diese Ausdrucksformen auch immer mit einbezogen.
19 König 2019, 4.

men will, muss vor allem eines mitbringen, nämlich die grundsätzliche Einstellung, dass jeder Mensch, der musizieren will, auch musizieren können soll oder wie es Robert Wagner formuliert:

> „Nicht jeder Mensch muss selber Musik machen. Aber jeder Mensch soll Gelegenheit bekommen, mit Musik zu spielen und für sich herauszufinden, ob er Spaß im und am Spiel findet. Ob sich der Spaß einstellt oder von Anfang an vorhanden ist, hängt von vielen Dingen ab."[20]

Es braucht die Bereitschaft, sich flexibel auf Menschen einzulassen, die mit einem anderen Fähigkeitspotenzial Musik machen, vielleicht auch tanzen und schauspielen wollen. Es ist eine Grundvoraussetzung, dass das ernsthafte Mitwirken-Wollen im gemeinsamen Gestaltungsprozess wertgeschätzt wird, dass wir gemeinsam die Freude am Tun und Gelingen, am Erforschen und Experimentieren genießen. Vieles, was in den nachfolgenden Absätzen angesprochen wird, ist einfach als Anrecht aller zu verstehen. Bei all ihrer Differenziertheit kann Musik doch auch als gemeinsam gestaltbares Kulturgut aufgefasst werden. Das zu akzeptieren, muss eine Vorleistung der nicht behinderten Gesellschaft sein. „Bildung hat einen kooperativen Charakter: denn wir können es nicht ohne andere. Bildung ist durchaus eine Form der Selbstbefähigung, aber sie erschöpft sich nicht in Selbstgenügsamkeit."[21]

Institutionen für Menschen ohne Behinderung, Schulen, Vereine, Förderer*innen müssen ihre Türen aufmachen, sowohl im übertragenen als auch im wörtlichen Sinn. Es braucht eine Öffnung der tradierten ästhetischen Vorstellungen hin zu neuen Wegen für soziale Partizipation im Musikgestalten, im Darstellen, in der Kunst generell, zu Wegen, die dann auch ästhetisch relevant werden. Neues kann nur entstehen, wenn für die Umschichtung der Ressourcen und für die Weiterentwicklung der gewohnten Strukturen die Bereitschaft gegeben ist. Inklusiv gestaltete (Lern)Prozesse lassen sich nicht in das enge Korsett der gewohnten Vorstellungen von Bildung beziehungsweise des tradierten Kunstverständnisses hineinzwängen. Auch ist die simple Strategie nicht zielführend, der Regelpädagogik einfach ein reduziertes Angebot hinzuzufügen. Das trifft nicht den Sinn des inklusiven Musizierens, nämlich dass die Musizierenden mit ihren unterschiedlichen Fähigkeiten „als gleichwertige Mitglieder am gemeinsamen Tun teilhaben [zu] können"[22]. Derartige Versuche erleben wir, wie oben schon erwähnt, seit Jahrzehnten mit dem nicht zielführenden Modell der *Integration*. Es wirkt sich in konsequenter Folge aus, dass in der nicht behinderten Gesellschaft weder Lehrende noch die meisten der Studierenden, auch nicht das zuständige Verwaltungspersonal auf allen Ebenen und schließlich auch ein großer Teil des Publikums in der eigenen Schulzeit oder im eigenen Lebensumfeld *Inklusions*er-

---
20   Wagner 2011, 102.
21   El-Mafaalani 2020, 39.
22   Feuser 2019, 135.

fahrungen machen konnten. Die Vorstellung, dass unterschiedliche Menschen mit ganz unterschiedlichen Fähigkeiten im Alltag gemeinsam miteinander leben und zusammen lernen, beginnt sich in unserem Land erst ansatzweise zu entwickeln. Es sind mehrheitlich die eigenen verinnerlichten Vorstellungen wirksam, und so werden oft auch Vorurteile und einschränkende Vorstellungen weitertransportiert, wie Lernen ganz allgemein als für die Zukunft nutzbringender Vorgang zu organisieren sei und Musizieren dem kulturellen Verständnis zu entsprechen habe. Dass Bildung die umfassende Ausbildung des körperlichen, geistigen, seelischen und somit auch künstlerisch-kreativen Potenzials der Lernenden als Ziel anzustreben hat, scheint nicht eine kardinale Forderung des Bildungssystems zu sein. In den Zielen der Agenda der österreichischen Bundesregierung vom 1.1.2016 wird bezüglich Bildung im Teil 4, 1. Absatz 1 gefordert: „Bis 2030 ist sicherzustellen, dass alle Mädchen und Jungen gleichberechtigt eine kostenlose und hochwertige Grund- und Sekundarschulbildung abschließen, die zu brauchbaren und effektiven Lernergebnissen führt."[23] Zugleich aber bleibt de facto die Separierung der Lerngemeinschaften durch die Feststellung von sonderpädagogischem Förderbedarf gängige Praxis.

> „Nicht die Heterogenität der Kinder ist das Problem unserer allgemeinbildenden Schulen, sondern die Homogenität der ihnen aufgezwungenen Anforderungen und Leistungsbeurteilung. Diese zwingen den Lehrern einen defizitorientierten, selektierenden Blick auf."[24]

So stellt sich mit dieser Agenda schon die Frage: brauchbare Lernergebnisse für wen? Und es wäre beeindruckend, wenn ‚effizient' so gemeint wäre, dass wir – ich zitiere hier als Rhythmikerin E. J.-Dalcroze – „den jungen Leuten die Mittel […] liefern, ihr eigenes Leben zu leben und es gleichzeitig mit demjenigen ihrer Mitmenschen in Einklang zu bringen", und Dalcroze sagt weiter, „dass der Schüler das Höchstmaß seiner Kräfte ohne Widerstand und ohne Widerspruch von sich geben können soll [also auch musizieren dürfen soll]"[25].

Unserer Gesellschaft mangelt es schon aus ihrer Geschichte heraus in allen Lebensbereichen an überzeugenden Multiplikator*innen für eine partizipative Kultur im Sinne der UN-Behindertenrechtskonvention und im Besonderen für eine derart verstandene pädagogische Praxis. Behinderung wird nicht als selbstverständlicher Bestandteil des allgemeinen Lernens verstanden, sondern immer noch negativ konnotiert („X oder Y leidet am Down-Syndrom!"), als im Grunde nach der gesetzlichen Lage sogar als vermeidbare Ausnahmeerscheinung (siehe § 97 StGB[26]), sie wird als soziale Belastung dargestellt und als Angelegenheit und

---

23 Bundeskanzleramt Österreich 2019.
24 Wagner 2011, 102.
25 Jaques-Dalcroze 1977.
26 § 97 Strafgesetzbuch, Schwangerschaftsabbruch. In Bgbl. Nr. 60/1974 zuletzt geändert durch Bgbl. I Nr. 112/2015.

Aufgabe an ausgewählte Spezialist*innen übermittelt. Es liegt an der nicht behinderten Mehrheit der Bevölkerung, das Bewusstsein für Teilhabe, Teilnahme und Mitbestimmung im alltäglichen Umgang – und dazu gehört auch das Musizieren – zu schaffen und diese als Menschenrechte lebbar und geltend zu machen.

Auch eine andere Beobachtung ist interessant. Die Zuhörerschaft besteht besonders bei größeren inklusiven Veranstaltungen nicht nur aus dem Kreis der verständnisvollen Angehörigen und Freund*innen der Musiker*innen, Tänzer*innen, Schauspieler*innen mit Behinderung. Durch den öffentlichen Rahmen erleben auch Menschen ohne Berührungserfahrungen mit Behinderung diese Aufführungen und stellen überrascht fest, dass für sie die Unterscheidung, ob die Akteur*innen behindert oder nicht behindert sind, unwesentlich wird. Das Erleben hat für sie neue Maßstäbe gewonnen. Die Sicht auf die Kraft des gemeinsamen Potenzials verändert den Blick auf die eigenen tradierten Vorstellungen, wie Musik, Tanz oder Schauspiel den ästhetischen Maßstäben zu entsprechen hätten.

Die Eltern, die Bezugspersonen

Inklusives Musizieren hängt gerade im Kindes- und Jugendalter von Menschen mit Behinderung sehr stark von der Einstellung ihrer Eltern beziehungsweise ihrer Bezugspersonen zum Musizieren ab. Langsam kristallisiert sich nicht nur im Bewusstsein der allgemeinen Bevölkerung, sondern vor allem im Bewusstsein der Fachkräfte eine Unterscheidung zwischen Musikerziehung und Musiktherapie heraus, d. h. zwischen dem Anleiten zum Musizieren beziehungsweise überhaupt dem Musizieren im Sinne einer aktiven, kreativen Auseinandersetzung mit den eigenen musikalischen Ausdrucksmöglichkeiten und einer therapeutischen Arbeit mit den Mitteln der Musik. Es muss aufhören, dass im allgemeinen Verständnis *Musik und Behinderung* automatisch mit *Therapiebedürftigkeit* konnotiert wird. Letztere ist selbstredend auch gegeben. Gemeinsames Musizieren kann wohl therapeutische Effekte erzielen, ja bei guter Zusammenarbeit sogar therapeutische Intentionen unterstützen, hat aber nie einen therapeutischen Anspruch und ist von diesem auseinanderzuhalten.

Somit sind für das Musizieren in fähigkeitsgemischtem Kontext gleichwertige Zugänge zu regulärem Musikunterricht erforderlich. Dazu gehört, wie für nicht behinderte Schüler*innen, das Musizieren im Einzelunterricht ebenso wie in heterogenen Musiziergruppen, und zudem sind Auftrittsmöglichkeiten dieser Gruppen in der regulären öffentlichen Kulturszene zu schaffen.

Wie immer höhlt steter Tropfen den Stein: Seit es zunehmend mehr inklusive Musizierangebote gibt, erkennen immer mehr Eltern, dass ihre Kinder diese Angebote wahrnehmen können. Die von Inklusionsgegner*innen immer wieder an die Wand gemalte Befürchtung, dass Kinder mit Behinderung in inklusiven Gruppen Abwertung erfahren könnten, dass sie unter Leistungsstress kommen, findet durch eine inklusiv ausgerichtete Didaktik gar nicht statt. „Ziel ist es nicht, Schüler abzuholen, wo sie sind, sondern Schülern zu helfen, eigene Ziele zu formulieren und mit Möglichkeiten auszustatten, diese Ziele selbstbestimmt und eigenverantwortlich zu verwirklichen. Das ist zuletzt auch eine Frage der Menschenwürde"[27], so Robert Wagner.

Diesbezügliche Bedenken der Eltern erweisen sich somit als gegenstandslos. Eltern erleben, dass es nicht um ein bestimmtes Können geht, damit ihr Kind dabei sein darf, sondern dass dafür Sorge getragen wird, dass Musizieren Freude macht, Gemeinschaft ermöglicht, auch dass kreativ strukturierte Freizeit ohne Leistungsdruck gestaltet werden kann – wie immer dieses musikalische Geschehen entweder den Wünschen angepasst wird oder umgekehrt die Wünsche den Möglichkeiten entsprechend adaptiert werden. Warum soll ein zehnjähriges Mädchen mit Trisomie 21 nicht Trompete blasen? Wegen ihrer schwachen Muskelspannung? Das ist in der Trompetenklasse einer Musikschule offensichtlich kein Problem. Warum soll ein Bursch mit erhöhter Muskelspannung und wenig ausgeprägter Tiefensensibilität nicht Schlagzeug spielen? Mit der zunehmenden Bewusstheit für seine Rolle in der Band wuchs auch die Sensibilität gegenüber der Dynamik im musikalischen Ablauf. So konnte er entdecken, dass er seine Motorik immer differenzierter einsetzen kann. Er erlebt sich als Gestaltender und nicht nur als Ausagierender.

Wenn Eltern mit solchen Erwartungen und Befürchtungen an Gruppenleiter*innen herantreten, sollte wirklich im Gespräch das Bewusstsein für die Chance geweckt werden, dass gemeinsames Musizieren eine Quelle für Freude ist, für eine wunderbare, erfüllende Freizeitgestaltung, auch dafür, dass Gleichwertigkeit im sozialen Kontext der Gruppe erfahren wird. Es kann eine Steigerung des Selbstbewusstseins bewirken, besonders wenn es zu Auftritten, CD-Aufnahmen oder Videos kommt. Sich für diese Möglichkeiten zu öffnen ist vielen Eltern im kräfteraubenden Bemühen um die bestmögliche Förderung leider abhandengekommen, denn oft ist auch der Stress sehr hoch, wenn es darum geht, effiziente Therapien zu bewerkstelligen. So bleibt häufig für Freizeitangebote einfach nicht mehr genug Zeit und Energie übrig. Manchmal haben auch Eltern in ihrer Kindheit mit Musizieren oder Singen nicht unbedingt positive Erfahrungen gemacht. Ich erlebe, dass hingegen gut geführte Gruppen für Eltern ein ‚Relax-Faktor' werden, wenn es einfach nur ums Musizieren oder ums Tanzen geht und kein falscher Ehrgeiz stört. Wie auch immer – es geht primär um die Einstellung und um den Willen aller Beteiligten, ihre Vorstellungen auszutauschen, es geht um einen Umgang auf Augenhöhe, und auch darum, dass wir einander Zeit geben, weil Musizieren im Gesamten ja doch ein komplexer

---

27 Wagner 2011, 129.

Prozess ist, bei dem viele Faktoren aufeinander abgestimmt werden müssen und dies nicht immer sofort perfekt gelingen kann.

Noch ein Umstand bezüglich der Anforderungen an die begleitenden Personen soll erwähnt werden, der die Teilhabe von erwachsenen Menschen mit Behinderung in Musikgruppen, aber auch den Besuch von regulärem Musikunterricht in der Einzelstunde mitunter erschwert. Je nach Einschränkung sind die jugendlichen und erwachsenen Musiker*innen auf Unterstützung im öffentlichen Verkehr oder auf die Organisation eines Fahrtendienstes oder die Begleitung in der Gruppe angewiesen. Je nach Dienstplan und Besetzung der Betreuungsinstitutionen schafft diese Abhängigkeit oft Probleme in der Planung und Frust bei den Beteiligten, wenn Termine nicht eingehalten werden können. Besonders bei Veranstaltungen außerhalb der regulären Probenzeit braucht es von allen Beteiligten die Bereitschaft zu besonderem Engagement. Hier konstante Rahmenbedingungen zu schaffen ist oft unabhängig vom Musizieren als zusätzliche Herausforderung mitzudenken. Inklusiv arbeiten bedeutet eben, wirklich alles miteinzubeziehen.

Die Ausbildner*innen, die Verwaltungspersonen und Verwaltungsorgane – mit einem Exkurs zu grundlegenden Kriterien und Charakteristika inklusiver Musikpraxis

Personengruppen, die sich in den meisten Ausbildungsinstitutionen bislang nur in einer Minderheit mit Inklusion zu befassen hatten, sind die Lehrenden, die Ausbildner*innen sowie die Verwaltungspersonen und -organe. Unter anderem sind zwei bereits erwähnte Faktoren dafür ausschlaggebend.

Die meisten Ausbildner*innen haben keine eigenen Erfahrungen mit inklusiven Lernsituationen, ja überhaupt mit Menschen mit Behinderung, sondern stehen dem Thema mehr oder weniger ohne ausreichende Information und ohne Bezug gegenüber. Das Fehlen dieses in der UN-Behindertenrechtskonvention grundgelegten Teils des allgemeinen Bildungsauftrags fällt gar nicht auf. Es besteht meist die Meinung, dass irgendjemand in der Institution für die Kinder, Jugendlichen und Erwachsenen mit Behinderung zuständig wäre und auch die Kompetenzen dafür hätte, und man somit seine eigene Verantwortlichkeit dorthin delegieren könne, denn es seien da offensichtlich auch die entsprechenden Ressourcen vorhanden. Aber weder in Bezug auf die Kompetenzen noch auf die Ressourcen entspricht die Wirklichkeit den Erfordernissen.

Auch der zweite Faktor wurde bereits angesprochen: Wir leben in einem Land, das es sich unwidersprochen leisten kann, gesetzlich beschlossene Vorgaben einfach gar nicht oder nur ansatzweise umzusetzen. Die Verantwortlichen

Inklusiv musizieren – von gesellschaftlicher Relevanz?

für das Bildungswesen haben es nunmehr seit immerhin zwölf Jahren ‚geschafft', die Erfüllung eines gesetzlichen Auftrags für ganz Österreich auf nur drei Modellregionen zu reduzieren. Die Musikschulen gehen hier glücklicherweise in ihrem Verständnis des Bildungsauftrags mit den Vorstellungen des öffentlichen Schulwesens nicht immer konform, sie haben teilweise sogar vorbildliche Regelungen (wie die oben erwähnten der Wiener Musikschulen). Noch beunruhigender ist der Umstand, dass der Großteil jener Menschen, die dann auf Basis dieser Empfehlungen, Zielsetzungen und verpflichtenden Maßnahmen lehren sollen, nicht einmal Kenntnis davon hat, dass es bei der Umsetzung von NAP I um ihre eigene aktive Beteiligung gehen würde, denn sie selber sind es, die den kommenden Generationen das Rüstzeug für ein gesellschaftlich gerechtes Zusammenleben geben sollen.

Derzeit erstellen die zivilen Organisationen (unter dem Dach des Österreichischen Behindertenrats) die Vorarbeiten für den Nationalen Aktionsplan 2021-2030. Es geht gerade jetzt um die Nachbesserung und die Weiterführung jener Richtlinien, nach denen die Lehrenden in den folgenden neun Jahren zu arbeiten haben. Proaktiv nimmt nur ein sehr geringer Anteil des Ausbildungspersonals quer durch alle Institutionen hier seine gestalterische Verantwortung wahr. Auf meine dahingehende Nachfrage im Kolleg*innenenkreis und bei Studierenden ist meistens zuerst eine Erklärung notwendig, was es mit dem Nationalen Aktionsplan Behinderung überhaupt auf sich hat, gefolgt von der überraschenden bis betroffenen Erkenntnis, dass sich wirklich jede*r Lehrende hier angesprochen zu fühlen hätte. Denn Inklusion ist, wie eingangs schon betont, ein gemeinschaftlicher Prozess aller. Er wird missverstanden und von vornherein ineffizient, wenn er als die alleinige Sache der Menschen mit Behinderung und einiger weniger, die sich dafür einsetzen, behandelt wird.

In solchen Gesprächen – und deren führe ich viele – kommen dann die Gesprächspartner*innen, Kolleg*innen oder Studierenden unweigerlich von selbst zur fundamentalen Frage, wie weit das Verständnis von gesellschaftlicher Gleichstellung und die Beachtung der Rechte von Menschen mit Behinderung entwickelt sei ja überhaupt Relevanz habe Das bezieht sich auf die Gesellschaft generell, aber eben auch auf jede*n Einzelne*n – damit auch auf meine Gesprächspartner*innen – und speziell auf die mit Bildungsaufgaben betrauten Personen.

Und dann gelingt es doch immer wieder, einen Nachdenkprozess anzustoßen und das Schatzkästchen der eigenen Ressourcen zu entdecken. Gemeinsam werden kleine Strategien entwickelt, aus denen heraus dann wirklich neue inklusive Ideen entstehen und oft erst in mehreren Anläufen verwirklicht werden, vorausgesetzt, man hat sich gegenseitig immer wieder unterstützt.

Es gibt inzwischen inklusive Ausbildungszweige an österreichischen Musikuniversitäten und Hochschulen (Wien, Linz, Innsbruck, Salzburg, Graz) und im

Speziellen das an der mdw angesiedelte Institut für Musik- und Bewegungspädagogik/Rhythmik sowie Musikphysiologie (MBM), die für Inklusions- und Heilpädagogik Lehrveranstaltungen in unterschiedlichen Settings anbieten (Didaktik, Praxis, Unterrichtsanalyse, Mitwirkung in inklusiven Ensembles, Wahlfächer, Fortbildungen, Vernetzung mit inklusiven Lehrveranstaltungen der Allgemeinen Bildungswissenschaften, Angebote für Quereinsteiger*innen, Erfahrungs- und Forschungsfelder für inklusive Musikpädagogik). Auch die fachdidaktische Verankerung von Inklusion in der Musikpädagogik am Institut für musikpädagogische Forschung, Musikdidaktik und Elementares Musizieren (IMP) wird von den Studierenden für ihre Ausbildung durchwegs als Bereicherung geschätzt.

Langsam wächst die Szene und entwickelt ein Verständnis dafür, dass heterogene Lernsituationen die Perspektiven erweitern sowie einen kritischen Zugang zu gewohnten pädagogischen Vorgangsweisen schaffen. Die Überzeugungsarbeit für die Implementierung von Inklusion als Querschnittmaterie an allen Ausbildungsstätten muss sicher auf längere Zeit hinaus geleistet werden. Denn es ist zweifelsohne erforderlich, dass tradierte Muster anders gedacht und zugänglicher gemacht werden. Es ist zudem notwendig, dass das Exzellenzverständnis sich über den rein musikalisch performativen Aspekt hinaus in die eigentlich für alle Menschen wichtige zentrale Bedeutung des Musiziererlebnisses hinein vertieft muss. Die Aufgabe der Musikpädagogik ist es, die übliche Vorstellung der musikpädagogischen Aufbauarbeit in Form einer Pyramide in das Modell von nebeneinanderstehenden und gleichberechtigten Säulen zu verändern. Peter Röbke etwa stellt in seiner Auseinandersetzung mit den Arbeitsfeldern der Musikschule[28] in Bezug auf deren zentrales Anliegen fest:

> „Hier haben wir uns klar zu einer musikalischen Teilhabegerechtigkeit zu bekennen! Es geht der Musikschule in ihrem ersten Arbeitsfeld so oder so um den Aufbau und die Entwicklung von musikalischen Lern- und Lebensgemeinschaften, in denen Menschen unterschiedlichen instrumentalen Niveaus (oder auch Alters) ernsthaft, künstlerisch befriedigend und kontinuierlich miteinander Musik machen, in welchem Stil oder in welcher Musizierweise auch immer."[29]

Musikpädagogische Arbeit dient eben nicht nur dem Zweck der Selektion, so dass dann an der Spitze die preisverdächtigen Talente die Leistungsfähigkeit des Systems beweisen, was zu einer ständigen Vernachlässigung und Ausdünnung der Basis und des Mittelfeldes führt. Das grundlegende Ziel sollte vielmehr eine zunehmend wachsende, fröhlich musizierende junge Generation sein, für die es offene, ihren Fähigkeiten und Bedürfnissen entsprechende Bildungsangebote

---

28 Damit sind die drei Arbeitsfelder der Befähigung zu lebenslanger Musikpraxis im Laienmusizieren, die Ausbildung des professionellen Nachwuchses und die Kooperationen mit den Regelschulen gemeint.
29 Röbke 2015, 17.

gibt, aus der von selbst jene Spitzentalente hervorgehen, die dann auch im Sinne der Gleichberechtigung die ihnen gemäße Förderung erhalten.

Wenn nun die Angebote in der musikpädagogischen Praxis (schon in den Ausbildungsstätten, vor allem aber in den Pflichtschulen, AHS und Musikschulen) den Paradigmenwechsel vom nach vorgegebenen Leistungskriterien selektierenden zum inkludierenden Musizieren schaffen sollen, dann fordert dies vor allen Dingen das Bekenntnis der Ausbildner*innen zu Teilhabe. Es braucht deren Bereitschaft, die eigenen gewohnten Unterrichtskonzepte und didaktischen Vorgangsweisen zu hinterfragen, sich für neue Strategien und Kooperationen zu öffnen und den Musizierprozess als eine lebendige, gemeinschaftliche und bedeutungsvolle Aktivität zu sehen, in der viel mehr passiert als nur ein Stück zum Klingen zu bringen.

- Da kriegt die Fantasie neue Flügel, besonders was das didaktische Repertoire und dessen flexible Handhabung betrifft. *Kreativität* wächst aus oft recht verborgenen Quellen, wenn zum Beispiel eine Studentin auf ihrer Geige entdeckt, dass sie ohne Notenvorgabe spontan eine Überstimme improvisieren kann. Der Bratschist neben ihr, dadurch angeregt, improvisiert mit ihr acht Takte lang ein Duo als Zwischenspiel, wobei jedes Mal ganz selbstverständlich neue Variationen der Strophenform entstehen. Die musikalischen Inhalte stellen nur die Mittel dar, sie sind nicht Selbstzweck. Es geht niemandem dabei darum, sich in den Vordergrund zu spielen, weil sich alle innerlich in der besten Möglichkeit ihres Ausdrucks finden. Ich habe diesen Eigenwert des Musizierens in den inklusiven Ensembles bei den Menschen mit Behinderung meist von vornherein erlebt und bei den Studierenden beobachtet, dass er nach und nach aufkeimt.
- Die Fähigkeit zur *Abstraktion* findet beispielsweise in der notwendigerweise sehr unterschiedlichen Dokumentation des Musiziergutes breite Anwendung. Dieses kann auf einem Blatt Papier in unglaublich vielen Variationen von Farben, Buchstaben, Bildsymbolen, räumlichen Anordnungen und anderen Möglichkeiten verständlich und somit auch für Menschen zugänglich gemacht werden, die mit verschriftlichten Anweisungen Schwierigkeiten haben. Dabei steht im Mittelpunkt eines starken Lernprozesses für die meisten Lehrenden und Studierenden die *kardinale pädagogische Fähigkeit der Reduktion* in Bezug auf die Unterrichtssprache, auf die Stückgestaltung, auf die Probenführung und auf die Aufführungsplanung. Dieser Lernprozess gelingt am besten mit Empathie und (Selbst-)Reflexion und führt zu einem ganz allgemeinen Kompetenzgewinn.
- Das *Selbstbewusstsein* aller Beteiligten hängt nicht nur vom Gelingen einer möglichst perfekten Performance ab, sondern auch von der Intensität des Dabeiseins und dem von allen akzeptierten Einbringen des jeweils besten Könnens. „Die Musik [...] ist für viele Menschen eine Chance, ihr Leben sinnvoll zu gestalten oder mit anderen Menschen und mit sich selbst in Kommu-

nikation zu kommen. Und genau das ist auch die Begründung von Musikunterricht. Perfektion gelingt dann oft als Nebeneffekt."[30]
- Es findet ein *Perspektivenwechsel im Zusammensein* statt: Nicht immer sind die technisch versiertesten Musiker*innen auch jene, welche es schaffen, mit Fröhlichkeit, Humor und gegenseitigem Verständnis den Musizierprozess zu gestalten. Oft sind es gerade die Mitglieder mit Behinderung, die ziemlich punktgenau durch ihr Verhalten Schwachstellen im Setting aufzeigen. Daraus ergibt sich, dass neue Sichtweisen gesucht werden müssen, wenn das gemeinsame Musizieren weiterhin gelingen und Freude machen soll. Es sind dann auch die persönliche Zuwendung, die Freude der Musiker*innen mit Behinderung, ihr selbstverständliches Erwarten der gewohnten Rituale und Probenabläufe, die über unbefriedigende Situationen hinweg tragen. So verändern sich die Perspektiven und geben jenseits eines nur effizienten Musizierens der sozialen Komponente Gewicht.
- Das Vorausschauen, wohin das gemeinsame musikalische Tun führen soll, endet nicht bei Übertrittsprüfungen, gelungenen oder weniger gelungenen Vorspielsituationen, sondern entfaltet *die Dynamik einer soziokulturellen Bedeutung im Alltagsleben* durch den Zusammenhalt, der über die Musikstunden hinausgeht. Sie birgt somit ein Potenzial für viel breiter wirksame Aktivitäten: Da wird nicht nur für die eigene Werkstätte bei einem Sommerfest aufgetreten, da genügt nicht nur der Klassenabend in der Musikschule, da drängt die Musiziergemeinschaft von sich aus in das soziale Umfeld, sie will und erhält Anerkennung und Feedback, sie zieht neue Ressourcen an.
- Eine Qualität, die gerade in der jetzigen schwierigen Corona-Periode besondere Bedeutung hat, ist die *Frustrationstoleranz*. Musizieren in heterogenen, fähigkeitsgemischten Gruppen braucht jene Achtsamkeit füreinander, aus der die Geduld erwächst, dass etwas einmal mehr wiederholt wird, als manche*r in der Gruppe möchte, oder dass eine Spielweise, auf die man sich schon geeinigt hatte, wieder abgeändert wird, weil eine tolle neue Idee aufgetaucht ist oder aber auch, weil für eine*n Mitspieler*in eine Schwierigkeit nicht bewältigbar ist, oder dass der eine oder andere Mitspieler schwer zur Ruhe kommen kann und immer wieder durch den Raum gehen muss, dabei aber nicht stört, wenn niemand daraus ein Problem macht ... eine lange Liste von Situationen wäre zu erstellen, die die Stärkung dieser Kompetenz und ihre Wirksamkeit im Alltagsleben aufzeigen.
- *Kooperieren* formt eine Musiziergemeinschaft, in der sich die einzelnen Mitglieder aufeinander verlassen. Sie kennen mit der Zeit ihre eigenen Fähigkeiten gut, wissen aber auch, was der Andere braucht und können dies zulassen. Es stärkt den Teamgeist, wenn man seine Fähigkeiten gleichberechtigt einbringen kann und zugleich bereit ist, auch die Fähigkeiten anderer anzuerkennen

---

30 Wagner 2011, 59.

und dabei für spezifische Ausdrucksformen ein Weg gefunden wird: Diese können als Stärken, als besondere Lösungen eingebaut werden. Das gelingt nicht gleich von Anfang an, entwickelt sich aber dann, wenn die Gruppenleitung dieser Ko-Kreativität jenen Wert verleiht, den er für alle Beteiligten auch im Alltag hat. Dies ist eine Erfahrung, die in Gesprächen außerhalb des Musiziergeschehens mit den Menschen mit Behinderung selbst oder mit ihren Begleitpersonen meist nebenbei, gar nicht immer direkt benannt, zutage tritt.
– In solchen Musiziergemeinschaften entsteht eine hohe *Solidarität*, man will füreinander da sein, es entwickeln sich Rituale, es etablieren sich Regelvereinbarungen, weil man das gemeinsame Musikerlebnis immer wieder haben, genießen und gestalten möchte. Dasselbe gilt für Theaterspielen oder für die Präsentation von Choreografien. Wenn das Hauptaugenmerk auf den Gestaltungsprozessen genauso wie auf den Lernprozessen selbst liegt, dann ist auch in der Probenarbeit Offenheit für die Mitbestimmung möglich, eine Haltung, die wiederum den gegenseitigen Respekt und den Zusammenhalt stärkt.

Diese Kriterien und Charakteristika einer inklusiven Musizierpraxis, die inspiriert sind von André Frank Zimpel[31], einem Diplompsychologen und Forscher für Kognitionskybernetik an der Universität Hamburg, zielen eigentlich auf die Metakompetenzen, die jedem entwicklungsförderlichen Lehr- und Lernprozess als Basis eigen sind und der Auseinandersetzung mit konkreten fachlichen Inhalten erst ihren Sinn geben, ab. Diese Metakompetenzen als vorrangige Zielperspektive für Lernen zu betrachten wäre schon für Lernsituationen mit nicht behinderten Schüler*innen sehr fruchtbar, ist jedoch für Pädagog*innen in inklusiven Lernsituationen unabdingbar. Wenn Lehrende und Ausbildende ihren Studierenden diese Quellen pädagogischen Reichtums eröffnen, sie selber glaubhaft und überzeugend vorleben, dann wird die Sinnfrage, die sich in unserem Beruf ein Leben lang immer wieder völlig überfallsartig stellt, eine positive, gesellschaftspolitisch offene und gemeinschaftsorientierte Antwort finden. Das Einschließende, das Partizipative (und nicht das Ausschließende, Konkurrierende) stellt ja die eigentliche persönlichkeitsentwickelnde Kraftquelle für befriedigendes lebenslanges Lernen dar, es lässt keine Verlierer zurück, sondern schafft Synergien.

Eine partizipativ vertretbare Vorgangsweise für inklusives Musizieren in den Ausbildungsinstitutionen zu finden bedeutet klarerweise, dass auch die entsprechenden Rahmenbedingungen für inklusive Lehre, Forschung und Praxis durch die Ressourcenverteilung geschaffen werden müssen. Wer sich auf der Leitungsebene zu diversitätsgerechtem Handeln bekennt (diese Zusage wird in den Leitbildern festgeschrieben), muss jedoch wissen und beachten, dass die Hospitations- und Praxismöglichkeiten zusätzliche Budgets und Stundenmöglichkeiten brauchen. Erst damit wird inklusive Didaktik überhaupt möglich. Das

---

31 Vgl. Zimpel 2011, 41.

betrifft Raumressourcen ebenso wie personelle Ressourcen für die Teamarbeit; sie lassen sich nicht einfach in vorhandene Konzepte hineinpflanzen, sondern sind als Querschnittmaterie durchgängig mitzuplanen.

So gilt es durch eine neu zu konzipierende und daher herausfordernde pädagogische Arbeit das Rüstzeug zu schaffen für eine zukünftige Berufspraxis in Schulen, Musikschulen und Freizeiteinrichtungen, in denen in fähigkeitsgemischten Gruppen musiziert, getanzt und dargestellt wird. Wie wir sehen, geht es nicht nur um die Lehrpersonen: Es geht um die Einstellung der gesamten Hierarchie einer Institution, denn auch für die Verwaltung stellt die Implementierung inklusiver Ausbildungsmöglichkeiten eine neue Herausforderung dar.

Studierende

Für mich sind die Studenten und Studentinnen jene Gruppe, in die ich die meiste Hoffnung für gelingendes gemeinsames Musizieren, ja für den Weg in eine gemeinsame Lern- und Lebenswelt setze. Viele von ihnen erleben bewusst die Qualität ihrer Ausbildung, sie schätzen die Vielfalt, die gerade die pädagogisch orientierten Institute an der mdw – Universität für Musik und darstellende Kunst Wien bieten, und sie sind zugleich auch kritisch in Bezug auf das Thema *Diversität*. Sie reflektieren die Umsetzung in den gesellschaftlichen Kontext und sind offen für Gleichberechtigung und faires Zusammenleben. Sie können in den inzwischen schon aktiven inklusiven Ensembles mitwirken (*All Stars Inclusive Band, Young All Stars*, Ensemble *Ohrenklang*, inklusives Klassikensemble *ClassicALL*), oft auch in anderen Kontexten Praktika absolvieren, zum Beispiel im Kultur- und Bildungsverein *Ich bin O.K.*, in Schulen, in Kindergärten, im Allgemeinen Krankenhaus, in Pflegeheimen. So bildet sich auch generell ein breiteres Bewusstsein für den Wert dieser Arbeit in Bezug auf ihre zukünftigen Arbeitsfelder heraus. Sie erleben in diesen Settings das, was inklusiven Unterricht ausmacht: nämlich einen partizipativen Prozess, der sich zwischen allen Beteiligten gestaltet.

Die Erfahrungen aus den ersten sechs Jahren Aufbauarbeit mit der *All Stars Inclusive Band* hat Marlene Lacherstorfer, die die erste Bandleaderin war, in ihrer Masterarbeit[32] dargestellt. Darin finden sich quasi als Einstiegshilfe für Studierende unter anderem fundierte didaktisch-methodische Hinweise, beispielsweise die *Zehn Bausteine für die Einstudierung eines Musikbeispiels*[33] oder die Angabe der praktischen und didaktischen Lehrveranstaltungsinhalte[34]. Es macht jedoch kein noch so gut erarbeitetes didaktisches Programm Sinn, wenn es von der

---

32 Vgl. Lacherstorfer 2016.
33 Ebd., 143-161.
34 Ebd., 162-164.

Zielgruppe z. B. aus zwischenmenschlichen Gründen nicht angenommen wird. Und nicht immer haben die Lehrer*innen die besten Ideen, erst im Zusammenwirken aller gelingt ein für alle befriedigendes Musizieren und Darstellen.

Aber wie sieht so ein Prozess aus? Wie lebt man den wirklich? Im Prinzip geht es um drei wesentliche Parameter.

Empathie – das ist jene Beziehungsqualität, auf die nicht nur die Schüler*innen Anspruch haben, sondern ebenso die Studierenden und wir Hochschullehrer*innen selbst. Empathie wird aber nicht mittels eines Fachs gelernt, sondern durch Vorbilder und eigentlich als Geschenk, ja als Lebensgeschenk, gewonnen und dann – durch die Reflexion der eigenen Erfahrungen vertieft und gereift – selbst weitergegeben. Es ist die Fähigkeit, zumindest ahnend erfassen zu können, was das Hirn und das Herz meines Gegenübers im Moment bewegt, was mir der Körperausdruck signalisiert, was diese Zeichen mit mir selbst machen und wie ich ehrlich und doch konstruktiv darauf reagiere. Durch dieses feine Einfühlen wächst oft die Einsicht in Zusammenhänge, mögliche Ursachen, Missverständnisse, Blockaden. Aber es kann sich auch ein neuer Zugang für das Verständnis von Verhaltensweisen erschließen. In dieses feine Wechselspiel einzutreten lernt man durch Menschen, die mit uns diese Qualitäten leben. Das innere Bild des Gegenübers bestimmt die Möglichkeiten des eigenen mit.

Und doch kann es nur eine gegenseitige Annäherung sein. Es bleibt auch bei einem spürbaren Einverständnis immer noch ein Rest an nicht nachvollziehbarer Distanz. Denn niemand kann die Vorerfahrungen, die jede Person erworben hat und die ihr Denken und Handeln mitsteuern, wirklich erfassen. Dies ehrlich zu erkennen und zu respektieren und dem Gegenüber zuzugestehen, lässt Freiraum und schützt vor festgefahrenen Zuschreibungen und Irrwegen.

Empathie ist jene Fähigkeit, aus der etwa Geduld, Verständnis, Langmut, Durchhaltevermögen, d. h. einfach alle jene Handlungsressourcen erwachsen, die für ein tragfähiges Zusammenleben und das Bewältigen von Herausforderungen notwendig sind. In den bereits genannten der Unterrichtspraxis dienenden Ensembles gibt es keinen äußeren Erfolgszwang; die Studierenden wissen, dass sie hier ohne Beurteilungsdruck Erfahrungen sammeln können, ihre Vorlieben und Stärken einbringen (nach einigen Einheiten tun sie das immer aktiver) und ihre Grenzen ausloten können. Sie werden dabei in ihrer persönlichen Art ernst genommen. Es ist in diesen Settings auch Zeit vorgesehen für Austausch, Nachbereitung, Reflexion. Die Studierenden werden also auch mit dem emotionalen Erleben nicht allein gelassen. Sie finden hier einen geschützten, begleiteten Erfahrungsraum.

Der zweite Parameter bezieht sich auf die *Kunst der Didaktik*. Natürlich gibt es grundsätzliche didaktische Regeln für den Stundenaufbau und anderes mehr, aber in deren Anwendung sind Flexibilität und Fantasie entscheidend für das Gelingen. Prinzipiell sei betont: Um in der konkreten Situation das inhaltliche

Repertoire spontan anpassen zu können, ist es erforderlich, jeden Unterrichtsinhalt vorab so zu klären, dass in dessen Reduktion die einfachsten Grundbausteine erkennbar sind und von diesen ausgehend dann interdependent – also folgerichtig in den Zusammenhängen – die zunehmend komplexeren Anforderungen bewältigt werden. Das ist Übungssache und wird mit der Zeit zur Routine. Dies erfordert natürlich die Beherrschung des technischen Handwerks und das Wissen um das jeweilige Angebot. Dann ist jene Binnendifferenzierung möglich, die Georg Feuser wie folgt darstellt:

> „Inklusion heißt, dass alle Kinder und Schüler (ohne Ausschluss behinderter Kinder und Jugendlicher wegen Art und/oder Schweregrad einer vorliegenden Behinderung) in Kooperation miteinander, auf ihrem jeweiligen Entwicklungsniveau, nach Maßgabe ihrer momentanen Wahrnehmungs-, Denk- und Handlungskompetenzen, an und mit einem ‚gemeinsamen Gegenstand' (Projekt/Vorhaben/Inhalt/Thema), spielen, lernen und arbeiten. Es ist eine kooperative dialogische, interaktive, kommunikative Tätigkeit im Kollektiv."[35]

Diese Prinzipien sind als solche ein didaktisches Konzept. Sie sind im Wesentlichen schon grundgelegt in den reformpädagogischen Ideen zu Beginn des vorigen Jahrhunderts und sind daher auch kein Alleinstellungsmerkmal für inklusiven (Musik)Unterricht, sondern sind in pädagogischen Konzepten weltweit auch in der Regelpädagogik erprobt. Nur konnte sich diese pädagogische Haltung nach 1938 bis heute nicht mehr in unserem Regelschulsystem etablieren, sondern sich nur in besonders dafür engagierten Institutionen weiterentwickeln.

> „Die deutsche Schule [gilt auch für die österreichische] hat sich bis heute nicht erholt von dem Tiefschlag, den ihr der Nazifaschismus versetzt hat. Nach kurzem Aufschwung blieb alles beim Vorgestrigen, bei der Lernschule, beim Leistungsdenken, beim Konkurrenzkampf."[36]

Der Paradigmenwechsel in der Einstellung muss sich folgerichtig in den didaktischen Vorgangsweisen niederschlagen – weg vom ausschließlich inhaltlich bestimmten, messenden, bewertenden Leistungsdenken hin zur fähigkeitsorientierten Entwicklung der Persönlichkeit. Die fachlichen Inhalte sind die Mittel dafür; die Leistungen, die Leistungsbereitschaft, die Leistungsfreude resultieren dann wie von selbst aus der intrinsischen Motivation. „Ein ‚Ich will…' des Schülers muss Bestandteil eines Lehr – und Lernvertrages von Schüler und Lehrer werden."[37]

Wenn Studierende diesen Zugang, diese Offenheit erleben, weil sie in der Praxis vorgelebt wird, dann erfahren sie etwas ganz Wesentliches: Im Gestaltungsprozess ist ihre persönliche Kreativität, ihr Engagement, ihre Energie gefragt, aus den oft kurzen Lehrsequenzen erwächst ihre eigene Verantwortung.

---

35 Feuser 2001, 26.
36 Rinser 2008, 249.
37 Wagner 2011, 59.

Darin wurzelt der Mut zur persönlichen Verantwortung, zur Freiheit, seinen Schüler*innen in der Weise zu begegnen, wie diese es brauchen. Durch das kritische Hinterfragen und das nachhaltige Auseinandersetzen mit herausfordernden Konstellationen gelingt es, mit zunehmender Begeisterung aus dem gemeinsamen Potenzial zu schöpfen.

Zum dritten Parameter: Die *entwicklungsmäßigen Handlungsschritte*, mit denen ein Mensch seine psychischen Funktionen von Beginn an folgerichtig und im Zusammenspiel mit seiner Umgebung als Zugang zur Welt aufbaut, sollten eigentlich pädagogisches Basiswissen sein. Die Beobachtung und Analyse der Handlungsschritte, mit welchen ein Schüler oder eine Schülerin sich mit den Angeboten in den Lernsituationen auseinandersetzt, sind der Schlüssel dafür, dass der Lehrende feststellen kann, ob die Anforderungen der Inhalte und die Gestaltung der Lernsituationen für die Schüler*innen passend sind, ob sie über- oder unterfordernd sind. Es gilt dann herauszufinden, in welchem der acht Funktionsbereiche (bewegen, empfinden/wahrnehmen, denken, sprechen, sozial/emotional handeln, wollen, intuieren/kreativ sein, erinnern/merken) das Angebot und die Lernsituation möglicherweise nicht stimmig sind, bzw. genauer noch, auf welche Handlungsschritte das Angebot abgestimmt werden muss, damit der Schüler oder die Schülerin seine Fähigkeiten aktivieren kann. Die Anwendung dieser Art entwicklungsdynamischer Beobachtung und Analyse von Lernprozessen wurde in Theorie und Praxis in einem Forschungsprojekt dargestellt.[38] Niemand arbeitet mit seinen Defiziten, mit dem, was er nicht kann, sondern entwickelt sich nur durch das Freisetzen und Weiterentwickeln seiner Fähigkeiten. Und dafür braucht es den wachen Blick und das Wissen um die Entwicklungsdynamik, um zu verstehen, was man sieht.

Die Übersicht über die entwicklungslogisch aufgebauten Handlungsschritte und psychischen Funktionen ist besonders hilfreich, wenn sich deutlich zeigt, dass sich bei Schwierigkeiten keine Lösungen finden. Oft sind die augenscheinlichen Blockaden gar nicht die wirklichen Ursachen für Lernhemmnisse, denn Kinder erwerben gelegentlich recht raffinierte Taktiken, mit Schwierigkeiten zu Rande zu kommen, indem sie auf andere Verhaltensweisen ausweichen. Die Verschiebungen in den Reifegraden, die dabei zutage treten, sind dann nicht als Schwächen oder gar Defizite zu verstehen. Sie sind als das aktuell verfügbare Potenzial des Schülers oder der Schülerin anzuerkennen. Oft können Hemmnisse und andere Lernweisen für die ganze Gruppe fruchtbar und erkenntnisreich sein. Sie führen zum Beispiel zu Entschleunigung, fordern einfachere Sprache ein, machen Wiederholungen und Klärungen notwendig, die auch für andere Gruppenmitglieder hilfreich sein können. Das ist kein sonderpädagogisches Spezifikum, sondern zählt als kindgemäßes, entwicklungsgerechtes pädagogisches Tun, das für alle Schüler*innen gut und angemessen ist.

---

38 Garnitschnig/Neira Zugasty 2008.

Helga Neira Zugasty

Mich erstaunt es immer wieder, dass in den pädagogischen Ausbildungen das Wissen darüber, wie ein Mensch sich von der Geburt bis zur formalen Reife seine Fähigkeiten in den einzelnen Funktionsbereichen aneignet und damit seine Welt aufbaut, ebenso wenig einen Stellenwert hat wie die Übung des Analysierens und Dokumentierens von Entwicklungsschritten. Das wäre doch die Grundlage für die Beobachtung und Analyse des Lernverhaltens der Schüler*innen und somit ein Schritt zur Anpassung des inhaltlichen Angebotes an die aktuell aktivierbaren Fähigkeiten der Schüler*innen.

Mit diesen drei Voraussetzungen gelingt es, Lernen zu einem beständig ko-kreativen und lösungsorientierten Austauschprozess zwischen allen Beteiligten werden zu lassen. Das Ziel der Angebote zu inklusivem Unterricht an der mdw – Universität für Musik und darstellende Kunst Wien ist es, für diese drei Parameter die Initialzündung zu geben, den Studierenden Gelegenheit zu geben, ihre eigene Einstellung zu hinterfragen und ihnen direkten Zugang in diese für sie oft neue Art des Lehrens und Musizierens zu verschaffen. Es soll die Motivation wecken, sich selbst auf den ganz persönlichen Lernweg in die Welt des inklusiven Unterrichtens zu machen. Dabei entstehen keine Rezepte. Diese gibt es nicht. Vielmehr werden Wege ausprobiert, wie die Brücken zwischen unterschiedlichen Lernwelten, Musikerfahrungen, gemeinsamen Darstellungsmöglichkeiten und gültigen künstlerischen Aussagen gefunden werden können.

Beispielhaft möchte ich die Realisierung dieses Anspruchs am Ensemble *Ohrenklang* darstellen. Es ist eine der inklusiven Praxismöglichkeiten des Instituts für Musik- und Bewegungspädagogik/Rhythmik sowie Musikphysiologie und dabei offen für alle Studierenden: Eine Gruppe, bestehend aus drei jungen Menschen mit unterschiedlichen Behinderungen (die Trompeterin spielt dabei mit ihrem Vater in Doppelbesetzung), speziellen Lernweisen und Begabungen, und drei bis vier Student*innen, erarbeitet gemeinsam mit ihrem Lehrer Christoph Falschlunger pro Semester eine Komposition. Das Ensemble *Ohrenklang* steht im Zusammenhang mit der Organisation *Ohrenschmaus*, die seit zehn Jahren Literatur von Menschen mit Lernbehinderung in Form von Wettbewerben fördert. Das Ensemble *Ohrenklang* wählt gemeinsam aus den prämierten Texten jenen aus, der die Gruppe am meisten zum Vertonen anregt. Da lassen sich die Studierenden sowie die Musiker*innen mit Behinderung emotional voll aufeinander ein, versuchen gegenseitig ihre Vorstellungswelten und Denkweisen, ihre Sprache und ihr Lernverhalten kennenzulernen. Die Studierenden erarbeiten ein Grundkonzept, das auf die unterschiedliche Entwicklungsreife und die musikalisch-technischen Möglichkeiten der Mitspieler*innen eingeht. Dafür braucht es in der Probenarbeit das Experimentieren, Diskutieren, das Ausloten der Schwierigkeiten, eine klare Strukturierung der Form für die Merkfähigkeit, das Reduzieren von manchem, die Erprobung rhythmischer und melodischer Strukturen, bis sich jedes Ensemblemitglied mit seinem Part identifizieren kann und sich wohlfühlt. Dabei ist der Aufbau einer solchen Probeneinheit klar zu strukturieren, didaktisch vorzuplanen, damit keine Über- oder Unterforderung eintritt. Dazu kommt, dass die Mitglieder mit Behinderung im Laufe der Jahre ja ein Repertoire beherrschen, also die Könner sind, und den neu hinzukommenden Studierenden Hinweise geben können. Da sich aber durch die pro Semester wechselnden Student*innen auch die instrumentale Besetzung ändert, ist es eine zusätzliche Herausforderung, den Tonsatz für die jeweils neue Besetzung umzuschreiben bzw. anzupassen, und diesen mit den Erwartungen der erfahrenen Musiker*innen mit Behinderung in Übereinstimmung zu bringen. Da ist gutes kompositorisches Handwerkszeug gefragt. Der ästhetische Anspruch trifft sich in dieser Gruppe auf ziemlich ideale Weise mit dem sozialen Anspruch der Teilhabe am öffentlichen Kulturleben, weil dieses Ensemble nicht nur für sich probt, sondern mehrmals jährlich von Veranstaltern eingeladen wird und auch universitätsintern auftritt.[39]

Die Musiker*innen mit Behinderung

Warum befasse ich mich mit den Menschen mit Behinderung am Schluss des Kapitels *Einblicke*? Es sollte in diesem Beitrag versucht werden, die Vielschichtigkeit des Umfeldes aufzuzeigen, in dem wir uns als Pädagog*innen generell und bei Menschen mit Behinderung im Besonderen bewegen, wenn wir uns in deren Welt begeben. Normalerweise können wir uns in der unterrichtlichen und begleitenden Arbeit erst nach und nach ein Bild davon machen, welche Dispositionen in den bereits angeführten Bereichen wirksam sind. Wir agieren aus unseren eigenen Vorerfahrungen heraus und dem, was wir schon daraus lernen konnten. Wenn wir ehrlich zu uns selbst sind, entdecken wir dabei, dass alle Schüler*innen ihre je einmalige Geschichte haben und sich in ihrer je einzigartigen Konstellation bewegen, die eben aus all den oben ansatzweise beschriebenen Wirkfeldern in immer neuer Weise resultiert. Darin liegt auch die faszinierende Option, dass oftmals spontan Neues, Unerwartetes, besonders Stimmiges entstehen kann.

Wenn es gelingt, ein besseres Gespür für die Zusammenhänge zu entwickeln, verhilft das vor allem dazu, dass man weniger schnell Urteile fällt, Feststellungen umsichtiger trifft und Schlussfolgerungen vorsichtiger zieht. Zu wenig Einsicht in dieses komplexe Zusammenspiel ist oft bedingt durch Unwissenheit, entsteht manchmal aber auch aus fachlicher Überheblichkeit und Engstirnigkeit, schlimmstenfalls auch aus Gleichgültigkeit.

---

39 Vgl. dazu auch die Darstellung des Ensembles durch Christoph Falschlunger in diesem Buch, S. 213-218.

Und wie so oft kommt es auch hier zu einem Paradoxon: Noch so viele Erkenntnisse und noch so viel Wissen und Forschen nützen nichts, wenn sich nicht der Funken der Betroffenheit, des Berührtseins in der persönlichen Begegnung entzündet, sei es aus Erschütterung, wie ich es selbst erfahren und eingangs beschrieben habe, sei es in einer überraschenden und beglückenden Begegnung, wie sie dem Chef unseres Sohnes im *Kürbisworkshop* der Kinderuni widerfuhr. Ein achtjähriges Mädchen mit Down-Syndrom ignorierte einfach die Berührungsängste dieses Mannes, fasste ihn an der Hand, schaute ihn strahlend an und sagte ganz überzeugt: „Du – mir helft" (gemeint war, die kleine Kalebasse in einen Shaker zu verwandeln). Dass gerade er ‚erwählt' worden war, dass er so selbstverständlich aus seiner Unsicherheit herausgeführt wurde, dass er im Hier und Jetzt spüren konnte, genau der Richtige für das Kind zu sein, war ein Schlüsselerlebnis und die Entdeckung der Befähigung, auch für Kinder mit Lernbehinderung eine geeignete Ansprechperson sein zu können und dabei Freude und Hingabe zu vermitteln.

Im Wesentlichen sind es zwei entscheidende Momente, die für Menschen mit Behinderung das Musizieren und auch das Bewegen und Tanzen zu einer beglückenden erwünschten Erfahrung ihres Selbst in der heterogenen Gemeinschaft werden lassen.

Von Anfang an, von der ersten Begegnung an, muss Akzeptanz gespürt werden – und zwar als echte Einstellung. Für gespielte Freundlichkeit haben Menschen mit Behinderung von frühem Alter an sehr fein ausgebildete Antennen. Sie begegnen ihrer Umgebung mit hoher Intuition, sammeln ganz unterschiedliche Erfahrungen und formen so ein ihren Möglichkeiten entsprechendes Weltbild.

> „Ihr seid wir. Wir spiegeln uns in euch, ihr seid unsere Sprache, [...] um euch zu erreichen wollen wir unser kleines Ich weiter machen und uns verwurzeln in eurer Herzlichkeit. Ihr seid die, die uns verstehen oder missverstehen, unsere Zu-Hörer, unsere Zu-Schauer. [...] Mit euch sind wir auf einem Weg, der nie nur der unsere war, sondern immer unser gemeinsamer. Für euch lernen wir eure Zeichen verstehen, eure Spuren lesen, damit wir uns wiederfinden, wenn wir uns verirren. Von den Begegnungen mit euch wissen wir, wie erlösend das Entgegenkommen ist",

spricht Christian Wetschka, Pastoralassistent der Caritasgemeinde Wien, seine tiefempfundenen Beziehungserfahrungen aus den vielen Begegnungen mit Menschen mit Behinderung aus.[40] Ohne diese Haltung der Zuwendung kann man die entscheidenden feinen empathischen Momente nicht registrieren, in denen Akzeptanz des Soseins tatsächlich passiert, also die Qualität der Beziehung sich bewahrheitet. Ist diese Haltung authentisch gegeben, dann ist auch der Weg in ein förderliches Miteinander frei, dann kann das nötige Feingefühl für diese höchst individuellen Momente entwickelt werden. Es wird auch ganz klar, dass Grenzen und Regeln auf Augenhöhe auszuhandeln sind, weil es um

---

40 Wetschka 2020, 3.

gelingende Beziehungen geht, die meistens von beiden Seiten angestrebt werden, manchmal nicht gleich auf Anhieb gelingen, aber nach und nach fast immer und oft in langanhaltender Treue enden. Da antwortete ein Bursch nach einer Tanzaufführung auf die Frage, was für ihn das Wichtigste gewesen wäre: „Heute war ich nicht Schüler, heute war ich Tänzer auf der Bühne". Gleichberechtigung als selbstverständliche Haltung ist gemeint, wenn in der UN-Behindertenrechtskonvention von *full participation* die Rede ist. Wenn diese Position nicht zugelassen wird, bricht ein Stück der Würde ab.

In jedem pädagogischen Prozess sind alle Beteiligten gleichwertige Partner*innen, wenn auch mit unterschiedlichen Verantwortlichkeiten und unterschiedlichen Kompetenzen. Die positive Bezugnahme aufeinander ist so entscheidend wie die gute, passende Erde im Blumentopf für die Pflanze. Nur auf dieser Basis kann Schönes, Ethisches, sagen wir ruhig: Wahrhaftiges gelingen und wachsen. Selten passiert es, dass das Gegenüber in seiner besonderen Konstellation vorerst skeptisch ist. Das liegt meist an entsprechenden Vorerfahrungen, aber es gibt sich mit der Zeit. Als generelle Erfahrung drücken die Studierenden in den Reflexionsgesprächen ihre Überraschung aus, wie unkompliziert, unvoreingenommen und positiv der Kontakt zu den Musiker*innen mit Behinderung sofort zustande kam.

Der zweite entscheidende Moment ist die Anerkennung der musikalischen oder tänzerischen Leistung in der Probenarbeit und vor allem bei Aufführungen. Wiederum kommt es auf die feinfühlige Berücksichtigung der individuellen Dispositionen in den Probenstunden an, ob jemand hier seine Möglichkeiten, so wie er/sie im Moment verfügbar hat, auch freisetzen und einbringen kann. Wie dargestellt, geht es um das pädagogische Geschick, diese Möglichkeiten mit sinngebender Bedeutung zu versehen. Es gilt Formen der Mitwirkung zu ermöglichen, die funktional stimmig sind und zugleich den eingeschränkten oder ganz unterschiedlich einzusetzenden Möglichkeiten der Musiker*innen entsprechen. Unvergesslich ist mir das Beispiel eines Mädchens mit Autismus, dem Robert Wagner in einem Ensemble das Miterleben ermöglichte, indem es mit einem Gong den Beginn und das Ende des Stückes angab: volle Konzentration während des ganzen Stücks, volle Aufmerksamkeit aller anderen auf ihre Schläge, volles Eingebundensein in den Prozess, obwohl das Mädchen im Spielablauf eigentlich gar nicht selbst aktiv handelte.

Es gilt aber auch, sekundäre Prozesse vom Musizieren zu unterscheiden, die mit Hilfe des Musizierens andere Bedarfe signalisieren und durchaus den Musizierprozess beeinflussen. Da heißt es nach Strategien zu suchen, damit trotzdem das Musizieren für alle gelingen kann. Ivana weiß gut, dass ihre klare Stimme, ihre Fähigkeit sich Liedtexte gut zu merken, ihr tonreines Singen in der Gruppe geschätzt sind. So nützt sie ihre diesbezügliche Überlegenheit oft dazu, mehr Kontakt, mehr Zuwendung im Gespräch zu gewinnen, um sich in der Musiziergruppe als wichtigen Mittelpunkt zu spüren. Direktes Unterbinden dieses Verhaltens schlägt sofort in Kränkung um mit der Konsequenz, dass sich der Effekt noch verstärkt. Also ernennt sie der Gruppenleiter zur Assistentin für seine Leadsheets und für ein anderes Bandmitglied, das sich beim Zurechtfinden in der Liedmappe schwertut. Ivana erfährt mehr direkte Nähe, erhält jeweils ein kurzes Lob, und ist mit dieser, sie nicht belastenden, kleinen Sonderrolle zufrieden. Für die oftmals spontan notwendigen Interventionen angesichts ganz individueller Bedürfnisse gibt es keine Rezepte, da hilft nur Phantasie, Empathie, rasches Reagieren, schnelle Analyse der Situation, Abschätzen der Folgewirkung der Reaktion – und oft einfach Überbrücken mit Humor und Gelassenheit.

Erfahrungsgemäß wachsen die einzelnen Teilnehmer*innen bei Auftritten meist über sich selbst hinaus und überzeugen das Publikum – wie groß oder klein es auch immer sein mag – mit ihrer Freude, ihrer authentischen Darstellung dessen, was in ihnen vorgeht, was sie ausdrücken und was sie an Können präsentieren wollen. Hier wiederum ist die Frage entscheidend, wie Qualität möglich gemacht werden kann. Unter welchen Rahmenbedingungen wird gearbeitet? Wieviel zusätzliche Energie kostet es die Lehrer*innen und Gruppenleiter*innen, die notwendigen Ressourcen zu beschaffen? Welche Möglichkeiten des Weiterqualifizierens, Erfahrungsaustausches, Experimentierens und Forschens stehen zur Verfügung oder müssen diese erst aufgebaut werden? Wie relevant ist für die verantwortlichen Personen in Kultur und Bildung die Qualitätsfrage von inklusivem Musizieren, von inklusiver Bildung und damit der Stellenwert der Menschen mit Behinderung in der Kulturszene?

So gilt es, Chancen zu schaffen, und dafür gibt es so viele Möglichkeiten. Dann werden die Menschen mit und ohne Behinderung sie auch ergreifen. Wobei Chancen schaffen nicht auf Chancen*gleichheit* abzielt. Letztere gibt es nicht. Die Mitglieder einer heterogenen Gesellschaft müssen die Chance auf die bestmögliche Verwirklichung ihrer Fähigkeiten haben.

Ausblick

Wenn wir gerade zu diesem Zeitpunkt, d. h. im Frühjahr 2020, Überlegungen anstellen, wie inklusives Musizieren, Darstellen, Tanzen als ein Kulturgut der gesellschaftlichen Vielfalt in Zukunft gestaltet werden kann, dann werden die Konturen des Spielraums für Inklusion deutlich. Ein Virus schafft es, die Menschheit global und existentiell herauszufordern, es zwingt sie, ihre Grundwerte offenzulegen. Es wird auch sichtbar, über welche Resilienz die einzelnen Staaten verfügen. Sind sie imstande, den in den Rückblicken dargestellten Menschenrechten auch unter neuen und schwierigen Bedingungen Wirksamkeit zu verschaffen?

Und wiederum wird klar erkennbar: Es kann sich keine/r von uns von der Umsetzung im Alltag ausnehmen – wir alle sind Gesellschaft, wir alle haben Wirkungskreise und Gestaltungsmöglichkeiten im persönlichen Umfeld und damit ein Entscheidungspotenzial. Der Offenbarungseid, den uns die Coronakrise abverlangt, zeigt deutlich auf, welche rechtlich gegebenen Anteile der von Ausgrenzung bedrohten Personengruppen am Leben unserer Gesellschaft, auch am Kulturleben, am Musikleben, im Bildungsbereich (noch) nicht realisiert sind.

Es kommt besonders jetzt darauf an, die schon vorhandenen Chancen nicht aus den Augen zu verlieren, und mit der gleichen Intensität, Einstellung, Durchsetzungskraft und mit Durchhaltevermögen die Wege, die schon erfolgreich beschritten worden sind, weiter zu gehen. Beeindruckend ist der Brief des Bundesvorsitzenden des Verbandes deutscher Musikschulen an die Mitgliedsschulen und Lehrkräfte vom 17. April 2020, der für eine besondere Achtsamkeit in Bezug auf die zentralen Musikschul-Werte und somit auch für Inklusion plädiert. Wenn wir vorausschauen und wollen, dass für die nachfolgenden Generationen inklusive Bildung, inklusives Musizieren, Tanzen, Schauspielen zur Selbstverständlichkeit geworden sind, dann bedeutet das, sich Klarheit über die noch zu entwickelnden Voraussetzungen und über die noch nicht ausreichenden Strukturen zu verschaffen.

Dazu einige Gedanken aus der Praxis:
- Inklusives Musizieren kann nur als partizipativer Prozess gelingen. Das heißt, dass schon in den Ausbildungsinstitutionen *Diversität* nicht nur als rhetorisches Bekenntnis im theoretischen Diskurs proklamiert wird, sondern vor allem in der Umschichtung der Ressourcen proaktiv bewerkstelligt werden muss. Da könnten die Verwirbelungen im System durch Corona sogar eine Chance für mehr Gemeinschaftssinn und Zusammenwirken sein.
- Alle Institutionen mit pädagogisch ausgerichteten Lehrangeboten können für die Studierenden nur sinnvoll inklusiv wirksam sein, wenn auch ausreichende Praxisangebote bereitgestellt werden, diese entsprechend gut vorbereitet, didaktisch begleitet und nachbereitet werden. Wir müssen daran arbeiten, dass dies mit der Zeit ein selbstverständlicher und verpflichtender Teil der Lehrpraxis wird. Darüberhinaus wird eine der wichtigen Aufgaben der Zukunft sein, dass wir für das Durchwachsen der Musizierszene mit inklusiven Musiziermöglichkeiten Sorge tragen.
- Ein wichtiges Strukturelement, das in fast allen Ausbildungen zu wenig Beachtung findet, ist ausreichend vorgesehene, eingeplante Zeit für Teamarbeit. Sie ist nötig, damit Energien fokussiert werden können. Sie ist auch unerlässlich, um für Entscheidungen einen Konsens finden zu können unter allen Personen, die am jeweiligen Prozess beteiligt sind. Innovative Ideen wollen in gemeinsamer Auseinandersetzung aller beteiligten Ebenen vorbereitet sein,

damit sie auch erfolgreich verwirklicht werden können. Zwischen Tür und Angel, d. h. in mühsam koordinierten Terminen kann immer nur das Nötigste besprochen werden, und Vorhaben können so nicht zu jener Klarheit reifen, in der Spannungen und Schwierigkeiten überhaupt erst zu Tage treten und neue Wege für alle geöffnet werden.

– Eines der Ziele ist, dass die Studierenden mit der Zeit von sich aus inklusive Settings einfordern und diese auch selbst organisieren, weil sie verstanden haben, dass diese ein nicht mehr zu negierender Teil ihres Arbeitsfeldes sind. Mehr als zehn Prozent der Gesamtbevölkerung sind von Behinderung betroffen. Bis dato ist dieser große Anteil der Bevölkerung in der Kunstszene völlig unterrepräsentiert. Da gilt es, mögliche Freiräume aufzuspüren und zu nützen.

– Als gutes Beispiel geht die mdw – Universität für Musik und darstellende Kunst Wien in diesem Sinne voran, da nach und nach immer mehr Institute ihr inklusives Übungsensemble aufbauen. Ziel sollte sein, dass jedes Institut, das pädagogische Lehrveranstaltungen anbietet, auch ein inklusives Ensemble führt. Zunehmend werden diese Musikgruppen in den regulären Veranstaltungskanon eingebunden (Institutstage, Feiern, Fortbildungen, Außenrepräsentation) und zeigen anschaulich auf, dass Partizipation im besten Sinne des Wortes verwirklicht werden kann. Durch diese Vorgangsweise gelingt es nach und nach, dass die Absolvent*innen in ihren Wirkungskreisen als Multiplikator*innen aktiv werden und dazu beitragen, dass vorgefasste Meinungen, Schwellenängste, bürokratische Hürden und viele andere mehr abgebaut werden und ein wirklichkeitsnäheres Bild der immer gern zitierten *Bereicherung durch Vielfalt* lebendig werden kann.

Christian Gottlob Neefe, der Lehrer Beethovens, schreibt in seiner Einladung zu einem Konzert des jungen Komponisten: „Genug, dass ein Fremder, der die Musik liebt, nie ohne musikalische Nahrung von Bonn wieder abreisen würde."[41] Musikalische Nahrung! Das, was alle Menschen in ihrer Seele berührt, sie antreibt, zusammenbringt und glücklich macht und wir niemandem vorenthalten dürfen. Musikalische Nahrung, die ganz unterschiedliche Welten durch das gemeinsame Musizieren verbinden kann. Musikalische Nahrung, durch die unterschiedliche ästhetische und soziale Ansprüche zu gelingenden, überzeugenden Gestaltungen gebracht werden können.

Das gelingt beispielsweise durch die Soundfestivals, die in einer Dreijahresfolge von der mdw – Universität für Musik und darstellende Kunst Wien und der Musikschule Wien organisiert werden.[42] Es braucht neben den von denselben Institutionen ausgerichteten Fachtagungen für inklusives Musizieren uni-

---

41 Zitiert nach Leibnitz 2019, 32.
42 Vgl. hierzu den entsprechenden Beitrag von Beate Hennenberg in diesem Buch, S. 130-136.

versitätsintern auch einmal jährlich einen inklusiven Thementag, an dem die praktizierten Formen der Zusammenarbeit, didaktische Elemente und Herausforderungen, Aufführungspraxen, Öffentlichkeitsmanagement, Kooperationen und andere Fragen bearbeitet werden können. So entstünde ein nach innen gerichteter Entwicklungsprozess, der Empowerment schafft.

Das bedeutet bezüglich der Rahmenbedingungen und der Infrastruktur, dass Inklusion als breite Querschnittmaterie aufzufassen ist. Für aufmerksame Beobachter*innen wiederholen sich manche Konstellationen. Wenn eingangs im historischen Kurzbericht gesagt wurde, dass die Notwendigkeit, eine eigens für die Rechte von Menschen mit Behinderung konzipierte Übereinkunft zu proklamieren, deshalb bestand, weil die Umsetzung der allgemeinen Menschenrechte von 1948 nicht in die Lebenswelt von Menschen mit Behinderung Eingang gefunden hatte, so wiederholt sich dieser Umstand in Bezug auf die Implementierung der Vorgaben der UN-Behindertenrechtskonvention in der jetzigen Zeit. Der Artikel 24, Bildung, Absatz 2 b stellt klar, dass Menschen mit Behinderungen gleichberechtigt mit anderen in der Gemeinschaft, in der sie leben, Zugang zu einem integrativen, hochwertigen und unentgeltlichen Unterricht an Grundschulen und weiterführenden Schulen haben, was auch den Musikunterricht einschließt. Oder es heißt im Artikel 30, Absatz 2:

> „Die Vertragsstaaten treffen geeignete Maßnahmen, um Menschen mit Behinderungen die Möglichkeit zu geben, ihr kreatives, künstlerisches und intellektuelles Potenzial zu entfalten und zu nutzen, nicht nur für sich selbst, sondern auch zur Bereicherung der Gesellschaft."

Wenn wir also die Entwicklungen seit der Ratifizierung im Jahr 2008 in Bezug auf deren Umsetzung zwölf Jahre später dahingehend durchforsten, wie weit diese gelungen ist, dann ist es wohl eine dringliche Angelegenheit, mehr gesellschaftliche Relevanz herzustellen. Es braucht Anstrengung seitens der Ausbildungen, neue Handlungsfelder für Inklusion zu schaffen. In Abwandlung eines sehr weisen Satzes, den Paul Celan geäußert haben soll: „Die Chance meiner Verse ist ihr Vorhandensein" können wir sagen: Die Chance der UN-Behindertenrechtskonvention ist ihr Vorhandensein – wir, als Menschengemeinschaft, haben dieses Übereinkommen ja schon auf den Weg gebracht, ein wunderbares Regelwerk liegt seit einem Jahrzehnt bereits vor, und jede/r von uns hat die Möglichkeit, es ein Stück weit lebendiger werden zu lassen.

Ich habe versucht, konkrete und praxisbasierte Anregungen zu geben. Mit ihrer Realisierung, für die wir den gemeinsamen Willen vieler brauchen, würde der Weg in die systemische Verankerung in den Ausbildungen weiter beschritten. 2008 wurde mit der Ratifizierung der Vereinbarung für die Teilhabegerechtigkeit ein Fenster für einen Paradigmenwechsel geöffnet. Derzeit wirken die musikalischen bzw. künstlerischen Initiativen, Ensembles, Lehrveranstaltungen, Fortbildungen, Festivals wie Teile eines Mosaiks, die über unser Land verstreut sind. In der öffentlichen Wahrnehmung sind sie noch immer Ausnahmeerscheinungen, schätzenswerte Initiativen besonders engagierter Einzelpersonen, zugleich aber auch eine zu vernachlässigende Größe, wenn es um Förderungen, gleichwertige Teilhabe oder politischen Willen geht.

„Zu jeder Kunst gehören zwei – einer, der sie macht und einer, der sie braucht", dieser Satz wird dem Bildhauer Ernst Barlach zugeschrieben. Aber brauchen wir, braucht die Gesellschaft die künstlerisch-kreative Betätigung von Menschen mit Behinderung, deren Schaffen, diese spezielle Art der Kunstausübung? Brauchen wir die legendäre Inszenierung der Medea des Theaters *Rambazamba*, brauchen wir das Tanztheater *Flötenzauber* der Studiogruppen des Kultur- und Bildungsvereins *Ich bin O.K.*, brauchen wir Soundfestivals, die von einer Anzahl inklusiver Bands gestaltet werden, braucht es ein Filmprojekt wie *Accompagnato – Die Kunst des Begleitens* mit der *Württembergischen Philharmonie Reutlingen*?

Die Liste der beeindruckenden öffentlichen Darstellungen, die Menschen mit Behinderung Jahr für Jahr auf Podium und Bühne bringen, ist inzwischen schon lang und sehr vielfältig, sie ist ein Beweis dafür, dass der Bedarf für inklusiv gestaltete Kunst da ist.

Durch sie wird jede*r von uns auf seine bzw. ihre Weise existentiell berührt und auf sich selbst zurückgeführt. Die Ambivalenz der eigenen Gelingensmöglichkeiten wird in ein neues Licht getaucht, das eigene Sosein verliert seine Selbstverständlichkeit. Alternative Formen beglückenden Musizierens, Tanzens und Darstellens öffnen für neue Sichtweisen. Diese Perspektiven dürfen einer mündigen Gesellschaft nicht verloren gehen oder ihr vorenthalten werden, wenn sie sich wirklich im Sinne der Teilhabegerechtigkeit und Würde aller Mitglieder entwickeln soll. Noch einmal sei der große Inklusionsforscher Georg Feuser zitiert, in gekürzter Darstellung seines Modells der strukturbildenden Prozesse.

> „Jedes lebendige System hat seine interne Organisation, in der es seine intern ablaufenden Prozesse in seiner Eigenzeit verknüpft. Jedes lebendige System steht aber auch im Verhältnis zu anderen Systemen, mit denen es in Austausch tritt, sich mit ihnen synchronisieren muss. Entscheidend, wohin die Entwicklung geht, sind dabei die Attraktoren. Sie bestimmen die Richtung und die Geschwindigkeit, in der diese Austauschprozesse driften, sich in neue Verzweigungen bewegen. Und die dabei freigesetzten Potenziale bewirken Transformationsprozesse. Durch die Austauschprozesse werden die Strukturen verändert, es entsteht Neues. Diese vier Strukturelemente eines Organismus wirken integrativ zusammen."[43]

Wenn ich einen Ausblick für das inklusive Musizieren, Tanzen, Schauspielen wagen soll im großen Organismus, den unsere Gesellschaft ja darstellt, und mich an Feusers Modell der strukturbildenden Prozesse anlehne, dann würde ich sagen, dass wir uns in der inklusiven Musikpädagogik bzw. im inklusiven

---

43 Feuser 1995, 102.

pädagogischen Tun generell derzeit in der Phase des Austauschs befinden. Das ist ja auch das Anliegen dieses Buches.

Wesentlich kommt es in näherer Zukunft auf den Attraktor an: Unter welchen Nordstern stellen wir die Teilhabegerechtigkeit in unserer pädagogischen Arbeit? Sind es die Menschenrechte, ist es wirklich *full participation*? Sind es utilitaristische Vorstellungen von Nützlichkeit, wird es um Populismus oder andere ‚Ismen' gehen? Da wäre dann doch ein Schritt aller musikpädagogisch wirkenden und maßgeblich die Institutionen steuernden Personen gut und hilfreich, nämlich, dass diese eine Erklärung mit einem klaren Bekenntnis zu Inklusion verfassen. Es ginge um ein verbindliches Bekenntnis, das aber dringend als Referenzstatement für die junge Generation der Pädagog*innen gebraucht würde. Ein Vorbild dafür wäre die Potsdamer Erklärung des Verbandes der deutschen Musikschulen[44] vom 16. Mai 2014. Mag sie auch keine vollkommene Darstellung des wünschenswerten zukünftigen musikpädagogischen Handelns sein, so ist sie doch ein eindeutiges Bekenntnis zur Teilhabegerechtigkeit.

Soll uns doch dieser gesellschaftlich sehr relevante Schritt eines gemeinsamen Bekenntnisses zur inklusiven musikalischen Bildung in unserem Land gelingen! Dann wird sich der Ausblick über den Horizont hinaus weiten für einen Transformationsprozess in unserer Gesellschaft. Der in der UN-BRK beabsichtigte Paradigmenwechsel ist Allgemeingut geworden. Durch die schrittweise Verwirklichung in vielen Lebensbereichen – eben auch im Bereich Kunst, Musik, Tanz und Theater – in Richtung *full participation* kann sie den Gegebenheiten entsprechend modifiziert, beschleunigt, bei Irrtümern auch wieder ein Stück zurückgenommen, mit neuen Erkenntnissen weiterentwickelt werden. In diesem Prozess gewinnen teilhabegerechtes Musizieren, Tanzen und Schauspielen für die künftigen Generationen und für alle Bürger und Bürgerinnen unserer Gesellschaft Relevanz.

Literatur

§ 96. Schwangerschaftsabbruch. In Bgbl. Nr. 60/1974 zuletzt geändert durch Bgbl. I Nr. 112/2015.

§ 97. Straflosigkeit des Schwangerschaftsabbruchs. In: Bgbl. Nr. 60/1974 zuletzt geändert durch Bgbl. I Nr. 112/2015.

8. Schulorganisationsgesetz-Novelle (SchOG-Novelle). In: Bgbl. Nr. 271/1985. URL: <https://www.ris.bka.gv.at/Dokumente/BgblPdf/1985_271_0/1985_271_0.pdf> (13.04.2020).

---

44 Verband deutscher Musikschulen o.J.

Bundeskanzleramt Österreich: Ziele der Agenda 2030. URL: <https://www.bundeskanzleramt.gv.at/themen/nachhaltige-entwicklung-agenda-2030/entwicklungsziele-agenda-2030.html 2019> (26.05.2020).

Bundesministerium für Arbeit, Soziales und Konsumentenschutz (BMASK): Nationaler Aktionsplan Behinderung 2012-2020. Strategie der österreichischen Bundesregierung zur Umsetzung der UN-Behindertenrechtskonvention, Wien 2012.

Eco, Umberto: Pape Satàn. Chroniken einer flüssigen Gesellschaft oder Die Kunst, die Welt zu verstehen. München: Carl Hanser 2017.

El-Mafaalani, Aladin: Mythos Bildung. Die ungerechte Gesellschaft, ihr Bildungssystem und seine Zukunft. Köln: Kiepenheuer & Witsch 2020.

Feuser, Georg: Behinderte Kinder und Jugendliche. Zwischen Integration und Aussonderung. Darmstadt: Wissenschaftliche Buchgesellschaft 1995.

Feuser, Georg: Prinzipien einer inklusiven Pädagogik. In: Behinderte in Familie, Schule und Gesellschaft 2/2001, S. 25-29.

Feuser, Georg: Planung von Unterricht in heterogenen Lerngruppen – Im Gespräch mit Georg Feuser. In: Behrendt, Anja/Heyden, Franziska/Häcker, Thomas (Hg): „Das Mögliche, das im Wirklichen (noch) nicht sichtbar ist…". Düren: Shaker 2019, S. 135-195.

Garnitschnig, Karl: Tabelle der Entwicklung der psychischen Operationen TPO, 2008/2004. URL: <homepage.univie.ac.at/~garnitk3/TabellePsychischeFunktionen.doc.> (13.04.2020).

Garnitschnig, Karl/Neira Zugasty, Helga: Forschungsprojekt der Österreichischen Nationalbank 1995–1997: „Förderung von Kindern im Alter von 10–14 Jahren mit besonderen Bedürfnissen in der Lernwerkstatt durch offenes Lernen", DVD.

Garnitschnig, Karl/Neira Zugasty, Helga: Rhythmik als Movens der Entwicklung der psychischen Funktionen. Forschungsprojekt. In: Garnitschnig, Karl/Neira Zugasty, Helga: Entwicklung beobachten, erkennen und unterstützen am Beispiel der rhythmisch-musikalischen Erziehung. Reg. Nr. 12348. Wien: Bundesministerium für Unterricht, Kunst und Kultur [BM:UKK], 2008, DVD/CD-Rom.

Institut für Bildungsmanagement/Verein für Familienbegleitung: Institutsvorstand. URL: <http://www.institut-bildungsmanagement.at/index.php/institut/institutsvorstand> (13.04.2020).

Jaques-Dalcroze, Émile: Rhythmus, Musik und Erziehung. Göttingen: Georg Kallmeyer 1977.

König, Bernhard: Heterogenität als ästhetische Zumutung. Überlegungen zu einer inklusiven musikalischen Fachdidaktik. 2019. URL: <http://www.schraege-musik.de/dateien/Datei/i/4n0kla10/datei1.pdf> (16. 5. 2020).

Lacherstorfer, Marlene: Musik und Inklusion. Die Band All Stars Inclusive als Erfahrungsfeld für Musikstudierende. Magisterarbeit. mdw – Universität für Musik und darstellende Kunst Wien 2016.

Lebenshilfe Österreich: Germain Weber. Präsident. URL: <https://lebenshilfe.at/ueber-uns/team/univ-prof-dr-germain-weber/> (13.04.2020).

Leibnitz, Thomas (Hg.): Beethoven. Menschenwelt und Götterfunken. Ausstellung der Österreichischen Nationalbibliothek, 19.12.2019–19.4.2020. Salzburg: Residenzverlag 2019.

Republik Österreich. Parlamentsdirektion, a: Franz-Joseph Huainigg. URL: <https://www.parlament.gv.at/WWER/PAD_14759/index.shtml> (13.04.2020).

Republik Österreich. Parlamentsdirektion, b: Mag.ª Helene Jarmer. URL: <https://www.parlament.gv.at/WWER/PAD_57367/index.shtml> (22.04.2020).

Rinser, Luise: Den Wolf umarmen. Frankfurt am Main: Fischer ¹⁶2008.

Röbke, Peter: Drei Musikschulen unter einem Dach? Zu den drei grundlegenden Arbeitsfeldern der Musikschule. In: Ardila-Mantilla, Natalia/Röbke, Peter/Stekel, Hanns (Hg.): Musikschule gibt es nur im Plural. Drei Zugänge. Innsbruck: Helbling 2015, S. 9-50.

United Nations (UN): Convention on the Rights of Persons with Disabilities and Optional Protocol. New York: UN 2007. [deutsche Übersetzung: BMASGK: UN-Behindertenrechtskonvention. Übereinkommen über die Rechte von Menschen mit Behinderungen und Fakultativprotokoll. Neue deutsche Übersetzung. Publikation des Bundesministeriums für Arbeit, Soziales, Gesundheit und Konsumentenschutz, Wien 2016.]

United Nations Educational Scientific and Cultural Organization (UNESCO): The Salamanca Statement and Framework for Action on Special Needs Education. Paris: UNESCO 1994. [deutsche Übersetzung: UNESCO: Die Salamanca Erklärung und der Aktionsrahmen zur Pädagogik für besondere Bedürfnisse. Übersetzt von Flieger, Petra. Wien: Österreichische UNESCO Kommission 1996.]

United Nations General Assembly (UN General Assembly): Universal declaration of human rights (217 [III] A). o.O.: UN 1948. [deutsche Übersetzung: UN-Vollversammlung: Allgemeine Erklärung der Menschenrechte (217 A [III]). o.O.: UN 1948. URL: <https://www.un.org/depts/german/menschenrechte/aemr.pdf> (22.04.2020).]

Verband deutscher Musikschulen: Potsdamer Erklärung 16. Mai 2014. URL: <https://www.musikschulen.de/medien/doks/vdm/potsdamer_erklaerung_inklusionspapier.pdf> (12.4.2020).

Verband deutscher Musikschulen: Brief von Ulrich Rademacher an die Träger der VdM-Musikschulen, die Musikschulleitungen und Lehrkräfte. Bonn 17.4.2020.

Wagner, Robert: „Weil Können Spaß macht" 25 Jahre Musikschule Fürth – auf den Spuren einer Musikschule für alle. Fürth: da capo 2011.

Wagner, Robert: Bausteine inklusiver Musikpädagogik. URL: <https://www.youtube.com/watch?v=q-hPII70DBc> (01.10.2020).

Weber, Germain: Ob Geschichte geschrieben wird. In: Edelmayer, Friedrich u. a. (Hg.): Über die österreichische Geschichte hinaus. Festschrift für Gernot Heiss zum 70. Geburtstag. Münster: Aschendorff 2012, S. 249-258.

Wetschka, Christian: Zusammenhang Nr. 95. In: Kirchenzeitung der Caritasgemeinde Wien, März 2020.

Zimpel, André Frank: Sozialorgan Gehirn. Leben unter besonderen neuropsychologischen Bedingungen am Beispiel Trisomie 21. In: Behinderte Menschen. In: Zeitschrift für gemeinsames Leben, Lernen und Arbeiten 6/2011, S. 34-44.

Helga Neira Zugasty

Helga Neira Zugasty ist Sonderpädagogin (1965-2006 klassenführende Lehrerin für Kinder mit Mehrfachbehinderung) und Rhythmikerin (1995-2014 Lehrbeauftragte der mdw – Universität für Musik und darstellende Kunst Wien, für Didaktik der Rhythmik in der Inklusions- und Heilpädagogik sowie Praxis der Rhythmik in der Inklusions- und Heilpädagogik).

Schwerpunkte in der praktischen Arbeit: Aufbau und Begleitung von bisher fünf Ensembles für inklusives Musizieren, pädagogische Leitung des inklusiven Kultur- und Bildungsvereins *Ich bin O.K.* Wien (1999 bis dato), inklusive Initiativen für Menschen mit Lernbehinderung im Bereich Schule, Arbeit in der freien Wirtschaft, Wohnen, Freizeitgestaltung.

Schwerpunkte in Lehre und Forschung: internationale Aus- und Fortbildungen zum Themenbereich Rhythmisch-musikalische Erziehung als Basisverfahren für entwicklungsdynamisch orientiertes inklusives Unterrichten. Mitarbeit an mehreren Forschungsprojekten, Leitung des Forschungsprojekts *Entwicklung beobachten, erkennen und unterstützen am Beispiel der Rhythmisch-musikalischen Erziehung* (DVD dazu 2008 veröffentlicht vom BMfUKK, weitere Bearbeitung 2020. URL: <https://www.mdw.ac.at/mrm/mbp/inklusions-und-heilpaedagogik-diversitaet/entwicklungsraster-tpo/>). Autorin von *Rhythmik als Unterrichtshilfe bei behinderten Kindern* (J&V Verlag, 1981), diverse Artikel in Fachzeitschriften.

Innsbrucker Perspektiven
zur Musikpädagogik

BAND 2

Heike Henning (Hrsg.)

All inclusive?! Aspekte einer inklusiven Musik- und Tanzpädagogik

2020, 264 Seiten, br., 29,90 €,
ISBN 978-3-8309-4276-4
E-Book: Open Access
https://doi.org/
10.31244/9783830992769

Die Frage nach Teilhabe und Chancengleichheit steht im Zentrum dieser Publikation und ist ungebrochen aktuell. In ihren Beiträgen ergründen die Autor*innen, welche Mechanismen, Machtstrukturen und Traditionen die Teilhabe an Kunst und Kultur möglicherweise verhindern und welcher Angebote es bedarf, *alle* Menschen zu beteiligen. Nicht nur, weil die Möglichkeit der Teilhabe *aller* an Kunst und Kultur mittlerweile als staatliche Pflicht festgeschrieben ist, sondern auch, weil immer *alle* Menschen gemeint sind, wenn von Inklusion die Rede ist. In diesem Band werden sowohl theoretische Überlegungen als auch konkrete Praxisbeispiele einer inklusiven Musik- und Tanzpädagogik vorgestellt.

www.waxmann.com
info@waxmann.com

wiener reihe musikpädagogik

••••••••••••••••••••

BAND 2

Ivo I. Berg,
Hannah Lindmaier,
Peter Röbke (Hrsg.)

Vorzeichenwechsel

Gesellschaftspolitische Dimensionen von Musikpädagogik heute

2020, 174 Seiten, br., 32,90 €,
ISBN 978-3-8309-4038-8
E-Book: 29,99 €,
ISBN 978-3-8309-9038-3

Mehr denn je muss sich Musikpädagogik sowohl gesellschaftlichen als auch politischen Diskussionen stellen. Tradierte Blickwinkel sind kritisch zu überdenken und zu hinterfragen. Lässt man sich hierauf ein, dann spricht einiges dafür, dass hier mehr als nur ein Vorzeichenwechsel im traditionellen Sinn vorliegt. Wenn es nicht mehr ausreicht, bewährte Verfahrensweisen und Denkmuster musikpädagogischer Arbeit allein um neue Zielgruppen und didaktische Paradigmen zu ergänzen, dann steht Musikpädagogik wohl aktuell an einem Punkt, an dem der Rückzug auf das vermeintliche Kerngeschäft nicht mehr möglich, eine grundlegende Neuorientierung notwendig und selbst eine normativ-politische Positionierung unausweichlich erscheint.

WAXMANN
www.waxmann.com
info@waxmann.com

wiener reihe musikpädagogik

BAND 3

Christoph Khittl (Hrsg.)
unter Mitarbeit von Markus Hirsch

„In-Musik-sein" – die musikalische Situation nach Günther Anders

Interdisziplinäre Annäherungen in musikpädagogischer Absicht

2022, 356 Seiten, br., 34,90 €,
ISBN 978-3-8309-4392-1
E-Book: 30,99 €,
ISBN 978-3-8309-9392-6

Nicht jede Alltagssituation mit Musik ist zwangsläufig auch eine *musikalische Situation*. Woran sich dies bemisst, ist eine musikpädagogisch bisher wenig beleuchtete und zugleich phänomenologisch wie musikästhetisch relevante Frage, deren wissenschaftlicher Aufarbeitung in diesem Buch nachgegangen wird. Als Referenztheorie dienen dabei Günther Anders' *Philosophische Untersuchungen über musikalische Situationen* (1930/31). Ausgangspunkt ist die These: Musikpädagogik heißt, musikalische Situationen in das Zentrum ihrer ästhetischen, wissenschaftlichen und ethischen Praxen zu stellen.

WAXMANN
www.waxmann.com
info@waxmann.com

Heidi Zacheja

Studierende für den inklusiven Musikunterricht ausbilden

Entwicklung und Evaluation eines Theorie-Praxis-Seminarkonzeptes in der Lehramtsausbildung

2021, 180 Seiten, br., 29,90 €,
ISBN 978-3-8309-4335-8
E-Book: 26,99 €,
ISBN 978-3-8309-9335-3

Gefördert durch die Qualitätsoffensive Lehrerbildung entwickelt Heidi Zacheja ein Theorie-Praxis-Seminarkonzept für die Lehrkräfteausbildung im Fach Musik, bei dem Studierende ein sonderpädagogisches Basiswissen erwerben, ein Methodentraining für den inklusiven Fachunterricht absolvieren und die erworbenen Kenntnisse zeitgleich mit Begleitung in der schulischen Praxis anwenden.

In der Evaluation des Seminarkonzeptes zeigen die an der Studie teilnehmenden Studierenden und Lehrkräfte aus ihrer Perspektive auf, welche Optimierungsmöglichkeiten sie sehen und welchen Mehrwert sie der Lehrveranstaltung zugleich zuschreiben.

WAXMANN
www.waxmann.com
info@waxmann.com